PÉS DESCALÇOS

A LEI DE COTAS VEIO PRA FICAR
(VOLUME 2)

Editora Appris Ltda.
1.ª Edição - Copyright© 2024 do autor

Catalogação na Fonte
Elaborado por: Dayanne Leal Souza
Bibliotecária CRB 9/2162

Custódio, Sérgio José
C987p
2024
Pés descalços: a lei de cotas veio para ficar – volume 2 / Sérgio José Custódio. – 1. ed. – Curitiba: Appris, 2024.
509 p. : il. color. ; 27 cm. – (Coleção Ciências Sociais).

Inclui referências.
ISBN 978-65-250-6568-7

1. Lei de cotas para o ensino superior. 2. Prouni (Programa). 3. Movimentos sociais. 4. Escolas Públicas. 5. Nação. 6. Universidades Pública – Ingresso. 7. Democratização da educação. 8. Relações étnico-raciais. 9. Brasil. Congresso Nacional. I. Custódio, Sérgio José. II. Título. III. Série.

CDD – 342.087

Livro de acordo com a normalização técnica da ABNT

Appris editora

Editora e Livraria Appris Ltda.
Av. Manoel Ribas, 2265 – Mercês
Curitiba/PR – CEP: 80810-002
Tel. (41) 3156 - 4731
www.editoraappris.com.br

Printed in Brazil
Impresso no Brasil

Sérgio José Custódio

PÉS DESCALÇOS

A LEI DE COTAS VEIO PRA FICAR
(VOLUME 2)

Appris editora

Curitiba, PR

2024

FICHA TÉCNICA

SUPERVISOR DA PRODUÇÃO Renata C. Lopes
PRODUÇÃO EDITORIAL Daniela Nazario
REVISÃO Stephanie Ferreira Lima
DIAGRAMAÇÃO Jhonny Alves dos Reis
CAPA Eneo Lage
REVISÃO DE PROVA Sabrina Costa

COMITÊ CIENTÍFICO DA COLEÇÃO CIÊNCIAS SOCIAIS

AGRADECIMENTOS

À minha orientadora de doutorado, professora doutora Gislene Aparecida dos Santos, de quem a seriedade acadêmica extrema e a singeleza foram motivações vitais para a jornada de construção desta obra. Ao GEPPIS.

Para a escola pública de primeiro e segundo ano do ensino primário do bairro rural Serra dos Paes, onde aprendi a ler e escrever com a professora Edna, junto com o trabalho na roça.

Para o Grupo Escolar Público Rural de Barão de Antonina, onde aprendi a importância da curiosidade e da dedicação ao aprendizado; a professora Yvone e os colegas do terceiro ano, do quarto ano e da quinta série são inesquecíveis, como a Zuleide Ferreira e o Flávio.

Para a escola estadual de primeiro e segundo graus Epitácio Pessoa, de Itaporanga-SP, escola pública que todos do lugar frequentavam, onde aprendi mais a estudar e jogar futebol, e eu, ali, ia sempre alternando um turno de trabalho de domingo a domingo na Comercial Ferreira. Saudades dos colegas, do Marcos, da professora Judith, de Matemática, do professor João Castilho, de História, na sexta série, na sétima, na oitava e no primeiro colegial.

Para a escola estadual de primeiro e segundo graus "31 de Março", onde frequentei as aulas noturnas do segundo e do terceiro colegial no Conjunto Residencial 31 de Março, zona sul, periferia de São José dos Campos. Como a primeira turma de formandos do ensino médio da escola, então segundo grau, substituímos o berro do sinal da ditadura por música e festivais de música. A todos que ali me acolhiam no ensino noturno, depois de um dia inteiro de trabalho, especialmente aos colegas todos, como a Joana, o Zé Carlos, a Lígia, o Gil, o Sílvio, saudoso Marcelo, o Robert, o Marcelo Chileno, Fábio, Geovani, a irmã da Claudete, a Paraense, os colegas dos outros anos da escola, o Reizinho tapeceiro, o Serginho do Vale do Sol, a Cláudia, a Dora, a Claudete, a Loirinha, a Maninha e tanta gente bacana de toda a escola, onde fazíamos o arromba no grupo Coração de Estudante e no grupo Sanatório Geral, com crítica social, protesto e muita cultura pela cidade de São José dos Campos, nas atividades da JISC (Jornadas de Integração Sociocultural) entre as escolas públicas e ginásios nos fins de semana. Agradeço e tenho muita saudade da convivência, do valor real da escola pública, do grande professor Alan Romero, da querida Marisa, de literatura, grande professora, do grande professor de História Augusto da Mata.

Aos colegas do chão de fábrica na linha de produção da Kodak do Brasil, em São José dos Campos. Para Érica Valéria Alves, Luciana Bombach e Síber Eduardo Cintra, do saudoso Cursinho Popular do DCE Unicamp, sonho, luta, dor e alegria do DCE UNICAMP.

Para Alexandre Abdalla Araújo, Roniclever Rosa Ribeiro, Francelei Pereira, Osmar de Araújo Coelho Filho, Leãozinho, Maurício, Marcela Souza, Tatiana Adamov Semeghini, Xaxá, Buda, Marta, Eduardo Pateta, arqueiros visionários tenazes da coordenação do DCE UNICAMP na criação do Cursinho Popular do DCE Unicamp.

Para Euler Martins Lage, a TABA, a POCILGA e a MORADIA ESTUDANTIL DA UNICAMP!

Para Maria José da Gama, educadora popular, elo histórico que liga a passagem do bastão da luta contra a analfabetização de jovens e adultos à luta pelo direito à universidade, no Parque Santo Antônio, Zona Sul de São Paulo. Junto com Vanda, Zuleide, Jeferson, fundadores do MSU no Jardim Ângela, junto com as periferias todas! Salve Zona Sul, Zona Leste, Norte, Oeste! Para o MSU de Minas, de Tocantins, do Rio de Janeiro, do Paraná, do Brasil todo!

Para Flávio Jorge, da CONEN (Coordenação Nacional das Entidades Negras), amigo eterno na jornada violenta pela aprovação da Lei de Cotas e seu legado para todo o movimento negro brasileiro. Para Luiza Bairros, eterna Ministra da SEPPIR e ao MNU.

Para a APIB, Articulação dos Povos Indígenas Brasileiros.

Para a escola pública brasileira, seus professores e professoras; para a CNTE; para a Campanha Nacional pelo Direito à Educação.

Para todos que habitam, habitaram, amam e teimam em serem felizes em Cidade Tiradentes, lugar dos fundadores do MSU.

Para Ruth Mantoan.

Para Renata de Melo Rosa.

Para Juçara Pedreira.

Para Thiago Thobias, da EDUCAFRO, amigo querido e valente, e, em seu nome, para todos da EDUCAFRO.

Para Laura Cavalcanti, leitora aguda e grande participante nos projetos de cursinhos populares.

Aos Sem Universidade e suas famílias Brasil afora. Aos Sem Universidade e suas famílias Brasil afora. Para o eterno Dom Pedro Casaldáliga, que nomeou o Movimento dos Sem Universidade, MSU.

Para os que lutaram duramente pela Lei de Cotas no chão do Parlamento, com destemor e amor, como Rita de Cássia Custódio, que não viveu para ver a Lei de Cotas aprovada.

Para o inabalável da vida: a ancestralidade, o amor, as novas gerações, as pulguinhas de felicidade dos dias e os sonhos de um Brasil justo deixado para as herdeiras da vida.

Para Renato, da SEPPIR.

Para trabalhadores e trabalhadoras da Biblioteca Florestan Fernandes, dos prédios da FFLCH-USP.

Para a FFLCH-USP, lugar de encanto, curiosidade e aprendizado crítico ímpar no Brasil.

Para os professores e professora do doutorado na USP pelo aprendizado: Antônio Ribeiro de Almeida Júnior, Angela Alonso, Marília Librandi, Sérgio Bairon, Horácio Gutierrez, Glauco Perez, Jonathan Phillips, Guilherme Grande, Fernando Rugitsky, Marta Arretche, Lorena Barberia, Bernardo Ricupero, André Singer, Maria Homem, Sandra Nunes, Eduardo Marques, Romualdo Portela, Wagner Pralon Mancuso, Gislene Aparecida dos Santos, Paulo Endo. Para a Universidade de São Paulo, amada universidade com cotas.

Para o então Presidente da Câmara dos Deputados, Arlindo Chinaglia. Para o então Presidente do Senado Federal, Senador José Sarney. Para os líderes parlamentares: José Múcio Monteiro, Henrique Fontana e Renan Calheiros.

Para Nice Lobão e Carlos Abicalil. Para Paulo Paim, Serys Slhessarenko, Iara Bernardi, Iriny Lopes e Ana Rita.

Para Cristovam Buarque, Eunício Oliveira, Marta Suplicy, Marina Silva, Pedro Taques.

Para Matilde Ribeiro e Tarso Genro.

Para Vicentinho.

Ancestralidade, Serra dos Paes, Barão de Antonina, Brasil profundo.

Banca do doutorado, Universidade de São Paulo, USP.

Policy economists have to picture themselves as walking in the shoes of every person everywhere, not just their own.

(David Colander)

Ô ô ô ô
Liberdade, Senhor

Passava a noite, vinha dia
O sangue do negro corria dia a dia
De lamento em lamento
De agonia em agonia
Ele pedia o fim da tirania

Lá em Vila Rica
Junto ao Largo da Bica
Local da opressão
A fiel maçonaria, com sabedoria
Deu sua decisão lá, rá, rá

Com flores e alegria veio a abolição
A Independência laureando o seu brasão
Ao longe soldados e tambores
Alunos e professores
Acompanhados de clarim
Cantavam assim

Já raiou a liberdade
A liberdade já raiou
Esta brisa que a juventude afaga
Esta chama que o ódio não apaga
Pelo universo é a evolução
Em sua legítima razão

Samba, oh samba
Tem a sua primazia
De gozar da felicidade
Samba, meu samba
Presta esta homenagem
Aos heróis da liberdade

Composição: Mano Décio, Manoel Ferreira e Silas De Oliveira.
Samba-Enredo da Império Serrano, Carnaval de 1969.

Será que já raiou a liberdade
Ou se foi tudo ilusão
Será, oh, será
Que a Lei Áurea tão sonhada
Há tanto tempo assinada
Não foi o fim da escravidão

Hoje dentro da realidade
Onde está a liberdade
Onde está que ninguém viu

Moço
Não se esqueça que o negro também construiu
As riquezas do nosso Brasil

Pergunte ao Criador
Quem pintou esta aquarela
Livre do açoite da senzala
Preso na miséria da favela

Sonhei
Sonhei que Zumbi dos Palmares voltou
A tristeza do negro acabou
Foi uma nova redenção

Senhor! Ai, Senhor!
Eis a luta do bem contra o mal (contra o mal)
Que tanto sangue derramou
Contra o preconceito racial

O negro samba
O negro joga a capoeira
Ele é o rei na verde e rosa da Mangueira

Composição: Alvinho, Helio Turco e Jurandir.
Samba-Enredo da Mangueira, em 1988.

Não sou escravo de nenhum senhor
Meu Paraíso é meu bastião
Meu Tuiuti, o quilombo da favela
É sentinela na libertação

Irmão de olho claro ou da Guiné
Qual será o seu valor?
Pobre artigo de mercado
Senhor, eu não tenho a sua fé
E nem tenho a sua cor
Tenho sangue avermelhado
O mesmo que escorre da ferida
Mostra que a vida se lamenta por nós dois
Mas falta em seu peito um coração
Ao me dar a escravidão
E um prato de feijão com arroz

Eu fui mandiga, cambinda, haussá
Fui um Rei Egbá preso na corrente
Sofri nos braços de um capataz
Morri nos canaviais onde se plantava gente

Ê, Calunga, ê! Ê, Calunga!
Preto Velho me contou
Preto Velho me contou
Onde mora a Senhora Liberdade
Não tem ferro nem feitor

Amparo do Rosário ao negro Benedito
Um grito feito pele do tambor
Deu no noticiário, com lágrimas escrito
Um rito, uma luta, um homem de cor
E assim, quando a lei foi assinada
Uma Lua atordoada assistiu fogos no céu
Áurea feito o ouro da bandeira
Fui rezar na cachoeira contra a bondade cruel

Meu Deus! Meu Deus!
Se eu chorar, não leve a mal
Pela luz do candeeiro
Liberte o cativeiro social

Composição: Cláudio Russo, Anibal, Jurandir, Moacyr Luz e Zezé.
Samba-Enredo da Paraíso da Tuiuti, em 2018.

LABERINTO

No habrá nunca una puerta. Estás adentro
Y el alcázar abarca el universo
Y no tiene ni anverso ni reverso
Ni externo muro ni secreto centro.
No esperes que el rigor de tu camino
Que tercamente se bifurca en otro,
Que tercamente se bifurca en otro,
Tendrá fin. Es de hierro tu destino
Como tu juez. No aguardes la embestida
Del toro que es un hombre y cuya extraña
Forma plural da horror a la maraña
De interminable piedra entretejida.
No existe. Nada esperes. Ni siquiera
En el negro crepúsculo la fiera.[193]

EL LABERINTO

Zeus no podría desatar las redes
de piedra que me cercan. He olvidado
los hombres que antes fui; sigo el odiado
camino de monótonas paredes
que es mi destino. Rectas galerías
que se curvan en círculos secretos
al cabo de los años. Parapetos
que ha agrietado la usura de los días.
En el pálido polvo he descifrado
rastros que temo. El aire me ha traído
en las cóncavas tardes un bramido
o el eco de un bramido desolado.
Sé que en la sombra hay Otro, cuya suerte
es fatigar las largas soledades
que tejen y destejen este Hades
y ansiar mi sangre y devorar mi muerte.
Nos buscamos los dos. Ojalá fuera
éste el último día de la espera.[194]

---

[193] *Cf.* BORGES, Jorge Luís. *Obras Completas.* 20. ed. Buenos Aires: Emecé Editores S.A., 1994, p. 364.

[194] *Ibidem*, p. 365.

LISTA DE ABREVIATURAS E SIGLAS

ABC –	Santo André, São Bernardo do Campo e São Caetano do Sul, Região do ABC-SP, no geral, válido também para referir-se às sete cidades da região
ACF –	*Advocacy Coalition Framework* ou modelo da coalizão de defesa
ADIN –	Ação Direta de Inconstitucionalidade de uma lei, pedida no STF
APEOESP –	Sindicato dos Professores do Estado de São Paulo
ARENA –	Partido da Aliança Renovadora Nacional
CCJ –	Comissão de Constituição e Justiça do Senado Federal
CCJC –	Comissão de Constituição, Justiça e Cidadania da Câmara dos Deputados
CDH –	Comissão de Direitos Humanos e Legislação Participativa do Senado Federal
CDHM –	Comissão de Direitos Humanos e Minorias da Câmara dos Deputados
CEBRAP –	Centro Brasileiro de Análises e Planejamento
CEC –	Comissão de Educação e Cultura da Câmara dos Deputados
CF –	Constituição Federal
CGTB –	Confederação Geral dos Trabalhadores Brasileiros
COIAB –	Coordenação dos Povos Indígenas da Amazônia Brasileira
COL –	Colegiado
CONEN –	Coordenação Nacional das Entidades Negras
CNTE –	Confederação Nacional dos Trabalhadores em Educação
CR –	Coeficiente de Rendimento, indicador citado no PL 73/199
CTB –	Central dos Trabalhadores e Trabalhadoras do Brasil
CUT –	Central Única dos Trabalhadores
DCE UNICAMP –	Diretório Central dos Estudantes da UNICAMP
DEM –	Partido dos Democratas
DF –	Distrito Federal
DIAP –	Departamento Intersindical de Estudos e Análises Parlamentares
DIP –	Departamento de Imprensa e Propaganda
DOU –	Diário Oficial da União
EDUCAFRO –	Educação de Afrodescendentes
EDUSP –	Editora da Universidade de São Paulo
ENEM –	Exame Nacional do Ensino Médio
ES –	Espírito Santo

EUA – Estados Unidos da América do Norte

FAPESP – Fundação de Amparo à Pesquisa do Estado de São Paulo

FASUBRA – Federação das Associações e Sindicatos de Servidores das Universidades Brasileiras

FEUSP – Faculdade de Educação da Universidade de São Paulo

FGV – Fundação Getúlio Vargas

FIES – Programa Nacional de Financiamento Estudantil

FUNAI – Fundação Nacional do Índio

FUNDEB – Fundo Nacional para o Desenvolvimento da Educação Básica

FUVEST – Fundação do Vestibular da USP

GO – Goiás

IBGE – Instituto Brasileiro de Geografia e Estatística

IES – Instituições de Ensino Superior

IFEs – Instituições Federais de Educação Superior

INEP – Instituto Nacional de Estudos e Pesquisas Educacionais Anísio Teixeira

IPEA – Instituto Nacional de Pesquisas Econômicas Aplicadas

LDB – Lei de Diretrizes e Bases da Educação Brasileira

MA – Maranhão

MEC* – Ministério da Educação e Cultura

MEC – Ministério da Educação

MES – Ministério da Educação e Saúde

MJ – Ministério da Justiça

MPV – Medida Provisória

MSU – Movimento dos Sem Universidade

MT – Mato Grosso

NCST – Nova Central Sindical dos Trabalhadores

NMS – Novos Movimentos Sociais

N*MS – Novíssimos Movimentos Sociais

OIT – Organização Internacional do Trabalho

ONG – Organizações Não Governamentais

ONU – Organização das Nações Unidas

PAG – Plano de Ação Governamental

PB – Paraíba

PCdoB – Partido Comunista do Brasil

PDT – Partido Democrático Trabalhista

PFL – Partido da Frente Liberal

PHS – Partido do Humanismo e da Solidariedade

PL – Projeto de Lei apresentado por parlamentar da Câmara dos Deputados

PLC – Projeto de Lei aprovado na Câmara dos Deputados

PLEN – Plenário

PLS – Projeto de Lei apresentado por parlamentar do Senado Federal

PMDB – Partido do Movimento Democrático Brasileiro

PMN – Partido da Mobilização Nacional

PNE – Plano Nacional de Educação

PP – Partido Progressista

PPL – Partido da Pátria Livre

PPS – Partido Progressista Social

PR – Partido da República

PRONATEC – Programa Nacional de Apoio ao Ensino Técnico

PROUNI – Programa Universidade Para Todos

PSC – Partido Social Cristão

PSDB – Partido da Social-Democracia Brasileira

PSL – Partido Social Liberal

PSOL – Partido do Socialismo e da Liberdade

PT – Partido dos Trabalhadores

PTB – Partido Trabalhista Brasileiro

PTC – Partido Trabalhista Cristão

PTdoB – Partido dos Trabalhadores do Brasil

PUC – Pontifícia Universidade Católica

PV – Partido Verde

REC – Regimento Geral da Câmara dos Deputados

RICD – Regimento Interno da Câmara dos Deputados

RJ – Rio de Janeiro

RO – Rondônia

RS – Rio Grande do Sul

SCD – Substituto da Câmara dos Deputados

SEPPIR – Ministério da Secretaria Especial de Promoção da Igualdade Racial

SPI – Serviço de Proteção ao Índio

STF – Supremo Tribunal Federal

TEN	–	Teatro Experimental do Negro
UEM	–	Universidade Estadual de Maringá
UEMS	–	Universidade Estadual do Mato Grosso do Sul
UENF	–	Universidade Estadual do Norte Fluminense Darcy Ribeiro
UERGS	–	Universidade Estadual do Rio Grande do Sul
UERJ	–	Universidade Estadual do Rio de Janeiro
UFPA	–	Universidade Federal da Paraíba
UFRJ	–	Universidade Federal do Rio de Janeiro
UGT	–	União Geral dos Trabalhadores
UnB	–	Universidade de Brasília
UNEB	–	Universidade Estadual da Bahia
UNESCO	–	Órgão da ONU Para a Educação
UNESP	–	Universidade Estadual Paulista
UNICAMP	–	Universidade Estadual de Campinas
UNIP	–	Universidade Paulista
USP	–	Universidade de São Paulo

LUGARES

1. Catedral de Brasília, Catedral Metropolitana Nossa Senhora Aparecida, lote 12, sul da S1, eixo monumental, entrada da Esplanada Dos Ministérios.
2. Retiro Assunção. Casa de Retiros Assunção, Quadra 611, L2 Norte.
3. Retiro dos Franciscanos. Centro Franciscano de Evangelização e Cultura, SGAN 915, Asa Norte.
4. Supermercado Big Box 24 horas L2 Norte.
5. Quadra do Tênis Clube de Brasília, setor de clubes esportivos sul, quadra 06, asa norte.
6. Rodoviária urbana de Brasília, rodoviária do Plano Piloto, setor de diversões Norte.
7. Rodoferroviária de Brasília, rodoviária interestadual do DF, no antigo aeroporto de Vera Cruz, extremo oeste do Eixo Monumental, 21 quiosques, 14 lojas, 39 guichês de passagens, funcionou como rodoviária interestadual de 1981 a 2010, cerca de 10km do Plano Piloto, com passagem de trens de carga para Goiânia e São Paulo na linha férrea.
8. Aeroporto de Brasília, Lago Sul, 11 km do Plano Piloto, do centro de Brasília.
9. Acampamento Indígena na Esplanada dos Ministérios, gramado do meio da Esplanada dos Ministérios.
10. Secretaria de Estado de Comunicação de Governo e Gestão Estratégica da Presidência da República, Esplanada dos Ministérios, Bloco A, 3º Andar, Gabinete do Ministro Luiz Gushiken.
11. Estacionamento da Catedral, ao lado direito da Catedral.
12. Orientação Geral de Localização pelas Cores no Congresso Nacional: salão negro é aquele interno, na entrada principal do Congresso Nacional, —a cor do piso deu nome ao salão (regra geral das cores), é o espaço usado para solenidades oficiais, o acesso se dá pela rampa do Congresso; salão branco, principal entrada de trabalho do Congresso com entrada para a Câmara e para o Senado e intensa movimentação de carros do lado de fora, fica no térreo, um nível abaixo do salão negro, é popularmente chamado de chapelaria, porque antigamente era comum que prédios públicos tivessem serviço para guarda de chapéus, casacos e bengalas, permaneceu só o nome; verde é o grande salão que se estende do cafezinho da Câmara dos Deputados até a passagem da Câmara para o Senado Federal, cobre a entrada principal dos parlamentares ao Plenário da Câmara dos Deputados, local usual da cobertura da imprensa, o salão verde dá acesso ao gabinete da Presidência da Câmara, que fica no lado oposto ao Plenário; o salão azul fica no pavimento principal do Senado e é via de acesso a três espaços: o Plenário do Senado Federal, a Secretaria-Geral da Mesa e o gabinete do presidente do Senado, é onde se localiza a Praça das Bandeiras, bem em frente ao Plenário. Se a Câmara dos Deputados é conhecida como Casa do Povo, com 513 deputados e deputados que ali chegaram por eleição proporcional, com mandatos de quatro anos, o Senado Federal é conhecido como casa da Federação, com 3 representantes

por cada unidade da federação brasileira, em eleição majoritária, com mandatos de oito anos, 81 no total.

13. Sala de Reunião da Comissão Permanente de Educação e Cultura da Câmara dos Deputados, quartas-feiras, 10 horas da manhã, Anexo II, Plenário 10, corredor das comissões.
14. Sala de Reunião da Comissão Permanente de Constituição, Justiça e Cidadania da Câmara dos Deputados, Anexo II, Plenário 01, corredor das comissões.
15. Sala de Reunião da Comissão Permanente de Direitos Humanos e Minoria da Câmara dos Deputados, Anexo II, Plenário 09, corredor das comissões.
16. Sala de Reunião da Comissão Permanente de Legislação Participativa, Anexo II, Plenário 03, corredor das comissões.
17. Secretaria Executiva da Comissão Permanente de Educação e Cultura da Câmara dos Deputados, Anexo II, Pavimento Superior, Ala C, sala 170.
18. Secretaria Executiva da Comissão Permanente de Direitos Humanos e Minorias da Câmara dos Deputados, Anexo II, Ala A, sala 185.
19. Secretaria Executiva da Comissão de Constituição e Justiça da Câmara dos Deputados, Anexo II, Ala A, sala 17.
20. Secretaria Executiva da Comissão de Participação Legislativa da Câmara dos Deputados, Anexo II, Pavimento Superior, Ala A, salas 121/122.
21. Gabinete da Deputada Federal Nice Lobão, PFL-MA, depois DEM-MA, autora do PL 73/99, 52ª e 53ª legislaturas, Anexo IV, 215.
22. Gabinete do Deputado Federal Carlos Abicalil, PT-MT, Presidente da Comissão de Educação e Cultura, depois relator do PL 73/99B (2005), 52ª, 53ª legislaturas, Anexo IV, Gabinete 623.
23. Gabinete do Deputado Federal Pedro Wilson, PT-GO, vice-presidente da Comissão de Legislação Participativa (2008), autor do requerimento para a audiência pública do acordo de 19.11.2008, anexo IV, Gabinete 940.
24. Gabinete do Deputado Federal Adão Preto, PT-RS, 52ª e 53ª legislaturas, presidente da Comissão Permanente de Legislação Participativa (2008), Anexo III, gabinete 271.
25. Gabinete do Deputado Federal Antônio Carlos Biscaia, PT-RJ, 52ª legislatura, Presidente da CCJ, Anexo IV, Gabinete 414.
26. Gabinete do Deputado Federal Beto Albuquerque, PSB-RS, vice-líder do Governo, 52ª, 53ª legislaturas, Anexo IV, Gabinete 338.
27. Gabinete do Deputado Federal Carlos Santana, PT-RJ, Presidente da Frente Parlamentar Negra, 52ª, 53ª legislaturas, Anexo III, Gabinete 286.
28. Gabinete do Deputado Federal Colombo, PT-PR, relator da criação do sistema público de bolsas de estudos em instituições privadas de ensino superior (Prouni) na comissão especial, 52ª legislatura, Anexo III, Gabinete 384.

29. Gabinete do Deputado Federal Custódio Mattos, PSDB-MG, líder do partido, 52ª legislatura, Anexo IV, Gabinete 417.

30. Gabinete da Deputada Federal Fátima Bezerra, PT-RN, 52ª e 53ª legislaturas, Anexo IV, Gabinete 213.

31. Gabinete do Deputado Federal Fernando Gabeira, PT-RJ, depois PV-RJ, 52ª e 53ª legislaturas, Anexo IV, Gabinete 332.

32. Gabinete do Deputado Federal Gilmar Machado, liderança da bancada evangélica, relator do orçamento, Anexo IV, Gabinete 262.

33. Gabinete do Deputado Federal Henrique Fontana, PT-RS, 52ª e 53ª legislaturas, líder do Governo (2008), Anexo III, Gabinete 277.

34. Gabinete do Deputado Federal Henrique Eduardo Alves, presidente da Câmara dos Deputados (2007), Anexo IV, Gabinete 539.

35. Gabinete da Deputada Federal Iara Bernardi, PT-SP, relatora do PL 73/99 na CCJ (2006), 52ª legislatura, Anexo IV, Gabinete 360.

36. Gabinete da Deputada Federal Iriny Lopes, PT-ES, relatora do PL 73/99 na Comissão de Direitos Humanos e Minorias (2005), Anexo III, Gabinete 267.

37. Gabinete do Deputado Federal João Campos, líder da frente parlamentar cristã, Anexo IV, Gabinete 315.

38. Gabinete do Deputado Federal João Matos, presidente da Comissão de Educação e Cultura (2008), 52ª e 53ª legislaturas, Anexo IV, Gabinete 720.

39. Gabinete do Deputado Federal João Paulo Cunha, PT-SP, Presidente da Câmara dos Deputados, 52ª e 53ª legislaturas, Anexo IV, Gabinete 715.

40. Gabinete do Deputado Federal José Borba, PMDB-PR, líder do partido, 52ª legislatura, Anexo IV, Gabinete 616.

41. Gabinete do Deputado Federal José Carlos Aleluia, PFL-BA, depois DEM-BA, líder do partido e líder da minoria, 52ª e 53ª legislatura, Anexo IV, Gabinete 856.

42. Gabinete do Deputado Federal José Mucio Monteiro, PTB-PE, líder do partido (2004, 2005), depois Ministro das Relações Institucionais (2008), Anexo IV, Gabinete 458.

43. Gabinete do Deputado Federal José Eduardo Cardozo, Secretário-Geral do Partido (2008), 52ª e 53ª legislaturas, Anexo IV, Gabinete.

44. Gabinete do Deputado Federal Júlio Delgado, PPS-MG, líder do partido, 52ª e 53ª legislaturas, Anexo IV, Gabinete 323.

45. Gabinete do Deputado Federal Lobbe Neto, PSDB-SP, liderança na Frente Parlamentar da Juventude e na Comissão de Educação e Cultura, 52ª e 53ª legislaturas, Anexo IV, Gabinete 718.

46. Gabinete do Deputado Federal Luiz Alberto, liderança da frente negra na Câmara dos Deputados, primeiro relator do PL 73/99 na CCJ (2006), Anexo IV, Gabinete 954.

47. Gabinete do Deputado Federal Mauricio Rands, PT-PE, 52ª e 53ª legislaturas, líder do partido (2008), Anexo IV, Gabinete 237.
48. Gabinete do Deputado Federal Michel Temer, 52ª e 53ª legislaturas, presidente do partido (2008), Anexo II, Gabinete 14.
49. Gabinete do Deputado Federal Paulo Delgado, PT-MG, presidente da Comissão de Educação e Cultura (2005), 52ª legislatura, Anexo III, Gabinete 268.
50. Gabinete do Deputado Federal Paulo Renato Souza, PSDB-SP, 53ª legislatura, fechou acordo com os N*MS em 19.11.2008 que garantiu a votação do PL 73/99 no plenário em 20.11.2008, Anexo IV, Gabinete 403.
51. Gabinete do Deputado Federal Professor Luizinho, PT-SP, líder do Governo (2004, 2005), 52ª legislatura, Anexo IV, Gabinete 404.
52. Gabinete do Deputado Federal Reginaldo Lopes, PT-MG, liderança da frente parlamentar da juventude, Anexo IV, Gabinete 426.
53. Gabinete do Deputado Federal Renato Casagrande, PSB-ES, líder do partido, Anexo IV, Gabinete 662.
54. Gabinete do Deputado Federal Rodrigo Maia, PFL-RJ, depois DEM-RJ, líder do partido, Anexo IV, Gabinete 308.
55. Gabinete do Deputado Federal Sandro Mabel, PL-GO, líder do partido, 52ª e 53ª legislaturas, Anexo IV, Gabinete 443.
56. Gabinete do Deputado Federal Sarney Filho, PV-MA, líder do partido, 52ª e 53ª legislaturas, Anexo IV, Gabinete 202.
57. Gabinete do Deputado Federal Severiano Alves, PDT-BA, líder da frente parlamentar do ensino superior privado (2008), 52ª e 53ª legislaturas, Anexo IV, Gabinete 738.
58. Gabinete do Deputado Federal Vicentinho, PT-SP, liderança da frente negra do Congresso Nacional, 52ª e 53ª legislaturas, Anexo IV, Gabinete 740.
59. Gabinete do Deputado Federal Fernando Coruja, PPS-SC, líder do partido, 52ª e 53ª legislaturas, Anexo IV, Gabinete 245.
60. Gabinete do Deputado Federal Antônio Carlos Magalhães Neto, PFL-BA, depois DEM-BA, vice-líder, depois líder partidário (2008), 52ª e 53ª legislaturas, Anexo IV, Gabinete 939.
61. Gabinete do Deputado Federal Dr. Hélio, PDT-SP, líder do partido, 52ª legislatura, Anexo IV, Gabinete 734.
62. Gabinete do Deputado Federal Miro Teixeira, PDT-RJ, 52ª e 53ª legislaturas, apresentou pedido de urgência ao PL 73/99 no plenário, Anexo III, Gabinete 272.
63. Gabinete do Presidente da Câmara dos Deputados, Edifício Principal, ao lado do salão verde, atrás do cafezinho Gabinete da Secretaria Geral da Mesa da Câmara dos Deputados, Edifício Principal, segundo subsolo.

64. Plenário da Câmara dos Deputados, https://www2.camara.leg.br/a- camara/visiteacamara/giro-pelo-predio-principal/giro-pelo-predio-principal.
65. Cafezinho da Câmara dos Deputados, ao fim do salão verde, ao lado da porta de saída do Plenário para o salão nobre.
66. Auditório Nereu Ramos da Câmara dos Deputados, 1º subsolo, Anexo 2.
67. Auditório em frente a sala da CCJ, em frente ao Plenário 1 no corredor das comissões.
68. Anexo I, entrada simultânea para a Câmara e o Senado, rampa própria e espelho
69. d'água próprio.
70. Anexo II da Câmara dos Deputados, entrada para o salão nobre.
71. Anexo III da Câmara dos Deputados, lugar do restaurante e do acesso para o corredor das comissões.
72. Anexo IV da Câmara dos Deputados, lugar dos gabinetes e das empresas de venda de passagens aéreas.
73. Corredor Esquerdo paralelo ao corredor principal das Comissões Permanentes da Câmara dos Deputados
74. Corredor Direito paralelo ao corredor principal das Comissões Permanente da Câmara dos Deputados
75. Chapelaria Entrada Principal conjunta da Câmara dos Deputados e do Senado, edifício principal, acesso ao salão negro, ao salão verde.
76. Entrada da Câmara dos Deputados pelo Anexo III.
77. Entrada da Câmara dos Deputados pelo Anexo II.
78. Entrada da Câmara dos Deputados e do Senado pelo Anexo I.
79. Entrada do Senado Federal pela Biblioteca do Senado, Senado Federal, Praça dos Três Poderes, Palácio do Congresso, Anexo II do Senado, Térreo.
80. Entrada na Câmara dos Deputados pelo Anexo IV
81. Gabinete da Liderança do PT na Câmara dos Deputados, Edifício Principal, térreo, sala 23.
82. Gabinete da Liderança do PSDB na Câmara dos Deputados, Edifício Principal, térreo, Ala B, sala 11.
83. Gabinete da Liderança do PFL na Câmara dos Deputados, Edifício Principal, térreo, Ala B, sala 16.
84. Gabinete da Liderança do PDT na Câmara dos Deputados, Edifício Principal, Pavimento Superior, Ala A, sala 12.
85. Gabinete da Liderança do PTB na Câmara dos Deputados, Edifício Principal, Pavimento Superior, sala 11.

86. Gabinete da Liderança do PMDB na Câmara dos Deputados, Pavimento Superior, Ala B, atrás do salão verde, sala 3.

87. Gabinete da Liderança do PP na Câmara dos Deputados, Pavimento Superior, Ala B, sala 11.

88. Gabinete da Liderança do Governo na Câmara dos Deputados, Anexo II, Ala das Lideranças, três salas centrais do corredor.

89. Gabinete da Liderança do PL na Câmara dos Deputados, Anexo II, Ala das Lideranças, sala à esquerda no corredor das lideranças.

90. Gabinete da Liderança do PCdoB na Câmara dos Deputados, Anexo II, pavimento inferior, sala 125B.

91. Gabinete da Liderança do PSB na Câmara dos Deputados, Anexo II, ala das lideranças, sala à esquerda.

92. Secretaria de Estado de Comunicação de Governo e Gestão Estratégica da Presidência da República, Esplanada dos Ministérios, Bloco A, 3º Andar, Gabinete do Ministro Luiz Gushiken.

93. Secretaria de Estado Especial de Políticas da Promoção da Igualdade Racial, Ministra Matilde Ribeiro (2003-2008), Ministro Édson Santos (2008-2010), Ministro Elói Ferreira (2010-2011), Ministra Luiza Bairros (2011-2014).

94. Fundação Nacional do Índio, FUNAI, vinculada ao Ministério da Justiça, Setor de Edifícios Públicos Sul, Quadra 702/902, Projeção —A, Edifício Lex.

95. Ministério da Educação, Esplanada dos Ministérios, Bloco L, edifício sede e anexos.

96. Prédio do MEC na L2 SUL, quadra 604.

97. Ministério da Assistência Social, depois Desenvolvimento Social, Esplanada dos Ministérios, Bloco C, 5º andar.

98. Ministério da Justiça, Esplanada dos Ministérios, Bloco A, edifício sede e anexos.

99. Candangolândia, retiro da Pastoral da Juventude Rural.

100. Restaurante do 13º andar do anexo 4 da Câmara

101. Restaurante do anexo II da Câmara dos Deputados.

102. Sala de Cerimônias do Palácio do Planalto, térreo.

103. Gabinete do Presidente da República no Palácio do Planalto, 3º andar.

104. Gabinete do Ministério da Casa Civil no Palácio do Planalto.

105. Gabinete do Ministério das Relações Institucionais no Palácio do Planalto.

106. Restaurante popular atrás da Gráfica do Senado.

107. Entrada do Senado pela Chapelaria.

108. Entrada do Senado pelo Anexo 1.

109. Entrada do Senado pelo Salão Verde.

110. Gabinete da Liderança do Governo no Congresso Nacional, Senadora Roseane Sarney (PMDB-MA), líder do Governo no Congresso Nacional em fins de 2008, chapelaria, primeiro gabinete à direita após as escadas, sentido Mesa Diretora da Câmara, térreo, Edifício Principal, gabinete 4.

111. Gabinete da Segunda Vice-Presidência do Senado Federal, Edifício Principal, pavimento, salas lado esquerdo (vidros) em frente à entrada do Plenário do Senado Federal, pequeno conjunto de salas. Após anos sem a presença de mulheres na direção efetiva da Mesa Diretora do Senado, a Senadora Serys Slhessarenko (PT-MT), foi uma das primeiras mulheres na direção da Mesa do Senado Federal na história do Senado Federal.

112. Gabinete da Presidência do Senado Federal. Edifício Principal, pavimento, em frente ao Plenário do Senado Federal, salas lado direito (vidros), conjunto pequeno de salas, inclui sala grande de reuniões da Presidência do Senado. Na tramitação do PLC 180/08 o diálogo dos N*MS ocorreu diretamente com o Senador Garibaldi Alves Filho (PMDB/RN), Presidente do Senado Federal em fins de 2008 e com o Senador José Sarney (PMDB-AP), no período 2009-2012, em reuniões no Salão Nobre, local para convidados do Presidente do Senado.

113. Gabinete da Primeira Vice-Presidência do Senado Federal, Edifício Principal, pavimento, salas lado esquerdo (vidros) em frente à entrada do Plenário do Senado Federal, pequenas salas. A Senadora Marta Suplicy (PT-SP), ocupava essa posição na Mesa Diretora do Senado Federal entre 2011 e 2012, no período de tramitação do PLC 180/08.

114. Cafezinho-Lanchonete interna do Senado Federal, fica atrás do Plenário, ambiente restrito para senadores, senadoras e convidados, convidadas, faz ligação direta com o plenário, é requintado, servido por garçons, lugar de refinada articulação política.

115. Túnel do Tempo, liga o edifício principal ao anexo 2, o plenário às comissões e gabinetes, é um amplo corredor de mármore em tons de marrom, com exposição de fatos históricos que contam a história do Senado Federal em painéis fixos nas 2 laterais, vai da saída do salão azul até o Plenarinho, fim do corredor, depois da ala dos gabinetes, onde estão em exposição permanente os móveis do Plenário do Senado nas antigas sedes do Palácio Conde dos Arcos e do Palácio Monroe, no Rio de Janeiro, móveis em madeira de lei produzidos por presos da Penitenciária do Rio de Janeiro em 1867.

116. Sala de Reuniões da Comissão de Constituição Justiça e Cidadania do Senado Federal, corredor das comissões (são 12 comissões permanentes), primeira comissão a esquerda de quem vem do Plenário do Senado pelo túnel do tempo, anexo II, ala Senador Alexandre Costa, Plenário 5, reuniões ordinárias quartas-feiras, 9 horas da manhã, 2 portas de acesso. Foram presidentes da CCJ no processo político longo de tramitação do PLC 180/08: Senador Marco Maciel (PFL-PE), fins de 2008; Senador Demóstenes Torres (PFL-GO, depois DEM-GO), 2009; Senador Eunicio de Oliveira (PMDB-CE), 2012.

117. Secretaria executiva da Comissão de Constituição, Justiça e Cidadania do Senado Federal, sala adjunta à comissão.

118. Parede e Corredor em frente à Comissão de Constituição, Justiça e Cidadania do Senado Federal, ala Senador Alexandre Costa, local de manifestação dos N*MS em 2009 e 2012.

119. Sala de Reuniões da Comissão de Educação e Cultura do Senado Federal, corredor das comissões, anexo II, ala Senador Alexandre Costa, Plenário 15, reuniões ordinárias terças-feiras, 9 horas da manhã. Foram presidentes da CEC, Senador Cristovam Buarque (2007-2008); Senador Roberto Requião (PMDB-PR), 2012.

120. Secretaria Executiva da Comissão de Educação e Cultura do Senado Federal, sala adjunta à comissão.

121. Sala da Consultoria Permanente do Senado Federal, fica ao fundo do túnel do tempo, entrada pela lateral do Plenarinho, andar superior do anexo II, são várias salas, no geral uma sala para cada consultor ou consultora concursados, que auxiliam tecnicamente o trabalho legislativo dos senadores por meio de pareceres e outros trabalhos técnicos, possui uma área de cafezinho e uma secretaria executiva.

122. Sala da Liderança do PT no Senado Federal embaixo do corredor das comissões permanentes do Senado Federal, desce-se via escada, Anexo II, gabinete 09, um conjunto de salas.

123. Gabinete do Senador Marco Maciel, PFL-PE, presidente da CCJ do Senado, anexo 1, 5º andar, salas de 1 a 6.

124. Gabinete do Senador Demóstenes Torres, PFL-GO, depois DEM-GO, ala atrás da Biblioteca do Senado Federal, Ala Senador Felinto Müller, gabinete 10, várias salas, sala exclusiva do Senador para reuniões pequenas ao fundo.

125. Gabinete do Senador Paulo Paim, PT-RS, relator do PLC 180/08 na Comissão de Direitos Humanos e Legislação Participativa, relator do PLC 180/08 no Plenário do Senado Federal, Anexo 1, 22º andar, gabinete 4, várias salas.

126. Entrada do Senado Federal pela Biblioteca do Senado Federal.

127. Gabinete do Senador Cristovam Buarque, PDT-DF, ala da Biblioteca, gabinete 5.

128. Gabinete da Senadora Fátima Cleide, PT-RO, ala atrás da Biblioteca do Senado Federal, passagem ao lado da entrada da biblioteca até o fim do estreito corredor, Ala Senador Filinto Müller, gabinete 15.

129. Gabinete da Liderança do Governo no Senado Federal, corredor principal dos gabinetes ao fim, depois do corredor das comissões, lado direito, todo o fundo, último gabinete, Anexo 2, Ala Tancredo Neves, gabinete 60, várias salas. Foram interlocutores duros dos N*MS: Aloísio Mercadante, PT-SP, primeiro, tema da criação do sistema público de bolsas de estudos em instituições privadas e isenções (2004), depois Romero Jucá, PMDB-RR, tema do PLC 180/08, 2009-2012.

130. Gabinete do Senador Eunício Oliveira, PMDB-CE, Presidente da CCJ do Senado Federal em 2012, Anexo 2, Ala Senador Teotônio Vilela, gabinete 7, várias salas.

131. Gabinete da Senadora Serys Slhessarenko, PT-MT, primeira relatora do PLC 180/08 no Senado Federal, Anexo 2, Ala Senador Teotônio Vilela, corredor à esquerda, depois do corredor das comissões, gabinete 21.

132. Gabinete do Senador Edison Lobão, PMDB-MA, Anexo II, Ala Senador Tancredo Neves, gabinete 54.

133. Gabinete da Senadora Ana Rita, ala atrás da biblioteca do Senado Federal, ala Senador Filinto Müller, gabinete 14, várias salas.

134. Gabinete da liderança do PMDB no Senado Federal, ala Antonio Carlos Magalhães, gabinete 4, várias salas.

135. Gabinete da Senadora Marta Suplicy no Senado Federal, Ala Senador Dinarte Mariz, gabinete 2, várias salas, trás da portaria de entrada do Senado ao fim do corredor vindo da portaria externa do Anexo 1, portaria de entrada ao Senado vindo da Chapelaria ou salão branco.

136. Gabinete do Senador Rodolpho Tourinho (PFL-BA), relator do sistema público de bolsas de estudos em instituições privadas (Prouni), em 2004.

137. Gabinete da Senadora Marina Silva, PV-AC, Alameda Senador Teotônio Vilela, gabinete 8.

138. Comissão de Direitos Humanos e Legislação Participativa do Senado Federal, Anexo II, corredor das comissões, lado direito vindo do Plenário do Senado Federal, Ala Nilo Coelho, Plenário 6.

139. Secretaria Executiva da Comissão de Direitos Humanos e Legislação Participativa, ala das comissões do Senado Federal, sala 4-A.

140. Plenário do Senado Federal.

141. Tribuna de honra do Senado Federal, ao lado direito do Plenário, acesso por porta lateral, com traje a rigor.

142. Sala de imprensa do Senado Federal, ao lado esquerdo do Plenário.

143. Banheiro central do corredor das comissões na Câmara dos Deputados.

144. Protocolo da Secretaria Geral da Mesa da Câmara dos Deputados, subsolo, Edifício Principal, depois da Secretaria Geral da Mesa.

145. Banheiro do Auditório Nereu Ramos, subsolo, ao lado do auditório, Anexo 1.

146. Gabinete de Relações Institucionais do Ministério da Justiça, Ministério da Justiça, Edifício Principal, Bloco A, primeiro andar.

147. Protocolo do STF, anexo ao fundo do STF.

148. Saguão de entrada do STF, via de acesso por trás.

PREFÁCIO

Um convite à ação

A luta pela igualdade racial e a inclusão de negros, pardos e indígenas no Brasil é uma história que se escreve diariamente nas ruas e no parlamento. A obra de Sérgio José Custódio, que ora tenho a honra de prefaciar neste volume dois, traz à tona a importância desse movimento para o empoderamento da juventude indígena. Custódio, com sua profunda compreensão e envolvimento direto na causa, revela a essência da resistência e da busca por justiça social.

Nas últimas décadas, o Brasil tem testemunhado um significativo avanço na legislação que visa à promoção da igualdade racial. Entretanto, a concretização desses direitos muitas vezes esbarra na realidade do preconceito e da discriminação estrutural. É nesse contexto que se insere a luta por reserva de vagas para negros, pardos e indígenas. Mais do que uma política de cotas, trata-se de um movimento que questiona as bases de uma sociedade que historicamente marginalizou e silenciou essas vozes.

Sérgio José Custódio aborda com maestria os desafios enfrentados e as vitórias alcançadas nesse percurso. A obra não apenas documenta os processos legislativos e os debates travados no parlamento, mas também ilumina as batalhas travadas nas ruas, nas universidades, nas escolas públicas e nas comunidades. Cada manifestação, cada protesto, cada voto a favor da reserva de vagas é uma conquista da resistência popular.

Um dos aspectos mais significativos desta obra é a conexão que Custódio faz entre a política de cotas e o empoderamento da juventude indígena. Ele demonstra como o acesso à educação e ao mercado de trabalho, promovido por essas políticas, tem sido crucial para a construção de novas lideranças indígenas. Jovens que, ao ingressarem em universidades e conquistarem espaços profissionais, não apenas elevam suas comunidades, mas também trazem novas perspectivas e soluções para os desafios que enfrentamos enquanto nação.

O autor enfatiza a importância da representatividade. Quando jovens negros, pardos e indígenas ocupam lugares de destaque, eles rompem com o ciclo de invisibilidade e inspiram futuras gerações. Eles se tornam símbolos vivos de que é possível transformar a realidade por meio da educação e do engajamento político.

Custódio também nos alerta para os desafios que ainda persistem. Ele nos convida a refletir sobre a necessidade de políticas públicas que garantam não apenas o acesso, mas também a permanência desses jovens nas universidades. Destaca a importância de um ambiente acadêmico que respeite e valorize a diversidade cultural, proporcionando condições para que esses estudantes possam desenvolver todo o seu potencial.

A leitura desta obra é um convite à ação. Ela nos desafia a continuar lutando por uma sociedade mais justa e inclusiva. Nos lembra que a batalha pela igualdade racial e pelos direitos indígenas não se limita aos corredores do parlamento, mas se estende a cada esquina, a cada sala de aula, a cada espaço de convivência social.

Por fim, não poderia deixar de expressar minha gratidão e admiração por Sérgio José Custódio. Sua dedicação à causa e sua capacidade de transformar dados e experiências em uma narrativa poderosa são um verdadeiro presente para todos nós que acreditamos na força da educação e do ativismo como motores de mudança social.

A obra que ora se apresenta é mais do que um registro histórico. É um manifesto de resistência e esperança. Que ela inspire todos nós a continuar lutando por um Brasil onde todos, independentemente de sua cor ou origem, tenham as mesmas oportunidades de construir um futuro digno e próspero.

Kretã Kaingáng
Coordenador Executivo da APIB/SUL, Articulação dos Povos Indígenas do Brasil

Subscrevem:

Sérgio Bairon Blanco Sant'Anna
Professor Livre-Docente da ECA USP, é coordenador do Núcleo de Estudos das Diversidades, Intolerâncias e Conflitos da Universidade de São Paulo, orienta pesquisas de pós-graduação de povos indígenas no programa de pós-graduação interdisciplinar da FFLCH-USP: Humanidades, Direitos e Outras Legitimidades

Jean François Germain Tible
Professor livre-docente do Departamento de Ciência Política da USP, estuda movimentos políticos

SUMÁRIO

7

PODER LEGISLATIVO: CÂMARA DOS DEPUTADOS

Da família Peixoto se faz presente também a irmã mais velha, que nunca havia visto por ali, uma senhora gorda e muito branca, que não dirigiu seu olhar para nós em nenhum momento. Levava um lenço aos olhos enquanto o prefeito falava. Quando retiraram o papel que cobria a placa com o nome de seu pai falecido, ela quase caiu, num choro convulsivo que fez com que seus irmãos a amparassem para que não desabasse de vez no chão. Nenhuma palavra de agradecimento a meu pai, que, na noite em que celebrava o jarê de santa Bárbara, havia requestado, quase ordenado, o cumprimento da promessa de construção da escola feito à santa no passado. Mas ele estava lá, em pé, um dos primeiros da audiência, segurando a mão de Domingas, e ao lado de minha mãe, com o rosto satisfeito. Pouco importava, poderia ver em seu semblante a luta que havia travado com as forças da encantada santa Bárbara para que tivéssemos um destino diferente do seu, para que não fôssemos analfabetos. Meu pai não sabia nem mesmo assinar o nome, e fez o que estava ao seu alcance para trazer uma escola para a fazenda, para que aprendêssemos letra e matemática. Muitas vezes o vi tentar convencer algum vizinho que não queria que o filho fosse à escola; até concordava que o filho fosse, mas dizia que menina não precisava aprender nada de estudo. Mesmo contrariando o compadre, conseguia que seu pedido fosse acatado, grande era a consideração e o prestígio que fluíam de sua liderança.

(Vieira Júnior, 2019)

Como um rio que tem seu fluxo alterado pelas mudanças climáticas, como um bote a remo no meio do rio, assim a Lei de Cotas ganha movimento no Parlamento brasileiro, na Câmara dos Deputados e no Senado Federal. As mudanças climáticas com o correr do tempo serão chamadas conjunturas (Dobry, 2009; Sallum JR., 2015; Alonso, 2016), o que envolve fluidez e visão multissetorial. Vislumbram-se seis diferentes conjunturas analíticas para o jogo de vida e morte entre as coalizões: de 2003 a 2005, a primeira; de 2005 a 2006, a segunda; o ano de 2007, a terceira; o ano de 2008, a quarta; de 2009 a 2011, a quinta; o ano de 2012, a sexta. Isso informa um ponto importante da história visto no caso da abolição inconclusa: uma mudança importante em política pública é também um jogo que se joga dentro de uma dada conjuntura política.

Novo desafio ao modelo ACF: se o parâmetro relativamente estável da coalizão de governo no poder informa um horizonte analítico de relativa estabilidade institucional para a análise de política pública, é preciso entrar nos meandros da coalizão e mesmo nos meandros das disputas dentro da coalizão de governo, pois uma política pública que implique em mudança significativa em política pública atiça a cobiça política e a disputa entre as cabeças do governo pelos louros da virtual vitória, antes mesmo dela existir.

Este capítulo trata da tramitação da Lei de Cotas na Câmara dos Deputados, no período de 2003 a 2008, na trilha do labirinto vivenciado pelos N*MS.

Imagem 15 – Frequência dos N*MS na Câmara dos Deputados, entre 2004 e 2008

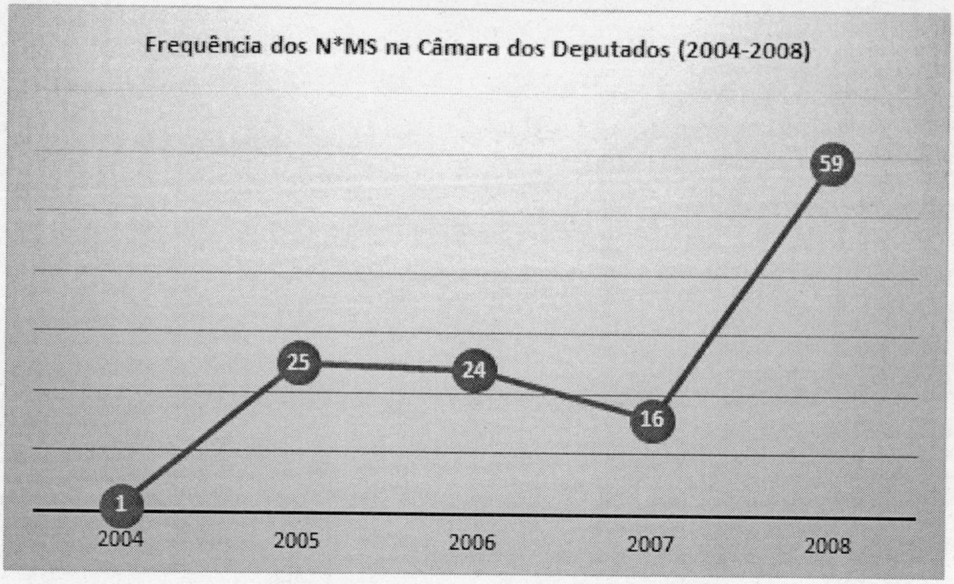

Fonte: seção de visitação e receptivo Institucional da Câmara dos Deputados (2020)

A Imagem 15 ilustra a presença dos N*MS na Câmara dos Deputados, no ano de 2004, quando entram em tramitação os projetos da Lei de Cotas e o que cria o sistema público de bolsa de estudos em instituições privadas de ensino superior, o PROUNI. A presença tem maior densidade em 2005, 2006 e 2008, anos decisivos na aprovação da Lei de Cotas. No entanto, para 2003 e 2004, os dados da presença dos N*MS na Câmara dos Deputados estão incompletos nos registros fornecidos pela Câmara dos Deputados, o que será detalhado adiante.

Imagem 16 – Frequência dos N*MS na Câmara dos Deputados, distribuída por locais, entre 2004 e 2008

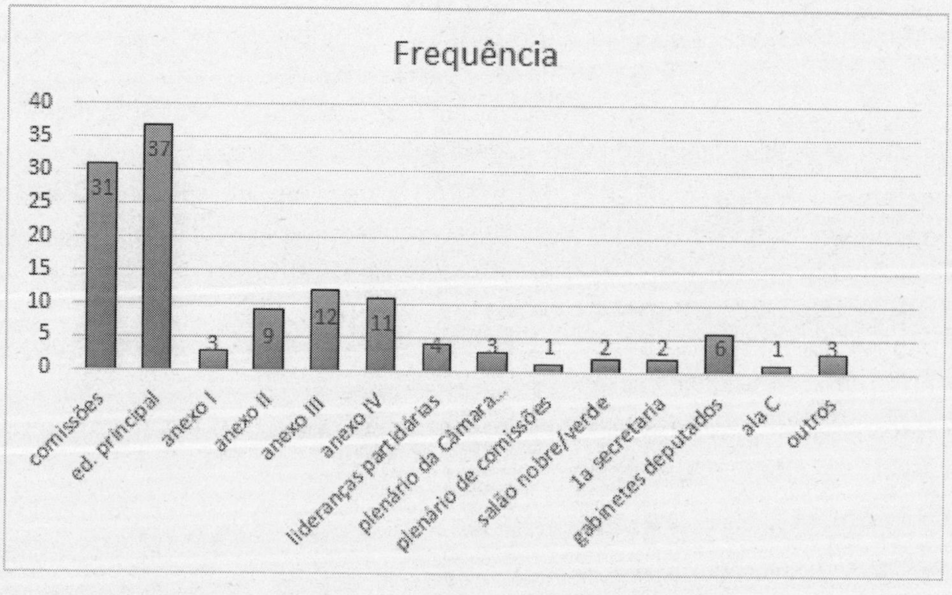

Fonte: seção de visitação e receptivo Institucional da Câmara dos Deputados (2020)

A Imagem 16 revela ao menos 14 pontos no labirinto percorrido pelos N*MS na Câmara dos Deputados. Cada ponto se desdobra, no entanto, em mais pontos. Quando se fala em comissões na Câmara dos Deputados, fala-se na avenida das comissões, onde estão as comissões permanentes de educação e cultura, Direitos Humanos, constituição justiça e cidadania, participação legislativa, quatro pontos cardeais sem os quais não haveria a aprovação da Lei de Cotas. Mais, as comissões, suas salas, são também locais de audiência pública e de outras atividades, como reuniões de bancada partidária, interpartidária, setorial ou informal, conforme o costume na Câmara, como cultos semanais da bancada evangélica, dentre outras reuniões religiosas. As salas das comissões, estejam vazias ou cheias, são espaços de encontro, logo de articulação política na agitada Câmara dos Deputados. Se comparado com cidades, a avenida das comissões é o calçadão, a rua sem carros, em alguns horários está repleta de gente e em outros, mais vazia. O fato de se pisar na avenida das comissões não significa que o coelho que ali entrou fica só na casinha. Nesse sentido, o labirinto é dinâmico, porque a política está no ar, nos encontros e no bater às portas à procura de encontros, papel central dos N*MS. O labirinto da Lei de Cotas é a um só tempo, dinâmico no espaço e no território.

Não é só a política que está no ar que se respira, a representação do mundo e as possibilidades de mudança estrutural em política pública estão instantaneamente ali, num jogo de vida ou morte, onde a raposa e o leão precisam estar na cabeça das lideranças dos N*MS para que a Lei de Cotas ande de fato, vingue, vire. Pois há um emaranhado de disputas incessante e o fio da Lei de Cotas tem que ser tecido.

Os outros pontos no labirinto têm equivalente dimensão, são o que são pelos seus nomes e localizações, mas são também as possibilidades vivas da história, conforme os passos dos pés descalços das lideranças dos N*MS, da coalizão a favor da Lei de Cotas pisem nesses lugares, reivindiquem o direito à universidade e desafiem a história, convidando com generosidade ou impetuosidade gente disposta para a ação que se encontra pelo caminho do labirinto.

Os N*MS pisam no Congresso Nacional e carregam o novelo de lã. Grudam com as mãos negras, indígenas e populares o novelo e o carregam para todo canto do Congresso Nacional. Caminham por todos os espaços do labirinto[195]. Infelizmente, os dados objetivos anteriores não é a totalidade dos dados, por problemas de registros nos anos de 2003 e 2004, mesmo por lacunas em dias tensos ali, de qualquer modo, servem como prova objetiva, com base em dados oficiais que sobreviveram ao andar dos tempos.

7.1 ENTRE 2003 E O COMEÇO DE 2005

A conjuntura política não foi una no longo curso da Lei de Cotas. Os anos de 2003 e 2004 abrigam paradoxos na coalizão que chegou ao poder levando um sem universidade, Luís Inácio Lula da Silva, à presidência da República. Na prática, 60% dos ministérios da Esplanada tinham a presença do PT na cabeça, o partido do presidente, ao passo que a política econômica se baseava no tripé macroeconômico: superávit primário, câmbio flutuante e metas de inflação, o mesmo tripé parido no ano de 1999, ano que importa para a Lei de Cotas, como os acontecimentos mostrarão. Isso desagradou parte do Parlamento. Era uma inequação arriscada em curso: o partido

[195] Infelizmente, os dados objetivos anteriores não são a totalidade dos dados, por problemas de registros nos anos de 2003 e 2004, mesmo por lacunas em dias tensos ali noutros momentos, de qualquer modo, servem como prova objetiva, com base em dados oficiais que sobreviveram ao andar dos tempos. Também há casos de entrada pelo Senado e há casos de não registro de presença, como no dia 20 de novembro de 2008, quando pouco antes das sete horas da manhã, acompanhados do deputado federal Vicentinho, os N*MS adentraram via anexo II, de acordo com as prerrogativas do deputado (o pin), sem ser necessário o registro na entrada, era como se fossem assessores ou convidados do deputado.

do presidente tinha uma presença nos ministérios desproporcional ao seu peso no Parlamento e simultaneamente a opção de política econômica só fez executar 18,3% das emendas parlamentares em 2003 (Martuscelli, 2015).

Na conjuntura do momento inicial do governo Lula, três temas no horizonte: a consolidação da democracia no Brasil, a tensão entre o neoliberalismo típico dos anos 1990, na América Latina, versus os fumos do pós-neoliberalismo, do neodesenvolvimentismo e a questão estratégica da formação de hegemonia. Francisco de Oliveira ruminou sobre esse momento da história do Brasil.

> A formação do governo Lula é caracteristicamente um tatear nas sombras da indeterminação da política. Como comprova a formação do ministério, tenta colocar em cada pasta um representante dos variados interesses, na ausência de uma hegemonia. Mas quem define esses interesses? Até onde a biografia social dos indicados permite conclusões, os critérios de representatividade correm o risco de anacronismo, pois parecem basear-se no fato de pertencerem a setores econômicos, nas experiências anteriores em variados lugares da chamada sociedade civil. É um experimento novo: dificilmente se reconhece a formação de uma hegemonia pela agregação heterogênea de interesses, que não deve ser confundida com a agregação de interesses heterogêneos, pois estes o são sempre como resultado da pluralidade da sociedade. A formação de hegemonia se faz a partir de um centro irradiador, que atrai outras forças e as integra ao projeto hegemônico. A formação do governo e das alianças de FHC teve este claro sinal: apesar de a imprensa ter proclamado anos seguidos que ele era refém de ACM, o que se dava era exatamente o contrário. O eixo que surge anunciado pela formação do governo Lula é o que sobrou da vasta indeterminação. [...] Das experiências imediatamente anteriores, restaram a continuidade da política econômica, o que não é nada inovador, e uma difusa definição do social, que exclui o trabalho. Alguém poderia pensar que finalmente emerge a social-democracia no Brasil da soma do PSDB e do PT, uma espécie de "síntese Felipe Gonzales", único exemplo na história na direção de uma transição "welfare" num país da periferia capitalista, ou da "semiperiferia", como Boaventura de Souza qualifica o especial estatuto da Espanha e de Portugal no capitalismo contemporâneo. [...] A agenda de Lula pede essa radicalidade. Que está no amplo movimento de contestação, na enorme expectativa que se formou, mesmo na boa vontade dos que se oferecem para colaborar. Falta tentar dar-lhe forma, e a única forma universal até agora conhecida é aquela que parte de políticas públicas estatais. A questão não é de uma abstrata condenação do estatal, tipicamente liberal, mas de seu controle popular. Alguns que hoje aconselham Lula a evitar toda a "tentação" estatizante, que estigmatizam logo como "populista", foram os que na ditadura exerceram com a maior implacabilidade a coerção estatal para forçar o crescimento econômico. (Oliveira, 2002).

Ao comentar o desenho do ministério do governo Lula, a crítica do professor Francisco de Oliveira sublinha a forma indeterminada que a política ganha por conta do turbilhão da globalização que se abate sobre o mundo e os desafios colocados ao novo governo do Brasil. O autor nada fala da questão racial, no que faz escola com parcela graúda da tradição acadêmica brasileira. Carrega também no menosprezo ao "lúmpen", tradição ortodoxa do marxismo de desprezo aos ritos da colonização, ao subproletariado. Fato é que na foto ministerial não há indígenas como ministro, mesmo 500 anos depois da colonização. Há sã novidade, na margem: Gilberto Gil como ministro da Cultura, Benedita da Silva, como ministra da Assistência Social, Marina Silva, como ministra do Meio Ambiente. Em 2004, entrará Matilde Ribeiro, mulher negra, na Secretaria Especial de Promoção da Igualdade Racial, que depois ganharia status de Ministério. Vazava muito que havia um núcleo duro do governo: Luiz Gushiken, José Dirceu e Palocci.

O autor acerta no ponto da enorme expectativa de mudança que se formou no Brasil, afã com o qual os N*MS estavam dispostos a colaborar com o governo, respeitada a autonomia que caracteriza o movimento social frente a governos, na expectativa de mudança importante na política pública de acesso à universidade. A crítica de Oliveira (2002), assim como Milton Santos, informa o peso da globalização no humor político nacional.

Diferente das coalizões que ocorrem nos planaltos, gabinetes e lideranças partidárias, que em certa medida são registradas, formalizadas e, em muitos casos, acompanhadas e divulgadas pela mídia, o que lhes confere certo registro histórico e garantia de validade, as coalizões no chão da sociedade são como aquelas do Quilombo de Palmares, orientadas pela necessidade, tem dimensão quase que subterrânea, não aparece muito, fica à margem, o que não significa que não aconteciam.

Por isso, numa sociedade marcada pela cultura oral, como a brasileira, a luta contra a desigualdade e o racismo não se faz sem coalizões. Os testemunhos (Vernant, 2002) revelam as coalizões das quebradas, meio invisíveis na cena política principal do país, mas paradoxalmente muito visíveis para olhos de ver.

A capa do jornal *Folha de S. Paulo*, de 2 de outubro de 2003, trouxe as becas do MSU, os sem universidade entregando abacaxis para os deputados dentro da Assembleia Legislativa de São Paulo na luta pela aprovação de uma lei estadual de isenção de taxas dos vestibulares públicos.

Imagem 17 – Protesto do MSU em foto de capa do jornal *Folha de S. Paulo*

FOLHA DE S.PAULO

São Paulo, quinta-feira, 2 de outubro de 2003

DIRETOR DE REDAÇÃO: OTAVIO FRIAS FILHO ★ ★ ★ UM JORNAL A SERVIÇO DO BRASIL ★ ALAMEDA BARÃO DE LIMEIRA, 425 ★ ANO 83 ★ Nº 27.210 ★ R$ 2,20

Proibidas de cobrar mais dos id
empresas ameaçam com aumen

Nova lei f planos de saúde pe reajustes

Impedidos pelo Estatuto do Idoso, que aguarda sanção do presidente Luiz Inácio Lula da Silva, de cobrar mais dos clientes maiores de 60 anos, os planos de saúde ameaçam elevar os preços para os mais jovens, disse Arlindo de Almeida, presidente da associação do setor.

"Os idosos consomem mais insumos do que os mais jovens, e há a necessidade de manter o equilíbrio econômico dos contratos para que as empresas possam sobreviver."

Na apresentação no Planalto, o mi berto Costa (Saúd conhecer a decisã o preço para ma anos. Para ele, se a for vetada, haverá ral nos preços dos

Autor do estatut Paulo Paim (PT-R se Lula vetar o disp sará "um constran lítico desnecessár soria de Lula infor não vetará o artigo.

PARA DESCASCAR Manifestantes do Movimento dos Sem Universidade exibem abacaxis durante protesto em frente à Assembléia de SP; eles pedem leis isentando alunos pobres e da rede pública de pagar taxa de inscrição do vestibular Pág. C6

Fonte: *Folha de S. Paulo*, 2 out. 2003

"IHIHIH DESCASCA O ABACAXI!!!UNIVERSIDADE QUEREMOS ESTUDAR, CADÊ NOSSO LUGAR??!, era o que clamavam, segundo Charles Monteiro de Jesus, coordenador do MSU.

> *Participei sim. Foi muito bacana porque nós estávamos vestidos de beca, né? A beca significava o acesso à educação em si, né? Porque muitas pessoas ainda estão fora do acesso à educação em todos os..., principalmente à Universidade. Então, quando nós entramos na Assembleia, várias pessoas de preto, totalmente de preto, com abacaxi na mão, então a gente gritava: "ih, ih, descasca o abacaxi", né? E muitos, alguns deputados, levaram até na base da brincadeira, mas era um assunto muito sério porque várias pessoas não têm acesso à Universidade, às vezes por não ter o dinheiro da taxa do vestibular, né? Pra você realizar a prova. Então, além dos deputados, estavam presentes responsáveis pelo vestibular da UNESP, da UNICAMP, da USP, do Paula Souza, Centro Paula Souza, então esse momento eu acho que foi um momento estratégico, né? Na questão de pedir para essas pessoas para que elas olhassem com mais carinho o porquê que muitas pessoas não estavam indo pra universidades, né? Que elas têm um papel importante nisso porque elas estão num setor estratégico da educação, né? O pontapé inicial que seria a porta de entrada pelo vestibular.* (Charles Monteiro de Jesus, entrevista ao autor, 2019).

Em 2003, essa luta, essas becas, chegam até o Congresso Nacional com a mesma reivindicação, para que o legislativo aprovasse projeto de lei de isenções parado no Senado Federal. Como se verá neste capítulo, isenções das taxas, Reforma Universitária Popular, criação de um sistema público de bolsas de estudos em instituições privadas (PROUNI) e Lei de Cotas estão na agenda dos Novíssimos Movimentos Sociais, é jogo de vida ou morte. As coalizões entram em embate decisivo e o tempo do direito à universidade de negros, indígenas, escola pública, pobres pode tornar realidade ou adiar o sonho da universidade, numa estrada longa onde cada passo em falso pode ser mais uma cruz de madeira fincada nos territórios da guerra brasileira.

Se formos pensar puramente como forma e potência da forma, o sistema público de bolsas de estudos em instituições privadas cabe dentro da Lei de Cotas (na medida em que o sistema privado de ensino, longe de ser um subconjunto estanque no subsistema de educação, tem imbricações, relações, intersecções vitais com o subconjunto público de universidades), que cabe dentro da reforma universitária, feito políticas públicas de ação afirmativa dentro de uma matriz, como a forma da matrioshka russa, as bonecas de madeira, onde uma forma está dentro da outra, ainda que cada boneca ganhe vida própria no mundo conforme o humor do ambiente e de quem a embale. Na história do subsistema de educação do Brasil, o setor privado de ensino superior nasceu como bebê de proveta do sistema público, como informa o episódio exemplar dos estudantes de Medicina da USP, que primeiro resolveram fazer um cursinho privado na Avenida Doutor Arnaldo, nos anos 1960, depois ajudados por uma ditadura, ergueram seus impérios educacionais privados de alto a baixo, sem nunca perderem o cordão umbilical que os liga às universidades públicas, exemplo reiteradamente repetido, seja via instrumento solo de estudantes, solo de professores, solo de dirigentes burocratas das universidades públicas ou em duo, em trio como violino, piano e violoncelo; em particular, em dois movimentos históricos, o primeiro, como o visto, no curso de uma ditadura, o segundo, no curso do neoliberalismo de fins de 1980 e dos 1990 que rompeu com o padrão de desenvolvimento da industrialização tardia erguido dos anos 1930 até 1980, principalmente, rompeu de modo violento. Um terceiro ciclo estaria em curso nos primórdios dos anos 2000? Fixemo-nos no debate da reforma universitária, nessa matriz das reformas, nesta matriz das políticas públicas.

Que se enverede pelo raciocínio desse jogo.

Impõe-se um freio de arrumação para evitar a confusão na leitura, pois o labirinto da Lei de Cotas é vivo e anda no tempo e no espaço. São quatro políticas públicas em disputa: primeiro, a isenção das taxas dos vestibulares, depois, a reforma universitária, depois, o sistema público de bolsas de estudos em instituições privadas (PROUNI), depois, a Lei de Cotas. Pode ser essa ordenação, mas e se as coisas caminham juntas em alguns passos e depois vão ficando pelo caminho no labirinto? O que há em comum? São temas do direito à universidade no Brasil, são projetos de lei no Congresso Nacional, no poder legislativo. Como numa estrada, a placa inicial grande aos olhos do motorista indica Lei de Cotas mais longe, reforma universitária longe, sistema público de bolsas de estudos em instituições privadas (PROUNI) adiante, isenção de taxas nos vestibulares perto. Estão imbricadas na largada, não tem jeito. São quatro pontos, quatro quilometragens que se seguem para andar no labirinto, caso fosse uma estrada reta, cada vez que se chega num ponto, numa decisão final em política pública, dá-se adeus e vai para o próximo. Porém, essa simplicidade perde para a complexidade do poder legislativo.

Imagem 18 – Tempo relativo para o Direito à Universidade no Congresso Nacional

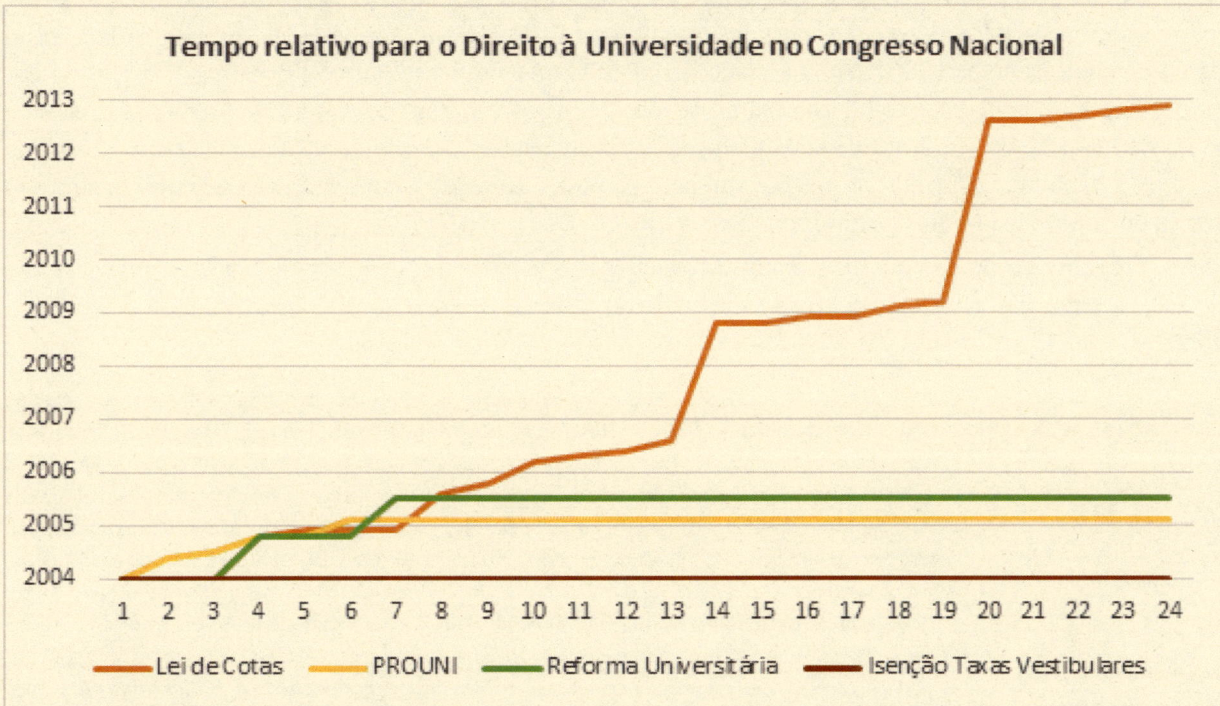

Fonte: o autor (2022)

É preciso andar no labirinto. Onde os N*MS ganharam a legitimidade para uma reivindicação contundente do direito à universidade no Congresso Nacional? No subsistema de educação, nos cursinhos populares, na interlocução direta com o ministro da Educação, com outros ministros. Na sociedade. Nas n periferias. Andar no labirinto da Lei de Cotas quer dizer ter um pé no Congresso e um pé fora. Andar no labirinto da Lei de Cotas é andar no tempo infinito dessa política pública: a liberdade que não houve, a independência que não chegou, a abolição inconclusa, a ânsia pela aprovação da lei, pela passagem do bastão do sonho com a universidade de geração para geração no futuro do Brasil. Andar no labirinto da Lei de Cotas é não temer o conflito. Como achar esses endereços do labirinto fora do Congresso Nacional? De quem ouvir a voz? De onde?

Na Avenida dos Têxteis, 2907, na Escola Municipal Dr. César Augusto Salgado, a amada Escola Salgado, de tantas gerações, como aquela das noites no Cursinho Popular do MSU, extremo leste da cidade de São Paulo, naquela terça-feira de 2003, à noite, uma reunião decidirá quem do Cursinho Popular do MSU irá para Brasília, representando o movimento, por conta de oito vagas que surgiram num ônibus que sairá da Câmara Municipal de São Paulo. O convite ao MSU partiu da Comissão de Educação e da Comissão de Juventude da Câmara Municipal de São Paulo, do responsável pelo ônibus, Wagner Romão, em reconhecimento pela luta do MSU pelo direito à universidade no município de São Paulo. Do Jardim Ângela, de Cidade Tiradentes, de Cidade AE Carvalho sairiam os oito amados do MSU para Brasília. O ônibus era dos outros, mas aliados, as vagas eram poucas, o debate instalado na Câmara dos deputados em Brasília visava criar políticas públicas para a juventude, comissão de juventude no Parlamento, no executivo, estatuto da juventude, conferência da juventude. O MSU iria de carona, para dar o recado, foi a decisão do movimento: cobrar a aprovação da lei de isenção das taxas dos vestibulares, denunciar a exclusão da universidade, levantar a bandeira da necessidade de uma reforma universitária popular. Discussão, debate, disposição, decisão: Belonísia e Joaquim são os selecionados em Cidade Tiradentes, Joaquim um negro alto, que amava o basquete e vivia no estilo gangsta, sonhava com a universidade, filho de uma liderança negra histórica em Cidade Tiradentes, seu pai ficou muito feliz com a decisão do filho de participar. A noite da escolha foi uma noite tensa, porque um dos coordenadores do MSU precisava vazar do lugar, houve uma ameaça de morte, ele precisava vazar urgente, sem vacilar, dar um tempo, na surdina, um some, ficar muito longe por um bom tempo, a treta era grande e a sua saída estava também sendo encaminhada naquela noite, com zelo e audácia, deu certo.

O ônibus zarpa de noite da Câmara Municipal, becas, jornal, disposição. O trajeto longo, lanche de casa, sem grana. Assim se costura uma coalizão: dentro de um ônibus com vários movimentos. Charles, Lucia, Anderson, Joaquim, Belonísia, Valdete, Kleiton, Dora.

> Ó, na época eu conheci o MSU através do jornal Amarelinho, né? Uma publicação que oferecia o cursinho popular do MSU totalmente gratuito aqui no bairro de A. E. Carvalho, que também pertence a Itaquera, né? Então eu fiz a inscrição, poucos dias depois eu recebi uma carta, eu lembro que eu havia sido selecionado pra participar do projeto, né? E comecei a frequentar as aulas que eram aos finais de semana, sábados e domingos, numa escola chamada Milton Cruzeiro, uma Escola Estadual chamada Milton Cruzeiro. Bom, nós tínhamos uma turma, na época, que era bem ativa, né? Eram duas salas de aulas e, assim, logo nos primeiros dias o pessoal já se enturmou, alguns se conheciam, né? Por ter estudado na escola onde o cursinho popular se iniciou, e de repente começou a ter algumas atividades, algumas manifestações em defesa da *educação e o grupo ia em peso, né? Iam muitas pessoas lá do A. E. Carvalho participar e isso fez com que a nossa amizade dentre aquelas pessoas se aproximasse mais ainda e o interesse em defender uma educação que fosse pública, de qualidade, pra todas as pessoas, né? Então, isso acho que foi o mote inicial, acho que foi justamente aquele as primeiras manifestações, né? Que fez com que se aprofundasse mais na defesa dos direitos das próprias pessoas.* (Charles Monteiro de Jesus, coordenador do MSU, entrevista ao autor, 2019).

No trajeto, lanches compartilhados, Belonísia não comia nada, recusava tudo. O ônibus ficará no Tênis Clube, há o vestiário, o chuveiro, os banheiros, o chão para dormir. O ônibus leva as pessoas cedo e traz de noite, serão dois dias. A comida será no restaurante da Câmara dos Deputados. Os oito do MSU formam o time dos sem dinheiro. Há negociação para autorizar o pousio e haverá vaquinha para garantir a comida. Todos os participantes do ônibus estão inscritos e recebem crachás.

> *Quando nós fomos pra lá, eu tinha uma cópia da constituição brasileira em casa e nesse dia, não sei porquê, alguma coisa me disse pra levar a constituição comigo. Quando nós chegamos lá em Brasília, estávamos descendo a rampa, né? O gramado do Congresso, alguns policiais vieram nos abordar, né? Assim, num tom meio que de intimidação mesmo, né? Com a mão no cacetete, a mão na arma, dizendo aonde nós iríamos e nós dissemos que íamos pro Congresso, né? "Ah, vocês não podem entrar", aí eu abri a Constituição, no modelo que eu tenho na página 16, que fala dos direitos e deveres do cidadão, né? Então eu mostrei pro policial e falei: "aonde... me mostra onde*

> *aqui diz que nós não podemos entrar". Então eles saíram da nossa frente, mas ainda assim o falou: "olha, tá indo um pessoal de beca, barra eles aí". Nós conseguimos entrar, foi um momento muito importante, né? Porque dali deu um pontapé inicial pela Lei de Cotas, isenção de taxa de vestibular, que vieram depois. Então, foi incrível porque a mobilização popular fez com que alguns deputados e senadores vissem a importância de nós melhorarmos o acesso à educação a nível universitário, né?* (Charles Monteiro de Jesus, coordenador do MSU, entrevista ao autor, 2019).

Mesmo depois da chegada, Belonísia nada comeu. Numa sala grande da Câmara, auditório Nereu Ramos, no primeiro dia já foi dado o recado: jornal *Olha aí* distribuído, pessoal do MSU o tempo todo de beca, muita falação, chegou o ministro da Educação Cristovam Buarque, chegou o presidente da Comissão de Educação Carlos Abicalil, chegou o presidente da Comissão da Juventude, Reginaldo Lopes, o vice-presidente, deputado federal do PSDB da cidade de São Carlos, Lobbe Neto. Fermentos na coalizão a favor da Lei de Cotas? Sim, decididamente pelo compromisso direto, ganhando adesão de partidos díspares, nunca ganhando a unanimidade, nem na plenária da instalação da comissão de juventude, no geral, dominada por juventudes partidárias, vigor e vício da democracia tardia brasileira, onde o domínio de elites mirins interessadas em carreiras políticas e no carregamento do poder de chefes partidários implicava numa juventude de conveniência para donos de partidos e hierarquias partidárias rígidas e violentas, onde a palavra cotas era palavrão. Certo, havia exceções, como Preto Góes, do lado de fora dessa ciranda mirim. Porém, pelo acontecimento em si, os atores se fazem conhecer no fórum público e a presença do público testemunha ocorrências e posições políticas. Viram com um misto de surpresa, admiração e susto a presença do MSU.

Imagem 19 – Edição de setembro de 2003 do *Olha aí!*, o jornal do MSU

Olha aí! MSU

MOVIMENTO DOS SEM UNIVERSIDADE
PELO FIM DOS LATIFÚNDIOS NA EDUCAÇÃO

JORNAL DO MSU - MOVIMENTO DOS SEM UNIVERSIDADE - ANO III - NÚMERO 1 - SETEMBRO DE 2003

MSU é nóis! Periferia, Brasil.

Vestibular

Ferreira Gullar

Fonte: Arquivo MSU

Uma faixa do MSU estendida sob a mesa da falação aumentou a visibilidade da causa do direito à universidade no Nereu Ramos. Sensibilizar autoridades, parlamentares e parte da sociedade civil. Peneirar aliados para a guerra parlamentar. Jogo jogado. Deu a hora do almoço. Belonísia não comeu nada. Depois do almoço, Comissão de Constituição e Justiça da Câmara dos Deputados para falar com o presidente da comissão, mas barrados no veto do chefe de gabinete: "Não são só vocês que vem pedir coisas aqui, o presidente neste momento está recebendo uma comissão que veio da Bolsa de Valores de Nova York para discutir a mudança da legislação sobre bolsa de valores no Brasil". "Moço, nós não estamos pedindo, é direito nosso", disse a Belonísia. Nada feito, o veto das assessorias é o veto mais inescrupuloso no Parlamento, ele é como o trinco de uma porta fechada a sete chaves, é opaco e emperra a cidadania, além de garantir a distância entre a cidadania e a política formal. Uma lição se aprendeu: sempre é preciso desviar de assessores e buscar falar direto com os titulares públicos dos mandatos, isso foi nomeado de chutar a porta. O projeto de lei de isenções número 5384/2001 morreria de velho na Câmara dos Deputados. Da secretaria da comissão de constituição, justiça e cidadania da Câmara dos Deputados até o gabinete da liderança do governo no Senado Federal, vai o desfile das becas nos corpos periféricos nos corredores do Congresso, passos, vigilância, passos. Uns cem passos até a entrada do Plenário da Câmara por meio do corredor das exposições, que ficam nas paredes dos lados, o corredor por onde passam os parlamentares pela via do anexo II até adentrarem ao Plenário da Câmara dos Deputados, o segurança autorizou a passagem por conta de não ter sessão plenária, mais cem passos no salão verde até a passagem de vidro para o Senado, o salão verde é deslumbrante, bonito, ao fundo plantas e raios de sol, estátuas, parlamentares andantes, fios, cabos, tripés, câmaras, imprensa tradicional andante, quase na saída para o senado, do lado esquerdo, uma exposição permanente de presentes internacionais ganhos de visitantes ilustres atrás de vitrines guardadas a sete chaves: ouro, placas, ornamentos refinados das mais distantes culturas do mundo, das arábias, da China, do Canadá, de países africanos, presentes para a Câmara dos Deputados, para a instituição, admira-se aquilo rapidamente, depois atravessar a porta de vidro que separa Senado da Câmara no salão verde, segurança, identificação e destino no senado, passamos, logo na entrada, à direita umas salas espelhadas em curva, Presidência do Senado, passos adiante, depois bandeiras dos Estados perfiladas do lado de fora do Plenário do Senado, depois um corredor largo à direita de uns oitenta passos, ladeados por fotografias e fatos históricos desde o Império, do meio para o fim, à esquerda e à direita, os corredores das comissões permanentes do Senado Federal, passo reto, quase ao fim do corredor os gabinetes dos senadores, à esquerda e à direita ao fundo, no centro, o gabinete da liderança do governo, é ali. Chega-se no gabinete do líder do governo, Aloísio Mercadante, cobra-se a aprovação do PL 120/03 do Senado Federal, das isenções. O senador não pode receber, disse a chefe do gabinete. Sim, de repente entra uma comissão de donos de universidade. Deveriam ter hora marcada? Qual é a hora marcada da periferia? Da morte? Da vida? Do direito à universidade? O MSU aprendera nessa e em outras portas fechadas, que elas sempre estarão fechadas, as portas do poder sempre estarão fechadas para os de baixo, então sempre era uma questão de chutar a porta, hora mais leve, mais suavemente, hora com mais brusquidão, a história do direito à universidade se faria com o que se conseguisse na oportunidade que a hora ensejava, porque não havia conforto de recursos e de tapetes estendidos do poder, não haveria outra hora. A chefe de gabinete disse que veria como o projeto estava. Era preciso falar com o líder do PSB, o relator não havia aprontado o relatório para que o projeto andasse nas comissões. Onde é a sala do líder do PSB? Ir lá? Sim. Já pra lá, passos. Chá de cadeira, café e água. Belonísia não comia nada. Tanto na liderança do Governo como na liderança do PSB as pessoas olhavam assustada para aquela gente estranha ao ambiente branco. Mas a liderança do governo havia ligado para que a liderança do

PSB os recebesse. Cobra-se o relatório da isenção. O relator, senador Capiberibe entregará o relatório logo, fica o compromisso. Olho no olho. O relatório será favorável ao PL 120/03. Firmeza. Missão cumprida. Do rosto negro de Belonísia caiam lágrimas lentas.

O que foi? Ela não comeu nada hoje, falou Joaquim. Não acreditava que podia estar ali, viver aquilo, cobrando os caras. Muito emocionada, lágrimas caem e empurra a turma do MSU para achar uma cantina no Senado, há uma quase cantina, junta-se os caraminguá, pede-se pão, chá e iogurte. Belonísia indica aquilo, começa a comer como passarinha, iogurte desce macio e não dói. Desabafa:

> Com cinco anos de idade, minha mãe começou a me dar pinga, para espantar a fome, minha mãe ficou sozinha em casa, não tinha o que comer em casa, foi assim por anos a fio, com dez anos comecei a entregar folheto de apartamento nas esquinas, era recrutada, trabalhava nos Jardins, os carros paravam, entregava, era o dia inteiro, perdi uns anos de estudo, pegava parte do dinheiro e dava pra minha mãe, outra parte comprava pinga para aguentar o trampo, assim, desse jeito, com quinze anos já não tinha mais estômago, comer doía. Com dezesseis conheci uma pessoa especial, parei de beber, comecei com ele a participar das coisas, do hip hop consciente, voltei a estudar, recuperei o tempo perdido, com vinte anos quero fazer biologia, quero ser professora de biologia, quero salvar minha própria vida e ajudar meninas como eu, porque não sou a única que cresceu trabalhando de entregar folhetos nas esquinas do Brasil pra ajudar em casa.

Muitas lágrimas, muitos abraços. Belonísia lutava por ela e pelos outros, pela isenção da taxa e pela vaga na universidade, seja na pública, seja na privada. Isenção não era só isenção. Universidade não era só universidade. A coalizão a favor da Lei de Cotas era para fazer brilhar os olhos das crianças negras, indígenas, da escola pública, pobres, como o brilho nos olhos da menina Marilene Felinto a levou para a universidade.

> Não vou desrespeitar nunca a menina que existe dentro de mim. A menina que existe dentro de mim está sentada num trono. Minha infância foi grande, de um tamanho sem medida; havia dias de ela me pesar no estômago e eu quase vomitar. Havia noites de ela me derrubar da cama e eu não poder dormir com ela. Espaço. Não há espaço que preencha uma infância. Uma infância são ânsias. Uma infância não preenche espaço algum, ela não cabe, ela se espalha no que eu sou até hoje, no que vou ser sempre. (Felinto, [1982] 2021, p. 90).

Belonísia não era só ela quando decidiu lutar pelo direito à universidade no Brasil, saindo de Cidade Tiradentes até Brasília. Belonísia via o futuro, era vidente, via as crianças do futuro, queria lhes dar um bastão de esperança, o bastão da universidade, de um sentido na vida, que faz brilhar as infâncias, de geração para geração.

À noite, no ginásio do tênis clube de Brasília, começou uma festança entre as delegações que vieram dos estados e ali se juntavam. A festa fora do ginásio com som alto não deixava quem queria dormir no chão, dentro do ginásio, na quadra. Lúcia, negra, do MSU, entusiasmada com tudo, de repente chega chorando da festa. Tentaram agarrá-la à força, muita violência, era um daqueles grandões políticos. Transtornado, naquele ambiente entre aspas engajado, caso de racismo, de violência sexual? Sim. Foi cobrado a responsabilidade para os responsáveis da delegação. O sujeito havia sumido do lugar. Dia seguinte tudo foi bastante nublado, ânsia por voltar. Quem sabe da próxima vez a gente vem com mais gente, em bando? Deram o recado no centro do poder legislativo brasileiro, não foi pouca coisa, missão cumprida, mesmo que de ânimos arranhados. Humilhados, mas em pé. Em pé de guerra pelo direito à universidade no Brasil, não se olvide.

Não seria ainda em 2003 que as isenções sairiam do papel.

Imagem 20 – Manifesto do MSU pela transformação do Carandiru em Universidade Pública lido e lançado na Câmara Municipal de São Paulo em 2002

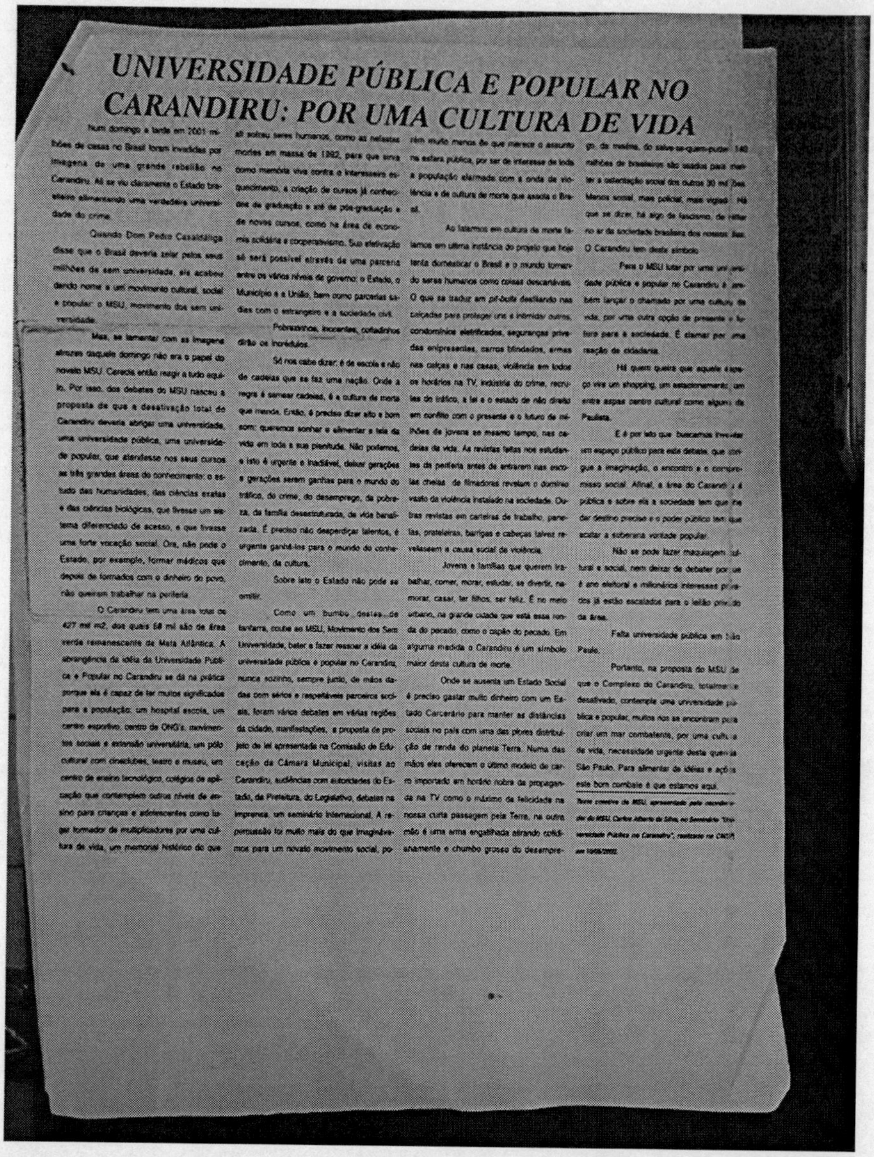
UNIVERSIDADE PÚBLICA E POPULAR NO CARANDIRU: POR UMA CULTURA DE VIDA

Fonte: Arquivo MSU

Mas aquela jornada de luta dos N*MS, o clamor pelo direito à universidade, fez Brasília se mexer, fez o poder passar da sensibilidade para as vias de fato. O tema caro da Reforma Universitária Popular, como a faixa do MSU nas cercas de entrada da USP e no Nereu Ramos, centros nevrálgicos do poder, tocou o coração do ministro Cristovam Buarque e demonstrou seu compromisso histórico com o tema.

Algumas medidas concretas no sentido de definir os rumos da ação, contudo, foram tomadas ainda em 2003. Nesse ano, o governo federal instituiu um Grupo de Trabalho Interministerial para "analisar a situação atual e apresentar plano de ação visando a reestruturação, desenvolvimento e democratização das Instituições Federais de Ensino Superior – IFES" (Decreto de

20/10/2003, Art. 1º). O Grupo produziu o documento "Bases para o enfrentamento da crise emergencial das universidades federais e roteiro para a reforma universitária brasileira" que não chegou a ser divulgado oficialmente. Meses depois, constituiu um Grupo de Trabalho (GT) com a finalidade de formular propostas para a organização e regulação de um sistema nacional de educação superior, com prazo de noventa dias para a apresentação de relatório conclusivo com os resultados de seus trabalhos (Portaria nº 3.620 de 4/12/2003 e Portaria nº 3.858, de 17/12/2003). Este grupo de trabalho, composto por 15 pessoas, 7 das quais dirigentes do MEC e 8 de diferentes entidades, revela um pouco da heterogeneidade presente no campo da educação superior. Essa diversidade mostra que, de fato, as políticas públicas para a educação superior, em particular, constituem "um processo de negociação constante entre atores públicos e privados, que trocam recursos e informações, com o objetivo de influir no resultado político". (Nogueira, 2008, p. 60-61).

A posição dos N*MS no campo educacional é marginal, o poder reverbera isso, deixando-os de fora dos Grupos de Trabalho heterogêneos "*pero no mucho*", como no caso anterior. Em política pública, essa tradição brasileira reflete longo curso colonial, o Império e a República, e o rio corrente de uma democracia limitada. Há alta probabilidade de o grupo de trabalho ser um grupo de trabalho branco, masculino, como há alta probabilidade de o grupo de trabalho reverberar forte herança tecnocrática-autoritária, sendo dominado pelo partido real da burocracia e pelo partido real da linhagem esfomeados por um efeito clube vertical. Mesmo no revés, o próprio grupo de trabalho limitado de 2003 guarda contradição, como a presença de Aldo Vannucchi, mais afeito à coalizão a favor da Lei de Cotas, da democratização da universidade no Brasil. Os nomes dos representantes da sociedade civil restringem-se a cúpulas do poder burocrático universitário, o que também informa os limites da tradição autoritária da prática democrática brasileira em política pública. Heitor Pinto Filho, presidente da Associação Nacional das Universidades Particulares (ANUP); Naira Amaral, presidente da Associação Nacional das Faculdades Isoladas (ANAFI); Magno de Aguiar Maranhão, presidente da Associação Nacional dos Centros Universitários (ANACEU); Paulo Alcântara Gomes, presidente do Conselho de Reitores das Universidades Brasileiras (CRUB); presidente da Associação Brasileira de Reitores de Universidades Comunitárias (ABRUC); Wrana Maria Panizzi, presidente da Associação Nacional dos Dirigentes de Instituições de Ensino Superior (ANDIFES); José Walter da Fonseca, presidente da Associação Nacional de Reitores de Universidades Estaduais e Municipais (ABRUEM); Luis Edmundo Vargas de Aguiar, presidente do Conselho de Dirigentes dos Centros Federais de Educação Tecnológica (CONCEFET). Pompa, circunstância e intencionalidades em seminários grandiloquentes sobre o XXI, ainda que importantes. Vitória do *status quo*, vitória da coalizão contra a Lei de Cotas. Que não se olvide: o veto da Andifes já era vivo e em carne e osso à mudança significativa em políticas públicas para o acesso à universidade pública no Brasil. E as experiências subnacionais já existentes não contavam? A Andifes expressava em letras garrafais a posição majoritária das burocracias universitárias públicas brasileiras: contra as cotas! Que não se olvide: o veto do setor empresarial privado a um sistema público de bolsas de estudos já era vivo e em carne e osso, prova de que não nasceu da piedade caridosa dos donos de universidades o sistema público de bolsas de estudos em instituições privadas como política de ação afirmativa no Brasil, tampouco da vaidade do partido da burocracia e do partido da linhagem, não nasceu em gabinetes nem em mentes iluminadas, foi noutro lugar histórico mais próximo da dor.

A própria analista de política pública esconde os N*MS, que não existem no inteiro teor de sua importante dissertação, o que também repercute antiga prática acadêmica *mainstream*, logo não está só, mas faz parte do trágico coro nacional dominante na epistemologia acadêmica, em que pese honrosas exceções.

De fato, a coalizão dos "carentes", nome dado pela imprensa e pelo *status quo* brasileiro reverbera em cantos insuspeitos, das repartições públicas às academias. Assim, a subcidadania se aproxima do patológico, o partido real da burocracia se aproxima do médico e o doente não pensa, não tem corpo, é objeto da história. Essa prática em política pública no campo da educação revela as cercas, as manhas e as vantagens do poder, do *status quo*, contra mudanças em política pública. Há contradições no partido real burocrático? Sim, as há, mas o jogo das vantagens o faz ter vertigens quando enxerga o povo real brasileiro na maioria das vezes. Jogo das vantagens onde o Estado é instrumento do poder, como ensinou a professora Maria Sylvia de Carvalho Franco?

O labirinto da Lei de Cotas no Congresso Nacional pisa o chão do Vale do Jequitinhonha, de Betim, da zona norte da cidade de Belo Horizonte, Minas Gerais, morada de Wellington do Carmo Faria, educador popular do MSU. Esses agentes observam Brasília com olhos ativos de ver com discernimento e agem, constroem a história do direito à universidade no Brasil de baixo para cima nos 1990, no começo dos anos 2000. Com a palavra, Gildázio,

> *Sou de uma cidade de Minas Gerais, chama Juvenília, é a última cidade do extremo norte de Minas, fazendo divisa com o oeste da Bahia. Juvenília tá na região do médio São Francisco, na divisa com a região oeste da Bahia, próximo ali a Bom Jesus da Lapa, Carinhanha, essas cidades aí, né? Eu nasci lá na região, no município de Montalvânia, que era a sede do município, Juvenília era distrito, né? Vim pra região de Belo Horizonte fazer o ensino médio, porque na minha cidade não tinha o ensino médio à época, isso é 1994. Eu vim pra um colégio interno, uma escola chamada Fundação Educacional Caio Martins, em Esmeralda, município da região metropolitana de Belo Horizonte. Então eu fiz o ensino médio de 1994 a 1996 e aí não retornei, eu acabei ficando por aqui, né? Em Belo Horizonte, na região metropolitana de Belo Horizonte, Contagem, Betim, essa região aqui da periferia.* (Gildázio, entrevista ao autor, 2018).

Há um jogo geracional, territorial, periférico expresso na voz e na verve do Coordenador do MSU Gildázio, articulador e herói desconhecido da Lei de Cotas. Isso desloca o "chiquê" e o clichê de Brasília e os Grupos de Trabalho sem povo, para os lugares e os efeitos de lugares onde se busca saciar a fome de saber, ao passo que informa as engrenagens da coalizão pela Lei de Cotas, da coalizão das lascadas, dos lascados, a coalizão das quebradas, no chão do Brasil, nas baixas periferias, nos morros, informa seus mecanismos práticos, como o encontro estadual dos cursinhos populares no estado de Minas Gerais, ali nomeados pré-populares, na linha de Paulo Freire, do Teatro Experimental do Negro, da educação popular, da negação do epistemicídio destacado por Sueli Carneiro.

> *Formei na PUC em Filosofia em 99. No início dos anos 2000, final dos anos 2000, início dos anos 2001, a gente tinha uma discussão muito forte da questão do acesso do pessoal da periferia nas universidades, tanto o pessoal, é... tanto o acesso e a permanência na universidade. Aí, juntamente com algumas pessoas ligado à Igreja, a organizações de base, ligado à CEB, o campo da Teologia da Libertação, a gente criou uma inicialmente uma unidade popular de pré-vestibular, né? Um cursinho e depois isso veio a se tornar uma rede. Quando a gente tava ampliando da unidade para a rede, o nosso contato com o MSU foi no Fórum Brasileiro... Fórum Social Brasileiro, que aconteceu em 2003. A gente tava exatamente no início do trabalho, nós começamos em 2001, estava ampliando o trabalho quando houve, já tava tendo aquela efervescência dos fóruns sociais, já tinha acontecido... já tinha iniciado o Fórum Social em Porto Alegre, Fórum Social Mundial, depois teve outras edições, e... em 2003, houve essa edição, uma edição que me parece que foi a única edição, teve uma ou duas, uma edição do Fórum Social Brasileiro, que foi sediada em Belo Horizonte. Então, nesse evento aconteceu uma oficina onde, onde houve... foi uma atividade autogestionada, proposta pelo MSU, Movimento dos Sem Universidade, e nessa atividade a gente participou apresentando o nosso projeto. Eu lembro que nessa atividade foi onde eu tive*

> *a oportunidade de conhecer o Sérgio José Custódio, da coordenação nacional do MSU, e nós tínhamos também o pessoal de Viçosa, né? Que era coordenado pelo Dudu, né? Também tinha o pessoal de uma atividade que a gente tinha feito um dia antes, no mesmo evento, o pessoal dos Maristas que tinha um pré-vestibular e um pessoal ligado aos APNs, Agente Pastoral Negro. A partir do momento que nós tivemos esse encontro com o MSU em 2003, nós entendemos que a nossa luta que a gente fazia na periferia de Contagem, de Betim e de Belo Horizonte não era uma luta isolada do restante do Brasil e que era muito importante a gente estar articulado em uma rede muito mais ampla pra poder defender conjuntamente os interesses das camadas populares e aí fazendo a discussão racial, a discussão étnica, mas também fazendo a discussão de classe, né? Porque a gente sabia que, realmente, as portas das universidades, principalmente públicas, estavam praticamente fechadas pro povo da periferia, o povo pobre, né? E ainda com uma dificuldade ainda mais pra negros e etnias indígenas, quilombolas e tal, enfim.. Aí, a gente começou a participar efetivamente da construção do MSU no Estado, a gente já tava com uma articulação do Fórum Mineiro de Pré-Vestibulares Populares, a gente teve algumas articulações, fomos chamados pra ir pra outros locais falar da nossa experiência. Então, foi uma experiência muito boa e o MSU também introduziu pra nós um instrumento que era muito importante, que era a apostila solidária, porque além e ser um instrumento de estudo, onde os nossos alunos eles poderiam ter acesso ao conhecimento, mas também acabava sendo um instrumento de formação política, um instrumento de luta, então, essa apostila solidária se constituía um caderno muito importante pra que o estudante nosso tivesse consciência da sua classe, do seu lugar social, né? E aí, também a gente começou a fazer a discussão na linha da cidadania no sentido de que a... o Milton Santos nos ensinou que não existe periferia, né? O lugar que você está é o centro do mundo. Então, compreendendo isso, toda essa força que o MSU trazia da discussão feita na UNICAMP pelo Dom Pedro Casaldáliga quando recebeu o título honoris causa, ele falava o seguinte, que ele dedicava aquele prêmio aos sem universidade, então, assim, a gente tinha essa pegada de compreender esse sujeito social que tava fora da Universidade e, esse sujeito social, ele entrando na Universidade não significa que ele deixa de ser sem universidade, porque as condições, a realidade objetiva, que faz com que ele seja sem universidade, elas estão postas independente de você fazer um curso, fazer uma graduação, uma pós-graduação, o que for. Porque, da mesma forma que um cara quando recebe a terra ele não deixa de ser sem-terra, o sujeito que luta por direitos e um único direito não resolve, né? Porque o direito só se realiza no conjunto. Então, foi nessa concepção que a gente entendeu a importância do MSU pra nossa luta, que quanto mais ampla fosse, mais conquista a gente teria do ponto de vista local, do ponto de vista mais paroquial. Então, foi um pouco nessa pegada que a gente compreendeu o MSU.* (Gildázio, entrevista ao autor, 2018).

Inspirado em Milton Santos, Gildázio pontua disposição coletiva de disputar o conhecimento, disputar o poder porque se está no centro do mundo e o centro do mundo está em todas as periferias, o povo tem o poder na cartilha dos Novíssimos Movimentos Sociais, que é diferente da cartilha do Ivo Viu a Uva da coalizão da cota da branquitude, do *status quo*, desessencializando os lugares, juntando o sujeito de direito pela universidade no raio de sol do poeta Pedro Casaldáliga, que, com Milton Nascimento, compôs a fé, o axé, a luta que o canto ilumina para o enfrentamento da violência do *status quo* no Brasil e para alimentar a vida com conquistas reais que mudam a situação de exclusão.

> *Organizamos o primeiro encontro dos pré-vestibulares populares, foi na Helder Câmara, que, curiosamente, é a faculdade que eu hoje faço mestrado lá, sabe? Tô fazendo mestrado na área de Direitos Humanos e Sustentabilidade. Lá, à época, era uma faculdade apenas de direito e a gente tinha uma relação já próxima do pessoal e eles abriram pra gente fazer um encontro do Fórum Mineiro de Pré-Vestibulares, deu uma repercussão muito grande, a gente deu inclusive entrevista na Globo, né? Deu uma repercussão muito grande. Agora, fizemos outros, né? Outros encontros, inclusive alguns no interior do estado porque a nossa rede cresceu muito à época e tivemos o segundo encontro que foi na Casa dos Movimentos Populares, em Contagem, onde a gente discutiu a importância de criar um outro instrumento pra luta, que seria a Universidade Popular. A gente*

discutiu a isenção da taxa, a gente conseguiu também, aqui, graças ao movimento e à repercussão que deu, a gente conseguiu que algumas universidades privadas, principalmente a PUC, que pudesse isentar os alunos da periferia na própria taxa do vestibular, e a gente tensionava a partir da conquista que a gente tinha nas universidades privadas, a gente levava esse questionamento pra dentro das universidades públicas também, né? A gente falava: "puxa vida, a Universidade é pública", mas tinha uma barreira aí, que a taxa do vestibular extremamente alta, né? Então, tipo assim, se a pessoa... como é que ela ia inscrever? E aí, a gente percebe também que existia muitos interesses, muita gente ganhando com essa taxa de... que era cobrada para a inscrição no vestibular. Então, foi uma das nossas primeiras lutas, assim, e a gente conseguiu trazer isso pra Assembleia Legislativa do Estado de Minas Gerais, fazer audiência pública e conseguiu ter conquistas, né? Importantes. As primeiras isenções de taxas saíram. (Gildázio, entrevista ao autor, 2018).

Como na moda de viola mineira de Pena Branca e Xavantinho, o nacional e o subnacional, Brasília e a periferia formam o dueto da coalizão pela Lei de Cotas que canta no Congresso Nacional. Sem a periferia Brasília é uma ilusão, não há legitimidade. A luta por isenções, pela vaga na universidade privada, pela vaga na universidade pública, por uma universidade popular aparece na voz de Gildázio, coordenador do MSU.

Imagem 21 – Segundo Encontro de Cursinhos Populares organizado pelo MSU em Minas Gerais

Fonte: Arquivo MSU

Ao passo que o GT de Brasília discutia reforma universitária, os N*MS cabulavam nos territórios por uma reforma universitária popular, mas a interlocução com o governo federal, com o poder executivo, patinava nos filtros do poder. É apelido triste chamar isso de dialética. É quase colonial. São muitas dores, são muitas fomes. A fome de saber era profunda no Brasil profundo. A coalizão a favor da Lei de Cotas, os N*MS eram a expressão política, o grito travado na garganta dessa fome desde a colonização. Havia uma comunhão quase abstrata de esperança no governo de um sem universidade. Em que medida esse era um amor correspondido não se sabia.

Na rua General Jardim 660, centro da cidade de São Paulo, na Ação Educativa, lugar onde o MSU, em parceria de uso de espaço físico, fazia suas reuniões nacionais autônomas e independente de partidos políticos, houve um convite para que o MSU participasse de um encontro de hip hop com o Ministro Luiz Gushiken num sábado à tarde de novembro de 2003, no fim da rua Cardeal Arcoverde, do outro lado do Shopping Eldorado na Rebouças. Oportunidade rara, fórum público, contundência da fala do MSU na cara do ministro de Estado importante. O ministro se sensibilizou com a causa do direito à universidade. Convidou pessoalmente o MSU para uma reunião no Hotel em que estava hospedado na Berrini. Naquele requintado hotel, seis da manhã de domingo em ponto, houve o café da manhã do MSU com o ministro Gushiken, um japonês de origem pobre que tivera ao longo da vida dura batalha pelo conhecimento, pela universidade, em sua trajetória pessoal de estudo. Estrategista de proa do governo do presidente Lula, Gushiken estava muito interessado no tema do acesso à universidade e não parava de fazer perguntas e de conversar. A mesa farta do café da manhã de hotel animava a conversa registrada em parte por fotógrafo do jornal *Diário de São Paulo*. A conversa foi franca e direta com o Sr. ministro, sem assessores. Com agenda muito disputada, depois de uma hora de conversa, ele pediu que entrássemos com ele no carro até o aeroporto de Congonhas, porque ele tinha mais perguntas e a conversa estava muito boa. Fumando charuto cubano, o ministro assumiu um compromisso estratégico com a causa do MSU, ficou acertado que haveria uma reunião em seu gabinete em Brasília em janeiro e que seríamos informados do dia exato dessa agenda, ficou acertado que na reunião o MSU apresentaria ao governo federal um plano de ação em torno do tema do direito à universidade, Gushiken entrou no aeroporto rumo à Brasília e o motorista nos trouxe de volta para o centro de São Paulo. Era hora de mobilizar o plano de ação, numa discussão nacional e numa sistematização final antes da reunião em Brasília.

As propostas vieram de vários lugares do Brasil e uma comissão de sistematização reunida na rua General Jardim 660 deu o arremate final. Clóves Castro, Rogério Bernardes e Sérgio José Custódio terminaram o arrazoado, onde se destacavam a necessidade de novas universidades pelo Brasil em cidades médias e grandes em todo o território nacional, as isenções das taxas, o ENEM como critério de acesso à universidade, a reserva de vagas para a escola pública, negros e indígenas nas universidades públicas e nas privadas também, via um sistema público de bolsas de estudos em instituições privadas, o apoio aos cursinhos populares. A coordenação nacional do MSU, Maria Vanir Ilídio, Sérgio Custódio e Gildázio dos Santos, entregariam o documento em reunião oficial no fim de janeiro em Brasília.

> *Na verdade, eu queria fazer um registro histórico, né? Nós estivemos em Brasília a primeira vez no dia 29 de janeiro de 2004, com o então saudoso Ministro Luiz Gushiken e aí nós tivemos contato, foi a nossa primeira ida em Brasília...bom, então, o Luiz Gushiken, ele funcionou como uma espécie de... ele funcionou como uma espécie de porta de entrada do MSU no governo. Quando o Luiz Gushiken nos recebeu no gabinete, ele era uma espécie de superministro, era um dos superministros que tinha entrada em qualquer outro ministério. Então, ele escancarou, abriu a porta do Governo Federal pra essa categoria social, né? Que estava atuando.* (Gildázio, entrevista ao autor, 2018).

O que motivaria a ação política de Gushiken? A pulga atrás da orelha de muita gente parece simples demais quando se olha da frente para trás como se essas certezas estivessem na história quando ela acontece nas incertezas das horas dos dias e dos dias futuros. A pauta que o MSU trazia era nova e ela tinha potencial de encantar o Brasil e de dar um sentido a um governo inteiro. Gushiken, atilado estrategista, tinha habilidade em ouvir, percebeu isso com seus olhos, com sua experiência pessoal, com o suor da memória de sua origem, com o que viu de reação popular no debate ao vivo daquela tarde de sábado com o povo da periferia de São Paulo, da interação direta com a coordenação do MSU. Nem todos os representantes do governo federal tinham o casamento da audácia com a humildade percebida objetivamente na relação do ministro Gushiken com o MSU, com esse setor social, que dirá a dor que a vivência da origem de classe esculpe nos seres que não a acomodam. Da equipe do ministro Gushiken que participou da reunião com o MSU, a assessora especial Juçara Santiago Pereira, apaixonada pelas experiências de tecnologias sociais em ciência e tecnologia, uma das principais responsáveis pela presença da diversidade, dos negros, dos povos indígenas na imagem do governo, terá longa e decisiva interlocução com os N*MS em todo o curso longo da luta pela aprovação da Lei de Cotas no Parlamento.

Muitos representantes do governo, na direção contrária de Juçara, tinham vaidades e cascos de cavalo como ética de relação política com os sem universidade e faziam questão de em todo momento, repletos de vaidades, mostrar os dentes como se dissessem o tempo todo que eram cavalos puro-sangue, orgulhosos e indiferentes, o puro sangue dos partidos reais burocráticos, dos partidos reais da linhagem, que como santos autodeclarados procuravam por hagiologia e ombros que os carregassem nas costas nos andores onde se sentavam como iluminados, donos do tempo, o que espantaria um Paulo Freire se vivo tivesse.

Como fica a teoria de política pública frente a esse fato histórico? Ponto para Guerreiro Ramos quando expõe a necessidade da redução em sociologia, apropriada como redução em política pública nesta tese. Ocorre que um entusiasta de grande peso na história surge na coalizão a favor da Lei de Cotas do lado de fora do subsistema de educação, mas não surge feito mágico que caiu do céu, surge num fórum público onde uma relação direta com os N*MS se estabelece. Assim, a relação direta dos N*MS com o poder executivo federal tem grande relevância para a coalizão a favor da Lei de Cotas. Não que isso resolva a parada por si só — persistirá muita faísca e muito esmagamento no trato com as patas de alguns cavalos de plantão no poder —, mas dá legitimidade política a um setor social na história do Brasil situado à margem do campo educacional, do campo político, do sistema político, ainda que seja a maioria da sociedade brasileira, onde menos de 10% tinha universidade no começo dos anos 2000.

Isso talvez seja vento favorável para andar de cabeça erguida e manter a cabeça erguida sempre no violento jogo de poder em Brasília, no Congresso Nacional, como se anda de cabeça erguida na periferia, num cursinho popular do MSU, num fim de semana de estudos intensos. Um japonês favorável à questão racial? Sim. Por isso a complexidade em política pública é melhor que receita de bolo batida para o entendimento de uma política pública. E complexidade que abriga incerteza e afasta teleologias ideais. Ao abrigo da complexidade da realidade política brasileira, japoneses, brancos, pardos, povos indígenas, negros se posicionaram em acordo com a crença no respeito, na liberdade, na igualdade intelectual, na igualdade material, na igualdade racial, na escola pública, na universidade pública, muita vez com generosidade, muita vez com audácia inaudita na história do Brasil. Essa orquestra da coalizão a favor da Lei de Cotas no Brasil se teceu na dureza dos dias, de baixo para cima, do japonês que frequentava as aulas no cursinho popular do MSU aos sábados e domingos o dia inteiro na Escola Milton Cruzeiro, na Praça dos Professores, em Cidade AE Carvalho, na Zona Leste de São Paulo até o japonês ministro na Esplanada dos Ministérios, num só 2003, do tambor negro ecoado nos tempos desde a África até os seres das águas caudalosas da ancestralidade indígena brasileira que vigiam pela saúde da multinatureza abrigada no planeta terra.

Naquele janeiro de 2004, Tarso Genro ocuparia o lugar de Cristovam Buarque na Educação. Novo Grupo de Trabalho da Reforma Universitária é desenhado. Cristovam burilou as intenções, num tom mais afeito ao debate das ideias, mas não teve sustentação política para continuar à frente do MEC.

> Logo que assumiu a Pasta da Educação, Tarso Genro suspendeu por sessenta dias os trabalhos deste GT (Portaria nº 351, de 29/01/2004) e, em seguida instituiu o Grupo Executivo da Reforma da Educação Superior (Portaria nº 410, de 12/02/2004) e o Grupo de Apoio e Assessoramento Técnico ao grupo executivo antes referido (Portaria nº 127, de 11/03/2004). Ambos os Grupos, diferentes do GT anterior, foram compostos majoritariamente por gestores e técnicos do MEC e de suas autarquias (CAPES e INEP). A única exceção entre os 19 integrantes de tais grupos, com efeito, foi a presidente da Associação Nacional dos Dirigentes de Instituições de Ensino Superior – Andifes. É explícito que o novo grupo designado para coordenar e sistematizar a proposta de reforma tem um caráter muito mais institucional. (Nogueira, 2008, p. 60).

O desenho do novo GT, assim como o do anterior, não contemplou os N*MS. Esse ponto morto inicial longe de ser ocasional revela o dito forte na Esplanada dos Ministérios: "Ninguém dá poder para ninguém". Uma leitura crítica veria evidentes tensões na composição, o que sobressairia com o passar dos acontecimentos. O tom elevado "institucional" percebido pela analista anterior pode informar coisa distinta: a força do poder do partido real da burocracia e do partido real da linhagem em Brasília, um grupo que paira sobre o povo e instrumentaliza o Estado, conforme as oportunidades políticas para pavimentar carreiras de sucesso. Num quadro de democracia como ela é, a tensão no miolo do Ministério da Educação indicava ao menos duas visões diferentes de democracia, uma democracia de balcão, abrigada sob a capa do institucional, que enfatiza a forma, num jogo de poder que no seu limite extremo se aproxima do *Poderoso Chefão*, de Francis Ford Coppola, onde só os *capos* e familiares entram no salão, o que agradava o partido real da burocracia e o partido real da linhagem. Outra visão de democracia era a democracia de concertação, na qual diferentes atores se sentam à mesa e não há balcão, que enfatiza a vitalidade da democracia, num jogo de poder mais próximo do Ensaio de Orquestra, de Fellini. Tarso Genro acreditava na democracia de concertação.

Paradoxalmente, é preciso dizê-lo, para a necessidade de mudança substancial em política pública, como perseguido pelos N*MS, como a necessidade de uma Lei de Cotas, o institucional, seus nervos, seus ascos, abrigam expoentes da coalizão contra a Lei de Cotas internamente ao GT em posição de elevado poder de veto, do tom discreto ao tom esfuziante. Como dizia o jornal *Tição*, em 1971, mudança lenta, gradual e relativa?

Sempre pareceu que o ministro da Educação, Tarso Genro, ele próprio, nesse quadro, tinha apetite diferente, o que joga mais pimenta malagueta no paradoxo. A coalizão a favor da Lei de Cotas, os N*MS andariam no paradoxo, explorando contradições, desconfiados e certeiros na meta. A violência das relações institucionais marcaria a relação dos N*MS com o Ministério da Educação muitas vezes. No caso dos N*MS, a relação política foi mais amistosa, no sentido de diálogo efetivo e de resultados práticos, com Maria Eunice de Andrade, Nelson Maculan Filho, Jairo Jorge da Silva e Ricardo Henriques, membros do grupo executivo da Reforma Universitária. No caso do grupo de apoio, com José Ronald Pinto, assessor da Sesu/Mec, titulares das respectivas comissões, conforme as portarias do MEC 310 e 127, de 2004. Ricardo Henriques carregava consigo a potência analítica de seus escritos sobre a perversidade da permanência da desigualdade racial na educação nos anos 1990, na senda aberta pelos estudos do Grupo da UNESCO dos anos 1950, Nelson do Valle e mais um, Jairo Jorge, de origem pobre, trazia a vitalidade das experiências democráticas de Porto Alegre. Maria Eunice de Andrade, assessora especial do ministro Tarso Genro era a diplomacia, voz de sabedoria e grande habilidade na escuta do clamor dos N*MS pelo direito à universidade. Uma surpresa, que mais tarde se revelará fundamental para a Coalizão a favor da Lei de Cotas no jogo do Parlamento, é a presença indígena de José Ronald Pinto na comissão auxiliar. Porém, a Andifes, ator contra a Lei de Cotas, era parte retumbante do novo grupo de trabalho da reforma universitária.

Contudo, o aprendizado da relação com o ministro Gushiken levou à busca incessante e desesperada até de resultados práticos em políticas públicas por parte dos N*MS no âmbito do Ministério da Educação. Logo, a relação direta dos N*MS com o Sr. ministro da Educação Tarso Genro foi preponderante teve principalidade e servia para superar o estrago dos vetos dos detentores de enorme poder refratário às mudanças, no curso do processo violento do debate da reforma universitária.

O labirinto da Lei de Cotas anda.

Abre-se o abril de 2004.

O ponto de encontro do MSU é a estação Tietê do Metrô, sete da manhã. É 3 de abril, sábado de sol. Ali chegam Cornélio Mendes e mais duas pessoas do Itaim Paulista, José Carlos e mais três de Cidade Tiradentes, Charles Monteiro de Jesus e mais cinco, de Itaquera, Pollyana, da Cohab II, Érica Ferreira, Jefferson de Souza, mais dois de Taboão da Serra. Nas malas o jornal *Olha aí*, do MSU, as becas, algumas faixas. O objetivo é chegar cedo, antes que os portões do Anhembi se abram, dar bom dia para as pessoas que forem chegando e um exemplar do jornal do MSU. Em especial, aquela edição falava como organizar um cursinho popular.

Partiram a pé até lá. É o Fórum Mundial de Educação. Em termos de política pública no Brasil como ele é uma avis rara. Na teoria de política pública, é o fórum público, o momento em que coalizões se fortalecem, distinguem-se, entram em embate, um momento do debate público de ideias, de interesses. Contra o ceticismo de um Chico de Oliveira, contra o ceticismo e o pós-pós-pós que marca os anos 1990, os 500 anos de colonização ofereciam uma forma política real e meio aérea, paradoxalmente. Era o espírito do Fórum Social Mundial de Porto Alegre, dos anos 2000, uma forma política de participação e encantamento que se abria para mundos possíveis e enfrentava o desencantamento do mundo e sua marcha. O Fórum Mundial de Educação (Gadotti, 2004) era uma deriva temática do Fórum Social Mundial, suas edições unas em Porto Alegre, desse espírito, misto de forma política e bola de sabão soprada por sonhos, solta no vento da história, levado menos a sério do que merecia. Da Freguesia do Ó, da Brasilândia, quase cheio, sai um ônibus da EDUCAFRO, camisetas, faixas, sonhos. Será que o ministro da Educação virá? Tá na programação oficial? É muita gente. O Anhembi, um centro de convenções gigante, com todas as suas divisórias, tendas, uma gigante, maior, onde falaria o ministro da Educação. Em termos práticos em política pública, aquilo era a praia possível para os N*MS, onde podiam encontrar gente graúda como iguais, quem sabe lhes dirigir a palavra, o olhar.

Érica Ferreira do MSU e Jefferson de Souza, do MSU, negros, apaixonados, educadores populares, vestiam becas naquele auditório enorme do Anhembi, todos do MSU estavam de becas. Estão montando a mesa no auditório principal. O Sr. ministro da Educação chega. Pernas pra que te quero: os N*MS vão desembestados na direção do ministro. Seguranças e assessores tentam impedir a aproximação, os N*MS insistem aos gritos: "O Tarso cadê você, eu vim aqui só pra te ver". O Sr. ministro se volta e vem em direção aos N*MS, até a corda que separa palco de público e conversa. Os N*MS pedem uma audiência pelo direito à universidade. Ele diz que receberá os N*MS e pede para os assessores acertarem a agenda. Sai para a mesa. Os N*MS ficam no auditório, sentados e também zanzando. Chega de repente um conjunto de estudantes da USP, com faixas e vaias contra o ministro, contra a Reforma Universitária. O super auditório está lotado com mais de mil pessoas. A tensão estava no ar. De que lado ficaria o auditório? Do lado dos estudantes da USP, contra o ministro da Educação? Aquilo parecia um enorme desafio, uma posse pública de fato do novo ministro da Educação do Brasil. Tarso Genro simbolizava ele mesmo essa aura do espírito de Porto Alegre, de uma democracia viva, vibrante, apesar dos pesares, um sonhador?

> Vou oferecer estas poucas palavras aos companheiros e companheiras que integram o Movimento dos Sem Universidade. É um movimento radicalmente democrático e que constitui um sujeito de direito político fundamental para uma reforma universitária que não só preserve, mas também qualifique o ensino superior, amplie e fortaleça a universidade pública e abra suas portas aos contingentes populares, que têm sido tradicionalmente excluídos do processo histórico brasileiro. Em 2002, toda segunda, toda terça, quarta, quinta-feira, todo dia útil e a cada dia útil, o governo anterior autorizou a criação de um curso superior privado no Brasil. Nos últimos trinta anos, tivemos uma privatização intensa das vagas, chegando hoje a que a oferta no ensino superior esteja praticamente 77% nas mãos de escolas não-públicas, comunitárias, fundacionais, filantrópicas, empresariais, que em função de uma ausência de políticas públicas, foram aproveitando este nicho e ocupando de maneira definitiva. Dentro das empresas, as falsas filantrópicas, até realmente as universidades comunitárias, que não têm finalidade lucrativa, mas são integrantes do processo de mercantilização, em função da cobrança das mensalidades. Esta é a situação que nós temos que enfrentar. Como enfrentar é uma questão programática e uma questão política. A questão programática é dar passos fortes, coesos, capazes de promover gradativamente, mas radicalmente a reversão desta situação. (Genro, 2004, p. 2).

O "Caderno de Educação", do jornal *Folha Dirigida*, publicou a íntegra do discurso do ministro. A fala do ministro da Educação agradou aos N*MS, no geral, mas recebeu vaias retumbantes dos estudantes da USP, que, pelo jeito, já vieram com a vaia pronta de casa. As principais entidades estudantis ficaram em cima do muro. A maioria do auditório, formada por professoras e professores da educação básica bateram as palmas formais. Começou um empurra-empurra e uma tentativa de invasão por parte dos estudantes da USP. Os estudantes da USP pediam a palavra para fazer a crítica ao ministro da Educação. Os N*MS decidiram também exigir seu direito de fala perante a mesa. O que está em jogo mais detidamente? O acesso à universidade pública e o acesso à universidade privada.

Os N*MS enxergam a criação de um sistema público de bolsas em instituições privadas como uma necessidade, uma proposta de política pública de ação afirmativa nascida com eles mesmos, trazida ao mundo por eles mesmos, não por mentes iluminadas, seja na luta por bolsa isolada em universidade privada, seja na luta por um sistema público como a proposta no município de São Paulo, em 2002, pelo MSU, pelo grupo de trabalho sobre a questão universitária no município de São Paulo, fruto da luta por universidade, proposta nascida num fórum público, numa assembleia na periferia, em Cidade Dutra. As duas coalizões estavam ali? Era o embate pela Lei de Cotas já? Sim, porque os N*MS jogavam sempre com as duas portas, pela chave que abre as duas portas, a privada e a pública. Os N*MS, sob o testemunho do grande público presente, assumiram esse papel público de coordenação informal como linha de frente pelas cotas, ao contrário das posições de vaia, de muro e de ausência, que engrossavam o coro, direta ou indiretamente, da coalizão contra a Lei de Cotas. Os N*MS simultaneamente dão a cara a tapa pela questão e se legitimam no Fórum Social Mundial, ética e publicamente. As vaias dos estudantes da cota da branquitude, o muro da maioria das organizações sindicais e estudantis, a ausência dos dirigentes de universidades públicas e de proprietários de instituições privadas no debate público. De modo que, ao contrário do ideal da teoria em política pública, o encontro do público com a política pública em debate é fundamental para a boa sorte da política pública em países com elevada desigualdade social, porque só a maioria democrática sintonizada nesses fóruns permite o teste de força das crenças fundamentais para a mudança substantiva em política pública. A ausência do público desse enfrentamento no chão do subsistema de educação é uma forma política, em política pública, que pode ter efetividade, mas que corrompe a democracia. Donos de universidades privadas e reitores, muitas vezes, restringem-se a um debate do tipo aristocrático, feito nos últimos andares de prédios da Paulista e arredores ou em salas com pouca gente.

Respeito, liberdade, igualdade material, capacidade intelectual igual, igualdade racial de oportunidades, direito do negro, da negra, dos povos indígenas, da escola pública à universidade, a importância da existência de um sistema público de bolsas de estudos em instituições privadas, essas crenças foram defendidas apaixonadamente perante o público pelos N*MS, depois da fala virulenta dos estudantes da USP, fala nos limites estreitos da cota da branquitude, mesmo que pregassem a revolução socialista como nos tempos da Guerra Fria. Este trabalho, esta obra, não conseguiu encontrar a fita original desse dia histórico, a única que desapareceu do arquivo da empresa terceirizada que cobria todo o evento. No entanto, a imprensa registrou o momento.

> Não há um critério público. Do jeito que é hoje, bolsas viram muitas vezes uma moeda eleitoral. O político pede ao dono da faculdade privada para beneficiar suas bases e em troca oferece benefícios", diz um coordenador do MSU. Entidades que reúnem instituições particulares negam a acusação, mas admitem que os critérios variam. (Moura e Souza, 2004).

O teste público da força da crença da coalizão a favor da Lei de Cotas foi feito na forma de pergunta direta ao auditório na fala dos N*MS.

Quase a totalidade dos presentes, mais de mil, um grande número de professores e professoras levantaram em uníssono as duas mãos para o alto frente ao brado do MSU pela criação de um sistema público de bolsas de estudos em instituições privadas no Brasil, um apelo veemente que tinha em Érica Ferreira, uma jovem professora negra do cursinho popular do MSU na Escola Paulo Freire, em Taboão da Serra, uma inspiração narrativa, um exemplo vivo ali presente: o Brasil acolheria as mulheres negras para todas as profissões, como ali no auditório, para formar professoras, ou teria permanentemente um plantel de cidadania escanteada? Qual jogo seria jogado no Brasil? Não que o ministro da Educação não expressasse de que lado estava, mas o fato político eloquente, de um auditório cheio, com as duas mãos levantadas, provavelmente marcou-o profundamente e ratificou sua posição na coalizão a favor da Lei de Cotas, tanto nas públicas como nas privadas, ratificou a necessidade de resposta política imediata para a questão.

Quando se lê no texto da proposta do projeto de lei de maio de 2004 do sistema público de bolsas de estudos em instituições privadas (PROUNI), o destaque para as professoras, os professores da rede pública de educação básica, isso lembra o Anhembi, lembra Érica Ferreira com a beca do MSU, ela mesma professora de Geografia da rede pública, pela regra da exceção da cota da branquitude na universidade pública, a luta pelo fim das exceções, por uma regra de cidadania.

Logo, o labirinto da Lei de Cotas vai até a Brasilândia, até a Freguesia do Ó, vai até Taboão da Serra, na EMEF Paulo Freire, na Avenida Genaro de Freitas, 55. E Taboão da Serra vai até Brasília lutar pela Lei de Cotas? Sim. Dali emerge vida. São dois raciocínios que tornam complexo o labirinto da Lei de Cotas para principiantes, linha de força lógica a partir do sorriso negro de Érica: o lugar importa, a periferia clama por universidade e a geração importa, pois os excedentes, os sem-universidade conformam gerações e gerações de excluídos do ensino superior do acesso à universidade, avós, pais e filhos, em particular, os que furaram a estatística da cota da branquitude como exceção e não subiram no altar da sagração da regra da cota da branquitude, mas estenderam suas mãos e pés para a caminhada conjunta pela mudança contundente em política pública que altere a regra da cota da branquitude. Desse exemplo, da Érica no Anhembi vestida de beca para clamar por universidade, emergem dois elementos analíticos fundamentais que compõem a coalizão a favor da Lei de Cotas: as gerações de excluídos da universidade, muitas vezes famílias inteiras, ao contrário daquelas que foram para o Bandeirantes e para a cadeira pública espirrando ordem, e a periferia, o lugar de morada da exclusão da universidade. Impossível não associar o texto da proposta ao fórum do Anhembi, dentro do subsistema de educação, onde o MSU e o EDUCAFRO expressaram sua ânsia política difusa de milhares de famílias para que seu filho vire doutor, pelo direito cidadão à universidade, expressão política legítima do fenômeno histórico dos cursinhos populares. Impossível não reconhecer no texto cidadãos e cidadãs da EDUCAFRO da Freguesia do Ó, da Brasilândia, presentes naquele momento crucial da história, naquele Anhembi. Impossível não reconhecer no texto cidadãos e cidadãs do MSU de Cidade Tiradentes, Jardim Ângela, Itaim Paulista presentes naquele Anhembi histórico, porque a política pública não cai do céu ou de mentes iluminadas. Aquilo foi um choque de 220 volts no ministro da Educação Tarso Genro, um choque ao vivo e em cores, direto da esfera pública. Por isso houve um abril natimorto na história do direito à universidade no Brasil. Como assim? Se ausentes, em cima do muro ou dentro das vaias da cota da branquitude, a coalizão contra a Lei de Cotas, contra a criação do sistema público de bolsas de estudos em instituições privadas reagiria ao Anhembi, ao espírito do Fórum Mundial de Educação.

De qualquer modo, tamanha foi a repercussão pública do acontecimento, que o jornalista Marcos de Moura e Souza, um testemunho ocular, captou a mensagem e transformou os N*MS nos grandes protagonistas inesperados do Fórum Mundial de Educação no quesito direito à universidade no Brasil, quando as becas ganharam página inteira da cobiçada edição de domingo daquele fim de semana do jornal *O Estado de S. Paulo* (Moura e Souza, 2004).

Mas, o papel dos jornalistas, ainda que vinculados aos órgãos de imprensa em que trabalham, logo com grau de liberdade relativa, não pode ser subsumido por completo ao papel do jornal em si, de seus proprietários, de seus editores, de seus editoriais, de suas manchetes, mesmo que sabidamente os jornais de ampla circulação, como *O Estado de S. Paulo*, *Folha de S. Paulo*, *O Globo*, atuaram como atores de peso na coalizão contra a Lei de Cotas. Portanto, um tênue deslocamento dos jornais para os jornalistas enquanto atores importa analiticamente. Por quê? Pelo ganho analítico e documental da pesquisa acadêmica. Desse modo, o próprio jornalista Marcos de Moura e Souza e suas matérias de um jornalismo de tom investigativo (Moura e Souza, 2004) é testemunha ocular de um acontecimento no subsistema de educação em abril de 2004.

Ali, naquela circunstância da história, perante o ministro de Educação de olhos arregalados, em êxtase, perante os auspiciosos olhares dos jornalistas desconfiados, o Movimento dos Sem Universidade com seus militantes vestidos de beca e o EDUCAFRO, colocaram inteiro de mãos levantadas, o maior auditório do Anhembi, com mais de mil pessoas com as duas mãos levantadas e em pé se posicionando a favor da criação do sistema público de bolsas com direito a vagas nas universidades particulares para negras, negros, indígenas, a escola pública, pobres, como política de ação afirmativa. Era a demonstração pública e notória do apoio para a inovação em política pública dentro do subsistema de educação, dentro de um fórum inusitado e geral. A maioria ali era formada por professores, por professoras da escola pública, gente que havia comido o pão que o Diabo amassou para se formar numa instituição privada. Essa gente deixava um claro recado intergeracional: as bolsas importam mesmo que eu não tive esse direito! A importância da questão racial foi explicitada de forma tonitruante pelos N*MS, o sistema público de bolsas de estudos em instituições privadas como política pública de ação afirmativa foi exposta de modo contundente a ponto de levantar a plenária inteira para espanto do novo ministro de Estado da Educação, Tarso Genro, em sua primeira atividade pública como ministro.

Entre embasbacados, indecisos e contrariados, as elites brancas dos estudantes universitários da USP presentes na ocasião, que em grande parte participava do coro da coalizão contra, seja como mudos, seja como falantes prenhes de antanho europeus de uma radicalidade dogmática, protestavam, esperneavam, assistiram àquilo com desdém de camarote, pois tinham dificuldades em enxergar a origem negra, indígena, periférica da luta pela criação de um sistema público de bolsas de estudos em instituições privadas. Assim como no Dezoito Brumário Marx viu com desdém o subproletariado, assim como viu muito pouco o povo do Haiti no conjunto de sua obra, assim como enxergava com desdém o lúmpen, essa parte da coalizão contra, como elite política, alguns se arvorando plenos de pura e pia radicalidade herdeira, não enxergava os lazarentos, os leprosos, o lixo, a heresia no Brasil, que assumia a cena pública sem pedir permissão, desde os trabalhos cotidianos nos cursinhos populares nos fundões da sociedade, na morada da dor. Outros, no mesmo barco, calados, crocodilos, esperavam o trem da história para sentar no banco da frente dos holofotes de uma história oficial guiada pela propaganda dos heróis artificiais, alguns acham que são a reencarnação de José Bonifácio no XXI, como já narrava Lima Barreto, em *Triste Fim de Policarpo Quaresma*, sobre os heróis de cima para baixo, sem espaço para o povo real, pobre em densidade e paradoxalmente miserável com o futuro e irresponsável com a construção da vitalidade democrática do país. É paradoxal, o grosso dos estudantes faziam parte da coalizão contra. No máximo, seus representantes principais ficavam mudos, em cima do muro.

Porém, a manchete da matéria de domingo do jornalista Marcos Moura e Souza, que dificilmente foi o responsável pelo título — o que cabe usualmente aos editores —, falava que "brasileiro sofre de exclusão universitária". O que era verdade, mas também deixava no ar, deixava um leitor conhecedor da história do pensamento social brasileiro com a pulga atrás da orelha, uma vez que segmentos do pensamento social brasileiro alardearam desde o advento da República em 1891, o povo brasileiro como ele é como uma patologia, responsável pelo atraso do país, onde a educação é a peça de acusação, quando, na verdade, o povo foi intencionalmente analfabetizado para fins do controle do poder econômico e do poder político pela elite branca, sem simplismos. Assim, o direito negado historicamente não é patologia social. A falta de universidade, como direito negado historicamente ao povo brasileiro, não pode ser encarado como patologia social que acomete a maioria do povo brasileiro no começo do XXI, como se estivéssemos no escritos de segmentos do pensamento social brasileiro dos primórdios do XX, como se não conseguíssemos como nação sair da síndrome de Ariel.

O que o acontecimento no Anhembi quer dizer? Vai passar na avenida da história do Brasil os corpos negros, indígenas, da escola pública, periféricos como agentes da história? Como sujeitos da história? É a hora e a vez da periferia?

Da fresta se fez a ferida. Os N*MS pediram para falar na hora em que uma exposição se encerra e abre para perguntas. Mas exigiram falar de cima do palco. Ao falarem publicamente, em alto e bom tom, cobrando uma política pública como cidadãos iguais na pólis brasileira, na arena pública, os N*MS também compartilharam com o mundo um ato político na dimensão epistemológica de um conhecimento compartilhado, como ensina o professor Sérgio Bairon. Um conhecimento público de como se faz a democracia real sob a luz do sol sobre os mortais, um conhecimento caro ao Brasil. Os de baixo fazem e sabem fazer política. Os simples sabem fazer política.

Os calibans dos N*MS falaram de igual para igual com o ministro da Educação sob o testemunho histórico dos olhos e ouvidos do público. Para tanto, romperam com becas a barreira burocrática, o veto burocrático do cordão de assessores e seguranças do entorno do ministro de Estado da Educação. Esse acontecimento, em si, em suas linhas de forças lógicas, como deontologia, alimenta a teoria social?

Esse exemplo sintoniza hipóteses desta investigação. O evento talvez sirva por si só para explicar como os N*MS foram catapultados como protagonistas na cerimônia de assinatura do sistema público de bolsas de estudos em instituições privadas, em abril de 2004, uma cerimônia que nunca houve. Legitimidade.

A dimensão dos jornalistas eles mesmos, elas mesmas, como testemunhas oculares da história social brasileira, como testemunhas da história da luta dos N*MS por universidade no Brasil, esse levante da base da sociedade, informa a relação complexa presente na importante imprensa brasileira na parte que os N*MS conseguiram tocar nesse latifúndio escrito, televisivo, falado.

A relação dos N*MS com a imprensa, com a grande mídia, envolveu as tensões entre a novidade e o furo jornalístico, a matéria de serviço e a matéria política, o espaço para a cidadania plena e o espaço publicitário, o apetite político do veículo e o apetite político dos N*MS, a polêmica e o sem graça das notícias filtradas que são semeadas sobre as folhas brancas todo santo dia. Nas quebradas dessas relações tensas, os N*MS desfilaram para o público, muito marginalmente, mas, paradoxalmente, desfilaram, difícil de ver, mar estavam ali, pisando no terreno minado dominado pela coalizão contra. Poderia ser diferente? A mídia oligopolizada prende a democracia?

Jornalistas como Marcelo Pereira e Dario Carvalho Júnior, no jornal *Correio Popular*, identificaram o fenômeno político dos N*MS em embrião na cidade de Campinas em 1993, quando setores oriundos das camadas populares, tidos como exceções à regra branca do direito à universidade no Brasil, criaram a primeira política de ação afirmativa da UNICAMP, quando 360 sem universidade da escola pública, negros, indígenas, periféricos, navegaram no sonho de frequentar a universidade pública, através de um cursinho popular sem fins lucrativos criado pelo DCE UNICAMP, na Casa de Cultura do DCE UNICAMP, no centro de Campinas. Uma foto revelava o quesito racial incentivado por uma comissão com a presença dos negros que se contavam nos dedos das mãos e que passaram férias selecionando candidatos para. Era o berço do MSU (CASTRO, 2016).

O jornalista Arcanjo Antonino Lopes do Nascimento e o jornalista Antônio Gois viram o nascimento dos cursinhos para negros, da EDUCAFRO, na baixada fluminense, no Rio de Janeiro, nos anos 1990. Já nos cem anos da abolição inconclusa, Frei David aparece no livro *A Escravidão Reabilitada*, de Jacob Gorender (1990), lutando pela mudança do nome de Duque de Caxias para a cidade.

Não eram muitos os negros jornalistas nas redações. Nem indígenas. O cálculo político da representação do Brasil como filtro e não como espelho tanto em Brasília, como nas redações, como alhures, vigorava como o erro clássico do pensamento político no continente americano: a desconsideração da política feita pelos que aqui habitavam, pelos povos originários, pelos povos indígenas, pelos africanos que aqui vieram forçados, seja como prática política, seja como teoria política.

Seja no setorial de Educação, ou no caderno Cidades, ou Cotidiano, ou no primeiro caderno, jornalistas como Célia Chaim, Fernanda Mena, Fábio Takahashi, Demétrio Weber, Erika Klingl, Adriana Falcão, dentre outros, perceberam a existência dos N*MS.

Até casos inusitados, como o do jornalista Chico Pinheiro, que conhecera pessoalmente Dom Pedro Casaldáliga na sua atuação fazendo reportagens sobre os conflitos de terra na região do Bico do Papagaio dos anos 1970, rendeu um convite para que os N*MS visitassem pessoalmente a sede da Rede Globo de Televisão na Berrini, em São Paulo, visita monitorada pelo próprio Chico Pinheiro, depois do sucesso de uma matéria de serviço de dois minutos sobre o cursinho popular do MSU no CÉU Campo Limpo, feita pela repórter Monalisa Perrone, uma matéria que fez sucesso numa edição de sábado do Jornal Nacional, assistida desde a periferia de São Paulo até o casal Lula na presidência da República.

Se a mídia era da coalizão contra, de forma inconteste, por outro lado, muitos jornalistas dessa própria mídia testemunharam o movimento vivo dos N*MS, da coalizão a favor, quando havia um pedacinho de terra de pauta do latifúndio de papel. Como o caso de Luciana Constantino, correspondente em Brasília da *Folha de S. Paulo* naquele mesmo abril.

Tarso Genro manteria a palavra e os N*MS aguardavam uma medida provisória do presidente sem universidade. Em abril de 2004, tanto o MSU como a EDUCAFRO têm seu protagonismo reconhecido na questão e são convocados desde o Palácio do Planalto a enviarem uma lista de nomes de cidadãos, cidadãs que participariam da cerimônia de lançamento do sistema público de bolsas de estudos em instituições privadas (PROUNI), as listas foram encaminhadas, mas a cerimônia de lançamento foi cancelada de véspera. A jornalista Luciana Constantino, que cobria Brasília, deixa ver cenas da disputa entre as coalizões.

> **Tarso quer cotas nas particulares /** O Ministro da Educação, Tarso Genro, pretende tornar obrigatória a reserva de cotas para negros também nas instituições privadas de ensino superior, assim como nas públicas, e por isso já espera uma disputa jurídica com as universidades particulares. Tarso Genro também prevê um percentual de vaga, talvez 20% para o programa federal Universidade para Todos. A obrigatoriedade, no entanto, pode barrar na autonomia das universidades que têm poder para definir políticas próprias. Até ontem técnicos do MEC ainda discutiam a definição do percentual das cotas. Também não sabiam a forma de estabelecê-las – se por projeto de lei ou medida provisória. O primeiro é enviado ao Congresso e só se transforma em lei após aprovação dos deputados e senadores. Já a medida provisória entra em vigor logo após a publicação no "Diário Oficial" da União. Depois é enviada ao Congresso, que pode modificar ou não o texto. Caberá ao presidente Luiz Inácio Lula da Silva dar a palavra final. (Constantino, 2004).

O texto explicita a questão das cotas nas particulares, sem subterfúgios, o que pode ser também interpretado como uma tentativa de colocar o bode das cotas para paralisar o avanço da criação do sistema público de bolsas de estudos em instituições privadas, dado o humor de parcela do PIB da educação privada.

Em 9 de abril de 2004, o jornal *Estado de S. Paulo* publica a matéria "Universidades vão à justiça por filantrópicas" (Moura e Souza; Weber, 2004). Nela, a Confederação Nacional de Estabelecimentos de Ensino (CONFENEN) ameaça jogar um balde de gelo nos planos do MEC de "Estatizar vagas de faculdades em universidades particulares e revertê-las a alunos carentes". O que se percebe?

A coalizão contra a Lei de Cotas aparece desavergonhada na política pública de ação afirmativa anterior, no processo de criação do sistema público de bolsa de estudos em instituições particulares (PROUNI). À moda de Norbert Elias, isso indica um *pas-de-deux* no salão, mostra a configuração da coalizão contra a Lei de Cotas. Quem dança com quem? O jornal *O Estado de S. Paulo* dança com um de seus fortes anunciantes, parte do setor do ensino privado. Que música toca? Aquela que fala da "estatização" e a outra, que fala dos "carentes", "alunos carentes". No subsistema de educação e fora do subsistema de educação, como na grande mídia, a sociedade desigual brasileira se reproduz no tempo com a ética colonial em que negros, negras, indígenas, oriundos de escolas públicas, excluídos das universidades, são chamados de carentes. A música do salão da configuração da coalizão contra a Lei de Cotas acaba por nomear a outra coalizão como "coalizão dos carentes". A cidadania fica refém, assim, do privilégio da branquitude (Bento, 2002) na sociedade brasileira. "As filantrópicas não querem e não têm a obrigação de conceder essas vagas", diz o presidente da CONFENEN Roberto Dornas, "elas já prestam serviços à comunidade em forma de assistência à saúde, creche, amparo social, além das bolsas" (Moura e Souza; Weber, 2004).

O posicionamento da coalizão contra a política de ação afirmativa que cria o sistema público de bolsas de estudos em instituições privadas (PROUNI), fica evidente. O que faz *pas-de-deux* virar um triângulo amoroso? Ao menos na dança da configuração dessa coalizão "Mas Gandra (Ives Gandra Martins, advogado) acredita que se a universidade para todos chegar ao Supremo, o governo será derrotado. 'A questão é que as filantrópicas são imunes à tributação. O governo não está dando nada a elas e por isso não pode cobrar mais nada (no caso, vagas para o programa)'." (Moura e Souza; Weber, 2004). Esse terceiro ator, o advogado, vem calçado e vociferante desde uma posição de poder do *status quo* e de uma outra instituição, o tribunal do juízo final do subsistema de educação brasileira, onde quem pode mais chora menos. O STF é mobilizado como assombração por parte dessa coalizão, como se essa coalizão dissesse: se o governo se aliar à coalizão dos carentes, nós bloquearemos o direito à universidade privada para essa gente, na justiça.

Uma outra leitura do comportamento dessa coalizão indica que ela busca elevar o seu preço perante a possibilidade de uma inovação em política pública, pois sabe que ao deter a maioria da oferta de vagas no ensino superior pois, "se Maomé não vai até a montanha, a montanha vai até Maomé". Ou seja, a posição de enorme concentração de recursos de poder nessa coalizão faz disso o capital político de negociação desde uma posição de força e de ameaça. Negociação que pode ser traduzida por achar uma música comum para que as duas coalizões dancem no mesmo salão nacional.

> Em Brasília o Ministro da Educação, Tarso Genro, reagiu à ameaça da CONFENEN, garantindo que o governo não vai recuar da exigência de que, vinte por cento da receita das filantrópicas seja convertida em vagas para alunos carentes no Universidade para Todos. "As verdadeiras filantrópicas vão gostar (da MP)", disse, argumentando que a nova exigência vai dar mais transparência à contrapartida das universidades filantrópicas (Moura e Souza; Weber, 2004).

Outro *pas-de-deux* fica evidente. O senhor ministro da Educação se posiciona ao lado dos "carentes" na coalizão pelo direito à universidade privada. A regulação do Estado em política pública é sublinhada por esse ator, desde seu poder político no novo governo. Ao falar na possível adesão de setores das filantrópicas, o senhor ministro evidencia que a Terra não é plana no planeta das universidades particulares, muito menos no território das filantrópicas. É mais complexo que a simples divisão entre privado e público.

No badalar do relógio dessa matéria de destaque do jornal *O Estado de S. Paulo*, desde um grito travado na garganta há muito tempo, os N*MS encaminhavam ao Palácio do Planalto suas listas de nomes que participaram da cerimônia de lançamento do sistema público de bolsas em instituições privadas (PROUNI), na semana seguinte, em Brasília. Essa semana e esse dia da assinatura, apesar dos convites distribuídos, ficarão conhecidos como "o dia que nunca houve" e a "semana que nunca houve na história". Tudo será um eterno dia de São Nunca? Com isso, coerente com a história do Brasil, mais uma vez o sonho é adiado para milhões. Logo, tocou no Brasil a música da coalizão contra a política de ação afirmativa nas instituições privadas.

Como isso aconteceu?

Em dois passos: dentro do subsistema de educação essa coalizão arregimentou aliados em outros sindicatos de universidades particulares, isso soçobrou como grandes manifestos públicos na mídia. O segundo passo foi o constrangimento do Congresso Nacional, dos parlamentares, por parte dessa coalizão uma vez que se tratava de grandes financiadores de campanhas eleitorais. A esse Parlamento recorreu parte do empresariado do setor da educação. Gesto suficiente para ligar o sinal vermelho, o veto na Casa Civil? Com isso, a coalizão contra toureou o sistema político e toureou o poder executivo levando a uma situação de impasse político e o adiamento do lançamento da nova política pública, impasse que deveria ser superado no Parlamento. Estruturalmente o PIB que tem muito destaque no setor de serviços falou mais alto. A reação da coalizão a favor do sistema público de bolsas de estudos em instituições privadas se deu no subsistema de educação, no sistema político, e junto ao Ministério Público Federal.

Percebe-se que é na semana seguinte ao espírito do Anhembi, em abril de 2004, que tanto o MSU, como a EDUCAFRO têm seu protagonismo reconhecido na questão e são convocados desde o Palácio do Planalto a enviarem uma lista de nomes de cidadãos, cidadãs que participariam da cerimônia de lançamento do sistema público de bolsas de estudos em instituições privadas (PROUNI), as listas foram encaminhadas pelos N*MS, mas a cerimônia de lançamento foi cancelada de véspera: "Lula adia o universidade para todos – Convites para a solenidade de lançamento do programa de criação de vagas para alunos pobres já tinham sido distribuídos" (Salomon, 2004). No mesmo dia turvo, os jornais traziam a fala da coalizão contrária:

> As instituições educacionais superiores particulares brasileiras, a exemplo de outros setores, estão vivendo dificuldades de ordem econômica e social. Em decorrência disso, **causa apreensão o programa "Universidade Para Todos"**, como vem sendo divulgado pela imprensa. Da forma anunciada, poderá desestabilizar o sistema, se as ações que objetivam dar aos egressos do ensino médio oportunidade de acesso a cursos universitários **não forem realizadas com planejamento e critério**.

O trecho é da "Carta Aberta ao Presidente da República (Universidade Para Todos)", matéria paga de um quarto de página publicada em 14 de abril de 2004 nos principais jornais do Brasil, assinada pela Associação das Mantenedoras do Ensino Superior, pela Associação Nacional das Universidades Particulares, pela Associação Nacional dos Centros Universitários, pela Associação Nacional das Faculdades Isoladas e Institutos Superiores e pelo Sindicato das Entidades Mantenedoras de Estabelecimentos de Ensino Superior no estado de São Paulo.

O veto do setor privado no subsistema de educação superior, chamado "setor" apenas, por burocratas, políticos e lobistas em Brasília, desloca leituras *naïfs* ou "radicais" sobre a criação do sistema público de bolsas de estudos em instituições privadas no Brasil (PROUNI) como um *pas-de-deux*, mas numa dança fechada em quarto escuro entre burocratas e donos de universidades. O que talvez seja lucrativo para a biografia de ambos, não se sustenta na documentação histórica. Por exemplo, como se percebe, o SEMESP não se apresenta como desesperado por "dar bolsas para carentes" por conta "da ociosidade de suas vagas", mas não tem vergonha de intimidar publicamente o Presidente da República do Brasil. A coalizão contra fala a voz da aristocracia e busca controlar o tempo, como na abolição inconclusa, busca controlar o tempo para bloquear mudança significativa em política pública.

Um abril como o primeiro de abril?

Um veto grosseiro e violento. De onde partiu, de que arena institucional, de que atores? Muito ficou no ar. Fato é que os jornais exploraram o imbróglio. Os dedos da UNIP, de algumas associações privadas e não só. A hipótese forte que chegou aos N*MS era de veto da Casa Civil do governo. Na prática, era um veto do sistema político contra o subsistema de educação ou um veto de uma parcela do setor da educação superior privada que tensionou o sistema político por conta de sua forte posição institucional nesse sistema político regido pelo financiamento privado de campanha eleitoral.

As pedradas da coalizão contra a Lei de Cotas nas vidraças do Palácio do Planalto expôs pelas pedras a própria coalizão contrária e atingiu no corpo os N*MS. Houve um recuo da medida provisória: um projeto de lei seria enviado ao Congresso Nacional. Os N*MS reagiriam com manifestação e ação no Ministério Público Federal.

Os N*MS não engoliram o cancelamento da festa do direito à universidade de abril de 2004. Foram para a briga na sociedade, no subsistema de educação, no sistema político. É o labirinto vivo, agora no ponto da rua Maria Antônia do mapa do Brasil. Com a bola, a coalizão a favor da Lei de Cotas e a representação no Ministério Público denunciado a necessidade de transformação dos 20% de impostos não pagos em bolsas de estudos integrais nas filantrópicas.

São 4 horas da manhã de 23 de abril de 2004 no CEAGESP de São Paulo. Chega ali Seu Antônio, que saiu cedo de Passat 82, veio do Jardim Ângela, M'Boi Mirim, Marginal, veio junto o Eduardo e a Cristina. Dá pra dormir? Melhor comprar cedo senão acaba. As bancas de peixe ficam pro lado da Marginal. E as caixas de isopor? Tão no carro. Melhor pegar logo as traíras. "50 quilos de traíra das grandes, por favor". Essas, tá bom? Preço tá bom, dinheiro juntado dá na trave! Essas! Muito gelo, põe no isopor, põe no carro. Melhor chegar cedo na Consolação. Lá a gente cochila um pouco no carro. O gelo vai aguentar?

O povo dos N*MS começa a chegar cedo na General Jardim 660, Vila Buarque, centro de São Paulo, sede da Ação Educativa. Chegam as becas, as faixas, no chão da calçada os últimos acertos numa faixa grande, vertical, 1,80 m por 1,50 m, pano: "FILANTROPIA OU PILANTROPIA? O POVO QUER SABER!". Reunião final no auditório, nove e meia da manhã. Decisão coletiva: marcha a pé até a rua Maria Antônia, descendo a General Jardim, entrando atrás da Escola Monteiro Lobato, subindo, parando o trânsito numa faixa, aula pública em frente ao prédio histórico da USP Maria Antônia, ao fim da aula pública entrega das traíras na porta do Mackenzie, do outro lado da calçada. Duas pessoas altas para segurar a faixa de abre-alas: Charles, de Itaquera e Marcelo, do Jardim Ângela. Espera-se a chegada do carro de som, uma perua de som para a aula pública. Quando chegar a perua de som as caixas de isopor das traíras vão para a perua. O Mackenzie é a maior filantrópica de São Paulo e não tem quase bolsa de estudo. O ato é simbólico. Até o fim do ato o advogado termina a representação e no fim do ato uma comissão vai até o Ministério Público e protocola a representação contra as filantrópicas. A perua de som atrasa 45 minutos, mas chega. Com a perua branca de som ligada, sai a manifestação. Não é 1968 do cursinho popular da Maria Antônia criado pelos excedentes na Martinico Prado. Não é 1868, quando a Dona Maria Antônia, filha do Senador Barão de Antonina estava em negociações com o

Reverendo Mackenzie para a venda do terreno da chácara dos escravizados negros que funcionava ali. Em 1968, o Comando de Caça aos Comunistas estava no Mackenzie contra a USP da Maria Antônia, era o tempo do 1% na universidade, das vanguardas políticas, da ditadura, das mortes. Em 1868, São Paulo tinha Luiz Gama, era o tempo da luta por liberdade, república, democracia e uma verdadeira independência do Brasil. Em 2004, os N*MS vão brigar pelo sonho da universidade, cobrar a solução da abolição inconclusa, lutar contra as cercas do latifúndio privado e público na educação superior. Por cotas nas privadas e nas públicas. A faixa do lado da USP é parada na Maria Antônia pela manifestação. Mais gente que estava no Sesc Consolação se junta à manifestação. Logo aparece a polícia. Duas são as músicas centrais que voam ao ar pelo potente carro de som: o hino nacional brasileiro, que abre a manifestação e "O pequeno burguês", o samba do Martinho da Vila, que fica repetindo sem parar. Começa a aula pública. Os temas do 1868, do 1968 e dos desaforos dessas heranças no Brasil de 2004 para o acesso à universidade são explanados por um educador popular do Cursinho Popular do MSU. É abordado a questão das filantrópicas e os 20% de impostos não pagos que podiam ser convertidos em bolsas integrais. As becas chamam a atenção. O povo do Mackenzie do outro lado se irrita com a manifestação. Ficam assistindo do outro lado, do muro. Começam a cair os primeiros ovos jogados das cantinas do Mackenzie contra a manifestação. Um atinge em cheio a cabeça do educador popular que não se assusta e continua a falar que o Mackenzie, a grande filantrópica, quase não tem bolsa de estudo. O advogado chega com a representação ao Ministério Público. O educador popular lê a representação alto e bom som. Xingamentos racistas crescem, mais ovos voam no ar. Muitos transeuntes aplaudem, ficam acompanhando a aula pública. Termina a aula. Mais Martinho da Vila na caixa. Um cinturão de seguranças particulares do Mackenzie se forma em frente ao portão central do Mackenzie na Maria Antônia. É jogo rápido. É hora de expor as traíras. As caixas são levadas para o outro lado da rua, na frente dos seguranças, na frente do Mackenzie, das filantrópicas, alvo do protesto.

Imagem 22 – Manifestação do MSU na Rua Maria Antônia em frente ao Mackenzie em 2004, então maior filantrópica do Brasil, pela criação do Sistema Público de Bolsas de Estudos. em Instituições Privadas via transformação dos impostos não pagos pelas filantrópicas em bolsas de estudos

Fonte: jornal *Olha aí!*, do arquivo MSU (março de 2005)

Um batalhão popular de sem universidade com beca se forma, lado a lado, na frente dos seguranças do Mackenzie, cada um com uma traíra na mão, as traíras são levantadas para o alto, com as duas mãos seguradas pelas pessoas de beca. Chovem ovos, vaias e xingamentos. "Voltem para o seu lugar". Alguns seguranças, gente da periferia também, não conseguem conter a risada. A polícia manda parar tudo, porque as duas faixas da Maria Antônia estavam interditadas. Há negociação com o movimento. Enquanto isso as traíras são distribuídas para a população. Parece até que teve estudante do Mackenzie que pegou traíra. A polícia apavorava. Melhor sair. Aquela manifestação terminaria com a comissão protocolando a representação do MSU no Ministério Público. Terminaria também com peixe bom e fresco no prato nas casas de muita gente, de muitos brasileiros naquele dia. Muita risada. Recado dado. Erasmo, coordenador do MSU, relembra em entrevista em 2020:

> Foi uma manifestação que o Movimento dos sem universidade, o MSU, organizou por conta da filantropia e "pilantropia", né? Que saímos da região do SESC Consolação, fomos até a Mackenzie, acho que a gente, essa manifestação, foi até a Mackenzie. Mas você sabe que inclusive a Mackenzie, na ocasião, saiu como uma Universidade que recebia recursos públicos, porém não revertia isso em bolsas para os alunos, principalmente para os alunos da periferia, os alunos pobres. O que ficou marcado é que a manifestação foi muito simbólica por conta que o... foi levado alguns peixes traíras para dizer que... da trairagem que essas Universidades que recebiam dinheiro público, recebiam redução de impostos, e não revertia isso em bolsa para os alunos das escolas públicas.

A violência no abril da Maria Antônia foi verbal, teve a chuva de ovos. Porém, a violência dos xingamentos e da chuva de ovos não foi maior que a violência da exclusão da universidade, por isso a manifestação de abril colocou o dedo na ferida da necessidade do sistema público de bolsas de estudos em instituições privadas, de 20% de bolsas nas filantrópicas, o fez na principal filantrópica do principal mercado de educação superior privada do Brasil, a mancha urbana de São Paulo, onde com 24.789 matriculados em 2004, conforme dados do INEP presentes na representação do MSU (ver páginas seguintes), a Universidade Presbiteriana Mackenzie era a maior filantrópica de São Paulo.

Imagem 23 – Representação do Ministério Público do Estado de São Paulo (1)

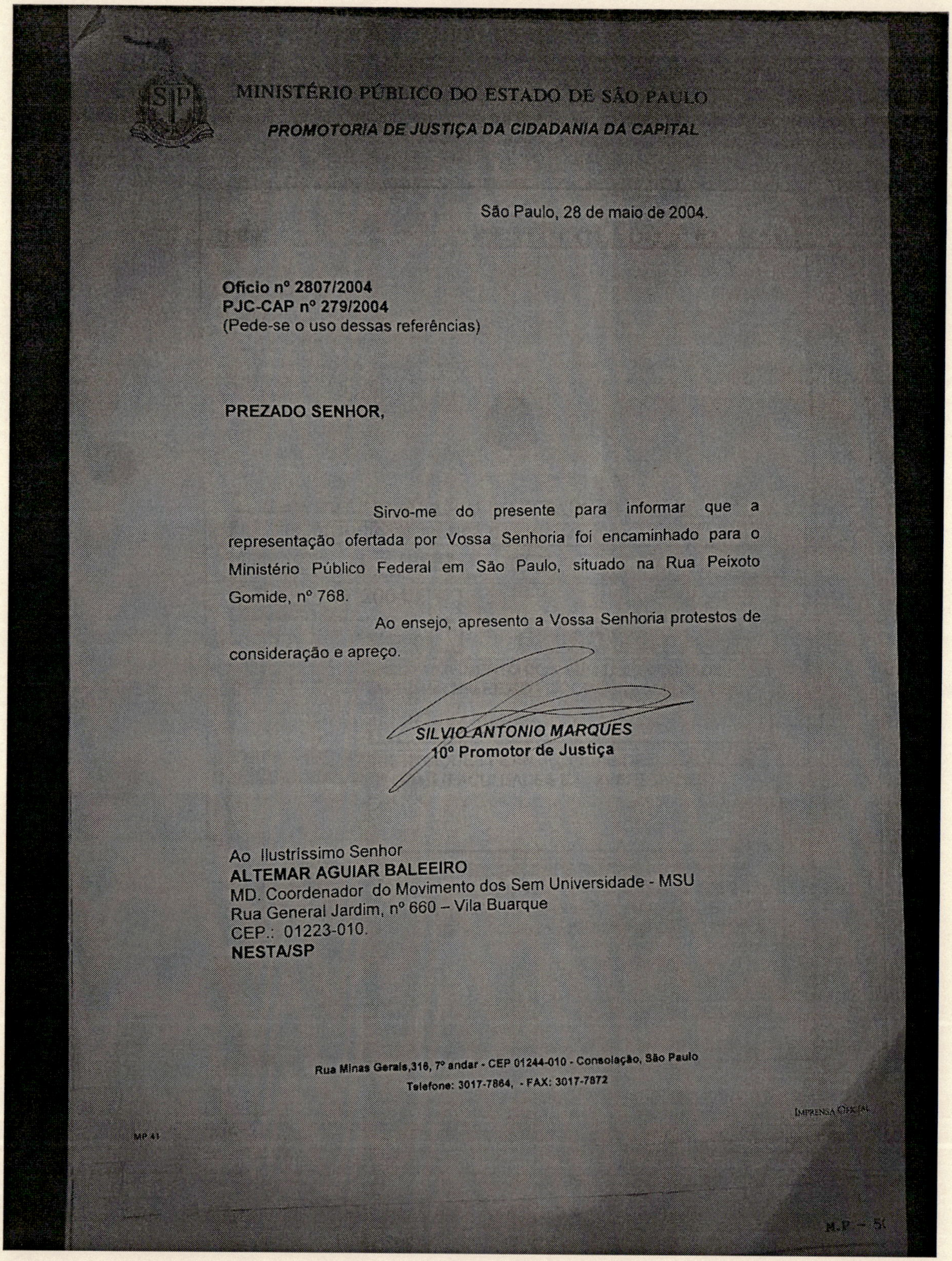

MINISTÉRIO PÚBLICO DO ESTADO DE SÃO PAULO

PROMOTORIA DE JUSTIÇA DA CIDADANIA DA CAPITAL

São Paulo, 28 de maio de 2004.

Ofício nº 2807/2004
PJC-CAP nº 279/2004
(Pede-se o uso dessas referências)

PREZADO SENHOR,

Sirvo-me do presente para informar que a representação ofertada por Vossa Senhoria foi encaminhado para o Ministério Público Federal em São Paulo, situado na Rua Peixoto Gomide, nº 768.

Ao ensejo, apresento a Vossa Senhoria protestos de consideração e apreço.

SILVIO ANTONIO MARQUES
10º Promotor de Justiça

Ao Ilustríssimo Senhor
ALTEMAR AGUIAR BALEEIRO
MD. Coordenador do Movimento dos Sem Universidade - MSU
Rua General Jardim, nº 660 – Vila Buarque
CEP.: 01223-010.
NESTA/SP

Rua Minas Gerais,316, 7º andar - CEP 01244-010 - Consolação, São Paulo
Telefone: 3017-7864, - FAX: 3017-7872

MP 41

Imprensa Oficial

Fonte: Arquivo MSU

Imagem 24 – Representação do Ministério Público do Estado de São Paulo (2)

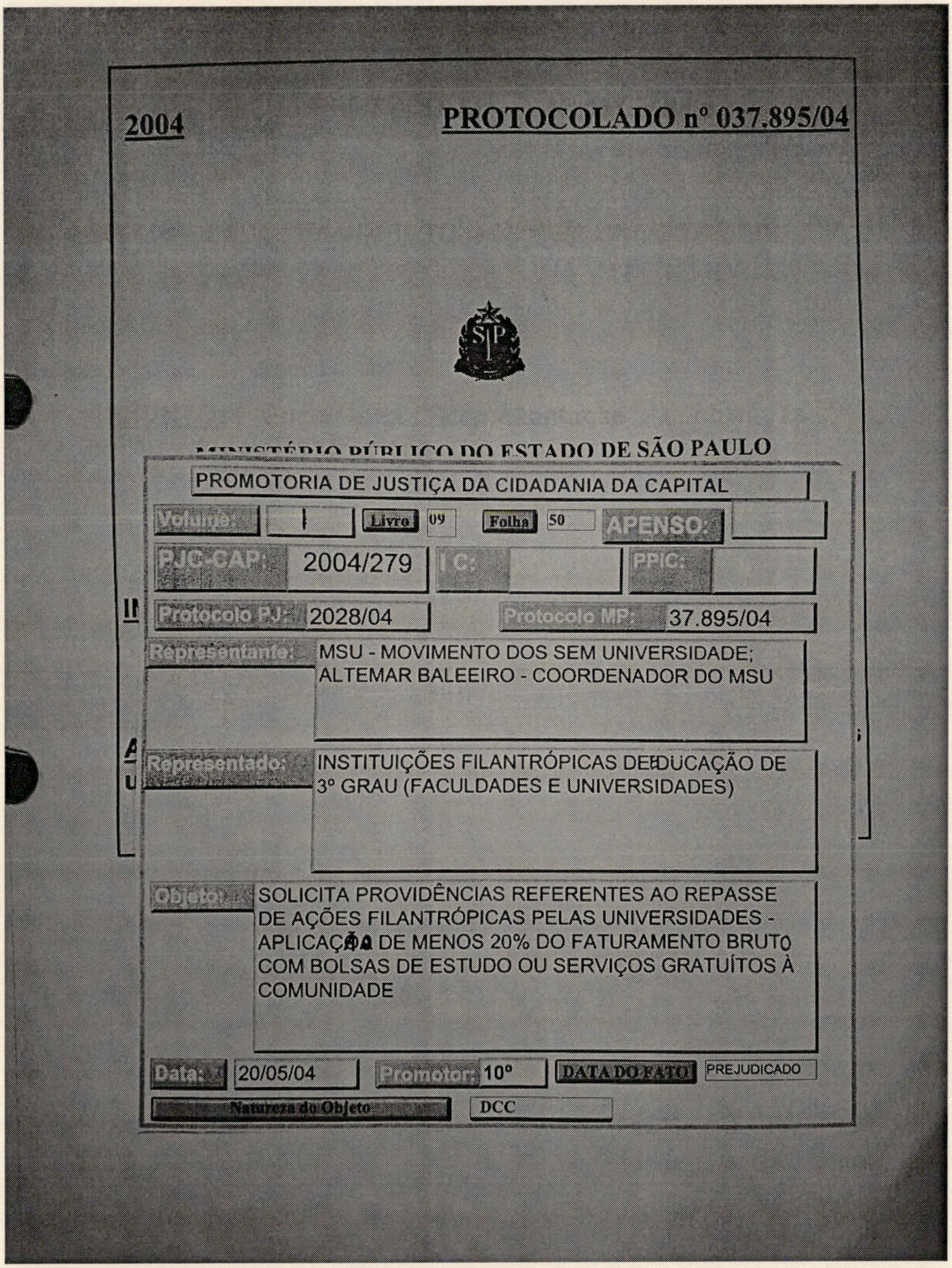

2004 PROTOCOLADO nº 037.895/04

MINISTÉRIO PÚBLICO DO ESTADO DE SÃO PAULO

PROMOTORIA DE JUSTIÇA DA CIDADANIA DA CAPITAL

Volume: | Livro 09 | Folha 50 | APENSO:

PJC-CAP: 2004/279 | I C: | PPIC:

Protocolo PJ: 2028/04 | Protocolo MP: 37.895/04

Representante: MSU - MOVIMENTO DOS SEM UNIVERSIDADE; ALTEMAR BALEEIRO - COORDENADOR DO MSU

Representado: INSTITUIÇÕES FILANTRÓPICAS DE EDUCAÇÃO DE 3º GRAU (FACULDADES E UNIVERSIDADES)

Objeto: SOLICITA PROVIDÊNCIAS REFERENTES AO REPASSE DE AÇÕES FILANTRÓPICAS PELAS UNIVERSIDADES - APLICAÇÃO DE MENOS 20% DO FATURAMENTO BRUTO COM BOLSAS DE ESTUDO OU SERVIÇOS GRATUÍTOS À COMUNIDADE

Data: 20/05/04 | Promotor: 10º | DATA DO FATO | PREJUDICADO

Natureza do Objeto | DCC

Fonte: Arquivo MSU

Imagem 25 – Representação do Ministério Público do Estado de São Paulo (3)

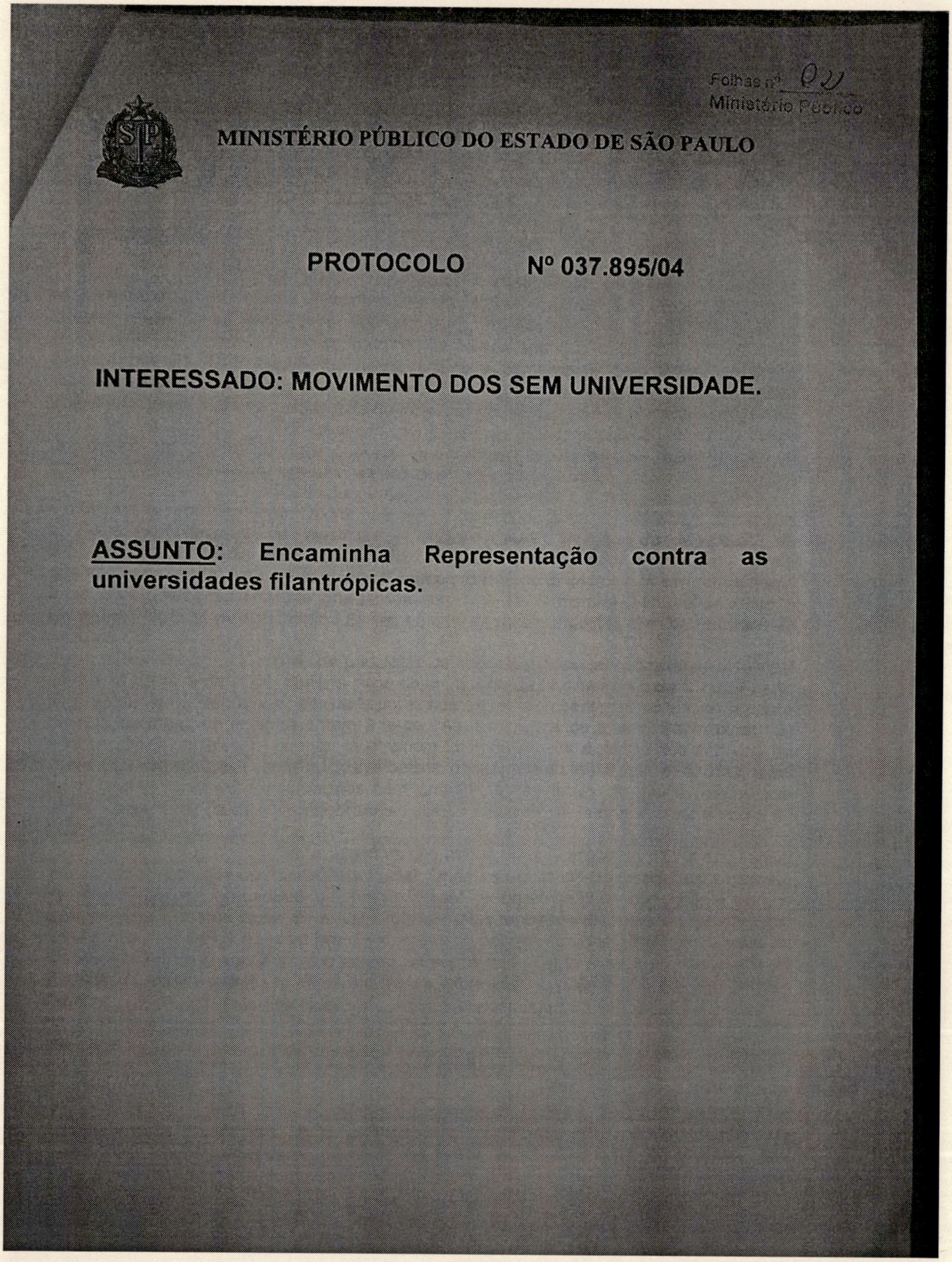

Folhas nº 01
Ministério Público

MINISTÉRIO PÚBLICO DO ESTADO DE SÃO PAULO

PROTOCOLO Nº 037.895/04

INTERESSADO: MOVIMENTO DOS SEM UNIVERSIDADE.

ASSUNTO: Encaminha Representação contra as universidades filantrópicas.

Fonte: Arquivo MSU

Imagem 26 – Representação do Ministério Público do Estado de São Paulo (4)

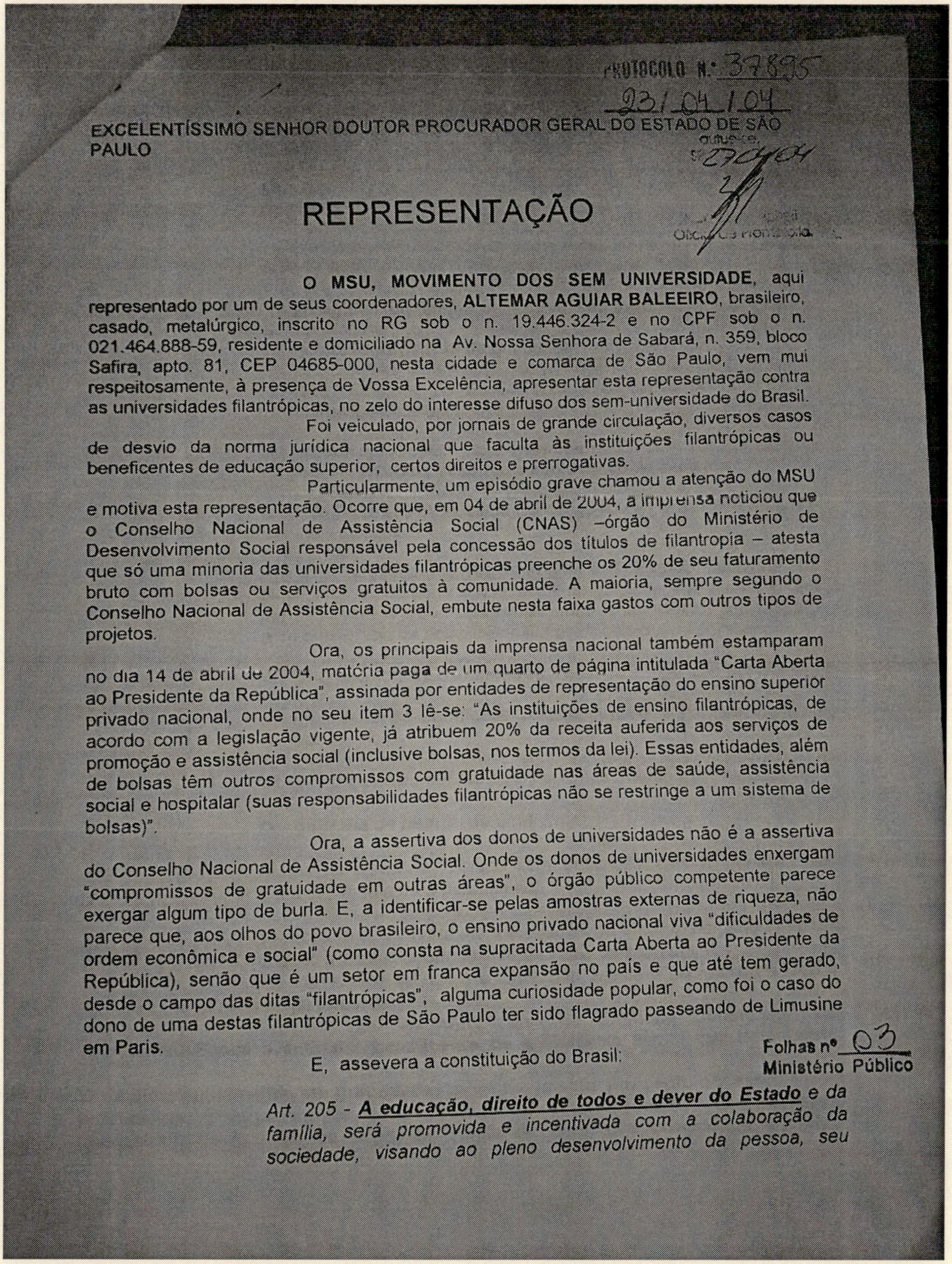

PROTOCOLO N.: 37895
23/04/04

EXCELENTÍSSIMO SENHOR DOUTOR PROCURADOR GERAL DO ESTADO DE SÃO PAULO

REPRESENTAÇÃO

O MSU, MOVIMENTO DOS SEM UNIVERSIDADE, aqui representado por um de seus coordenadores, **ALTEMAR AGUIAR BALEEIRO**, brasileiro, casado, metalúrgico, inscrito no RG sob o n. 19.446.324-2 e no CPF sob o n. 021.464.888-59, residente e domiciliado na Av. Nossa Senhora de Sabará, n. 359, bloco Safira, apto. 81, CEP 04685-000, nesta cidade e comarca de São Paulo, vem mui respeitosamente, à presença de Vossa Excelência, apresentar esta representação contra as universidades filantrópicas, no zelo do interesse difuso dos sem-universidade do Brasil.

Foi veiculado, por jornais de grande circulação, diversos casos de desvio da norma jurídica nacional que faculta às instituições filantrópicas ou beneficentes de educação superior, certos direitos e prerrogativas.

Particularmente, um episódio grave chamou a atenção do MSU e motiva esta representação. Ocorre que, em 04 de abril de 2004, a imprensa noticiou que o Conselho Nacional de Assistência Social (CNAS) –órgão do Ministério de Desenvolvimento Social responsável pela concessão dos títulos de filantropia – atesta que só uma minoria das universidades filantrópicas preenche os 20% de seu faturamento bruto com bolsas ou serviços gratuitos à comunidade. A maioria, sempre segundo o Conselho Nacional de Assistência Social, embute nesta faixa gastos com outros tipos de projetos.

Ora, os principais da imprensa nacional também estamparam no dia 14 de abril de 2004, matéria paga de um quarto de página intitulada "Carta Aberta ao Presidente da República", assinada por entidades de representação do ensino superior privado nacional, onde no seu item 3 lê-se: "As instituições de ensino filantrópicas, de acordo com a legislação vigente, já atribuem 20% da receita auferida aos serviços de promoção e assistência social (inclusive bolsas, nos termos da lei). Essas entidades, além de bolsas têm outros compromissos com gratuidade nas áreas de saúde, assistência social e hospitalar (suas responsabilidades filantrópicas não se restringe a um sistema de bolsas)".

Ora, a assertiva dos donos de universidades não é a assertiva do Conselho Nacional de Assistência Social. Onde os donos de universidades enxergam "compromissos de gratuidade em outras áreas", o órgão público competente parece exergar algum tipo de burla. E, a identificar-se pelas amostras externas de riqueza, não parece que, aos olhos do povo brasileiro, o ensino privado nacional viva "dificuldades de ordem econômica e social" (como consta na supracitada Carta Aberta ao Presidente da República), senão que é um setor em franca expansão no país e que até tem gerado, desde o campo das ditas "filantrópicas", alguma curiosidade popular, como foi o caso do dono de uma destas filantrópicas de São Paulo ter sido flagrado passeando de Limusine em Paris.

E, assevera a constituição do Brasil:

Folhas nº 03
Ministério Público

*Art. 205 - **A educação, direito de todos e dever do Estado** e da família, será promovida e incentivada com a colaboração da sociedade, visando ao pleno desenvolvimento da pessoa, seu*

Fonte: Arquivo MSU

Imagem 27 – Representação do Ministério Público do Estado de São Paulo (5)

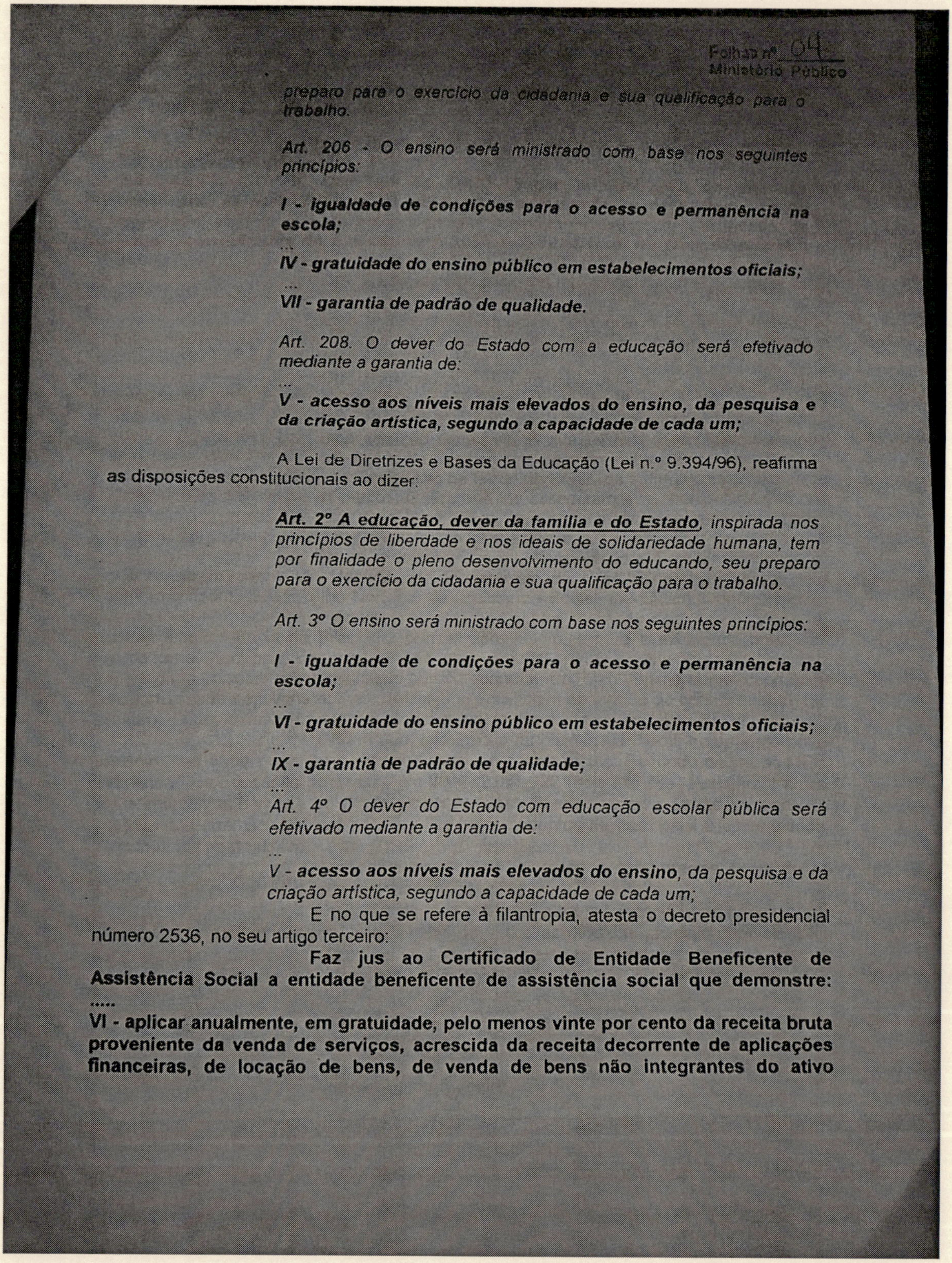

Folhas nº 04
Ministério Público

preparo para o exercício da cidadania e sua qualificação para o trabalho.

Art. 206 - O ensino será ministrado com base nos seguintes princípios:

I - igualdade de condições para o acesso e permanência na escola;

...

IV - gratuidade do ensino público em estabelecimentos oficiais;

...

VII - garantia de padrão de qualidade.

Art. 208. O dever do Estado com a educação será efetivado mediante a garantia de:

...

V - acesso aos níveis mais elevados do ensino, da pesquisa e da criação artística, segundo a capacidade de cada um;

A Lei de Diretrizes e Bases da Educação (Lei n.º 9.394/96), reafirma as disposições constitucionais ao dizer:

Art. 2º A educação, dever da família e do Estado, inspirada nos princípios de liberdade e nos ideais de solidariedade humana, tem por finalidade o pleno desenvolvimento do educando, seu preparo para o exercício da cidadania e sua qualificação para o trabalho.

Art. 3º O ensino será ministrado com base nos seguintes princípios:

I - igualdade de condições para o acesso e permanência na escola;

...

VI - gratuidade do ensino público em estabelecimentos oficiais;

...

IX - garantia de padrão de qualidade;

...

Art. 4º O dever do Estado com educação escolar pública será efetivado mediante a garantia de:

...

*V - **acesso aos níveis mais elevados do ensino**, da pesquisa e da criação artística, segundo a capacidade de cada um;*

E no que se refere à filantropia, atesta o decreto presidencial número 2536, no seu artigo terceiro:

Faz jus ao Certificado de Entidade Beneficente de Assistência Social a entidade beneficente de assistência social que demonstre:

.....

VI - aplicar anualmente, em gratuidade, pelo menos vinte por cento da receita bruta proveniente da venda de serviços, acrescida da receita decorrente de aplicações financeiras, de locação de bens, de venda de bens não integrantes do ativo

Fonte: Arquivo MSU

Imagem 28 – Representação do Ministério Público do Estado de São Paulo (6)

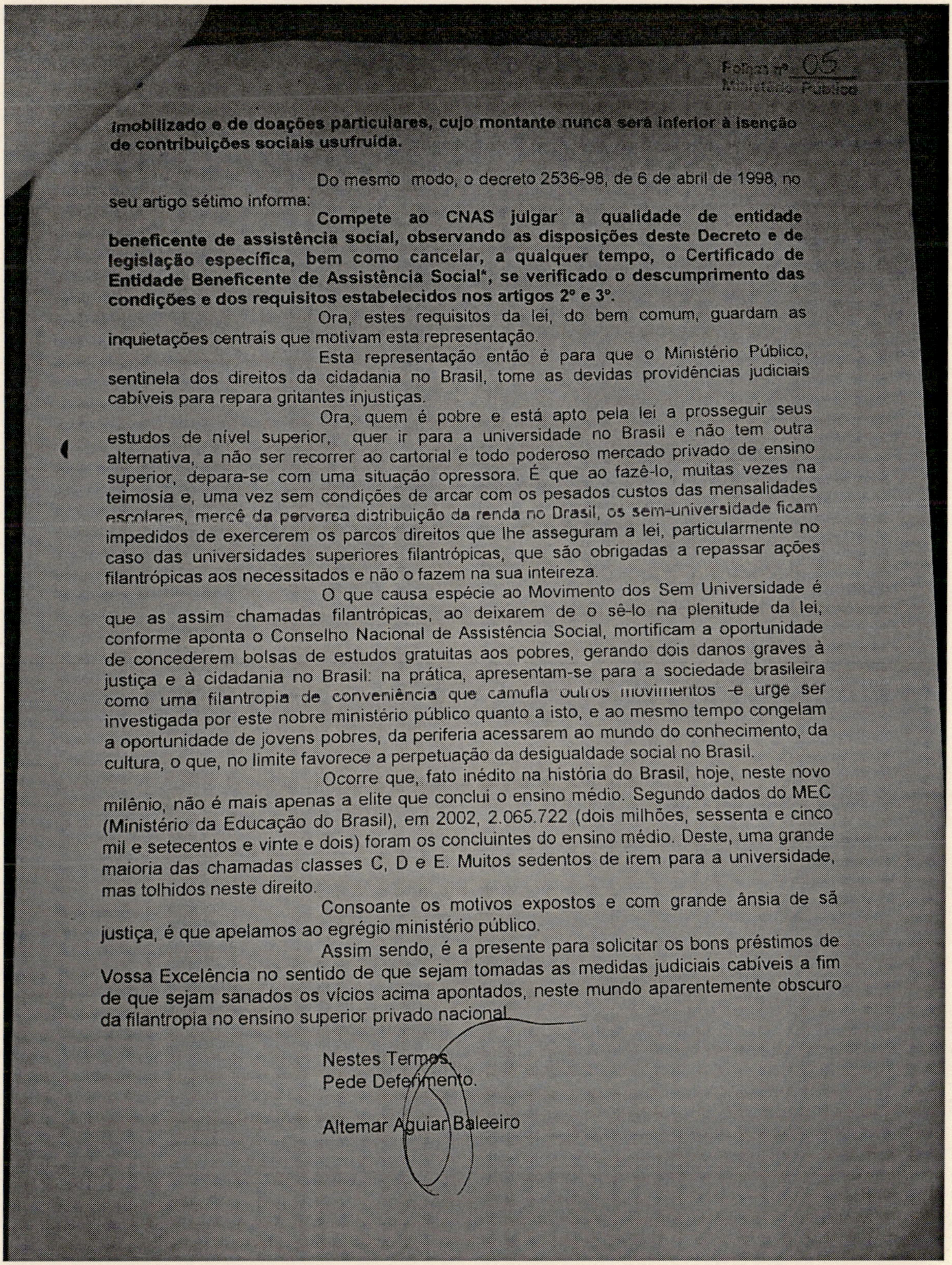

Folhas nº 05
Ministério Público

imobilizado e de doações particulares, cujo montante nunca será inferior à isenção de contribuições sociais usufruída.

Do mesmo modo, o decreto 2536-98, de 6 de abril de 1998, no seu artigo sétimo informa:

Compete ao CNAS julgar a qualidade de entidade beneficente de assistência social, observando as disposições deste Decreto e de legislação específica, bem como cancelar, a qualquer tempo, o Certificado de Entidade Beneficente de Assistência Social*, se verificado o descumprimento das condições e dos requisitos estabelecidos nos artigos 2º e 3º.

Ora, estes requisitos da lei, do bem comum, guardam as inquietações centrais que motivam esta representação.

Esta representação então é para que o Ministério Público, sentinela dos direitos da cidadania no Brasil, tome as devidas providências judiciais cabíveis para repara gritantes injustiças.

Ora, quem é pobre e está apto pela lei a prosseguir seus estudos de nível superior, quer ir para a universidade no Brasil e não tem outra alternativa, a não ser recorrer ao cartorial e todo poderoso mercado privado de ensino superior, depara-se com uma situação opressora. É que ao fazê-lo, muitas vezes na teimosia e, uma vez sem condições de arcar com os pesados custos das mensalidades escolares, mercê da perversa distribuição da renda no Brasil, os sem-universidade ficam impedidos de exercerem os parcos direitos que lhe asseguram a lei, particularmente no caso das universidades superiores filantrópicas, que são obrigadas a repassar ações filantrópicas aos necessitados e não o fazem na sua inteireza.

O que causa espécie ao Movimento dos Sem Universidade é que as assim chamadas filantrópicas, ao deixarem de o sê-lo na plenitude da lei, conforme aponta o Conselho Nacional de Assistência Social, mortificam a oportunidade de concederem bolsas de estudos gratuitas aos pobres, gerando dois danos graves à justiça e à cidadania no Brasil: na prática, apresentam-se para a sociedade brasileira como uma filantropia de conveniência que camufla outros movimentos -e urge ser investigada por este nobre ministério público quanto a isto, e ao mesmo tempo congelam a oportunidade de jovens pobres, da periferia acessarem ao mundo do conhecimento, da cultura, o que, no limite favorece a perpetuação da desigualdade social no Brasil.

Ocorre que, fato inédito na história do Brasil, hoje, neste novo milênio, não é mais apenas a elite que conclui o ensino médio. Segundo dados do MEC (Ministério da Educação do Brasil), em 2002, 2.065.722 (dois milhões, sessenta e cinco mil e setecentos e vinte e dois) foram os concluintes do ensino médio. Deste, uma grande maioria das chamadas classes C, D e E. Muitos sedentos de irem para a universidade, mas tolhidos neste direito.

Consoante os motivos expostos e com grande ânsia de sã justiça, é que apelamos ao egrégio ministério público.

Assim sendo, é a presente para solicitar os bons préstimos de Vossa Excelência no sentido de que sejam tomadas as medidas judiciais cabíveis a fim de que sejam sanados os vícios acima apontados, neste mundo aparentemente obscuro da filantropia no ensino superior privado nacional.

Nestes Termos,
Pede Deferimento.

Altemar Aguiar Baleeiro

Fonte: Arquivo MSU

Imagem 29 – Representação do Ministério Público do Estado de São Paulo (7)

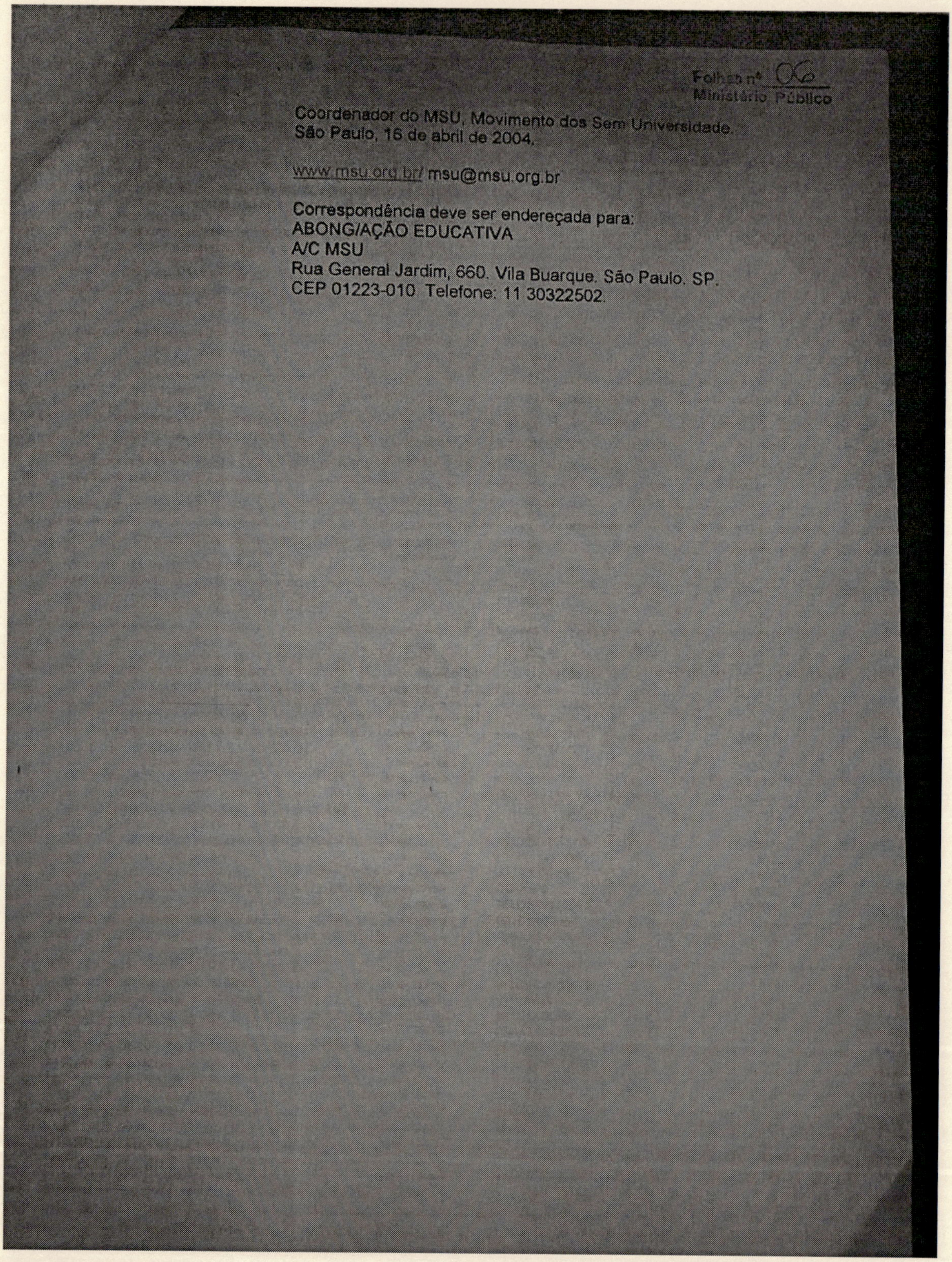

Folha nº 06
Ministério Público

Coordenador do MSU, Movimento dos Sem Universidade.
São Paulo, 16 de abril de 2004.

www.msu.org.br/ msu@msu.org.br

Correspondência deve ser endereçada para:
ABONG/AÇÃO EDUCATIVA
A/C MSU
Rua General Jardim, 660. Vila Buarque. São Paulo. SP.
CEP 01223-010 Telefone: 11 30322502.

Fonte: Arquivo MSU

Imagem 30 – Representação do Ministério Público do Estado de São Paulo (8)

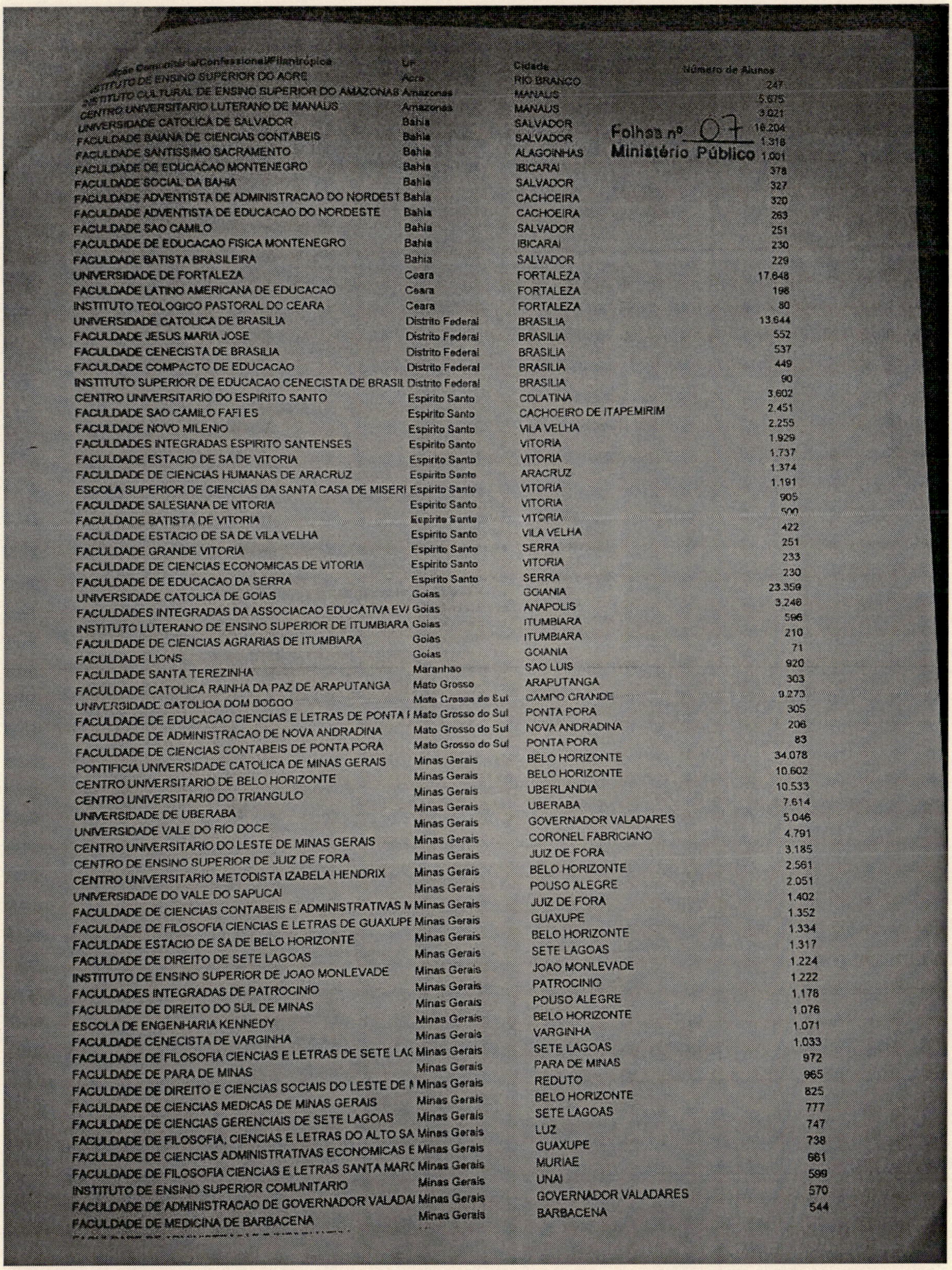

...ção Comunitária/Confessional/Filantrópica	UF	Cidade	Número de Alunos
INSTITUTO DE ENSINO SUPERIOR DO ACRE	Acre	RIO BRANCO	247
INSTITUTO CULTURAL DE ENSINO SUPERIOR DO AMAZONAS	Amazonas	MANAUS	5.675
CENTRO UNIVERSITARIO LUTERANO DE MANAUS	Amazonas	MANAUS	3.021
UNIVERSIDADE CATOLICA DE SALVADOR	Bahia	SALVADOR	16.204
FACULDADE BAIANA DE CIENCIAS CONTABEIS	Bahia	SALVADOR	1.318
FACULDADE SANTISSIMO SACRAMENTO	Bahia	ALAGOINHAS	1.001
FACULDADE DE EDUCACAO MONTENEGRO	Bahia	IBICARAI	378
FACULDADE SOCIAL DA BAHIA	Bahia	SALVADOR	327
FACULDADE ADVENTISTA DE ADMINISTRACAO DO NORDEST	Bahia	CACHOEIRA	320
FACULDADE ADVENTISTA DE EDUCACAO DO NORDESTE	Bahia	CACHOEIRA	263
FACULDADE SAO CAMILO	Bahia	SALVADOR	251
FACULDADE DE EDUCACAO FISICA MONTENEGRO	Bahia	IBICARAI	230
FACULDADE BATISTA BRASILEIRA	Bahia	SALVADOR	229
UNIVERSIDADE DE FORTALEZA	Ceara	FORTALEZA	17.648
FACULDADE LATINO AMERICANA DE EDUCACAO	Ceara	FORTALEZA	198
INSTITUTO TEOLOGICO PASTORAL DO CEARA	Ceara	FORTALEZA	80
UNIVERSIDADE CATOLICA DE BRASILIA	Distrito Federal	BRASILIA	13.644
FACULDADE JESUS MARIA JOSE	Distrito Federal	BRASILIA	552
FACULDADE CENECISTA DE BRASILIA	Distrito Federal	BRASILIA	537
FACULDADE COMPACTO DE EDUCACAO	Distrito Federal	BRASILIA	449
INSTITUTO SUPERIOR DE EDUCACAO CENECISTA DE BRASIL	Distrito Federal	BRASILIA	90
CENTRO UNIVERSITARIO DO ESPIRITO SANTO	Espirito Santo	COLATINA	3.602
FACULDADE SAO CAMILO FAFI ES	Espirito Santo	CACHOEIRO DE ITAPEMIRIM	2.451
FACULDADE NOVO MILENIO	Espirito Santo	VILA VELHA	2.255
FACULDADES INTEGRADAS ESPIRITO SANTENSES	Espirito Santo	VITORIA	1.929
FACULDADE ESTACIO DE SA DE VITORIA	Espirito Santo	VITORIA	1.737
FACULDADE DE CIENCIAS HUMANAS DE ARACRUZ	Espirito Santo	ARACRUZ	1.374
ESCOLA SUPERIOR DE CIENCIAS DA SANTA CASA DE MISERI	Espirito Santo	VITORIA	1.191
FACULDADE SALESIANA DE VITORIA	Espirito Santo	VITORIA	905
FACULDADE BATISTA DE VITORIA	Espirito Santo	VITORIA	500
FACULDADE ESTACIO DE SA DE VILA VELHA	Espirito Santo	VILA VELHA	422
FACULDADE GRANDE VITORIA	Espirito Santo	SERRA	251
FACULDADE DE CIENCIAS ECONOMICAS DE VITORIA	Espirito Santo	VITORIA	233
FACULDADE DE EDUCACAO DA SERRA	Espirito Santo	SERRA	230
UNIVERSIDADE CATOLICA DE GOIAS	Goias	GOIANIA	23.359
FACULDADES INTEGRADAS DA ASSOCIACAO EDUCATIVA EV/	Goias	ANAPOLIS	3.246
INSTITUTO LUTERANO DE ENSINO SUPERIOR DE ITUMBIARA	Goias	ITUMBIARA	596
FACULDADE DE CIENCIAS AGRARIAS DE ITUMBIARA	Goias	ITUMBIARA	210
FACULDADE LIONS	Goias	GOIANIA	71
FACULDADE SANTA TEREZINHA	Maranhao	SAO LUIS	920
FACULDADE CATOLICA RAINHA DA PAZ DE ARAPUTANGA	Mato Grosso	ARAPUTANGA	303
UNIVERSIDADE CATOLICA DOM BOSCO	Mato Grosso do Sul	CAMPO GRANDE	9.273
FACULDADE DE EDUCACAO CIENCIAS E LETRAS DE PONTA I	Mato Grosso do Sul	PONTA PORA	305
FACULDADE DE ADMINISTRACAO DE NOVA ANDRADINA	Mato Grosso do Sul	NOVA ANDRADINA	206
FACULDADE DE CIENCIAS CONTABEIS DE PONTA PORA	Mato Grosso do Sul	PONTA PORA	83
PONTIFICIA UNIVERSIDADE CATOLICA DE MINAS GERAIS	Minas Gerais	BELO HORIZONTE	34.078
CENTRO UNIVERSITARIO DE BELO HORIZONTE	Minas Gerais	BELO HORIZONTE	10.602
CENTRO UNIVERSITARIO DO TRIANGULO	Minas Gerais	UBERLANDIA	10.533
UNIVERSIDADE DE UBERABA	Minas Gerais	UBERABA	7.614
UNIVERSIDADE VALE DO RIO DOCE	Minas Gerais	GOVERNADOR VALADARES	5.046
CENTRO UNIVERSITARIO DO LESTE DE MINAS GERAIS	Minas Gerais	CORONEL FABRICIANO	4.791
CENTRO DE ENSINO SUPERIOR DE JUIZ DE FORA	Minas Gerais	JUIZ DE FORA	3.185
CENTRO UNIVERSITARIO METODISTA IZABELA HENDRIX	Minas Gerais	BELO HORIZONTE	2.561
UNIVERSIDADE DO VALE DO SAPUCAI	Minas Gerais	POUSO ALEGRE	2.051
FACULDADE DE CIENCIAS CONTABEIS E ADMINISTRATIVAS M	Minas Gerais	JUIZ DE FORA	1.402
FACULDADE DE FILOSOFIA CIENCIAS E LETRAS DE GUAXUPE	Minas Gerais	GUAXUPE	1.352
FACULDADE ESTACIO DE SA DE BELO HORIZONTE	Minas Gerais	BELO HORIZONTE	1.334
FACULDADE DE DIREITO DE SETE LAGOAS	Minas Gerais	SETE LAGOAS	1.317
INSTITUTO DE ENSINO SUPERIOR DE JOAO MONLEVADE	Minas Gerais	JOAO MONLEVADE	1.224
FACULDADES INTEGRADAS DE PATROCINIO	Minas Gerais	PATROCINIO	1.222
FACULDADE DE DIREITO DO SUL DE MINAS	Minas Gerais	POUSO ALEGRE	1.178
ESCOLA DE ENGENHARIA KENNEDY	Minas Gerais	BELO HORIZONTE	1.076
FACULDADE CENECISTA DE VARGINHA	Minas Gerais	VARGINHA	1.071
FACULDADE DE FILOSOFIA CIENCIAS E LETRAS DE SETE LA(	Minas Gerais	SETE LAGOAS	1.033
FACULDADE DE PARA DE MINAS	Minas Gerais	PARA DE MINAS	972
FACULDADE DE DIREITO E CIENCIAS SOCIAIS DO LESTE DE I	Minas Gerais	REDUTO	965
FACULDADE DE CIENCIAS MEDICAS DE MINAS GERAIS	Minas Gerais	BELO HORIZONTE	825
FACULDADE DE CIENCIAS GERENCIAIS DE SETE LAGOAS	Minas Gerais	SETE LAGOAS	777
FACULDADE DE FILOSOFIA, CIENCIAS E LETRAS DO ALTO SA	Minas Gerais	LUZ	747
FACULDADE DE CIENCIAS ADMINISTRATIVAS ECONOMICAS E	Minas Gerais	GUAXUPE	738
FACULDADE DE FILOSOFIA CIENCIAS E LETRAS SANTA MAR(	Minas Gerais	MURIAE	661
INSTITUTO DE ENSINO SUPERIOR COMUNITARIO	Minas Gerais	UNAI	599
FACULDADE DE ADMINISTRACAO DE GOVERNADOR VALADA	Minas Gerais	GOVERNADOR VALADARES	570
FACULDADE DE MEDICINA DE BARBACENA	Minas Gerais	BARBACENA	544

Fonte: Arquivo MSU

Imagem 31 – Representação do Ministério Público do Estado de São Paulo (9)

Folhas nº 08
Ministério Público

FACULDADES INTEGRADAS ANGLO-AMERICANO	Rio de Janeiro	RIO DE JANEIRO	383
FACULDADE DE ENFERMAGEM LUIZA DE MARILLAC	Rio de Janeiro	RIO DE JANEIRO	345
FACULDADE DE FILOSOFIA CIENCIAS E LETRAS SOUZA MARC	Rio de Janeiro	RIO DE JANEIRO	317
FACULDADE BETHENCOURT DA SILVA	Rio de Janeiro	RIO DE JANEIRO	308
FACULDADE CENECISTA DE ITABORAI	Rio de Janeiro	ITABORAI	293
FACULDADE DE ENGENHARIA DE RESENDE	Rio de Janeiro	RESENDE	259
ESCOLA DE ENFERMAGEM DA FUNDACAO TECNICO EDUCAC	Rio de Janeiro	RIO DE JANEIRO	245
FACULDADE DE CIENCIAS CONTABEIS E DE ADMINISTRACAC	Rio de Janeiro	RIO DE JANEIRO	196
FACULDADE DE SERVICO SOCIAL SANTA LUZIA	Rio de Janeiro	DUQUE DE CAXIAS	152
INSTITUTO SUPERIOR DE EDUCACAO DO CENTRO EDUCACI	Rio de Janeiro	CAMPOS DOS GOYTACAZES	107
INSTITUTO DE CIENCIAS SOCIAIS APLICADAS E DA SAUDE	Rio de Janeiro	CAMPOS DOS GOYTACAZES	97
FACULDADE DE CIENCIAS AGRO- AMBIENTAIS	Rio de Janeiro	RIO DE JANEIRO	51
INSTITUTO SUPERIOR DE EDUCACAO LA SALLE	Rio de Janeiro	NITEROI	29
FACULDADE CENECISTA ILHA DO GOVERNADOR	Rio de Janeiro	RIO DE JANEIRO	14
INSTITUTO TEOLOGICO FRANCISCANO	Rio de Janeiro	PETROPOLIS	14
FACULDADE SAO CAMILO	Rio de Janeiro	RIO DE JANEIRO	13
CONSERVATORIO DE MUSICA DE NITEROI	Rio de Janeiro	NITEROI	12
UNIVERSIDADE LUTERANA DO BRASIL	Rio Grande do Sul	CANOAS	41.729
UNIVERSIDADE DO VALE DO RIO DOS SINOS	Rio Grande do Sul	SAO LEOPOLDO	31.670
PONTIFICIA UNIVERSIDADE CATOLICA DO RIO GRANDE DO SI	Rio Grande do Sul	PORTO ALEGRE	27.065
UNIVERSIDADE DE CAXIAS DO SUL	Rio Grande do Sul	CAXIAS DO SUL	25.160
UNIVERSIDADE REGIONAL INTEGRADA DO ALTO URUGUAI E	Rio Grande do Sul	ERECHIM	13.155
UNIVERSIDADE DE PASSO FUNDO	Rio Grande do Sul	PASSO FUNDO	13.105
UNIVERSIDADE REGIONAL DO NOROESTE DO ESTADO DO RI	Rio Grande do Sul	IJUI	11.991
CENTRO UNIVERSITARIO FEEVALE	Rio Grande do Sul	NOVO HAMBURGO	11.369
UNIVERSIDADE DA REGIAO DA CAMPANHA	Rio Grande do Sul	BAGE	10.063
UNIVERSIDADE DE SANTA CRUZ DO SUL	Rio Grande do Sul	SANTA CRUZ DO SUL	8.784
UNIVERSIDADE CATOLICA DE PELOTAS	Rio Grande do Sul	PELOTAS	6.805
CENTRO UNIVERSITARIO UNIVATES	Rio Grande do Sul	LAJEADO	4.753
UNIVERSIDADE DE CRUZ ALTA	Rio Grande do Sul	CRUZ ALTA	4.616
CENTRO UNIVERSITARIO LA SALLE	Rio Grande do Sul	CANOAS	3.926
CENTRO UNIVERSITARIO FRANCISCANO	Rio Grande do Sul	SANTA MARIA	3.862
INSTITUTO CENECISTA DE ENSINO SUPERIOR DE SANTO AN	Rio Grande do Sul	SANTO ANGELO	1.489
FACULDADE DE CIENCIAS CONTABEIS E ADMINISTRATIVAS C	Rio Grande do Sul	TAQUARA	1.408
FACULDADE DE CIENCIAS DA SAUDE	Rio Grande do Sul	PORTO ALEGRE	1.169
FACULDADE CENECISTA DE CIENCIAS E LETRAS DE OSORIO	Rio Grande do Sul	OSORIO	1.084
FACULDADE DE EDUCACAO DE TAQUARA	Rio Grande do Sul	TAQUARA	741
FACULDADE DE NUTRICAO E FONOAUDIOLOGIA	Rio Grande do Sul	PORTO ALEGRE	732
FACULDADE TRES DE MAIO	Rio Grande do Sul	TRES DE MAIO	652
FACULDADE DE FILOSOFIA NOSSA SENHORA IMACULADA CC	Rio Grande do Sul	VIAMAO	577
CENTRO DE ENSINO SUPERIOR DE BENTO GONCALVES	Rio Grande do Sul	BENTO GONCALVES	547
FACULDADE CENECISTA DE CIENCIAS ADMINISTRATIVAS DE	Rio Grande do Sul	OSORIO	357
FACULDADE METODISTA DE SANTA MARIA	Rio Grande do Sul	SANTA MARIA	346
FACULDADE DE CIENCIAS DA COMUNICACAO DE TAQUARA	Rio Grande do Sul	TAQUARA	243
FACULDADE DE ADMINISTRACAO	Rio Grande do Sul	PORTO ALEGRE	232
FACULDADE DOS IMIGRANTES - FAI	Rio Grande do Sul	CAXIAS DO SUL	179
ESCOLA SUPERIOR DE TEOLOGIA	Rio Grande do Sul	SAO LEOPOLDO	50
FACULDADE HORIZONTINA	Rio Grande do Sul	HORIZONTINA	47
FACULDADE DE ENGENHARIA DE TAQUARA	Rio Grande do Sul	TAQUARA	-
FACULDADE PALOTINA	Rio Grande do Sul	SANTA MARIA	-
FACULDADE CENECISTA NOSSA SENHORA DOS ANJOS	Rio Grande do Sul	GRAVATAI	-
INSTITUTO LUTERANO DE ENSINO SUPERIOR DE JI-PARANA	Rondonia	JI-PARANA	2.280
INSTITUTO DE ENSINO SUPERIOR DE RONDONIA	Rondonia	ARIQUEMES	388
INSTITUTO LUTERANO DE ENSINO SUPERIOR DE PORTO VEI	Rondonia	PORTO VELHO	188
UNIVERSIDADE DO VALE DO ITAJAI	Santa Catarina	ITAJAI	27.923
UNIVERSIDADE DO SUL DE SANTA CATARINA	Santa Catarina	TUBARAO	17.593
UNIVERSIDADE DO CONTESTADO	Santa Catarina	CACADOR	10.777
CENTRO DE EDUCACAO SUPERIOR DE BRUSQUE	Santa Catarina	BRUSQUE	1.740
INSTITUTO EDUCACIONAL LUTERANO DE SANTA CATARINA	Santa Catarina	JOINVILLE	937
INSTITUTO SUPERIOR TUPY - IST	Santa Catarina	JOINVILLE	859
FACULDADE DE EDUCACAO DE JOINVILLE	Santa Catarina	JOINVILLE	544
FACULDADE CENECISTA DE JOINVILLE - FACE	Santa Catarina	JOINVILLE	544
FACULDADE DE DIREITO DE JOINVILLE	Santa Catarina	JOINVILLE	485
FACULDADE DE CIENCIAS DA SAUDE DE JOINVILLE	Santa Catarina	JOINVILLE	446
FACULDADE DE PSICOLOGIA DE JOINVILLE	Santa Catarina	JOINVILLE	373
INSTITUTO CENECISTA FAYAL DE ENSNO SUPERIOR	Santa Catarina	ITAJAI	214
FACULDADE DE ADMINISTRACAO DO ALTO VALE DO RIO TUB	Santa Catarina	ORLEANS	199
FACULDADE DE CIENCIAS E TECNOLOGIA DE JOINVILLE	Santa Catarina	JOINVILLE	154
FACULDADE DE EDUCACAO DO ALTO VALE DO RIO TUBARAC	Santa Catarina	ORLEANS	76
UNIVERSIDADE PRESBITERIANA MACKENZIE	São Paulo	SAO PAULO	24.789
PONTIFICIA UNIVERSIDADE CATOLICA DE CAMPINAS	São Paulo	CAMPINAS	19.990
UNIVERSIDADE ANHEMBI MORUMBI	São Paulo	SAO PAULO	19.705
PONTIFICIA UNIVERSIDADE CATOLICA DE SAO PAULO	São Paulo	SAO PAULO	18.655
UNIVERSIDADE METODISTA DE PIRACICABA	São Paulo	PIRACICABA	13.662
UNIVERSIDADE SAO FRANCISCO	São Paulo	BRAGANCA PAULISTA	13.223

Fonte: Arquivo MSU

Imagem 32 – Representação do Ministério Público do Estado de São Paulo (10)

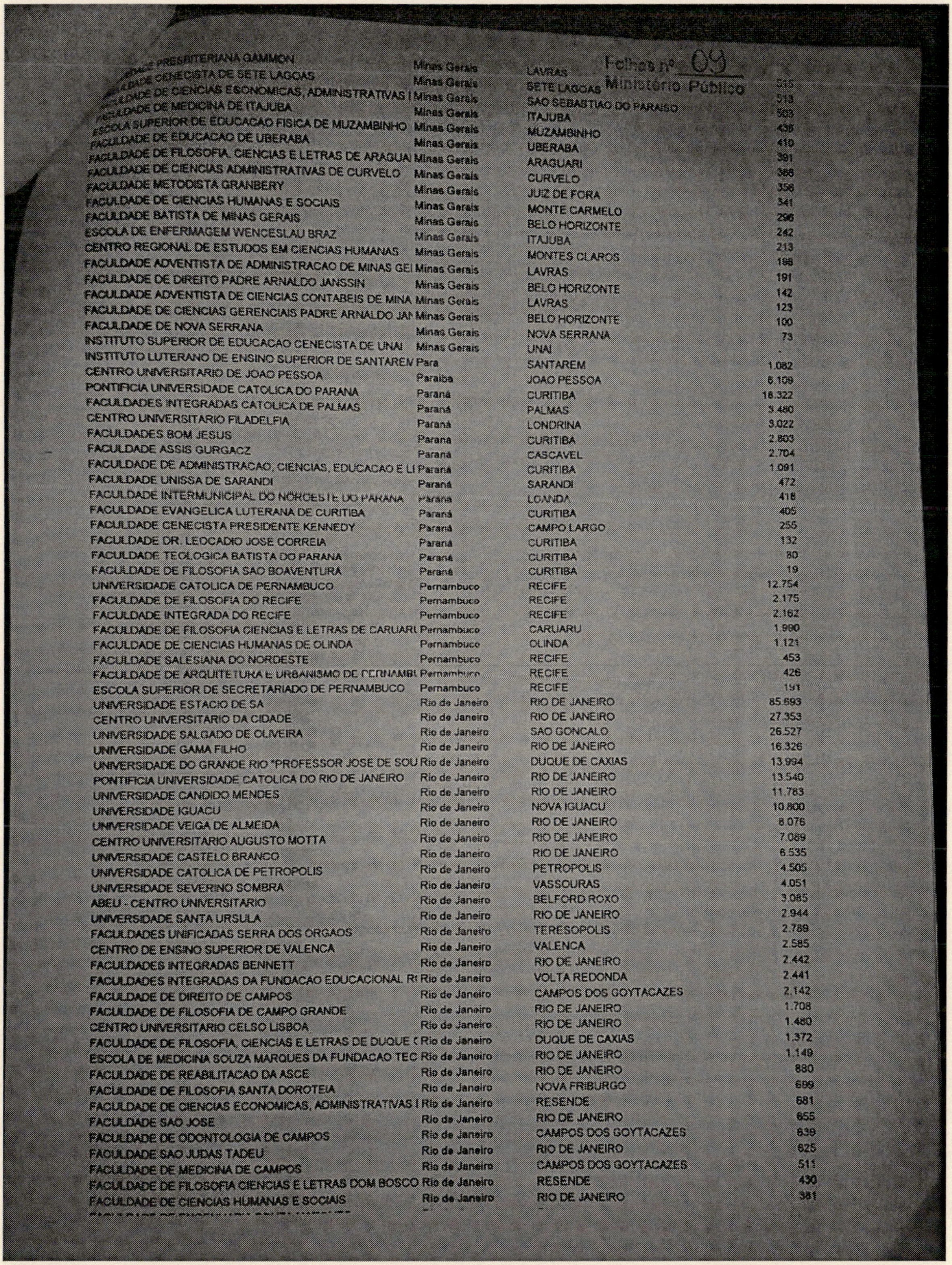

Folhas nº 09
Ministério Público

...DADE PRESBITERIANA GAMMON	Minas Gerais	LAVRAS	515
...DADE CENECISTA DE SETE LAGOAS	Minas Gerais	SETE LAGOAS	513
...ULDADE DE CIENCIAS ECONOMICAS, ADMINISTRATIVAS I	Minas Gerais	SAO SEBASTIAO DO PARAISO	503
...ULDADE DE MEDICINA DE ITAJUBA	Minas Gerais	ITAJUBA	436
ESCOLA SUPERIOR DE EDUCACAO FISICA DE MUZAMBINHO	Minas Gerais	MUZAMBINHO	410
FACULDADE DE EDUCACAO DE UBERABA	Minas Gerais	UBERABA	391
FACULDADE DE FILOSOFIA, CIENCIAS E LETRAS DE ARAGUAI	Minas Gerais	ARAGUARI	386
FACULDADE DE CIENCIAS ADMINISTRATIVAS DE CURVELO	Minas Gerais	CURVELO	356
FACULDADE METODISTA GRANBERY	Minas Gerais	JUIZ DE FORA	341
FACULDADE DE CIENCIAS HUMANAS E SOCIAIS	Minas Gerais	MONTE CARMELO	296
FACULDADE BATISTA DE MINAS GERAIS	Minas Gerais	BELO HORIZONTE	242
ESCOLA DE ENFERMAGEM WENCESLAU BRAZ	Minas Gerais	ITAJUBA	213
CENTRO REGIONAL DE ESTUDOS EM CIENCIAS HUMANAS	Minas Gerais	MONTES CLAROS	198
FACULDADE ADVENTISTA DE ADMINISTRACAO DE MINAS GEI	Minas Gerais	LAVRAS	191
FACULDADE DE DIREITO PADRE ARNALDO JANSSIN	Minas Gerais	BELO HORIZONTE	142
FACULDADE ADVENTISTA DE CIENCIAS CONTABEIS DE MINA	Minas Gerais	LAVRAS	123
FACULDADE DE CIENCIAS GERENCIAIS PADRE ARNALDO JAI	Minas Gerais	BELO HORIZONTE	100
FACULDADE DE NOVA SERRANA	Minas Gerais	NOVA SERRANA	73
INSTITUTO SUPERIOR DE EDUCACAO CENECISTA DE UNAI	Minas Gerais	UNAI	-
INSTITUTO LUTERANO DE ENSINO SUPERIOR DE SANTAREN	Para	SANTAREM	1.082
CENTRO UNIVERSITARIO DE JOAO PESSOA	Paraiba	JOAO PESSOA	6.109
PONTIFICIA UNIVERSIDADE CATOLICA DO PARANA	Paraná	CURITIBA	18.322
FACULDADES INTEGRADAS CATOLICA DE PALMAS	Paraná	PALMAS	3.480
CENTRO UNIVERSITARIO FILADELFIA	Paraná	LONDRINA	3.022
FACULDADES BOM JESUS	Parana	CURITIBA	2.803
FACULDADE ASSIS GURGACZ	Paraná	CASCAVEL	2.704
FACULDADE DE ADMINISTRACAO, CIENCIAS, EDUCACAO E LI	Paraná	CURITIBA	1.091
FACULDADE UNISSA DE SARANDI	Paraná	SARANDI	472
FACULDADE INTERMUNICIPAL DO NOROESTE DO PARANA	Parana	LOANDA	418
FACULDADE EVANGELICA LUTERANA DE CURITIBA	Paraná	CURITIBA	405
FACULDADE CENECISTA PRESIDENTE KENNEDY	Paraná	CAMPO LARGO	255
FACULDADE DR. LEOCADIO JOSE CORREIA	Paraná	CURITIBA	132
FACULDADE TEOLOGICA BATISTA DO PARANA	Paraná	CURITIBA	80
FACULDADE DE FILOSOFIA SAO BOAVENTURA	Paraná	CURITIBA	19
UNIVERSIDADE CATOLICA DE PERNAMBUCO	Pernambuco	RECIFE	12.754
FACULDADE DE FILOSOFIA DO RECIFE	Pernambuco	RECIFE	2.175
FACULDADE INTEGRADA DO RECIFE	Pernambuco	RECIFE	2.162
FACULDADE DE FILOSOFIA CIENCIAS E LETRAS DE CARUARU	Pernambuco	CARUARU	1.990
FACULDADE DE CIENCIAS HUMANAS DE OLINDA	Pernambuco	OLINDA	1.121
FACULDADE SALESIANA DO NORDESTE	Pernambuco	RECIFE	453
FACULDADE DE ARQUITETURA E URBANISMO DE PERNAMBI	Pernambuco	RECIFE	426
ESCOLA SUPERIOR DE SECRETARIADO DE PERNAMBUCO	Pernambuco	RECIFE	191
UNIVERSIDADE ESTACIO DE SA	Rio de Janeiro	RIO DE JANEIRO	85.693
CENTRO UNIVERSITARIO DA CIDADE	Rio de Janeiro	RIO DE JANEIRO	27.353
UNIVERSIDADE SALGADO DE OLIVEIRA	Rio de Janeiro	SAO GONCALO	26.527
UNIVERSIDADE GAMA FILHO	Rio de Janeiro	RIO DE JANEIRO	16.326
UNIVERSIDADE DO GRANDE RIO "PROFESSOR JOSE DE SOU	Rio de Janeiro	DUQUE DE CAXIAS	13.994
PONTIFICIA UNIVERSIDADE CATOLICA DO RIO DE JANEIRO	Rio de Janeiro	RIO DE JANEIRO	13.540
UNIVERSIDADE CANDIDO MENDES	Rio de Janeiro	RIO DE JANEIRO	11.783
UNIVERSIDADE IGUACU	Rio de Janeiro	NOVA IGUACU	10.800
UNIVERSIDADE VEIGA DE ALMEIDA	Rio de Janeiro	RIO DE JANEIRO	8.076
CENTRO UNIVERSITARIO AUGUSTO MOTTA	Rio de Janeiro	RIO DE JANEIRO	7.089
UNIVERSIDADE CASTELO BRANCO	Rio de Janeiro	RIO DE JANEIRO	6.535
UNIVERSIDADE CATOLICA DE PETROPOLIS	Rio de Janeiro	PETROPOLIS	4.505
UNIVERSIDADE SEVERINO SOMBRA	Rio de Janeiro	VASSOURAS	4.051
ABEU - CENTRO UNIVERSITARIO	Rio de Janeiro	BELFORD ROXO	3.085
UNIVERSIDADE SANTA URSULA	Rio de Janeiro	RIO DE JANEIRO	2.944
FACULDADES UNIFICADAS SERRA DOS ORGAOS	Rio de Janeiro	TERESOPOLIS	2.789
CENTRO DE ENSINO SUPERIOR DE VALENCA	Rio de Janeiro	VALENCA	2.585
FACULDADES INTEGRADAS BENNETT	Rio de Janeiro	RIO DE JANEIRO	2.442
FACULDADES INTEGRADAS DA FUNDACAO EDUCACIONAL R	Rio de Janeiro	VOLTA REDONDA	2.441
FACULDADE DE DIREITO DE CAMPOS	Rio de Janeiro	CAMPOS DOS GOYTACAZES	2.142
FACULDADE DE FILOSOFIA DE CAMPO GRANDE	Rio de Janeiro	RIO DE JANEIRO	1.708
CENTRO UNIVERSITARIO CELSO LISBOA	Rio de Janeiro	RIO DE JANEIRO	1.480
FACULDADE DE FILOSOFIA, CIENCIAS E LETRAS DE DUQUE (	Rio de Janeiro	DUQUE DE CAXIAS	1.372
ESCOLA DE MEDICINA SOUZA MARQUES DA FUNDACAO TEC	Rio de Janeiro	RIO DE JANEIRO	1.149
FACULDADE DE REABILITACAO DA ASCE	Rio de Janeiro	RIO DE JANEIRO	880
FACULDADE DE FILOSOFIA SANTA DOROTEIA	Rio de Janeiro	NOVA FRIBURGO	699
FACULDADE DE CIENCIAS ECONOMICAS, ADMINISTRATIVAS I	Rio de Janeiro	RESENDE	681
FACULDADE SAO JOSE	Rio de Janeiro	RIO DE JANEIRO	655
FACULDADE DE ODONTOLOGIA DE CAMPOS	Rio de Janeiro	CAMPOS DOS GOYTACAZES	639
FACULDADE SAO JUDAS TADEU	Rio de Janeiro	RIO DE JANEIRO	625
FACULDADE DE MEDICINA DE CAMPOS	Rio de Janeiro	CAMPOS DOS GOYTACAZES	511
FACULDADE DE FILOSOFIA CIENCIAS E LETRAS DOM BOSCO	Rio de Janeiro	RESENDE	430
FACULDADE DE CIENCIAS HUMANAS E SOCIAIS	Rio de Janeiro	RIO DE JANEIRO	381

Fonte: Arquivo MSU

Imagem 33 – Representação do Ministério Público do Estado de São Paulo (11)

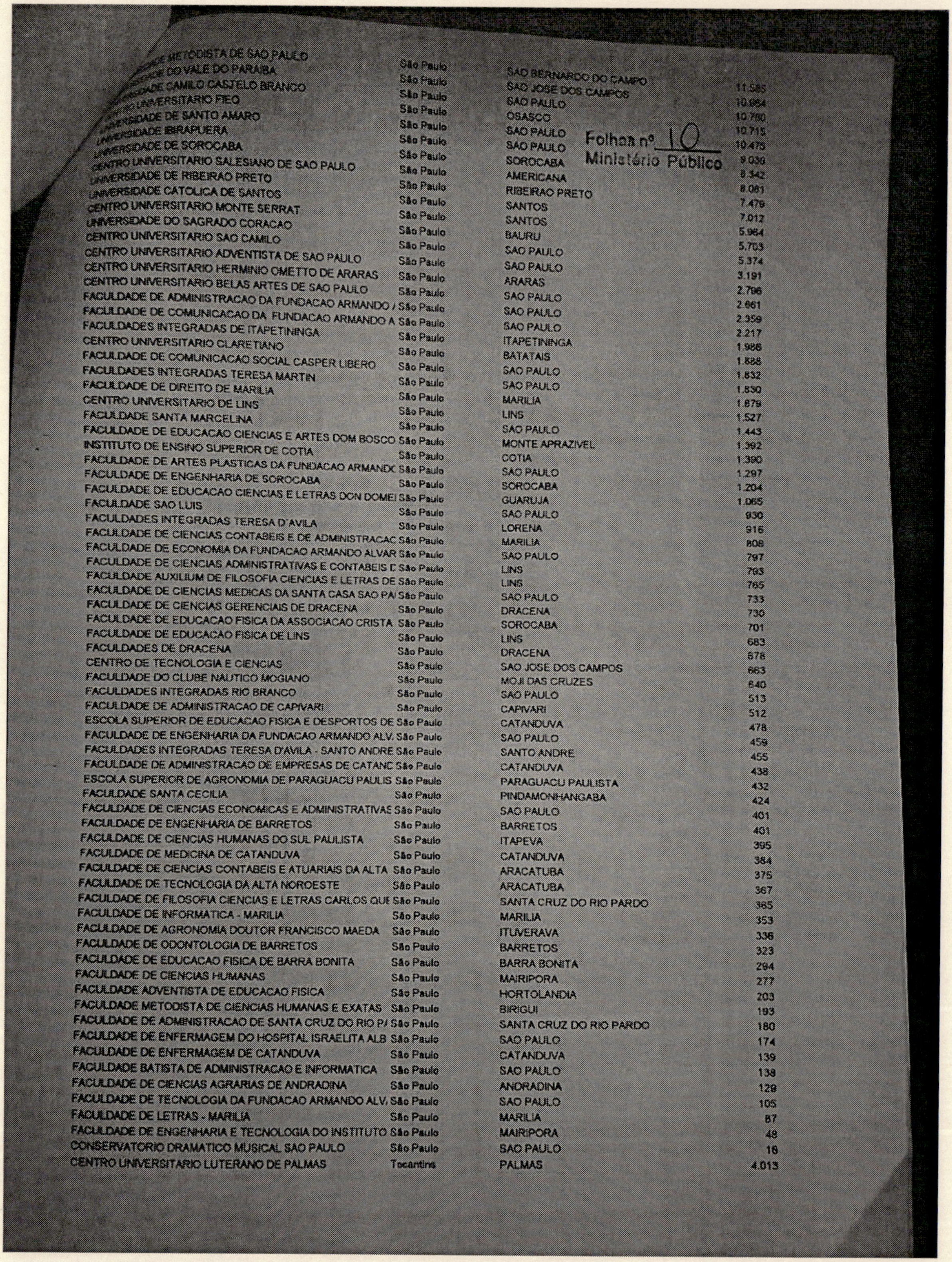

Folhas nº 10
Ministério Público

…E METODISTA DE SAO PAULO	São Paulo	SAO BERNARDO DO CAMPO	11.585
…DO VALE DO PARAIBA	São Paulo	SAO JOSE DOS CAMPOS	10.964
…DADE CAMILO CASTELO BRANCO	São Paulo	SAO PAULO	10.760
…UNIVERSITARIO FIEO	São Paulo	OSASCO	10.715
…SIDADE DE SANTO AMARO	São Paulo	SAO PAULO	10.475
…SIDADE IBIRAPUERA	São Paulo	SAO PAULO	9.039
…ERSIDADE DE SOROCABA	São Paulo	SOROCABA	8.342
CENTRO UNIVERSITARIO SALESIANO DE SAO PAULO	São Paulo	AMERICANA	8.081
UNIVERSIDADE DE RIBEIRAO PRETO	São Paulo	RIBEIRAO PRETO	7.479
UNIVERSIDADE CATOLICA DE SANTOS	São Paulo	SANTOS	7.012
CENTRO UNIVERSITARIO MONTE SERRAT	São Paulo	SANTOS	5.964
UNIVERSIDADE DO SAGRADO CORACAO	São Paulo	BAURU	5.703
CENTRO UNIVERSITARIO SAO CAMILO	São Paulo	SAO PAULO	5.374
CENTRO UNIVERSITARIO ADVENTISTA DE SAO PAULO	São Paulo	SAO PAULO	3.191
CENTRO UNIVERSITARIO HERMINIO OMETTO DE ARARAS	São Paulo	ARARAS	2.796
CENTRO UNIVERSITARIO BELAS ARTES DE SAO PAULO	São Paulo	SAO PAULO	2.661
FACULDADE DE ADMINISTRACAO DA FUNDACAO ARMANDO /	São Paulo	SAO PAULO	2.359
FACULDADE DE COMUNICACAO DA FUNDACAO ARMANDO A	São Paulo	SAO PAULO	2.217
FACULDADES INTEGRADAS DE ITAPETININGA	São Paulo	ITAPETININGA	1.986
CENTRO UNIVERSITARIO CLARETIANO	São Paulo	BATATAIS	1.888
FACULDADE DE COMUNICACAO SOCIAL CASPER LIBERO	São Paulo	SAO PAULO	1.832
FACULDADES INTEGRADAS TERESA MARTIN	São Paulo	SAO PAULO	1.830
FACULDADE DE DIREITO DE MARILIA	São Paulo	MARILIA	1.879
CENTRO UNIVERSITARIO DE LINS	São Paulo	LINS	1.527
FACULDADE SANTA MARCELINA	São Paulo	SAO PAULO	1.443
FACULDADE DE EDUCACAO CIENCIAS E ARTES DOM BOSCO	São Paulo	MONTE APRAZIVEL	1.392
INSTITUTO DE ENSINO SUPERIOR DE COTIA	São Paulo	COTIA	1.390
FACULDADE DE ARTES PLASTICAS DA FUNDACAO ARMANDC	São Paulo	SAO PAULO	1.297
FACULDADE DE ENGENHARIA DE SOROCABA	São Paulo	SOROCABA	1.204
FACULDADE DE EDUCACAO CIENCIAS E LETRAS DON DOMEI	São Paulo	GUARUJA	1.065
FACULDADE SAO LUIS	São Paulo	SAO PAULO	930
FACULDADES INTEGRADAS TERESA D'AVILA	São Paulo	LORENA	916
FACULDADE DE CIENCIAS CONTABEIS E DE ADMINISTRACAC	São Paulo	MARILIA	808
FACULDADE DE ECONOMIA DA FUNDACAO ARMANDO ALVAR	São Paulo	SAO PAULO	797
FACULDADE DE CIENCIAS ADMINISTRATIVAS E CONTABEIS C	São Paulo	LINS	793
FACULDADE AUXILIUM DE FILOSOFIA CIENCIAS E LETRAS DE	São Paulo	LINS	765
FACULDADE DE CIENCIAS MEDICAS DA SANTA CASA SAO PA	São Paulo	SAO PAULO	733
FACULDADE DE CIENCIAS GERENCIAIS DE DRACENA	São Paulo	DRACENA	730
FACULDADE DE EDUCACAO FISICA DA ASSOCIACAO CRISTA	São Paulo	SOROCABA	701
FACULDADE DE EDUCACAO FISICA DE LINS	São Paulo	LINS	683
FACULDADES DE DRACENA	São Paulo	DRACENA	678
CENTRO DE TECNOLOGIA E CIENCIAS	São Paulo	SAO JOSE DOS CAMPOS	663
FACULDADE DO CLUBE NAUTICO MOGIANO	São Paulo	MOJI DAS CRUZES	640
FACULDADES INTEGRADAS RIO BRANCO	São Paulo	SAO PAULO	513
FACULDADE DE ADMINISTRACAO DE CAPIVARI	São Paulo	CAPIVARI	512
ESCOLA SUPERIOR DE EDUCACAO FISICA E DESPORTOS DE	São Paulo	CATANDUVA	478
FACULDADE DE ENGENHARIA DA FUNDACAO ARMANDO ALV.	São Paulo	SAO PAULO	459
FACULDADES INTEGRADAS TERESA D'AVILA - SANTO ANDRE	São Paulo	SANTO ANDRE	455
FACULDADE DE ADMINISTRACAO DE EMPRESAS DE CATANC	São Paulo	CATANDUVA	438
ESCOLA SUPERIOR DE AGRONOMIA DE PARAGUACU PAULIS	São Paulo	PARAGUACU PAULISTA	432
FACULDADE SANTA CECILIA	São Paulo	PINDAMONHANGABA	424
FACULDADE DE CIENCIAS ECONOMICAS E ADMINISTRATIVAS	São Paulo	SAO PAULO	401
FACULDADE DE ENGENHARIA DE BARRETOS	São Paulo	BARRETOS	401
FACULDADE DE CIENCIAS HUMANAS DO SUL PAULISTA	São Paulo	ITAPEVA	395
FACULDADE DE MEDICINA DE CATANDUVA	São Paulo	CATANDUVA	384
FACULDADE DE CIENCIAS CONTABEIS E ATUARIAIS DA ALTA	São Paulo	ARACATUBA	375
FACULDADE DE TECNOLOGIA DA ALTA NOROESTE	São Paulo	ARACATUBA	367
FACULDADE DE FILOSOFIA CIENCIAS E LETRAS CARLOS QUI	São Paulo	SANTA CRUZ DO RIO PARDO	365
FACULDADE DE INFORMATICA - MARILIA	São Paulo	MARILIA	353
FACULDADE DE AGRONOMIA DOUTOR FRANCISCO MAEDA	São Paulo	ITUVERAVA	336
FACULDADE DE ODONTOLOGIA DE BARRETOS	São Paulo	BARRETOS	323
FACULDADE DE EDUCACAO FISICA DE BARRA BONITA	São Paulo	BARRA BONITA	294
FACULDADE DE CIENCIAS HUMANAS	São Paulo	MAIRIPORA	277
FACULDADE ADVENTISTA DE EDUCACAO FISICA	São Paulo	HORTOLANDIA	203
FACULDADE METODISTA DE CIENCIAS HUMANAS E EXATAS	São Paulo	BIRIGUI	193
FACULDADE DE ADMINISTRACAO DE SANTA CRUZ DO RIO P/	São Paulo	SANTA CRUZ DO RIO PARDO	180
FACULDADE DE ENFERMAGEM DO HOSPITAL ISRAELITA ALB	São Paulo	SAO PAULO	174
FACULDADE DE ENFERMAGEM DE CATANDUVA	São Paulo	CATANDUVA	139
FACULDADE BATISTA DE ADMINISTRACAO E INFORMATICA	São Paulo	SAO PAULO	138
FACULDADE DE CIENCIAS AGRARIAS DE ANDRADINA	São Paulo	ANDRADINA	129
FACULDADE DE TECNOLOGIA DA FUNDACAO ARMANDO ALV.	São Paulo	SAO PAULO	105
FACULDADE DE LETRAS - MARILIA	São Paulo	MARILIA	87
FACULDADE DE ENGENHARIA E TECNOLOGIA DO INSTITUTO	São Paulo	MAIRIPORA	48
CONSERVATORIO DRAMATICO MUSICAL SAO PAULO	São Paulo	SAO PAULO	16
CENTRO UNIVERSITARIO LUTERANO DE PALMAS	Tocantins	PALMAS	4.013

Fonte: Arquivo MSU

Imagem 34 – Representação do Ministério Público do Estado de São Paulo (12)

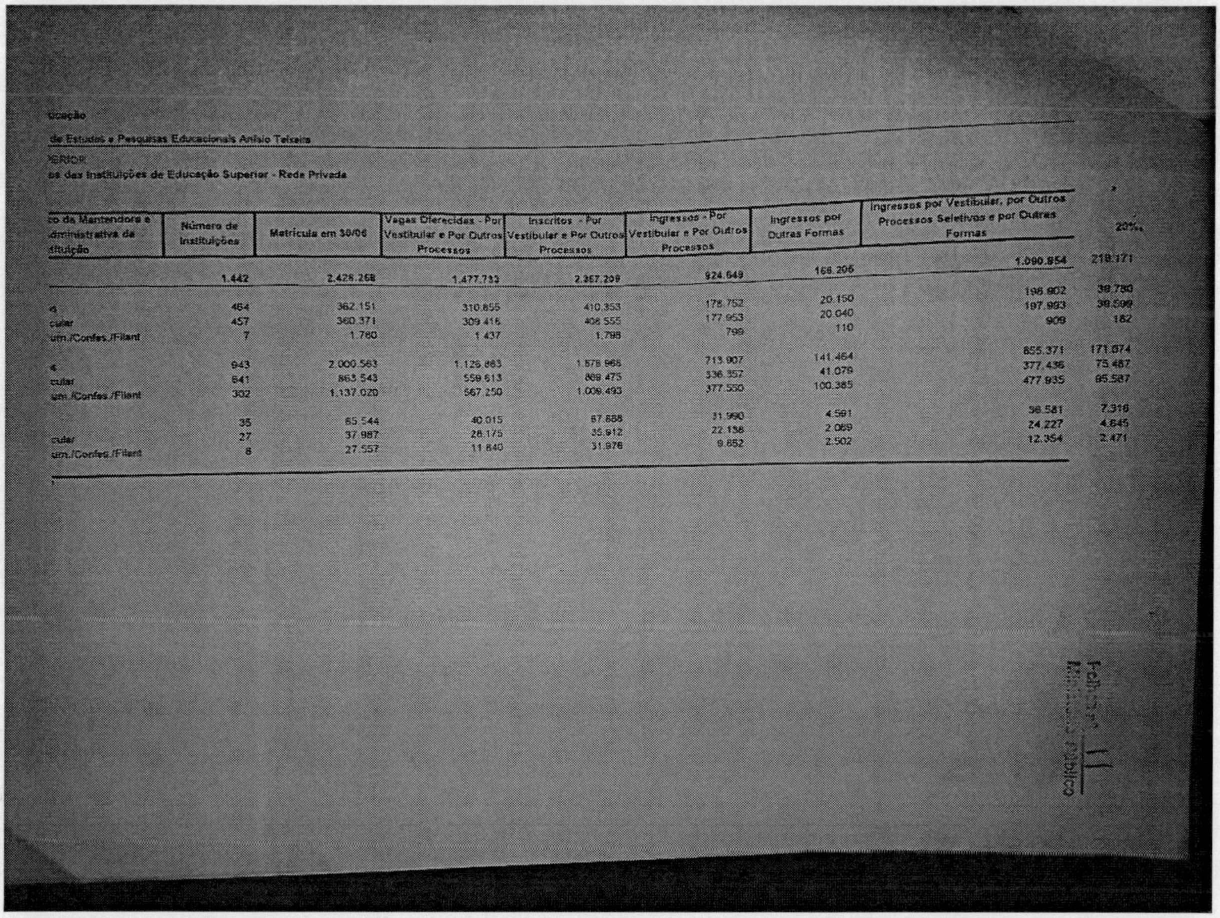

ucação

de Estudos e Pesquisas Educacionais Anísio Teixeira

ERIOR

os das Instituições de Educação Superior - Rede Privada

o da Mantendora e dministrativa da ituição	Número de Instituições	Matrícula em 30/06	Vagas Oferecidas - Por Vestibular e Por Outros Processos	Inscritos - Por Vestibular e Por Outros Processos	Ingressos - Por Vestibular e Por Outros Processos	Ingressos por Outras Formas	Ingressos por Vestibular, por Outros Processos Seletivos e por Outras Formas	20%
	1.442	2.428.258	1.477.733	2.357.209	924.649	166.205	1.090.854	218.171
s	464	362.151	310.855	410.353	178.752	20.150	198.902	39.780
cular	457	360.371	309.418	408.555	177.953	20.040	197.993	39.599
um./Confes./Filant	7	1.780	1.437	1.798	799	110	909	182
s	943	2.000.563	1.126.863	1.878.968	713.907	141.464	855.371	171.074
cular	641	863.543	559.613	869.475	336.357	41.079	377.436	75.487
um./Confes./Filant	302	1.137.020	567.250	1.009.493	377.550	100.385	477.935	95.587
	35	65.544	40.015	67.888	31.990	4.591	36.581	7.316
cular	27	37.987	28.175	35.912	22.138	2.089	24.227	4.845
um./Confes./Filant	8	27.557	11.840	31.978	9.852	2.502	12.354	2.471

Fonte: Arquivo MSU

Imagem 35 – Representação do Ministério Público do Estado de São Paulo (13)

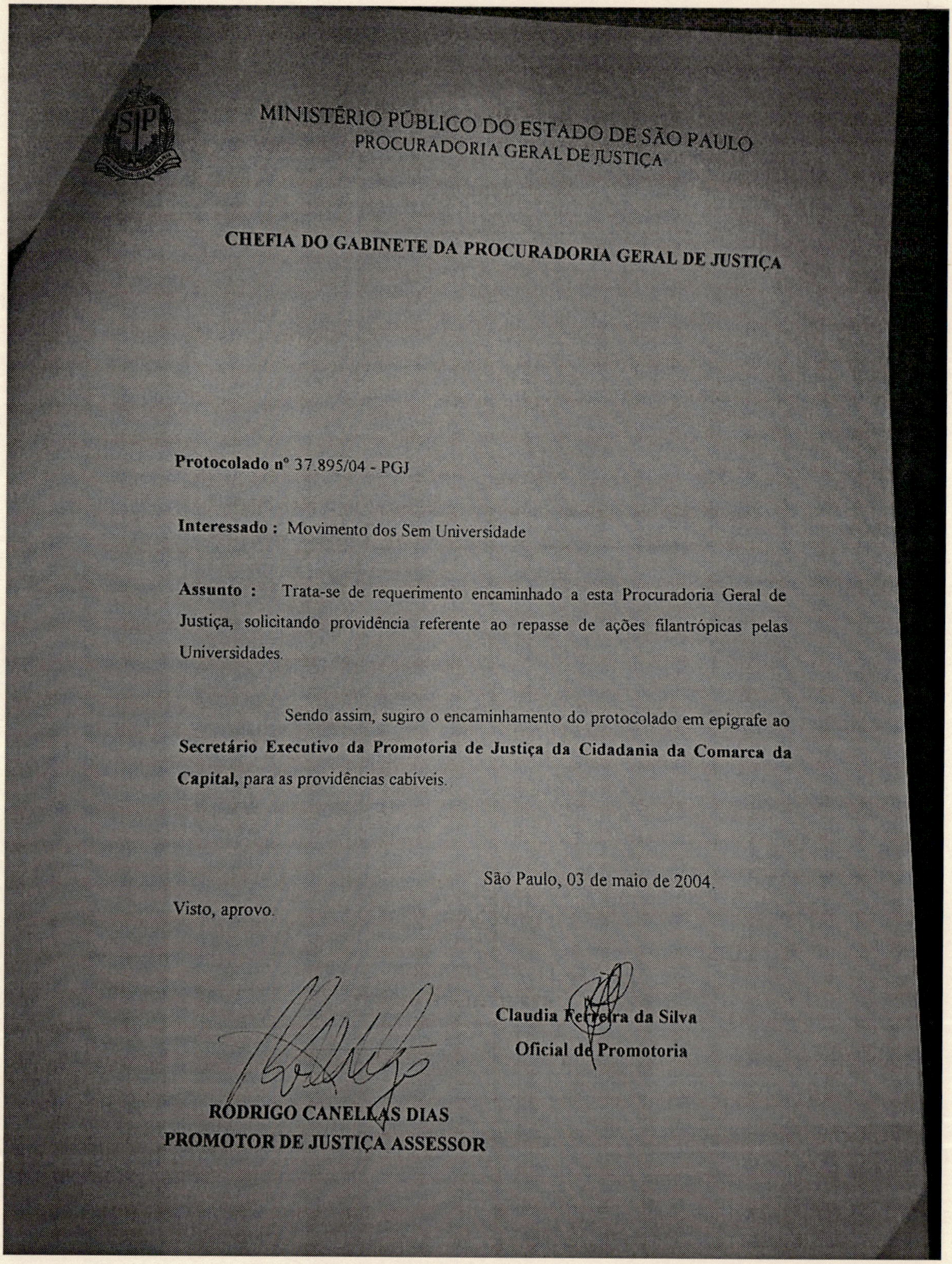

MINISTÉRIO PÚBLICO DO ESTADO DE SÃO PAULO
PROCURADORIA GERAL DE JUSTIÇA

CHEFIA DO GABINETE DA PROCURADORIA GERAL DE JUSTIÇA

Protocolado nº 37.895/04 - PGJ

Interessado : Movimento dos Sem Universidade

Assunto : Trata-se de requerimento encaminhado a esta Procuradoria Geral de Justiça, solicitando providência referente ao repasse de ações filantrópicas pelas Universidades.

Sendo assim, sugiro o encaminhamento do protocolado em epígrafe ao **Secretário Executivo da Promotoria de Justiça da Cidadania da Comarca da Capital,** para as providências cabíveis.

São Paulo, 03 de maio de 2004.

Visto, aprovo.

Claudia Ferreira da Silva
Oficial de Promotoria

RODRIGO CANELLAS DIAS
PROMOTOR DE JUSTIÇA ASSESSOR

Fonte: Arquivo MSU

Imagem 36 – Representação do Ministério Público do Estado de São Paulo (14)

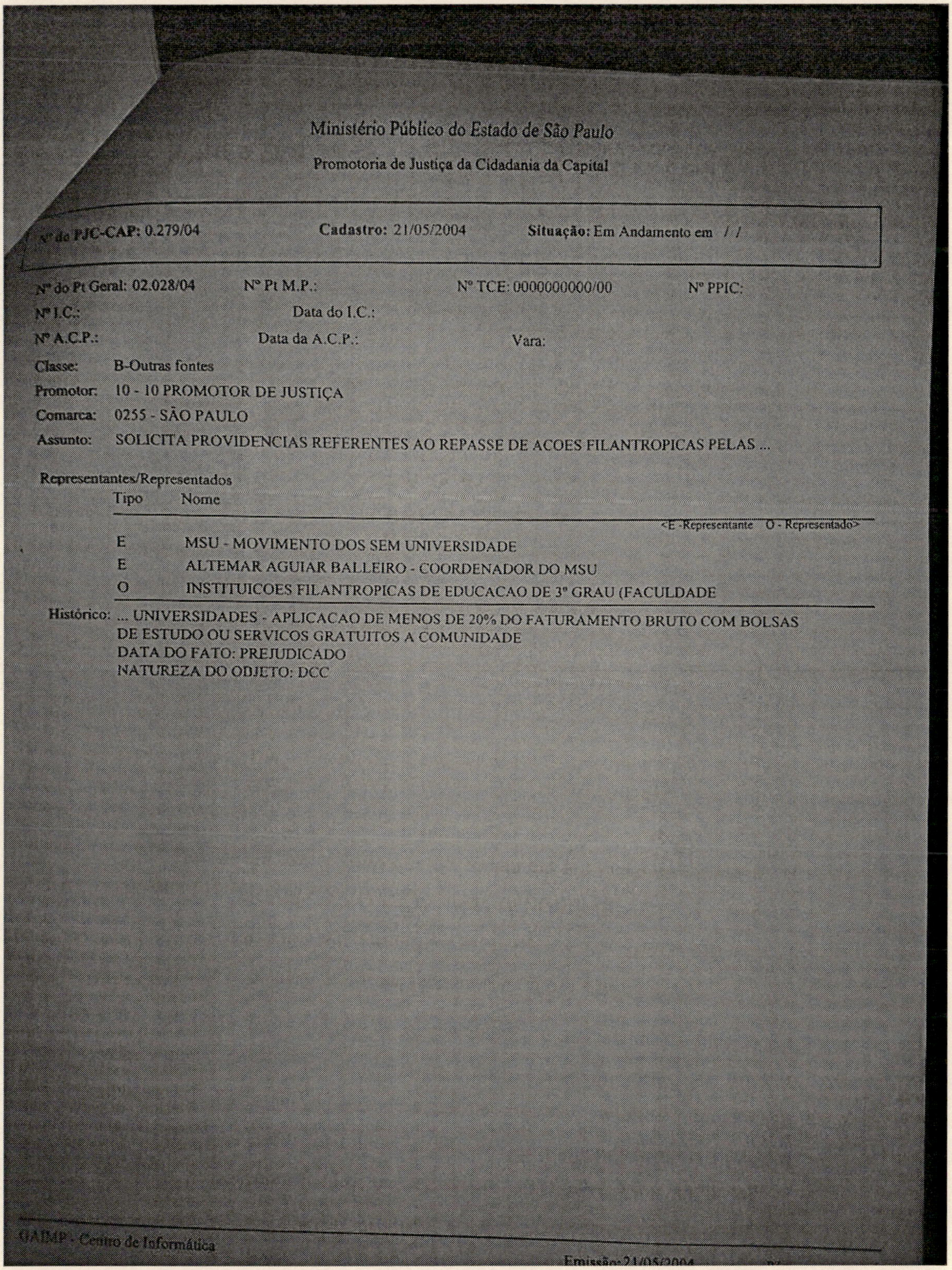

Ministério Público do Estado de São Paulo

Promotoria de Justiça da Cidadania da Capital

Nº do PJC-CAP: 0.279/04 **Cadastro:** 21/05/2004 **Situação:** Em Andamento em / /

Nº do Pt Geral: 02.028/04 Nº Pt M.P.: Nº TCE: 0000000000/00 Nº PPIC:

Nº I.C.: Data do I.C.:

Nº A.C.P.: Data da A.C.P.: Vara:

Classe: B-Outras fontes

Promotor: 10 - 10 PROMOTOR DE JUSTIÇA

Comarca: 0255 - SÃO PAULO

Assunto: SOLICITA PROVIDENCIAS REFERENTES AO REPASSE DE ACOES FILANTROPICAS PELAS ...

Representantes/Representados

Tipo	Nome
	<E -Representante O - Representado>
E	MSU - MOVIMENTO DOS SEM UNIVERSIDADE
E	ALTEMAR AGUIAR BALLEIRO - COORDENADOR DO MSU
O	INSTITUICOES FILANTROPICAS DE EDUCACAO DE 3º GRAU (FACULDADE

Histórico: ... UNIVERSIDADES - APLICACAO DE MENOS DE 20% DO FATURAMENTO BRUTO COM BOLSAS DE ESTUDO OU SERVICOS GRATUITOS A COMUNIDADE
DATA DO FATO: PREJUDICADO
NATUREZA DO OBJETO: DCC

CAIMP - Centro de Informática

Emissão: 21/05/2004

Fonte: Arquivo MSU

Imagem 37 – Representação do Ministério Público do Estado de São Paulo (15)

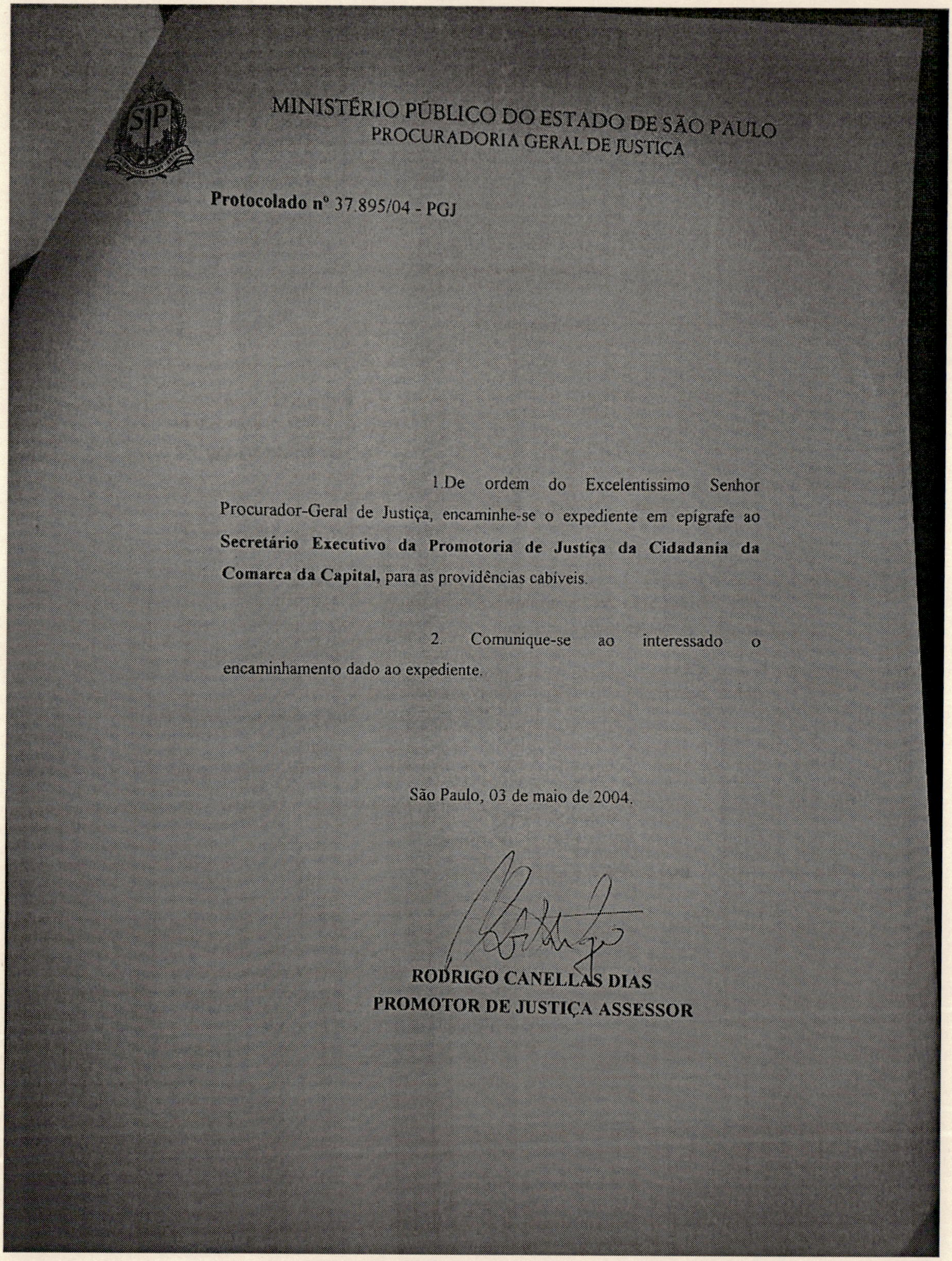

MINISTÉRIO PÚBLICO DO ESTADO DE SÃO PAULO
PROCURADORIA GERAL DE JUSTIÇA

Protocolado nº 37.895/04 - PGJ

1.De ordem do Excelentíssimo Senhor Procurador-Geral de Justiça, encaminhe-se o expediente em epígrafe ao **Secretário Executivo da Promotoria de Justiça da Cidadania da Comarca da Capital,** para as providências cabíveis.

2. Comunique-se ao interessado o encaminhamento dado ao expediente.

São Paulo, 03 de maio de 2004.

RODRIGO CANELLAS DIAS
PROMOTOR DE JUSTIÇA ASSESSOR

Fonte: Arquivo MSU

Imagem 38 – Representação do Ministério Público do Estado de São Paulo (16)

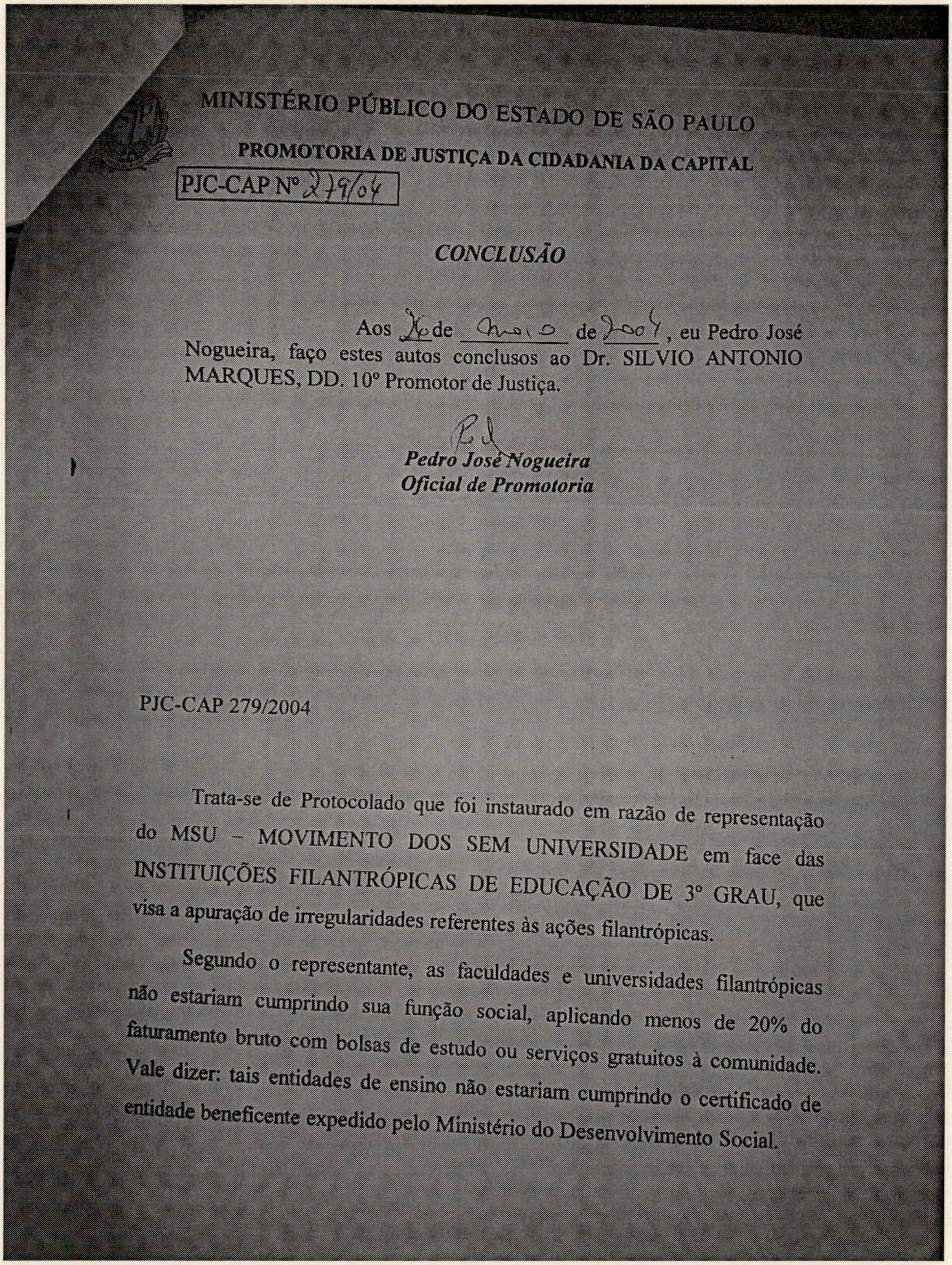

MINISTÉRIO PÚBLICO DO ESTADO DE SÃO PAULO

PROMOTORIA DE JUSTIÇA DA CIDADANIA DA CAPITAL

PJC-CAP Nº 279/04

CONCLUSÃO

Aos 26 de maio de 2004, eu Pedro José Nogueira, faço estes autos conclusos ao Dr. SILVIO ANTONIO MARQUES, DD. 10º Promotor de Justiça.

Pedro José Nogueira
Oficial de Promotoria

PJC-CAP 279/2004

Trata-se de Protocolado que foi instaurado em razão de representação do MSU – MOVIMENTO DOS SEM UNIVERSIDADE em face das INSTITUIÇÕES FILANTRÓPICAS DE EDUCAÇÃO DE 3º GRAU, que visa a apuração de irregularidades referentes às ações filantrópicas.

Segundo o representante, as faculdades e universidades filantrópicas não estariam cumprindo sua função social, aplicando menos de 20% do faturamento bruto com bolsas de estudo ou serviços gratuitos à comunidade. Vale dizer: tais entidades de ensino não estariam cumprindo o certificado de entidade beneficente expedido pelo Ministério do Desenvolvimento Social.

Fonte: Arquivo MSU

Imagem 39 – Representação do Ministério Público do Estado de São Paulo (17)

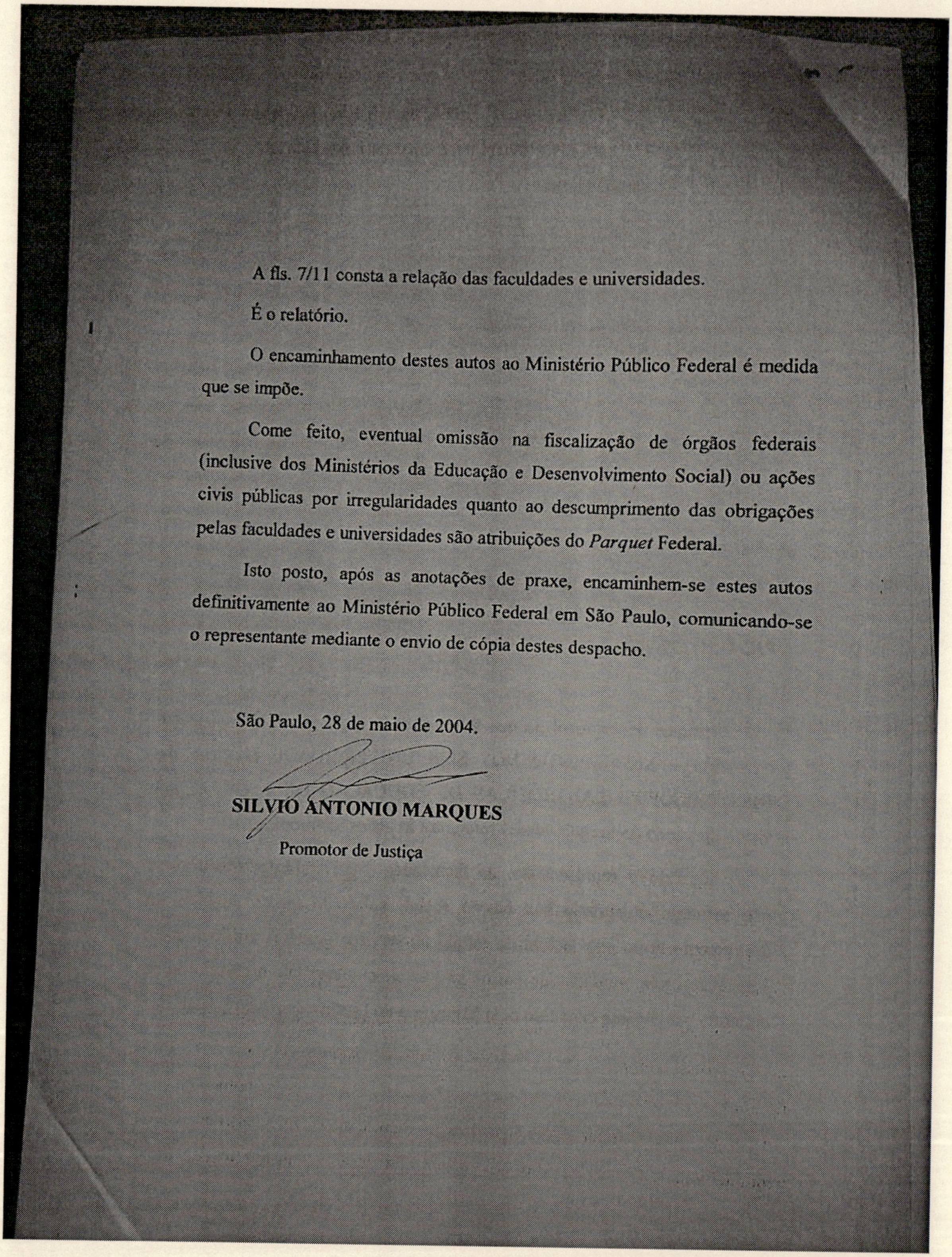

A fls. 7/11 consta a relação das faculdades e universidades.

É o relatório.

O encaminhamento destes autos ao Ministério Público Federal é medida que se impõe.

Come feito, eventual omissão na fiscalização de órgãos federais (inclusive dos Ministérios da Educação e Desenvolvimento Social) ou ações civis públicas por irregularidades quanto ao descumprimento das obrigações pelas faculdades e universidades são atribuições do *Parquet* Federal.

Isto posto, após as anotações de praxe, encaminhem-se estes autos definitivamente ao Ministério Público Federal em São Paulo, comunicando-se o representante mediante o envio de cópia destes despacho.

São Paulo, 28 de maio de 2004.

SILVIO ANTONIO MARQUES

Promotor de Justiça

Fonte: Arquivo MSU

Imagem 40 – Representação do Ministério Público do Estado de São Paulo (18)

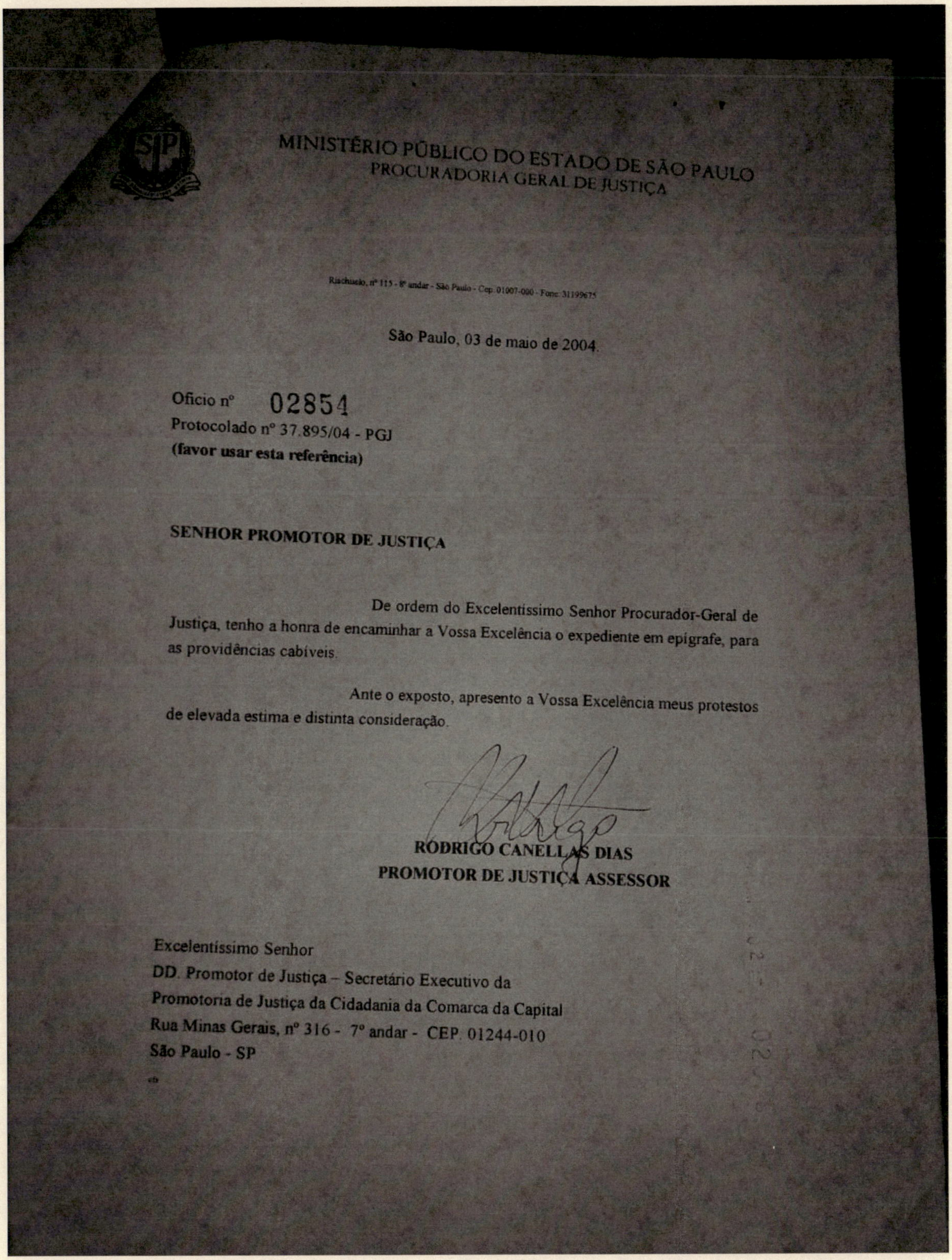

MINISTÉRIO PÚBLICO DO ESTADO DE SÃO PAULO
PROCURADORIA GERAL DE JUSTIÇA

Riachuelo, nº 115 - 8º andar - São Paulo - Cep 01007-000 - Fone 31199675

São Paulo, 03 de maio de 2004.

Ofício nº 02854
Protocolado nº 37.895/04 - PGJ
(favor usar esta referência)

SENHOR PROMOTOR DE JUSTIÇA

De ordem do Excelentíssimo Senhor Procurador-Geral de Justiça, tenho a honra de encaminhar a Vossa Excelência o expediente em epígrafe, para as providências cabíveis.

Ante o exposto, apresento a Vossa Excelência meus protestos de elevada estima e distinta consideração.

RODRIGO CANELLAS DIAS
PROMOTOR DE JUSTIÇA ASSESSOR

Excelentíssimo Senhor
DD. Promotor de Justiça – Secretário Executivo da
Promotoria de Justiça da Cidadania da Comarca da Capital
Rua Minas Gerais, nº 316 - 7º andar - CEP 01244-010
São Paulo - SP

Fonte: Arquivo MSU

Uma análise preliminar dos dados da lista individualizada de Instituições de Educação Superior que constam da procuração alimenta algumas reflexões. No ano de 2004, conforme os dados do INEP, presentes na representação anteriores, 284 instituições confessionais, filantrópicas, comunitárias, espalhadas por 22 Unidades da Federação (incluindo o DF), ofereciam cursos superiores a um total de 1.136.717 indivíduos. Não há dados expostos de instituições semelhantes nos estados do Amapá, Alagoas, Piauí, Rio Grande do Norte e Sergipe. O Brasil de então tinha uma população de aproximadamente 183 milhões de pessoas (IBGE, 2004).

Desse total de instituições, exatamente 223, ou seja, 78% do total, estavam localizadas em apenas cinco Unidades da Federação: São Paulo, Minas Gerais, Rio de Janeiro, Rio Grande do Sul e Bahia. Ou seja, 17 Unidades da federação dividem entre si as demais 61 instituições filantrópicas de Ensino Superior.

Considerando especificamente estes cinco estados, que então eram os mais populosos do país, vê-se que o percentual populacional não atingia os mesmos 78%, pois juntos somavam cerca de 51% da população total do país. Trocando em miúdos: apenas 22% das demais instituições filantrópicas serviriam à outra metade da população brasileira.

A seguir, a Imagem 41 expõe a relação entre a população total de cada um dos cinco estados mais populosos em 2004, com o número de indivíduos frequentando as instituições filantrópicas de ensino superior e o número de instituições filantrópicas de ensino superior.

Imagem 41 – Relação entre população, número de indivíduos em instituições filantrópicas de ensino superior e número de instituições filantrópicas de ensino superior, em 2004, nos estados de SP, MG, RJ, RS e BA

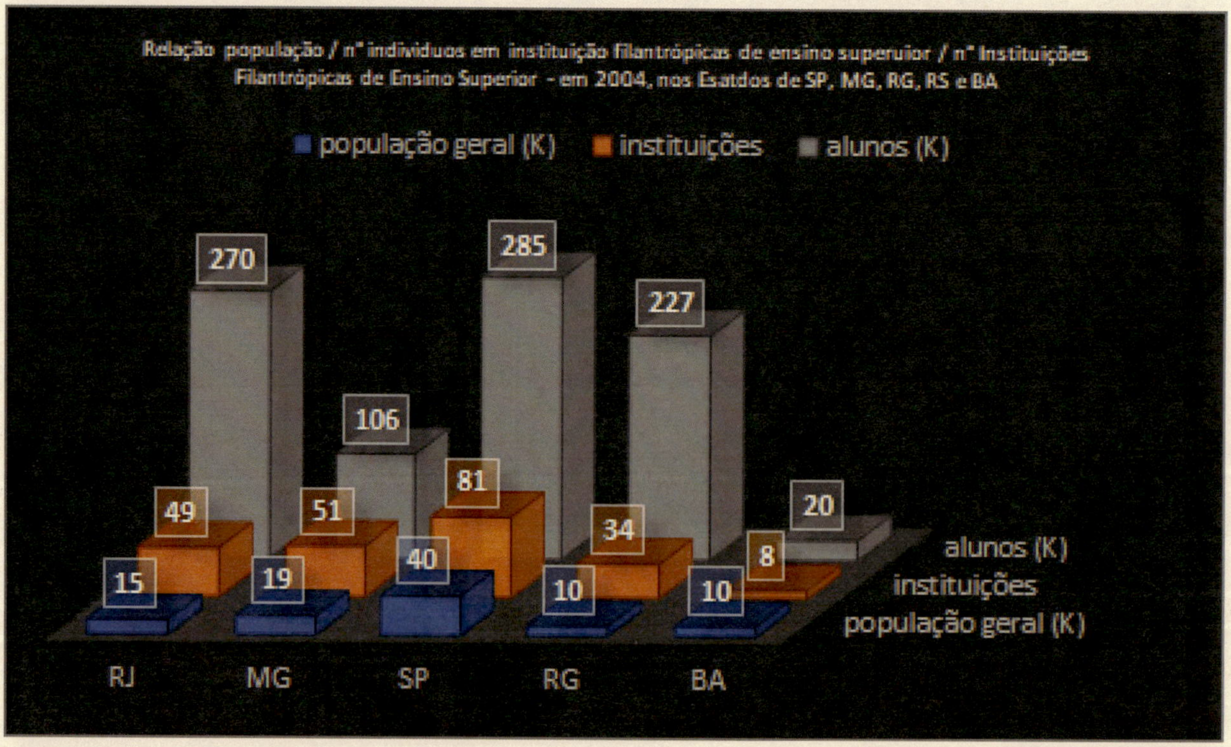

Fonte: o autor, com base em INEP (2004)

Quadro 13 – Instituições filantrópicas de ensino superior – Brasil – 2004

Instituições filantrópicas de ensino superior – Brasil – 2004		
Estado	N.º Instituições	N.º Cidadãos/consumidores
Acre	1	247
Alagoas	0	0
Amapá	0	0
Amazonas	2	8.696
Bahia	10	20.521
Ceará	3	17.926
Distrito Federal	5	15.272
Espírito Santo	13	17.080
Goiás	5	27.271
Maranhão	1	902
Mato Grosso	1	303
Mato Grosso Sul	4	9.867
Minas Gerais	51	106.028
Pará	1	1.082
Paraíba	1	6.109
Paraná	13	33.209
Pernambuco	8	21.272
Piauí	0	0
Rio de Janeiro	51	269.079
Rio Grande do Norte	0	0
Rio Grande do Sul	34	227.846
Rondônia	3	2.856
Roraima	0	0
Santa Catarina	15	62.864
São Paulo	81	284.274
Sergipe	0	0
Tocantins	1	4.013
TOTAL	284	1.136.717

Fonte: INEP/MEC (2004)

Imagem 42 – Distribuição escolas públicas EM por região do Brasil

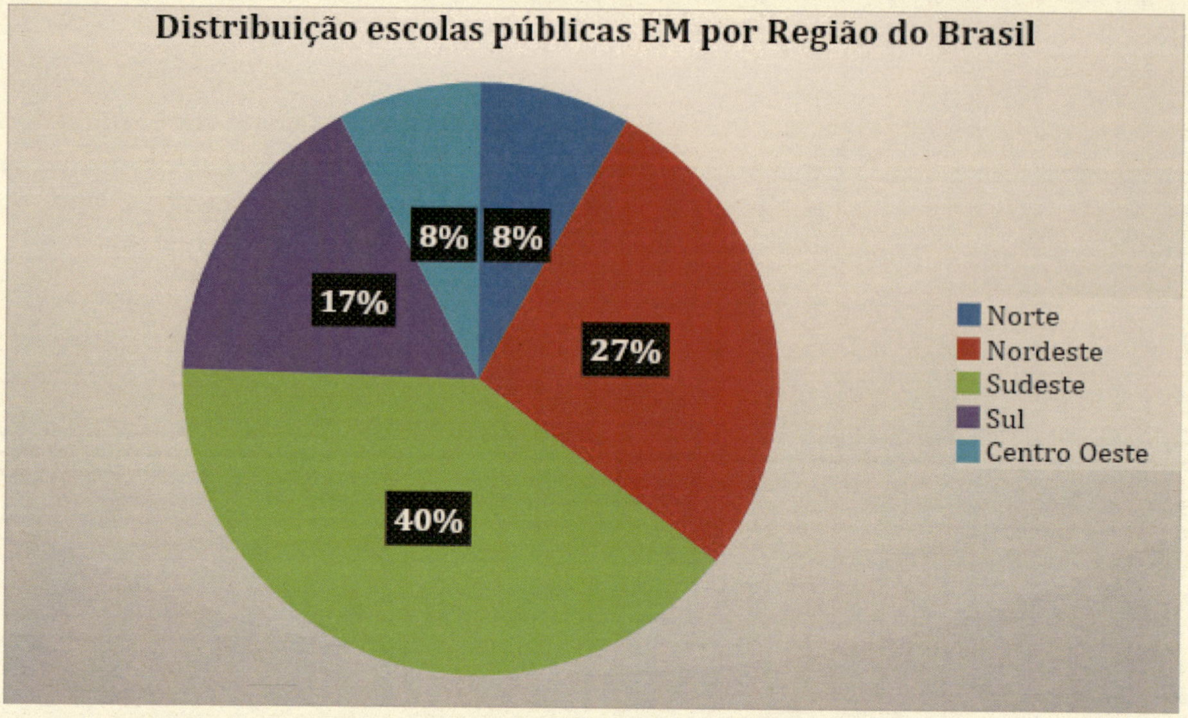

Fonte: o autor (2022)

Imagem 43 – Um exemplo de distribuição das escolas públicas no território: MT

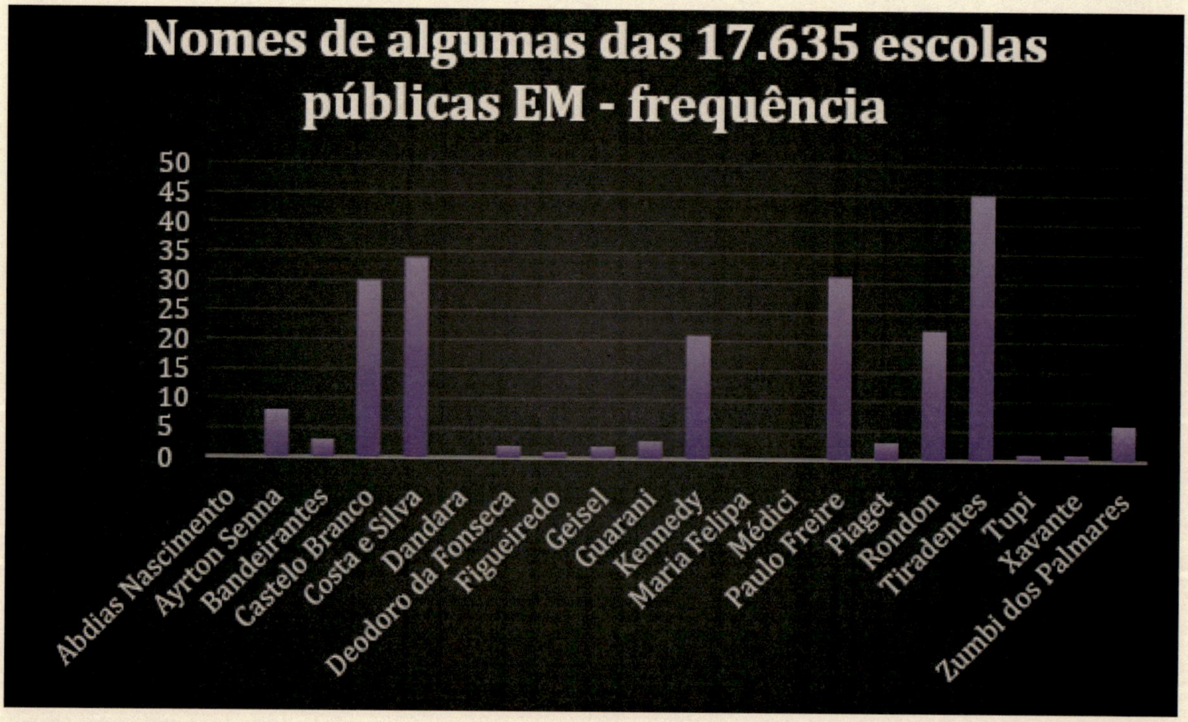

Fonte: o autor (2022)

Imagem 44 – Escolas públicas em Roraima

Fonte: o autor (2022)

Imagem 45 – Escolas públicas em MG: a revelação da força da escola pública!

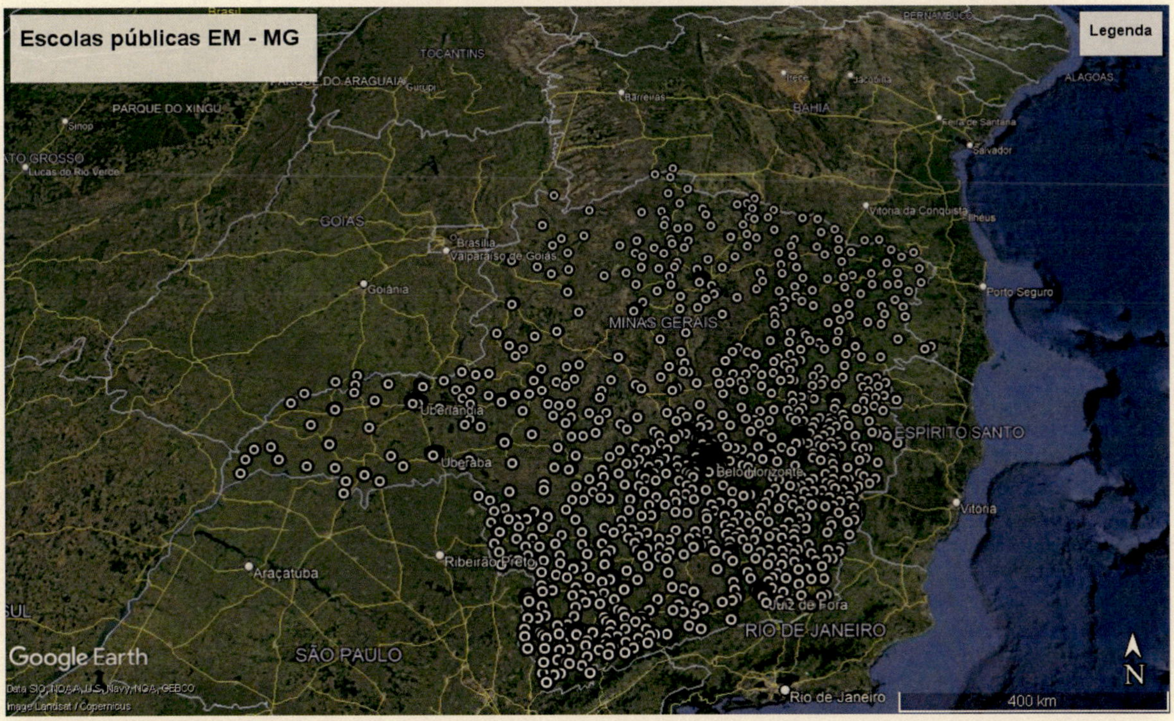

Fonte: o autor (2022)

Contrapostos abril a abril, coalizão a coalizão, atores a atores, SEMESP mais ABMES mais ANUP mais ANACEU mais ANAFI mais deputado Paulo Magalhães (PFL-BA) mais Ives Gandra Martins a N*MS mais FÓRUM MUNDIAL DE EDUCAÇÃO mais Tarso Genro mais Presidente Lula mais ABRUC mais Deputado Irineu Colombo (PT-PR) mais Altemar Aguiar Baleeiro mais Ministério Público, o sonho da universidade, ainda que privada, a criação do sistema público de bolsas de estudos em instituições privadas (PROUNI), a cota na universidade privada ganha ares de suspense e dura batalha na opinião pública brasileira, na Câmara dos Deputados, no Senado Federal, um labirinto vivo, intricado.

A reivindicação dos 20% de faturamento bruto das filantrópicas em bolsas de estudos, feitas pelos N*MS junto ao Ministério Público, contrapõe argumento a argumento, coalizão a coalizão:

> Ora, os principais da imprensa nacional também estamparam no dia 14 de abril de 2004, matéria paga de um quarto de página intitulada "Carta Aberta ao Presidente da República", assinada por entidades de representação do ensino superior privado nacional, onde no seu item 3 lê-se: "As instituições de ensino filantrópicas, de acordo com a legislação vigente, já atribuem 20% da receita auferida aos serviços de promoção e assistência social (inclusive bolsas, nos termos da lei). Essas entidades, além de bolsas têm outros compromissos com gratuidade nas áreas de saúde, assistência social e hospitalar (suas responsabilidades filantrópicas não se restringem a um sistema de bolsas)". Ora, a assertiva dos donos de universidade não é a assertiva do Conselho Nacional de Assistência Social. Onde os donos de universidades enxergam "compromisso de gratuidade em outras áreas", o órgão público competente parece enxergar algum tipo de burla. E, a identificar-se pelas amostras externas de riqueza, não parece que, aos olhos do povo brasileiro, o ensino privado nacional viva "dificuldades de ordem econômica e social" (como consta na supracitada Carta Aberta ao Presidente da República), senão que é um setor em franca expansão no país e que até tem gerado, desde o campo das ditas "filantrópicas", alguma curiosidade popular, como foi o caso do dono de uma destas filantrópicas de São Paulo ter sido flagrado passeando de Limusine em Paris. (Representação do Ministério Público do Estado de SP, reproduzida acima, p. 3).

Contrapostos "uma Limusine em Paris" versus milhares de sem universidade, negros, indígenas, pobres, da escola pública, sem condições de pagar o preço da universidade particular, a disputa pelo sistema público de bolsas de estudos em instituições privadas (PROUNI) guarda várias relações diretas com a Lei de Cotas, ainda que tenha particularidades.

Se a coalizão contra o sistema público de bolsas de estudos recorre a famosos para negar o direito à universidade junto ao STF, a coalizão a favor, os N*MS, mãe e pai da criação do sistema público de bolsas de estudos em instituições privadas (PROUNI), a gente simples, recorre ao Ministério Público para conquistar direitos. Contrapostos, opulência ao chão das desigualdades no território brasileiro, política pública do reino dos iluminados e endinheirados a política pública que nasce no chão da pátria, a periferia pede passagem.

Quem é Altemar Aguiar Baleeiro, coordenador do MSU e que assina a representação no Ministério Público? Ele, o lugar dele, é um ponto no labirinto vivo pela Lei de Cotas, pontos que são muitas vezes desprezados pelas narrativas oficiais e de propaganda partidárias, em total acordo com o pendor autoritário das elites políticas brasileiras e de trágicas consequências para o enraizamento democrático como cultura na sociedade. Cabe a uma tese acadêmica perturbar as epistemologias dominantes ou não? É preciso ouvir Altemar, ele carrega saberes, ele foi outro herói desconhecido da Lei de Cotas. Ele mesmo se apresenta.

> *Eu saí da roça com 6 anos de idade, eu sou o 13º filho de uma família de um total de 16, né? Sendo que na primeira família eu sou o mais novo, o meu pai, hoje, ele tá com 99 anos, rumo aos 100 se Deus quiser. E eu vim de uma família simples, da Bahia, de uma família pobre, lutadora, que isso me influenciou sempre na minha vida, né? Nas questões sociais, nas questões de luta, na questão do acesso à Universidade, do acesso à educação e isso fez com que eu tivesse a consciência da importância de fazer uma universidade, de viver uma vida em defesa dos direitos, em defesa das pessoas de baixa renda, em defesa das regiões mais populares, em defesa da classe trabalhadora. Então, assim, eu me considero um trabalhador, um lutador.* (Altemar, entrevista ao autor).

Altemar, fundador do MSU, à época trabalhava como metalúrgico na Prada, em Santo Amaro, e participava do MSU nas atividades de cursinhos populares nos fins de semana, coordenando, como educador popular de cidadania na periferia.

> *Eu morei por 20 anos no bairro do Jardim Quarto Centenário e lá eu participei muito de atividades de Comunidades Eclesiais de Base e Pastoral da Juventude do Meio Popular e a partir daí que eu comecei a ter realmente uma luta efetiva em prol dos direitos, né?* (Altemar, entrevista ao autor).

Como se percebe, a Pastoral da Juventude do Meio Popular está na origem do MSU, de modos que o próprio MSU é uma coalizão. Sonho da universidade, doação e os lascados são sublinhados por Altemar.

> *No processo da nossa luta nos cursinhos populares a gente percebia o seguinte, era um trabalho de muita doação, foi um trabalho de muita doação, de muita luta e de muita experiência também. A gente buscava atingir principalmente, buscava chegar nos corações da periferia, dos jovens. O jovem lascado, o jovem que não tinha dinheiro, o jovem que tinha sonhos, mas o incentivo a eles era o fato de nós tínhamos o processo da luta, nós tínhamos o conhecimento e era um processo de duas vias, porque nós queríamos esses jovens pro nosso lado, pra nossa luta, pra sonhar junto conosco, né? E eles também queriam o conhecimento pra poder tentar acessar a Universidade através de... através de vestibular ou do próprio ENEM. Então, esse processo de duas vias fazia com que a gente se aproximasse ou os jovens se aproximasse da gente, né? Eles.... A gente sabia que eles não tinham dinheiro, não tinham recurso financeiro pra poder bancar um cursinho particular de alguma instituição privada e aí eles buscavam a gente porque a gente organizava esses cursinhos populares sem recurso, né? Então, juntava a nossa vontade de sonhar, de lutar, de buscar o acesso à Universidade, a luta popular, o caminho pra diminuir a desigualdade com a vontade do jovem em querer buscar algo individua... da sua individualidade, com algo melhor pra ele na sua vida, na sua casa, de repente melhorar a situação da vida na sua casa, pra sua família, né? Melhorar sua condição de emprego, melhorar a sua condição no dia a dia, e ele buscava isso nos cursinhos populares do MSU, essa oportunidade. Por isso que eu falei que é uma mão de duas vias. Encontrávamos no jovem a necessidade deles de buscar esse conhecimento, essa luta, e nós, no jovem de agregar conosco o sonhar junto, o sonhar, né? Sonho que sonha junto é um sonho que pode virar realidade. Foi uma demonstração de muita... de muita vida, muita inspiração do movimento.* (Altemar, entrevista ao autor).

Altemar mareja os olhos ao lembrar a grande luta para o Carandiru virar universidade.

> *Ah, lembro perfeitamente! Lembro, tenho isso na minha retina. Inclusive, tenho alguns acervos inclusive dessa luta, algum material, foto, mas, assim, foi uma coisa muito vibrante, foi uma coisa muito de paixão, né? De, assim, entrou na mente dos nossos jovens, né? Da importância de transformar de uma área defasada que representa a morte pra uma área que representa a vida. E, assim, esse era o nosso propósito: transformar aquele prédio, aquele local que representava a morte, que representava o encarceramento, para uma... algo que transformasse vidas, que entregasse a oportunidade pra juventude de acessar a educação, acessar a Universidade. E, assim, foi muito bacana*

> *porque foi construído no meio do povo, né? Eu lembro que fomos... pedimos ajuda pra costureiras das comunidades a fazer as becas, né? É, foi uma forma de trazer uma visibilidade, uma forma de mostrar a essência dessa luta. Nós, simbolizando as lutas pela educação, as lutas de oportunidade, seria... colocamos 111 pessoas, 111 jovens trabalhadores, estudantes de baixa renda da periferia, em marcha até o Carandiru e os 111 representava a morte, né? O assassinato de presos lá no presídio, né? 111 jovens de beca representava vida, né? Fazendo essa simbologia, esse ato marcante, pra criar essa visibilidade e marcar isso na mente dessas pessoas. Isso tanto os próprios estudantes, os próprios jovens da periferia, quanto aqueles que estavam acompanhando a gente na rua. Nós fizemos uma marcha lá do centro da cidade, né? Aquela... como uma fileira, né? Em fila indiana, duas fileiras, uma de um lado outra de outro, e marchamos até, com cada um vestido de beca, até o Carandiru. É, dos cursinhos populares. Por exemplo, aqui da região da Cidade Dutra e de outras regiões, da zona leste, da zona norte, de outros... de outras cidades aqui da periferia. E aí, com a ajuda das costureiras também da comunidade, foram feitas 111 becas e 111... aquele... como é que chama aquele chapeuzinho de formando? Esqueci o nome.* (Altemar, entrevista ao autor).

Imagem 46 – Campanha do abaixo-assinado pela transformação do Carandiru em Universidade Pública

Fonte: Arquivo MSU

É o capelo! E entusiasmado, fala sobre as conferências populares, as gigantescas aulas inaugurais do MSU que, no geral, lotavam a quadra dos bancários, na Rua Tabatinguera, 292, centro de São Paulo.

> *Na organização do MSU, essas atividades que nós realizava... nós realizávamos eram muito vibrantes, né? Você sentia na alma das pessoas, sentia a vibração, aquele sonho de libertação, de buscar na Universidade uma forma de você viver uma... viver uma história melhor, né? Era muito vibrante essa participação e eu entendo sim, que a luta dessa juventude nas diversas regiões que nós atuávamos, nós percebíamos que os jovens estavam querendo essa participação e essa participação era*

> *uma forma de libertação porque você tinha várias cores, né? Várias cores faziam presença nas aulas inaugurais, faziam presença naquelas inscrições ou faziam presença nas aulas do dia a dia mesmo, né? Nos diversos locais onde estava organizado o movimento e essa presença marcava, você via a vibração das pessoas. A gente ia na sala de aula, mesmo dando aula de cidadania ou aula de história, de geografia, a gente percebia nos olhos da juventude essa disposição, essa vontade de conquistar e de vencer, né? Foi realmente um marco histórico muito importante que veio a culminar em processos formais de consolidação dessas leis ou desses programas que hoje nós temos. Isso ajudou a construir melhor o país, ajudou melhor a... porque assim, é a justiça social, ajudou melhor a construir a paz. Uma frase do Frei Leonel: "só há just...".... "só há paz onde há justiça, se não existir justiça, não existe paz". É uma frase que me marcou bastante que eu levo essa no meu dia a dia, então, a gente nada mais é que um instrumento de paz, isso é importante. Porque, na prática, existiam bolsas, mas era aquelas bolsas de estudos que os donos de Universidade dava pra quem ele achava que poderia dar, ou o filho da empregada, filho da faxineira, né?* (Altemar, entrevista ao autor).

Em correspondência analítica com Angela Alonso (2016), em seu estudo sobre a abolição inconclusa, a abolição para a autora se fez nos teatros, em rituais de mobilização, arte e encanto. Assim, a luta pelo sistema público de bolsas de estudos em instituições privadas, pela Lei de Cotas, fez-se em teatros populares, principalmente nas escolas públicas, esses belos centros nacionais de saber, locais físicos da esperança no Brasil e da maioria dos cursinhos populares, em ritos de grande mobilização popular, com pontos de epicentro como as aulas inaugurais que lotavam a quadra dos bancários, na rua Tabatinguera, no centro de São Paulo, com milhares de sem universidade, ritual que se repetiu nos cursinhos populares espalhados pelo Brasil.

Altemar fala da luta por novas universidades públicas.

> *Nós fizemos essa proposta de Universidade Municipal. Mas só que nós colocamos a proposta justamente como uma demanda, uma necessidade, que estava latente nos corações da juventude da periferia, entendeu? Uma Universidade Municipal popular. Instigamos eles, né? E foi levado essa proposta, né? Fizemos algumas manifestações, inclusive na porta da Prefeitura. A Prefeitura ficava lá, no Parque Dom Pedro. Levamos um pé de ipê pra Prefeita, né? No caminho até lá, no Parque Dom Pedro II, distribuímos sementes de calêndulas em pequenos saquinhos com uma poesia dentro, convidando as pessoas das ruas a semearem a esperança no direito à universidade. Fizemos um ato lá e ela, então, em reunião conosco pediu pra que nós participássemos de um processo de discussão de Universidade em toda a cidade. Isso, poderia ser uma opção pro Carandiru.* (Altemar, entrevista ao autor).

A Universidade Municipal em São Paulo, proposta e grande conquista do MSU, foi aprovada em 31 de dezembro de 2001, como noticiado pela *Folha de S. Paulo*, que cobriu esse dia que durou mais de 24 horas de luta do MSU no Parlamento municipal. A Universidade da Cidade e da Cidadania de São Paulo, no entanto, não sairia do papel. O veto da prefeita municipal ocorreu em janeiro de 2002, o que gerou revolta e manifestação do MSU. Depois de muita negociação com o gabinete da prefeita, na pessoa de Mônica Valente, chefe de gabinete, foi acordada a criação do Grupo de Trabalho Sobre a Questão Universitária em São Paulo, publicada no Diário Oficial do Município de São Paulo, como a portaria número 135/2003 da Prefeita Municipal de Marta Suplicy. O Grupo de Trabalho foi paritário, metade do MSU, metade das secretarias municipais, com a Prefeitura ficando com a presidência da comissão e o MSU com a relatoria. Grandes seminários aconteceriam nas macrorregiões de São Paulo, em 2002, com quatro propostas finais: a criação da universidade municipal começando pelas periferias, a criação de um sistema público de bolsas de estudos em instituições particulares com base em isenção de impostos municipais, a criação de cursos técnicos e tecnológicos, o apoio aos cursinhos populares. A universidade municipal ganharia um prédio em Cidade Tiradentes, entre 2003 e 2004, mas o Conselho Estadual de Educação vetaria seu funcionamento, razão de revolta do MSU e de ação no Ministério Público Estadual, que não desenrolou a questão. Ganhou no subsistema de educação do estado de São Paulo a dualidade em educação, padrão dos anos 1930, o prédio da Universidade Municipal em Cidade Tiradentes, com placa e tudo foi transformado em Escola Técnica, em 2005. Cidade Tiradentes foi a Macondo do direito à universidade no Brasil, esse encanto merecerá olhar particular adiante. O aprendizado dessa luta foi muito grande para o MSU, que não enfiaria o rabo entre as pernas, não abaixaria a cabeça.

A universidade municipal em São Paulo que não houve e o abril de 2004 que não houve simbolizam, antes de tudo, vitórias da coalizão contra a Lei de Cotas, vitórias do *status quo*. Mas, conforme o que está presente nos estudos de política pública, isso também arma a coalizão a favor da Lei de Cotas por meio do aprendizado que as derrotas informam, porque o rico processo de conflito gera uma função de aprendizado em política pública. De forma que o jogo dos N*MS em Brasília, no Parlamento, é um jogo que se joga também com as costas calejadas.

Fato é que abril de 2004 sumiu do mapa e o sonho do direito à universidade no Brasil, mesmo que privada, foi adiado mais uma vez na história; tudo dependeria do Parlamento. Por isso, o convite para abril soou como um primeiro de abril. Tudo será um eterno primeiro de abril? Importa ver que nesse intervalo, de janeiro de 2004 a abril de 2004, todo o estoque do racismo brasileiro, da ética do privilégio branco nas universidades públicas e privadas foi despejado na cabeça dos brasileiros como se a dizer o tempo todo aos sem universidade: vocês não prestam, o negro, a negra não têm competência para frequentar a universidade, o pobre não está preparado, não tem qualidade, vai cair a qualidade da universidade privada, estão dando pérolas aos porcos. O grau de violência simbólica elevou sua temperatura perante o menor risco de mudança em política pública. A plataforma de crenças da coalizão contra a Lei de Cotas aparece na cena de modo retumbante: o sem universidade não é o cidadão de direito, o negro não é o cidadão de direito, o indígena não é o cidadão de direito, o pobre não é o cidadão de direito, a escola pública não o é, é outra coisa? A eloquência do racismo nacional, por dentro e por fora das instituições, esse racismo estrutural que remete à colonização, à escravização negra e indígena, nesse momento da história é indício objetivo de que a criação do sistema público de bolsas de estudos em instituições privadas (PROUNI) significava uma mudança substancial em política pública no Brasil, pois desafiava o privilégio do *status quo*. Foram as cabeças negras, indígenas e populares que foram, mais uma vez na história, os para-raios da desgraça no Brasil. Escolhidos a dedos brancos? Esse ódio recaiu com igual intensidade sobre os aliados do partido da burocracia, do partido da linhagem? Não.

Para os N*MS, a criação do sistema público de bolsas de estudos em instituição privada (PROUNI) era fruto direto da luta para o Carandiru virar universidade, da luta por universidade na cidade de São Paulo, do pinga-fogo por bolsas individuais no Rio de Janeiro. Guerra (2016) realizou estudo que explora coalizões no processo de implementação do sistema público de bolsas de estudos em instituições privadas (PROUNI). Ainda que rico, o estudo reforça e reifica o tom fantasmagórico e oficial dos discursos em torno da criação desse sistema público de bolsas, deslocando a cidadania, a democracia plena, para o limbo da história, o que é quase um lugar-comum na produção sobre o assunto.

Se o autor faz a lição de casa sugerida pelo modelo ACF, descendo ao subsistema de educação para buscar a origem da proposta de mudança em política pública, o faz com duas rédeas curtas: o discurso da propaganda oficial de governo e o discurso de setores contrários à criação do sistema de bolsas de estudos, lugar histórico de onde arranca duas coalizões cobertores, uma privatista e uma estatista, típicas da Guerra Fria e do quadro dinâmico da cidadania restringida no Brasil, onde a maioria da população assiste embasbacada aos acontecimentos políticos, e a política pública é feita por certas elites. Discurso "bom para ambas as partes", para ficar no cacoete.

O caso da criação do sistema público de bolsas de estudos em instituições privadas (PROUNI) foi mais um caso de república dos babacas na história do Brasil, em que o povo assiste bestializado ao trotar dos cavalos dos poderosos, seus gritos e arroubos? Trágico para a dinâmica democrática do país, não obstante, pois sem história a miséria tem hora e ela nunca tarda. A certa altura, diz o autor:

> No PROUNI, o SEMESP teve atuação destacada junto a Prefeitura de São Paulo no que viria a ser um dos primeiros embriões do Programa. O SEMESP teve uma audiência na Prefeitura de São Paulo com o então subsecretário de Finanças e Desenvolvimento Econômico para pleitear a redução do ISS de 5% para 2%, considerando que a alíquota do segmento da educação em todos os níveis era de 2%. A Prefeitura decidiu encaminhar e aprovou o Projeto de Isenção Parcial por troca de bolsas de estudos. Em função da operacionalização equivocada o projeto não prosperou. (Guerra, 2016, p. 94-95).

Guerra (2016) menciona o período de 2001 a 2003 no município de São Paulo como origem do sistema público de bolsas, de seu mecanismo mais central, mas desloca a origem da política pública do chão para o gabinete, da dor da exclusão da universidade para os sonhos de grandeza dos partidos da burocracia e da linhagem, partidos reais na história do Brasil desde o Império.

O SEMESP não fez parte do vergonhoso veto de abril de 2004? O que não aparece no texto de Guerra?

Todos os acontecimentos públicos da luta por universidade no município de São Paulo tocado pelos de baixo: a marcha dos sem universidade ao Carandiru, a luta para o Carandiru virar universidade pública e popular, a apresentação pelo MSU da proposta de criação da universidade no município maior do país em parceria entre o município, o estado e a União via proposta de projeto de lei na comissão de educação da Câmara Municipal, a realização de diversos seminários públicos sobre o tema na Câmara Municipal de São Paulo, sendo um deles internacional.

Imagem 47 – Luta por universidade pública no Município de São Paulo em parceria entre o Município, o Estado e a União: a proposta apresentada pelo MSU na Comissão de Educação da Câmara Municipal foi aprovada em 31 de dezembro de 2001

Seminário Internacional do MSU, no dia 31 de agosto de 2001, debatendo Universidade Popular e Exclusão Social da Juventude

Fonte: Arquivo MSU

A aprovação do projeto de lei de modo suprapartidário em 31 de dezembro de 2001 (PL 178/01), o veto da prefeita de São Paulo Marta Suplicy, a Portaria 135/2001, da prefeita Marta Suplicy que cria o Grupo de Trabalho Sobre a Questão Universitária em São Paulo, a realização de cinco seminários nas macrorregiões organizados pluralmente por esse GT e as quatro propostas que surgiram deste GT: 1) A criação da Universidade Municipal; 2) A criação de cursos técnicos na rede municipal; 3) A criação de um sistema público de bolsas de estudos em instituições privadas com o mecanismo da renúncia fiscal por bolsas de estudos; 4) O apoio aos cursinhos populares. No caso específico das bolsas de estudo, a proposta foi aprovada por cerca de 300 participantes na assembleia realizada na escola estadual em professora Beatriz Lopes, Rua Mataripe, 35, Cidade Dutra — ponto do labirinto vivo da Lei de Cotas —, no seminário do GT na Zona Sul, foi absorvida pelo GT que solicitou formalmente para o Sr. secretário de Finanças e Desenvolvimento Econômico João Sayad, o impacto fiscal dos impostos devidos do ISS pelas universidades privadas no município de São Paulo no orçamento, no que foi atendida, para o estudo do que isso poderia significar em número de bolsas de estudos.

O autor (Guerra, 2016) também não enxerga a questão racial envolvida na criação do sistema público de bolsas de estudos, que dirá no desenho das coalizões e das crenças, no que faz coro com os autores iniciais que xingavam a criação do sistema público de bolsas como o diabo xinga a cruz pregando contra parcerias público-privadas fora do contexto histórico, sem enxergar a importância da política pública de ação afirmativa para o combate da guerra real nos territórios pretos e indígenas do Brasil.

A interlocução direta dos N*MS com o MEC, na figura do Sr. ministro Tarso Genro informa a qualidade do texto de maio de 2004. Interlocução pública, como no Anhembi, no Fórum Mundial de Educação, no subsistema de educação, costurando na prática a coalizão a favor da Lei de Cotas, quando muitos ditos privatistas e estatistas por Guerra (2016) dormiam juntos de noite na mesma cama muitas vezes, dormiam juntos no raio grande das sombras do racismo brasileiro.

Mas MSU e EDUCAFRO desaparecem da história para Guerra (2016), os N*MS somem. Esse ato epistemológico perturba grande parte do fazer científico brasileiro e não é caso isolado. Revela a dimensão epistemológica da branquitude no Brasil. As consequências disso para a democracia são trágicas, nunca custa repisar. É a morte da cidadania plena pela nomeação e classificação hierárquica dos outros sociais como os "carentes" da história, sem importância, logo? Não estão nos sindicatos, não estão nas cúpulas partidárias, não fazem parte da história? Os documentos a seguir sustentam uma leitura pé no chão das políticas públicas para o direito à universidade no Brasil originadas com os N*MS, ao contrário das propagandas.

Imagem 48 – Ata da reunião de instituição do grupo de trabalho sobre a questão universitária em São Paulo, 2002 (1)

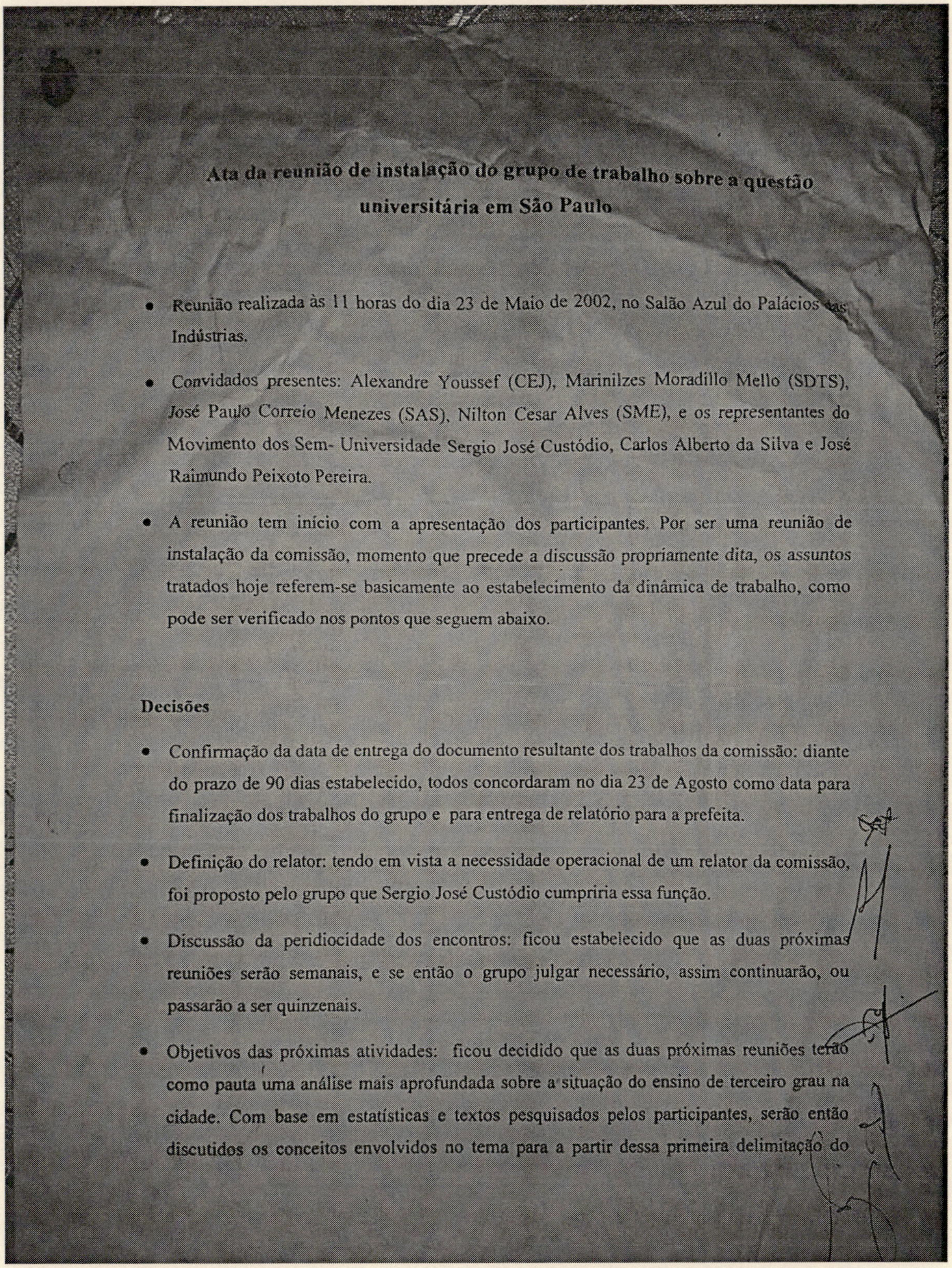

Ata da reunião de instalação do grupo de trabalho sobre a questão universitária em São Paulo

- Reunião realizada às 11 horas do dia 23 de Maio de 2002, no Salão Azul do Palácios das Indústrias.
- Convidados presentes: Alexandre Youssef (CEJ), Marinilzes Moradillo Mello (SDTS), José Paulo Correio Menezes (SAS), Nilton Cesar Alves (SME), e os representantes do Movimento dos Sem- Universidade Sergio José Custódio, Carlos Alberto da Silva e José Raimundo Peixoto Pereira.
- A reunião tem início com a apresentação dos participantes. Por ser uma reunião de instalação da comissão, momento que precede a discussão propriamente dita, os assuntos tratados hoje referem-se basicamente ao estabelecimento da dinâmica de trabalho, como pode ser verificado nos pontos que seguem abaixo.

Decisões

- Confirmação da data de entrega do documento resultante dos trabalhos da comissão: diante do prazo de 90 dias estabelecido, todos concordaram no dia 23 de Agosto como data para finalização dos trabalhos do grupo e para entrega de relatório para a prefeita.
- Definição do relator: tendo em vista a necessidade operacional de um relator da comissão, foi proposto pelo grupo que Sergio José Custódio cumpriria essa função.
- Discussão da peridiocidade dos encontros: ficou estabelecido que as duas próximas reuniões serão semanais, e se então o grupo julgar necessário, assim continuarão, ou passarão a ser quinzenais.
- Objetivos das próximas atividades: ficou decidido que as duas próximas reuniões terão como pauta uma análise mais aprofundada sobre a situação do ensino de terceiro grau na cidade. Com base em estatísticas e textos pesquisados pelos participantes, serão então discutidos os conceitos envolvidos no tema para a partir dessa primeira delimitação do

Fonte: Arquivo MSU

Imagem 49 – Ata da reunião de instituição do grupo de trabalho sobre a questão universitária em São Paulo, 2002 (2)

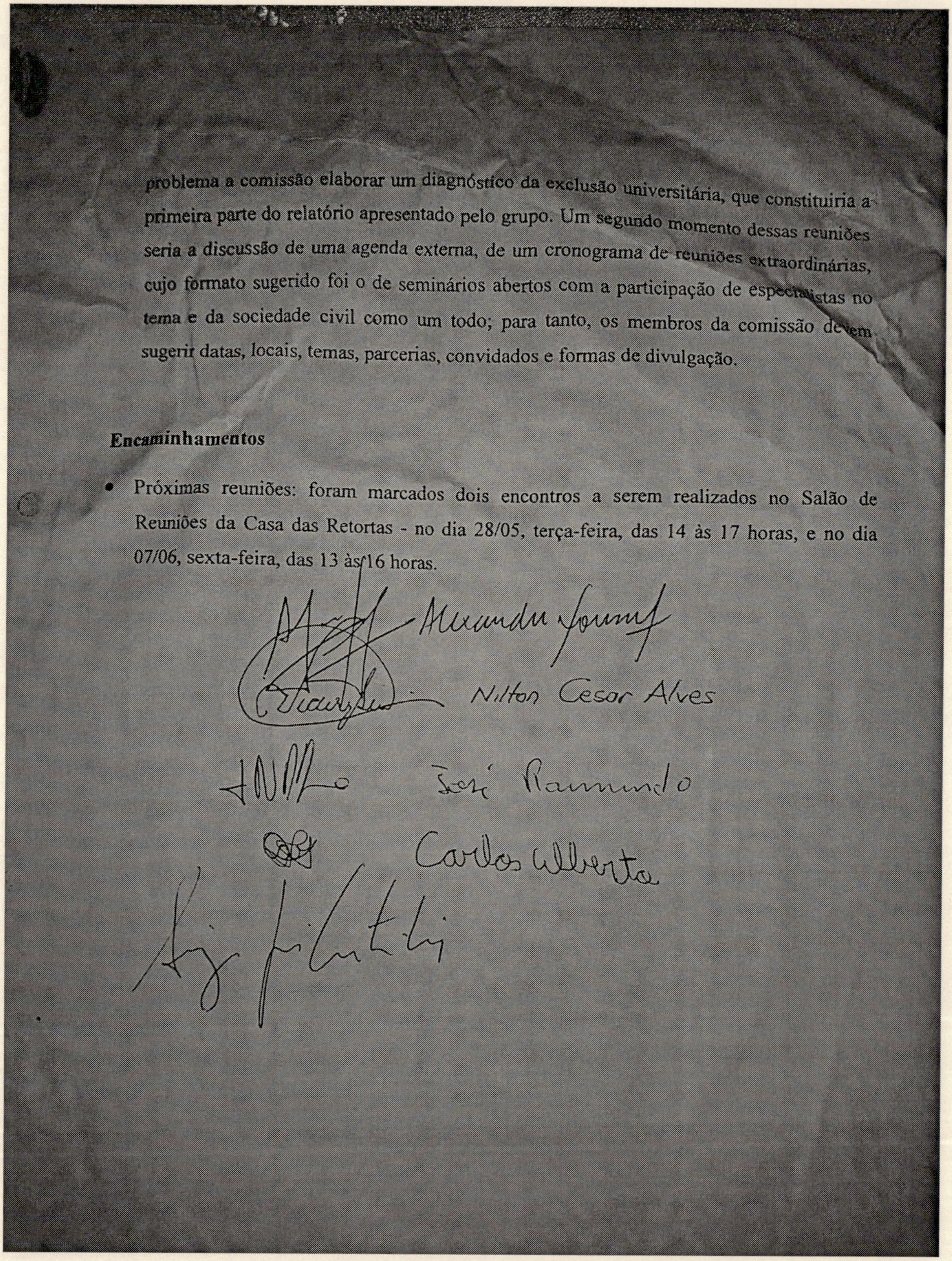

problema a comissão elaborar um diagnóstico da exclusão universitária, que constituiria a primeira parte do relatório apresentado pelo grupo. Um segundo momento dessas reuniões seria a discussão de uma agenda externa, de um cronograma de reuniões extraordinárias, cujo formato sugerido foi o de seminários abertos com a participação de especialistas no tema e da sociedade civil como um todo; para tanto, os membros da comissão devem sugerir datas, locais, temas, parcerias, convidados e formas de divulgação.

Encaminhamentos

- Próximas reuniões: foram marcados dois encontros a serem realizados no Salão de Reuniões da Casa das Retortas - no dia 28/05, terça-feira, das 14 às 17 horas, e no dia 07/06, sexta-feira, das 13 às 16 horas.

Nilton Cesar Alves

José Raimundo

Carlos Alberto

Fonte: Arquivo MSU

Imagem 50 – Ata da reunião do grupo de trabalho sobre a questão universitária em São Paulo, 2002 (1)

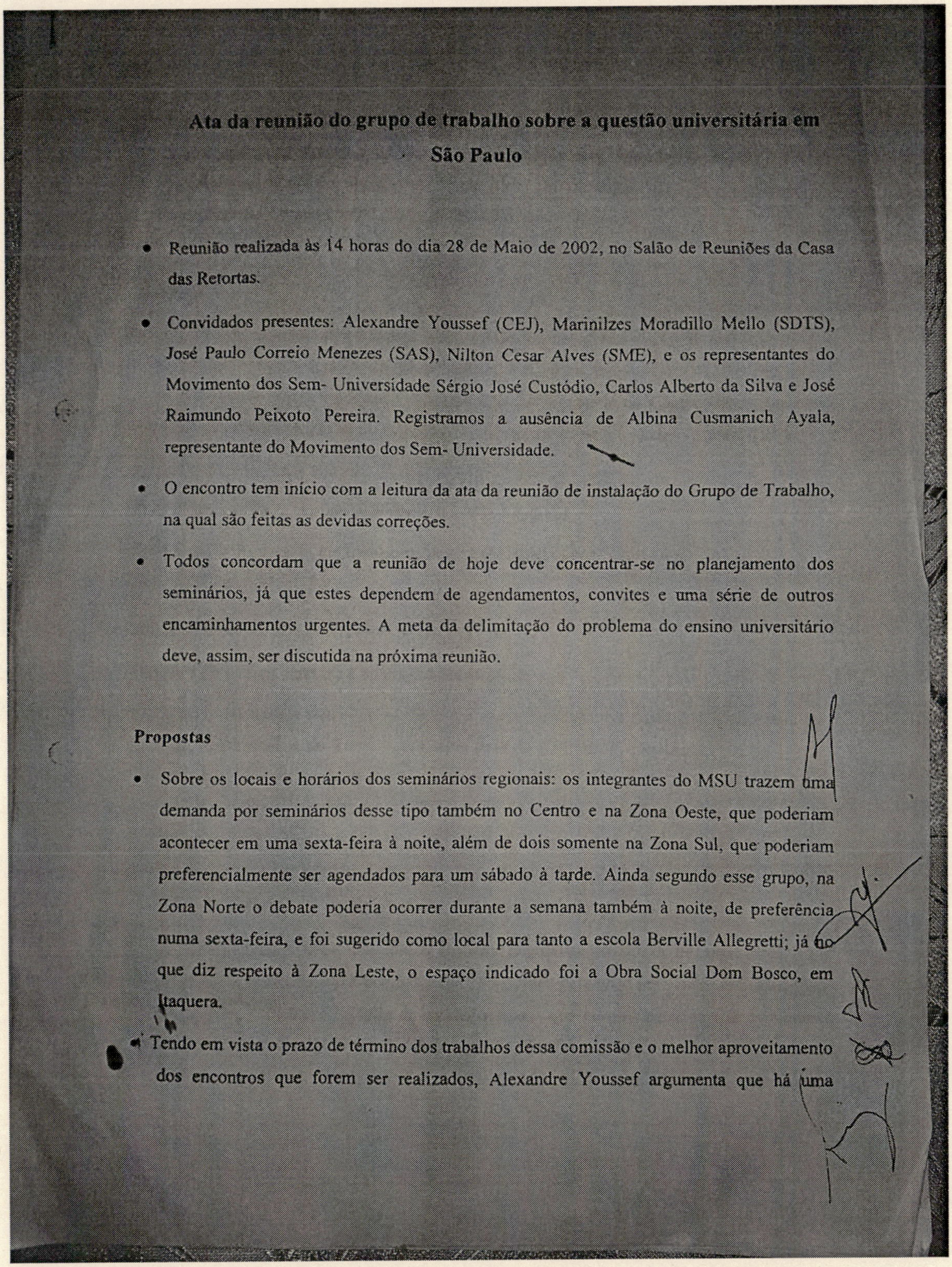

Ata da reunião do grupo de trabalho sobre a questão universitária em São Paulo

- Reunião realizada às 14 horas do dia 28 de Maio de 2002, no Salão de Reuniões da Casa das Retortas.
- Convidados presentes: Alexandre Youssef (CEJ), Marinilzes Moradillo Mello (SDTS), José Paulo Correio Menezes (SAS), Nilton Cesar Alves (SME), e os representantes do Movimento dos Sem- Universidade Sérgio José Custódio, Carlos Alberto da Silva e José Raimundo Peixoto Pereira. Registramos a ausência de Albina Cusmanich Ayala, representante do Movimento dos Sem- Universidade.
- O encontro tem início com a leitura da ata da reunião de instalação do Grupo de Trabalho, na qual são feitas as devidas correções.
- Todos concordam que a reunião de hoje deve concentrar-se no planejamento dos seminários, já que estes dependem de agendamentos, convites e uma série de outros encaminhamentos urgentes. A meta da delimitação do problema do ensino universitário deve, assim, ser discutida na próxima reunião.

Propostas

- Sobre os locais e horários dos seminários regionais: os integrantes do MSU trazem uma demanda por seminários desse tipo também no Centro e na Zona Oeste, que poderiam acontecer em uma sexta-feira à noite, além de dois somente na Zona Sul, que poderiam preferencialmente ser agendados para um sábado à tarde. Ainda segundo esse grupo, na Zona Norte o debate poderia ocorrer durante a semana também à noite, de preferência numa sexta-feira, e foi sugerido como local para tanto a escola Berville Allegretti; já no que diz respeito à Zona Leste, o espaço indicado foi a Obra Social Dom Bosco, em Itaquera.
- Tendo em vista o prazo de término dos trabalhos dessa comissão e o melhor aproveitamento dos encontros que forem ser realizados, Alexandre Youssef argumenta que há uma

Fonte: Arquivo MSU

Imagem 51 – Ata da reunião do grupo de trabalho sobre a questão universitária em São Paulo, 2002 (2)

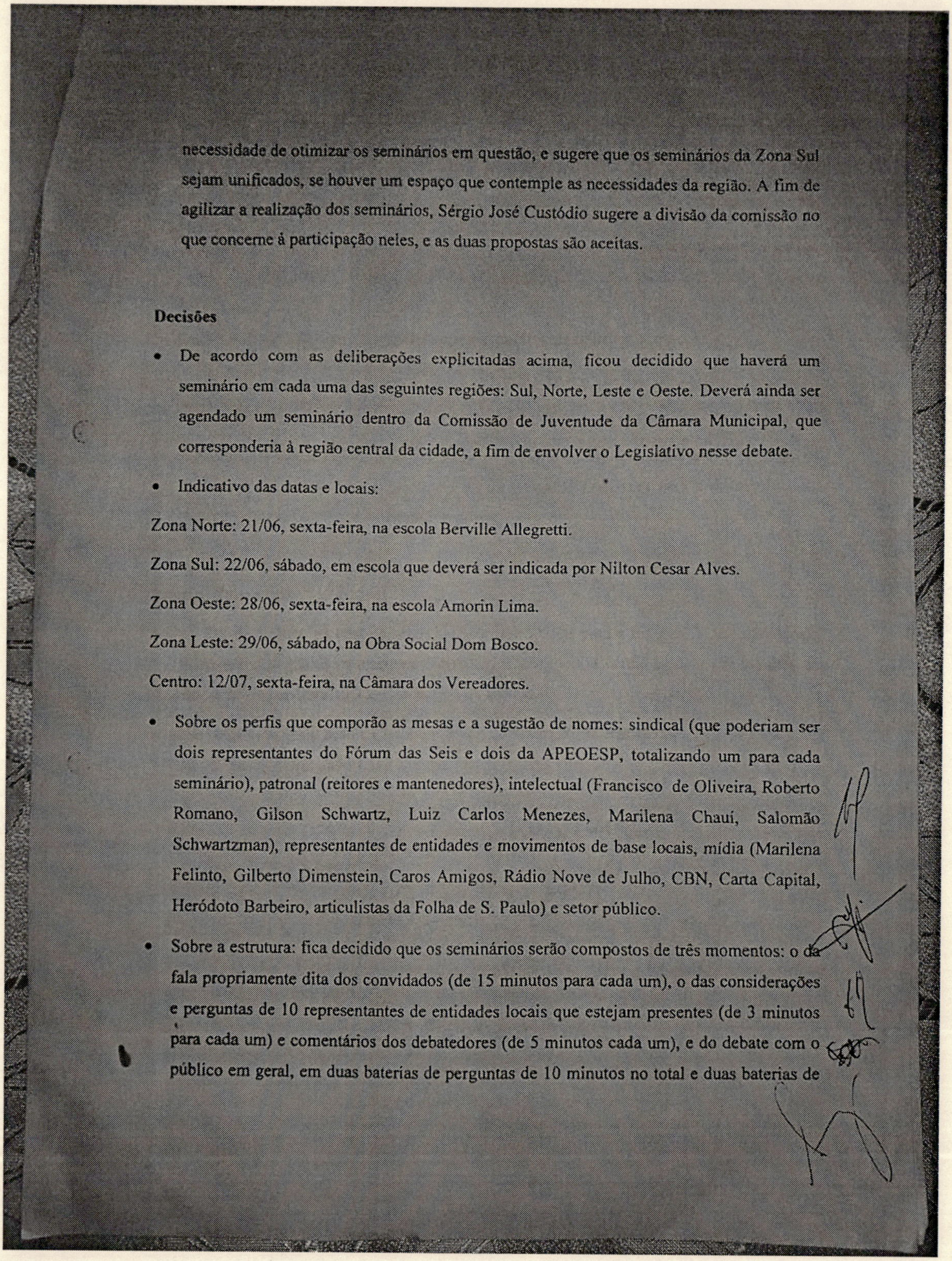

necessidade de otimizar os seminários em questão, e sugere que os seminários da Zona Sul sejam unificados, se houver um espaço que contemple as necessidades da região. A fim de agilizar a realização dos seminários, Sérgio José Custódio sugere a divisão da comissão no que concerne à participação neles, e as duas propostas são aceitas.

Decisões

- De acordo com as deliberações explicitadas acima, ficou decidido que haverá um seminário em cada uma das seguintes regiões: Sul, Norte, Leste e Oeste. Deverá ainda ser agendado um seminário dentro da Comissão de Juventude da Câmara Municipal, que corresponderia à região central da cidade, a fim de envolver o Legislativo nesse debate.
- Indicativo das datas e locais:

Zona Norte: 21/06, sexta-feira, na escola Berville Allegretti.

Zona Sul: 22/06, sábado, em escola que deverá ser indicada por Nilton Cesar Alves.

Zona Oeste: 28/06, sexta-feira, na escola Amorin Lima.

Zona Leste: 29/06, sábado, na Obra Social Dom Bosco.

Centro: 12/07, sexta-feira, na Câmara dos Vereadores.

- Sobre os perfis que comporão as mesas e a sugestão de nomes: sindical (que poderiam ser dois representantes do Fórum das Seis e dois da APEOESP, totalizando um para cada seminário), patronal (reitores e mantenedores), intelectual (Francisco de Oliveira, Roberto Romano, Gilson Schwartz, Luiz Carlos Menezes, Marilena Chauí, Salomão Schwartzman), representantes de entidades e movimentos de base locais, mídia (Marilena Felinto, Gilberto Dimenstein, Caros Amigos, Rádio Nove de Julho, CBN, Carta Capital, Heródoto Barbeiro, articulistas da Folha de S. Paulo) e setor público.
- Sobre a estrutura: fica decidido que os seminários serão compostos de três momentos: o da fala propriamente dita dos convidados (de 15 minutos para cada um), o das considerações e perguntas de 10 representantes de entidades locais que estejam presentes (de 3 minutos para cada um) e comentários dos debatedores (de 5 minutos cada um), e do debate com o público em geral, em duas baterias de perguntas de 10 minutos no total e duas baterias de

Fonte: Arquivo MSU

Imagem 52 – Ata da reunião do grupo de trabalho sobre a questão universitária em São Paulo, 2002 (3)

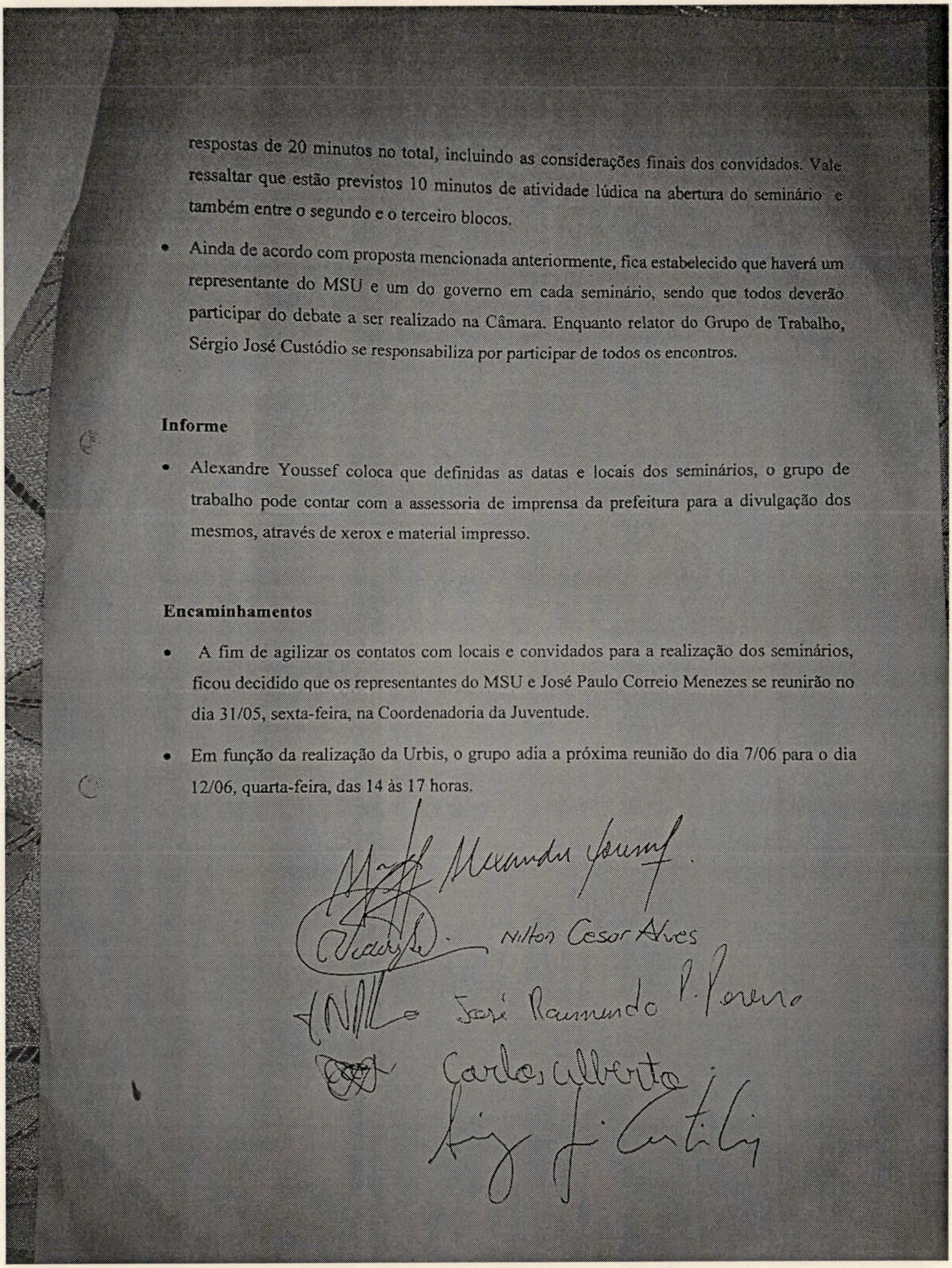

respostas de 20 minutos no total, incluindo as considerações finais dos convidados. Vale ressaltar que estão previstos 10 minutos de atividade lúdica na abertura do seminário e também entre o segundo e o terceiro blocos.

- Ainda de acordo com proposta mencionada anteriormente, fica estabelecido que haverá um representante do MSU e um do governo em cada seminário, sendo que todos deverão participar do debate a ser realizado na Câmara. Enquanto relator do Grupo de Trabalho, Sérgio José Custódio se responsabiliza por participar de todos os encontros.

Informe

- Alexandre Youssef coloca que definidas as datas e locais dos seminários, o grupo de trabalho pode contar com a assessoria de imprensa da prefeitura para a divulgação dos mesmos, através de xerox e material impresso.

Encaminhamentos

- A fim de agilizar os contatos com locais e convidados para a realização dos seminários, ficou decidido que os representantes do MSU e José Paulo Correio Menezes se reunirão no dia 31/05, sexta-feira, na Coordenadoria da Juventude.
- Em função da realização da Urbis, o grupo adia a próxima reunião do dia 7/06 para o dia 12/06, quarta-feira, das 14 às 17 horas.

Fonte: Arquivo MSU

Imagem 53 – Divulgação de atividade do grupo de trabalho sobre a questão universitária em São Paulo

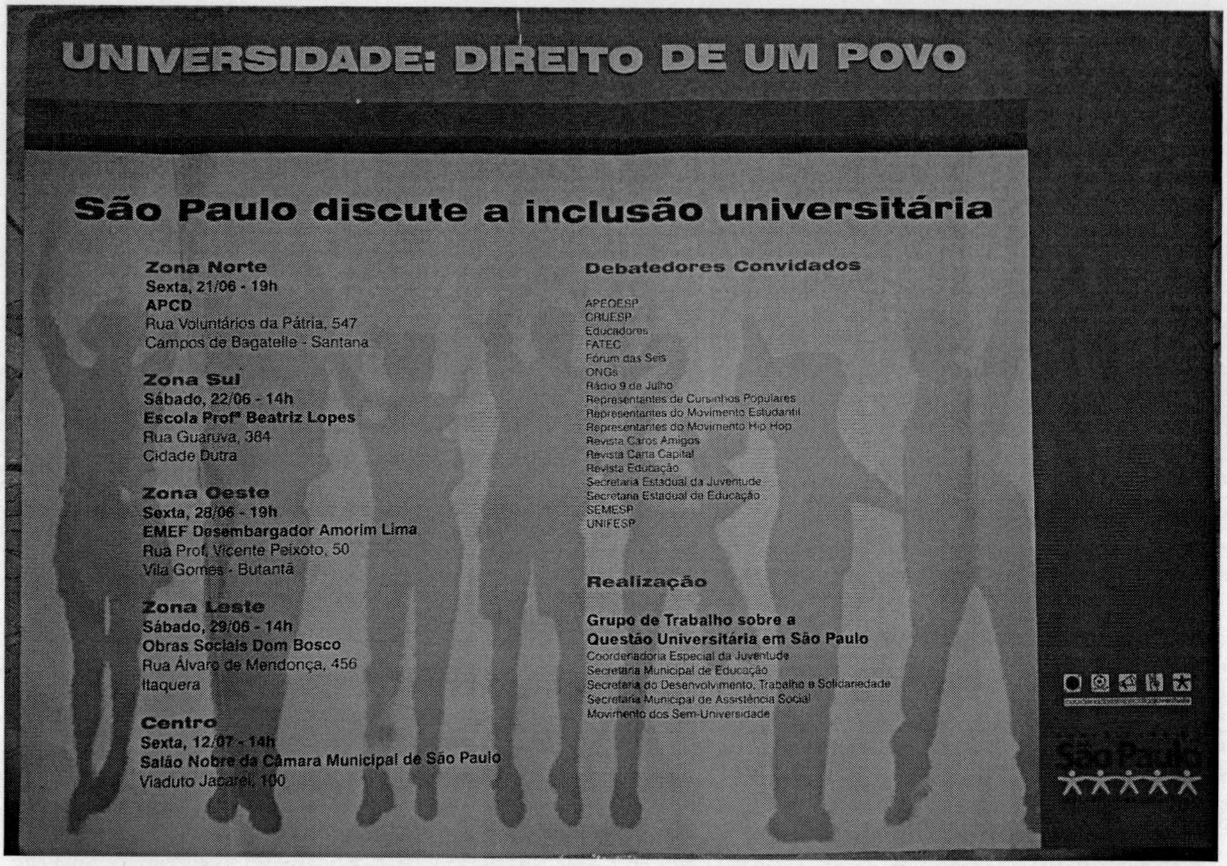

Fonte: Arquivo MSU

Altemar Aguiar Baleeiro, testemunha ocular e auricular, confirma que a proposta de trocar impostos por bolsas surgiu no seminário de Cidade Dutra, na tarde de chuva, numa plenária lotada, foi discutida e aprovada. A mesa encaminhou a proposta para o plenário, defendeu contra Stevens, defendeu a favor Ruth Mantoan, na votação a maioria acachapante da plenária foi a favor da inclusão da proposta que incluía o controle social com a participação da sociedade para não ter desvios.

> (Altemar) Nessas discussões, nessas reuniões, nessas plenárias. Na Cidade Dutra foi tocado nesse assunto, inclusive, foi muito... nossa região foi até questionada.
>
> (Entrevistador) Foi questionada, a Ruth Mantoan ela falou fortemente a favor disso, né? Tanto que ela, na verdade... porque ela tinha uma história pessoal de... a jornalista Ruth Mantoan, né? De não ter participado, de ter... de viver essa dificuldade de não ter acessado uma universidade pública, de ter que pagar altas mensalidades, né? A relatoria acabou absorvendo essa proposta porque foi uma proposta aprovada pela plenária, né?
>
> (Altemar) Foi, foi aprovada.
>
> (Entrevistador) De trocar bolsas por impostos, né?
>
> (Altemar) Exatamente, foi aprovada lá, foi discutida e aprovada.

Ratificam a confirmação de Altemar, José Raimundo Pereira, membro do Grupo de Trabalho da Portaria 135/2002, presente naquela tarde e Michael Freitas Mohallem, também presente na ocasião como representante da Secretaria de Juventude do Município de São Paulo. O SEMESP, assim como outras organizações da sociedade civil convidadas pelo GT estava presente, manifestou-se, mas houve o debate, o conflito público de ideias e principalmente, "houve a decisão soberana da plenária", enfatiza Altemar. O Grupo de Trabalho solicitou os dados dos impostos municipais das universidades privadas para a secretaria de finanças e desenvolvimento econômico, a proposta se consolidou nos dados. No segundo semestre de 2002, em plena campanha eleitoral para presidente do Brasil, no encontro de educação da campanha eleitoral do candidato Lula, o representante do grupo de trabalho teve direito de fala. De modo que no próprio 2002 o circuito subnacional-nacional se desenha em política pública em momento crucial para as políticas públicas: as eleições. As primeiras bolsas públicas no município de São Paulo surgiram no período 2003-2004 e atenderam funcionários públicos e dependentes. Assim há um movimento histórico na criação do sistema público de bolsas de estudos em instituições privadas (PROUNI), que vai da plenária da Cidade Dutra, periferia de São Paulo, o Fórum Mundial de Educação, a Comissão Especial da Câmara dos Deputados, o relator Tourinho do Senado Federal, o 13 de janeiro de 2005, dia da sanção presidencial, onde o Ministério da Educação e a Presidência da República reconheceram publicamente o protagonismo dos N*MS, o que ficou gravado em diversos registros públicos.

Explorar momentos do nascimento do sistema público de bolsas de estudos em instituições privadas (PROUNI), em nível subnacional, pela ação política dos N*MS, importa para a história da democracia brasileira. Os momentos de tensão da política pública que nunca nasce pronta importam. Em 22/06/2003, na escola Estadual Professora Beatriz Lopes, Cidade Dutra, Zona Sul, periferia de São Paulo, um sábado chuvoso, em frente às câmeras da Secretaria Municipal de Educação de São Paulo, nasceu o sistema público de bolsas de estudos em instituições privadas (PROUNI). Ali, em assembleia, mais de 300 pessoas votaram nessa proposta, onde havia a presença maciça dos sem universidade, de suas famílias. A grande defensora dessa proposta, que para ela só deveria existir com fiscalização e controle social através da participação direta da população, da sociedade civil, na gestão, foi Ruth Mantoan, uma jornalista negra, de origem popular e que muito sofreu para concluir seus estudos em instituição privada.

Em que medida movimentos eminentemente populares, de pés descalços nas periferias urbanas, ganham a cena política nacional na criação do sistema público de bolsas de estudos em instituições privadas e na Lei de Cotas?

Três argumentos caros à ciência política sustentam o protagonismo dos N*MS na mudança da política pública do acesso à universidade no Brasil: o vazio político na questão; o reconhecimento da sociedade, reconhecimento do movimento indígena, reconhecimento do movimento negro, do sistema político; e a legitimidade das vozes e da vez. É o contrário do lugar histórico de figurante da história, comum em muitas análises, lugar-comum, mesmo em estudos sobre coalizões na abolição inconclusa.

O ponto do vazio político aparece indiretamente na própria análise que Moreira (2017) faz da tramitação do sistema público de bolsas de estudo em instituições privadas (PROUNI) no Congresso Nacional.

> Enquanto isso, no plenário, as manifestações são indicativas de que o tema atraia a atenção e mobilizava os ânimos. Se a oposição à direita procurava mobilizar-se para dar visibilidade às IES privadas, a oposição à extrema-esquerda apresentava-se como porta-voz

> de movimentos sociais que se opunham ao PL. A esse propósito, assim se manifestou a Dep. Luciana Genro (PSOL-RS) na Sessão de 14 de setembro [de 2004]: "Sr. Presidente, Sras. Deputadas e Srs. Deputados, venho à tribuna para dizer que esse final de semana foi de derrota para o Governo Lula, particularmente na área de educação. No sábado, o Fórum Nacional em Defesa da Escola Pública, que reúne todas as entidades do movimento sindical e estudantil da área de educação, votou uma resolução contrária ao PROUNI, vergonhosa liberação de compra de vagas que o Governo quer determinar por medida provisória. CUT, ANDES, FASUBRA, UNE, UBES, todas as entidades reunidas no Fórum Nacional da Educação votaram contra a resolução do PROUNI. No domingo, uma plenária com mais de 1.500 estudantes de todo o Brasil reuniu-se em Brasília. Encabeçadas pelo ANDES (sic), diversas entidades do movimento estudantil expuseram o seu repúdio ao PROUNI e também à reforma universitária e um calendário de lutas para enfrentar as reformas neoliberais que o Governo Lula está promovendo (BRASIL / CÂMARA DOS DEPUTADOS, 2004j, p. 39.606)". (Moreira, 2017, p. 109-110).

Assim como outrora em sua história, os movimentos populares como os N*MS parecem ficar à margem para a autora, como outrora ocorrera com Centros Populares de Cultura de Paulo Freire, no Nordeste, o Teatro Experimental do Negro, de Abdias do Nascimento e a longa luta da educação indígena. Se pensarmos como a noção de campo educacional de Bourdieu, as posses limitadas de capitais colocam os N*MS à margem do campo.

Porém, inesperadamente, paradoxalmente, os N*MS vão coordenar a coalizão a favor do sistema público de bolsa de estudos em instituições privadas (PROUNI) e da Lei de Cotas, como expressão política legítima da sociedade brasileira, desde seus grotões, desde o Brasil profundo, por conta do trabalho educativo com os cursinhos populares nas periferias Brasil afora, porque não tinham nada a perder e se jogaram com tudo, de cabeça nessas lutas.

O vazio político é o que dá asas nacionais ao protagonismo dos N*MS. Ao citar várias entidades e o posicionamento político contra o sistema público de bolsas de estudos em instituições privadas (PROUNI), o trecho anterior informa que a tensão no subsistema de educação era evidente. Pai e mãe do sistema público de bolsas de estudos em instituições privadas (PROUNI), os N*MS protagonizaram a luta da vida contra a morte para o sucesso da coalizão a favor da Lei de Cotas, para uma política pública que se tornaria realidade com Tarso Genro no Ministério da Educação. Gildázio ilustra o sentido histórico do posicionamento político dos N*MS na questão e suas consequências.

> *Então, eu queria inclusive,.., eu não sei se você vai lembrar, nós apanhamos... a gente tava apanhando duramente de pessoas, até da esquerda, né? Nós tivemos umas discussões duras com o PCdoB, com algumas pessoas do campo da esquerda que falava que, assim, a gente tava defendendo o governo investir na iniciativa privada e não investir na educação pública, e a gente fazia a seguinte defesa, dizendo: "olha, nesse momento a gente precisa ampliar a entrada das pessoas da periferia na Universidade, nós precisamos de ampliar". O PROUNI não era um... o Programa Universidade para Todos não era um consenso nem na esquerda, tem gente na esquerda que não defendia. Ele passou a ter uma unanimidade quando ele começou a dar certo, então o MSU foi o primeiro movimento a dar pro governo o cheque em branco pra falar que o PROUNI era um programa viável e que valeria a pena apostar nele. Então, tipo assim, as primeiras porradas que o governo levou em relação ao PROUNI, e levou dos próprios aliados, quem deu as costas pra apanhar junto com o governo foi o Movimento dos Sem Universidade. A luta ... era junta, por que o que que acontece? Quando vinha aquela discussão, assim: "ah, não adianta discutir a Universidade se você não resolver o problema da educação básica, do ensino fundamental" e tal. A gente fazia a discussão assim: "olha, no Brasil, a gente precisa fazer a discussão em todos os níveis, inclusive garantir pra que...", nós tínhamos, nessa época*

> *nós tínhamos professores, principalmente em periferias de grandes centros, no interior, que não tinham sequer a graduação. Então, assim... então a gente entendia... e grande parte das pessoas que a gente lutou pra inserir na Universidade, eram pessoas que foi pra ter uma graduação pra ser professor, pra atuar como pedagogo, atuar como assistente social em município e em outros lugares. Então, assim, você não tinha uma questão... e a rede pública não era suficiente, então a luta foi conjunta. Era uma luta pra ocupar o espaço na Universidade Privada, mas, principalmente, nós nunca abrimos mão do princípio da educação pública e abrir Universidade Pública para o povo, para quem ela deveria ser, né? Para o povo, principalmente representando todas as classes sociais, as diversidades.* (Gildázio, entrevista ao autor).

O forte posicionamento dos N*MS, seu protagonismo, os catapulta para o centro da cena nacional do jogo violento das coalizões pela Lei de Cotas. Maia (2017) pisa nos cacos de vidros deixados nos textos e no imaginário brasileiro pelas propagandas de governo, partidárias, midiáticas e abençoadas pela academia muitas vezes, mata-burros castradores da democracia brasileira.

> De acordo com o trabalho de Guerra e Fernandes (2009), que investigou o processo de criação do PROUNI para propor uma política pública que fizesse uma parceria com o setor privado e em contrapartida ampliasse o acesso ao ensino superior, o governo tomou como modelo um programa de isenção parcial do imposto sobre serviços (ISS) da Prefeitura de São Paulo. (Maia, 2017, p. 139).

Porém, ainda que não avance muito, ao mesmo tempo, essa autora enxerga a presença do MSU, da EDUCAFRO, dos N*MS, porque dá atenção à demanda por universidade, por vaga no ensino superior, seja porque visita Faceira (2009) sobre o tema ou porque identifica, não como miragem, a presença institucional dos N*MS na CONAP, a Comissão Nacional de Acompanhamento e Controle Social do PROUNI, nos textos dos documentos. Fica um registro da autora significativo disso.

> Faceira (2009) abordou a participação dos movimentos sociais na luta pela democratização do ensino superior, sendo atores importantes no processo de negociação e pressão que resultou na proposta de criação do Programa Universidade Para Todos (PROUNI). Entre esses movimentos sociais que participaram da discussão sobre a implementação do programa estão: o Movimento dos Sem Universidade (MSU); os Pré-vestibulares para Negros e Carentes (PVNC) e a Educação e Cidadania de Afrodescendentes e Carentes (EDUCAFRO). (Maia, 2017, p. 137-138).

O abril de 2004, dentro do labirinto da Lei de Cotas, foi o lugar imaginário de uma medida provisória presidencial que não houve, de uma lei que não houve, mas foi também a vitória da coalizão contra a Lei de Cotas, porque quando um lado perde outro ganha, é assim no jogo de vida e morte das coalizões em disputa por políticas públicas.

Como reverter a derrota de abril de 2004?

É a hora e a vez da periferia na universidade mesmo? Em vários pontos da periferia, na Zona Sul e na Zona Leste, foram colocados um problema para o debate: se deveria ou não participar de uma audiência pública em Brasília no maio de 2004 da abolição inconclusa?

O labirinto vivo da Lei de Cotas sai de Brasília e se estende até a periferia, por amor à democracia viva no Brasil. Até a pedra grande fincada no chão na rua que cruza a estrada do M'boi Mirim, perto do ponto do terminal Jardim Ângela, casa que encobre a pedra, pedra que mora no meio da casa, várias casas-cômodos, cômodos-casas que contornam a pedra, que é também um habitante da casa sob o telhado, é pedra grande, não sai do lugar, uma das casas-cômodos da pedra é a casa de Edivaldo, coordenador do MSU, na escola municipal Mario Marques de Oliveira, na rua Marcelino Coelho, 297. Nas noites do Cursinho Popular do MSU, será tomada a decisão por Edileuza, Jefferson, Lilian, Eduardo Chaves, uns 50. Da periferia para Brasília, num átimo de segundo? Dessa vez por conta própria do MSU? Sim. Contra o mofo da cota da branquitude sustentada pelo poder do *status quo*, os ventos da liberdade sonhada pelos de baixo. MSU é pedra de atiradeira. O gesto se repetiria na Avenida das Alamandas, 36, perto da Praça dos Professores, na escola Milton Cruzeiro, em Itaquera, Arthur Alvim, no Cursinho Popular no fim de semana, Rogério, Zé Carlos, Charles Monteiro de Jesus, Débora, Claudinei, Alinne, Selma, entre outros cinquenta tomarão a decisão de mobilizar. Na Zona Norte de Belo Horizonte, com Washington, Marislene, no cursinho popular do MSU é a mesma discussão: mobilizar ou não? Na rua direita em São Paulo, nos franciscanos, a EDUCAFRO tomará em reunião coletiva semanal a decisão de mobilizar. MSU e EDUCAFRO arcarão com as consequências dessa decisão. Os N*MS arcarão com o bônus e o ônus da mobilização. Ou vai ou racha a coalizão. Sem nenhum formalismo.

O estilo político do MSU, decidido a priori e por conta do aprendizado duro, era falar com chefes, diretamente, e não com assessores.

A decisão política tomada foi de participar. Havia pouco tempo e cabia ao MSU cumprir a decisão política tomada. Jefferson saiu do Taboão da Serra, José Carlos saiu de Cidade Tiradentes, Rogério de Guaianases, Eduardo do Jardim Ângela, Maria da Cohab II de Itaquera.

Imagem 54 – Ronaldo e Cris, da Coordenação do MSU, no Cursinho Popular do MSU, em Guaianases, 2003

Fonte: Arquivo MSU

A reunião fora marcada para segunda-feira, 9 da manhã, na escadaria da Igreja da Sé de São Paulo. Quando todo mundo chegou, discutiu-se um pouco de estratégia e se rumou para a rua Silveira Jardim, sede do PT Nacional, onde o MSU tinha uma reunião marcada para as 10 horas, com Flávio Jorge, da Secretaria de Igualdade Racial da Direção Nacional do PT. Na pauta o financiamento de um ônibus para Brasília. Flávio Jorge disse que ainda não tinha conseguido, era necessário falar com o presidente e o tesoureiro do partido.

Onde? Com quem? Esperem um pouco. Voltem depois de uma hora. Vocês podem subir. Subiu-se as escadas. Foram duas pessoas. Então seu Genoíno, seu Delúbio, precisamos de ônibus, é importante. Sem a Lei, não entramos na universidade. Não temos dinheiro para o ônibus. Um olhou para o outro. Não dá, não temos como. Não dá.

Como interpretar isso? Encorajar os movimentos populares ou desencorajar? Brasília não é lugar do movimento popular? O movimento político de transformar o movimento popular, exclusivamente, em entregador de "santinho", indicava o seu lugar fixo na história?

Precisamos sair para uma reunião. Até.

Seco, brusco, violento, encontro com dois burocratas. Um que veio da vanguarda estudantil e outro da vanguarda sindical, na trágica história da minoria política no Brasil. Eram amigos ferrenhos dos movimentos negros, dos movimentos indígenas, dos movimentos populares. Suas famas refletiam nesses movimentos. Mas o poder é fogo. Eles cuspiam fogo pelos olhos. Descemos, agradecemos ao Flávio Jorge pela reunião, saímos.

Fizemos uma reunião na Praça da Sé, de novo. Decidimos ir para Brasília, mesmo assim. Jefferson ligou para Erasmo, no Jardim Capela. Havia um ônibus, desses alternativos, que fazia viagens e o motorista estava livre. Quanto? Faz por 3.500, ida e volta. Daqui duas horas ligamos. Reserva o ônibus pra não perder. Como arrumar o dinheiro? Com a experiência do movimento na luta pela isenção das taxas nos vestibulares. Fazer vaquinha, pedir doação e passar o chapéu nos gabinetes da Assembleia Legislativa de São Paulo. E o povo do MSU de Minas Gerais? Eles conseguiram um ônibus juntando os cursinhos populares. Saem de BH amanhã de noite. Fomos para a Assembleia Legislativa de busão. De gabinete em gabinete, 111, conseguimos R$ 2.000. Liga pro motorista, temos o dinheiro. Contrata a viagem. Ponto de encontro, rua General Jardim, 660, Vila Buarque, República, Centro de São Paulo. Erasmo responde: o ônibus vai encostar às 17h amanhã e só sai se estiver com todo dinheiro vivo pago.

Foi um deus-nos-acuda, mas com a vaquinha entre os cursinhos populares, conseguimos juntar R$ 4.000 no total, por volta das 16h do dia seguinte. Duzentos e cinquenta reais para o lanche na ida e R$ 250 para o lanche na volta. Quarenta sem-universidade.

O ônibus detonado, com pneus não tão bons, com um motorista que nunca havia ido a Brasília. Quando saiu da Anhanguera, em vez de ir pelo Triângulo Mineiro rumo ao Goiás, derivou para Minas Gerais. Às 3h da manhã se percebeu o engano e foi preciso fazer a volta. Mas o ônibus clandestino, que viajava à noite tranquilo, de dia foi parado pela Polícia Rodoviária Federal, que disse que não tinha condições de seguir, olha as janelas?! As janelas não fechavam direito. Os R$ 500 do lanche foram parar nas mãos do policial que solitário estava no posto de guarda oficial. Chegamos às 13h e não às 8h, como combinado com as pessoas de Minas. Encostamos na Catedral e, vestidos de beca, rumamos com violinos nas mãos em direção ao Congresso Nacional.

> *E aí, nós tivemos um fato que foi quando, nessa manifestação inclusive que eu fui com uma dificuldade tremenda, de conseguir um ônibus que levasse os manifestantes de São Paulo para Brasília. Primeiro, por conta que os manifestantes e os alunos, alguns alunos que estudavam nos cursinhos que se prontificaram a estar indo nessa manifestação, maioria desempregado, maioria mora na periferia, os pais não tinham condições de colaborar nem com a condução para eles irem para o*

> *cursinho. E aí, a gente conseguiu com muito penar um recurso para custear o ônibus, e aí tivemos problemas com o ônibus na estrada, porque o ônibus parece que não tinha as autorizações. [...] eu não sei exatamente qual tipo de autorização, para poder acessar as rodovias federais, mas fomos parados pela polícia, depois a polícia liberou o ônibus, nós conseguimos chegar em Brasília e fazer a nossa manifestação, mas, olha, com muita dificuldade que nós chegamos lá. E fomos, indo comendo mortadela com pão [...]. E essa questão é de... nunca houve em manifestações nossas qualquer tipo de... o que a gente fazia era ver o... contar os centavos que a gente tinha no bolso e compartilhava, comprava as coisas e partilhava com todo mundo, né? Então não tinha, ninguém nunca, nem do partido, ninguém disponibilizou nenhum recurso pra que a gente pudesse fazer a manifestação* (Erasmo, coordenador do MSU, entrevista ao autor, 2020).

A autonomia dos movimentos populares é mais importante do que a dependência de políticos da vida. Em política pública, o gesto primeiro, muitas vezes, é contar o número como se conta o gado, sem saber do número o que ele é. O que ele diz, o que ele pensa. Como se o número, sua soma, sua diferença, sua multiplicação, sua divisão, desse conta do sujeito da história. Ao sepultar o sujeito da história por trás do número a academia, na maioria das vezes, pode até fazer a ciência necessária, mas faz também uma ciência insuficiente, porque o número, cada um, cada uma, é também o infinito. Assim a política pública nasce com os sujeitos que sofrem na pele. Ao preferir a narrativa do marketing político e dos heróis artificiais de cima para baixo, o que a política pública faz é perturbar a ordem dos fatores na democracia e ajudar a colocar em risco a própria vida democrática, porque as novas gerações sabem do passado o que os oráculos do marketing receitaram, repetiram e repetiram. A política pública, para ser entendida, precisa então principiar por um exercício de escuta.

Erasmo de Roterdã? Não. Erasmo Francisco Ferreira dos Santos. Erasmo do Jardim Capela, do cursinho popular, da escola pública de Santo Amaro, do Brooklin que tinha a Uberaba-Uberabinha, a favela, antes da Avenida Roberto Marinho existir. Erasmo do Capão Redondo, do Jardim Ângela.

> *Enquanto negro a gente sofre os 400 anos de escravidão que esse país teve e, por conta disso, a gente não superou ainda as feridas que esta escravidão, que esse processo, trouxe para a população. Que, inclusive, a gente vive uma pseudodemocracia racial, porque não existe democracia racial, né? Aqui, as coisas, a gente pensa que o racismo não é velado, o racismo ele tá escancarado e as pessoas acham que não existe racismo no país, que o que acontece com o assassinato dos negros, dos jovens negros na periferia, que isso aí é por acaso. As famílias negras da periferia que sabem o quanto que dói a perca dos seus... dos seus... dos seus parentes, dos seus filhos. Então, a gente percebe o quanto que essa sociedade cruel que nós... que chama Brasil, está alicerçada.*
>
> *Então, o Erasmo nasceu aqui em São Paulo, filho de baianos, meu pai e a minha mãe são do interior da Bahia e se conheceram aqui em São Paulo. Eu nasci ali na região do Brooklin. Vivi todo a minha trajetória de vida, a minha infância foi no distrito do Capão Redondo. Chegamos aqui... eu nasci em 9 de junho de 73 e a minha família veio pro Capão Redondo no ano de 74. O ano que estava loteando aqui o bairro, né? Acho que por conta das fábricas que tinham ali na região da Capela do Socorro e Santo Amaro. E aí eu vivi toda a minha infância aqui no Capão Redondo, estudei em escola pública o ensino médio e o fundamental, e o ensino médio, quando estudei, não tinha... a gente não tinha ensino médio aqui na periferia de São Paulo, eu tive que ir pra... para Santo Amaro pra fazer o ensino médio, tinha até vestibulinho pra gente poder ser aprovado pro ensino médio.* (Erasmo, coordenador do MSU, entrevista ao autor, 2020).

O cursinho é popular porque está em todo lugar, pois, dizem os Racionais MC's, periferia é periferia em qualquer lugar. Uma andorinha só não faz verão. Assim, o MSU era nacional, fazia a correria para juntar os cursinhos populares e o grito pelo direito à universidade. Para cada Erasmo do estado de São Paulo precisava existir um Gildásio do estado de Minas Gerais, do fundão de Minas Gerais, para que se fizesse a canção, para que ouvidos moucos do poder talvez a ouçam. Para um Erasmo do Jardim Capela, um Gildásio do Jequitinhonha.

> *A gente estava extremamente organizado, a gente estava como referência, as pessoas queriam conversar conosco, as universidades privadas queriam conversar conosco, os cursinhos comerciais, eles começaram a olhar pra gente com um certo... um certo temor, né? Então, assim, nesse momento a gente era considerado como um ator político protagonista de um processo de mudança que já estava acontecendo, em curso. E aí, nós fomos pra Brasília fazer uma manifestação junto com os outros estados, né? Uma dessas que você menciona aí, foi o que nós levamos um ônibus, nós levamos estudantes, levamos violinos, levamos alguns instrumentos musicais e aí foi feito manifestação no Senado, na Câmara, a gente caminhou ali pela Esplanada dos Ministérios, pelo Senado, pela Câmara, fomos em vários gabinetes de senadores e deputados, fazendo essa luta junto com os companheiros de outros estados. Tivemos debates em muitos momentos que conseguimos pautar a imprensa local, né? Saiu... nosso núcleo saiu nos jornais, saiu em televisão, saiu em vários locais, assim, né? Aí, começou a ter um destaque muito importante e a conquista que nós tivemos com o PROUNI, foi uma conquista pra todo o Brasil, né? Embora que a gente percebeu que o financiamento público para as universidades privadas pra possibilitar vagas era um negócio tão bom que inclusive chamou a atenção dos investidores do mercado, tanto que, por exemplo, tem uma linha divisória aí. A gente pode perceber que a partir desse período, além de ter aqueles cartéis do ensino privado que ganhava muito dinheiro com os cursos privados, inclusive os cursos pré-vestibulares, ao criar o PROUNI e as possibilidades de acesso, a garantia do financiamento estudantil por parte do governo, como uma política pública, os negócios privados também, até internacionais, começaram a perceber que vir para o Brasil, investir nisso, na educação, então... aí veio a compra de algumas grandes redes, né? Aí, o pobre e o negro que era malvisto nas universidades privadas, públicas também, mas passaram a ser bem-vistos porque também era garantia de que o governo ia pagar, né? Assim... mas o importante é que a nossa luta, ela não foi uma luta... foi uma luta para que as pessoas pudessem se incluir, né? Pra que elas pudessem ter a oportunidade de estudar porque a gente partia do princípio de que a pessoa, estando na Universidade, tendo a oportunidade de estar na Universidade, seja ela pública ou privada, já era uma revolução na própria família e uma única pessoa dentro de uma família tendo a condição de fazer um curso superior, ela já impacta na família inteira, né? Então, nós temos 'n' exemplos, inclusive o nosso, que mostra como que é importante a gente ter pessoas das camadas populares, das mais diversas classes sociais e etnias ocupando esse lugar do conhecimento, né?* (Gildásio, coordenador do MSU, entrevista ao autor, 2020).

Brota no chão em frente à catedral de Brasília linhas de força da coalizão a favor da Lei de Cotas, seus trançados, seus ecos infinitos no tempo infinito da história do Brasil. Cada um, cada uma que estava ali naquela roda não era o número um, era também multidão, infinito, de dor e de esperança, tecelãs, tecelões de linhas de força política até a vitória.

É ver para crer:

> *Baião das Comunidades*
>
> Somos gente nova vivendo a união
>
> Somos povo semente de uma nova nação ê, ê
>
> Somos gente nova vivendo o amor
>
> Somos comunidade, povo do senhor, ê, ê
>
> Vou convidar os meus irmãos trabalhadores
>
> Operários, lavradores, biscateiros e outros mais
>
> E juntos vamos celebrar a confiança
>
> Nossa luta na esperança de ter terra, pão e paz, ê, ê

Vamos chamar os índios que ainda resistem
As tribos que ainda insistem no direito de viver
E juntos vamos reunidos na memória
Celebrar uma vitória que vai ter que acontecer, ê, ê
Somos gente nova vivendo a união
Somos povo semente de uma nova nação ê, ê
Somos gente nova vivendo o amor
Somos comunidade, povo do senhor, ê, ê
Convido os negros, irmãos no sangue e na sina
Seu gingado nos ensina a dança da redenção
De braços dados, no terreiro da irmandade
Vamos sambar de verdade enquanto chega a razão, ê, ê
Vamos chamar Oneide, Rosa, Ana e Maria
A mulher que noite e dia luta e faz nascer o amor
E reunidas no altar da liberdade
Vamos cantar de verdade, vamos pisar sobre a dor, ê, ê
Somos gente nova vivendo a união
Somos povo semente de uma nova nação ê, ê
Somos gente nova vivendo o amor
Somos comunidade, povo do senhor, ê, ê
Vou convidar a criançada e a juventude
Tocadores, me ajudem, vamos cantar por aí
O nosso canto vai encher todo o país
Velho vai dançar feliz, quem chorou vai ter que rir, ê, ê
Desempregados, pescadores, desprezados
E os marginalizados, venham todos se ajuntar
A nossa marcha pra nova sociedade
Quem nos ama de verdade pode vir, tem um lugar, ê, ê
Somos gente nova vivendo a união
Somos povo semente de uma nova nação ê, ê
Somos gente nova vivendo o amor
Somos comunidade, povo do senhor, ê, ê
Laiá laiá lalaialaiá (O MSU [...], 2010).[196]

De onde vieram aquelas becas naqueles corpos? Da luta para o Carandiru virar universidade pública, popular, da luta por mais universidade pública. A universidade era o reverso da moeda da

[196] Ver msu.org.br.

cadeia. Para a marcha ao Carandiru eram as becas...O cursinho popular, onde se encontra quem sabe cortar o tecido, um sem-universidade que trabalhava em confecções, ele conseguiu a faca elétrica que corta tecidos empilhados, as costureiras...

Uma linha de força nas falas de Gildásio e Erasmo é a não separação entre a Lei de Cotas e a criação do sistema público de bolsa de estudos em universidades privadas (PROUNI), na medida em que se luta para que essas duas portas se abram.

As falas de Erasmo e Gildásio alavancam esse sentido.

> *Mas nós tivemos várias experiências que foram prazerosas, né? Primeiro, porque o objetivo maior nosso era que as pessoas ocupassem as universidades públicas, né?* [...] *na contramão disso, a gente sabe que não teria condições de que todos fossem pra Universidade pública, mas daí, por isso que lutamos a favor do Universidade para Todos, né? A questão do PROUNI e aí essa questão do FIES e tal. A relevância, de fato, alguns... tivemos vários casos de alunos que entraram na Universidade de São Paulo, entraram na UNESP, através do cursinho. Então, o cursinho teve um papel fundamental de mudança de rumo de uma parte aqui da periferia da zona sul de São Paulo. Então, se não tivesse o cursinho nessa época, provavelmente essas pessoas não teriam entrado na Universidade.* (Erasmo, coordenador do MSU, entrevista ao autor, 2020).
>
> [...]
>
> *Porque, o que que acontece? A Lei de Cotas, ela demorou mais que o PROUNI porque uma coisa é você fazer uma discussão da importância do direito à educação, há um consenso amplo de que, quer dizer, com algumas divergências, principalmente quando você leva a discussão de classe. Porque nunca foi interesse das classes dominantes e principalmente aquelas que têm, que domina os meios de produção, nunca foi do interesse deles que as camadas populares tivessem acesso ao conhecimento, então... só que pra uma discussão politicamente correta, quem vai falar contra o direito à educação? Concorda? Agora, quando você faz uma discussão que envolve a discussão racial, e aí a gente sabe que o racismo e o racismo institucional ele está entranhado nas raízes da nossa história e muitas vezes ele não é dito, ele manifesta quando necessário, e você tem um problema institucionalizado, né? Ramificado dentro das mais diversas instituições, então, eu atribuo a dificuldade que nós tivemos ao problema do racismo que nós temos no Brasil, né? Assim... e aí você tem... nós tivemos embates, inclusive de divisões da própria concepção dos movimentos que discute a pauta racial no Brasil, né? Então tinha pessoas que posicionava de um lado, tinham outras pessoas que posicionava de outro lado, e isso dificultava essa conquista.* (Gildásio, coordenador do MSU, entrevista ao autor, 2020).

Se não havia nem cotas, nem sistema público de bolsas, o que são, então, Gildásio do Jequitinhonha e Erasmo do Jardim Capela? São semeadores de Brasil, mas são também as sementes do Brasil, como fala a canção. Então, tanto o sistema público de bolsas quanto o de cotas estavam nas sacolas de sonhos carregadas prazerosamente, de olhos atentos e com a cabeça erguida, nas periferias e em Brasília, para quem quisesse ver sob a luz da Catedral de Brasília e nas portas de vidro transparentes de entrada ao anexo III da Câmara dos Deputados. Assim, como semente, a política pública nasce da dor e é carregada, como abstração pura e como possibilidade real, como o beijo que se imagina na pessoa amada, na sacola dos sonhos daqueles que estão vivendo a dor e a alegria de lutar por acreditar na luta.

Feito fantasma *ex machina*, feito corpos mortos que ocupam corpos vivos, no entanto, narrativas oficiais engolem na história a existência de Gildásio e Erasmo, para a desgraça das políticas públicas no Brasil.

Contudo, o efeito simbólico das sementes dos Gildásios, dos Erasmos e das Edileuzas, presentes na periferia, presentes na luta em Brasília, materializam-se nas becas, na ânsia de vestir as becas de verdade, e na denúncia que as becas expressam. As becas também são como vestimenta de guerra de uma periferia profunda em guerra que chega a Brasília não para esmolar, não como vítima, mas para exigir, para reivindicar o direito à universidade. As becas, assim, não são mero enfeite para criar efeitos de marketing. As becas feitas pelas costureiras nas periferias, como arma de denúncia, as becas que chegam a Brasília e invadem o Congresso Nacional aos olhos de quem quer ver, são as mesmas becas que marcharam da Igreja da Nossa Senhora dos Homens Pretos até o Carandiru dois anos antes, para reivindicar a transformação do Carandiru em Universidade Pública (Silva Filho, 2003), quando dos dez anos do massacre do Carandiru.

As becas também traduzem o que coalizão, por necessidade, quer dizer. O que de coalizão há na feitura da beca? Quantas mãos? Quantos fios? Quanto infinito? Houve uma reunião em que a beca foi eleita como símbolo de exclusão da universidade e símbolo de luta do MSU. Não se tratava das becas da vaidade, mas das becas do direito negado. Na mesma favela do Sabotage, havia um sem universidade que estudava nos fins de semana no cursinho popular em Cidade Dutra. O Alan sonhava em ser advogado e trabalhava com máquinas de corte de tecidos em confecções. Para a beca existir, além da ideia da beca, precisava do tecido, do molde, do corte, da costura, do chapéu para a cabeça, o capelo. O dinheiro para comprar o tecido preto veio da sede da APEOESP, na Praça da República, centro de São Paulo, depois do apoio da Regional da Zona Norte da APEOESP, que decidiu fazer parte da campanha para que o Carandiru virasse universidade pública. O dinheiro comprou o tecido na Rua 25 de Março. O molde do corpo das becas foi confeccionado no Jardim Petrópolis, em São José dos Campos, bem como o capelo, feito de papelão envelopado com parte do tecido preto comprado. No Centro Social Comunitário Jardim Primavera, Zona Sul de São Paulo, costureiras costurariam o corpo das becas e as rendas, gratuitamente, sonhavam com suas filhas e filhos na universidade. A montanha de tecido para 111 becas foi cortada pela máquina que o Alan da Zona Sul pegou emprestada da confecção em que trabalhava e cortou numa noite de sábado. Assim, as becas ganharam vida, existência e o desfile dos corpos negros, periféricos, com as becas, buscaram pedir passagem, quebrar os muros e os vetos na marcha ao Carandiru em 2002, na Câmara Municipal de São Paulo, em 2002, na Prefeitura Municipal de São Paulo, em 2003, no Ministério Público do estado de São Paulo, nas portas da USP, na FUVEST, em 2003[197]:

> *Nós começamos lá o ato ali na escadaria da Catedral da Sé, né? Ali foi onde iniciou. Então, eu me lembro bem que nós tínhamos um caixão que foi doado pelo Gegê, que é da Central de Movimentos Populares, e nós tínhamos um cheque no valor da taxa do vestibular da USP grudado na tampa. Então... e algumas pessoas passavam e ficavam perguntando o porquê daquele caixão ali, nós dizíamos que a FUVEST, através de seu vestibular, ela não avaliava o conhecimento e tinha deixado mais de 100 mil pessoas de fora da segunda fase, né? Da FUVEST... foi porque a USP tinha publicado, a FUVEST tinha publicado a lista dos aprovados para a segunda fase, então, eu não lembro do número certo, mas mais de 100 mil não foram pra segunda fase. Então, aí nós fizemos esse protesto, né? De beca também, estávamos de beca também. Inclusive tinha uma pessoa vestida de padre, né? Com uma estola, uma bíblia na mão, né? Então foi: "senhor, quem morreu, seu padre?"; "foi um Sem Universidade", né? O Nei, educador popular de Biologia do MSU, ficou no caixão enquanto durou o velório na Sé, depois ele foi substituído por um boneco de pano escrito na cabeça Sem Universidade... O Nei era pesado para carregar até a FUVEST... Saímos da Catedral da Sé, fomos até o Ministério Público entrar com uma representação contra*

[197] Ver https://www.youtube.com/watch?v=4CuHmErti_I.

> *a FUVEST, né? Pelo racismo, por ter um vestibular que era excludente, sem respeito ao direito à universidade. Ministério Público... O Ministério Público é bem próximo ali da Catedral da Sé, né? Então, entramos com a representação contra a FUVEST no Ministério Público, paramos o caixão lá em frente... na Brigadeiro... e depois fomos até a Secretaria Estadual de Educação, que fica na Praça da República, fizemos um ato lá, inclusive, na época, um dos policiais militares agrediu um coordenador geral do movimento, empurrou escadaria abaixo depois... e tinha um amigo nosso fazendo o registro com a câmera, ele tentou deletar a filmagem, né? Então, a nossa... eu lembro que na época a nossa sorte é que quando iniciou a fala em frente à Secretaria de Educação, muitos, é... a população que estava ali na feira de artesanato, estava prestando atenção, então elas foram todos ao nosso favor, porque quando a Polícia Militar chega, ela queria nos levar todos nós algemados para a delegacia, né? Então, o povo ali foi muito importante porque eu lembro que uma senhora falou assim: "olha, eles têm o direito de protestar. Ditadura já acabou e eles não fizeram nada pra ninguém", né? Então, essa fala eu me lembro muito bem, e aí devolveram a câmera que haviam tomado de um colega nosso, que era o Luís que tava fazendo o registro, né? E nós continuamos com o ato com caixão de beca até chegar na Cidade Universitária lá, onde tem o prédio da FUVEST. Subimos a pé a Consolação inteira com o caixão, o sem universidade morto. Depois Rebouças, né? E nós fomos descendo até chegar na FUVEST. Foi uma caminhada longa, né? No dia estava muito sol, mas fomos. Ninguém desistiu da caminhada, fomos até o prédio da FUVEST. Porque, um pouquinho antes de chegar na FUVEST, eu lembro que algum colega falou: "olha, o portão é automático, então, se o pessoal perceber que nós vamos entrar com o caixão, eles vão fechar o portão antes". Então, um colega nosso que estava com a estola vestido de padre ele foi na frente, ele é um pouquinho gordinho, né? Então, quando o segurança achou que nós não íamos entrar, nós entramos meio que correndo. Então nós chegamos até um certo trecho e empurramos o caixão pra dentro do prédio da FUVEST, né? Isso bloqueou a entrada e podemos fazer a última reza para o sem universidade morto dentro do caixão dentro da FUVEST... Depois da extrema-unção do padre... saímos para fora e o caixão ficou lá dentro da FUVEST. Então, é... e eu me lembro que na época parece que eles ficaram duas horas sem chegar próximo porque achavam que tinha uma bomba dentro, né? E, na verdade, o caixão só tinha o sem universidade de pano morto lá dentro né, mas era um símbolo de milhões de excluídos da universidade no Brasil né?... e o cheque do valor da inscrição no vestibular, né? Era o MSU denunciando o latifúndio, né?* (Charles Monteiro de Jesus, entrevista ao autor, 2019).

A lógica do veto em política pública é muito séria no Brasil. Para interesses difusos, como é o caso dos sem universidade no Brasil, o Ministério Público parecia a porta ideal que a Constituição Federal de 1988 indicava. Mas, se em muitos casos isso tenha sido provável, no caso do estado de São Paulo, o Ministério Público de São Paulo agiu na prática como um *veto player* ao direito à universidade. Em que pese o grande escândalo público da exclusão racial, de renda, de CEP da USP, o Ministério Público na prática não agiu ou agiu como se tudo estivesse bem, uma vez que, frente à representação do MSU de 2003 que expunha o racismo acerbo da Universidade de São Paulo, nem os responsáveis pela USP, nem o Governo do Estado de São Paulo foram provocados pelo Ministério Público. Duro aprendizado para os N*MS.

Protesto por isenções das taxas dos vestibulares públicos ocorreu na Assembleia Legislativa de São Paulo, em 2003 (capa do jornal *Folha de S. Paulo*, de 2 out. 2003), e em Brasília, em 2004, no Congresso Nacional. Do ponto de vista da periferia, dos sem universidade, Brasília é a guerra, é a continuidade da política como guerra, é a hora do troco.

Assim, o que o cruel mundo junta não tem como separar. Ao entregar o diploma do ensino médio, em que está escrito que se está apto a cursar o nível superior, o Brasil se especializou, até então, em enrolar a sua gente. Em particular o povo negro, o povo indígena, o povo da escola pública, o povo da periferia.

O fantasma perene na história do Brasil desde 1824 busca sumir com Gildásio, Erasmo, Edileuza, escalados para ficarem no seu devido lugar, calados na história. O movimento das becas até Brasília é o movimento do sinal fechado na história, é o movimento da busca por outros caminhos, é o movimento para ultrapassar, tomando o estado de São Paulo como exemplo do subnacional, cinco vetos políticos institucionais: o veto das universidades públicas, o veto das universidades privadas, o veto do governo do estado de São Paulo, o veto da Assembleia Legislativa, o veto do Ministério Público, o veto do Conselho Estadual de Educação. Ora, o grande veto para o movimento das becas veio das universidades públicas, dentro do subsistema. Veto dos governos estaduais, como o governo do estado de São Paulo. Uma imagem forte relativa ao estado de São Paulo é suficiente para traduzir o que veto quer dizer aos nossos olhos. O governador Geraldo Alckmin não dialoga com os que estão de beca; entra no carro e o carro pisa por cima das becas. O Carandiru não vira universidade pública. Viraria mais tarde uma FATEC e um parque, prova da força da dualidade em educação presente no subsistema de educação brasileiro desde sua origem.

Mas é preciso esmiuçar a lógica do veto do governador em si. O que o veto do governador do estado de São Paulo, que defendia cursinho para os pobres, quer dizer? Ele traduz o veto do universo público das universidades públicas e suas burocracias, somado com o veto das universidades privadas e seu horizonte de mercado. Antes de tudo, Gildásio e Erasmo não são vistos, são perigosos para a história, porque são números, no caso o número dois, que é duas mensalidades na conta do lucro privado com educação superior no Brasil, ou duas vagas na universidade pública, o que incomoda o *status quo* sobremaneira. Se colocar na conta todo mundo que está na roda viva sob a luz do sol da Catedral de Brasília, a conta do veto cresce e o veto ganha sentido histórico. Assim, o veto da teoria de política pública, o veto do institucionalismo histórico, o **veto político desconstrói a nação**.

Assim, ir a Brasília é loucura pura, é um ato de fé. Por isso que quando os de cima vetam, os de baixo não ficam esperando a morte chegar. Nesse sentido, o veto inspira a própria luta. Ir até o Congresso Nacional é acreditar no Brasil e bater à porta da esperança, da casa do povo.

Mas, então, cadê as credenciais? O crachá? Parece que se fica entre a *Balada do Louco*, dos Mutantes, e o *Rock do Segurança*, do Gilberto Gil? Como esses N*MS vão circular, entrar no Congresso Nacional?

As credenciais principais dos N*MS vêm das vitórias locais e regionais, fora e dentro do subsistema de educação, que os vetos escondem: 65 mil isenções na FUVEST e em muitos estados, a aprovação da universidade municipal na Câmara Municipal de São Paulo, o nascimento do sistema público de bolsas em São Paulo. Dessas vitórias eles mesmos comemoram prazerosamente e prazerosamente isso anima a luta pelo direito à universidade no Brasil. Ao passo que as placas, as propagandas oficiais, as propagandas partidárias nesse universo de engenheiros de obras prontas, os heróis que apareceram para o Brasil como heróis artificiais de laboratório, no geral dos laboratórios da branquitude e seus zilhões de tubos de ensaio, colocaram os N*MS na lata do lixo da história, desde o local, ao regional, que dirá no nacional. Também gostavam de os ver mudos na ampla categoria da anomia nacional: os carentes, categoria criada pelos próprios heróis para que como figurantes batam palminhas para os seus milagres.

O modelo de política pública visto no capítulo da teoria desta obra fala em uma política pública vista pelo modelo *garbage can* ou da lata de lixo, onde estão rascunhos e papéis jogados no lixo. Isso, no entanto, é teoria insuficiente para o Brasil. A Lei de Cotas e o sistema público de bolsas de estudos em instituições privadas (PROUNI) foram paridos, criados, inventados pelos N*MS, pelos que estão no lixo da história, mas que não são papel velho, rascunhos amarrotados, planilhas descartadas, são os seres humanos do lixo que fazem as políticas públicas no Brasil. O país e suas elites políticas insistem em mantê-los lá, para a desgraça das políticas públicas, da democracia, da pátria.

Pela aparência, pela cara, pelos trajes, os N*MS toda santa vez se deparariam com o problema de passar a porta. Naquele dia de maio de 2004, não deu outra. Os seguranças da Câmara dos Deputados estranharam aquela gente esquisita e não os deixaram entrar. Não é a casa do povo? Muita amolação. É a guerra como política. A política como guerra. Os escrachados vão passar? O que fazer? Banir o preconceito, dar razão à razão, em nome do direito, como no samba *Casaca, Casaca*, de Nelson Sargento, os 11 da periferia querem jogar como titulares no time do conhecimento brasileiro, nas principais esquadras, nas principais universidades, nas principais divisões, com muito Brasil no coração. Então, é o jogo da coalizão que veste a camisa e sua pela camisa sem saber o resultado do jogo, mas que joga para ganhar, são os N*MS que saem da várzea para o grande estádio do Congresso Nacional, inocentes, honestos, pés no chão, com gols marcados na história, com jogos ganhos nos campeonatos da cidade, da região.

E a porta da Câmara dos Deputados não se abriu. Um segurança chamou outro, que chamou outro. Formou-se um batalhão de seguranças. Só com autorização. Desaforo. A reunião é pública, os proclamas são públicos, por gentileza, pode-se entrar? Não. Só com autorização. Inicia-se uma assembleia do lado de fora da Câmara. O que fazer? Barulho, gritar. Decidiu-se dar um passo para trás, para dar dois para frente. Uma mudança brusca de roteiro: sairiam da Câmara e iriam ao Senado para pressionar pela aprovação de uma Lei Nacional de Isenção das Taxas dos Vestibulares. Sairiam do anexo 3, iriam ao Senado e depois direto falar pessoalmente com o ministro da Educação, um movimento em U em torno da Esplanada. Quase na hora da saída veio o presidente da Câmara dizendo que ia autorizar a entrada. Depois veio o presidente da Comissão de Educação dizendo o mesmo. O tempo tinha passado. Decidiu-se fazer o outro roteiro. Ali na exclusão da entrada traduzia-se a própria exclusão da universidade. Já estava feito o protesto e a participação na Câmara, ainda que do lado de fora. Cantou-se "Universidade, queremos estudar! Cadê nosso lugar?". Por fim, violinos afinados, becas, vozes em coro, foi cantado muuuito alto o hino nacional brasileiro: não estavam para desaforo. Irados foram a pé para a portaria do Senado Federal, aquela que vem direto do lago. Lá também não os deixaram entrar. Foi formada uma comissão e meia dúzia entraram direto para a sala da liderança do governo no Senado Federal. Houve a reunião de uma hora com o chefe de gabinete. O líder do governo despistou de fininho. Houve o compromisso político de colocar em votação a Lei de Isenções na voz da chefia de gabinete. Ver para crer?

Em 2003, a Lei de Isenções tinha avançado um tiquinho depois de uma pressão violenta dos N*MS para cima do relator numa das comissões do Senado. Mas, em 2004, não tinha saído do lugar que parou em 2003. Assim como no estado de São Paulo, não adiantava mais esperar a lei. Era preciso quebrar a ética racista do atestado de pobreza direto com o Sr. ministro da Educação. Dessa feita, era preciso que todo mundo estivesse junto. Não haveria mais comissão. Que arrumassem um auditório. Saíram a pé do Senado para o Ministério da Educação. Barrados de novo na portaria. Sem autorização não vão subir. Viemos falar com o ministro. Vocês não estão na agenda. Não vai receber.

A noção de agenda, em políticas públicas, muitas vezes é uma miragem. Por exemplo, alguns atores fazem a agenda do ministro a hora que querem, como donos de grandes universidades, que impõem agenda, praticamente, sem hora marcada, pelo relâmpago e o trovão de sua posição de mercado. Não raro, o avião de ministros vai até São Paulo beijar-lhes a mão. Como o sol já estava se pondo, como ninguém tinha almoçado nem lanchado, restava ainda algum bocado de ira santa, de energia. Alguém da coordenação do MSU de Minas Gerais disse: liga para o ministro Gushiken, daí eles recebem a gente. Dito e feito. Saiu faísca de um lado a outro da esplanada. O ministro Gushiken garantiu que eles seriam recebidos. Os seguranças autorizaram e foram para um auditório do MEC falar com o Sr. Ministro Tarso Genro. Todo mundo junto. Uma alta burocracia ilustrada branca e corada os recebia a contragosto, era o bloco do partido real da burocracia e do partido real da linhagem aninhados no MEC. O MEC era contraditório, parecia que tinha dois times diferentes ali.

O ministro Tarso Genro, por seu turno, parecia muito à vontade, muito animado, muito entusiasmado, a Rede Globo cobriu o encontro. Uma diferença abismal se evidenciava entre os extratos burocráticos de estirpe e o ministro no tocante ao comportamento político. Aqueles pareciam viver de guindastes ex machina que sempre os elevavam para um alto inatingível pelos mortais, o ministro parecia depender do chão da sociedade para existir de fato como ministro. Para a vaidade de alguns burocratas brancos do oitavo e nono andares e suas cortes de bajulação, a humildade paradoxal do próprio ministro, um crente à moda antiga na noção de concertação social em política, onde todos se sentam em igualdade na mesa de discussão.

Os relatos anteriormente são os testemunhos colhidos de Erasmo e Gildásio sobre aquele dia. Como fontes primárias vivas, núcleos de *storytelling*, que compõem a coalizão a favos da Lei de Cotas. Segundo Gervásio Silva, que se acorrentou em correntes de ferro, do lado de dentro do Congresso na audiência pública, as correntes do protesto da EDUCAFRO naquele dia intenso, também sairiam no Jornal Nacional naquela noite, foi uma parte dos N*MS que haviam conseguido chegar mais cedo ali. O Brasil assistiu aos N*MS no Jornal Nacional que naquele tempo tinha quase 80% de audiência e era retumbantemente contra a Lei de Cotas com papel de liderança na coalizão contra a Lei de Cotas. Pressionando em vivas cores, num bonde de uma periferia profunda ativa na história, tanto o Congresso Nacional, como o Ministério da Educação, diretamente, sem intermediários, expondo sua dor para a nação inteira ver, o bonde dos N*MS em Brasília.

O primeiro ponto: as isenções. O ministro se comprometeu a criar uma comissão com a participação dos N*MS para fazer uma portaria que garantisse a superação da ética do atestado de pobreza. O ministro se comprometeu novamente com a criação da Lei de Cotas e com a criação do Sistema Público de Bolsas, como havia feito em São Paulo no Anhembi, no Fórum Mundial de Educação (2004), perante mais de 1000 pessoas, na grande largada pública de fato de sua gestão no MEC.

*As isenções das taxas: consenso no subsistema de educação como desafio à inovação em política pública e a vitória dos N*MS contra a vergonha de um atestado de pobreza aos agentes do futuro do Brasil*

O ministro Tarso Genro manteve a palavra. Foi criada uma comissão, um GT, que analisaria as propostas de isenção das taxas e subsidiaria uma portaria ministerial. Era composta pelo reitor da Universidade Federal da Bahia, Naomar Monteiro de Almeida Filho; pelo reitor da Universidade Federal de Santa Catarina, Lúcio José Botelho; a reitora da UFMG e presidenta da Andifes, Ana Lúcia Almeida Gazzola; Frei David, representando a EDUCAFRO; Sérgio José Custódio, representando o MSU; a assessora especial do gabinete do ministro da Educação, Maria Eunice de Andrade, representando o MEC.

Imagem 55 – Flores do MSU para a professora Eunice, do Grupo da Reforma Universitária, na Rua Tabatinguera. Em destaque, ao centro, Charles, da coordenação do MSU

Fonte: Arquivo MSU

Como colaboradores do MEC, foram realizadas duas reuniões no gabinete do ministro, uma que pontuou os problemas, outra que apresentou soluções. Os N*MS reivindicaram dois pontos: a superação da ética da pobreza, da ética da fila da pobreza, uma vergonha doentia brasileira que por si só faz adoecer pela vergonha jovens no pleno momento de suas potencialidades humanas, garantindo a universalização do direito a prestar o vestibular gratuitamente para quem tivesse interessado na escola pública, o fardo era da Nação, não do indivíduo estigmatizado, adoentado pela estrutura social da desigualdade, o lucro também era da Nação e o ENEM como critério comum de acesso para deslocar privilégios em corridas inter-regionais feitas por grupos de privilégio que abocanham vagas a partir do dinheiro da taxa e dos deslocamentos de um estado para outro.

As discussões do grupo da isenção, fruto de longa luta dos N*MS de norte a sul do Brasil, em muitos cantos, uma luta simples e dura, dos pedágios na avenida paulista para juntar dinheiro para fazer a inscrição no vestibular, veja bem só para fazer a inscrição, das vaquinhas para inscrição em 1995 no cursinho popular do DCE UNICAMP, no cursinho popular da EDUCAFRO na Maré, do cursinho popular Steve Biko em Salvador, nos cursinhos populares no estado de Minas Gerais, Paraná, Tocantins, enfim Brasil afora contra o desaforo da taxa.

Em suas duas reuniões formais no Ministério de Educação, no primeiro semestre de 2004, no gabinete do ministro no oitavo andar, a coalizão a favor da Lei de Cotas se fortaleceu, conheceu-se melhor. O momento da chegada para a reunião foi carregado de expectativa. Para os N*MS, era muita responsabilidade e tinham que dar conta do recado. Uma mesa redonda, as pessoas próximas umas das outras, um tom baixo e de diálogo aberto e sereno, posições não uniformes na comissão, no entanto. A representante do MEC abre a reunião e afirma que o Sr. ministro espera um consenso mínimo para que se estabeleça uma medida efetiva sobre a questão. Cioso e otimista, o reitor da UFSC, professor Lúcio José Botelho, faz uma apresentação da experiência da UFSC, com o auxílio de um computador apresenta dados e análise de dados sobre o vestibular próprio daquela universidade, entrega um CD com a análise para cada participante. O ponto que ele destacou foi que as isenções representavam um percentual relativamente baixo em relação ao todo das inscrições no caso da UFSC que tinha aderido à prática, modelo que poderia valer para todas as universidades federais, sem alterar o cálculo financeiro do vestibular, onde a inscrição garantia o direito de duas provas, para os aprovados na primeira fase, e os custos correspondentes a realização de duas provas.

A representante da ANDIFES diz que é impossível imaginar imediatamente uma situação de equivalência para um padrão em todas as instituições, dado que cada instituição tinha autonomia para fazer de seu jeito e não cabia ao MEC impor as isenções. Via com bons olhos a experiência da UFSC, mas achava difícil fazer uma regra geral para o sistema.

Os N*MS bateram o pé que se optasse por uma única prova como critério de acesso; o ENEM era a prova mais próxima da realidade das escolas públicas que representavam 88% das matrículas no sistema e que se superasse a ética do atestado da pobreza, que estimulava o racismo alimentando estigmas numa sociedade extremamente desigual. Se fosse uma prova só, para todas as universidades, baixaria em muito os custos de cada instituição e os custos somados das instituições juntas.

O reitor da UFBA, atento ao clamor dos N*MS, buscou sensibilizar seus pares. Contou uma história que vivera há poucos dias na UFBA. No horário do almoço, percebeu que um conjunto de estudantes se juntava, abria as marmitas e comia. A UFBA não tinha bandejão, pois não via necessidade disso antes, pelo perfil de seus estudantes. Aquela cena da marmita o marcara profundamente, eram os primeiros cotistas da UFBA. Acreditava seriamente que a universidade deveria mudar. Via como dificuldade principal para a mudança a forte inércia institucional. Ele exemplificava. Como médico na UFBA, um curso criado em 1808, percebia a forte resistência da faculdade de Medicina à mudança. Isso valia para cursos como engenharia e direito, em certo modo. Isso num estado de maioria negra. Logo, para ele, o padrão histórico da formação da universidade brasileira, baseado na junção de faculdades isoladas anteriormente existentes, dificultava em muito as mudanças por conta desse jogo interno de poder em cada instituição, pois não era difícil de ocorrer em outros lugares o padrão da UFBA. Compreendia que a ideia de uma única prova nacional fazia sentido em termos de custos e de democratização, achava que o ENEM tinha de fato credenciais para tanto, mas precisava ser melhor pensada essa proposta.

Os N*MS cobraram que a UFBA implementasse já a proposta da Lei de Cotas na íntegra e congratularam o reitor da UFBA pela visão da necessidade de mudança.

A ANDIFES bateu o pé na autonomia e que não iria se posicionar a favor de regra única de isenções. Os N*MS rebateram que a regra atual era perversa e alimentava privilégios e a mudança era necessária. Colocaram sobre a mesa da reunião a situação escandalosa dos voos fretados de um canto a outro do Brasil na época dos vestibulares, organizados por cursinhos comerciais e elites para abocanhar as principais cursos e carreiras nas federais, isso não podia continuar.

Uma maioria formada pela adesão da UFSC, da UFBA à proposta dos N*MS encaminhou o debate para a reunião final. A ANDIFES não compareceu no segundo encontro, mas a maioria selou a proposta em torno do ENEM como critério de acesso e contra o vergonhoso ritual burocrático do atestado de pobreza. Isso redundaria na proposta de universalização da isenção do ENEM para quem fizesse uma simples autodeclaração nos correios, sem a humilhação do atestado de pobreza para essa questão. Outro ponto não consensual foi a proposta de substituição do vestibular tradicional pelo ENEM, o que daria coerência lógica maior para a aplicação da política de cotas, tanto no universo privado, como no universo público. A ANDIFES reagira violentamente contra a proposta. De novo, isso ficou registrado no olhar e nos gestos, para os novíssimos movimentos sociais.

Foi nessa ocasião que, nos corredores do MEC, por meio do professor Naomar Filho, descortinou-se uma noção de que, naquele momento histórico, um terço dos reitores apoiavam uma mudança significativa, a Lei de Cotas, outra parte graúda jogava no time da coalizão contra a Lei de Cotas, time em que a Andifes fazia o papel de capitão.

A comissão sugeriu ao Sr. ministro Tarso Genro:

1. que atendesse amplamente os pedidos de isenção, isto é, não seria mais necessário o atestado de pobreza, bastando enviar uma carta de pedido pelos correios, ao MEC;
2. que avaliasse o ENEM como critério de acesso à universidade pública e ao sistema público de bolsas de estudos em instituições privadas (PROUNI), superando a noção de duas fases de vestibular e nacionalizando o acesso à universidade como direito;
3. que considerasse que o ENEM abrigaria as cotas, tanto no sistema público de bolsas de estudos em instituições privadas (PROUNI), como na Lei de Cotas, e que isso significava a superação da crítica da meritocracia, tanto num caso como noutro.

Com a montagem da Comissão das Isenções, suas duas reuniões e com a emissão da Portaria n.º 53/2004 do MEC, consolidaram-se dois passos bastante difíceis em políticas públicas no Brasil: o reconhecimento de novos atores no subsistema de educação e a mudança em política pública ensejada por esses atores.

Assim, a mudança nas isenções das taxas do ENEM deu reconhecimento público e institucional aos N*MS e teve desdobramentos objetivos tanto na criação do sistema público de bolsas de estudos em instituições privadas (PROUNI), como na proposta da Lei de Cotas, em todo o sistema de acesso ao ensino superior, uma vez que a comissão de isenções concordou com a proposição dos N*MS sobre a utilização do ENEM como carro-chefe para o acesso, o que quebrava o privilégio da cota da branquitude, que era o fato, sobejamente sabido, do vício na concorrência no vestibular pelos deslocamentos para as provas feitas em dias diferentes em lugares diferentes nas universidades, o que implicava em vantagem desleal para quem tivesse dinheiro para viajar de uma prova para outra. Com o ENEM, numa única prova, todos poderiam participar do mesmo certame para vários lugares. Esses resultados alvissareiros da comissão de isenções deram mais credenciais aos N*MS, o que dialoga com a hipótese seis da obra, sobre a relevância dos movimentos sociais na aprovação da Lei de Cotas no Parlamento Brasileiro.

De ponto a ponto do labirinto, e não dá para cobrir todos os pontos do labirinto da Lei de Cotas no Brasil, 2004 descortina o jogo das coalizões. O sistema público de bolsas em instituições privadas (PROUNI) polarizou o subsistema de educação e o sistema político. Assim como outros estudos, o discurso oficial do Estado e o discurso da propaganda, ainda que falem de coalizões e do subsistema de educação, duas teses (Moreira, 2017; Guerra, 2016) caem na mesma arapuca da força da propaganda que destrói coisas belas.

Em que pese o reconhecimento da importância desses estudos, para essa autora e esse autor, o tom é normativo, de cima para baixo e não de baixo para cima, pois a questão racial é escanteada, para não dizer eliminada e a história vira história oficial ao gosto do partido real da burocracia e do partido real da linhagem. Moreira (2017) chega a reconhecer o MSU e a EDUCAFRO, mas não os percebem de fato.

> Em reunião realizada no dia 25 de agosto, o relator Dep. Colombo PT-PR, além de apresentar o relatório propriamente dito, resgatou todo o processo do debate do PL 3.582. Segundo ele, foram realizadas várias audiências públicas em diversas unidades da federação [Nota de rodapé: O deputado registra audiências ocorridas em Porto Velho (RO), Itajaí (SC), Porto Alegre (RS), Salvador (BA), Curitiba (PR), São Paulo (SP) e Campo Grande (MS), sempre atendendo a convites realizados por parlamentares. O diálogo, segundo o relato, envolveu representantes de IES privadas filantrópicas, sem fins lucrativos, com fins lucrativos, representantes do Movimento dos Sem Universidade, do Movimento Negro. Contudo, não há, no sítio da Câmara dos Deputados, nenhum registro formal dessas reuniões (BRASIL / CÂMARA DOS DEPUTADOS / DETAQ, 2004g)]. Todos os segmentos potencialmente no projeto foram ouvidos e, segundo ele, na medida do possível, tiveram seus pleitos incorporados ao relatório final. O tom do relato apresenta, em alguma medida, os tensionamentos em torno do programa: "Em São Paulo tivemos contatos com duas organizações beneficiadas pelo projeto: CEAFRO que luta pela afirmação de afrodescendentes, e o Movimento dos Sem Universidade. Tivemos oportunidade de ouvir pessoas amplamente favoráveis ao projeto, uma vez que estão fora da universidade. Ouvimos manifestações, aqui e acolá, daqueles que já estão na universidade. Para quem já está na universidade, fica mais fácil ser contra um projeto de inclusão (BRASIL / CÂMARA DOS DEPUTADOS / DETAQ, 2004g)". (Moreira, 2017, p. 121).

É evidente que a autora sabe do protagonismo dos N*MS, mas aplica o efeito marginalizador. Assim, os N*MS caem no vazio da história, onde estão as "reuniões não escritas". Mas, afinal, o relator Colombo evidencia o protagonismo dos N*MS, a prova é documental.

Um ponto nevrálgico no labirinto da Lei de Cotas: a Comissão de Educação e Cultura da Câmara dos Deputados, sala 10

A ala das comissões permanentes na Câmara dos Deputados é como um calçadão estreito agitado com gente que vai e que vem. Parlamentares, jornalistas, prefeitos, vereadores, lobistas, trabalhadores da Câmara, às vezes, é preciso desviar de cabos e tripés da televisão, há gente de passo acelerado, há gente de passo lento, os trajes são formais, ternos, casaquinhos, se a democracia brasileira tem pulso, ali se pode medir a velocidade desse coração que bate, desde cedo até tarde. Há um tom por demais asséptico, não há plantas, uma lagartixa se esgueira entre o teto na sala dez escapulindo detrás do quadro com a foto de Florestan Fernandes, sala da Comissão Permanente de Educação e Cultura, sala Florestan Fernandes. Para quem entra pelo anexo III, é uma das primeiras salas à esquerda na ala das comissões, para quem vem do anexo II, é uma das últimas salas da direita. A sala é grande, à frente está a mesa para a condução dos trabalhos, num patamar elevado, abaixo formando cinco fileiras, estão as cadeiras dos parlamentares, dos membros permanentes, uma corda e um mínimo patamar isola, na parte de trás, os assentos para a sociedade em geral, lugar preferido dos lobistas que acompanham matérias de interesse, a porta de entrada na ala das comissões tem ao fundo uma porta de saída, formando um corredor interno, também ladeado por cordas de isolamento e algumas cadeiras dispostas em fila indiana para acomodar a sociedade interessada em acompanhar os debates. Nos assentos dos parlamentares, há microfones com o som controlado pela mesa diretora da comissão onde o presidente é o dono da pauta. Assessorias técnicas registram notas taquigráficas e listas de presença, tudo é gravado em sistema de áudio comum das salas das comissões para o registro das atividades parlamentares. O presidente de uma comissão permanente é eleito conforme a divisão de poder proporcional qualificada entre os blocos partidários em cada legislatura (regra nem sempre seguida no curso analítico de todas as presidências da Câmara em sua história), com o mandato de dois anos, equivalente ao período das demais comissões e da mesa diretora da Câmara dos Deputados. Na saída dos fundos, abre-se outro corredor lateral, no piso superior, acessível por escada, funciona a secretaria executiva da comissão de educação, a assessoria permanente da comissão, lugar da presença cotidiana da mesa diretora, em particular da presidência da comissão e do acompanhamento do processo legislativo, acessível tanto para o público no geral, como para os parlamentares. Há na secretaria uma sala da presidência da comissão e uma sala de reunião. A comissão tem a luz artificial, o ar-condicionado mantém o ambiente na casa dos 20 ºC, mas a temperatura pode subir de uma hora para outra, conforme o calor da discussão, conforme a pauta. Ponto obrigatório para os N*MS, é o primeiro obstáculo na longa jornada da Lei de Cotas. Por ali, começa a vida ou morte de um projeto de lei que trata de educação, a menos que haja comissão especial definida. De 2003 a 2004, foi presidente da Comissão de Educação o deputado federal Carlos Abicalil (PT-MT), entre 2005 e 2006, foi o deputado federal Paulo Delgado (PT-MG), entre 2007 e 2008, foi o deputado federal João Matos (PMDB-SC). No curso da Lei de Cotas, esses três atores tiveram papel preponderante na interlocução com os N*MS.

Em 13 de maio de 2004, data simbólica da abolição inconclusa da escravização negra no Brasil, a Comissão de Educação e Cultura da Câmara dos Deputados por meio de seu presidente, deputado federal Carlos Abicalil, pauta um assunto nevrálgico na história da sociedade brasileira, da educação nacional e realiza uma audiência pública com o tema "SISTEMA DE COTAS EM INSTITUIÇÕES DE ENSINO SUPERIOR PÚBLICO", o que daria início a uma série de audiências sobre a temática que ocuparia todo o ano de 2004, algumas em parceria com a comissão de direitos humanos e minorias (Câmara dos Deputados, 2004, p. 15).

Escalado como relator de um projeto de lei oriundo do Senado Federal, o deputado do PMDB de Santa Catarina, João Matos, busca subsídios para uma decisão da comissão de educação sobre a matéria, ao menos 28 projetos de lei estão apensados. Ele coordenaria aquela histórica audiência.

Nessa audiência e nas seguintes, os atores que demarcariam a cena pública nacional, que conformariam coalizões sociais a favor e contra a existência de uma lei nacional de cotas, aparecem no cenário da Câmara dos Deputados direta ou indiretamente: o governo, os intelectuais, as universidades, os movimentos sociais, os partidos políticos, o judiciário, a mídia, dentre outros.

Um elemento teórico apregoado pelo modelo de coalizão de defesa (ACF) também emerge de modo inquestionável: a voz da experiência subnacional numa dada política pública, num dado subsistema, informando as bases para o surgimento de uma política pública em âmbito federal, como uma função de aprendizado. Assim, os estados do Rio de Janeiro, do Mato Grosso do Sul, da Bahia e o Distrito Federal, que, respectivamente, na Universidade do Estado do Rio de Janeiro (UERJ), na Universidade Estadual do Norte Fluminense (UENF), da Universidade Estadual do Mato Grosso do Sul (UEMS) e a Universidade de Brasília (UnB), que adotaram política de cotas com primazia no Brasil, fariam parte do enredo da série de audiências, compartilhando suas experiências e desafios:

> A partir do movimento dos estudantes e da Conferência de Durban, citada pela nossa Ministra, o debate sobre a exclusão étnica e racial se intensificou. Vários professores se envolveram com muita garra, assim como muitos estudantes, e o processo avançou. São três anos, praticamente, desde que se instalou esse processo. Podemos até ser acusados de lentos, mas não de afobados nesse pormenor. Era necessário o debate porque a Universidade de Brasília, como todas, provavelmente, teve dificuldade de assimilar essa discussão. Foi um processo importante e, quando se chegou a uma conclusão, foi pela quase totalidade do Conselho responsável. Foi uma coisa amadurecida e, do ponto de vista institucional, uma vitória importante.
>
> O que se estabeleceu na UnB foi um programa – e o distribuímos em uma pequena pasta aos Parlamentares da Comissão – cujo sumário é o Plano de Metas para a Integração Social Étnica e Racial. Influenciou-nos também o trabalho de vários pesquisadores importantes em nosso País, principalmente os do Instituto Nacional de Estudos e Pesquisas Educacionais Anísio Teixeira (INEP), dentre eles Ricardo Henriques, que hoje está no Ministério da Educação (MEC), Roberto Martins e Rafael Osório. (Timothy Martin Mulholland *apud* Câmara dos Deputados, 2004, p. 32-33)

Mais elementos centrais do modelo de coalizão de defesa (ACF) são citados e merecem serem destacados, para efeito analítico-empírico: o papel numa política pública dos estudos e pesquisas sobre o assunto, das formulações dos intelectuais e de centros de pesquisas presentes no subsistema de educação brasileiro. São atores relevantes, como os casos citados textualmente. Contudo, um elemento externo aparece com muita força: a Conferência de Durban na África do Sul, em 2001, pouco prevê sobre isso o modelo teórico ACF.

Maria José de Jesus Alves Cordeiro, pró-reitora de Ensino da Universidade Estadual de Mato Grosso do Sul, narrou a experiência da UEMS,

> Esta é a primeira universidade do Brasil a criar cotas para negros e indígenas, simultaneamente, o que já executamos no vestibular de dezembro de 2003, e os alunos estão em sala de aula desde fevereiro de 2004. [...] em dezembro de 2002, o Deputado Estadual Pedro Kemp apresentou o projeto que estabelece cotas para negros, aprovado em janeiro de 2003, reservando 20% das vagas da UEMS para negros. Outro deputado apresentou projeto de cotas para indígenas, sem estabelecer de quanto seria o percentual. Os dois projetos foram aprovados. Cada lei estabelecia a obrigatoriedade de regulamentação por parte da universidade no prazo de noventa dias, dos critérios de inscrição e concorrência nas cotas. [...] Chegamos à seguinte conclusão após horas de discussão: "Nós somos incompetentes para regulamentar isso". [...] E mais ainda: "Nós queremos a participação da sociedade, do movimento negro e das lideranças indígenas para regulamentar os critérios de acesso". [...] De fevereiro a agosto de 2003, trabalhamos em perfeita sintonia com várias instituições do Movimento Negro organizado no Estado do Mato Grosso do Sul, com participação de elementos da Fundação Palmares de Brasília, da Coordenadoria de Políticas contra o Racismo, do governo do Estado e de lideranças indígenas de várias etnias existentes no Estado – principalmente as que realmente representavam estas etnias. [...] Primeiro, no Conselho Universitário, determinando que a cota de negros era para negros oriundos das escolas públicas ou bolsistas de escola privada [...] e depois, no Conselho de Ensino, Pesquisa e Extensão, determinando todos os critérios para negros, indígenas, apreciados numa plateia repleta de indígenas e representantes do Movimento Negro. No caso dos indígenas, foi estabelecida a cota de 10% pelo Conselho e, para negros, já havia 20%. (Câmara dos Deputados, 2004, p. 94-95).

A UEMS criou uma comissão para deferir ou indeferir inscrições dos candidatos à cota de negros, com base no fenótipo, por meio de avaliação de uma foto recente 5x7 colorida e de documentação de comprovante de escolaridade. A UnB também manteria uma comissão de avaliação semelhante. No caso indígena, não bastaria apenas um RG indígena, mas também "uma declaração de descendência indígena elaborado por pessoas da comunidade, da aldeia, em conjunto com a FUNAI", "aqueles que não quisessem se declarar como negros ou indígenas, concorreriam naquilo que chamamos de vagas gerais, que eram os outros 70%". A professora também fez questão de frisar que a UEMS foi a primeira universidade a utilizar os resultados do Exame Nacional do Ensino Médio (ENEM). A participação da representante da UEMS na Comissão de Educação da Câmara foi de uma riqueza ímpar para o aprofundamento do debate de uma política pública federal sobre o tema, elencando dados, primeiros resultados e expondo desafios: a necessidade de resolver a questão da permanência na universidade, o problema do deslocamento dos(as) indígenas de suas aldeias. Ela inclui em sua exposição outra informação digna de nota: "Portanto, os dados mostram que não há diferenças de desempenho que provem que os brancos que fizeram o vestibular UEMS são academicamente melhores que os negros e os indígenas que também fizeram" (Câmara dos Deputados, 2004, p. 101).

Os movimentos sociais, como o exposto anteriormente, caso do movimento negro e do movimento indígena, ressoam como partícipes ativos da política pública de cotas. Surge também a força de instituições construídas pela história do Brasil: a FUNAI, a Fundação Palmares e uma Coordenadoria Estadual no Mato Grosso do Sul de Políticas contra o Racismo.

De modo evidente, assim como no caso da política de cotas nas universidades estaduais do Rio de Janeiro, o Parlamento estadual do Mato Grosso do Sul, valendo-se de sua soberania na democracia brasileira, de suas prerrogativas constitucionais, liderou as iniciativas no sentido de democratização das universidades por meio da aprovação de leis específicas.

Em âmbito federal, aquele ano de 2004 era de maioria apertada a favor do governo no Congresso Nacional. Um governo que não tinha uma coalizão tão ampla, como sugeria o debate sobre o presidencialismo de coalizão no Brasil. Na Câmara dos Deputados, 254 deputados conformavam a base governista eleita, em 2003, de um total de 513 deputados. Aparentemente, o governo federal tateava com cautela o humor do Congresso e da sociedade para imprimir suas marcas em novas políticas públicas, muitas delas compromissos históricos e de campanhas eleitorais, como a democratização da universidade no Brasil, as cotas, mas que se viam numa condição de vulnerabilidade potencial em função da correlação de forças objetiva na arena parlamentar, em tese. Na Comissão de Educação da Câmara dos Deputados, os representantes do governo federal colocavam suas armas na mesa de negociação e expunham as iniciativas em operação no executivo federal sobre a temática em tela, conforme o faz a ministra da Secretaria Especial de Políticas de Promoção da Igualdade Racial (SEPPIR), Matilde Ribeiro,

> O debate sobre a política de cotas intensificou-se do ano passado para cá. Foi formado um grupo de trabalho interministerial, coordenado pela SEPPIR e pelo MEC, composto por mais 8 organismos do Governo Federal. Em quatro meses de trabalho, foi elaborada uma proposição, entregue ao Presidente da República no final do ano passado, tendo sido reformulada em janeiro. E essa é a matéria que está em pauta hoje.
>
> A partir de janeiro, após várias reflexões, formulações e debates – o representante do Ministro Tarso Genro vai falar a respeito do processo interno do MEC -, chegamos a uma proposição. Estamos aguardando o posicionamento do Presidente da República em relação a esta matéria, conclusão do trabalho do GTI e de negociação entre os dois organismos de Governo, SEPPIR e MEC. A proposição, repito, está sendo analisada pelo Presidente da República, portanto, ainda não é uma matéria final.

> O passo posterior de Sua Excelência é o envio desse projeto de lei ao Congresso Nacional, a fim de que passe pelos trâmites oficiais. Trata-se de instituição do sistema especial de reserva de vagas para estudantes egressos de escolas públicas, em especial negros e indígenas, nas instituições públicas federais no País.
>
> O primeiro indicativo é que, para os concursos de ingresso nos cursos de graduação, se considere uma proporção de alunos oriundos do ensino médio em escola pública. Na sequência, coloca-se a necessidade de que, dentro de um percentual de alunos oriundos da escola pública, haja consideração de preenchimento de vagas em uma proporção de alunos autodeclarados negros e indígenas, levando-se em conta a proporção de negros e indígenas nas unidades da Federação, a partir dos dados do último censo do IBGE. Não sendo preenchidas as vagas por negros ou indígenas, consideram-se os alunos oriundos da escola pública.
>
> Havia dois debates no cenário nacional: o de cotas para estudantes oriundos de escolas públicas e o de cotas para negros e indígenas. Procuramos unificar as duas posições em um só projeto de lei, considerando ser um encaminhamento democrático, que leve em consideração que os alunos que permanecem em escolas públicas são, em sua maioria, pobres, dentre os quais a maioria é negra. Essa síntese é a mais óbvia possível. (Câmara dos Deputados, 2004, p. 19-20).

A palavra-chave que surge aqui e que consta da revisão feita do modelo de coalizão de defesa (ACF) é negociação. Interna ao governo e externa ao governo. A ministra da SEPPIR trata o assunto de maneira bastante prudencial, esse é o tom percebido. Ela reforça as bases argumentativas presentes no modelo de coalizão (ACF), pois ao longo de sua exposição ela faz referência explícita às experiências estaduais:

> Temos duas importantes experiências, duas referências pioneiras em âmbito estadual – a da Universidade do Estado do Rio de Janeiro (UERJ) e a da Universidade do Estado da Bahia (UNEB) – que causaram debates, impactos e dores de cabeça, inclusive em âmbito nacional, porque foi questionada sua constitucionalidade. (Câmara dos Deputados, 2004, p. 20).

Uma proposta para uma política pública nacional de cotas, como deixa ver a apresentação da ministra de estado da SEPPIR, decanta essas experiências referidas e faz convergirem "dois debates no cenário nacional", numa espécie de "síntese". É fato que o senador pelo estado do Mato Grosso, Antero Paes de Barros (PSDB-MT) aprovara, em 1999, no Senado Federal um projeto de lei que reservava 50% de vagas para egressos de escolas públicas nas universidades públicas e que estava em tramitação na Câmara, o mesmo ocorrendo com outro projeto de lei do Senado Federal, esse do senador José Sarney (PMDB-MA), que reservava vagas para negros em universidades, dentre outros aspectos. Muitas outras proposituras legislativas ladeavam essas posições, como o Projeto de Lei 73/1999, da deputada Nice Lobão (PFL-MA).

De qualquer modo, era a posição do governo federal sobre o assunto, da Presidência da República, que gerava grande expectativa na Câmara. O secretário de Educação Superior do Ministério da Educação, Nelson Maculan Filho, expõe outros indicativos,

> A posição do Governo do Presidente Luiz Inácio Lula da Silva quanto a este tema é clara desde a campanha, quando se comprometeu com a implantação de políticas de ações afirmativas para negros e índios nas universidades. [...]
>
> Nesse contexto, o Ministério da Educação vem estudando e discutindo com órgãos do Governo, e também com a sociedade civil, a organização e implementação de política pública de acesso e permanência de negros e índios na educação superior. [...]

> Nesse sentido, o Presidente Luiz Inácio Lula da Silva enviará a esta Casa projeto de lei que institui o Programa Universidade para Todos, voltado para o acesso democrático nas instituições de ensino não-público e que prevê a utilização das vagas ociosas dessas instituições de ensino superior privadas por meio da concessão de bolsas a estudantes originários de famílias de baixa-renda. [...]
>
> Em relação às universidades federais, o Presidente Luiz Inácio Lula da Silva estará ainda muito brevemente encaminhando à apreciação dos Parlamentares projeto de lei que institui sistema especial de reserva de vagas para estudantes egressos das escolas públicas, em especial negros e indígenas, em instituições públicas federais de educação superior, que, pelo decreto de lei citado, deverão reservar, na ocasião de cada concurso ou seleção para o ingresso em curso de graduação, um número mínimo de vagas para estudantes que tenham cursado integralmente o ensino médio em escolas públicas. O fato é que a reserva de vagas para negros e índios nas instituições de educação superior nos coloca diante do desafio de admitir a exclusão e trabalhar politicamente contra ela. (Câmara dos Deputados, 2004, p. 24-25, grifos nossos).

Como ator central para as políticas públicas de âmbito federal no Brasil, o novo governo do Brasil não deixa dúvidas sobre a priorização de políticas públicas para a democratização das universidades no Brasil, é o que fica cristalino na posição anteriormente expressa pelo professor Nelson Maculan. A sua exposição englobou o subsistema de educação como um todo, ao falar do universo público e do universo privado. O secretário da Educação Superior deixa transparecer uma leve nuance em sua enunciação em relação à exposição anterior da ministra da SEPPIR: a palavra "cota" é sutilmente substituída por "reserva de vagas", sintoma objetivo da percepção política de cautela dentro do governo. De fato, a "demonização" de uma palavra é parte do coquetel das disputas políticas, o mesmo vale para a definição das políticas públicas, como apontam muitas teorias. Ocorre que o advento das cotas na UERJ, na UNEB, na UEMS, na UnB trouxe de roldão a mobilização de uma coalizão social contrária a essa política pública e que tinha forte entrada na mídia nacional, via grandes jornais impressos e principais jornais das TVs abertas, como o Jornal Nacional, da Rede Globo de Televisão, que costumava atingir a casa de 70% de audiência diária no Brasil. Não raro, as cotas eram muito maltratadas nesses espaços midiáticos de alto calibre. Assim, desviar do "demônio" é não carregar o peso da "demonização", numa dada leitura, pois isso facilitaria, numa sociedade de massas, a mobilização da opinião pública contra a política pública pretendida. Na história do Ocidente e do Brasil, a famosa expressão "comunista come criancinha" é reveladora de onde pode chegar uma estigmatização, "demonização", numa disputa política. Muitas vezes, por outro lado, esse excesso de "dedos", de zelo, pode paralisar a própria mobilização social em favor de inovações em políticas públicas, levando a uma inação por excesso de precaução, como se a Terra e os humanos fossem o paraíso.

Além de uma sintonia fina com o grau de disputa ensejado pelas cotas na sociedade brasileira e uma forte dose de realismo político, a exposição do secretário de Educação Superior do Ministério da Educação agrega novos argumentos ao debate sobre a necessidade urgente de uma Lei de Cotas no legislativo nacional ou reserva de vagas, como queira,

> O fato é que a diversidade incorporada ao processo pedagógico e educativo, bem como a pesquisa, qualifica o processo de formação e saber veiculado pelas universidades, o que resulta inclusive em revisão de teorias e conteúdos já estabelecidos, que são repassados em inúmeras disciplinas em nossas universidades. O olhar não branco sobre inúmeras dimensões do conhecimento humano representa o emergir de novos paradigmas no campo do conhecimento. (Câmara dos Deputados, 2004, p. 25).

Nesse ponto, emerge um argumento de tom acadêmico: uma universidade com espaço garantido para a diversidade cresceria em qualidade acadêmica. Outro registro, muitas vezes desconsiderado nos debates de política pública de educação no Brasil, naquilo que o modelo teórico de coalizão (ACF) chama de "definição precisa do subsistema", é seu referencial de planejamento geral temporal, o Plano Nacional de Educação (PNE), decenal e norma constitucional e lei que se afigura como a principal diretriz para o subsistema de educação do Brasil. O secretário da Educação Superior pontua: "No âmbito específico da educação também devem ser ressaltadas as diretrizes da Lei n. 10.172, de 9 de janeiro de 2001 (PNE), que estabelece a necessidade de política de inclusão de minorias étnicas". Apesar de ser questionável a condição de "minorias" dos negros no Brasil, uma acepção importada de alhures, quem saiba dos EUA, o argumento do cumprimento das diretrizes do PNE é suficientemente forte e legal para a defesa da Lei de Cotas. Prossegue o expositor:

> Nossa reflexão sobre o tema da inclusão racial nos leva à constatação de que muitas universidades que já implantaram o sistema de reserva especial de vagas para negros e índios sofrem diante de perspectivas de ações judiciais, em razão de ausência de lei federal que regule o tema. Já defendemos instituições de ensino superior que estão assumindo essa posição de conceder cotas para negros e índios em inúmeras ações judiciais. Então é muito importante que exista uma lei que regularize esse tipo de trabalho, senão nossos colegas reitores ficarão expostos a batalhas judiciais, com dificuldade de tocarem seus projetos de cotas nas universidades. (Câmara dos Deputados, 2004, p. 25).

Novamente, percebe-se que a Lei de Cotas no Brasil, por vias tortas ou não, no intento de democratizar a universidade e combater o racismo, como apregoa a teoria da coalizão de defesa (ACF) para uma política pública em nível nacional, é filha das experiências anteriores, estaduais, como tragicamente aquele personagem de Machado de Assis, Brás Cubas, branco, quando menino, brincando de andar a cavalo, montado e batendo no menino negro Prudêncio, era já o pai do homem, que voltaria doutor da Universidade de Coimbra, isso no século XIX, sem abolição.

O professor Nelson Maculan, secretário da Educação Superior, ao falar do compromisso de campanha eleitoral do candidato Luiz Inácio Lula da Silva e ao apontar negociações do Ministério da Educação com a sociedade civil, como sublinhado anteriormente, permite-nos trazer à cena da história os Novíssimos Movimentos Sociais, tanto na discussão da criação do sistema público de bolsas de estudos em instituições privadas como na criação da Lei de Cotas, praticamente em simultâneo.

Um ponto móvel no labirinto da Lei de Cotas: os colóquios da reforma universitária e o debate dos textos do projeto de Lei de Cotas e da criação do sistema público de bolsas de estudo em instituições privadas (PROUNI)

Os fóruns onde diversos atores se encontram são um ponto relevante do labirinto. Foi o caso do Colóquio com Entidades da Sociedade Civil sobre o tema da Reforma Universitária, realizado em Brasília, em 27 e 28 de maio de 2004, pelo Ministério da Educação, no Bonaparte Hotel, no Setor Hoteleiro sul, quadra 2, Bloco "J". Era a prática da concertação política em política pública perseguida com maestria por Tarso Genro.

> Espaços privilegiados para a discussão e socialização das propostas parecem ter sido, ainda, os encontros realizados pelo MEC em vários momentos (colóquios, oitivas, outras reuniões pelo Brasil) e os encontros organizados por entidades diversas da sociedade civil dos quais o MEC participou, bem como as reuniões do Grupo Executivo encarregado de

> sistematizar tais propostas. A maior parte das sugestões consideradas no momento da sistematização das propostas no texto do anteprojeto parecem ter sido veiculadas, com efeito, nesses fóruns de debate. (Nogueira, 2008, p. 62).

Por quê? Esses fóruns são momentos de extrema tensão entre os atores, paradoxalmente, são momentos das coalizões afinarem suas violas. No geral, para os N*MS, são oportunidades únicas de dar passos na estrada do sonho. Como? Depende do ator. Afora os discursos, são momentos do olho no olho e das articulações políticas mais finas, momento onde se pode ter a convicção de com quem de fato se pode contar para a jornada pela aprovação da Lei de Cotas, momentos onde se apresenta na realidade histórica uma imagem de coalizão real e os limites dos apetites dos virtuais membros da coalizão a favor da Lei de Cotas, limites por que nem todos estão dispostos a tudo, há cálculos políticos e graus diferentes de envolvimento. Então, os N*MS são a bucha de canhão da vez da história? Os que carregam o piano? Não é simples. Ocorre que os N*MS tem menos a perder e mais a ganhar, por isso dão mais a cara a tapa, cobram mais e ao fazê-lo acabam escalando o time da coalizão, os que vão suar pela camisa. Só discursos? Não. Fóruns são momentos de circulação de documentos de políticas públicas, momentos de testes de hipóteses de textos, da força da adesão social, da potência política da adesão. São momentos de compromisso político que se traduz em propostas de projeto de lei, por exemplo, documentos assinados. Os N*MS querem uma porta para a universidade privada e ato contínuo uma porta para a universidade pública. No colóquio estão em debate missão da universidade, autonomia, financiamento, avaliação, acesso, permanência, estrutura, gestão, conteúdos, programas, intervenções das entidades, sugestões das entidades. Na ocasião o Sr. ministro Tarso Genro fez circular a proposta do governo da Lei de Cotas e da criação do sistema público de bolsa de estudos em instituições privadas, as cotas nas privadas.

Folheando o documento lá estava Zezé Motta, a grande atriz brasileira. Isso diz muito do propósito e dos métodos políticos, da concepção de política pública como concertação do Ministro da Educação Tarso Genro. Frequentam o colóquio parlamentares, assessores dos ministérios, movimentos sociais, universidades.

Cabe destacar aqui a proposta interministerial da Lei de Cotas: Ministério da Educação, Ministério da Justiça e Secretaria Especial de Políticas de Promoção da Igualdade Racial assinam a proposta. Tarso Genro, Matilde Ribeiro e Márcio Tomaz Bastos, respectivamente, seus titulares.

O que se observa? De saída, a presença do Ministério da Justiça, o que dá indício da presença de mudança estrutural em política pública, mas, sem encabular, remete ao longo processo da abolição inconclusa.

O que é novo na história do Brasil? A presença da mulher negra, Matilde Ribeiro, como protagonista, lida aqui em duas dimensões simbólicas: a personalidade mesma, o que carrega e a repartição pública como inovação em política pública, a própria SEPPIR, o que informa o apetite político de contemplar a exclusão racial em política pública no Brasil. O que diz o texto do Projeto de Lei de Cotas:

> PROJETO DE LEI
>
> Institui Sistema Especial de Reserva de Vagas para estudantes egressos de escolas públicas, em especial negros e indígenas, nas instituições públicas federais de educação superior, e dá outras providências.
>
> **O CONGRESSO NACIONAL** decreta:

> Art. 1 As instituições públicas federais de educação superior reservarão, em cada concurso de seleção para ingresso nos cursos de graduação, no mínimo, cinquenta por cento de suas vagas para estudantes que tenham cursado integralmente o ensino médio em escolas públicas.
>
> Art. 2. Em cada instituição de educação superior, as vagas de que trata o art. 1 serão preenchidas por uma proporção mínima de autodeclarados negros e indígenas igual a proporção de pretos, pardos indígenas na população da unidade da Federação onde está instalada a instituição, segundo o último censo da Fundação Instituto Brasileiro de Geografia e Estatística – IBGE.
>
> Parágrafo único. No caso de não-preenchimento das vagas segundo o critério do **caput**, as remanescentes deverão ser completadas por estudantes que tenham cursado integralmente o ensino médio em escolas públicas.
>
> Art. 3. O Ministério da Educação e a Secretaria Especial de Políticas de Promoção da Igualdade Racial da Presidência da República serão responsáveis pelo acompanhamento e avaliação do sistema de que trata esta lei, ouvida a Fundação Nacional do Índio – FUNAI.
>
> Art. 4. As instituições de que trata o art. 1. terão o prazo de duzentos e quarenta dias para se adaptarem ao disposto nesta Lei.
>
> Art. 5. O Poder Executivo promoverá no prazo de dez anos, a contar da publicação desta Lei, a revisão do sistema especial para o acesso de estudantes negros, pardos e indígenas, bem como daqueles que tenham cursado integralmente o ensino médio em escolas públicas, nas instituições de educação superior.
>
> Art. 6. Esta Lei entra em vigor na data de sua publicação.
>
> (Ministério da Educação, Colóquio com Entidades da Sociedade Civil, 27 e 28 de maio de 2004, Brasília).

Maio, mês da abolição inconclusa, do importante Treze de Maio, de seus limites. Tarso Genro cumpria, nos rituais cotidianos do poder no Ministério da Educação, o compromisso assumido publicamente com os N*MS, em abril de 2004, na Conferência Mundial de Educação no Anhembi, em São Paulo, ao valorizar a interlocução direta com os movimentos sociais, a participação cidadã e democrática em política pública que não nasce de iluminados.

Da proposta anterior, cabe destacar: a avaliação no prazo de dez anos; o prazo de quase um ano de adaptação dado para as universidades para a implementação da política pública; a relação de proporção entre pretos, pardos e indígenas, conforme o IBGE, em casamento com a escola pública; a autodeclaração; a dignidade da escola pública casada com a dignidade racial; a cautela institucional no acompanhamento da política pública.

Um fio crítico poderia ser tecido aqui. Por exemplo, salta aos olhos que o texto não contempla a reserva por turno e por curso, ponto de crítica dos N*MS externada no colóquio. Não é o caso de aprofundar a crítica ao texto aqui.

O que importa ver, entretanto, é que a proposta contempla, relativamente, o arco de crenças fundantes da coalizão a favor da Lei de Cotas no Brasil, em sua pluralidade. Ao que tudo indica, a proposta que circula em Brasília, em maio de 2004, e vira Projeto de Lei do executivo foi desidratada no tocante a custos por conta da ausência do item da permanência na universidade.

Mesmo assim, é o mesmo abril a data cravada no documento lido em maio pelos N*MS para o debate antes do documento ir ao Parlamento com projeto de lei, ou seja, a criação do sistema público de bolsas de estudos em instituições privadas (PROUNI), a Lei de Cotas e a reforma universitária são processos políticos que ocorrem em simultâneo, na largada, ao menos.

Na exposição de motivos ao Presidente da República, que consta do documento "EM INTERMINISTERIAL Nº 25-A MEC/MJ/SEPPIR", de 28 de abril de 2004, no qual se submete "à consideração de Vossa Excelência o anexo Projeto de Lei, que 'Institui Sistema Especial de Reserva de Vagas para estudantes egressos de escolas públicas, em especial negros e indígenas, nas instituições federais de educação superior, e dá outras providências'", constam argumentos pontuais: 1) O fato do Brasil ser signatário desde 1967 da Convenção Internacional Sobre a Eliminação de todas as Formas de Discriminação Racial da ONU, em que o Estado brasileiro comprometeu-se a aplicar as ações afirmativas como forma de promoção da igualdade para inclusão de grupos étnicos excluídos do desenvolvimento social. 2) Com base em estudos recentes, a percepção de que "a evolução da distribuição de riquezas e de oportunidades não é neutra, cristalizando-se diferenças entre as etnias que compõem a diversidade característica da população brasileira", o que se traduz no fato de que "a população negra e os povos indígenas foram e ainda são sistematicamente desfavorecidos ao longo de toda experiência republicana". 3) O fato do Estado brasileiro passar a se preocupar com os efeitos do chamado racismo estruturante no perfil social e buscar mecanismos de efetividade aos compromissos internacionais somente no final do século passado, atraso que justifica as políticas de ação afirmativa na educação. 4) Adoção "de forma racional" da política de cotas "distribuindo-as pela composição étnico-racial das unidades federativas" e com "a combinação de critérios de inclusão por razões específicas de etnia com critérios universais de renda para o acesso ao ensino superior", "assegurando o ingresso nas universidades públicas aos estudantes egressos do sistema público de ensino fundamental e médio". 5) "Legitimidade social consistente da proposta", construída em diálogo com a sociedade civil, em que consta reitores, representações docentes, discentes e os N*MS. 6) Ainda que existam propostas sobre a temática no Congresso, elas não têm a abrangência desta em tela, ponto onde se sintoniza a noção de "amadurecimento do regime democrático brasileiro" para a proposta.

O arrazoado reflete argumentos centrais das crenças da coalizão a favor da Lei de Cotas, além de ratificar a presença dos N*MS no debate da proposta, como parte da sociedade civil. Um dos argumentos, ao falar explicitamente dos efeitos do racismo estrutural, ratifica o potencial de mudança importante em política pública que o Projeto de Lei abriga.

Merece nota a não menção a Durban 2001, nem às experiências subnacionais de modo direto no arrazoado. Há uma ênfase na combinação racional de critérios, que soa como inovação em política pública, o que justifica a força do Projeto de Lei para a disputa pública, para a disputa no Congresso e, por seu turno, paradoxalmente, reflete, sim, uma colheita virtuosa das experiências subnacionais, não um desprezo por elas, o que se coaduna com a análise de política pública defendida pelo modelo ACF.

O presidente da República daria o seu sinal verde ao Projeto de Lei e ele seria encaminhado ao Congresso, sem urgência, no entanto, apesar do atraso histórico, o que é paradoxal. Por que na largada a falta de urgência ao PL de Cotas, como um Joaquim Cruz sem sapatilhas na raia dos projetos de lei?

Tinhoso, o gesto revela a força da coalizão contra a Lei de Cotas, a força das mãos brancas que seguram o bastão da cota da branquitude passada de geração a geração na corrida por universidade no Brasil e que se reflete no poder, mesmo na Casa Civil, onde havia ruídos, para Alexandre do Nascimento[198], liderança dos N*MS.

[198] Entrevista concedida para esta tese, em agosto de 2021.

Um modo de perceber isso diretamente no texto do PL é o tempo de implementação, o que revela a reação da ANDIFES, importante jogador da coalizão contra a Lei de Cotas, uma reação que segura o bastão da abolição inconclusa como se passado por José de Alencar, líder branco da coalizão contra a abolição, desvelando a força do *status quo* no tempo infinito da história do Brasil.

A ANDIFES sempre pressionará pela dilatação do tempo de implementação, mirando o dia de São Nunca, ação violenta da coalizão contra a Lei de Cotas contra o sonho do direito à universidade no Brasil, envergonhadamente a maioria dos estudantes universitários privilegiados pela cota da branquitude histórica faziam coro com a ANDIFES, num mundo onde, segundo os estudos da ANDIFES, menos de 2% dos estudantes universitários participavam do universo de suas representações. O humor da ANDIFES ficou registrado pelos N*MS:

> **ANDIFES quer impedir vitória dos pobres** / A EDUCAFRO enfrenta novos desafios em Brasília. A ANDIFES – Associação Nacional dos Dirigentes das Instituições Federais de Ensino Superior, entidade que representa as universidades federais, está usando o MEC para seus interesses particulares e joga toda sua força para reverter o Projeto de Lei 3627/04, em tramitação na Câmara Federal, que garante a redução de dez para quatro anos no prazo de implantação das cotas nas universidades federais. O lobby organizado pelas universidades representa uma ameaça ao avanço da implementação das ações afirmativas, uma forte reivindicação da comunidade negra e do movimento estudantil. A última versão do projeto de Reforma Universitária previa para até 2015 a implantação gradual da reserva de vagas nas universidades federais, mas o PL 3627/04, por intervenção do movimento social, estabelece para já a adoção de cotas nas instituições públicas. A justificativa da Andifes é que as universidades precisam de mais tempo para se prepararem para tal medida. A pergunta que não quer calar é: desde sua fundação, a Universidade brasileira exclui pobres e negros. Tiveram tanto tempo para repensarem as formas de acesso destes grupos e, agora, querem mais 10 anos? Como fica a situação dos pobres e negros que estão envelhecendo fora dos muros das universidades? (*Info EDUCAFRO*, ano VIII, n. 94, out. 2005, p. A4).

Mas o arrazoado de Márcio Thomaz Bastos, Tarso Genro e Matilde Ribeiro, de 28 de abril de 2004, não fala do apoio dos reitores, de modo textual? Sim. Então, o que isso significa? Um exemplo ilustra essa questão: os N*MS entregaram em 2004 uma chave simbólica gigante ao ministro da Educação Tarso Genro, para que ele abrisse as portas das universidades públicas e das universidades privadas para o povo brasileiro, para os negros, para os povos indígenas, para a escola pública, para os pobres. Um dos primeiros pedágios impeditivos era a própria taxa do vestibular, tema ultrapassado com as opções de política pública do GT sobre o tema. Foi nessa ocasião que, nos corredores do MEC, por meio do professor Naomar Filho, descortinou-se uma noção para os N*MS de que, naquele momento histórico, um terço dos reitores apoiavam uma mudança significativa, a Lei de Cotas, outra parte graúda jogava no time da coalizão contra a Lei de Cotas. A Universidade Federal do Paraná aparentemente jogava na coalizão a favor da Lei de Cotas e sempre deixou isso público:

> A Universidade Federal do Paraná foi uma das pioneiras no país a implantar o sistema de cotas para alunos negros e oriundos de escolas públicas. Acompanho a discussão sobre o tema e, diferentemente da avaliação que tem sido feita sobre dados de pesquisas, estamos convictos de que as políticas afirmativas são um importante instrumento para a democratização do acesso ao ensino superior público e gratuito. A apresentação dos números na pesquisa feita pela ANDIFES foram feitas de forma apressada e sem levar em conta diferenças regionais entre as diversas regiões brasileiras. Também é inegável que o perfil dos que buscam cursos de alta demanda, como medicina, direito, odontologia e outros,

> revela, geralmente, candidatos brancos e de origem socioeconômica alta. Os resultados observados em nosso vestibular são claramente a favor da implantação da política de cotas. As variáveis por nós estudadas nos últimos anos que mais influenciam a aprovação dos candidatos são o nível de instrução dos pais e a renda familiar. (Moreira Júnior, 2005).

O reitor Carlos Moreira Júnior, reitor da UFPR, ao posicionar-se na coalizão a favor da Lei de Cotas, somava-se ao alarme crítico em política pública na história do Brasil que brotou em vários pontos do país, pontos do labirinto da Lei de Cotas, como em Naomar Filho na Bahia, como da lavra de Carlos Vogt, em São Paulo, ex-reitor da UNICAMP, presidente da FAPESP e vice-presidente da Sociedade Brasileira para o Progresso da Ciência, aqui tomado como expressão política de mudança de pensamento, de ideias, dentro da universidade brasileira.

> Sob a égide neoliberal da globalização dos anos 90, o esforço volta-se agora para a superação dos problemas sociais que se acumularam. Dura tarefa, pois, de certo modo, os instrumentos que o neoliberalismo oferece à democracia são os mesmos que limitam a liberdade, que constitui esse regime, à liberdade de circulação financeira. O desafio atual é o de tornar ética e social a essência pragmática da globalização. Hoje perfilado entre os países de economia emergente, o Brasil também deve resolver os graves problemas sociais que ainda permanecem para emergir efetivamente. Entre esses problemas, que sugerem a adoção de medidas estruturais e emergenciais para serem solucionados, está a desproporcional oferta de oportunidades na área educacional a cidadãos autodeclarados brancos, pardos e negros. É preciso que se criem condições para o pleno cumprimento do inciso IV do artigo 3º da Constituição brasileira: "Promover o bem de todos, sem preconceito de origem, raça, sexo, cor, idade e quaisquer outras formas de discriminação". E a reserva de cotas na universidade aparece como uma política pública compensatória de caráter afirmativo para eliminar o estigma social da origem da população negra e acelerar seu acesso a todos os quadros da hierarquia social de forma equitativa e proporcional. Dificuldades operacionais devem aparecer durante a implantação do sistema, mas elas são próprias de iniciativas que propõe mudanças efetivas na sociedade. (Vogt, 2003).

Vogt (2003) sublinha a dimensão histórica e de mudança efetiva em política pública que as cotas informam e enxerga um papel estratégico para o Brasil nessa política pública. O tom nacional e histórico das teses do professor Carlos Vogt ficou engasgado na garganta de reitores públicos paulistas. Porém, como Tadeu Jorge, da UNICAMP, e Melphi, da USP, eles estenderam as mãos para a ciranda da coalizão contra a Lei de Cotas. Aloisio Teixeira, da UFRJ, dizia, em 2003, que "não gostava de cotas", mas dava o braço a torcer: "Quem tem mais mérito: um estudante da rede pública de ensino, proveniente de uma família de renda mais baixa, que estudou em condições precárias, chega no vestibular e tira nota 6, ou um estudante que veio das melhores escolas de uma família rica, e tirou 8?" (Werneck, 2003). Aloisio Teixeira frisava a desigualdade reinante no acesso à universidade. Os grandes jornais esticaram com a manchete "Reitor da UFRJ rejeita cotas". Dado o argumento da racionalidade combinada de critérios, presente no Projeto de Lei de Cotas, da lavra dos próprios propositores, em grande medida, cabe destacar, posições como a do Reitor da UFRJ são contempladas. Como? É simples, basta estender o argumento de Aloisio Teixeira contemplando o quesito étnico-racial. Foi o que fez o professor Ricardo Henriques, um dos maiores especialistas brasileiros em desigualdade, em conferência popular do MSU na quadra dos bancários, em 2005: "a nota 6 do negro, do indígena, de origem humilde, indica que ele sabe menos que a nota 8 de um branco, filho do conforto econômico?". O que isso significa? Que cai mais uma armadilha na questão, quando se analisa friamente a mudança em política pública, sua real dimensão presente na Lei de Cotas. Qual? O mérito é contemplado e é parte de uma estratégia de superação da desigualdade, como sustentou Vogt. Logo, é prematuro, precipitado, ainda que possa ser considerado bem-intencionado, analisar a disputa em torno da Lei de Cotas, sob a óptica das coalizões em política pública, como um jogo entre dois grupos, um que se aferraria ao "mérito", outro que se "aferraria a identidade racial", como centro de crenças em política pública que dão o sentido das coalizões. Como visto no capítulo cinco, a noção de identidade predatória estende suas mãos na ciranda da coalizão contra a Lei de Cotas. Há mais em jogo.

Contudo, em cima da proposta de Lei de Cotas, fez capa e espada a reação, a coalizão contra a Lei de Cotas, como o reitor Lobo, da USP, além das trombetas carimbadas da imprensa, como Demétrio Magnoli, outro que comeu de graça no bandejão da USP em sua formação. No fundo, para demonizar, foi tirado, com pinças e luvas brancas, o demônio da vez, que, para efeitos públicos e políticos, alimentaria a reação na sombra do raio grande do racismo no Brasil, a reação da coalizão contra a Lei de Cotas: cotas raciais. Por exemplo, o juiz federal Mauro Spalding fez coro com a coalizão contra a Lei de Cotas. Esse juiz da 7ª Vara de Curitiba buscou atender a um mandado de segurança de um estudante eliminado, tentando destruir a iniciativa subnacional da UFPR, no que não teria sucesso. A Lei de Cotas, como se vê, mexe com interesses endeusados no país. No fundo, o objetivo era negar o direito à universidade, negar o rompimento da cota histórica da branquitude para o acesso à universidade. Essa cota da branquitude aparece em foto no alto à esquerda da página C5, do caderno Cotidiano do jornal *Folha de S. Paulo*, de 15 de fevereiro de 2005, onde calouros brancos, todos brancos, da USP, são todos pintados e obrigados a andar em fila indiana, por um estudante veterano branco, com capacete branco, de óculos escuros e segurando uma vara curta de pau. É a celebração da festa da cota da branquitude? Da festa dos anunciantes do jornal, os grandes cursinhos comerciais? Da festa dos lucros dos negócios privados em torno da cota da branquitude? O jornal *Folha de S. Paulo* foi um tinhoso jogador da coalizão contra a Lei de Cotas. A referida matéria, feita nos dias quentes da lista de aprovados, das matrículas, divide a página do jornal em cinco partes. A maior parte, a parte central, é do anunciante, uma universidade privada, propaganda assinada por uma agência chamada "central business". Ao lado da foto grande da cota da branquitude na USP está a manchete principal e o texto de suporte: "**EDUCAÇÃO** Liminar garante vaga em curso de medicina a candidato que, por causa do sistema, havia sido reprovado **JUIZ QUESTIONA A POLÍTICA DE COTAS DA FEDERAL DO PARANÁ**." A matéria dá grande destaque ao caso, informa que a universidade irá recorrer e que isso já aconteceu na UERJ, em 2002. Depois da propaganda da universidade privada e da foto da cota da branquitude, o texto da jornalista Mari Tortato, da Agência Folha em Curitiba, ocupa toda a metade superior da página. Logo abaixo, a matéria que ocupa a metade inferior: "**Definição de raça provoca polêmica**." O texto da jornalista Laura Capriglione começa com uma afirmação: "Está cada vez mais difícil saber quem é negro no Brasil." Essa afirmação e seu carregamento como dúvida informam uma estratégia reiterada da coalizão contra a Lei de Cotas no Brasil, estratégia que poderia eleger qualquer ponto da Lei de Cotas como o pomo da discórdia, mas na matéria o faz em torno da autodeclaração, presente na proposta federal. O tema eleito da autodeclaração é explorado pela coalizão contra a Lei de Cotas, quase sempre, junto ao argumento renovado da biologia, "A definição sobre quem deveria merecer o benefício ficou complicada porque o Brasil tem 86% de sua população com mais de 10% de genes africanos. Todos quase negros ou quase brancos, quem deveria merecer o benefício?" (Capriglione, 2005, p. C5). A palavra benefício, que invade o jornalismo, invadirá a burocracia, muitas escritas sobre política pública no Brasil, o que é um achatamento medonho da cidadania, dos direitos iguais da cidadania. Construir um reino dos beneficiários nesta terra foi uma espécie de canto de sereia de muitos discursos políticos que, assim, reificavam e restringiam a cidadania no Brasil, nos 1990, nos anos 2000, deixando o espaço vazio para o conservadorismo mais atroz, porque "beneficiários" não fazem política, são os passivos da história esperando o banquete oferecido pela história do outro lado do balcão? De qualquer modo, o texto deixa ver que a autodeclaração presente no projeto de lei de 2004 refletia a força dessa opção em política pública, pois ela estava presente nas experiências da UFPR, da UEMS, da UNEB, da UERJ, da UENF, da UnB, da UNIFESP. Se a coalizão contra a Lei de Cotas buzinava que "Para se proteger das fraudes, algumas universidades instauraram aquilo que os detratores chamam de 'tribunais da negritude'", fala a matéria. Na matéria, Frei Davi Santos, da EDUCAFRO, embasa a defesa da necessidade de acompanhamento e controle social, de *enforcement* em política pública nesse quesito, com base na experiência da UERJ, que, em 2003, reservou 38 das 98 vagas de Medicina para estudantes autodeclarados negros. "Foi quando percebemos que alunos brancos oportunistas tinham decidido roubar as vagas dos negros. Das 38 vagas para cotistas, apenas 15 foram preenchidas por negros e pardos de verdade", disse o Frei franciscano. O que essa situação informa: que a reação da coalizão contra a Lei de Cotas extrapola elos meramente discursivos e desce até o inferno da burla da lei, da burla da política pública como estratégia individual e coletiva da branquitude para enfraquecer e fazer sangrar experiências regionais, gerando o veto da discórdia para impedir que a Lei de Cotas exista, que a cidadania do direito à universidade seja garantida para negros, povos indígenas, escola pública, pessoas de baixa renda. Parte menor da página traz o texto do jornalista Fábio Takahashi falando do começo das aulas na USP Leste, uma conquista dos N*MS, pois, além da falta de uma Lei de Cotas, era gritante a falta da universidade pública.

De volta a 2004, da largada do Projeto de Lei de Cotas, o mesmo Frei Davi envia e-mail para o MSU alertando sobre a necessidade de mobilização para audiência pública do projeto de Lei na Câmara dos Deputados. Os N*MS nunca foram plateia amorfa na cena histórica da disputa da Lei de Cotas no Parlamento.

Ademais, uma leitura atenta da proposta deixa ver de per si razões para uma nova coalizão política na histórica do Brasil: escola pública mais indígenas mais negros, sem rodeios. Essa leitura abasteceu como música o sonho dos N*MS, um sonho palpável. Contra essa união nacional esmurrava a coalizão contra a Lei de Cotas. Restava o arrojo no chão do Congresso Nacional do Brasil, mas ali estavam as razões públicas para o arrojo que faz coisas acontecerem, mudanças significativas em políticas públicas acontecerem, como um tranco na história para que o carro da história ande, pegue, afinal.

Havia mais documentos do que só o texto do Projeto de Lei. Havia um anexo à exposição de motivos interministeriais. A exposição de motivos faria escola no tempo por sintonizar política pública no subsistema público de educação que contempla a dimensão racial no combate à desigualdade educacional, o espectro do elefante que ronda a sala do Brasil, do que falou Mário Teodoro. O documento de anexo é um jogo em política pública, um jogo de perguntas e respostas curtas que flerta com o universo das teorias de políticas públicas vistas nesta obra, como se fosse um padrão recorrente. Esse ponto é importante para o estudo de mudança significativa em política pública.

1. **Síntese do problema ou da situação que reclama providências:**

   Necessidade de ampliar o acesso de estudantes egressos de escolas públicas, em especial negros e indígenas, nas instituições públicas federais de educação superior.

2. **Soluções e providências contidas no ato normativo ou na medida proposta:**

   Institui Sistema Especial de Reserva de Vagas ou Cotas nas instituições públicas federais para estudantes egressos de escolas públicas, em especial negros e indígenas.

3. **Alternativas existentes às medidas propostas.**

   Não há.

4. **Custos:**

   Não há.

5. **Razões que justificam a urgência (a ser preenchido somente se o ato proposto for medida provisória ou projeto de lei que deve tramitar em regime de urgência).**

   Não há.

6. **Impacto sobre o meio ambiente (sempre que o ato ou medida proposta possa vir a tê-lo):**

   Não há.

7. **Alterações propostas:**

   Não se aplica.

8. **Síntese do parecer do órgão jurídico:**

   Manifesta-se favoravelmente à adoção da medida proposta. (Anexo à Exposição de Motivos Interministerial, MEC/MJ/SEPPIR, maio de 2004)

O interministerial, per si, inova em política pública no subsistema de educação, ou seja, o subsistema de educação não se fecha em copas na pulsão inicial do projeto de Lei de Cotas, isso desafia a teoria em políticas públicas. Uma situação exposta alarma a mudança em política pública, paradoxalmente, como pavimento sobre o caminho para sua tramitação no Congresso Nacional e como ausência: o item 4, dos custos. De fato, não há custos no texto, no projeto de lei. Outra situação, o item 3, dialoga indiretamente com as experiências exitosas no subsistema, como filtro de afirmação. Para o desespero dos N*MS, no entanto, o caminho, aparentemente pavimentado que se anuncia para o Congresso Nacional, no item 5, desloca a urgência do projeto de Lei para o além, adiando o sonho da universidade pública. O que ocorre? Em termos de política pública como prática do poder, emerge a cena o veto burocrático. A burocracia faz política o tempo todo e carrega no braço esquerdo a pasta fechada com os ventos do partido real da burocracia e no braço direito a pasta fechada com os ventos do partido real da linhagem. Não é urgente a Lei de Cotas? O veto do partido burocrático, o veto do partido da linhagem, desses partidos reais da história brasileira remete às suas origens no Império, no XIX. O cadenciamento do tempo: lento, gradual e seguro, foi a senda do *status quo* para a abolição inconclusa. Isso se repete agora? Se Tarso Genro no Ministério da Educação deu passos além de Cristovam Buarque no Ministério da Educação no tema das cotas, seu círculo burocrático mais íntimo, ministerial e interministerial segurava a placa de sinal amarelo, o tom do veto burocrático, do veto da linhagem e, por que não, do veto da própria cota da branquitude. O que era esse sinal amarelo? A sensibilidade generosa do ministro Cristovam Buarque reconhecia, tanto no encontro com as becas do MSU, com o povo do MSU em Cidade Tiradentes, na inauguração do CEU Inácio Monteiro, em 2003, onde ficou animado, mas paralisado, com a proposta do MSU de transformação do Carandiru em universidade, como no encontro com as mesmas becas do MSU no auditório Nereu Ramos da Câmara dos Deputados por ocasião do lançamento do plano nacional da juventude, em que o MSU clamava no Congresso pelo direito à universidade, como no gabinete do Ministério da Educação, onde o MSU pedia apoio para os cursinhos populares, como o projeto do Cursinho Popular de Jandira, concebido e implementado pelo MSU, que atendia mais de 1000 sem universidade em Jandira, ocasião em que o apelo do MSU foi explícito na faixa aberta: matar a fome do povo, matar a fome de saber! Isso está muito atrasado e tinha infinita pressa, do ponto de vista dos novíssimos movimentos sociais. "Volto a insistir e já defendi que, como ideia, continuo achando que as cotas podem ser um instrumento para resolver esse fato vergonhoso brasileiro, o de um país negro só ter brancos nas universidades." (Souza, 2003).

> Cristovam afirmou também que as cotas para negros nas universidades não resolvem a desigualdade social no país. Pessoalmente se diz favorável à implementação do sistema. Mas, como ministro, quer esperar os resultados das experiências atuais (Rio de Janeiro, Bahia e Brasília) e as consequências perante a opinião pública. (Luís Renato Strauss, jornal *Folha de S. Paulo*, E5, 10/07/2003).

Ao passo que toda a propaganda do governo federal, de modo inédito na história, contemplaria, em 2003, as cotas, com a presença negra, indígena, da diversidade nas propagandas, a transformação da ideia em proposta emperrou com Cristovam Buarque, por alegada falta de condições políticas. Agora, em 2004, o passo da proposta para sua materialidade peca pela falta de urgência, cuja justificativa fica em terreno cinzento, mas informa o peso real do veto do partido burocrático e do partido da linhagem, esses partidos reais da história do Brasil, que atravessam os partidos nominais, veto que simboliza silêncio, gestos, muxoxos, piscadelas, sinais particulares entre os agentes e foge do texto, da história oficial, dos editados registros públicos, mas fica marcado nos encontros, nos fóruns raros, nos quais burocratas encontram a desigualdade como iguais, quando o olhar da desigualdade racial cruza o olhar dos burocratas. Seria a pirraça branca de jogar cinza no tacho de doce de coco da universidade que o povo brasileiro começava a sentir o gostinho na boca? Cinza aos punhadinhos? Imperceptível? Doce de coco queimado e doce de coco branco, afinal, a criação do sistema público de bolsas de estudos em instituições privadas (PROUNI) também estava em jogo. No seminário do hotel, os movimentos sociais frente a frente com o governo também puderam debater a proposta da porta de acesso para o povo na universidade privada. Se Tarso Genro emplacava na prática a concertação, a mesa política ampla de Hanna Arendt, onde todos sentam e a política se reinventa sempre, paradoxalmente, havia na cena, explícita ou implícita, a puxada de cadeiras. Desse modo, a prática da política pública desafia a teoria e o que é simples em teoria de política pública precisa ceder espaço para a complexidade em política pública.

> O pensamento complexo, por exemplo, pode auxiliar formuladores de políticas públicas, administradores e governantes a não se deixarem surpreender pela imprevisibilidade e pela velocidade das mudanças, de modo a reagir inteligentemente a elas. Nesse sentido, funciona como um alerta contra as tentativas de adotar modelos de gestão ou de governança que se baseiem em visões lineares e simplistas do mundo. Ajude a que se rejeite a ideia de risco e incerteza como fatores que enfraquecem ou impedem o planejamento, o controle racional e a formulação de políticas de longo prazo. (Carvalho, 2018, p. 161).

A velocidade da política pública importa e não pode ficar refém de incertezas como se fosse a mudança significativa em política pública o clímax duma cena de suspense de Hitchcock que paralisa o espectador pelo medo. Como nos filmes, medos podem ser artificialmente criados para retardar mudanças vitais em política pública. Se lenta, ao gosto do *status quo*, aproxima-se da morte, afasta-se da vida, celebra a força da hipótese da guerra na política pública, em que o veto burocrático, o veto da linhagem, não é um mundo à parte da caçada racial nos territórios pretos e vermelhos na guerra civil brasileira do XXI. Com a antena da complexidade em política pública, o que dizia o projeto de Lei de Cotas nas instituições privadas também apresentado no mesmo maio da abolição inconclusa? No mesmo encontro no hotel em Brasília, ponto nevrálgico do labirinto da história da Lei de Cotas no Brasil, não por dogma, mas por ser fórum público onde as coalizões pulsam, revigoram-se, apartam-se, entrincheiram-se, raríssima oportunidade para os N*MS. O que diz o texto grande?

LEI Nº

Institui o Programa Universidade para Todos – PROUNI – e dá outras providências.

O CONGRESSO NACIONAL decreta:

Art. 1º Fica instituído o Programa Universidade para Todos PROUNI destinado à concessão de bolsa de estudo integral para cursos de graduação e seqüenciais de formação específica, em instituições privadas de ensino superior, com ou sem fins lucrativos. A bolsa de que trata

§ 1º A bolsa de que trata o caput será concedida a brasileiros não portadores de diploma de curso superior e cuja renda familiar não exceda a um salário mínimo *per capita.*

§2º A gestão do PROUNI caberá ao Ministério da Educação.

Art. 2º A bolsa será destinadas: (sic)

I – a aluno que tenha cursado o ensino médio completo em escola da rede pública; ou

II – a professor da rede pública de educação básica.

Parágrafo único. A manutenção da bolsa pelo beneficiário, observado o prazo máximo de permanência fixado pela instituição para a conclusão do curso de graduação ou seqüencial de formação específica, dependerá do cumprimento de requisitos de desempenho acadêmico, estabelecidos em regulamento.

Art. 3º O processo de seleção do aluno a ser beneficiado pelo PROUNI deverá considerar os resultados e perfis socioeconômicos do Exame Nacional do Ensino Médio – ENEM.

Parágrafo Único. Ficam dispensados do processo seletivo específico das instituições privadas de ensino superior o aluno que ingressar na instituição por intermédio do PROUNI.

Art. 4º O beneficiário do PROUNI não poderá sofrer qualquer forma de discriminação, devendo receber tratamento idêntico aos demais alunos matriculados na instituição de ensino superior.

Art. 5º A instituição privada de ensino superior poderá aderir ao PROUNI mediante assinatura de termo de adesão cumprindo-lhe oferecer a bolsa de que trata esta Lei, na proporção de, no mínimo, uma bolsa para cada nove alunos regularmente matriculados em cursos efetivamente instalados na respectiva instituição.

§1º O Termo de Adesão terá prazo de vigência de dez anos, contado da data de assinatura do instrumento, renovável por iguais períodos e observado o disposto no art. 10, inciso III.

§2º As partes poderão, de comum acordo, alterar as condições pactuadas no termo de adesão durante o prazo de sua vigência, respeitando-se os parâmetros estabelecidos neste artigo.

§3º A extinção do termo de adesão, por iniciativa da instituição privada, não implicará ônus para o Poder Público nem prejuízo para o aluno beneficiado pelo PROUNI, que gozará do benefício concedido, até a conclusão do curso, respeitadas as normas internas da instituição, inclusive disciplinares, e observado o disposto no art. 4º.

§4º Aplica-se a proporção prevista no caput em cada curso, turno e unidade administrativa da instituição, isoladamente.

§5º O termo de adesão a que se refere o caput poderá prever a permuta de bolsas entre cursos e turnos, restrita a um quinto de bolsas oferecidas para cada curso e cada turno.

Art. 6º Verificado o desequilíbrio na proporção originalmente ajustada com o Ministério da Educação, a instituição deverá restabelecer a referida proporção, oferecendo novas bolsas a cada processo seletivo, respeitando-se o disposto nos §§ 1º e 2º.

Art. 7º As obrigações a serem cumpridas pela instituição de ensino superior serão previstas no termo de adesão ao PROUNI, no qual deverão constar as seguintes cláusulas necessárias:

I – proporção de bolsas de estudo oferecidas por curso e turno, respeitados os parâmetros estabelecidos no art. 5º;

II – percentual de bolsas de estudos destinado às políticas afirmativas de acesso de autodeclarados negros e indígena, no ms ao ensino superior.

§1º O percentual de que trata o inciso II deverá ser, no mínimo, igual ao percentual de cidadãos autodeclarados pretos, pardos e indígenas no último Censo do Instituto Brasileiro de Geografia e Estatística – IBGE, na respectiva unidade da federação.

§2º O termo de adesão de que trata o art. 5º não poderá ser firmado com instituição que tiver desempenho considerado insuficiente pelo Sistema Nacional de Avaliação da Educação Superior – SINAES, nos termos de normas expedidas pelo Ministério da Educação.

§3º O Ministério da Educação poderá, em caráter excepcional e mediante ato fundamentado, firmar termo de adesão com instituição cujo processo de avaliação não tenha sido concluído.

§4º O Ministério da Educação desvinculará a instituição do PROUNI quando o SINAES considerar o desempenho da referida instituição insuficiente, por dois anos consecutivos ou três intercalados, no período de cinco anos.

§5º A instituição desvinculada do PROUNI deverá manter as bolsas concedidas pelo prazo máximo de duração do respectivo curso.

Art. 8º. A fim de adequar o contingente de alunos matriculados na data da assinatura do termo de adesão aos parâmetros estabelecidos no art. 7º, a instituição poderá como regra de transição oferecer bolsas de estudo aos alunos que preencham um dos requisitos do art. 2º, bem como:

I – sejam atendidos pelo Fundo de Financiamento ao Estudante do Ensino Superior – FIES; ou

II – já recebam da instituição benefício em virtude da sua condição sócio-econômica.

§1º Para fins do disposto no caput, a instituição terá prazo máximo de seis meses para proceder às adequações necessárias, sujeitando-se à aplicação das penalidades previstas no art. 10.

§2º A regra de transição não se aplica às novas turmas, de cada curso e turno, efetivamente instaladas a partir do primeiro exame de seleção realizado posteriormente à assinatura do Termo de Adesão.

Art. 9º. A instituição que aderir ao PROUNI ficará isenta dos seguintes impostos e contribuições no período de vigência do termo de adesão:

I – Imposto de Renda das Pessoas Jurídicas;

II – Contribuição Social sobre o Lucro Líquido, instituída pela Lei nº 7.689, de 15 de dezembro de 1988.

III – Contribuição Social para Financiamento da Seguridade Social, instituída pela Lei Complementar nº 70, de 30 de dezembro de 1991; e,

IV – Contribuição para o Programa de Integração Social, instituída pela Lei Complementar nº 7, de 7 de setembro de 1970.

§ 1º A isenção de que trata o caput recairá sobre o valor da receita auferida em decorrência da realização de atividades de ensino superior.

§ 2º A Secretaria da Receita Federal disciplinará o disposto neste artigo.

Art. 10º. O descumprimento do disposto no termo de adesão ao PROUNI sujeita a instituição às seguintes penalidades:

I – multa, de no máximo um por cento do faturamento anual do exercício anterior à data da infração cometida pela instituição de ensino que será aplicada de acordo com a gravidade da infração, a vantagem auferida pela instituição infratora e sua condição econômica;

II – acréscimo no número de bolsas a serem oferecidas gratuitamente que será determinado, a cada processo seletivo, sempre que a instituição descumprir o percentual estabelecido no art. 5º e será suficiente para manter o percentual nele estabelecido; e

III – desvinculação do PROUNI, determinada em caso de reincidência, na hipótese de falta grave, sem prejuízo para os alunos beneficiados e sem ônus para o Poder Público.

§1º As penas previstas no caput deste artigo serão aplicadas pelo Ministério da Educação, cumulativamente ou não, nos termos do disposto em regulamento, após a instauração de procedimento administrativo, assegurado o contraditório e direito de defesa.

§2º Na hipótese do inciso III do caput, a suspensão da isenção dos impostos e contribuições de que trata o art. 9º terá como termo inicial a data de ocorrência da falta grave que deu causa a desvinculação da instituição do PROUNI, aplicando-se o disposto no art. 32 da Lei nº 9.430, de 27 de dezembro de 1996, no que couber.

§3º No caso do §2º, os impostos e contribuições devidos serão exigidos com as multas de que trata o art. 44 da Lei nº 9.430, de 1996.

Art. 11º. A instituição de ensino superior, ainda que atue no ensino básico ou em área distinta da educação, somente poderá ser considerada entidade beneficente de assistência social se oferecer, no mínimo, uma bolsa de estudo integral para aluno de curso de graduação ou seqüencial de formação específica, sem diploma de curso superior, com renda familiar *per capita* de até um salário mínimo, para cada quatro alunos de cursos de graduação ou seqüencial de formação específica regulares da instituição, matriculados em cursos efetivamente instalados, e atender às demais exigências da lei.

§1º Aplica-se o disposto no caput às novas turmas de cada curso e turno efetivamente instaladas a partir do primeiro exame de seleção posterior à publicação desta Lei.

§2º Assim que atingida a proporção estabelecida no caput para o conjunto dos alunos de cursos de graduação e seqüencial na formação específica da instituição, sempre que se verificar que a evasão dos alunos beneficiados apresenta qualquer discrepância em relação à evasão dos demais alunos matriculados, a instituição, a cada processo seletivo, oferecerá bolsas de estudo na proporção necessária para restabelecer aquela proporção.

§3º O processo de seleção dos alunos a serem beneficiados considerará os resultados e perfis sócio-econômicos do Exame Nacional do Ensino Médio (ENEM).

§4º Percentual de bolsas igual a percentual de pretos, pardos e indígenas na população da Unidade da Federação em que está instalada a instituição, segundo o último censo do IBGE, deve ser destinado às políticas afirmativas de acesso de negros e indígenas ao ensino superior.

Art. 12º. A partir de 1º de janeiro de 2005, o gozo da isenção de que trata o art. 15 da Lei de nº 9.532, de 10 de dezembro de 1997, por instituição de ensino superior, fica condicionada a sua adesão ao PROUNI.

Parágrafo único. O disposto na alínea "a" do § 2º do art. 12 da Lei nº 9.532, de 1997, não se aplicam às instituições de ensino superior integrantes do PROUNI que gozem da isenção de que trata o caput.

Art. 13º. Fica vedado o credenciamento de instituições de ensino superior no FIES que não oferecerem, no mínimo, uma bolsa de estudo integral para alunos de cursos de graduação ou sequencial de formação específica, sem diploma de curso superior, com renda familiar *per capita* de até um salário mínimo, para cada nove alunos de cursos de graduação ou sequencial de formação específica regulares da instituição, nas novas turmas de cada curso e de cada turno efetivamente instaladas a partir do primeiro exame de seleção posterior à publicação desta Lei.

Parágrafo único. Assim que atingida a proporção estabelecida no caput para o conjunto dos alunos de cursos de graduação e sequencial de formação específica da instituição, sempre que se verificar que a evasão dos alunos beneficiados apresenta qualquer discrepância em relação à evasão dos demais alunos matriculados, a instituição, a cada processo seletivo, oferecerá bolsas de estudo na proporção necessária para restabelecer aquela proporção.

Art. 14º O processo de deferimento do termo de adesão pelo Ministério da Educação, nos termos do art. 5º, será instruído com a estimativa da renúncia fiscal no exercício de deferimento e nos dois subsequentes a ser usufruída pela respectiva instituição, na forma do art. 9º, bem como pelo demonstrativo da compensação da referida renúncia, pelo crescimento da arrecadação de impostos e contribuições federais no mesmo segmento econômico ou pela prévia redução de despesas de caráter continuado.

Parágrafo único. A evolução da arrecadação e da renúncia fiscal das instituições privadas de ensino superior será acompanhada por grupo interministerial, composto por um representante do Ministério da Educação, um do Ministério da Fazenda e um do Ministério da Previdência Social, que fornecerá os subsídios necessários à execução do disposto no caput.

Art. 15. O poder executivo regulamentará esta Lei.

Art. 16. Essa Lei entra em vigor na data de sua publicação.

Brasília, de remover o segundo de 2004; 183º da Independência e 116º da República.

Referendado eletronicamente por: Tarso Fernando Herz Genro, Antonio Pallocci Filho.

Sem a SEPPIR na assinatura, sem o Ministério da Justiça na assinatura, com um novo Ministério no jogo, o Ministério da Previdência Social, o texto de maio de 2004 é assinado pelo Ministério da Educação e pelo Ministério da Fazenda. De per si, isso desloca a teoria de políticas públicas, como o caso do modelo ACF, em favor de Guerreiro Ramos e a veia que pulsa no braço nacional, sem dogmatismos, opção teórica crítica desta obra, desloca de um jogo exclusivo no subsistema de educação para um jogo político que envolve outros ministérios, outros atores, abrigando a complexidade em política pública e, como no jogo acadêmico da fronteira disciplinar, extrapola-a, na direção da interdisciplinaridade, alargando assim a fronteira da coalizão necessária para mudança significativa em política pública. O interministerial é à toa, meramente pragmático? É possível, em países como o Brasil, superar desigualdades históricas sem políticas públicas interministeriais? Em que medida a presença interministerial, tanto na Lei de Cotas como no sistema público de bolsas de estudos em instituições privadas (PROUNI), dão a potência do significado de mudança substancial em política pública? Esse seria um critério objetivo para mudança significativa em política pública? De qualquer modo, isso revela a acumulação de força da coalizão em favor da Lei de Cotas, de força institucional, rompendo virtuais arenas de vetos para a mudança em política pública, ao passo que estreita, com isso, o espaço das arenas de veto institucionais em que pode virtualmente se movimentar a coalizão da reação, a coalizão contra a Lei de Cotas. Não pode passar despercebido a menção à Independência do Brasil e à República, no arremate: 183 anos da Independência do Brasil e 116 anos da República, talvez na letra do Projeto de Lei por conta da MP que não houve de abril, não obstante serve para a reflexão das crenças na coalizão a favor da Lei de Cotas: uma república de verdade, uma independência com cidadania igual para todos. O registro de carga formal da República e da Independência do Brasil no texto do Projeto de Lei da criação do sistema público de bolsas de estudos em instituições privadas (PROUNI) é pista, aparentemente menor, mas só na aparência, é na prática sinal, emblema, indício que precisa ser levado muito a sério. Ocorre que na análise das coalizões por conta da Abolição Inconclusa, como em Alonso (2016), destaca a presença da tópica do direito na coalizão a favor da abolição, e essa presença lógica dizia respeito a não cidadania para negros e indígenas herdada da Independência de 1822 e sua Carta Constitucional de 1824. Assim, clamar por uma verdadeira Independência do Brasil fez parte da fala pública da coalizão a favor da Abolição. Contudo, se a abolição foi inconclusa, a independência continua inconclusa 200 anos depois, no terreno da cidadania plena para negros e indígenas? No tempo da luta ardida pela Lei de Cotas no Parlamento, clamar por uma Independência completa faz sentido, à medida que a coalizão a favor da Lei de Cotas, os N*MS clamaram por uma nova abolição no Brasil. A atualidade é informada pela era do conhecimento do XXI, em que, para o bem do planeta, para a saúde da gente, a produtividade aliada a sustentabilidade requer amplo domínio da ciência por todos da nação, não por meia dúzia. A abolição inconclusa, a Independência e a República, vis a vis a cidadania aparece na voz dos N*MS, como no texto do MSU "Por uma Nova Abolição" (Custódio, 2005) e na EDUCAFRO, como a seguir.

> Cidadania acontece quando a gente deixa de ser massa e passa a ser um povo responsável por nosso próprio destino. Como construtores da paz, está em nossas mãos o Brasil que a gente quer. Um Brasil sem armas de fogo. Um país que, ao invés de exterminar seus jovens negros, garanta-lhes o direito à Universidade. Um Brasil que entenda a vida do homem e a vida do rio como invioláveis, porque aquele não pode viver sem este. Um Brasil que acolha a diversidade étnica como caminho a ser perseguido em busca de igualdade de direitos e de oportunidades. Um país que entenda que paz é fruto da justiça! (*Info EDUCAFRO*, ano VIII, n.º 94, out. 2005, p. A2).

Para efeitos comparativos entre as duas propostas de política pública é oportuno repetir as perguntas curtas do Ministério da Justiça feitas para a Lei de Cotas e respondê-las sem delongas, como exercício de lavra própria da pesquisa:

a. **Síntese do problema ou da situação que reclama providências**: necessidade de ampliar o acesso de egressos de escolas públicas, em especial negros, indígenas, pessoas de baixa renda, nas instituições privadas de educação superior.

b. **Soluções e providências contidas no ato normativo ou na medida proposta**: institui Sistema Especial de Reserva de Vagas ou Cotas nas instituições privadas para estudantes egressos de escolas públicas, em especial negros, indígenas, pessoas de baixa renda e professores da rede pública de educação básica, conforme o mecanismo da renúncia fiscal.

c. **Alternativas existentes às medidas propostas**: não há.

d. **Custos**: os relativos aos impostos devidos envolvidos na permuta. Para o caso das instituições filantrópicas, não há custo, apenas a regulamentação.

e. **Razões que justificam a urgência (a ser preenchido somente se o ato proposto for medida provisória ou projeto de lei que deve tramitar em regime de urgência)**: o risco de procrastinação do problema, o risco de comprometer a efetividade da proposta no período institucional do governo. Risco que poderia ser superado por comissão especial no legislativo ou por medida provisória do executivo.

f. **Impacto sobre o meio ambiente (sempre que o ato ou medida proposta possa vir a tê-lo)**: não há, mas postulação no sentido de compromisso com a sustentabilidade poderia ter sido contemplado na proposta.

g. **Alterações propostas**: dependerá da correlação política no curso do processo legislativo.

h. **Síntese do parecer do órgão jurídico**: as assessorias jurídicas dos dois ministérios que assinam a proposta sustentaram sua juridicidade, sua pertinência. Na mesma modelação, cabe frisar, o que vale para a Lei de Cotas, na nota jurídica, vale para a criação do sistema público de bolsas de estudos em instituições privadas. Não se assinalam inconstitucionalidades.

Para fugir da metáfora e expressar o que as pedras da coalizão contrária à criação do sistema público de bolsas de estudos em instituições privadas (PROUNI), quer dizer, e sua fina relação com a coalizão contra a Lei de Cotas, uma pedra basta, toma-se o pedido de vistas e o voto em separado do deputado federal Paulo Magalhães (PFL-BA), essa pedra gruda ideias e interesses que jorraram no país de forma violenta de abril a agosto de 2004 e no tempo infinito, requer ouvi-los. O veto institucional foi registrado.

> Sem acordo entre os deputados federais e sob pressão de instituições de ensino superior particulares, a votação do projeto de lei que cria o PROUNI (Programa Universidade Para Todos) foi adiada ontem pela segunda vez. Após uma hora e meia de sessão da comissão especial da Câmara, o deputado Paulo Magalhães (PFL-BA) pediu vista do projeto. (Constantino, 2004).

Como uma música ensurdecedora infinita na história do Brasil, há o prelúdio:

> O Projeto de Lei nº 3.582, de 2004, oriundo do Poder Executivo, dispõe sobre a instituição do Programa Universidade Para Todos – PROUNI, incentiva as instituições privadas de ensino a destinarem, gratuitamente, percentual das suas vagas para estudantes de baixa renda, aí incluídos os autodeclarados negros (pretos e pardos) e indígenas e estabelece critérios para adesão ao Programa, bem como para a percepção de incentivo fiscal. Data vênia dos que pensam em contrário, entendemos que a proposição está eivada de inconstitucionalidades formais e materiais (Magalhães, 2004, p. 1).

E a sinfonia avança com os tímpanos em uníssono, os tímpanos, esses instrumentos de orquestra lembram os teatros do XIX, os teatros da branquitude que enxergava um mundo branco. O Congresso Nacional, em 2004, representava a monotonia da branquitude na política brasileira? O labirinto vivo da Lei de Cotas vai ao XIX, passeia no tempo?

> Primeiramente, convém lembrar que a Constituição Federal proíbe que brasileiros sejam tratados desigualmente. Constitui objetivo fundamental da República Federativa do Brasil "promover o bem de todos, sem preconceitos de origem, raça, sexo, cor, idade e quaisquer outras formas de discriminação" (art. 3º, IV). (Magalhães, 2004, p. 1-2).

Aqui, o nobre parlamentar baiano afirma a Constituição, mas a interpreta à revelia da realidade, como querendo fazer coro, um falsete, como no XIX, solto no ar do tempo infinito, para não ouvir os gritos da desigualdade no Brasil? A realidade baiana, a realidade racial baiana na universidade, não é raio de sol sobre a cota da branquitude perante os olhos do parlamentar? Segue o tom cáustico da coalizão contra a Lei de Cotas que ecoa as crenças da coalizão contra a Lei de Cotas vislumbradas no capítulo cinco, que, sem arrepios acadêmicos, estão zunindo aos ouvidos de quem quiser ouvir, já no processo político tenso da criação do sistema público de bolsas de estudos em instituições privadas (PROUNI). Ouçamos sua leitura emocionada da igualdade, da liberdade, da propriedade, como crença desta coalizão.

> O princípio da igualdade está erigido em direito fundamental, na forma do enunciado: "Todos são iguais perante a lei, sem distinção de qualquer natureza, garantindo-se aos brasileiros e aos estrangeiros a inviolabilidade do direito à vida, à liberdade, à igualdade. à segurança e à propriedade". (art. 5º, caput, da C.F.). (Magalhães, 2004, p. 2).

São crenças formais, de letra da lei e não do espírito da lei, não do sentido objetivo da lei de 1988. Formais no sentido de abstrato, meramente abstrato, no sentido de arma de fogo discursiva que se carrega sob o colete do poder branco vestido por alguns. Por isso, o apelo emocionado à forma abstrata como chave interpretativa da lei. Um liberalismo interpretativo fora do lugar, redivivo no XXI como no XIX, ele passava pano na escravização negra e indígena? O nobre parlamentar dá destaque para a igualdade, mas com seu peso abstrato, como uma miragem, uma pedra filosofal gigante que restringe o direito à igualdade real. Então, a coalizão pela Lei de Cotas reivindica na prática a igualdade? Sim, isso. E os outros temas que a acompanham no artigo 5º da Constituição, como vociferado abstratamente pelo parlamentar? Também. Como assim? A mudança fundamental, séria, substantiva, estrutural em política pública mexe com a história, porque o que permanece como desigualdade, o que merece ser mudado em política pública, tem longa reprodução no tempo. Logo, mudança significativa significa também mudar o que não foi mudado antes, o que ficou de fora. É preciso ouvir os violinos dos teatros da abolição inconclusa, os gritos por direito de Luiz Gama, como o grito por uma verdadeira independência, uma verdadeira república, pela democracia plena, com plenitude de cidadania. Deriva daí que a abolição inconclusa legou o apelo pela liberdade, fruto do grito de mulheres, homens, por muito tempo acorrentados, liberdade num tom mais profundo que extrapola até mesmo as teorias sobre a liberdade, liberdade como cidadania plena, direito vivo, substancial, não abstrato, liberdade de ir para a universidade, por exemplo. Vida sim, porque a outra opção é a morte na cultura de morte artificialmente reproduzida pela guerra nos territórios pretos, vermelhos. A universidade, esse direito, dialoga, sim, diretamente com a cultura de vida. A igualdade, que é material, substantiva, de condições, não aquela fantasmagórica do fusquinha contra a Ferrari. A segurança que é a própria posse do presente e o vislumbre do futuro para que o direito à universidade não mude com os ventos dos tempos. A propriedade, porque a universidade tem relação com a posse de riqueza, da necessidade de sua democratização no Brasil. Democracia sim, porque se trata de distribuição do poder político de há muito concentrado. Assim, juntos, substanciais, esse coro de violinos de valores alimenta a luta pelo direito à universidade na coalizão a favor da Lei de Cotas, mesmo que isso possa surpreender os incautos. Se a universidade é a comida para matar a fome de saber, como numa paródia com a música dos Titãs, a coalizão a favor da Lei de Cotas não quer só comida.

Mas o deputado Paulo Magalhães faz um amálgama branco em torno dos nós da isonomia, uma palavra difícil.

> À toda evidência, o projeto de lei afronta o princípio da isonomia, porque institui a concessão de bolsas de estudo em instituições privadas de ensino superior a determinados cidadãos, mediante processo de seleção facilitado, levando-se em conta critérios discriminatórios, onde se privilegiam condições de etnia e de cor. (Magalhães, 2004, p. 2).

O trecho anterior instala um jogo de sombras sobre a noção de privilégio em educação. Identificado pelo saudoso professor baiano Anísio Teixeira: o privilégio em educação é uma das características mais perenes do subsistema de educação brasileiro, como visto no capítulo quatro. É do aprendizado dessa lição do mestre que emerge o conceito de cota da branquitude, em função do privilégio branco enorme na história da educação brasileira no geral e, em particular, na história da universidade. Para buscar desancar de véspera virtual ruptura da cota da branquitude, do privilégio branco via mudança significativa em política pública, o parlamentar lança a arapuca discursiva do "processo de seleção facilitado", plantando ervas daninhas no debate, iscas bem presas no anzol da coalizão contra a lei de cotas. É uma pescaria sentada, na sombra grande do raio grande do racismo brasileiro que abarca parcela do Congresso Nacional? O deputado continua seu jogo de sombras, enfronhado.

> Além de seu cunho racista, o projeto fere também o art. 207 da Lei Maior, que garante às universidades autonomia didático-científica, administrativa e de gestão financeira e patrimonial, quando prevê a interferência do poder público na definição do processo seletivo para ingresso na universidade que aderir ao Programa. (Magalhaes, 2004, p. 2).

O abre-alas com o mote "além de seu cunho racista" revela a presença de uma identidade predatória na coalizão contra a Lei de Cotas, aqui como denegação, para lembrar Lélia Gonzales. Porém, o parágrafo trata da autonomia como valor central dessa coalizão. Como se juntam as duas coisas? Em tese, a autonomia universitária abrigaria o racismo na história da educação brasileira? Melhor deixar essa pergunta no ar. Há uma contradição no argumento da autonomia, no caso da criação do sistema público de bolsas de estudos em instituições privadas (PROUNI), pois o sistema é público, os recursos são públicos e há a adesão da instituição de ensino privada. O tema da autonomia universitária, como o tema da igualdade, não pode ser tomado idealmente, fora dos parâmetros educacionais reais necessários para a superação das desigualdades nacionais históricas no direito à universidade no Brasil.

O que pode embaralhar o manuseio dos pressupostos teóricos das teorias de coalizão em política pública é o fato das crenças centrais expressas pelo parlamentar não serem isoladas, mas, sim, tomadas em conjunto, esse centro disperso, mas que abarca muitas eiras e beiras argumentativas do *status quo*, reflete-se, sim, crenças esmiuçadas como parte da coalizão contra a Lei de Cotas, é preciso mais pesquisa científica para a percepção teórica e empírica de como os elos dessas crenças se juntam formando correntes que aprisionam mudanças em políticas públicas. Ou seja, a visão particular de cada crença requer do analista em política pública a percepção do todo, do conjunto, do coro e o conjunto pode guardar tensões com as partes. Passemos a outra isca potente da coalizão contra a Lei de Cotas.

> Da forma como foi concebido, o processo seletivo específico proposto desconsidera o sistema de mérito, consagrado em nossa Constituição. Pela própria natureza desse sistema, a escolha deve cair no candidato mais qualificado, mais competente. Em vez disso, o projeto adota critério de seleção menos rígida para aqueles cujo ingresso será decidido por condições capazes de estimular não só o racismo, mas também uma discriminação às avessas. (Magalhães, 2004, p. 2).

Aqui, a sabedoria de Ulisses não faz mal ao analista em política pública. É preciso ouvir os tímpanos da orquestra contra a Lei de Cotas, que toca desde o XIX, como é preciso ouvir a polifonia da orquestra dos teatros abolicionistas, no XXI, porém, em certas águas, é preciso se amarrar para tanto, para ouvir cantos de sereias e não se atirar no mar, não confundir os sons. De pronto, uma afirmação: é uma falácia que a coalizão a favor da Lei de Cotas não considera o mérito, pois há concorrência, há notas, há classificações. Por exemplo, o desempenho no ENEM é um critério objetivo. Logo, é uma cantilena que em torno da noção vaga de mérito se formou uma coalizão contra a Lei de Cotas, para impedir a destruição do mérito acadêmico, para bloquear mudança significativa em política pública, como se vê nesse caso em torno da criação do sistema público de bolsas de estudos em instituições privadas (PROUNI). O deputado volta a falar em "estímulo ao racismo" e "discriminação às avessas", o que reforça a identidade predatória como crença dessa coalizão, contra a presença de negros, de indígenas, de pobres, da escola pública na universidade, pois se ele admite a discriminação e o racismo, isso não é um devir, por causa da aprovação da lei, mas é algo retirado da realidade objetiva. Os brancos então seriam os donos do mérito, sem simplismos? Qual a relação da cota da branquitude com mérito? Que mérito é esse que de tanto cantado vira cantilena e corre o risco de ser cantado até pelos analistas de política pública? É preciso expor essa relação entre cota da branquitude e mérito. É preciso ultrapassar a tensão gerada pela cor do mérito para sustentar que a coalizão a favor da Lei de Cotas não desdenha do mérito porque amante da liberdade, sopro vital da mais elevada criação intelectual a serviço de uma humanidade comum, da vida de todos os seres no planeta e sua multinatureza. Isso é o contrário do mérito aristocrático, hereditário no Brasil, recortado por riqueza, posição, território, cor, que informa a raia miúda da cota da branquitude na história do Brasil, de dimensão perversa para a superação das desigualdades e onde as exceções serviam para ratificar a regra do privilégio do mérito aristocrático, porque remete ao XIX, a uma independência inconclusa, uma abolição inconclusa, uma república inconclusa. Se a cor do mérito propalado é branca, é preciso pôr os pingos nos is, o mérito assim propalado é a defesa da cota da branquitude, a cota dominante desde antanho na história da universidade no Brasil. Contudo, a noção de mérito aristocrático é perturbada por cotoveladas presentes na história do Brasil no curso da tramitação da Lei de Cotas, no geral, sem delicadezas, sem etiquetas acadêmicas, sem etiquetas parlamentares, sem espírito amistoso, sem *fair play*, o que tensiona as teorias de coalizões em política pública. Em termos de poder que se expressa como força, se a coalizão contra a Lei de Cotas abriga a identidade predatória, espécie de um mérito branco inato, significa que esse grupo na coalizão contra a Lei de Cotas não tolerará concorrência em suas posições de poder, como na universidade e o que dela decorre, o que implica em violência racial contra os negros e indígenas no mundo real, com as armas dessa guerra que as mãos sujas de sangue alcancem, sejam os socos virtuais, sejam os socos reais, visibilizados ou invisibilizados na história do Brasil, conforme conjunturas políticas mais ou menos sombrias no Brasil, pois trata-se de uma ação política sob o apetite de uma visão do mundo como o lugar de uma supremacia branca, que reivindica um passado idealizado de tradicionalismo e numa espécie de destino manifesto inato, busca aprisionar o futuro. Assim, paradoxalmente, nessa situação que não pode ficar escondida no balanço das coalizões, o mérito não o é, pois apenas na sua capa ele soa como mérito aristocrático, na prática, é esconderijo para um pretenso direito branco inato autoritário sobre as vagas universitárias, o que garante a perpetuação no tempo infinito da desigualdade, porque naturaliza a desigualdade para possibilitar a marcha infinita do privilégio branco. Essa violência da supremacia branca, dessa identidade predatória chacoalha a teoria das coalizões, mas não atravessa como robô no reducionismo em política pública, inspirada em Guerreiro Ramos, que a opção teórica desta obra adota, em particular, na dimensão do ser. Nessa hora da violência desmedida, instala-se um jogo macabro entre as coalizões. As teorias de políticas públicas ficam sem fôlego para acompanhar, porque no geral, em termos epistemológicos dominantes, o corpo não entra na política pública. Porém, é um jogo de vida ou morte, vida ou morte dos corpos, dos corpos negros, vermelhos, em particular. A violência da branquitude informa uma espécie de código de honra. Aparentemente, a objetividade do ódio convicto e suas armas letais, nessas situações, perturbam os ares onde respiram as coalizões, ares reais, ares virtuais. Lobos brancos caçam sem regras de olho no efeito de bando, como os *werwolfs* do fascismo nos anos 1930. Lobos brancos uivam contra pobres, escola pública, indígenas, negros. Um uivo que rasga o ar do Brasil, rasga a internet e faz tremer o bom mocismo das teorias em políticas públicas que desconsideram o ser, o corpo. É a guerra declarada. É a gula infinita do genocídio. Entrementes, esses gritos de guerra predatória abastecem-se de camadas subjetivas sedimentadas camadas sobre camadas na história das almas. Ali estão os hereges, os leprosos, as bruxas, os selvagens, os deficientes, todos para serem queimados a troco de uma pureza idealizada num passado remoto idealizado na Idade Média ou alhures e carregada para um infinito por um destino manifesto de supremacia milenar. No caso brasileiro, a colonização informa esse legado nas almas, na subjetividade dos corpos. E o ensinamento da história informa os capoeiras, as casas subterrâneas dos Kaingang, as fugas, os quilombos, a longa luta histórica da coalizão dos de baixo no Brasil. O professor Muniz Sodré, ao analisar a disputa em torno das cotas raciais no Brasil no primeiro decênio do XXI, percebeu esse ponto desde a obra de Alberto Torres, que pontuou no seu livro *O problema nacional brasileiro* a relação entre a escravidão e a ordem social e econômica brasileira de longa duração. Citando Joaquim Nabuco, no livro *Minha Formação*, o professor Muniz Sodré também aponta o tempo infinito adiante, para a permanência das carícias mudas da escravidão por "muito tempo como a característica nacional do Brasil", como foi na infância de Nabuco. O que se busca eternizar como norma social herdada da escravidão? A relação de subordinação racial pretensamente cordial, como no caso das empregadas domésticas e, uma pasteurização da cidadania negra, hierarquizada e restrita a certos lugares sociais (Sodré, 2012, p. 312-313). Porém, cumpre aqui deslocar o argumento do professor Muniz, do pretensamente cordial para a violência racial acerba, como registro dessa herança e que foi reivindicado pela identidade predatória da branquitude no curso da disputa da Lei de Cotas, de forma latente na sociedade brasileira, mas também escancaradamente em variados episódios, numa espécie de justiça com as próprias mãos brancas, no espírito de um código de honra violento, que extrapola a mediação política no geral e das leis em particular. A capa discursiva da meritocracia não passa da capa do Batman, vestida por corpos brancos dispostos a fazer justiça com as próprias mãos no ethos da supremacia branca de antanho, idealizada, mas cujas camadas subjetivas repetidas como gritos de guerra no tempo longo da história dão o combustível para o racismo e a violência racial. Logo, a aparente objetividade da identidade predatória branca esconde uma subjetividade violenta e contra esses uivos ideológicos os tambores os espantam, os corpos negros, indígenas, populares revidam. Parlamentares, reitores, intelectuais, de dedos finos no nariz, frente ao cheiro soprado pelo vento da morte nos territórios pretos e vermelhos, morte de corpos negros e vermelhos, terão que decidir se contemporizam com o paradigma do mal, indicado pela ação política dos lobos brancos, ou se somam na coalizão pela democratização da universidade, por um destino de justiça para o Brasil? Não perceber o cheiro dos lobos brancos sentados nos bancos sob o raio grande da sombra para o racismo se sentar que a coalizão contra a Lei de Cotas informa pode ser conveniente para a reprodução do poder que vem da colonização, mas pode ser trágico para a democracia brasileira.

O deputado parte para o ataque violento à autodeclaração, presente tanto na criação do sistema público de bolsas de estudos em instituições privadas (PROUNI), como na Lei de Cotas.

> À luz dos princípios constitucionais, a autodeclaração de etnia não pode servir para coisa alguma. Tampouco se pode, para tal fim aceitar pseudos métodos científicos, que mais se assemelham a métodos discriminatórios e nazistas de identificação racial. (Magalhães, 2004, p. 2-3).

Se no século XIX o liberalismo com escravização negra e indígena era uma ideia fora de lugar, aqui a tentativa da coalizão contra a Lei de Cotas de colar "métodos nazistas" na autodeclaração também é fora de lugar. Essa carregada nas tintas da coalizão contra a Lei de Cotas busca desmontar mecanismos em política pública que viabilizam a mudança substantiva em política pública, inclusive mecanismos de *enforcement* contra burlas da lei. Nesse intento, não há uma identidade predatória assemelhada ao horror nazista, ao horror da colonização. Essa identidade predatória, pelo contrário, tem lugar no raio grande das sombras pro racismo se sentar abrigado sob a coalizão contra a Lei de Cotas. O tom violento anterior reverbera no Parlamento a estratégia midiática — em posições estratégicas da mídia concentrada, da coalizão contra a Lei de Cotas verbalizada por seus próceres, seus publicistas, como Demétrio Magnoli. Apesar de reconhecer que a pobreza é um problema no Brasil, que o modelo econômico concentrador de renda "fez os pobres permanecerem pobres ou ficarem mais pobres e os ricos permanecerem ricos ou ficarem mais ricos" (Magalhães, 2004, p. 5), o deputado baiano diz que "as distorções entre brancos e negros no Brasil não residem no racismo, já que o ódio racial é sentimento basicamente inexistente nesta nação miscigenada", as distorções, assim, estariam na pobreza. Essa linha argumentativa expõe crença fundamental da coalizão contra a Lei de Cotas, ou seja, a democracia racial, crença que some num átimo com o problema racial brasileiro passando um branquinho, na lavra do deputado ganha a sinonímia de nação miscigenada. Há uma coerência: se não há problema racial no Brasil, então não há necessidade de uma Lei de Cotas ou da criação de um sistema público de bolsas de estudos em instituições privadas que respeite os negros, os indígenas, os pobres, a escola pública. A racionalidade combinada presente na proposta de mudança substancial em política pública, na Lei de Cotas, como no sistema público de bolsas de estudos em instituições privadas (PROUNI), dá conta das várias dimensões da desigualdade, inclusive a racial. Por tabela, ao não enxergar a questão racial, como se vê na guerra presente nos territórios pretos e vermelhos amplamente presentes no noticiário, o deputado dá guarida para outra posição de crença central na coalizão contra a Lei de Cotas, a indiferença, ao invés do respeito.

Outro ponto explorado pelo deputado Paulo Magalhães é o ataque ao mecanismo proposto pelos N*MS pioneiramente no subsistema de educação nos anos 2000: a troca de impostos por bolsas, a renúncia fiscal por bolsas, a transformação dos 20% do faturamento, da isenção de impostos das universidades filantrópicas, do imposto não pago, em bolsas de estudos públicas, que aparece no Projeto de Lei de criação do sistema público de bolsas de estudos em instituições privadas de educação superior (PROUNI). Se, na questão da autodeclaração, o parlamentar fazia coro com Demétrio Magnoli e seus enormes espaços nos *mass media*, na questão das filantrópicas, faz coro com o advogado Ives Gandra Martins, o que no conjunto deixa ver três vozes do coro, três pontos, vozes expressivas do coro, sem dúvida, coro que é a própria coalizão contra a criação do sistema público de bolsas de estudos em instituições privadas (PROUNI) em ação, coalizão contra a Lei de Cotas em ação.

> Discorrendo sobre a imunidade assegurada às instituições de ensino, sem fins lucrativos, diz o renomado mestre (Ives Gandra Martins), ao tratar do art. 9º do projeto: "E sendo imunes, o governo não pode pretender retirar a imunidade, se a instituição não aderir ao PROUNI. Se isenção fosse – que não é – poderia o governo trocar bolsas por tributos.

> Como se trata de imunidade, nos termos do art. 150, inciso VI, letra 'c' e art. 195, § 7º, da lei suprema e conforme o definido na ADIN 2028, à evidência o governo não pode oferecer em contrapartida o que não tem. VISTO QUE PROIBIDO, INTERDITADO ESTÁ DE FORMULAR PRETENSÕES TRIBUTÁRIAS em área que o constituinte proibiu que ingressasse. O art. 9º é, portanto, de manifesta inconstitucionalidade, visto que as instituições **não ficarão isentas,** porque já são imunes e a **imunidade** ultrapassa o poder tributante no direito de tributar. Ninguém pode dar o que não tem e a União não tem tributos a ofertar em contrapartida das bolsas, pois a Constituição não lhe oferece esta competência impositiva". (Magalhães, 2004, p. 4).

O argumento jurídico e sua presença no legislativo deixam ver um quarto ator relevante na coalizão contra a criação do sistema público de bolsas de estudos em instituições privadas (PROUNI): o PFL, o partido político em si, que via atuação parlamentar do deputado Paulo Magalhães — que pede vistas e usa de outros estratagemas —, busca retardar a deliberação da comissão especial. Esse ator mira o STF, outra arena institucional, como um ponto de veto para brecar o direito à universidade e ativa uma ação direta de inconstitucionalidade assinada pelo advogado, supracitada. Não iremos até o STF.

Os NMS*, presentes no chão do Parlamento, na reunião em que o deputado Paulo Magalhães, usando o regimento, pediu vistas, na coalizão a favor da criação do sistema público de bolsas de estudos em instituições privadas (PROUNI), farão uma manifestação em frente a principal filantrópica de São Paulo e entrarão no Ministério Público pela transformação dos 20% de impostos não pagos em bolsas de estudos integrais na filantrópica.

Por fim, Paulo Magalhães estribilha três chavões da coalizão contra a Lei de Cotas: o governo deve cuidar da educação básica apenas; a "universidade não é para todos"; a desconfiança da capacidade dos pobres de abraçarem as bolsas integrais, porque não terão meios para arcar com despesas "com livros, transportes e alimentação". Se a permanência na universidade é um problema no país rico, mas com grandes desigualdades, não é impedindo a entrada nas universidades que se supera esse problema, tampouco fatiando o subsistema de educação. Muito menos espalhando as sementes históricas do capinzal da ignorância, criando artificialmente as montanhas de entulho da ignorância, ainda que esse seja um jogo sempre interessante para a perpetuação do poder sempre nas mesmas mãos, conforme o contrato racial de 1824, uma das hipóteses, a pata do elefante dessa investigação.

Os N*MS, presentes no chão do Parlamento, na reunião em que o deputado Paulo Magalhães, usando o regimento, pediu vistas, na coalizão a favor da criação do sistema público de bolsas de estudos em instituições privadas (PROUNI).

O labirinto da Lei de Cotas vai a Manaus

A estratégia de audiências públicas em cada uma das cinco macrorregiões começaria por Manaus, na região Norte do Brasil, onde a primeira audiência pública da reforma universitária estava marcada para 23 de junho de 2004; depois seria o Nordeste, em 13 de julho, no Recife; o Sul, em 30 de julho de 2004, em Porto Alegre: o Sudeste, em São Paulo, em 17 de agosto de 2004; e o Centro-Oeste, em 31 de agosto de 2004, em Campo Grande.

Mas Manaus naufragara. "Houve empurra-empurra e tumulto. O evento precisou ser transferido para um hotel após seis horas de interrupção e recomeçou às 15h, em Manaus" (reportagem de Kátia Brasil, *O Estado de S. Paulo*, p. C5, 24 jun. 2004). Segundo a Agência Estado do dia, "Gritando palavras de ordem como 'Ninguém Fala, ninguém Ouve', o grupo tomou conta do centro de convenções e impediu a realização da audiência" (Agência Estado, 24 jun. 2004).

Ouvir e falar são a razão de ser da audiência pública, mas setores de dentro da universidade não queriam conversa. Colóquios, fóruns e reuniões ampliadas no subsistema de educação envolvendo universidades públicas e privadas, sociedade civil, autoridades, imprensa, organizados pelo MEC, substituiriam as audiências públicas no curso do debate da reforma universitária em 2004 e 2005, uma sinfonia em três movimentos. Sem dúvida, Manaus representou uma vitória da coalizão contra a Lei de Cotas, uma vez que o não debate em política pública implica a prorrogação das regras do jogo, no caso, da cota histórica da branquitude na universidade brasileira.

A luta por reforma universitária, bandeira popular, retomada pelo MSU no XXI, deixou pista na história da educação do Brasil, fora represada por um golpe militar, em 1964. Lá, os movimentos sociais sonharam com a universidade dentro das reformas de base nunca efetivadas, como a Reforma Agrária. Veio a Reforma Universitária de 1968, da ditadura. A dos anos 1930, de Francisco Campos, também não tinha sido num céu da democracia. Os excedentes sonharam com a universidade nos 1960. Era o tempo do 1%. No XXI, renovam-se as esperanças. O debate truncado, interditado por radicalismos, tanto na Assembleia Legislativa de São Paulo, em 11 de agosto de 2004, como em Manaus, onde a violência contra a instalação do debate foi testemunhada pela coordenadora do MSU Maria Vanir Ilídio, de Tocantins.

> *Aquilo foi uma doideira, uma falta de respeito... podia criticar, mas impedir o debate, o diálogo, é o contrário do que ensina o mestre Paulo Freire. Como coordenadora do MSU fui para fazer a defesa do direito à universidade, da necessidade e importância de uma reforma universitária popular, que garantisse o lugar e a vez dos povos indígenas, dos negros, dos pobres na universidade no Brasil, o que foi feito do jeito que deu na parte da tarde, devido o ocorrido. Mas, foi importante pra conhecer muita gente da região norte e pro pessoal também conhecer mais o MSU. Vi ali que a coisa não tava fácil, a mudança das coisas para nosso lado não seria nada fácil, tinha muita luta pela frente.* (Maria Vanir Ilídio, coordenadora do MSU, entrevista para o autor, 20/05/2021).

Setores de dentro da universidade em fúria insana optaram por bloquear o diálogo da reforma universitária naquele 2004, dando razão à geometria da esfera, onde a extrema esquerda caminha na direção da extrema direita, sem simplismos, pois havia muito descontentamento com o caráter liberal da reforma da previdência que atingiu direitos trabalhistas, mesmo assim, isso não justifica o sectarismo. Tarso Genro, o ministro da Educação que via concertação como prática política, imbuído do espírito dos fóruns de Porto Alegre, do espírito do orçamento participativo, dessa forma política, das leituras literárias densas latino-americanas do imaginário popular, de repente se via segurando a vela, com as portas do debate público trancadas por intransigências requentadas da história e de tristes consequências, à mercê da forma política oscilante dos primeiros anos do governo Lula. Tarso Genro procurava por oxigênio, por espaço público, para que a política pública não nascesse de formulações de gabinete, mas dos veios sociais por onde correm a vida da democracia no Brasil. A estratégia de audiências públicas em cada uma das cinco macrorregiões naufragara, não a esperança de mudança significativa em política pública por parte dos N*MS. Esmorecer jamais. O ponto do labirinto migra de Manaus para o centro de São Paulo.

É um hotel no centro de São Paulo. É o segundo semestre de 2004, dia 18 de outubro. Melhor acompanhado do que só. Assim é a coalizão dos de baixo. Vão chegando aos poucos: Gegê, da Central de Movimentos Populares (CMP); Gevanilda Santos, da Soweto Organização Negra; Waldemar Rossi, da Pastoral Operária; Alexandre Nascimento, do Pré-Vestibular para Negros e Carentes (PVNC); Nalu Faria, da Marcha Mundial de Mulheres; João Pedro Stédile, do Movimento dos Trabalhadores Rurais Sem Terra (MST). Há esperança no ar. Ali também estão EDUCAFRO, MSU, Coordenação das Organizações Indígenas da Amazônia Brasileira (COIAB), Ação da Cidadania, Movimento dos Desempregados, Movimento dos Pequenos Agricultores (MPA), Movimento dos Atingidos por Barragens (MAB), Pastoral da Juventude Rural (PJR), ABPN, Central Autônoma dos Trabalhadores, Central Geral dos Trabalhadores, Social-Democracia Sindical, CUT. As experiências de cada movimento ganham a narrativa na trama da narrativa comum, como a rede tecida a muitas mãos, como a colcha por direitos da marcha mundial de mulheres. Ganham o microfone, num entra e sai de vozes. É o auditório barato dos hotéis ociosos do centro de São Paulo. O ministro da Educação Tarso Genro em exercício de escuta, ouve ao tempo em que preside o encontro. Há um pequeno *staff* ministerial que circula para baixo e para cima com pequenos e grandes afazeres, papéis, telefones. A imprensa passa, finge que vê e não vê o que acontece. A imprensa brasileira, seus pontos cardeais principais, está na canoa da coalizão contra a Lei de Cotas.

A opção democrática do Ministério da Educação foi a insistência no diálogo, na busca da concertação, sem nenhum pendor para repetir 1931 ou 1968, vetores da tradição autoritária brasileira. Os movimentos sociais buscavam abrir as portas das universidades para o povo. Gegê, o negro de Catulé da Rocha (PB), lembrou o que dissera no Seminário Internacional do MSU para o Carandiru virar universidade, por universidade popular no município de São Paulo, em 2002: "Eu entrei na USP, fui lá, assentei o tijolo, fiz o prédio. Ainda não tem lugar lá pro povo. Tá errado". João Pedro Stédile, o economista que ataca em muitos lugares, elogia a iniciativa do Ministério da Educação, conta como a educação dá o sentido do MST e dos tijolos de muitas mãos que se revezam erguendo sonhos em Guararema, na construção da Escola Nacional Florestan Fernandes; Gevanilda, de tranças, narra a longa luta negra pelo direito à universidade no Brasil e sua indignação com a demora enorme para as coisas acontecerem, desde a abolição inconclusa. "Parece que agora vai!?" Exclama e indaga desconfiada. Tarso Genro, o senhor ministro da Educação, de peito aberto, diz que o objetivo é transformar a universidade, transformar o Brasil, mas que isso só tem sentido histórico se for uma construção, por isso a importância do diálogo, do debate franco de ideias, inclusive com os setores sociais que não estão na universidade. Disse que acolherá seriamente as sugestões e isso é um compromisso político. Momento raro da história do Brasil. São os vivos fazendo a história do direito à universidade no Brasil. Mais um fórum que se observa para a coalizão a favor da Lei de Cotas fincar os pés, estender as mãos e cerrar fileiras. Momento de conversas nos corredores, momento de articulação entre os vários movimentos, entre vários estados, momento de sintonizar as agendas. Momento de legitimidade para os N*MS e de assumir desafios perante parceiros, prova material de que a coalizão contra a Lei de Cotas se fortalece nesses fóruns. Esse, com certeza, outro ponto importante no labirinto vivo da Lei de Cotas na história do Brasil.

As teorias de política pública, no geral, ouvem pouco, no estudo de coalizões, a voz dos de baixo. Por seu turno, os de baixo não escrevem muito, não registram muito suas ricas experiências, como mandaria o figurino burocrático weberiano, como nesse episódio fundamental para o processo político da Lei de Cotas, para a reivindicação de uma universidade negra, indígena, popular, para uma reforma universitária popular. Porém, as narrativas reificadoras dos de baixo, reificadoras dos encontros entre movimentos sociais e autoridades, reificadoras do real brasileiro, muitas vezes dominante, como as da mídia dominante no período ganham em pobreza e estereótipos o que perdem em complexidade. Desse modo, a democracia viva, enraizada parece na história do Brasil um gesto ausente, numa marcha ensandecida do *status quo* da desigualdade que ninguém consegue parar. A narrativa pobre faz sombra tanto para o racismo como para o autoritarismo se sentarem, tragédia da democracia, paradoxalmente, agonia da própria imprensa livre. Tarso Genro, o ministro que tinha a forma política do espírito de Porto Alegre como narrativa, saiu do encontro não mais segurando a vela da reforma universitária. Houve fotos. Houve divulgação. Mínima para a importância do encontro, para o tamanho continental do Brasil, para os milhões da sociedade brasileira. Ao final, um termo de cooperação é assinado entre o Ministério da Educação e os Movimentos Sociais.

Mesmo depois de defunta a Guerra Fria, a ira desmedida da coalizão contra a Lei de Cotas, expressa na opinião vista do reitor da UNICAMP Tadeu Jorge (2005), que não estava só também, mas acompanhado por 2/3, ao menos, dos reitores de universidades públicas, uma maioria de professores universitários, estudantes universitários e a maior parte da imprensa e da grande mídia, que conformavam a coalizão contra a Lei de Cotas, enxergava na participação dos movimentos sociais não um vetor dinâmico, necessário, prudente, vivo da democracia brasileira, mas uma fantasmagórica sovietização da universidade, o que, no raciocínio da esfera, faz a coalizão contra a Lei de Cotas caminhar na direção da extrema direita. O povo heterogêneo que forma a brasilidade é um mero mal entendido na história do Brasil? Sem heróis e heroínas populares hodiernos, o povo brasileiro, muitas vezes, carrega nas costas os heróis de papel inventados pelo partido real burocrático, pelo partido real militar, pela marcha da ordem numa história narrada de modo autoritário e sem agentes, onde a narrativa vertical da placa de inauguração é a regra e a política pública não é percebida enquanto tal pela população, não é percebida enquanto fruto de lutas coletivas, mas renegada a troco de um misto de propaganda oficial, "eu" e "Deus" (que não deve ser usado em vão), de trágicas consequências para a vitalidade da democracia brasileira, seu enraizamento territorial e geracional.

Por que para os N*MS a participação nesse fórum foi especialmente importante e o que ele informa para o processo político da Lei de Cotas? Parece simples, mas não é. O ponto importante para a reflexão é que os movimentos sociais em seu conjunto formam uma fatia relevante do pensamento brasileiro. Isoladamente, cada movimento social pode ser enxergado pelo tema particular que ele abraça, como sua causa principal. Centrados na questão do direito à universidade no Brasil, para os N*MS, importa muito ter a legitimidade do conjunto dos movimentos sociais, isso é muito importante, seja pela sintonia das crenças, seja pelo apoio político para os desafios colocados na pauta específica dos N*MS, o que fortalece simultaneamente a coalizão pela Lei de Cotas, pela agregação de diferentes atores presentes no fórum e para a posição de proa, de liderança que os N*MS têm na coalizão, por que se credenciam no diálogo com seus pares dos movimentos sociais. A presença do Ministério da Educação, de sua autoridade máxima, referenda essa liderança dos N*MS, por seu turno, uma vez que os reputa como interlocutores de primeira hora.

Cotas e consenso entre as coalizões no subsistema de educação

O ônibus passa por prédios de universidades, passa a UnB, para no ponto da 611 norte. Há um portão grande de duas folhas, uma Igreja pequena, o interfone chama as irmãs. É o Retiro Assunção, um ponto estratégico para os N*MS, passava das 21 horas e o cachorro estava solto. Tereza e Rita, do MSU do Rio de Janeiro, vão à frente, são as responsáveis por achar aquele lugar acolhedor. O Assunção, vinculado a uma ordem religiosa católica que existia na cidade do Rio de Janeiro, no alto do Morro da Providência, elas também tinham um retiro, morro onde existia uma experiência de cursinho popular do MSU, morro que tinha a luta pela universidade, essa ordem religiosa teria sido formada na origem por religiosas feministas na França e teriam se refugiado no Brasil, no século XIX. Manoel e João, do MSU do Paraná, veio de uma experiência de cursinho popular na periferia de Curitiba, Dudu veio do MSU de Minas Gerais, veio no ônibus direto de Viçosa, mais quatro de São Paulo e Vanir, de Palmas, Tocantins. O ponto de encontro foi a rodoviária. O Assunção era barato e acolhedor para os convidados que aceitava. A reserva havia sido feita pelo MSU do Rio de Janeiro com as credenciais do Assunção de lá. A área das religiosas é separada, noutro prédio atrás da Igreja. Há um gramado interno e um pomar, algumas árvores e o canto do sabia, na noite, ouve-se o pio da coruja do quarto. Coruja que indica sabedoria. O quarto simples, com 2 camas de solteiro separadas e banheiro em cada quarto, um refeitório que serve um café da manhã com pão, café, leite, geleia, queijo, mamão das 7 horas até as 7 e meia. Depois das 21 horas, o cachorro é solto. Uma sala de reuniões ficava à disposição do movimento. Cansados de viagem, foi banho, mas não foi cama. A reunião aconteceu as seis da manhã do dia seguinte. Foi discutido a agenda do dia, que envolvia o encontro com o ministro, a participação em ato público, a ida à Câmara dos Deputados, o encontro com o relator do sistema público de bolsas de estudos em instituições privadas (PROUNI). Tanto no MEC como no Parlamento, fazer pressão para a aprovação do sistema público de bolsas de estudos em instituições privadas (PROUNI), conforme sejam os acontecimentos no MEC, deixar claro ao ministro, ao relator, ao governo, que não engolimos o adiamento do lançamento de abril, que manteríamos a pressão sobre o Ministério Público, caso não virasse nada pro nosso lado, caso fosse bem-sucedido o acordo de cavalheiros avaliaríamos pedir a medida provisória do presidente da República, era grande o risco de perder mais um ano se a velocidade das coisas no congresso estivessem lentas. Era importante deixar claro ao Sr. ministro da Educação que não se estava ali para brincadeiras, é uma no cravo outra na ferradura, era para abrir os latifúndios públicos e privados da educação para o povo, ao mesmo tempo. Para simbolizar essa decisão política do MSU uma grande chave foi escolhida como símbolo para ser entregue ao ministro da Educação Tarso Genro, para deixar clara ao Brasil a intenção do MSU. Para o ponto, para a esplanada dos ministérios. Não vai dar tempo. Táxi então, divide entre os estados.

Havia uma fila gigantesca do lado de fora da primeira portaria do Ministério da Educação. Era gente de terno e gravata, de casaquinhos e saltos Luiz XV, gente bem-comportada, notavelmente branca. Naquele dia, o Brasil tomara conhecimento de três moradores de rua mortos por grupos violentos no centro de São Paulo. Havia ali no bloco L da Esplanada dos Ministérios, o prédio que começa a fila dos prédios do lado esquerdo de quem chega até a Esplanada pela Catedral de Brasília certo clima de euforia. Na fila estava o professor João Manoel, homem branco, alto, robusto, que em suas aulas na graduação no Instituto de Economia da UNICAMP costumava recomendar que os estudantes largassem a caneta e ligassem os dois ouvidos em sua exposição densa, profunda, sobre Braudel e a história econômica do capitalismo. Sua postura intimidava os estudantes, seu nome era quase um mito. Ali, na fila, parecia mais um, na prática, tornara-se proprietário de uma universidade privada, não viera a Brasília para discutir os destinos do Brasil, mas para acudir seus negócios privados na região de Campinas e alhures. Os anos 1990 e o começo dos anos 2000 marcariam a história do Brasil por conta da intersecção entre os setores públicos e privados no ensino superior, parte do imbricamento de que já falara o livro *Grandes Transformações* sobre o movimento total do capitalismo, intersecção pouco analisado pelos estudos acadêmicos reféns muitas vezes de visão idealista da partição entre o público e o privado no capitalismo. Antigos reitores, altos burocratas das universidades públicas, chefes de departamento, líderes acadêmicos de diversas áreas se encantariam pelo risco de ganhar mais dinheiro e embarcariam com o status adquirido e o capital que isso representa em outras canoas particulares, dirigindo ou montando grandes negócios no setor da educação superior privada. O imbricamento antecedeu o surto posterior de financeirização e reconcentração do setor que abocanharia o grande volume de investimentos globais. João Manoel Cardoso de Mello, no entanto, fazia coro na coalizão a favor da Lei de Cotas, um ator de peso na coalizão, paradoxalmente engajado nos destinos do Brasil, por toda sua trajetória intelectual e em momento de acirrada disputa entre as coalizões. Ele, como outros assinara o acordo ao entrar, chamado acordo de cavalheiros, apesar das muitas damas presentes. Mas a fila não era por conta do sistema público de bolsas de estudos em instituições privadas (PROUNI)? Sim. O tema das cotas foi, como visto no caso do deputado Paulo Magalhães, no caso do jurista Ives Gandra Martins, no caso de grande parte da cobertura da imprensa, trazido à baila no sistema nacional de Educação como pomo de discórdia, elemento de resistência, como bandeira nas instituições privadas, em partidos, no Parlamento, na imprensa, no STF, no embate entre as coalizões já no curso dessa política pública de ação afirmativa, portanto. Mais uma vez, o princípio operativo da regra de criação do sistema público de bolsas de estudos em instituições privadas (PROUNI) eram as cotas.

A fila anda, passa o professor João Manoel, passa o professor Aldo Vannucchi, de uma instituição comunitária, na entrada do auditório térreo do MEC, duas mesas com listas de presença acolhem cada um, que apresenta documentação, tem seu nome conferido por pessoas sorridentes de uniforme e adentram ao auditório térreo das declarações públicas do ministério da Educação. Ali chega o professor Kabenguelê Munanga, como convidado de honra, prova inabalável, inquestionável de que a questão racial estava em jogo na nova política pública. Os N*MS também se fazem presentes. O auditório tem capacidade para umas 300 pessoas, a imprensa cobre o local com toda a sua parafernália, a camisa amarela do MSU do Rio de Janeiro, de Minas Gerais, do Paraná, de São Paulo e de Tocantins chama a atenção dos presentes, alguns olham meio estupefatos. O ministro Tarso Genro comanda da mesa na frente o acontecimento, uma parcela grande, não a totalidade, das instituições de educação superior privada assinam um acordo de cavalheiros, o que envolve o Ministério de Educação e os Novíssimos Movimentos Sociais, o que sela o consenso em política pública entre as coalizões dentro do subsistema de educação, selando as bases para a criação do sistema público de bolsas de estudos em instituições privadas (PROUNI), passo decisivo para a superação do conflito entre as coalizões e pavimentar o apoio político que patinava no Parlamento. Há alegria no ar, na cara dos membros dos novíssimos movimentos sociais, no sorriso estampado do ministro Tarso Genro, aquilo era a prática política da concertação em política pública. Perante o auditório lotado, que tinha ilustres presenças nas cadeiras, como o professor Kabenguelê Munanga e o professor João Manoel Cardoso de Mello, os N*MS têm direito à fala e celebram o fato cobrando a aprovação do projeto de Lei na Câmara com bolsas integrais, respeitando a presença da escola pública, dos negros, dos indígenas, dos pobres. Contudo, a coalizão contra a Lei de Cotas rateará do consenso. O jogo entre as coalizões em política pública no Parlamento, no campo político, nem sempre obedece aos consensos em políticas públicas obtidos dentro do subsistema de educação. Se o consenso naquele dia era uma reação dura da coalizão a favor da Lei de Cotas contra o veto no Congresso da outra coalizão, esse consenso apesar de necessário, não era suficiente, como se verá.

Animados, os N*MS andam a pé da portaria principal do MEC até a entrada do anexo III. Um ministério depois do outro até o da Justiça, árvores do cerrado, um canto miúdo de cigarras, o comércio ambulante em cada ministério, o sinal, atravessar para o meio do Congresso, passar em frente aos mastros com as bandeiras de todos os estados, ir para o outro lado, parar ali no ponto de ônibus, descer a escadinha, passar pelo jardim das flores, onde um cacto miúdo e bonito era acariciado por uma borboleta perdida procurando a sombra da laje sob o sol incremente de Brasília. Chega-se gotejando. Os seguranças, as credenciais, normal, o corredor das comissões, o alarido da muvuca, sala lotada, debate-se o sistema público de bolsas de estudos em instituições privadas. Tensão violenta entre as coalizões. Sala 12 cheia. Ficar ao lado do relator Colombo, mostrar de que lado se está na história, as camisas amarelas daquelas pessoas em pé chamam a atenção, foram tiradas das mochilas e vestidas ali, dentro da comissão, contra a repressão da polícia legislativa. A notícia do consenso armou as coalizões em disputa no Congresso. O jogo das falas é tenso, uma a favor, outra contra, um pinga-fogo que só. Há um pedido de vistas. O debate se encerra pelas regras institucionais do regimento da Câmara dos Deputados. Gruda-se no relator como carrapatos, há um assédio da imprensa sobre o relator. Ser relator é sonho de consumo legislativo de todo parlamentar, é oportunidade de sair da casinha. Entrevistas, cumprimentos, sorrisos, o relator anda, anda-se junto dele. Sim, até o gabinete, a reunião será no gabinete, chegarei lá. Passos em bando até o fim da ala das comissões, os N*MS atravessam o hall do anexo II, descem as escadas, entram na grande escada rolante do subterrâneo que liga o anexo II ao anexo IV num vaivém infinito, numa via que vai, noutra que vem, separadas, a escada rolante carrega os corpos, tempo para respirar, 3 elevadores de cada lado, o anexo IV, dos gabinetes parlamentares, tem também restaurante requintado no nono andar, ascensoristas, seguranças, fila de gente que vem de todo o canto do Brasil acudir uma demanda política. Em bando no elevador, até o andar do gabinete, entra, água, cafezinho, boas-vindas esfuziantes, depois de meia hora chega o deputado. Faz questão de fazer muitas fotos com os N*MS, em torno de uma mesa no gabinete é feita a reunião: "Não passa aqui, se não ceder". Hummmmmm! Deputado Colombo, iremos bater nosso bumbo até o fim: 20% em bolsas, bolsas integrais, respeito à origem na escola pública, negros, indígenas e pobres. Mas não se esperará o dia de São Nunca para entrar na universidade privada, para romper acerca do latifúndio privado. Mesmo que não entrem todos que merecem, é preciso que entre pelo menos uns 100 mil nesse fim de ano. É vida contra morte. Então vocês estarão juntos mesmo com alterações: Sim, relator, fazer o quê? Importa aprovar o direito, a criação do sistema público de bolsas de estudos em instituições privadas (PROUNI). Pelo que se viu hoje, isso só sai com Medida Provisória do presidente da República. Sem a medida provisória vai ficar para as calendas. Não tem como o povo entrar no começo de 2005, porque tem que fazer os exames no fim de ano. Tamo junto, pisa no acelerador. É muito importante a comissão de acompanhamento e controle social, porque tem dinheiro público. Dissemos isso ao ministro da Educação: O MSU QUER A MEDIDA PROVISÓRIA JÁ! Acompanharemos até o fim o processo político aqui dentro do Parlamento, até a aprovação final. O veto novo da coalizão contra informava sua força política no Parlamento. A superação do conflito se fez com a alteração que agradava o grande *lobby* privado no Parlamento. A história é demais conhecida. O PL 3584/2004 foi apresentado por Tarso Genro, pelo poder executivo, em 18 de maio de 2004, na Câmara dos Deputados.

> No dia seguinte à apresentação do PL 3582/2004, 19 de maio de 2004, o Governo solicitou urgência à proposta (conforme a Constituição Federal artigo 64, § 2º). Com isso, a Câmara dos Deputados teria prazo de 45 dias para analisar a matéria. Como o PL 3582/2004 foi despachado à CSSF, CEC, CFT e CCJ, foi criada uma comissão especial (conforme o artigo 34, capítulo II do Regimento Interno da Câmara dos Deputados) para analisar a admissibilidade e o mérito da proposta. O presidente da comissão foi o deputado federal Gastão Vieira (PFL-MA) e o relator do projeto o deputado Irineu Colombo (PT-PR). Os membros da comissão apresentaram alguns requerimentos de audiência pública para ouvir entidades representativas e reitores. No entanto, tais requerimentos nem chegaram a ser apreciados pela comissão, pois, vencido o prazo constitucional de 45 dias, a matéria foi incluída na pauta do Plenário, onde foram protocoladas 292 emendas ao PL 3582/2004. O Plenário por sua vez acabou não apreciando o projeto. Isso ocorreu, a princípio, porque a Medida Provisória 183/2004 estava sobrestando a pauta de votações e, logo em seguida, a Presidência da República retirou o pedido de urgência. A urgência foi retirada para liberar a pauta e permitir a aprovação da Lei de Diretrizes Orçamentárias de 2004. Com isso, o projeto voltou à comissão especial, onde o relator apresentou um substitutivo, contemplando parte das 292 emendas apresentadas pelos deputados. O texto mantém a exigência de que 10% das vagas sejam transformadas em bolsas integrais. No entanto, permite que, como alternativa, 30% desse total seja transformado em bolsas parciais de 50% com o objetivo de atingir mais alunos. O substitutivo também aumenta o limite de renda per capita para 1,5 salário mínimo. Outra mudança proposta por Irineu Colombo é a redução do percentual de bolsas integrais que deveriam ser oferecidas pelas IES filantrópicas de 20% para 10%. Para completar o percentual de gratuidade de 20% da receita, exigido por decreto, essas IES poderiam conceder bolsas parciais de 50% ou realizar programas de assistência social. (Jorge e Costa, 2014, p. 50-52, grifos nossos).

A estudiosa do legislativo também não enxerga os novíssimos movimentos sociais, é grande o coro, como se vê, quanto mais ele cresce mais cresce, no entanto, o elefante e suas partes que formam as hipóteses desta obra. Não aparece a questão das ações afirmativas. Mas aparece na autora, ciosa dos regimentos e mecanismos institucionais do poder legislativo, algo extremamente importante como mecanismo de política pública no Parlamento e que seria apropriado estrategicamente pelos N*MS, pela coalizão a favor da Lei de Cotas para a disputa política no Parlamento, nesse sentido dando razão a uma função aprendizado em política pública como previsto no modelo de coalizão de defesa. Os N*MS carregam a esperança do direito à universidade no Parlamento, lutam, sofrem, apanham, ganham e aprendem ao pisar o chão do labirinto, caminhar em seu universo, com curiosidade e interrogações. O aprendizado destacado aqui é a importância do pedido de urgência, da comissão especial, do plenário da Câmara e da aceleração do tempo. Para o que estava muito atrasado, desde a abolição inconclusa, ao menos, isso foi interpretado como um mecanismo que convidava os N*MS a agirem imediatamente para a Lei de Cotas não criar mofo nas gavetas da Câmara dos Deputados. Simultaneamente ao sistema público de bolsas de estudos em instituições privadas (PROUNI)? Sim. Dois latifúndios. A chave era simbólica e era real. Os N*MS não estavam para passeio, nem cooptação, nem vaquinhas de presépio no Parlamento. É a guerra.

Imagem 56 – MSU entrega a chave para que o ministro da educação abra as portas das universidades no Brasil para o povo brasileiro

8 • Brasília, segunda-feira, 6 de setembro de 2004 • CORREIO BRAZILIENSE

GABARITO | REFORMA UNIVERSITÁRIA

LIDERANÇAS DO MSU ENTREGAM CHAVE AO MINISTRO DA EDUCAÇÃO, TARSO GENRO, PARA QUE ELE ABRA AS PORTAS DAS UNIVERSIDADES PARA O POVO

PELA INCLUSÃO

JOVENS DE BAIXA RENDA DEFENDEM A RESERVA DE VAGAS E PEDEM INCENTIVO PARA A COMPRA DE COMPUTADOR MAIS BARATO

PRISCILLA BORGES
DA EQUIPE DO CORREIO

Ampliar o acesso dos estudantes de baixa renda ao ensino superior é a missão do Movimento dos Sem Universidade (MSU). Desde 2001, grupos de cursinhos populares, a Pastoral da Juventude, de hip hop, alunos e educadores da rede pública se uniram para tentar democratizar as universidades brasileiras. O movimento se espalhou pelo país. Há trabalhos em diversos estados, inclusive no Distrito Federal.

Este mês, representantes do MSU apresentaram uma lista de reivindicações ao ministro da Educação, Tarso Genro. "O encontro foi muito positivo", garante o coordenador do grupo, Sérgio José Custódio. Ele entregou ao ministro uma grande chave simbolizando a inclusão dos jovens de baixa renda no ensino superior. "O governo precisa abrir as portas das universidades aos estudantes", reforça.

Tarso considerou as demandas apresentadas importantes. Tanto que solicitou a formação de um grupo de trabalho para estudar os pedidos. Em 15 dias, todos os nomes serão escolhidos. Além de participantes do MEC, o ministro quer convidar integrantes de outros movimentos ligados à exclusão social para fazer parte do GT. Maria Eunice de Andrade Araújo, integrante do GT, diz que não há previsão para definições. "Muitos temas envolvem outros ministérios e exigem discussões amplas", diz.

As propostas apresentadas não se limitam às questões já incluídas na reforma universitária. Vão um pouco mais além. Segundo Sérgio, são fruto de longas discussões realizadas entre dezembro de 2003 e fevereiro deste ano e representam as ambições de mais de um milhão de pessoas. Pedem desde incentivo à compra de computadores baratos até a transformação de grandes presídios em centros de ensino superior.

Entre as principais demandas estão a criação de bolsas de estudo integrais para os jovens carentes, a isenção das taxas de inscrição nos vestibulares das universidades federais e estaduais para os estudantes de escolas públicas e a reserva de vagas nas instituições públicas para esses alunos. Para a questão da isenção, o MSU pediu urgência ao ministro. "Conseguimos a liberação do pagamento da inscrição em vários lugares. Agora, gostaríamos de ver uma portaria do ministério exigindo isso de todas", esclarece Sérgio.

Mas a questão não é tão simples. Tarso concorda com a justiça da proposta. Porém, a autonomia das universidades não pode ser ferida. De acordo com Maria Eunice, a viabilidade jurídica da medida se encontra em avaliação. A Associação Nacional dos Dirigentes de Instituições Federais de Ensino Superior (Andifes) foi convocada para debater o tema. O ministério quer conhecer as experiências já realizadas e saber qual o impacto financeiro de uma decisão como essas para o orçamento das faculdades.

Outro ponto defendido pelo MSU diz respeito ao Programa Universidade para Todos (Prouni). O movimento acredita que a participação da sociedade civil no controle da distribuição das bolsas é fundamental. Tarso assumiu o compromisso de incluir o controle social na regulamentação do projeto.

O QUE ELES QUEREM

1 Bolsas integrais no ProUni e controle social, com participação da sociedade civil no sistema que vai distribuir esses benefícios

2 Reserva de 50% das vagas nos cursos noturnos das universidades públicas brasileiras para os estudantes de escolas públicas

3 Criação de um observatório nacional para o preenchimento e o fim das vagas ociosas no sistema superior público

4 Inclusão, na agenda de política externa do governo federal, da possibilidade de que o Brasil tente conseguir bolsas de graduação junto aos governos estrangeiros para os sem-universidade da periferia do Brasil

5 Caráter de urgência ao Projeto de Lei que reserva vagas para estudantes de escolas públicas, afrodescendentes e indígenas nas universidades públicas

6 Transformação dos presídios do Carandiru (SP) e de Ribeirão das Neves (MG) em universidades públicas geridas pelo Sistema S (Sesi, Sesc e Senai), pelos governos dos estados, pelo governo federal e municípios

7 Aprovação de uma lei nacional de isenções das taxas dos vestibulares para os estudantes de escolas públicas ou de baixa renda

8 Criação de um grupo de trabalho nacional para a superação dos atuais modelos de vestibulares

9 Incentivo ao computador barato e ao acesso à internet para as famílias e o povo da periferia

Fonte: *Correio Braziliense*, 6 set. 2004, p. 8[199]

Antes de entrar na luta pelo pedido de urgência da Lei de Cotas, esgotemos os passos formais institucionais da criação do sistema público de bolsas de estudos em instituições privadas (PROUNI) no Parlamento.

No dia 10 de setembro de 2004, o Presidente da República instituiu o PROUNI, por meio da MP 213 e, em seguida pediu a retirada do PL 3582/2004, que foi arquivado. Cerca de

[199] Disponível em Hemeroteca Digital Brasileira: http://memoria.bn.br/DocReader/DocReader.aspx?bib=028274_05&pesq=msu%20universidade&pasta=ano%20200&hf=memoria.bn.br&pagfis=77196 . Acesso em: 16 dez. 2021.

> quatro meses após a apresentação do PL 3582/2004, o presidente Lula editou a MP 213/2004 para dar vigência imediata ao PROUNI. A medida trouxe inovações em relação ao texto do projeto de lei, as quais levaram em consideração os debates ocorridos na Câmara, as emendas apresentadas pelos deputados ao PL 3582/2004 e o substitutivo do relator Irineu Colombo. [...] Uma mudança importante incorporada pela MP 213/2004 foi a criação da bolsa parcial de 50% para estudantes com renda familiar per capita de até três salários mínimos. E o teto da renda familiar para o recebimento da bolsa integral foi aumentado de um salário mínimo para 1,5 salário mínimo per capita. A MP também adotou regra constante do substitutivo de Irineu Colombo referente às IES filantrópicas. Em vez de uma bolsa integral para cada quatro alunos regulares, como era no PL 3582/2004, a MP passou a exigir uma bolsa integral para cada nove alunos pagantes. Outra alteração relevante diz respeito à ampliação do rol dos destinatários das bolsas. A MP 213/2004 incluiu os estudantes que cursaram todo o ensino médio em instituições privadas na condição de bolsista integral e também os alunos com deficiência. Logo após apresentada, em 10 de setembro, foi formada uma comissão mista, que deveria apresentar parecer acerca da admissibilidade, constitucionalidade, juridicidade e adequação financeira e orçamentária da medida provisória (como determina a Resolução nº 1/2002 do Congresso Nacional, que, no entanto, somente passou a ser cumprida a partir de março de 2012 por determinação do Supremo Tribunal Federal). O prazo de apreciação (Constituição Federal, art. 62, §6º) da MP 213/2004 terminou no fim de outubro. A partir daí a emenda passou a sobrestar a pauta do Plenário da Câmara dos Deputados. Foi designado como relator da comissão mista o Deputado petista Irineu Colombo, que já havia relatado o PL 3582/2004. No dia 1º de dezembro ele proferiu parecer favorável acerca dos aspectos abordados no parágrafo anterior. E apresentou um projeto de conversão (PLV 59/2004) que foi aprovado pela Casa. Uma das emendas incorporadas ao texto, do Deputado Paulo Magalhães (PFL-BA), reduzia de 10% para 7% o limite da receita das IES com fins lucrativos a ser revertidos em bolsas do PROUNI, mudança que reflete o poder de influência das IES privadas no Congresso. Segundo matéria publicada no dia 9 de dezembro de 2004 pela Agência Brasil, a alteração levaria a uma redução de 40.759 bolsas a serem oferecidas pelas IES participantes do programa. (Jorge e Costa, 2014, p. 53-55).

Em cada passo dessa linha da letra da lei e sua lógica, dessa linha do labirinto da Lei de Cotas, podem os N*MS ficarem ausentes, continuarem presentes, machucarem-se, comemorarem a conquista do direito à universidade privada, do direito à universidade pública? Como a dinâmica histórica da luta pela Lei de Cotas liga num só labirinto o chão da periferia e o chão do Congresso Nacional naquele 2004? Como superar o epistemicídio em política pública, que some com os agentes, some com os N*MS no parto da política pública, da Lei de Cotas?

A periferia encantada pelo direito à universidade: Cidade Tiradentes como ponto no labirinto da Lei de Cotas

A luta de 2001, 2002, 2003 ganhava tijolos que viravam paredes que subiam a olhos vistos na região central de Cidade Tiradentes, extremo leste da cidade de São Paulo, no primeiro semestre de 2004. Viu-se na Universidade Aberta, viu-se nas aulas de história de domingo, aulas de Gilberto, estudante de Ciências Sociais da USP, oriundo do Pará, apaixonado pelo MSU. Pela periferia começaria a universidade no município de São Paulo, fruto de árdua luta do MSU, dos N*MS, o MSU entoava um modelo em política pública que rompia com a pasmaceira do ajuste fiscal dos anos 1990: a parceria entre município, Estado e União para a realização da universidade pública, para a ira dos donos dos cofres das universidades privadas e seus políticos de estimação. Importa ouvir o barulho que vem da periferia para Brasília, o barulho de Cidade Tiradentes, o barulho da política pública no chão do Brasil.

José Carlos, Marcos, Rogério, Cláudia, coordenadores do MSU, são convocados para uma reunião na subprefeitura de Cidade Tiradentes, no começo de 2004, assinava o convite um dos coordenadores de Educação da Região de nome Manoel, um diretor de escola pública, na casa dos seus 50 anos de idade, ali estava uma professora da rede pública municipal, um professor, o padre negro da Igreja principal de Cidade Tiradentes, o líder negro pai do sem-universidade que fora para Brasília ano passado. A reunião vai morna, Seu Manoel estava naquela plenária gigante do Anhembi onde os N*MS encontraram Tarso Genro, estava angustiado. Na prática, animados e desesperados, a universidade era uma realidade em Cidade Tiradentes e era necessário preparar o povo para a prova de admissão para que o lugar participasse do sonho da universidade estudando nela. O líder negro e o padre negro disseram que era preciso fazer uma grande mobilização, ajudar as pessoas a vencerem o medo de vestibular. O MSU fez coro, era preciso fazer a grande mobilização popular e acreditar no seu significado, a grande mobilização popular significaria mais vagas garantidas e mais vagas significaria mais gente dentro. O MSU estava disposto para a empreitada, para a mão na massa, o trabalho intenso de mobilização. Como fazer isso? Por meio do Cursinho Popular do MSU, levar a experiência do Salgado para toda Cidade Tiradentes, todas as escolas, gerar o encanto e acreditar no amor correspondido do encanto. Os olhos do líder negro brilharam, os olhos do padre brilharam. A professora ficou entusiasmada e disse que não mediria esforço. Sim, então, sem orçamento, sem nenhum recurso extra, era fazer o grande chamamento do povo para estudar, para o cursinho popular do MSU, cuja porta de saída é a universidade municipal em cidade Tiradentes. Seu Manoel concordou no final e colocaria a estrutura das escolas municipais à disposição. A notícia se espalharia desde aquela reunião, na Igreja e não apenas numa delas, da Igreja Católica da Avenida dos Têxteis até a Igreja Universal. De escola em escola, de liderança em liderança. A magia estava no ar. O MSU encarava um gigantesco trabalho educativo. Paulo Freire pra que te quero? Abdias do Nascimento para que te quero? Abriram-se as inscrições. A adesão superou todas as expectativas. Estava certo o dito do MSU, a música do Titãs, o rap dos Racionais MC's: matar a fome de saber! A gente não quer só comida! Periferia é periferia em qualquer lugar! A avaliação pedagógica, que não era para excluir, mas para organizar o trabalho de educação popular, do cursinho popular do MSU, que não existia sem trabalho duro, fez-se em todas as escolas de Cidade Tiradentes num domingo de manhã. O comparecimento foi em massa. Cidade Tiradentes tem forte presença negra. O MSU formulou a avaliação, ela foi aplicada num ritual de cidadania e de aguçamento do pensamento crítico, pessoas de todas as idades interessadas na universidade participaram. Mais de cinco mil pessoas, era a chama acesa da tocha do direito à universidade passando de geração em geração num território preto, num território da periferia. A irmã mais velha do Daniel estava entre as que se entusiasmaram e foram fazer a avaliação pedagógica, seu irmão caçula havia estudado no cursinho popular do MSU no Salgado ano passado e entrou na Geografia da UNESP, ela não queria viver com a barriga no tanque ou no fogão. Ali ocorria em gesto, em fé, em pés na estrada do conhecimento a revolução na educação do Brasil, ninguém seguraria o desejo negro, o desejo popular por universidade quando ele brota feito sonho do chão da sociedade, de suas profundezas. A imprensa não deu o destaque que normalmente se dá para a violência no território preto, mas uma matéria do *Jornal Diário de São Paulo* registrou um tiquinho do que acontecia. Pessoas choravam agradecidas pela simples oportunidade de fazerem uma avaliação pedagógica, serem tratadas com dignidade. Houve uma reunião geral, na qual o Seu Mané sorria pela surpreendente mobilização. Todos os participantes foram convocados para uma grande plenária a céu aberto numa manhã de sábado no pátio do CEU Inácio Monteiro. O céu de Cidade Tiradentes brilhava naquele dia, a revolução na educação brasileira estava ali viva, em seu sentido vivo, com a força do povo junto no território preto. Os coordenadores do MSU encaminharam a plenária gigantesca, falaram da luta de vida e morte pelo direito à universidade que se jogava naquele momento da história no Brasil, da necessidade da vaga privada, da vaga pública, do compromisso político do presidente Lula com essa causa, porque ele era um sem-universidade, mas que não dava pra ficar esperando, que estavam no Congresso lutando e que, assim como a universidade municipal, foi uma conquista, novas conquistas acontecerão já para o fim do ano, falaram da Lei de Cotas e do Sistema público de bolsas de estudos em instituições privadas (PROUNI). As aulas do cursinho popular aconteceriam nos fins de semana no CEU Inácio Monteiro, haveria revezamento de grupos para encontros semanais no auditório do Teatro do CEU Inácio Monteiro, todos os sábados, dessa forma, com rodízio, todos participariam. Foi chamado de Universidade Aberta esses encontros e grandes palestrantes foram mobilizados pelo MSU para partilhar saberes, o cursinho popular era uma obra aberta pela alegria e vitalidade criativa do povo. A apostila solidária do MSU garantiu acesso ao conhecimento, o MSU organizou uma seleção de educadores populares na USP, como Gilberto, estudantes da USP comprometidos com a causa deixaram seu amor e sua lição e aprenderam muito naquelas semanas de 2004 que o tempo infinito nunca apagará. Em pé, convocados, a revolução se fazia na educação pelas margens do campo educacional, pelo toque de audácia dos N*MS. Esse ponto estratégico do labirinto é que conforma a base principal de lançamento dos coordenadores do MSU que serão como foguete do Cabo Canaveral do CEU Inácio Monteiro, em Cidade Tiradentes, carregados de energia, lançados até o chão do Congresso Nacional, naquele segundo semestre de 2004, para a luta decisiva pela aprovação do sistema público de bolsas de estudos em instituições privadas (PROUNI) e pela Lei de Cotas. Sem essa energia da legitimidade política que o território credita a esses agentes, não há como entender como esses agentes chegaram com a cara de pau e a coragem em Brasília falando de igual para igual com líderes partidários, presidente da Câmara, presidente do Senado, ministros, presidente da República. O enraizamento dos N*MS nos territórios de periferia era a principal fonte de sua legitimidade. Isso destoava dos rituais de lideranças partidárias, dos rituais burocráticos de variados movimentos. Isso incomodava muito, porque não era evidente de imediato nas fuças dos agentes. Mas elas agiam com tamanho destemor, que de algum lugar vinha aquela energia infinita. Era a energia dos jogadores de camisa amarela que vestiam a camisa e suavam pela camisa no campo do adversário, sem esmorecer, sem esmolar, sem ajoelhar perante as violências e as humilhações do poder no Brasil. O jogo era violento, mas a conquista era maior. Cidade Tiradentes foi o Macondo da Lei de Cotas? Foi a Cidade de Deus da Lei de Cotas? Foi a Roma? Foi a Meca? Foi a Jerusalém? Foi Palmares? Foi a grande aldeia? A velocidade da ação empurrada pela vivência da dor e pela esperança da universidade armava os agentes do MSU, dos N*MS. Com certeza Cidade Tiradentes tinha a companhia de outros pontos do labirinto cujas histórias de encanto assemelhadas, mais dias, menos dias aparecerão para o Brasil amar mais a si e aos seus. Respeito. Humildade. Vergonha na cara. Trindade do grande empurrão para os agentes dos N*MS em luta ardida pelo direito à universidade no Brasil, crenças simples presentes na coalizão a favor da Lei de Cotas. Todo sábado, todo domingo, pisar o chão do cursinho popular do MSU na periferia, toda semana clamar pelo direito à universidade em Brasília, fisicamente estar lá, no chão do Congresso, no labirinto. Em Cidade Tiradentes, enxerga-se o horizonte, como em Brasília e se pode conversar com as estrelas no infinito. Em 20 de setembro de 2004, a placa, a pedra inaugural, o prédio da Universidade Municipal de São Paulo, da cidade e da cidadania, ideia, luta e conquista do MSU, estava inaugurada pelo ministro Tarso Genro. Os sem universidade tinham aonde ir no começo do outro ano, era real, ali perto de casa. Por isso,

Cidade Tiradentes vira Macondo, a periferia encantada pelo direito a universidade. A Macondo brasileira se viu junta num gigantesco mutirão popular, no 10 de outubro de 2004, dia da avaliação diagnóstica do MSU, dia de leitura, de aprender, de ensinar. Há um busto de Tiradentes no centrinho de Cidade Tiradentes, um busto com uma espécie de corda no pescoço, meio Cristo. De Cidade Tiradentes falava à nação não o herói inventado da República brasileira, herói de cima para baixo para que o povo obedecesse de joelhos os ases da República da abolição inconclusa. O canto da periferia encantada de Cidade Tiradentes é o canto negro, o canto indígena, o canto popular, o canto dos pobres, o canto da diversidade, dos diferentes corpos que formam a nação Brasil e que reivindicam a nação. É como se fosse outro Tiradentes que brotasse na história do Brasil, um Tiradentes de Cidade Tiradentes para o XXI deixando para trás o herói inventado, reinventando um nacional, mas um nacional plural, não como mito, mas real, de carne, osso, dores e sonhos de que o Brasil os admire, escute-os, de que a política pública para o acesso à universidade os considere, homenageie-os na justa sina de ser parte igual de um Brasil comum. Outro canto de vitória da coalizão a favor da Lei de Cotas também se ouviria na noite de 20 de setembro, no centro de São Paulo.

O Canto das Cem Mil Bolsas de Estudo com participação da sociedade civil e controle social: o labirinto vivo da Lei de Cotas

A concertação, forma necessária em política pública para países da América Latina com graves desigualdades raciais, sociais, territoriais, educacionais, vai se aprendendo da lógica da prática da luta pelo direito à universidade no Brasil. A concertação como prática, entoada pelo Ministro Tarso Genro, onde na maioria das vezes, ele próprio se colocava como mediador, o maestro dos ensaios de orquestra de política pública, não pode ocorrer apenas nos salões do poder em Brasília. Desconfiados, os N*MS reivindicavam a presença do Ministro para um contato direto com os agentes da revolução da educação no Brasil, para um contato direto com Cidade Tiradentes, Jardim Ângela, Cidade AE Carvalho, Jardim Antártica, Paraisópolis, Perus, Cidade Dutra, Santo Amaro, Favela do Canão, Brasilândia, Taboão da Serra, Jardim Capela, Capão Redondo, Campo Limpo, enfim, a periferia inteira. Jairo Jorge do MEC intermediou a negociação e uma data foi marcada, um dia da semana de noite.

No fim de semana anterior, uma reunião dos coordenadores do MSU definiria a estratégia do encontro. Charles propôs uma faixa no fundo: Universidade: A vez da Periferia. Érica do Taboão iria para a mesa. Haveria homenagem a ancestralidade com um conjunto de pessoas importantes para o MSU homenageadas, elas receberiam buquês de flores. Haveria um conjunto de 10 perguntas ao Ministro feitas por coordenadores do MSU. Dado a experiência de Manaus, era preciso organizar a segurança para não haver violência. Todo mundo de camisa do MSU para facilitar a chegada, a identificação e espantar mal olhado. Haveria um coquetel barato para contato direto das pessoas com o Ministro e para destronar as autoridades em relação ao povo tirando suas armaduras artificiais. O centro da pauta para o MSU era garantir 100 mil bolsas de estudos ao menos daquele encontro nos olhos do ministro de Estado da Educação. Era preciso encher o auditório, umas 300 pessoas. Era preciso arrumar uma gravação do Hino Nacional, marca registrada dos encontros do MSU. Um auditório no centro de São Paulo, numa rua do lado de baixo do Metrô. Precisava mobilizar as regiões.

Da Parada Inglesa é convocada dona Neusa, mãe da Mafoane, ela se anima por demais e se compromete, ela é central na revolução em curso na educação do Brasil. Ela indica uma homenageada, uma pessoa que acaba de concluir o curso de graduação na PUC, uma estudante negra com 50 anos de idade e uma história de peso. Renê Rogério, do cursinho popular Sintaxe, da Luz, fará uma das perguntas, outras pessoas são escolhidas. José Carlos, Erasmo, Cláudia, Beatriz, Luana, Carla. O povo chega logo em torno das seis da tarde daquela noite. Pollyana está radiante, Eduardo passou bem sua camiseta do MSU e sua calça preta com a cinta de fivela, sapato preto, óculos. As mesas do lado de fora do auditório repletas de comes e bebes num coquetel singelo, sucos, refrigerantes, salgadinhos, bolos. O MSU é o encontro dos lugares, aquele ponto do labirinto é um ponto de vida da coalizão. Para toda aquela gente a vida não era nada fácil. Zuleide está muito contente. Edvaldo parece voar. O ministro chega. O coquetel ganha novos ares. As pessoas se aproximam, conversam assuntos comuns com o ministro de Estado. Respeito, dignidade. O ministro está bastante emocionado, bastante alegre. Chega a imprensa com sua pressa. Fernanda Mena, jornalista da *Folha de S. Paulo*, observa tudo. Ela não era a dona da *Folha de S. Paulo*. Apesar da simpatia da Fernanda Mena na ocasião, a *Folha de S. Paulo* jogava na coalizão contra. A Rede Globo aparece pedindo que acelerasse para ter imagens para o jornal nacional. O povo queria conversar com o ministro, não queria acelerar. Com o coquetel acabando, adentra-se ao auditório. É executado o hino nacional com todo mundo em pé. Os pulmões presentes cantam em coro o Brasil com as vozes da dor e as vozes da revolução em curso na educação do Brasil. Um momento de grande emoção, lágrimas correm de muitos olhos ao tempo em que o som se avoluma. Um Brasil para todos os brasileiros? Érica comanda as homenagens, Jefferson da Silva é homenageado pela sua grande trajetória no MSU, suas aulas como educador popular de Geografia, seus 10 anos de trampo desde quando começou o primeiro McDonalds da cidade de São Paulo, na esquina entre a Rebouças e a Avenida Brasil (ou Henrique Schaumann?), quando começou, sua participação na marcha do enterro do vestibular até a FUVEST, sua entrada na USP, sua formatura, seu exemplo. O ministro entrega aos homenageados o buquê de flores. Histórias de vida e lutas negras são compartilhadas. Aplausos, lágrimas. A coordenação do MSU fala da necessidade de vagas públicas e vagas privadas, fala da expectativa de que 100 mil bolsas saiam até o fim do ano para essa geração que está aqui presente hoje, que a Lei de Cotas saia na prática junto com novas universidades. O ministro fala afirma o compromisso com os N*MS em garantir o direito à universidade. Há as perguntas. Há as respostas do Ministro. Há por fim as considerações finais. Mais de uma hora de duração. O canto das 100 mil bolsas públicas em instituições privadas foi entoado pelo MSU no ouvido, no olhar do Sr. ministro de Estado da Educação do Brasil. O ministro da Educação viu o elefante de perto. Viu?

Na lógica de ganhar a sociedade de baixo para cima, o sistema público de bolsas de estudos em instituições privadas (PROUNI) teve grande incentivo de divulgação nas n periferias feita na prática cotidiana naqueles meses que se seguiram a edição da medida provisória do presidente Lula. É canta lá que cantamos aqui. É o canto do gostinho sentido do direito à universidade que chega até a boca dos brasileiros, dos sem universidade. É a batida dos pés no chão das periferias que ecoa em Brasília e faz sonho virar lei. Isso se traduziu em intenso trabalho de educação popular para divulgação, para mobilização. Ao contrário dos finais dos anos anteriores nos cursinhos populares do MSU, da EDUCAFRO, agora havia um lugar para ir, isso animava todo mundo, famílias inteiras, ruas inteiras, gerações inteiras, novas e antigas que sonhavam com a universidade. Eram dois os gritos: faça o ENEM e se inscreva no sistema público de bolsas de estudos. Resgate seu ENEM antigo e se inscreva. Não precisa ter medo de nada, é direito conquistado. O que sintoniza o chão de cá com o de lá é a arte. De forma artesanal, parte da burocracia do MEC oriunda do Rio Grande do Sul e que ali estava pela fé no ministro Tarso Genro, uma vez que assessores menos qualificados salarialmente em Brasília não têm vida de condes em Brasília, ganham para pagar aluguel, improvisam acomodações e correrias pela vida. Mas eram assessores 24 horas por dia, apaixonados pela mudança em curso no Brasil, muitos deles, delas não tinham universidade. E isso acendeu neles o pavio criativo. Em interação com os N*MS, foi criado um desenho inspirado num quadro expressionista onde negros, indígenas, brancos, pobres, estudantes de escola pública assombram o primeiro plano da cena para com seus corpos cantar o direito à universidade. O desenho virou um cartaz feito quadro que convidava para a inscrição no programa. Ele traduzia o espírito coletivo daquela conquista.

Importa destacar que, no primeiro momento, ao mencionar "Lei de Cotas", referimo-nos ao PL 3627/04, fruto de intensa negociação no âmbito da coalizão social a favor da Lei de Cotas e que foi encaminhado pelo executivo ao Parlamento, em 20 de maio de 2004. A chave que abre a porta da universidade privada abre a porta da universidade pública? Se o mecanismo institucional do pedido de urgência vale para o sistema público de bolsas de estudos em instituições privadas (PROUNI) então deve valer também para a Lei de Cotas?

Imagem 57 – Coordenação do MSU com o ministro da Educação Tarso Genro em debate na FSP

Fonte: Arquivo MSU

Conscientes desse mecanismo institucional do Parlamento por conta de sua atuação prática no chão do Parlamento num caso, a mesma regra poderia valer para abrir as portas do latifúndio público no outro, mas não cairá do céu, era preciso agir. Ungidos pelo encanto da luta da periferia por universidade, com o exemplo vivo de Cidade Tiradentes, animados com o canto das 100 mil bolsas, uma comissão do MSU decide ir para Brasília. Rodoviária de São Paulo, Real Expresso, são quatro para uma guerra em dezembro de 2004, garantir as 100 mil bolsas e pedir a urgência para a Lei de Cotas. Partem numa noite de segunda-feira, 12 horas de estrada, chegam na rodoferroviária em Brasília oito da manhã, o lugar não tem banheiro que preste, ônibus até a rodoviária do Plano

Piloto, depois outro até a L2Norte 611, retiro Assunção. Jesus, um negro, está na recepção, sorridente acolhida. Banho e rumar para o Congresso Nacional. Para a secretaria-geral da Mesa.

O presidente da Câmara João Paulo Cunha, um sem-universidade conhecido do MSU por conta da participação dele no lançamento do Projeto Cursinho Popular Henfil em ato público na sede do sindicato dos bancários de Osasco, cursinho popular organizado pelo MSU na periferia de Osasco, na Escola Estadual Dr. Prof. Lustosa da Silva, Rua Luiz Gatti, 500, Baronesa, em 2001, ponto no mapa da luta por uma universidade pública em Osasco, ponto do labirinto da Lei de Cotas no Brasil. Adilson, Jenice, Émerson, Elineudo coordenaram aquelas lutas. João Paulo Cunha, um homem simples, de origem popular, metalúrgico, membro da pastoral da juventude, amante de rock, promissora liderança política do Brasil, era um sem-universidade e tinha grande sensibilidade para o direito à universidade, não tinha o diploma superior, o que seus adversários políticos lhe cuspiam na cara no corredor do Parlamento, vociferando ou cochichando. Havia recebido de braços abertos o MSU por conta da disputa violenta da criação do sistema público de bolsas de estudos em instituições privadas (PROUNI) na Câmara, urgência que liderara com grande habilidade política. O MSU, simbolicamente, os N*MS eram a principal parte interessada. Cobrado pelos N*MS para que colocasse em regime de urgência o PL 3627/04, disse que faria isso. "Se vocês me apresentarem o pedido de urgência assinado pela maioria dos líderes partidários da Câmara dos Deputados eu me comprometo a encaminhar." Combinado.

Imagem 58 – O presidente da Câmara João Paulo Cunha, um sem-universidade, entre os coordenadores do MSU, Sérgio e Mirtes

Fonte: Luiz Cruvinel

Será uma no cravo outra na ferradura? Um olho no peixe outro no gato? Quem tem boca não vai a Roma? Já não se está na Roma brasileira? Então, é pau na jaca! Pernas pra que te quero. No processo político da ação dos N*MS na Câmara dos Deputados, a outra porta também tinha que ser aberta simultaneamente.

Combinado? Era preciso fazer o dito virar o feito. Como fazer isso? Desce-se da presidência da Câmara para a secretaria-geral, para que se saiba os mecanismos formais para se fazer um protocolo formal com a assinatura dos líderes partidários, conhecido como "senhores líderes", de fato, nenhuma mulher era líder, nenhum dos líderes era negro, nenhum era indígena. Seu Mozart Viana está em reunião, ele disse que atenderá vocês daqui uma hora, vocês podem esperar ou voltar depois. A secretaria-geral da mesa fica embaixo da presidência da Câmara, a saída da secretaria da presidência da Câmara comporta salas da direção da mesa e de lideranças partidárias, como do PTB e do PDT. Em vez de sair na direção da portaria do anexo II, pega-se a escada que dá para a saída da Câmara pela chapelaria, no pavimento está a secretaria-geral, recuada. Há uma sala de recepção e a sala do secretário-geral da mesa, Seu Mozart Vianna é quase uma instituição ali, ele recebe os N*MS com dignidade.

Pega o Regimento Interno da Câmara dos Deputados e fala que o artigo 155 daria conta do pedido de urgência, o papel tinha que ter um número, tinha que ser uma folha timbrada que se conseguiria nas lideranças partidárias, deveria constar o nome de todos os líderes dessa legislatura, ele forneceu a lista dos líderes e a localização das salas das lideranças. Depois de assinado, é só trazer aqui que encaminho para vocês para o protocolo que fica no piso mais abaixo, aqui na assessoria da secretaria-geral da mesa. Agradecimentos sinceros.

Os quatro do MSU decidem ir primeiro até a liderança do PT, que ficava adiante, no corredor da secretaria-geral, na outra ponta. Marcos, coordenador do MSU, trazia nos bolsos pedras da sorte, um punhado de pedrinhas dessas de construção lá do CEU Ignácio Monteiro, Cidade Tiradentes, onde todo sábado e todo domingo, sete da manhã, coordenava o Cursinho Popular, a chegada dos sem-universidade, as chaves da sala, a organização das aulas, dos educadores populares. Lá na entrada, há uma porta de vidro, depois um sofá grande de espera, uma mesa, uma jovem secretária. A secretária diz que o líder não se encontra. Sem cartão de visitas, credenciais oficiais, sem a coleira de um parlamentar, os N*MS estão para a guerra pela aprovação da Lei de Cotas no Parlamento, com a cara e a coragem. Ali trabalham uns 20 assessores, entre jornalistas e outras funções, num ambiente um tanto improvisado. Explica-se que precisava de apoio para fazer um pedido de urgência para a Lei de Cotas. Aguardem, vou falar com a chefia de gabinete. Entra na porta fechada. Tudo bem. Dois deputados de terno e gravata e pin entram ali na mesma porta. Sai de dentro um assessor da chefia de gabinete da liderança do PT, sorridente, de óculos, o mineiro Marquinhos convida para entrar e sentar numa mesa. Pede café e água. Expõe-se a situação. "Vocês querem roubar as vagas das minhas filhas na universidade?", bem-humorado, diz que precisa consultar o chefe de gabinete primeiro, sai, entra numa salinha com divisória. Em seguida, aparece sorridente, providencia o papel timbrado e dá conta de seu preenchimento para o pedido de urgência. Vocês precisam conseguir a maioria, se der 12, podem comemorar e protocolar. No total, eram 14 líderes, os donos da pauta na Câmara dos Deputados. Decidimos começar pelo líder do PT, Arlindo Chinaglia, onde ele está? Marquinho pede para aguardar, faz uma ligação e diz que ele está numa reunião numa sala de reuniões ao lado da secretaria-geral da Mesa. Acho que se vocês forem agora, vocês o encontram, a reunião termina em uma hora, pode adiantar, pode atrasar. Cartazes da Constituinte, das Diretas, do dia da posse de Lula que enfeitavam a parede atrás do sofá ficam para trás.

Do lado de fora da porta de vidro da liderança do PT, alguns passos à esquerda uma cantina, algumas mesas e um balcão cumprido, doces, café, sanduíches para vender. Entra-se para um dedinho de prosa, para aprumar as ideias. Zé Carlos queria tomar um suco. Reunião rápida na última mesa, um pedaço de bolo. Pelos vidros da janela, uma movimentação de abelhas. Elas fazem ciranda em torno do bolo do Marcos. Ele tira as pedrinhas do bolso. Conta 14. PT, PTB, PDT, PPS, PSB, PCdoB, PL/PSL, PMDB, PSC, PP, PV, PSDB, PFL e Liderança do Governo. Vai dar pé. É preciso aprender com as abelhas, fazer o trabalho de forma obstinada, simples, coletivamente. Cada assinatura conseguida uma pedrinha vai de um bolso da frente para outro da calça preta de tergal do Marcos. Um dos quatro ficará responsável pela foto, uma máquina Kodak digital comprada pelo MSU para esse fim. Vai ser de supetão, de bate pronto, rápido e direto ao ponto, pegar a assinatura, tirar a foto para comprometimento e comprovação e ir para o próximo líder. As abelhas ficaram dançando numa ciranda em torno das migalhas do bolo sobre o prato de plástico na réstia de luz do sol. A ciranda da periferia tem inspiração na dança das abelhas da garapa de cana na cantina mais simples da Câmara dos Deputados. Zarpar até a reunião. Caixa na saída, menos de R$10,00, não era uma cantina de praça de alimentação de shopping. Mais alguns passos até a sala de reuniões no fim do corredor. De cara com o presidente da CUT que era antigo presidente do Sindicato dos Metalúrgicos do ABC, ele aguardava do lado de fora o líder sair da reunião fechada, os camisas amarelas se apresentam, perguntam se ele conhecia "Seu Furtina, da Gráfica Fundo de Greve". Sim! E dado a vivência dos N*MS com o Sindicato dos Metalúrgicos em debates pelo direito à universidade, o diálogo se fez, foi pedido apoio da CUT para o pedido de urgência. O presidente concordou. As folhas da porta grande de madeira se abrem, pé direito alto, uma mesa de madeira gigantesca se descobre, parlamentares saem, vimos o líder do PT deputado Arlindo Chinaglia, fomos na sua direção, falamos do que se tratava, ele imediatamente concordou, falamos que precisávamos de uma foto da assinatura para a comprovação do ocorrido, sem problemas, e assim saiu a primeira foto do pedido de urgência.

Imagem 59 – O momento da assinatura do pedido de urgência pelo então líder do PT, deputado Arlindo Chinaglia (PT-SP). Ao centro Arlindo Chinaglia, à esquerda José Carlos, coordenador do MSU, à direita, o presidente do Sindicato dos Metalúrgicos do ABC

Fonte: Arquivo MSU

Passado o susto da primeira assinatura, parecia que havia aprendido o jeito de agir naquele ambiente cifrado. Havia um problema prático: no meio de tanta gente, mais de 10 mil pessoas circulam no ambiente da Câmara dos Deputados de terça a quinta, como achar uma pessoa específica desconhecida. Volta-se para a Secretaria-Geral, precisava-se das fotos dos líderes. O jeito era tentar decorar a foto e associar o nome à foto. Mozart Viana nos atendeu prontamente. Disse que a liderança do PTB ficava bem em cima, perto da secretaria da Presidência. Subir as escadas, a porta tem uma placa "liderança do PTB", abrimos, de cara com uma secretária e algumas cadeiras. Muito educada, parecia bastante experiente, pediu para entrar, havia uma mesa pequena ao centro, ofereceu café, agradecidos, e perguntou do que se trata. Falar com o senhor líder do PTB, deputado federal José Mucio Monteiro para solicitar o apoio do PTB para o pedido de urgência do Projeto de Lei de Cotas. Ele está em reunião fora da liderança. Voltem daqui duas horas. Gatos escaldados dos dribles de assessorias, decide-se esperar ali sentados. Algum problema? Não, podem esperar aqui. Um parlamentar entra, a secretária ganha um enorme buquê de flores. O ambiente da liderança do PTB é sofisticado. No entra e sai de parlamentares da liderança do PTB, as camisetas amarelas fisgam olhares. Ficar ali esperando. Melhor uma liderança por vez. No canto do alto do teto, um pequeno mofo faz seu trabalho silencioso. Sorridente e contando histórias de seus antepassados no Recife, surpreendentemente para os N*MS, José Múcio atendeu três horas depois, quando surgiu na porta da liderança e foi rodeado pelo MSU, disse que tinha compromisso pessoal com aquela causa e, como líder, podiam contar com ele no que precisasse. Foto para o registro? Sem problemas.

Foi a adesão de José Múcio Monteiro (PTB/PE), líder do PTB.

A coalizão a favor da Lei de Cotas na prática política do chão da Câmara dos Deputados vai ganhando asas e cores que não corresponde muitas vezes às suposições teóricas, nem as certezas militantes *a priori*. Da terra de Joaquim Nabuco, da terra de Lula, de repente um apoio político de peso. Nem todos os brancos da Câmara dos Deputados eram do coro da branquitude. "Podem contar comigo para o que precisarem", disse o líder do PTB na saída. "Iremos precisar, obrigado". "Até onde será que ele vai?", disse Marcos, coordenador do MSU, já no corredor. Numa Câmara dos Deputados branca em sua maioria, a coalizão a favor da Lei de Cotas teria que ser na prática uma coalizão inter-racial em torno do direito à universidade. Se os N*MS não estavam ali para ninar a casa-grande, como ensina Conceição Evaristo, a aproximação, como fala Muniz Sodré, era um exercício prático de quebra do racismo. A assustadora realidade pragmática do Parlamento brasileiro branco não fez os N*MS baixarem a guarda, pelo contrário, era a continuação do jogo jogado no campo de Cidade Tiradentes, agora, noutro campo. Talvez, a metáfora do jogo seja pobre como aquela foto do caderno Mais da *Folha de S. Paulo* que colocava um braço negro contra um branco numa queda de braços igual. Nada era igual. A luta pelo pedido de urgência se beneficiava da atmosfera do país em torno da criação do sistema público de bolsas de estudos em instituições privadas (PROUNI), desse debate que polarizava a sociedade e o Parlamento, desse debate que deu visibilidade pública para os N*MS e do qual eles buscavam dar um sentido histórico da conquista da justiça social, da cidadania plena. Era um encontro de mundos. Melhor ouvir o silêncio e sentir. Era complexo. Inscrevia-se em várias dimensões simultâneas, para parafrasear Lévi-Strauss: o tempo, o espaço, a hierarquia burocrática, a hierarquia racial, a hierarquia social, a ancestralidade, o sonho da universidade, o vento que é preciso para o sonho virar realidade, o som do tambor nagô africano, o som do assovio indígena na mata, o atabaque, o maracá, as portas fechadas dos latifúndios educacionais do ensino superior no Brasil. Antes de tristes trópicos, eram trópicos vivos pela dimensão plena do ser, como ensina Gislene Aparecida dos Santos. Seres com humanidade igual na luta por quebrar as hierarquias raciais do racismo estrutural brasileiro. Marcos sonhava em ver sua irmã fazendo medicina numa universidade pública.

Imagem 60 – Deputado federal José Múcio Monteiro (PTB-PE), líder do PTB, assina o pedido de urgência após reunião com coordenadores do MSU. À direita Marcos, coordenador do MSU

Fonte: Arquivo MSU

Nem pensar em perder tempo com comida, ir direto, comer de noite no Assunção. A conquista da segunda assinatura põe sebo nas canelas dos N*MS. Quem seria o próximo líder? Do outro lado, no mesmo corredor, a sala da liderança do PDT. Casagrande do PSB. Sim. Não estava na liderança, estava na comissão. Qual? Finanças e orçamento? Obrigado. Ir até lá, ficar atrás, aguardar o fim da reunião. Avista-se a presença de Júlio Delgado, PPS. Falar com ele já. Pronto. Sim, concordamos! Assino, com foto.

Imagem 61 – Adesão do líder do PPS, deputado federal Júlio Delgado (PPS/MG)

Fonte: Arquivo MSU

Depois Casagrande, que nos cumprimentou e disse palavras importantes de incentivo e de coragem para a jornada dos camisas amarelas, que o que se fazia era o mais correto, que isso estava há muito tempo travado na garganta dele.

Imagem 62 – Adesão do líder do PSB, Deputado Federal Renato Casagrande (PSB/ES)

Fonte: Arquivo do MSU

Ir até a liderança do PC do B, fica embaixo, atrás das Comissões. O senhor líder está? Eu. Acabava de sair de uma reunião. Assino pra já.

Imagem 63 – Adesão do líder do PCdoB, deputado federal Renildo Calheiros (PCdoB/PE)

Fonte: Arquivo MSU

Na ala da grande sala da liderança do governo, um conjunto linear de salas que acomodam lugares de reunião e assessorias multifuncionais, à esquerda do vão para o plenário da Câmara para quem vem da portaria do anexo II, corredor das lideranças mais ocupado pela imprensa, seus fios, cabos, tripés, vai-e-vem permanente de jornalistas, chegam os camisas amarelas até a secretaria da liderança do governo. Os jornalistas olham com estranheza. Precisamos falar com o senhor líder do governo. Muita sorte. Logo em seguida, ele entra pelo mesmo lugar que se entrou. Ao ver as camisas amarelas, ele reconheceu a presença do MSU, em Santo André, em debate com ele sobre a necessidade de criação de uma Universidade Federal do ABC, debate que ocorrera em 2002 no auditório da Escola Estadual Américo Brasiliense, com mais de trezentos sem universidade. Foi um forte e longo abraço e a felicitação espontânea pela iniciativa do pedido de urgência. Assinou e disse que podia contar com ele para o que desse e viesse.

Imagem 64 – Momento da assinatura do líder do governo, Prof. Luizinho (PT-SP)

Fonte: Arquivo do MSU

Sim, as assinaturas estavam saindo. A liderança do PL fica logo adiante, é uma sala à direita no corredor em direção ao fundo, parecia uma sala vazia, não frequentada, pequena, funcional. Bate-se à porta, entra, o senhor líder? Ele está quase terminando uma reunião, já conversava com vocês, disse a simpática secretaria que não tinha feito universidade. O líder disse que o Brasil precisava daquilo, assinou, com o registro fotográfico.

Imagem 65 – Adesão do líder do PL/PSC, deputado federal Miguel de Souza

Fonte: Arquivo MSU

A liderança do PMDB era na ala da sala da presidência da Câmara dos Deputados, ao fim daquele corredor, na direção do Senado, à direita do salão verde. Bem estruturada, o líder não está. Muito profissionalismo burocrático. Aguardar. Café e água são servidos. O líder chega meia hora depois. Ele assina.

Imagem 66 – Adesão do líder do PMDB, deputado José Borba

Fonte: Arquivo MSU

Imagem 67 – Adesão do Líder do PSC, deputado Zequinha Marinho

Fonte: Arquivo MSU

Imagem 68 – Adesão do líder do PDT, Severiano Alves

Fonte: Arquivo MSU

Imagem 69 – Adesão do líder do PP, deputado Pedro Henry

Fonte: Arquivo MSU

Por volta de oito da noite, no ponto de ônibus da Esplanada, na saída do anexo III. Cansaço, missão cumprida. Voltar para o Retiro Assunção. Vaga-lumes estão no portão de entrada aproveitando a sombra da árvore grande, era uma saudação da natureza? Tinha passado a hora sagrada das 19h30, hora da janta. Banho e saída para a janta na conta do movimento. Na comercial do outro lado da L2Norte 611, orientou Jesus, que ansiava pelas notícias da Câmara. São boas. Ficou contente. Jesus não tinha universidade. Em homenagem aos que ergueram Brasília, aos candangos, negros, indígenas, nordestinos, o prato escolhido foi carne de sol para quatro. Hora da conta dos desaforos, das humilhações, mas também da alegria da luta, das lições do suor, do jogo jogado e de pensar os movimentos do dia seguinte. Ir ou não ir até as 14 pedrinhas? Ir. Decisão tomada. Qual o sentido da decisão: lutar pelo caráter suprapartidário da Lei de Cotas, para evitar vetos e bloqueios futuros para que o projeto de lei fosse aprovado por todos os partidos políticos. Na volta, as folhas das árvores no chão formam um tapete de saudação. Uma lua glamourosa abençoa o caminho. Ao fim da escada para os quartos simples no segundo pavimento do Assunção, no alto, no canto, uma aranha tece uma teia cabulosa em silêncio. É isso. A coalizão pela Lei de Cotas tinha que ser tecida com a paciência e o silêncio ensinada pela aranha. Sono dos justos.

A manhã do dia oito começo com o líder do PV foi um encontro logo cedo nos corredores do anexo II, funcionou a lista de fotos do Mozart Vianna. O deputado foi reconhecido pelo Zé Carlos, coordenador do MSU e foi abordado. Do estado da Bahia, estado de maioria negra, Edson Duarte não pestanejou e assinou.

Imagem 70 – Adesão do líder do PV, deputado federal Edson Duarte (PV/ BA)

Fonte: Arquivo MSU

Faltavam duas pedrinhas. Era ir rumo ao Plenário, descer as escadas, ir na direção da liderança do PT e andar naquele corredor escondido. Em várias divisórias, ao lado uma da outra, com o testemunho do sol de Brasília, foi dia de sorte grande. Na sala da liderança do PSDB, o líder estava e numa conversa com os N*MS decidiu assinar a urgência, Minas era o estado que mais universidades federais tinha.

Imagem 71 – Adesão do líder do PSDB, deputado federal Custódio Mattos (PSDB/MG)

Fonte: Arquivo MSU

Faltava um, era o PFL. O partido que tinha entrado com ação no STF contra o sistema público de bolsas de estudos em instituições privadas (PROUNI), mas que entrara num grande processo de negociação político com a presidência da Câmara naquele momento. Do estado mais negro brasileiro, José Carlos Aleluia saiu de sua sala de líder para nos atender. Disse que assinaria pela Bahia. A última pedrinha mudou de bolso na calça do Marcos.

Imagem 72 – Adesão do líder do PFL, deputado federal José Carlos Aleluia (PFL/BA)

Fonte: Arquivo MSU

A relação com os partidos políticos no processo histórico pela aprovação da Lei de Cotas no Congresso Nacional obedeceu a critérios e lógicas rígidas, aparentemente simples a um observador comum, mas que cumpre anotar: respeito à autoridade legal do parlamentar independentemente de sua denominação partidária, respeito ao princípio da autoridade político-partidária indicada pelo respectivo partido de origem, seja à frente da liderança partidária, seja nos cargos em comissões, seja nas relatorias, seja nas mesas diretoras e nos rituais regimentais das casas parlamentares respectivas. Busca permanente do apoio suprapartidário por parte da coalizão a favor da Lei de Cotas, busca de frear os avanços dessa coalizão por parte da oposta. Busca permanente do entendimento do significado dos posicionamentos políticos e o exercício legítimo de todas as formas de pressão sobre os partidos, seus parlamentares, lideranças e bancadas por parte das coalizões sociais, à mercê de seus respectivos poderes reais de barganha ou de fogo.

Com as cartas nas mãos no Parlamento, os partidos poderiam demonstrar sua máxima força ou não: blefar, postergar, distrair, decidir ou adiar decisão, negociar, gerar dissenso, promover consenso, abster-se, ocupar o espaço político, deixar seu espaço político vazio. Essa avaliação não é nada simples, tampouco linear, pois, dentre outras variáveis em jogo, há também "o sentimento geral na sociedade" percebido pela média da opinião no todo do Parlamento. Caso seja tachado de "polêmico" na casa, um dado projeto de lei no Parlamento sofre então a tendência dos políticos de não se envolverem, de desviarem do assunto, de aguardarem por sua decantação na sociedade, o que tende a deixar vazio o espaço político dentro do Parlamento, no sentido da liderança política que é peculiar ao político, como refletida por Dahl (1961). Em parte, para alguns analistas, como consultores legislativos, assessores de lideranças partidárias, dentre outros, o PL de Cotas era considerado "polêmico" e juntava-se a outros desse perfil. Nesse caso, o político fica quieto fazendo seus cálculos políticos de ganhos e perdas, busca não se expor. Nesse cenário, na prática, o que existe é oxigênio suficiente para a vida das coalizões sociais.

Para a forma presidencialismo de coalizão, por exemplo, a coalizão governista dá o tom da pauta no Parlamento, em tese. Essa lógica indica, para as coalizões sociais que pelejam em torno do PL de Cotas, em quais portas deve-se bater primeiro no Parlamento. A reação dos partidos políticos com relação à proposta da Lei de Cotas sempre foi carregada de sinuosidades. Por isso, é preciso ater-se a objetividade empírica dos posicionamentos partidários sobre a Lei de Cotas. Isso é possível por meio da percepção da reação partidária quando a questão está diretamente colocada, como ocorreu em situações especiais.

Os N*MS fizeram um trabalho direto de coleta de assinaturas com as lideranças, partido por partido, em 2004. Isso envolveu a presença cotidiana no Parlamento, abordagem, agendamento muitas vezes, argumentação e negociação, assinatura e registro público, por conta da estratégia de transparência levado a cabo pela coalizão social em prol do PL de Cotas. Desse modo, mesmo sem a assinatura do líder do PFL, deputado federal José Carlos Aleluia (PFL-BA), e do líder do PSDB, deputado federal Custódio Mattos (PSDB-MG), já se tinha a maioria dos líderes solicitada pelo Sr. presidente da Câmara dos Deputados. Acontece que a estratégia da coalizão em favor da aprovação do PL de Cotas passava pelo caráter suprapartidário. Assim, buscou-se e obteve-se sucesso, na adesão do PFL e do PSDB, nesse primeiro momento.

Os líderes partidários posicionaram-se favoravelmente sobre o pedido direto de assinatura do requerimento de urgência para a votação do PL 3627/04 feita diretamente pelos representantes dos N*MS, em 2004, conforme se depreende da cópia do documento a seguir.

Imagem 73 – Requerimento n.º 2364/04 de pedido de urgência para a apreciação do PL 362/04

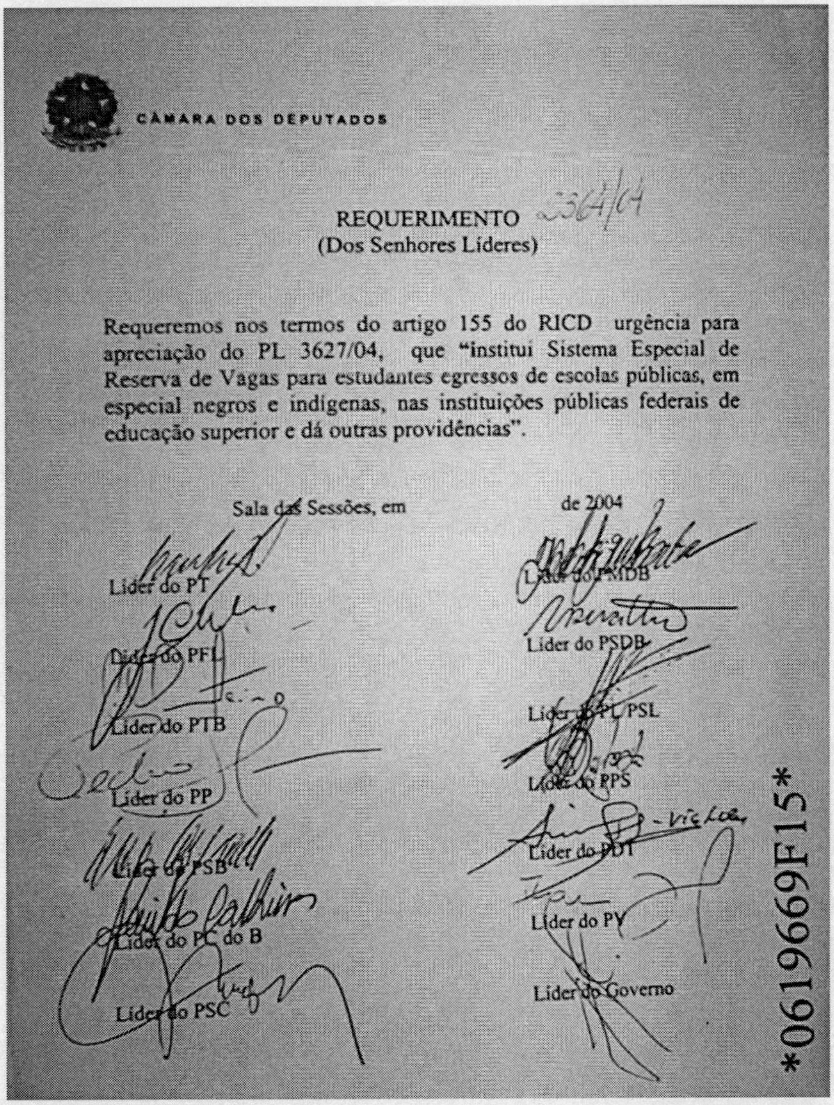

CÂMARA DOS DEPUTADOS

REQUERIMENTO 2364/04
(Dos Senhores Líderes)

Requeremos nos termos do artigo 155 do RICD urgência para apreciação do PL 3627/04, que "institui Sistema Especial de Reserva de Vagas para estudantes egressos de escolas públicas, em especial negros e indígenas, nas instituições públicas federais de educação superior e dá outras providências".

Sala das Sessões, em de 2004

Líder do PT — Líder do PMDB

Líder do PFL — Líder do PSDB

Líder do PTB — Líder do PL/PSL

Líder do PP — Líder do PPS

Líder do PSB — Líder do PDT

Líder do PC do B — Líder do PV

Líder do PSC — Líder do Governo

0619669F15

Fonte: Arquivo MSU

De posse do documento, os N*MS foram até a secretaria-geral da mesa, falaram com Mozart Vianna que os recebeu de pronto, conferiu as assinaturas, ligou para o protocolo para que se recebesse e protocolasse o documento. Desceu-se para o subsolo e foi protocolado o pedido de urgência, documento que entrará para os anais da história da Lei de Cotas e terá importante peso no processo político de sua aprovação, em 2008.

Mas um papel pode parar numa gaveta para sempre, era preciso refazer o caminho e aumentar a pressão política sobre o dono da pauta na Câmara dos Deputados, o seu presidente. De novo conversar com as abelhas naquela cantina no fim do corredor. Um pouco de sol da janela. Festa das abelhas. O que fazer? Como fazer? Ligar para o ministro da Educação, ligar para o presidente da Comissão de Educação, fazer da entrega do documento ao presidente da Câmara dos Deputados um ato político que dê o peso da coalizão a favor da Lei de Cotas. Jogo rápido até a liderança do PT falar com o cara simpático, o Marquinhos. Ele ficou admirado do resultado. Dispôs a ajudar no que precisasse. Tem o celular do presidente da Comissão de Educação, deputado Carlos Abicalil? Podem usar o telefone. Sim, topo, maravilha. Gabinete do ministro da Educação. Alberto pediu para aguardar, mas achava que o ministro toparia. No fim da tarde, veio a confirmação no celular. Amanhã, o ministro da Educação participará da entrega do documento. Favor combinar a hora com o presidente da Comissão de Educação. Fechado. Obrigado, Marquinhos. Marquinhos assim vira um ator importante na coalizão a favor da Lei de Cotas na Câmara dos Deputados. A relação espontânea de amizade nascida naquela semana ligaria elos importantes da coalizão e o tipo de liderança prática que os N*MS vão exercer na coalizão no chão cotidiano da Câmara dos Deputados.

Na Câmara dos Deputados do Brasil, a demanda chegou ao colo do presidente dessa instituição por meio do fato político da entrega do documento por ele requerido com as assinaturas dos Sr. líderes partidários — a unanimidade — solicitando urgência para a apreciação da matéria. Com a presença do presidente da Comissão de Educação[200], deputado federal Carlos Abicalil (PT-MT) e do Sr. ministro da Educação Tarso Genro, tal fato elevou o ânimo da tropa em prol da coalizão em defesa da Lei de Cotas no Brasil.

[200] Conforme Paulo Martins (2013), os presidentes de comissões temáticas permanentes ou especiais são atores relevantes no processo legislativo. No caso do PL de Cotas, o presidente da Comissão de Educação e Cultura (CEC, com 32 membros), o presidente da Comissão de Direitos Humanos (CDH), o presidente da Comissão de Constituição, Justiça e Cidadania da Câmara, tem a responsabilidade de colocar matéria em pauta para votação e por isso, mantém um diálogo permanente com os relatores da matéria.

Imagem 74 – Entrega do Requerimento n.º 2364/04 ao presidente da Câmara dos Deputados

09/12/2004 (Brasília/DF) - Após conseguir a assinatura de todos os líderes partidarios na Câmara dos Deputados, o MSU entrega ao Presidente da Câmara João Paulo Cunha o pedido de urgência para o Projeto de Lei que reserva vagas nas universidades públicas para a escola pública, considerando a proporção de negros e indios. Da esquerda para a direita : Padre Roque, Sérgio José Custódio (MSU) o Ministro da Educação Tarso Genro, o presidente João Paulo Cunha, Carlos Abicalil, presidente da Comissão de Educação da Câmara dos Deputados, Marcos e José Carlos (MSU). (*Foto: MSU DIVULGAÇÃO*)

Fonte: Arquivo MSU

"Será encaminhado", logo depois que terminar o processo do sistema público de bolsas de estudos em instituições privadas (PROUNI), garantiu o presidente da casa João Paulo Cunha aos N*MS, olho no olho, com o sim da cabeça do ministro da Educação Tarso Genro e os olhos luminosos do presidente da Comissão de Educação e Cultura Carlos Abicalil.

Ao contrário dos sermões do lugar-comum, o nascimento do sistema nacional de bolsas de estudos públicas em universidades privadas (PROUNI) não foi um sonho de uma noite de verão de nenhum iluminado de plantão ou iluminada, como indicam as vãs teorias da pedra filosofal. Foi justamente por reivindicar a convergência das iniciativas: a abertura de portas no "latifúndio" privado do ensino superior brasileiro e a abertura de portas também no "latifúndio público" do ensino superior que os N*MS, em particular, e a coalizão social em favor da Lei de Cotas, no geral, tiveram a desenvoltura que tiveram frente aos partidos políticos.

Há que se repor a pergunta da obra: como pode ser criada uma via de acesso, por intermédio de uma política pública aprovada no Parlamento, para o ensino privado e, simultaneamente, manter-se interditado para os "outros", negros e negras, indígenas, pobres e oriundos das escolas públicas o acesso ao ensino superior público, em todas as carreiras e cursos, custeados com os impostos de toda a população brasileira, mas usufruído apenas por "uns"?[201]

Assim, o clima político gerado pela luta pela abertura do latifúndio privado no Congresso Nacional, com variadas alterações em relação ao propósito inicial — diga-se —, indicava a necessidade de ação equivalente no caso das universidades públicas. A dor maior na questão estava de fato com os N*MS e eles foram à luta. Na história da educação popular no Brasil, vale o refrão: uma vitória anima a outra. Nada é apartado como se fossem gados marcados em matadouros. Negros, indígenas, a escola pública, pobres, não são cidadãos de segunda.

[201] Essa disjuntiva, "uns" e "outros", aparece no livro de Jailson de Souza e Silva, chamado *Por que uns e não outros*, escrito com base na tese de doutorado do autor em Sociologia. É um estudo seminal sobre a trajetória de moradores da Maré, conhecida como Favela da Maré, na cidade do Rio de Janeiro, até a universidade. Por isso, é convocado aqui.

Por isso que o espírito suprapartidário presente no caso do sistema público de bolsas de estudos em instituições privadas (PROUNI) era requerido pelos N*MS, ao mesmo tempo, para a aprovação urgente da Lei de Cotas, afinal, tratava-se de gritante injustiça social real, de dar duas asas para a liberdade de ir para a universidade e tecer o futuro no Brasil. Para os N*MS, o aprendizado, a força política de um caso, alavancava o outro caso de política pública, num efeito de sinergia onde o tempo não podia escorrer pelos dedos.

Naqueles dias que faltavam de dezembro de 2004, depois da urgência conquistada para o PL de Cotas, todo o esforço dos N*MS foi para não perder bolsas de estudos no sistema público de bolsas em instituições privadas. Por isso, a ação política prática migrou para o Senado Federal.

> O PLV 59/2004 seguiu ao Senado, onde foi designado relator o Senador oposicionista Rodolpho Tourinho (PFL-BA). Para tentar reverter o prejuízo que poderia ser causado pela alteração feita na Câmara, o Ministro Tarso Genro reuniu-se com Tourinho e os dois fecharam acordo. O resultado foi um texto que ampliou de 7% para 8,5% a partir de 2006, o limite da receita correspondente à oferta de bolsas, mas garantiu 10% aos alunos já inscritos no PROUNI. Vale lembrar que a Medida Provisória entrou em vigor na data de sua publicação – 13 de setembro de 2004 – e que, em 2005, foram beneficiados 112. 275 alunos. Outra mudança feita pelo relator foi a criação da bolsa de 25%, que também permitiu ampliar o número de beneficiários do PROUNI. No dia 13 de janeiro de 2005, o presidente da República sancionou o PLV 59/2004, que se transformou na Lei 11.096/2005. Lula vetou apenas o artigo 17 do projeto. Segundo o artigo, as mantenedoras deveriam comprovar a quitação de tributos e contribuições à Receita Federal apenas no final de cada exercício, ou seja, quando já estariam gozando de isenção fiscal. A justificativa do veto foi exatamente essa: o dispositivo permitira que as instituições em débito com o Governo pudessem aderir ao PROUNI. (Jorge e Costa, 2014, p. 56).

Houve o canto das 100 mil bolsas, houve a periferia encantada pela universidade de Cidade Tiradentes. Houve diálogo e tensão com o relator Colombo. Houve diálogo e tensão com o ministro Tarso Genro. Houve diálogo e tensão com o Senador Antônio Carlos Magalhães. Houve diálogo e tensão com o relator senador Tourinho.

Imagem 75 – Reunião com o relator do sistema público de bolsas de estudos em instituições privadas (PROUNI), senador Rodolpho Tourinho (PFL-BA). Presença da senadora Ideli Salvatti (PT-SC)

Fonte: Arquivo MSU

Na quase noite na entrada do Plenário do Senado Federal, em dezembro de 2004, enquanto um conjunto de modelos em trajes formais, de calça, casaquinho, salto alto, cumprimentam cada senador que passa e entregam requintados convites envelopados para uma festa à noite na área das mansões organizada por afamado dono de universidade, prática que remonta ao início da montagem de vultosas fortunas na educação privada brasileira iniciada na segunda metade dos 1960 e começo dos 1970, onde a relação privilegiada com o Parlamento é como fermento Royal no bolo da fortuna feita em cima do "pequeno burguês" do samba de Martinho da Vila, não um só, mas uma montanha de vestidos de camisetas amarelas, os N*MS também param os senadores para conversar e entregam um texto pela ampliação do número de bolsas para pelo menos 10% das receitas. Quem pode mais chora menos. Os senadores olham o texto, sorriem, quase nada falam. Não é o caso do Senado Paim, que consciente da dimensão racial do projeto fala abertamente com os N*MS que poderiam contar com ele, fica muito contente com a entrega do pedido de urgência na Câmara.

Imagem 76 – A luta até a última hora dos N*MS no senado para um mínimo de 100 mil bolsas no sistema público de bolsas de estudos em instituições privadas (PROUNI) – na foto, o senador Paim recebe o documento

Fonte: Arquivo MSU

Imagem 77 – Incidência do MSU pelo Sistema Público de Bolsas de Estudos em Instituições Privadas no Senado Federal: documento é entregue aos senadores

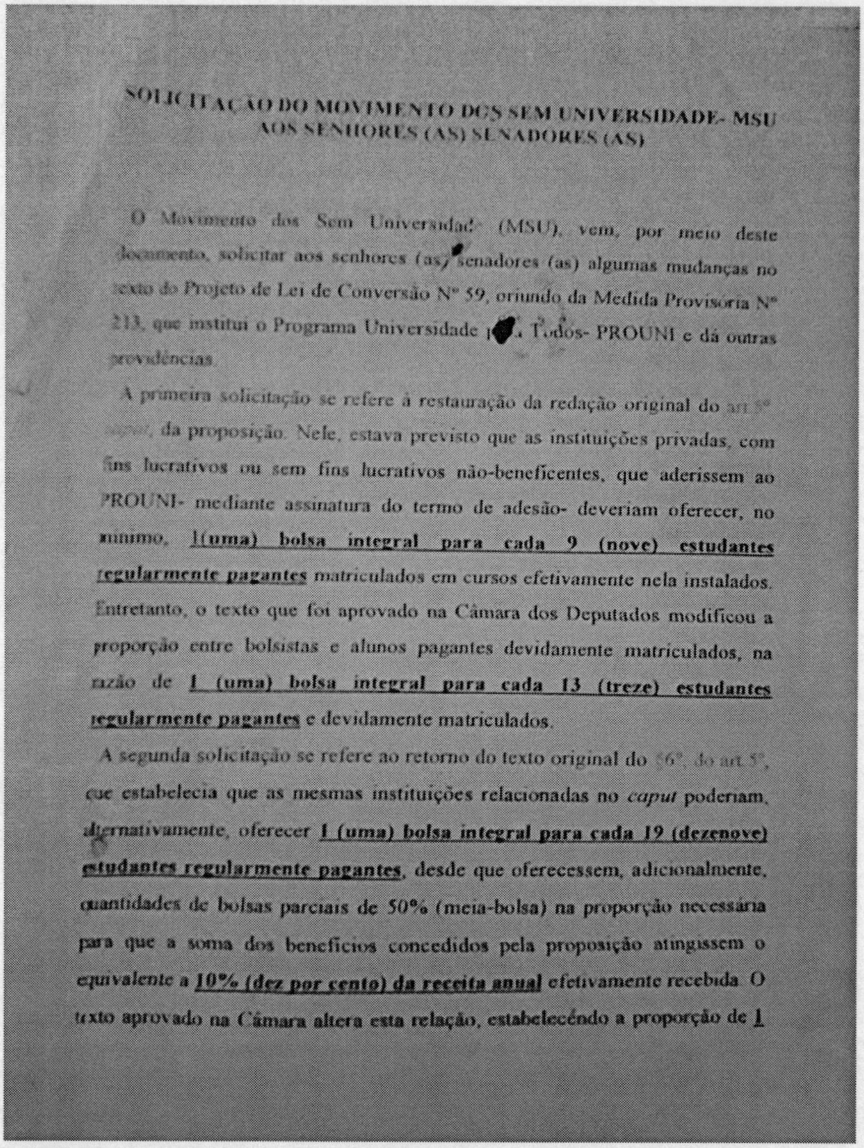

SOLICITAÇÃO DO MOVIMENTO DOS SEM UNIVERSIDADE- MSU AOS SENHORES (AS) SENADORES (AS)

O Movimento dos Sem Universidade (MSU), vem, por meio deste documento, solicitar aos senhores (as) senadores (as) algumas mudanças no texto do Projeto de Lei de Conversão Nº 59, oriundo da Medida Provisória Nº 213, que institui o Programa Universidade para Todos- PROUNI e dá outras providências.

A primeira solicitação se refere à restauração da redação original do art. 5º *caput*, da proposição. Nele, estava previsto que as instituições privadas, com fins lucrativos ou sem fins lucrativos não-beneficentes, que aderissem ao PROUNI- mediante assinatura do termo de adesão- deveriam oferecer, no mínimo, **1(uma) bolsa integral para cada 9 (nove) estudantes regularmente pagantes** matriculados em cursos efetivamente nela instalados. Entretanto, o texto que foi aprovado na Câmara dos Deputados modificou a proporção entre bolsistas e alunos pagantes devidamente matriculados, na razão de **1 (uma) bolsa integral para cada 13 (treze) estudantes regularmente pagantes** e devidamente matriculados.

A segunda solicitação se refere ao retorno do texto original do §6º, do art. 5º, que estabelecia que as mesmas instituições relacionadas no *caput* poderiam, alternativamente, oferecer **1 (uma) bolsa integral para cada 19 (dezenove) estudantes regularmente pagantes**, desde que oferecessem, adicionalmente, quantidades de bolsas parciais de 50% (meia-bolsa) na proporção necessária para que a soma dos benefícios concedidos pela proposição atingissem o equivalente a **10% (dez por cento) da receita anual** efetivamente recebida. O texto aprovado na Câmara altera esta relação, estabelecendo a proporção de **1**

Fonte: Arquivo MSU

Imagem 78 – Incidência do MSU pelo Sistema Público de Bolsas de Estudos em Instituições Privadas no Senado Federal: documento é entregue aos senadores

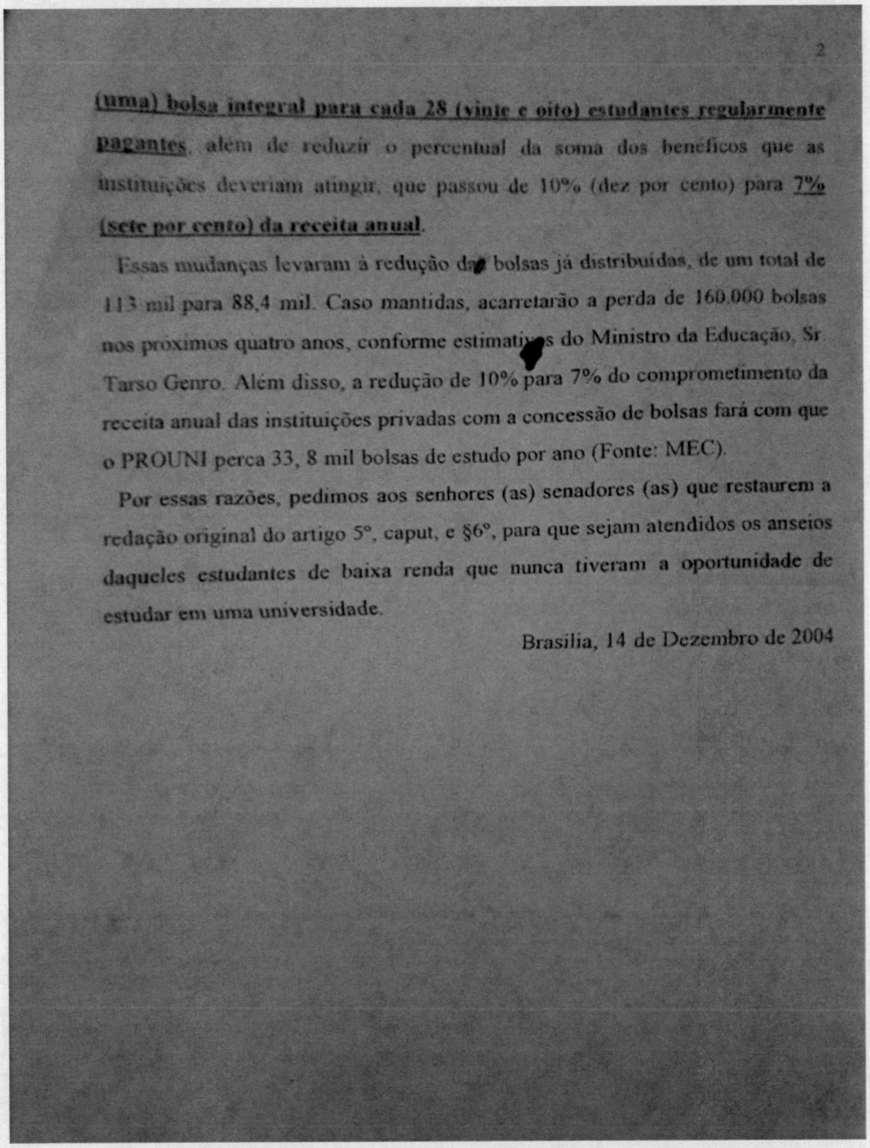
2

<u>(uma) bolsa integral para cada 28 (vinte e oito) estudantes regularmente pagantes</u>, além de reduzir o percentual da soma dos benefícios que as instituições deveriam atingir, que passou de 10% (dez por cento) para **<u>7% (sete por cento) da receita anual</u>**.

Essas mudanças levaram à redução das bolsas já distribuídas, de um total de 113 mil para 88,4 mil. Caso mantidas, acarretarão a perda de 160.000 bolsas nos próximos quatro anos, conforme estimativas do Ministro da Educação, Sr. Tarso Genro. Além disso, a redução de 10% para 7% do comprometimento da receita anual das instituições privadas com a concessão de bolsas fará com que o PROUNI perca 33, 8 mil bolsas de estudo por ano (Fonte: MEC).

Por essas razões, pedimos aos senhores (as) senadores (as) que restaurem a redação original do artigo 5°, caput, e §6°, para que sejam atendidos os anseios daqueles estudantes de baixa renda que nunca tiveram a oportunidade de estudar em uma universidade.

Brasília, 14 de Dezembro de 2004

Fonte: Arquivo MSU

Heloísa Helena, a senadora que assombrara o Brasil rompendo com seu PT de origem fazia coro com a extrema esquerda contra, mas foi muito singela no trato com os N*MS e disse que buscaria ajudar. Na hora h da votação do relatório do senador Tourinho, Aloizio Mercadante, líder do governo e líder do PT demonstram muita confiança para os N*MS. Se há acordo há votação, senão não.

Na primeira semana de janeiro de 2005, os N*MS rebem uma ligação direta pessoal do ministro de Estado da Educação Tarso Genro. Ele reconhecia o protagonismo dos N*MS na criação do sistema público de bolsas de estudos em instituições privadas (PROUNI) e os convidava formalmente para participarem da cerimônia de assinatura da lei pelo presidente da República Luiz Inácio Lula da Silva, marcada para 13 de janeiro de 2005 no Palácio do Planalto, 10 horas da manhã, os N*MS teriam direito à fala garantida. Combinado.

MSU e EDUCAFRO se mobilizam. Um ônibus comum é conseguido junto ao Sindicato dos Trabalhadores em Empresas de Processamento de Dados, em negociação direta com seu presidente, o que mostra o movimento de fortalecimento e tessitura lenta teias da coalizão a favor da Lei de Cotas na prática da disputa legislativa no chão da sociedade e do Congresso Nacional. Ele sairá na tarde do dia 14 de janeiro de 2005 da rua General Jardim, 660, centro, Vila Buarque. O ônibus traduz os N*MS ao tempo que traduz o protagonismo dos N*MS na Lei de Cotas. Longa viagem da coalizão. Viagem da alegria, da vitória. Ficam de novo no Tênis Clube, tomam um café e saem para o Palácio do Planalto de ônibus. Integrantes dos N*MS de outros estados também chegam em Brasília, chegam no Assunção: do Tocantins, da Bahia, do Paraná, de Minas Gerais, do Rio de Janeiro, simbolizando as macrorregiões brasileiras. Juntam-se no Tênis Clube, partem para o Palácio do Planalto. De fora, da Praça dos Três Poderes, sob a bandeira do Brasil, a diversidade da escola pública caminha rumo ao direito à universidade. Visto de fora, o Palácio do Planalto parece voar num tapete mágico como parte encantada do horizonte que o afaga e alimenta a imaginação. Hora dos passos dos Beatles, atravessar a faixa, um lago protege o palácio do povo, como na Idade Média, rios protegiam castelos do povo. O povo diverso junto é o pavor do poder branco? Camisas amarelas, camisas pretas, fila de credenciamento, logo na entrada, um outdoor interno anuncia os biocombustíveis, desloca-se para a sala de atos enorme. A imprensa está em peso, com um ambiente repleto de câmeras de filmagem, câmeras fotográficas. Não era o tempo do celular com foto e vídeo. Parlamentares, autoridades, reitores, sociedade civil, mas as cadeiras em frente ao púlpito das falas são ocupadas pelos sem universidade de camisa amarela, pelas camisas pretas da EDUCAFRO. EDUCAFRO e MSU falam. Os N*MS falam.

Imagem 79 – Presidente Lula com o MSU e a EDUCAFRO, no momento da assinatura da criação do sistema público de bolsas de estudos em instituições privadas (PROUNI), 13.01.2005, Palácio do Planalto. Os N*MS, a coalizão dos pés descalços marcam um golaço e comemoram com o Presidente da República Federativa do Brasil

Fonte: Arquivo MSU

O Brasil os descobre na cena grande do poder. Eles estampariam páginas de jornais no dia seguinte, seriam notícias nos jornais televisivos daquela noite. O presidente da República se emociona, chora ao vivo. O ministro da Educação está muito contente, com um sorriso gigante. O ministro Luiz Gushiken está feliz da vida. O chão da periferia toca o chão do Palácio do Planalto. A política pública se fazia com os pés no chão e com a alegria nos corpos negros, indígenas, populares. A política pública não era feita *in vitro*, mas sob o sol da dor e da alegria da luta contra a exclusão da universidade no Brasil. Os N*MS, nunca vaquinhas de presépio, agradecem ao presidente Lula, narram experiências pessoais e coletivas de luta pelo direito à universidade e cobram três coisas do presidente Lula: a imediata instalação da comissão de acompanhamento e controle social do sistema público de bolsas de estudos em instituições privadas (PROUNI), o esforço equivalente do presidente da República para a aprovação da Lei de Cotas, porque não eram cidadãos de segunda classe apenas destinados às universidades privadas, a criação de novas universidades públicas porque as vagas públicas eram muito poucas. O presidente da República se comprometeu publicamente com a aprovação da Lei de Cotas, se disse favorável. A coalizão contra a Lei de Cotas, na ocasião representada por alguns reitores e pela imprensa fez de conta que não ouviu nem viu. Para a coalizão contra a Lei de Cotas, os que estavam ali não eram protagonistas coisa nenhuma, eram os carentes, nome eternizado no imaginário nacional, oriundo da colonização onde os carentes são o sem rei, sem fé, sem lei, sem direito, sem história. Era o racismo no colo da coalizão contra a Lei de cotas. Conseguir o apoio do presidente da República para a Lei de Cotas, falar que já tinham o pedido de urgência, em cerimônia pública concorrida foi um golaço dos N*MS, da coalizão a favor da Lei de Cotas, o que traduz o porquê há relação umbilical entre essas duas políticas públicas. Essa grande festa da cidadania brasileira fortaleceu em muito os N*MS e lhes deu novas credenciais políticas para a continuidade de sua liderança prática no chão do Parlamento brasileiro na luta pela aprovação da Lei de Cotas no Parlamento brasileiro. A carruagem dos N*MS passava, os cães ladravam, fora e dentro do mesmo governo. A apoteose dos N*MS com o presidente Lula naquele dia, festa da concertação em política pública como formulada pelo seu mediador Tarso Genro, inspirado em Hannah Arendt e no espírito que emergiu na história do Brasil do Fórum Social Mundial de Porto Alegre e da experiência do Orçamento Participativo, incomodou muito setores do balcão, setores influentes do partido da burocracia e do partido da linhagem, atrás dos cálculos de suas carreiras e do controle teleológico do tempo. Hannah Arendt? Sim, mas não só. Por ser do Rio Grande do Sul, talvez Tarso Genro nunca seria compreendido em São Paulo, que dirá engolido, engasgava na garganta das elites políticas paulistas, do clube paulista dominante na política brasileira, mesmo o clube de seu partido, a gente pouca, branca e filtrada que se reunia em apartamentos requintados com muito whisky para as decisões estratégicas. Por ser do Sul, por ter circulação com agentes e ideias políticas do Uruguai, da Argentina, Tarso Genro estava atrás de uma América Latina profunda, mais para o intelectual mediador da tradição literária latino-americana, em quem soprava as metáforas de *A Tempestade*, de Shakespeare, em variadas leituras e tons, no longo tempo de mais de cem anos no XX, como ensina o professor Bernardo Ricupero, mas no tom particular de Tarso Genro, que passava ela obra de Érico Verissimo. O clube mandante da política de São Paulo estava mais para a britadeira da construção civil, as violências do pragmático em política que não tolera poesia, que dirá literatura. O crescimento do nome de Tarso Genro também causou o ódio de setores poderosos que urravam nos bastidores, porque, como dizia o filósofo, o bem também causa o ódio.

O presidente da República, o sem universidade, não se aguentava de alegria. "O projeto só foi feito agora porque a população adquiriu mais consciência, aprendeu a reivindicar e a cobrar mais", disse Lula, reconhecendo o protagonismo dos N*MS publicamente. Na hora da assinatura da lei, ladeado pelos N*MS, seu sorriso provava que é melhor que governantes sorriem junto à diversidade de seu povo do que só ou mal acompanhado. Para a sorte das políticas públicas e para a sorte dos governos.

Imagem 80 – Treze de janeiro de 2005: MSU ganha o Palácio do Planalto na grande cerimônia de lançamento do Sistema Público de Bolsas de Estudos em Instituições Privadas (PROUNI): conquista da luta dos sem universidade, dos N*MS (1)

Fonte: Arquivo MSU

Imagem 81 – Treze de janeiro de 2005: MSU ganha o Palácio do Planalto na grande cerimônia de lançamento do Sistema Público de Bolsas de Estudos em Instituições Privadas (PROUNI): conquista da luta dos sem universidade, dos N*MS (2)

Fonte: Arquivo MSU

Haverá na história do Brasil festa equivalente para a Lei de Cotas nas universidades públicas? Uma cartografia da alegria importa em política pública ou o povo é mero beneficiário mudo? O labirinto vivo da Lei de Cotas ganhou novos pontos. Solange Aparecida Ferreira de Campos, sua voz, sua vez, a vez de todas as gerações deixadas para trás? Sim. Não é a América Latina? Não é o lugar do extraordinário? Naquele dia, como no Reassentamento, na arte de Rosana Paulino sobre um corpo de uma mulher negra fragmentado, emendado por linhas e pontos, onde dos pés brotam raízes, dos pés de Solange Aparecida Ferreira de Campos, ali no Palácio do Planalto brotavam as raízes no chão do Brasil, as raízes dos N*MS, da coalizão a favor da Lei de Cotas, raízes profundas no chão profundo do Brasil, raízes que espantam motosserras, raízes da conquista negra, indígena, popular do sistema público de bolsas de estudos em instituições privadas, raízes da Lei de Cotas, raízes de madeira de lei que cupim não rói. O indígena Ronald Kaingang em silêncio vibrava nos bastidores, amontoando histórias para sua oralidade infinita que ladrões do tempo não roubam. Renata Rosa, do Rio de Janeiro, Juçara Pereira sorriam nos bastidores, o sorriso das que labutaram para que aquele dia fosse um dia de anunciação de outros dias no Brasil. Dia de anunciação da Lei de Cotas nas universidades públicas brasileiras? Um olho no gato, outro no peixe.

O carro de uma reportagem chega no Jardim Capela, Zona Sul de São Paulo. Edileuza que encarou a luta pelo direito à universidade sem medo, que vestira a beca no protesto do MSU em Brasília, agora iria participar do programa do Paulo Henrique Amorim e da Ana Hickmann, o baixo e a alta. Não iria sozinha, iria com a família inteira, sua mãe, uma empregada doméstica, seu pai, um jardineiro. Estava radiante com a camisa amarela do MSU, havia sido aprovada no sistema público de bolsas de estudos em instituições privadas (PROUNI) e na UNESP. Aquele programa de televisão foi visto por muita gente no Brasil. Edileuza foi para a universidade e lutara por ela, seja na Assembleia Legislativa, seja nos cursinhos populares do MSU, seja em Brasília.

Janeiro de 2005 foi a realização do sonho da universidade para muita gente da geração que quando entrou no Cursinho Popular do MSU, da EDUCAFRO, do Instituto Steve Biko, só tinha a porta da universidade fechada. Janeiro também foi o encanto da inauguração da construção coletiva, tijolo a tijolo, da Escola Nacional Florestan Fernandes. Lá os N*MS, na inauguração se congratulavam com o MST, na presença da atriz Letícia Sabatela, de Ricardo Henriques. Uma enorme bandeira do Brasil acomodava diferentes corpos como fundo vibrante de uma foto. Tinha vida em muitos cantos do Brasil a coalizão a favor da Lei de Cotas, vida infinita, que é besteira achar que uma tese dê conta de toda sua infinitude num país continental.

Janeiro de Fórum Social Mundial em Porto Alegre. Um ônibus do MSU vai até Porto Alegre, saindo da Câmara Municipal. A luta continua: o Fórum Social Mundial, sua nova edição, era lugar de tessitura da coalizão a favor da Lei de Cotas, pelo direito à universidade no chão do território com gente do Brasil todo e do estrangeiro. Os sem universidade vão na fé para Porto Alegre, suas imagens ganhariam o tempo infinito no filme de Sílvio Tendler em homenagem à noção da outra globalização necessária de Milton Santos.

São Paulo, epicentro da política brasileira, maior concentração do mercado do ensino superior no Brasil, uma mancha urbana que abarca com os derredores cerca de trinta milhões de pessoas. São Paulo teria um ato de lançamento/entrega das bolsas do sistema público no fim de janeiro, no espaço de eventos em Interlagos. Para tanto, Jairo Jorge do MEC convoca os N*MS para uma reunião em Brasília. Fica de comum acordo indicado os Racionais MC'S para abrilhantar o dia. O MSU e a EDUCAFRO, os N*MS terão participação garantida. Caberia aos N*MS chamar os Racionais. Na rua 24 de maio, centro de São Paulo, a Galeria da 24 de maio, abriga no subsolo um salão de cabeleireira da esposa de Milton Sales, Miltão do MH20, ele estava no local combinado. Firmeza? Tá embaçado. Aconteceu uma tragédia. Os caras tão nervoso, muita emoção, é preciso respeitar. Mas tamo trocando ideia. Mano Brown pediu para esperar, eles iam decidir até o fim do dia. Qual é o caminho mais longo daqui para Barra Funda? Perguntou Milton Sales. Vamo de caranga e vamo passa nuns lugar aí. Uma TL veia de guerra sai rateando. A parada é num ferro velho. Miltão encabulado busca por móveis baratos enquanto espera sinal. O celular toca. Jairo Jorge também está na Barra Funda, pergunta da confirmação dos Racionais, fica marcado encontro numa padaria no fim do dia. Mano, os caras tão muito abalado, parada sinistra, mataram um no meio do show em Presidente Prudente no domingo e colocaram o corpo do morto em cima do palco. Miltão, Mano Brown, Racionais MC'S era a tradução do que coalizão a favor da Lei de Cotas quer dizer no chão do Brasil, na periferia do Brasil. No dia da marcha das becas ao Carandiru, Miltão foi o organizador do HIP HOP na Praça da República naquela mesma tarde, depois das 17 horas, com a rádio que toca Hip Hop, naquele 2002 sem fim. Os Racionais MC'S levaram o rap naquela praça lotada naquele dia que baixou todo mundo do HIP HOP junto, do Sabotage ao Força Ativa, do Sandrão do RZO até o Rappin' Hood, de Heliópolis. A universidade no Carandiru era o tema que mobilizou todo mundo, cultura de vida contra cultura de morte.

Os Racionais MC'S foram homenageados pelos N*MS, no 13 de janeiro de 2005, no Palácio do Planalto, foram citados na fala como inspiração para o comum das periferias todas brasileiras e sua ânsia por respeito comum. Agora seria uma oportunidade de cobrar diretamente a ideia da universidade no Carandiru do prefeito de São Paulo, do presidente da República, do ministro da Educação que estariam no lançamento das bolsas.

O baguio da morte foi sinistro, balançou os Racionais MC'S. A coalizão a favor da Lei de Cotas é aquela que convive com a morte, com a dor da morte, e carrega essa dor junto, soma forças como parceiros para mudar unidos com quem mais se somar para superar o genocídio negro. Miltão não sabe como proceder. A coalizão a favor da Lei de Cotas agrega a linguagem viva das periferias, não são trombadas, os passos. Escolhe um armário, negocia o preço com o chegado, abre o capô, improvisa, amarra com corda, segue-se com a porta aberta para o encontro com os homens de Brasília. Chega-se antes deles. Um orelhão fica do lado de fora da escola em frente à padaria. Os N*MS ligam do orelhão e conversam com Mano Brown, ele pede compreensão, não vai dar pé dessa vez, mas indicou o Rappin' Hood. Rap é compromisso. Assim, a coalizão a favor da Lei de Cotas é um time que joga brancos, negros, indígenas num jogo de vida ou morte, quando um não pode, outro pega a camisa e dá conta do recado. A coalizão a favor da Lei de Cotas é Milton Sales do H20. Milton Sales na noite alta voltou para casa feliz da vida em seu TL com um armário amarrado na traseira. A coalizão a favor da Lei de Cotas é a luta ardida pela sobrevivência como dá.

Enquanto um Brasil profundo lutava para superar a dor da violência, um Brasil superficial da elite da representação estudantil viciada decidia, naquele fim de janeiro de 2005, numa escola do outro lado da padaria, mais de vinte dias depois do lançamento, se apoiaria ou não tardiamente o sistema público de bolsas de estudos em instituições privadas (PROUNI), nisso se concentrava a cabeça feita de parcela dos homens do MEC, ao passo que lágrimas escorriam do rosto do experimentado Milton Sales pela situação da periferia, Miltão falava que muitos manos tavam virando evangélico porque o barato tá muito loco.

A fábula artificial da vanguarda viciada dos representantes estudantis seria indecorosa e apareceria até em propaganda eleitoral de seus candidatos untados pelo sistema político excludente brasileiro e pelo *status quo*: houve um terremoto no Brasil um dia, esse terremoto ocorreu no período da minha gestão, logo, eu sou criador do terremoto. Uma fábula de conveniência e falácia, fábula dos rituais do mofo do poder no Brasil que revelava a miséria do vanguardismo estudantil na história do Brasil, sem ser todo o movimento estudantil, diga-se. Fábula que é um desserviço à beleza das fábulas de Ítalo Calvino, de Daniel Munduruku.

Milton Sales na noite alta voltou para casa feliz da vida em seu TL com um armário amarrado na traseira. A coalizão a favor da Lei de Cotas é a luta ardida pela sobrevivência como dá. Junta e misturada, dispersa no território brasileiro, nas populosas periferias, sina do que interesse difuso quer dizer num país de democracia de filtro. No dia do lançamento em Interlagos, no fim de janeiro de 2005, algo foi diferente do 13 de janeiro de 2005.

Havia muita gente, havia muita alegria. Quebrando o protocolo, o único que lembrou dos N*MS foi o presidente da República, o sem universidade, quase ao fim, para não ficar demais vergonhoso. Na violenta disputa da alta burocracia de Brasília, da corte do entorno do chefe político, o partido real da burocracia se aliou ao partido real da linhagem que coordenou com mãos brancas de ferro aquele protocolo, de tal forma a garantir o tom paternalista daquele ato com mais de duas mil pessoas.

Mas falar em paternalismo é repetição do já visto no senso comum e na literatura. Fato é que o cerimonial de Interlagos foi comandado por uma grã-fina do partido da linhagem que assumiu verticalmente a cena como chefe honorífica do cerimonial. Sua desenvoltura refletia a flor de plástico rara do Clube Paulistano, do Clube Pinheiros, seus dentes afiados não escondiam o chicote, aquele atrás da biblioteca de que falava Leite Derramado, era a pulsão do restrito, do antiextraordinário, dos papéis sociais pré-definidos, da força do *status quo* no Brasil.

A ética de conveniência do balcão em política pública desafiava a ética da concertação em política pública. A política pública como balcão procura por auditório, um auditório do tipo do auditório do Sílvio Santos. Na política pública como balcão quem está do outro lado presenteia a desigualdade racial, a desigualdade social como ato eterno de afirmação da hierarquia racial e da reprodução da desigualdade *ad eternum*. Marca o gado em números e em brasa em corpos negros, indígenas, periféricos. A desigualdade no Brasil é, acima de tudo, desigualdade política. Isso vicia a política pública como ritual de esmola para carentes como na colonização.

Intimados a fazer papel de vaquinhas de presépio, papel decorativo, uma representante do MSU e uma representante da EDUCAFRO tiveram suas línguas cortadas pelo partido real da linhagem, pelo partido real da burocracia, ensandecidos atrás de fama fácil e dos louros da fama fácil, embalados por polpudos salários que faz corar a média salarial brasileira.

Uma faca só lâmina como a faca que cortou a língua de Belonísia em Torto Arado. Mas Belonísia nunca deixou de falar. Nem esqueceu a ira de Xangô, a lastimação de Nossa Senhora Aparecida, a desconfiança do crente que com suor faz de sua vida ato de comunhão com Deus, quando os de cima não enxergam sua fé que desafia a morte presente nas ruas de seu cotidiano periférico. A coalizão a favor da Lei de Cotas é também a juntada dos que têm fé, contra os desatinos da vida violenta de todo dia, das humilhações sofisticadas ou não de todo dia, os sem-língua de mãos dadas. *We shall overcome*?

No reassentamento de Rosana Paulino, no compasso do extraordinário do racismo latino--americano, a Améfrica de Lélia Gonzales, foi como se tivessem sequestrado Solange Aparecida Ferreira de Campos, lhe colocado um tampão na boca feito Anastácia escravizada. A Anastácia livre de Rosana Paulino é arte proibida? A arte é proibida em política pública? A coalizão a favor da Lei de Cotas é a reunião das Anastácias livres de Rosana Paulino.

O avanço da criação do sistema público de bolsas em instituições privadas (PROUNI), essa conquista escrita na história do Brasil pelas mãos e pés dos N*MS, pelos corpos dos N*MS, pela luta de vida ou morte dos N*MS nas n periferias, esse milímetro de cidadania plena, mexeu com os brios da branquitude, com a coalizão contra a Lei de Cotas, que também dormia no leito do próprio Ministério da Educação ocupado em famas vãs, fáceis e altamente lucrativas, para não esquecer de espantar a doxa, para não esquecer os sentidos dos capitais e das posições de Bourdieu no campo educacional, nesta obra chamado de subsistema de educação.

O apelo ao paternalismo e a negação do direito dos N*MS fazerem política, a nomeação como escultura morta de cera dos agentes da cidadania como beneficiários passivos, a castração da força ativa dos sem universidade juntos é uma das grandes desgraças das políticas públicas no reino desencantado do Brasil, onde a desigualdade se reproduz também porque ela dá muitos lucros políticos para o poder de plantão.

O partido real da burocracia e o partido real da linhagem não suportavam o protagonismo do chão dos diferentes da pátria, o protagonismo de quem muitas vezes ficava sem chão para enxergar o Brasil, sua pertença ao mesmo Brasil, como sem chão estava os Racionais MC's naqueles dias. O que coalizão contra a Lei de Cotas quer dizer? Sequestro dos corpos, tampão na boca, violência política, morte, o raio grande de sombra para o racismo estrutural se sentar e a desigualdade nunca ter fim.

A levada do Rappin' Hood foi ao final das falas das autoridades num mundo apartado violentamente da interação política que a oportunidade rara propiciara.

Os N*MS estavam muito felizes naquele dia, sem perder a temperança, daquelas duas mil pessoas que ali estavam, muitos sabiam o que eles tinham conquistado, um jornal Olha Aí fora distribuído pelo Mendes, pela Cíntia da manifestação das bananas na frente da USP, por tanta gente de camisa amarela que zanzava entre a massa presente.

Imagem 82 – Becas como símbolo de luta e bananas para a USP: Cadê as nossas vagas? Manifestação do MSU

Fonte: Arquivo MSU

Imagem 83 – Treze de janeiro de 2005: Palácio do Planalto, MSU reivindica a criação do Conselho Nacional de Acompanhamento e Controle Social do PROUNI

Fonte: Arquivo MSU

A narrativa oficial do partido real da burocracia e do partido real da linhagem inauguraria sua saga narrativa miserável da história, muitas vezes com o patrocínio do universo da propaganda de Estado, do partido, da imprensa que não ia contra seus principais anunciantes que lhe garantiam os fundos.

Foi a ocasião do veto do partido real da burocracia e do partido real da linhagem. Um veto em políticas públicas que é pouco estudado, pois é óbvio demais, como o peso do elefante, o elefante das hipóteses desta obra, inspiradas na fala de Mario Theodoro. O elefante que não se quer ver.

É aquele veto em que os agentes da história são transformados em novos lázaros que catam as migalhas do banquete branco de Debret, transformados em beneficiários das políticas públicas, quietinhos e obedientes ao seu senhor, que lhe dá a vida como castigo e o pão como presente aos bem-comportados, numa afronta ao próprio cálculo infinito da matemática, ao infinito do universo que cada ser abriga, mas que se vê podado, reduzido ao número discreto e contável para as cortes acadêmicas que estudam políticas públicas longe do cheiro do povo, que as manipula como manadas contáveis, contabilizáveis, sem história, num ritual de frieza que não enxerga a guerra civil, o Vietnã por ano no Brasil do XXI.

Naquele sábado, naquele domingo depois da sexta-feira desrespeitosa de Interlagos a coalizão a favor da Lei de Cotas tinha muito trabalho, não podia esmorecer, era a guerra, era a crença no respeito, mesmo com as dificuldades, mesmo aos trancos e barrancos, mesmo com a humilhação e a usurpação. Tinha muito trabalho na educação popular, nos cursinhos populares do MSU que na manhã de domingo teriam avaliação diagnóstica na Zona Leste, na Zona Sul, Na Zona Oeste, na Zona Norte, era preciso semear o direito à universidade entre uma nova geração, dos deserdados do sistema de educação brasileira aos que estão às vésperas de chegarem às portas das universidades.

Os CEUS da periferia de São Paulo teriam um domingo de encanto e encontro com o sonho da universidade, com o trabalho que tem o trem chamado sonho no Brasil. Para os N*MS, só existia legitimidade para lutar em Brasília pela Lei de Cotas se todo santo fim de semana se lutasse na lida da educação popular, no Cursinho Popular do MSU, da EDUCAFRO, do Steve Biko, de tantas experiências. O bastão, a chama de fogo acesa da geração que lutou decididamente para revolucionar a história da universidade no Brasil e pôde ser vista por qualquer mortal do mundo no Palácio do Planalto, naquele 13 de janeiro de 2005, a chama de Abdias Nascimento, Guerreiro Ramos, Paulo Freire iria passar novamente de mãos em mãos, como o ciclo da vida, como as sementes da natureza em luta pela vida.

Imagem 84 – Comunicado do MSU aos jornalistas

Brasília, 13 de janeiro de 2005

Prezados Jornalistas,

O MSU - Movimento dos Sem Universidade, informa que:

1- O dia de hoje simboliza uma vitória da luta do MSU pela criação de um sistema nacional de bolsas de estudo;
2- Este sistema, o PROUNI, nasce forte pela quantidade de sem-universidade beneficiados, por existirem bolsas integrais, pela transparência, pelo respeito as políticas de ações afirmativas para negros, índios e pobres e pela abrangência nacional,
3- Este sistema, o PROUNI, justamente por ser público e nacional, fruto da luta do MSU e de vários movimentos sociais, carece ainda de um **Conselho Social**, que contemple a sociedade civil na sua gestão, para que gere indicadores sociais e educacionais públicos, a fim de garantir a não discriminação contra os bolsistas, fiscalizar a execução do sistema, sustentar condições de estudo, alimentação e transporte dentre outros itens;
4- A força social do sistema nacional de bolsas, PROUNI, se revela em alguns exemplos de histórias pessoais:
Eduardo Luiz Herculano Chaves, Jardim Ângela-São Paulo aprovado para Aviação Civil; Ericksson dos Santos Silva, Jardim Ângela-São Paulo aprovado em Jornalismo; Lucimar Flaviana do Nascimento, Conjunto Granja Verde-Betim-MG, aprovada em Direito; Fernanda Lisboa de Oliveira, Santa Teresa-Rio de Janeiro, aprovada em Letras; Douglas Chagas da Silva, do 210-sul-Palmas-TO, aprovado em Administração; César Augusto Saraiva Gonçalves, Xaxim-Curitiba-PR, aprovado em Direito e Daniel Silva de Antão, periferia de Salvador-BA, aprovado História.

CONTATOS COM O MSU
COORDENAÇÃO NACIONAL

MIRTES – (21) 9782-6980
SÉRGIO – (11) 8135-2808
PENILDON – (71) 9121-9282
VANIR – (63) 9972-7949
TERESA – (31) 9145-8197
CÉSAR – (41) 9634-3543

e-mail: msu@msu.org.br
www.msu.org.br

MSU
MOVIMENTO DOS SEM UNIVERSIDADES
PELO FIM DOS LATIFÚNDIOS NA EDUCAÇÃO

Fonte: Arquivo MSU

7.2 DA CRISE POLÍTICA DE 2005 A 2006

Houve uma poeira alta soprada por algumas bocas, a partir de dois episódios fáticos: primeiro, a morte do presidente do PTB em trágico acidente aéreo[202] e sua substituição pelo deputado Roberto Jefferson[203] (PTB-RJ), e, em segundo lugar, um vídeo gravado pelo bicheiro Carlinhos Cachoeira no aeroporto de Brasília, onde um agente público dos Correios recebe dinheiro escuso num envelope, fato amplamente divulgado na grande mídia. Um céu de turbulência forte se instala no Parlamento brasileiro.

Em função disso, a Lei de Cotas ficou suspensa junto ao ar turbulento do Parlamento, no meio de tanta poeira que saia debaixo dos tapetes do poder e perigava cegar os olhos de ver com olhos livres. O que informa que uma conjuntura política dada pode favorecer uma coalizão e prejudicar outra em disputa viva por uma política pública no Parlamento.

A turbulência dos tempos se verifica já na disputa pela sucessão do presidente da Câmara dos Deputados para o biênio 2005/2006, ou seja, o jogo da sucessão presidencial é antecipado sobremaneira no Brasil de fins de 2006 para o início de 2005, em função de variada gama de fatores, dentre outros: correlação de forças no Parlamento e na sociedade; modo viciado do financiamento eleitoral (no qual estavam imersos o sistema político inteiro e parlamentares com "pendências" não resolvidas); circulação de parlamentares por partidos e blocos, independente da legenda por onde fora eleito (a fidelidade partidária só entraria em vigor em 2007); a lógica nova da reeleição no sistema político brasileiro; a subsunção da política pela economia.

Assim, como se fosse um cassino, com a reeleição, o governo de plantão será reeleito ou não. Isso somado aos "compromissos da campanha eleitoral passada", urdiam as coalizões político-partidárias, que se orquestravam em função de uma aposta no futuro, futuro que começa a se mostrar na eleição das mesas diretoras legislativas, espécie de teste de fogo.

A primeira reeleição, a do presidente Fernando Henrique Cardoso, sofreu escaramuças no Parlamento na hora da aprovação, porém não houve a judicialização. A segunda reeleição, a do presidente Luiz Inácio Lula da Silva, sofreu escaramuças em seu primeiro teste de fogo no Parlamento: a eleição da mesa diretora. Mas, ao contrário da primeira, a segunda escaramuça seria judicializada, pois, na contenda, adversários políticos exploram os erros uns dos outros e a disputa por espaço político dentro do governo ou dentro da oposição torna-se uma carnificina em função da correlação de forças.

Esse quadro geral levou à derrota da coalizão governista na eleição da mesa diretora da Câmara dos Deputados em 2005.

---

[202] A morte do presidente do PTB, José Carlos Martinez, ocorreu em 4 de outubro de 2003, próximo à cidade de Curitiba (PR). Ele fazia parte da negociação dentro da coalizão que elegeu Lula presidente nas eleições de 2002, ele era um dos fiadores centrais da coalizão que ganhou a eleição. O PTB, partido criado por Getúlio Vargas para agregar a base social dos trabalhadores urbanos, teve como herdeiros políticos o presidente da República João Goulart, deposto pelo Golpe Militar de 1964, e depois Leonel Brizola. O controle da sigla significou uma questão de honra para o General Golbery do Couto e Silva, estrategista político de proa da Ditadura Militar de 21 anos no Brasil, a maior da América Latina. Com isso, com a anistia de 1979, Leonel Brizola não tinha mais o controle da sigla, entregue pelos militares em mãos de Ivete Vargas. Cobiçada e oscilante na centro-direita do espectro político brasileiro a história do PTB é surpreendente, a ponto de as denúncias de seu midiático presidente, Roberto Jefferson, terem causado o estrago que causaram no viciado sistema político brasileiro, só aparentemente imune aos homens e mulheres comuns do povo.

[203] Roberto Jefferson ganhara fama como participante do programa chamado "O povo na TV", no canal SBT (TV aberta) e havia sido líder do governo do presidente Fernando Collor de Mello. Alçado à condição de Presidente do PTB em substituição a Martinez, agiria de modo diferente daquele, na mesma coalizão, com vistas ao próximo pleito eleitoral presidencial no Brasil. Acabaria tendo seu mandato parlamentar cassado na Câmara dos Deputados, sem nunca perder papel relevante no sistema político brasileiro, contudo.

Imagem 85 – O presidente da Câmara Severino Cavalcanti é cobrado pelos N*MS

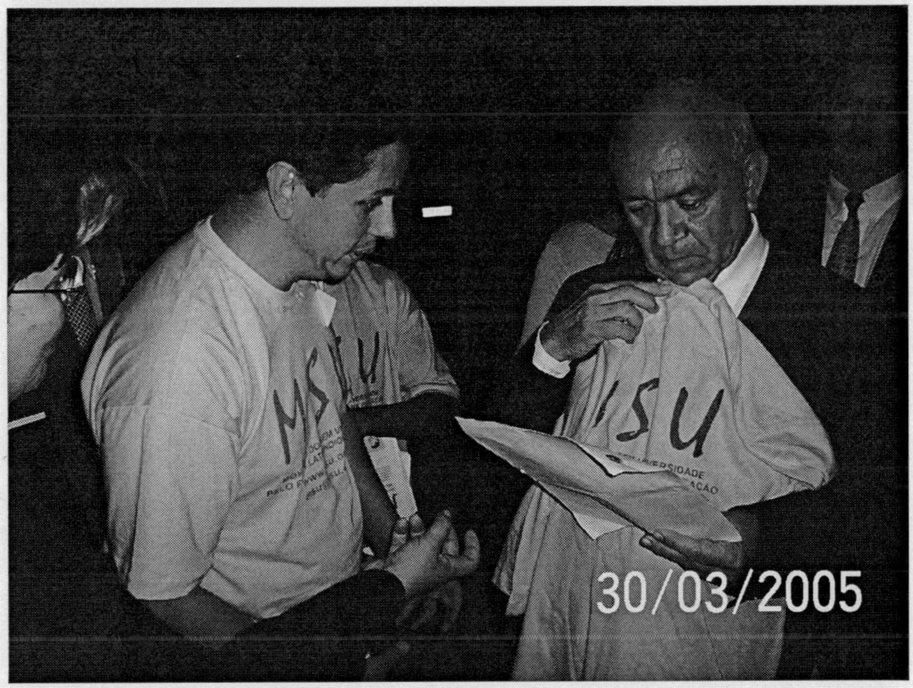

O novo presidente da Câmara dos Deputados, Severino Cavalcanti (PE), é cobrado pelos N*MS para que colocasse em pauta o pedido de urgência para a Lei de Cotas (PL 3627/04), conforme o documento assinado por todos os líderes partidários da casa e protocolado pelos N*MS na secretaria-geral da mesa diretora da Casa. O novo presidente disse que "Iria estudar a questão". Nada aconteceu em sua gestão.

Fonte: Arquivo MSU

Isso gerou a CPI dos Correios que, uma vez instalada no primeiro semestre de 2005, fez poeira tão alta que jogou para escanteio as pautas sociais em disputa no Parlamento, que praticamente parou.

Coisas que estavam embaixo do tapete pesado da história voaram para os lares brasileiros. Meios e fins questionáveis expunham as feridas do sistema político brasileiro, em especial, o caótico modelo de financiamento eleitoral: o deus Hefesto, de cuja forja subterrânea e de cujo fogo faz surgirem muitas das lideranças políticas reconhecidas como tais pelo sistema político brasileiro, sob o crivo do voto popular, massivo e mais barato nos territórios periféricos.

Nessa segunda conjuntura da Lei de Cotas no chão do Parlamento, a coalizão contra a Lei de Cotas foi grandemente beneficiada pela enorme crise política que ameaçou derrubar o governo. Assim, o susbsistema de educação é exogenamente atingido por um asteroide do sistema político.

A grande força política dos N*MS adquirida no chão da periferia, no chão do Parlamento, no chão do Palácio do Planalto, dissipou-se no ar? Eles deixariam de liderar a coalizão a favor da Lei de Cotas naqueles dias nebulosos, cheios de tempestades da história?

Longe de subirem no muro frente à crise política.

Em reconhecimento por terem começado a sentir o verdadeiro gostinho da universidade na boca como uma boa feijoada, em suas famílias, em suas casas, em suas ruas, nas grandes periferias urbanas, na roça, os N*MS defendem o governo Lula contra os esforços de seus adversários para derrubá-lo.

Naquela conjuntura, fizeram coro com aquele mesmo conjunto de movimentos sociais que estiveram reunidos no centro de São Paulo com o ministro Tarso Genro, em 2004, na defesa de uma Reforma Universitária Popular.

Imagem 86 – Encontro do MSU em São Paulo, Rua Tabatinguera, a quadra sempre lotada (1)

14/05/2005 - Encontro do MSU em São Paulo - A luta por uma Reforma Universitária Popular continua

Fonte: Arquivo MSU

Imagem 87 – Encontro do MSU em São Paulo, Rua Tabatinguera, a quadra sempre lotada (2)

14/05/2005 - Encontro do MSU em São Paulo - A tocha da luta dos excedentes passa para as mãos dos sem-universidade

Fonte: Arquivo MSU

Imagem 88 – Encontro do MSU em São Paulo, Rua Tabatinguera, a quadra sempre lotada (3)

Fonte: Arquivo MSU

Imagem 89 – Encontro do MSU em São Paulo, Rua Tabatinguera, a quadra sempre lotada (4)

Fonte: Arquivo MSU

Imagem 90 – Encontro do MSU em São Paulo, Rua Tabatinguera, a quadra sempre lotada (5)

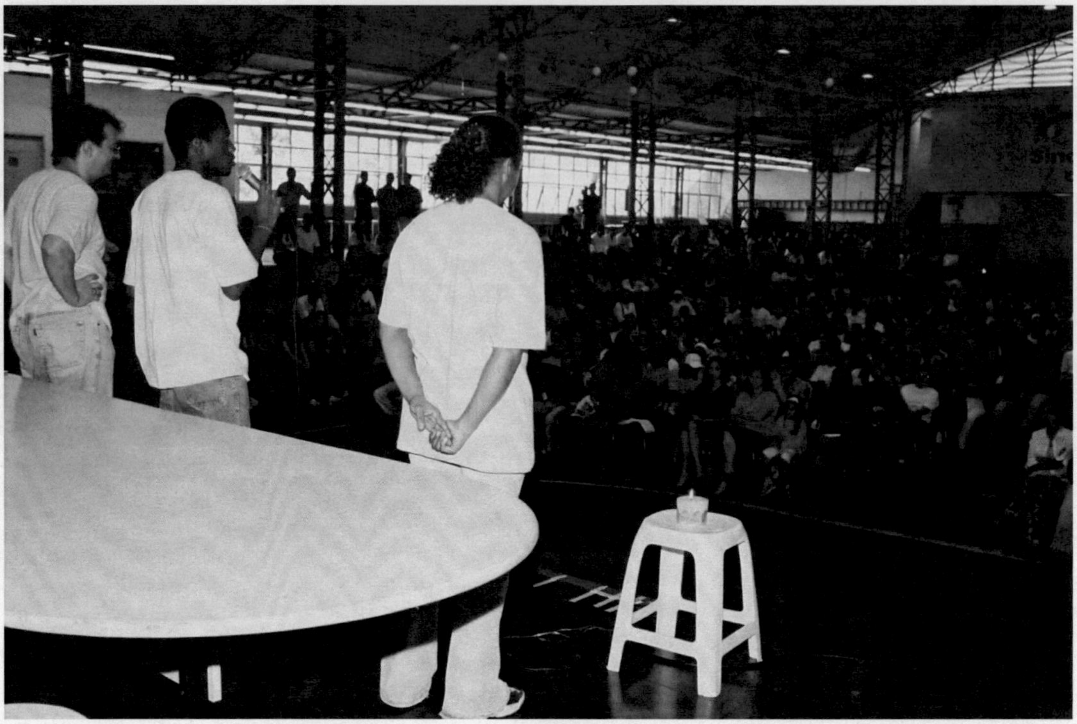

Fonte: Arquivo MSU

Imagem 91 – Encontro do MSU em São Paulo, Rua Tabatinguera, a quadra sempre lotada (6)

Fonte: Arquivo MSU

Imagem 92 – Encontro do MSU em São Paulo, Rua Tabatinguera, a quadra sempre lotada (7)

Fonte: Arquivo MSU

Imagem 93 – Encontro do MSU em São Paulo, Rua Tabatinguera, a quadra sempre lotada (8)

Fonte: Arquivo MSU

Imagem 94 – Encontro do MSU em São Paulo, Rua Tabatinguera, a quadra sempre lotada (9)

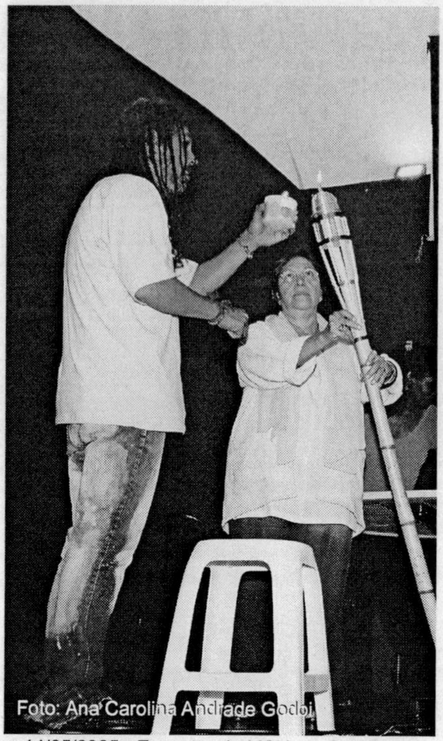

14/05/2005 - Encontro do MSU em São Paulo
A chama da luta dos excedentes simbolizada na tocha acesa pela professora Dilma de Melo Silva

Fonte: Arquivo MSU

Imagem 95 – Encontro do MSU em São Paulo, Rua Tabatinguera, a quadra sempre lotada (10)

14/05/2005 - Encontro do MSU em São Paulo - Dulcimar observa a participante da luta dos excedentes, pelo direito à universidade nos anos 1960, a professora Dilma passar a tocha desta luta para Ricardo, do MSU

Fonte: Arquivo MSU

Imagem 96 – Encontro do MSU em São Paulo, Rua Tabatinguera, a quadra sempre lotada (11)

14/05/2005 - Encontro do MSU em São Paulo - Dulcimar carrega a tocha da luta pela universidade, que passa de mão em mão

Fonte: Arquivo MSU

Imagem 97 – Encontro do MSU em São Paulo, Rua Tabatinguera, a quadra sempre lotada (12)

14/05/2005 - Encontro do MSU em São Paulo - A tocha da luta dos excedentes passa para as mãos dos sem-universidade

Fonte: Arquivo MSU

A tocha do direito à universidade passa de mãos em mãos numa quadra dos bancários lotada naquele dia! Dilma de Melo Silva, excedente. Só essa interação entre os movimentos, o que salvou o governo Lula do fogo dos infernos, naquele primeiro semestre de 2005, daria uma tese. Não é o caso, fica para uma próxima vez ou para uma próxima pesquisa interessada no assunto. Mas os movimentos sociais cobravam pelo apoio ao governo sua justa sina e sua vergonha na cara: a mudança da política econômica.

Foram dias de tempestades nos cursinhos populares, nas reuniões, nas ruas, nas manifestações a favor do governo Lula. Foram várias reuniões de avaliação entre os movimentos sociais e o presidente Lula no próprio Palácio do Planalto, com participação efetiva dos N*MS, em Brasília.

Imagem 98 – Palácio do Planalto: movimentos sociais juntos na defesa do Governo do Presidente Lula frente a grave crise política do Brasil em 2005 e a tentativa de derrubar o governo

Fonte: Arquivo MSU

Imagem 99 – Salão Oval do Palácio do Planalto: reunião dos movimentos sociais juntos na defesa do Governo do Presidente Lula frente a grave crise política do Brasil em 2005 e a tentativa de derrubar o governo

Fonte: Arquivo MSU

Defender o governo naquela conjuntura não significa concordar com os malfeitos no sistema político e sua regra de ouro do financiamento eleitoral privado, pelo contrário, servia também para denunciar os vícios do próprio sistema político. O enfraquecimento do governo Lula jogava água no moinho da coalizão contra a Lei de Cotas.

Paradoxalmente, viver a crise significava também para os N*MS testar os elos da coalizão a favor da Lei de Cotas, contar os aliados, somar forças, dado que a crise forçou a uma convivência quase diária entre os atores dos movimentos sociais.

Exemplo disso foi a reunião nos Jesuítas em Brasília que definiu a participação dos N*MS numa ação política difícil e estratégica para barrar a aproximação entre a CNBB e a OAB, dado que a OAB se movimentava em favor da assinatura do pedido de impeachment do presidente Lula e tentava atrair a CNBB que estava com reunião geral, em Brasília. Fora aberto um espaço para os movimentos sociais falarem sobre a crise política que atravessava o Brasil. O MSU foi escolhido junto com a CUT e o MST para falarem pelos movimentos sociais brasileiros. Antônio Carlos Spis, que participara da luta por universidade no município de São Paulo, João Paulo Rodrigues, o líder negro do MST e o representante do MSU de camisa amarela estariam ali juntos falando de igual para igual na mesa com o conjunto dos bispos do Brasil na mesa ao lado do presidente da CNBB. A CNBB se posicionaria ao lado dos movimentos sociais.

Imagem 100 – MSU, MST e CUT falam na Conferência Nacional da CNNB, Confederação Nacional dos Bispos do Brasil, em Brasília. O MSU defendeu na ocasião que a CNBB não assinasse o documento de impeachment de Lula proposto pela OAB: "Paz e bem. Agora que começamos a sentir o gostinho da Universidade querem tirar isso da boca do povo" disse o coordenador do MSU para o aplauso entusiasmado em pé dos bispos presentes

Fonte: Arquivo MSU

A crise política violenta mudaria posições-chaves no governo, duraria todo o ano de 2005 e nunca mais desapareceria da disputa política no Brasil. A Câmara dos Deputados num só ano teria dois presidentes: Severino Cavalcante, de Pernambuco, e Aldo Rebelo, de São Paulo. Aquele não cumpriria a inteireza de seu mandato saindo no segundo semestre de 2005, esse iria até o começo de 2007. A encruzilhada também é o caminho, diz o ensinamento da ancestralidade.

Imagem 101 – "É nóis! Vamo pra Brasília, senão não vira nada pro nosso lado, tá ligado?" Débora Duarte, Jardim Pantanal, coordenadora do MSU

Fonte: Arquivo MSU

7.2.1 As pedras de Moisés da reforma universitária popular e a desobediência dos homens brancos do poder

Tarso Genro perseguia sua sina à frente do MEC como o andante persegue o caminho escolhido. O GPS do ministro da Educação, uma liderança política da história do Brasil, no entanto, começava a saltitar cada vez mais fora do subsistema de educação com o aumento da temperatura da crise política. O jogo da concertação ia perdendo espaço para o jogo do balcão no Ministério da Educação, na exata proporção do movimento de saída do Ministro Tarso Genro do Ministério da Educação, convocado para apagar incêndios ou empurrado para fora do MEC de propósito como fruto da crise política?

Nunca a história responderá.

Fato é que a crise política derrubou um a um os principais postulantes a uma virtual sucessão de Luiz Inácio Lula da Silva. Tarso Genro possuía as credenciais públicas objetivas para ocupar essa cobiçada posição que ficara tragicamente vazia.

Tarso Genro ratificou o compromisso com os N*MS ao estampar no decreto-lei de regulamentação do sistema público de bolsas de estudos em instituições privadas (PROUNI) a comissão de acompanhamento e controle social. Tarso Genro também apertava o passo da construção de uma proposta final vertebrada de Reforma Universitária para submetê-la ao Congresso Nacional e regava com o regador da concertação as sementes de novas universidades públicas no território brasileiro, brotada da dor da exclusão da universidade, do clamor e ira dos N*MS na luta pelo direito à universidade de norte a sul do Brasil, da sensibilidade de parlamentares de variados partidos que empunharam essas bandeiras desde a democratização inconclusa da Constituição de 1988.

A proposta inicial de fim de 2004 fora o início da conversa pública sobre o tema da reforma universitária. Contemplada, as cotas da proposta de 2004 sofrerão ataque violento advindo das estruturas universitárias, da burocracia universitária branca, da imprensa, enfim da Coalizão contra a Lei de Cotas. As cotas sobreviverão no anteprojeto de Reforma Universitária? Mediador da concertação no subsistema de educação, Tarso Genro era um otimista sem imprimatur. Ele abre um prazo para sugestões da sociedade civil para a Reforma Universitária até meados de março de 2005.

A Reforma Universitária Popular é discutida pelo Movimento dos Sem Universidade em vários pontos do país, nos cursinhos populares. Por exemplo, em Minas Gerais, na periferia, na cidade de Contagem, uma grande reunião nacional tem lugar no segundo semestre de 2004, com as pessoas vindas de vários cantos do Estado, dos cursinhos populares. Um estranho na história da Lei de Cotas no Brasil se juntará a Gildázio do MSU numa das mesas de debate. Quem é ele? O representante enviado pelo MEC para participar daquele debate era Ronald Pinto, membro da Comissão da Reforma Universitária. O nacional e o subnacional se falam, têm corpos, negros e indígenas. Ele é indígena, um indígena no MEC? Na Reforma Universitária. Com a palavra o indígena desconhecido do Brasil grandemente, que fez a diferença na Lei de Cotas no chão do Parlamento. A reforma universitária, nessa perspectiva de luta popular, aproximou um indígena e o MSU, Ronald e Gildázio, isso é a coalizão a favor da Lei de Cotas em passos vivos e decisivos na história, aliança que se faz no dia a dia, sem formalismos, mais amarrada, amarração ancestral, dura de desatar. Com a palavra Ronald Kaingang. Dos Kaingang de Cruz Alta, Rio Grande do Sul.

> *Cruz Alta, eu sou de Cruz Alta, e a gente se mudou pra Santa Maria.*
>
> *Eu, é... eu tive uma relação com a Universidade de muito, muito, muito cedo, né? A minha mãe era servidora da Universidade, minha mãe era aquilo que chamavam na época servente de limpeza, mas, na época, servente de limpeza era um cargo concursado. A minha mãe fez concurso, ela é indígena, tal, fez o concurso e entrou como servente de limpeza. Embora ela tivesse algum conhecimento, tal, mas... ensino médio, aquela coisa toda, mas pra nós indígenas é muito difícil ocupar o espaço de secretaria, essas coisas, o pessoal tem uma visão muito, digamos assim, preconceituosa, no sentido de discriminar mesmo o acesso a esse tipo de espaços, né? Aí, a minha mãe trabalhando lá, ela era obrigada a me levar porque...* (Ronald Kaingang, entrevista ao autor, 2019)

Ronald frequenta a universidade desde cedo, porque a mãe indígena passa a trabalhar de servente de limpeza da Universidade Federal de Santa Maria, antes era doméstica.

> *Aí, em Santa Maria, minha mãe trabalhava como doméstica e aí ela faz o concurso e entra pra Universidade, que é quando começa a minha relação com a Universidade. Aí, eu era obrigado a ir todos os dias pra Universidade acompanhando a minha mãe porque na época não tinha creche, não tinha essa coisa toda e o salário dela não tinha como pagar alguém pra me cuidar, né? Ficava muito complicado. Algum tempo até ela tentou fazer isso, mas depois eu queria ir pra lá e na Universidade, na época, tinha um ônibus que era gratuito, uma série de ônibus, né? Que era gratuito e fazia o percurso da cidade até o campus, que fica em Camobi, distante nove quilômetros da cidade. Aí, nessa situação, eu precisava de uma autorização pra andar no ônibus porque o ônibus não concedia, não era permitido filhos de servidores usar o ônibus, então, se eu quisesse ir pro campus e ficar perto da minha mãe, eu teria que pagar o ônibus, um outro ônibus, porque aquele dos servidores eu não poderia usar. Em função disso, quando eu tinha uns 8 anos, eu fui até a diretora do museu da Universidade, que eu conhecia por outras instâncias, eu tinha feito um curso de limpeza de fósseis, né? Que é uma coisa que tem muita incidência em Santa Maria, lá tem o posto chamado o Posto da Alemoa, onde tem uma espécie chamada Scaphonyx fischeri, uma espécie predominante daquela área e eu tinha aprendido com o, na época irmão Marista que depois virou padre, Daniel Cargnin, como fazer a limpeza de fósseis, e conheci a diretora do museu nessa situação. Aí fui lá, pedi uma audiência com ela, falei com ela, e com 8 anos eu passei a integrar a equipe do museu como colaborador e como estagiário, né? Bolsista, ela me pagava uma bolsa, do bolso dela, claro, a Universidade nem tinha como dar uma bolsa pra uma criança de 8 anos e aí eu comecei a trabalhar no museu. Então a minha relação com a Universidade, ela começa no Museu Educativo Gama d'Eça da Universidade Federal de Santa Maria, quando eu tinha 8 anos. Aí, eu trabalho ali até os 16, 17 anos, eu saio e tento trabalhar fora, em outras atividades, tal, e entro pro exército. Termina o meu tempo no exército, eu faço concurso na Universidade e volto a trabalhar na Universidade, só que aí já como Oficial Administrativo da Universidade. Eu sou Servidor Técnico Administrativo na Universidade Federal de Santa Maria desde 1984.* (Ronald Kaingang, entrevista ao autor, 2019).

Ronald Kaingang segue os passos da mãe indígena e deixa ver sua curiosidade desde criança, sua paixão pela Universidade Federal de Santa Maria, em que se torna servidor permanente concursado como a mãe. No curso da história da democratização do Brasil, nos anos 1980, envolve-se apaixonadamente com a luta dos trabalhadores das universidades federais, com seu sindicato. Em todo o curso da Lei de Cotas no Parlamento, a FASUBRA, a federação dos trabalhadores das universidades federais será grande aliada dos N*MS na coalizão a favor da Lei de Cotas, os trabalhadores das federais eles mesmos e seus filhos e filhas sempre sonharam com o direito à universidade. Se a Andifes era da coalizão contra a Lei de Cotas, a FASUBRA era da coalizão a favor da Lei de Cotas, por pessoas como Ronald, Miguel, Patrícia, Genésio, Toninho, Marcinho, Celso, Magno, Neli e muita gente mais.

> É, a condição de indígena não é o que me dá trabalho, né? Eu sou da etnia Kaingang, fui militante do movimento sindical, fui dirigente da FASUBRA. Na FASUBRA eu fui coordenador de políticas sociais e *anti-racismo e, nesse meio tempo, sempre lutando pra gente conseguir fazer políticas afirmativas, porque a gente tem no país de uma tradição colonizada, né? Que vê um racismo estrutural como uma coisa normal, vive dentro dele como se ele não existisse, como se os valores e as formas de ação fossem normais, então, em função disso, a minha militância sempre foi pra tentar descolonizar a relação do Estado com os indígenas e, por consequência, também com outros setores da sociedade, como o movimento negro, como os negros, com... a população pobre, a população ribeirinha. Então, todas aquelas identidades nacionais que de alguma forma não atendem à visão do processo civilizatório que quer enxergar todo mundo como operário, como empresário, são aqueles papéis sociais bem típicos da dita sociedade civilizada. Então, a minha militância começa no movimento sindical, aí, em 2003 nós temos a feliz consequência de anos de luta com a eleição de um companheiro ex-sindicalista*

> *para a Presidência da República, o Presidente Lula. O Presidente Lula leva consigo a ideia de _____[02:55], né? De trazer os setores da sociedade para o diálogo, para a política, pra essa coisa toda. Diferente do que nós tínhamos antes, que os governos eram necessariamente de representantes da elite, e que faziam concessões. Então, essas concessões são nítidas, a gente tem já concessões na questão racial tão já no governo Fernando Henrique, mas vai ser parte do protagonismo social, ou seja, dos movimentos construindo as suas propostas, as suas engenharias a partir do governo Lula.*
>
> *Então, é nesse contexto que eu vou pro... que eu venho participar do governo. Primeiro na FUNAI, né? Onde eu trabalhei na Coordenação Geral de Assuntos Externos, que era uma espécie de agência de notícias da FUNAI, depois eu fui pro MEC, onde eu trabalhei na SESU, na Secretaria de Educação Superior, focado na questão da educação para a diversidade, né? E, logo depois, termina... nem termina, acho, o ano de 2004, venho pra o Senado pra assessorar uma companheira, chamada Senadora Fátima Cleide, uma companheira que adota, que abraça essas causas dentro da educação.* (Ronald Kaingang, entrevista ao autor, 2019)

Ronald Kaingang até a entrevista não tinha feito universidade, mas chegara à direção de seu sindicato, de onde foi convidado para participar da FUNAI com a eleição de Lula, quando veio de mala, cuia e chimarrão do Rio Grande do Sul para a periferia de Brasília com toda sua família, em 2003. No trecho anterior, ele destaca a engenharia e o protagonismo social dos movimentos, passo que ele próprio participou e testemunhou, seja em vários debates na Reforma Universitária, na criação do sistema público de bolsas de estudos em instituições privadas (PROUNI) e na Lei de Cotas.

Para a história Kaingang, no Brasil Meridional, uma história que não se restringia à fronteira dos estados conhecidos hoje, os "índios brabos" dos sertões meridionais no XVIII, no XIX, contra quem o Estado brasileiro declarara oficialmente guerra pelos dedos da pena de Dom João VI, de seus herdeiros e dessa herança institucional. Como método político para enfrentar a repressão militar do Estado e das milícias armadas que invadiam as florestas de araucárias para matá-los, os Kaingang, de extrema engenhosidade, desenvolveram a habilidade arquitetônica de fazer esconderijos, casas subterrâneas. De certo modo, na lógica prática do cotidiano da Lei de Cotas no Parlamento brasileiro, a presença de Ronald Kaingang no gabinete da Senadora Fátima Cleide, cujo gabinete ficava na ala que fica atrás da biblioteca do Senado Federal, fazia daquele lugar espécie de quartel-general da coalizão a favor da Lei de Cotas, ponto de encontro de indígenas, lugar físico de presença permanente e de articulação dos N*MS no Parlamento, espécie de base avançada dos N*MS no chão do Parlamento. A amarração feita diretamente, sem intermediários entre Ronald Kaingang e o MSU no curso do debate da Reforma Universitária em Minas Gerais, terá sobrevida digna e estratégica para a aprovação da Lei de Cotas no Parlamento, dada a gigantesca sabedoria política indígena, partilhada e aprendida pelos N*MS no trato cotidiano no chão do Parlamento. Era o sertão no Parlamento, o subterrâneo da luta pela Lei de Cotas no Parlamento. Mas ele não era um reles assessor, da periferia de Brasília, como herói indígena da conquista da Lei de Cotas no Parlamento?

> *Eu não... eu não sou absolutamente ninguém, né? E o que eu sou como assessor é exatamente isso, a pessoa que trabalha pra aquela pessoa que foi eleita, foi escolhida pelo povo pra fazer um determinado trabalho, se essa pessoa, ela olha, assim... "olha, eu tenho uma identidade, eu tenho uma identidade com essa pessoa", eu sou assessor da pessoa que eu tenho identidade, eu não sou um assessor de pessoas que, assim, são estranhas pra mim, do ponto de vista político, do ponto de vista filosófico de vida, né? Isso é muito bom, a partir disso surge uma capacidade de ação muito forte como assessor e assessor político. Aí, eu entro nessa discussão no momento em que a maioria dos povos indígenas sequer tinha ideia do que que era reserva de vagas,*

> *então, nós tínhamos... eu tentei conversar com o CIMI, ainda, na discussão do PROUNI no MEC, você vai me encontrar muito na discussão do PROUNI no MEC, eu tive debates com Heloísa Helena, com Roberto Leher, lá na Universidade Federal Fluminense, eu tive debate na Universidade Federal do Rio, então, eu tive debates em vários locais sobre a questão do PROUNI e nessa questão sempre estava embutida essa questão mais forte da questão de cotas, a questão das cotas sociais. Aí, quando eu venho pro Parlamento, trabalhar no Parlamento, nós ainda não tínhamos no mundo indígena, na discussão do mundo indígena, nenhuma discussão clara, nenhuma definição sobre o que era reserva de vagas, o pessoal tinha muita discussão até contrária, que o pessoal dizia que era um ataque da antropologia, "imagina nós darmos chance pra que o índio fosse pra Universidade"; _____**[19:07]** branca"; "ia descaracterizar", que ia acontecer isso e ia acontecer aquilo. Só que a demanda existia, nós tínhamos milhares de estudantes indígenas concluindo o ensino médio sem a menor expectativa de ter uma possibilidade de estudo no ensino superior, não havia um projeto de futuro, era _____**[19:28]** você termina o ensino médio e vai pegar alguma atividade subalterna qualquer na vida, porque a educação superior não tá como uma possibilidade. Aí, quando eu vou trabalhar na... quando eu venho trabalhar no Senado, eu já venho com essa experiência do MEC e já tenho, assim, uma visão muito clara de que esse processo, ele ia se dar... como aconteceu, como o MSU acompanhou isso, né?* (Ronald Kaingang, entrevista ao autor, 2019).

Ronald Kaingang informa do processo de adesão dos próprios povos indígenas na defesa da Lei de Cotas, um processo delicado, não automático. A interlocução de Ronald Kaingang trançava a rede dos povos indígenas brasileiras numa fina, ativa e amarrada sintonia grudada com os N*MS, pés descalços juntos na caminhada no chão muitas vezes hostil e cheio de armadilhas do Parlamento, que profetizava o direito à universidade dos povos indígenas, negros, da escola pública, dos pobres. Assim, os N*MS abrigavam um estilo de liderança política que destoa em grande parte do figurino racional e instrumental da política no chão do Parlamento, pois bebia numa fonte relativamente mística de crenças, como os Kaingang consultam os sonhos para interpretarem os desafios dos dias. E brancos no Brasil não era um desafio fichinha. E o protagonismo dos povos indígenas informa a força da coalizão a favor da Lei de Cotas e a liderança dos N*MS nessa coalizão no chão do Parlamento. Profetizar importa em política pública para superar desigualdades porque anuncia verbalmente o direito, não como promessa, mas como visão de futuro para superar a desigualdade que a guerra nos territórios embala, como fonte de esperança e ânimo para a caminhada, para mais gente se juntar na caminhada, não adoecer, não morrer, seja pelo medo, seja pela morte matada. Assim, a Lei de Cotas contada em diálogos orais pacienciosos era profetizada como o direito que se pode enxergar com os próprios olhos, agarrá-lo, não o largar, isso encantava o debate, as reuniões de articulação, os posicionamentos, a pintura dos corpos para a guerra. Isso ia do acampamento indígena a um almoço de três horas de duração com os Terenas em Brasília. E não só isso.

Se Ronald Kaingang animou com brilho ímpar a conversa da Reforma Universitária Popular em Minas, se ele liga os pontos desse tema com a Lei de Cotas, essa conversa precisava de um quociente do ponto de vista dos N*MS, algo para ser mostrado ao Brasil.

A Reforma Universitária Popular é discutida pelo Movimento dos Sem Universidade em vários pontos do país, nos cursinhos populares. Uma comissão nacional é formada para sistematizar e fazer a entrega final das propostas ao MEC. A comissão nacional do MSU é formada por membros dos estados de Minas Gerais, Tocantins e São Paulo. Com o Retiro Assunção inteiro ocupado naquele 10, 11, 12 e 13 de março de 2005, a reunião seria num hotel barato, mais deslocado da região hoteleira, perto da rodoferroviária. Ali havia cama, comida e lugar para reunião. Era o trabalho intenso de discussão e sistematização de propostas. Ao fim, no domingo à tarde, ganhou a ideia de fazer um ato político de entrega das propostas diretas ao ministro da Educação, não da entrega de um documento grande que não teria visibilidade. A proposta de Tocantins ganhou o debate: como as tábuas que Moisés recebeu no Monte Sinai, fazer as tábuas da lei por uma reforma universitária popular, centrar em 10 mandamentos sagrados. Dito e feito, elencados os 10 mandamentos. E as pedras? Lista telefônica do hotel domingo de noite. Nada feito. Surgiu uma ideia dada pelo atendente do hotel: no cemitério eles escrevem em pedras. Como chegar lá? Só amanhã cedo. Na segunda-feira bem cedo, a comissão vai do hotel ao cemitério. Negociação. Não dá para ficar pronto até duas da tarde? Vocês conseguem fazer o transporte até o prédio do Ministério da Educação? Fechado. A comissão fica no cemitério acompanhando o trabalho até o fim. Por volta das 15 horas, as pedras de Moisés são entregues ao ministro da Educação Tarso Genro. Dudu, coordenador do MSU, participou daquele ato político por uma reforma universitária popular no Brasil.

> *Moisés foi a inspiração. 10 mandamentos. A gente procurou alguém que escrevesse em pedra. Foi uma loucura. Marcar como monumento. Foi uma cerimônia forte, entrar com a pedra, fizemos um ato de entrega, deixamos lá dentro do Ministério da Educação as pedras. Um gesto simbólico, propositivo, no sentido de propostas concretas escritas em pedra. As pedras foi bem forte. A chegada ali no Ministério da Educação.* (Luiz Eduardo Rodrigues de Sousa, coordenador do MSU, em entrevista ao autor, 2019).

A assessoria de imprensa do MEC assim registrou esse momento:

> MSU entrega sugestão à reforma universitária
>
> Estudantes do Movimento dos Sem Universidade (MSU) apresentaram hoje, 14, ao ministro da Educação, Tarso Genro, uma lista com dez sugestões à reforma universitária. Entre outros pedidos, o documento sugere a substituição do vestibular pelo Exame Nacional do Ensino Médio (ENEM), a inserção de taxas no processo seletivo das universidades e a criação de dois milhões de vagas nas universidades públicas.
>
> De acordo com o MSU, em muitos casos o que se pede nos processos seletivos das universidades federais é bem distante do que se aprende nas escolas públicas, alimentando uma indústria de cursos preparatórios para o vestibular. Por isso, segundo seus representantes, o Enem deveria ser utilizado como a primeira etapa de acesso às universidades.
>
> Os estudantes pedem também a garantia de 50% das vagas nas universidades para alunos de escolas públicas, a criação de mais cursos públicos noturnos, a ampliação das políticas afirmativas para negros e índios, a garantia de permanência das classes populares com subsídios como transporte, alimentação, moradia, emprego e livros, a criação de uma tevê universitária aberta e o comprometimento das universidades públicas com projetos de desenvolvimento do país.
>
> O documento com as reivindicações - esculpido em granito, simbolizando os 10 mandamentos bíblicos - foi entregue pelos estudantes ao ministro. (MSU [...], 2005, s/p).

Os N*MS e diversos agentes públicos e privados, coletivos ou individuais enviaram contribuições para o debate público instalado da Reforma Universitária no Brasil. O tema a cada dia perdia espaço na agenda política mergulhada na crise política e seu enredo de novela. Ao contrário da Primeira República o Brasil não assistira naqueles dias ao empastelamento de jornais, gráficas, nem ameaças diretas ou indiretas a jornalistas, dado a normalidade democrática e a liberdade de imprensa no país. Porém, um leitor de jornais que chegasse de Marte, ao lê-los, ficaria com a impressão nítida que o governo derretia pelo tom médio do jornalismo de acusação dominante nos oligopólios da mídia brasileira. A reforma universitária navegava em mar revolto.

Imagem 102 – MSU com a ministra da SEPPIR Matilde Ribeiro: unidade na ação da coalizão a favor da Lei de Cotas

Fonte: Arquivo MSU

Imagem 103 – MSU com o deputado federal Luiz Alberto da Bahia

Fonte: Arquivo MSU

Teimoso, o ministro Tarso Genro fazia o seu trabalho, a sua missão. Apresentara em fins de maio a segunda versão da reforma universitária. Alguns pontos de interesse para a obra são destacados:

Seção VI DA EDUCAÇÃO SUPERIOR NO SISTEMA ESTADUAL DE ENSINO

Art. 29. A União poderá participar do financiamento das instituições de educação superior estaduais e municipais que com ela celebrarem convênios ou consórcios públicos, com o compromisso de aumento de oferta de vagas e de qualificação dos cursos e programas, inclusive visando à criação de novos estabelecimentos e cursos de educação superior.

TÍTULO III DA EDUCAÇÃO SUPERIOR NO SISTEMA FEDERAL DE ENSINO

CAPÍTULO I

DISPOSIÇÕES GERAIS

Art. 33. A universidade deverá constituir um conselho social de desenvolvimento, de caráter consultivo, presidido pelo reitor, conforme disposto em seus estatutos, com representação majoritária e plural da sociedade civil, cuja finalidade é assegurar a participação da sociedade em assuntos relativos ao desenvolvimento institucional da universidade e às suas atividades de ensino, pesquisa e extensão.

Parágrafo único. O conselho social de desenvolvimento terá as seguintes atribuições, sem prejuízo de outras que lhe possam ser estatutariamente conferidas:

I – viabilizar amplo conhecimento público das atividades acadêmicas da universidade, com vista à avaliação social de sua efetividade enquanto instituição;

II – acompanhar a execução do PDI; e

III – indicar demandas da sociedade para a fixação das diretrizes e da política geral da universidade, bem como opinar sobre todos os assuntos que lhe forem submetidos.

CAPÍTULO II

DA REGULAÇÃO DA EDUCAÇÃO SUPERIOR NO SISTEMA FEDERAL DE ENSINO

Art. 34. Cabe à União o exercício da função regulatória da educação superior no sistema federal de ensino.

CAPÍTULO III

DAS INSTITUIÇÕES FEDERAIS DE EDUCAÇÃO SUPERIOR

SEÇÃO IV

DAS POLÍTICAS DE DEMOCRATIZAÇÃO DO ACESSO E DE ASSISTÊNCIA ESTUDANTIL

Art. 55. As instituições federais de educação superior deverão formular e implantar, na forma estabelecida em seu Plano de Desenvolvimento Institucional, medidas de democratização do acesso, inclusive programas de ação afirmativa e inclusão social, e medidas de assistência estudantil.

Parágrafo único. As instituições deverão incentivar ações de reforço do ensino médio, promovendo a participação de seus estudantes, apoiados por bolsas especiais para essa finalidade, e supervisionados por docentes.

Art. 56. As medidas de democratização do acesso devem considerar as seguintes premissas, sem prejuízo de outras:

I – condições históricas, culturais e educacionais dos diversos segmentos étnico-raciais e sociais;

II – importância da diversidade social, étnico-racial e cultural no ambiente acadêmico; e

III – condições acadêmicas dos estudantes ao ingressarem, face às exigências dos respectivos cursos de graduação.

§ 1º Os programas de ação afirmativa e inclusão social deverão considerar a promoção das condições acadêmicas de estudantes egressos do ensino médio público oriundos de segmentos sociais e étnico-raciais historicamente prejudicados.

§ 2º As instituições federais de ensino deverão oferecer, sempre que pertinente, pelo menos um terço de seus cursos e matrículas de graduação no turno noturno.

§3º Será gratuita a inscrição de candidatos de baixa renda nos processos seletivos para cursos de graduação, conforme normas estabelecidas e divulgadas por cada instituição.

Art. 57. As medidas de assistência estudantil deverão contemplar, sem prejuízo de outras, a critério do conselho superior da instituição:

I – bolsas de fomento à formação acadêmico-científica e à participação em atividade de extensão;

II – moradia e restaurantes estudantis e programas de inclusão digital;

III – auxílio para transporte e assistência à saúde; e

IV – apoio à participação em eventos científicos, culturais e esportivos, bem como de representação estudantil nos colegiados institucionais.

Parágrafo único. As instituições federais de ensino superior deverão destinar um montante de recursos correspondente a pelo menos cinco por cento de sua verba de custeio para implementar as medidas previstas neste artigo.

TÍTULO III

DISPOSIÇÕES FINAIS E TRANSITÓRIAS

Art. 69. O item 4.3 do Plano Nacional de Educação, aprovado pela Lei nº 10.172, de 09 de janeiro de 2001, passa a vigorar acrescido dos subitens 2 e 24, com a seguinte redação:

"4.3.................................

2. Ampliar a oferta de ensino público mediante expansão do sistema público federal e cooperação entre os sistemas públicos federal e estaduais de modo a assegurar uma proporção nunca inferior a quarenta por cento do total de vagas, prevendo inclusive a parceria ou o consórcio público da União com os Estados e os Municípios na criação de novos estabelecimentos de educação superior.

24. As instituições federais de educação superior, segundo etapas fixadas em cronogramas constantes de seus respectivos programas de ação afirmativa, deverão alcançar, sem prejuízo do mérito acadêmico, até 2015, o atendimento pleno dos critérios de proporção de pelo menos cinquenta por cento, em todos os turnos e em todos os cursos de graduação, de estudantes egressos integralmente do ensino médio público, respeitando a proporção regional de segmentos sociais e étnico-raciais historicamente prejudicados". (Anteprojeto da Reforma Universitária, MEC, 2005).

Essa versão da proposta de reforma universitária apresentada em fins de maio de 2005 pelo Ministério da Educação já revela o efeito transbordamento da crise política do financiamento privado de campanhas eleitorais que ricocheteava no subsistema de educação. A corda arrebenta para o lado mais fraco? Como se posicionaram os atores nas coalizões?

Apesar de contemplar pontos importantes como a importância da criação de novas universidades públicas, das isenções, da permanência, o MEC evidentemente recuou da implantação das cotas na nova versão escrita, à moda dos avanços e recuos dos gabinetes do conselho de estado que aparecem nos estudos da abolição inconclusa (Alonso, 2016). Recuo pela sensibilidade aos gritos da coalizão contra. Deixa as cotas para o país do futuro? A imprensa soube explorar o fato.

"Entidades rejeitam novo modelo de cotas para universidades" (Takahashi, 2005) é a chamada da matéria assinada pelo jornalista Fábio Takahashi, no jornal *Folha de S. Paulo*, de 1 de junho de 2005. Que entidades? A matéria explicita: MSU e EDUCAFRO. Os N*MS repudiavam a procrastinação: "Ficamos desamparados, [...] não podemos esperar mais dez anos", disseram.

Isso acendeu, mais uma vez nos N*MS, nos pontas-de-lança da coalizão a favor da Lei de Cotas, a desconfiança com relação aos apetites políticos quando a mudança estrutural em política pública está em jogo, aquela que mexe com a posição da cota do privilégio branco na universidade, que mexe com a inércia institucional do Brasil, da política pública.

Proa da coalizão contra a Lei de Cotas, a Associação dos Representantes das Federais (ANDIFES) elogiou a proposta: "O presidente da ANDIFES (associação que representa as federais), Oswaldo Baptista Duarte Filho, elogiou o prazo e a liberdade para cada universidade escolher sua forma de inclusão. 'Houve respeito com as instituições'" (Takahashi, 2005). Depreende-se que o MEC passou o branquinho nas Cotas na reforma universitária, pois no novo texto o MEC dá mais dez anos para as universidades federais atingirem o percentual de 50% com origem na escola pública e "retirou de sua proposta as partes que coincidem com um projeto de lei que tramita no Congresso Nacional, que também prevê as cotas" (Takahashi, 2005).

Esse fato reforça a angústia, a tristeza, o desespero dos N*MS, pois foi por conta da empáfia das universidades, de sua esmagadora maioria, seu veto burocrático à mudança estrutural em política pública para o acesso à universidade que o Parlamento foi o centro da ação política dos N*MS. De novo, mesmo com uma nova coalizão no poder, no governo, o Parlamento era a luz no fim do túnel da coalizão a favor da Lei de Cotas, a única luz agora, conforme disseram os N*MS na matéria. Novos ventos do partido real da burocracia passaram a soprar com mais força no Ministério da Educação?

Dois vetos assombram esta obra nesse ponto: o veto do sistema político e o veto do partido real da burocracia. O veto do sistema político, por conta da grande crise do financiamento eleitoral privado de 2005, abateu-se sobre o subsistema de educação, deslocando de sua posição o ministro da Educação. Em consequência disso, o veto burocrático que dominava em nível subnacional no subsistema de educação, abocanhou o nível federal, o que se traduz no texto novo da proposta de reforma universitária de fins de maio de 2005. Isso mostra que não há mudança estrutural em política pública isolada num subsistema, porque é gordo o olho do poder, como é grande o tombo do poder.

O veto burocrático informa também o desrespeito político com os de baixo, comum no processo político brasileiro, que só considera o povo real na hora da eleição, como ensina a sabedoria das periferias. O veto do partido real da burocracia também reverbera noção presente na história do pensamento brasileiro de que o povo brasileiro real é atrasado.

O tema do financiamento das políticas de ensino superior, também presente no novo texto, esteve de acordo com a proposta dos N*MS, desde a luta pela transformação do Carandiru, em Universidade no Município de São Paulo: a parceria entre município, Estado e União, para superar a cantilena da escassez de recursos, do mínimo fiscal e suas perguntas toscas, engolidoras de gerações e direitos. Dinheiro importa em política pública, mas o país é rico, a questão é de falta de coordenação, vontade e decisão política de fazer a alocação de recursos na educação com vigilância da cidadania, com controle social. É preciso fazer as perguntas certas, com papo reto, por exemplo, qual o sentido, o papel da universidade na estratégia de desenvolvimento sustentável do Brasil?

Imagem 104 – Divulgação do Seminário Internacional "Universidade Popular e Exclusão Social da Juventude"

Fonte: Arquivo MSU

Essa proposta dos N*MS buscou superar a cegueira e a brutalização do pensamento acerca da universidade e seu papel no Brasil. Ela foi defendida pelos N*MS na Câmara Municipal de São Paulo, na Assembleia Legislativa de São Paulo, mas também para os municípios de Guarulhos, onde o MSU participou de audiência pública na Câmara Municipal, em 2001, ou seja, Guarulhos repercutia São Paulo, assim como Santo André e Osasco, que, antes da ditadura de 1964, já possuía uma universidade municipal, dentre outros pelo país, como nos estados de Santa Catarina e da Bahia.

O jornalista registrou também esse ponto: "Representantes das universidades estaduais paulistas elogiaram a nova versão do projeto de reforma universitária, que permite que a União financie projetos em instituições municipais e estaduais, o que não ocorre atualmente" (Takahashi, 2005). Para os N*MS, a questão era olhar para o critério do regime de colaboração entre os entes federados presente na Constituição Federal. Mas a repercussão da proposta mobilizou o dogmatismo neoliberal do Ministério da Fazenda, do outro lado da Esplanada dos Ministérios, Ministério cujo titular foi antigo professor de cursinho privado em Ribeirão Preto. "O secretário de Política Econômica do Ministério da Fazenda, Bernard Appy, disse que a proposta 'é uma forma inadequada de estimular o investimento em educação'", comentando sobre a possibilidade de troca de dívidas entre os entes federados que a proposta em tese abrigaria (Takahashi, 2005). Aparece um novo veto institucional para mudança estrutural em política pública de educação: o Ministério da Fazenda.

Em tempos políticos de reinados dogmáticos neoliberais em política econômica, como a criação do sistema público de bolsas (PROUNI), a Lei de Cotas encararia isso? Se o veto do Ministério da Fazenda aparece para a matriz, consoante a forma pura da matrioshka, aqui utilizada para efeito de raciocínio, ou seja, para a proposta de reforma universitária, ele aparece também para a criação do sistema público de bolsas em instituições privadas, para a Lei de Cotas, implicando em situações diferentes. O sistema público de bolsas de estudos sofrerá esse veto institucional, o que o fará acomodar esse veto. Já a Lei de Cotas, contorna o veto, pois não explicita a questão do financiamento em seu texto no Congresso Nacional. No caso da reforma universitária, houve reação do MEC ao veto da Fazenda: "Para o secretário-adjunto do MEC, Jairo Jorge, 'inadequada é a resposta do secretário Appy'. 'Ele não leu a proposta. O texto não propõe a troca, mas abre caminho para a medida', afirmou" (Takahashi, 2005).

Fica evidente o jogo de posição em torno da política pública de educação e o quanto o que está de fora do subsistema busca domá-lo. No tempo da ascensão da economia de serviços, em que a educação tem peso grande, a política educacional pode encarar vetos que podem vir, inclusive, de decisões de investimento de grandes volumes de capitais, loteados em fundos institucionais de investimento mundo afora, dando razão lógica à noção de poder invisível de Lukes (1974). Ou seja, por trás do veto do Ministério da Fazenda à reforma universitária pode estar o arroto de um grande player internacional do mercado de capitais interessado em lucrar no mercado de educação no Brasil. Assim, vetos fantasmas, invisíveis, podem perturbar mudanças estruturais em política pública. No reino das formas puras, é como se forças estranhas fizessem a matrioshka levitar. Em que medida vetos desse perfil são cobertos pela teoria do institucionalismo histórico, pelas teorias de políticas públicas? Aqui, mais uma vez, a força do pensamento de Guerreiro Ramos importa no estudo de política pública, doutro modo, o risco é o país alienar suas políticas públicas, seu destino.

O que foi a versão de maio de 2005 da Reforma Universitária? A vitória da coalizão contra a Lei de Cotas, de modo curto e grosso.

Os homens brancos do partido da burocracia do MEC foram desobedientes às tábuas da Lei de Moisés entregue pelos N*MS? Desobedientes às leis escritas na pedra para fugir do "o documento se perdeu"? Os calibans não contam na história do Brasil?

Percebendo a reação da coalizão a favor da Lei de Cotas, liderada pelos N*MS, o mediador Tarso Genro se sensibiliza, afinal, ele tinha assinado o projeto de Lei de Cotas junto com Matilde Ribeiro.

Mesmo no meio do turbilhão voraz da crise política nacional, entre a segunda e a terceira versão da reforma universitária, Tarso Genro atendeu ao convite dos N*MS com a dignidade e humildade que com o tempo desapareceria da cena do MEC num mesmo governo Lula.

Pisou o chão para o diálogo, para a concertação, para ouvir os N*MS. Havia uma missa acontecendo naquela noite na Igreja dos Franciscanos que ladeia o campus da USP da histórica Faculdade de Direito do Largo São Francisco, de Luiz Gama e lócus da cota da branquitude na história do subsistema de educação do Brasil.

> *Então ele vem pra São Paulo, chama o MSU pra uma reunião, o movimento da EDUCAFRO também esteve presente. Eu lembro que foi uma reunião bem delicada porque essa... esse encontro foi no Largo São Francisco, na Escola de Direito da USP, ali no Largo São Francisco, no Colégio XI de Agosto e ali dentro do Colégio XI de Agosto tem uma igreja acoplada e eu me lembro muito bem que estava tendo uma missa na igreja, a missa estava cheia de pessoas, nós passamos por detrás do altar numa fila indiana pra ter uma reunião com o Ministro da Educação. Então, realmente, foi um momento único ali, que, como eu disse, tava bem delicada a situação, né? Foi uma reunião onde nós pudemos dialogar com o ministro, falar dos nossos anseios, a nossa vontade, e, por outro, lado tinha uma situação bem delicada em Brasília, que inclusive foi o momento em que tavam querendo pedir o impeachment do Presidente Lula naquele momento.*
> (Charles Monteiro de Jesus, coordenador do MSU, entrevista ao autor, 2019)

Era preciso entrar aos poucos, em fila indiana, dar a volta por trás do altar até acessar uma sala de reunião, o lugar onde a EDUCAFRO fazia suas reuniões. Missa na frente, reunião dos N*MS com o ministro atrás. Ali, os N*MS expressaram seu descontentamento com a regra traduzida com precisão pelo jornal Tição do movimento negro do Rio Grande do Sul, em 1971: lento, gradual, seguro e relativo racialmente. A regra da Abolição Inconclusa que como fantasma branco domava a cena da mudança estrutural em política pública, favorecendo a coalizão contra a Lei de Cotas. Com apreço e respeito, mas sem muito conversê, os N*MS clamam em uníssono por "Cotas Já".

Imagem 105 – Os N*MS batem, junto ao Sr. ministro da Educação Tarso Genro, os tambores pela Lei de Cotas Já!

Fonte: Arquivo MSU

Imagem 106 – MSU e EDUCAFRO batem juntos o tambor por Cotas Já! Diálogo direto com o Ministro da Educação Tarso Genro. Cresce o clamor da Coalizão dos Pés Descalços no Brasil

Fonte: Arquivo MSU

Imagem 107 – Coordenador do MSU, Sérgio José Custódio, dá entrevistas para a imprensa brasileira no ato por Cotas Já

Fonte: Arquivo MSU

A última versão da Reforma Universitária selaria a saída do ministro Tarso Genro do Ministério da Educação formalmente, ainda que já tivesse saído antes na prática, dado sua nova agenda gigantesca para fazer cicatrizar feridas feias da crise política de 2005 no laço instável entre os representantes eleitos e os representados. Tarso Genro viraria coringa em um jogo de cartas marcadas da política partidária brasileira. Um coringa descartável, tristemente? O tema das cotas seria incluído na terceira versão da reforma universitária, carta de despedida de Tarso Genro do MEC, nas suas palavras "Melhor errar com as cotas do que sem elas". Não adiantou, esse *front* de combate por uma mudança estrutural em política pública no Brasil foi devorado, esmagado, o que inauguraria o enredo "para as calendas" do arquivamento feito túmulo em política pública, também tragicamente para a democracia brasileira. Derrota dos N*MS, da coalizão a favor da Lei de Cotas, vitória da coalizão contra a Lei de Cotas.

O velho MEC novo deslocou o respeito à agência política dos N*MS, um exemplo cabal basta para dizê-lo com todas as letras. A recusa em instalar o conselho nacional de acompanhamento e controle social do sistema público de bolsas de estudos em instituições privadas (PROUNI), apesar de estar na letra da lei de regulamentação. Como o velho MEC, o velho MEC novo elegeu uma violenta e vertical assessoria de imprensa comandada pela junção do partido real da burocracia com o partido real da linhagem que excluiu os N*MS da agenda oficial do MEC.

Pari passu, os N*MS foram violentamente desalojados das discussões de políticas públicas em educação. As burocracias partidárias hierarquizadas e viciadas ocupariam o vazio político de conveniência, cortando as raízes entre do labirinto vivo entre o chão da periferia e os andares do MEC. Era a ética do balcão e dos holofotes da vaidade principesca. Era Próspero e o sequestro da pauta dos calibans para fins acomodatícios do poder no Brasil, do *status quo*.

Importa perceber que a mudança de quadros, como a saída do ministro Tarso Genro do Ministério da Educação, retardou profundamente o andar da carruagem da Lei de Cotas, à medida que os N*MS como interlocutores políticos iguais, foram deslocados para uma posição marginal pela nova burocracia ilustrada que tanto inebria a tradição bacharelesca brasileira que nunca morre. Trocou-se a concertação de Hannah Arendt abraçada pelo ministro Tarso Genro pela Lei de Ferro da burocracia à la Robert Michels, onde a arrogância, o *pedigree* mandam, ordenam o veto burocrático com silêncio, piscadelas, senhas íntimas, picardia e contabilizam a conta do lucro político dessa função aos achegados, lugar institucional na história do Brasil que faz sombra grande para o racismo se sentar. Isso tem longa tradição como desastre institucional, de cúpula, da vitalidade democrática na raiz da sociedade brasileira, de trágicas consequências históricas.

Apenas chutando portas, os N*MS insistiriam em perturbar o sono plácido do MEC. E eles não teriam medo de chutá-las. Gritariam: cadê a comissão de acompanhamento e controle social do sistema público de bolsas de estudos em instituições privadas (PROUNI)? Gritariam até enlouquecer muitas outras coisas, enquanto a propaganda de Estado, de partido, dos clubes políticos, de setores da imprensa, tirava o lucro da semeadura lançada no chão nacional do direito à universidade no Brasil pelos corpos dos N*MS.

Toda a energia para o projeto de Lei de Cotas no Parlamento, na luta diária no chão do Parlamento, decide a coalizão a favor da Lei de Cotas, seus principais expoentes práticos, os N*MS. Era o que restava, a guerra no Parlamento no fio do labirinto vivo de uma única lei, custasse o que custasse. Aliados esparsos, aliados do amor à causa da democracia enraizada no Brasil profundo ainda restariam esparsos no MEC, apesar dos pesares, como Renata Rosa, Dilvo Ristoff, dentre pouca mais gente. Uma nova e tensa interlocução para os N*MS ficaria a cargo da presença do partido real dos sindicatos no MEC. Professor Chagas, do Rio Grande do Norte, responsável pelas conferências de educação, seria, por excelência, a tensa interlocução possível que restara para os N*MS no MEC.

O canto do MSU contra a desigualdade no Brasil

Imagem 108 – Manifestação da favela até a Daslu: contra a desigualdade social no Brasil (1)

Fonte: Arquivo MSU

Na estrada do Campo Limpo número tal, fica o CEU Campo Limpo, inaugurado por Kofi Annan, presidente da ONU, pessoalmente. No sábado, 4 de junho de 2005, oito da manhã começa a jornada de dia inteiro nas cinco salas do Cursinho Popular do MSU. Uma aula dada numa sala girava em todas das oito às 17 horas do sábado, com intervalo para o almoço. No domingo, das 8 horas até o meio-dia, mais três aulas complementavam a agenda de estudos semanal. Ali, era um ponto vivo do labirinto dinâmico da Lei de Cotas no território nacional. Ali, reuniam-se mais de 200 pessoas, uma gente marruda, obstinada, sonhadora, delicada, que corria atrás do sonho, que não morgava, que estava atrás do prejuízo do sistema educacional desigual brasileiro, bem na sua margem. Essa gente junta nos territórios da periferia foi quem fez a vitória da Lei de Cotas no Parlamento. Essa gente junta reunida, linda, encantando seus lares, seus mundos com rituais avassaladores de alegria e vida pedia passagem na cena, no palco da história do Brasil, não como figurantes, marionetes, mas carregados de protagonismo, de quem luta o jogo denso da luta da vida contra a morte nos territórios muitas vezes castigados por ignaros refrões de nomeação e preconceito. Uma maioria de mulheres, forte presença negra, uma variação das idades que dava o tom da unidade entre gerações de excluídos da universidade que ali se viam numa mesma sala de aula, numa mesma jangada de esperança. A educação popular, o cursinho popular do MSU, essa obra aberta na história do Brasil, tinha numa das aulas naquele dia o tema-gerador "A urbanização e seus problemas", conforme a página 555 e seguintes da apostila solidária. O educador popular fazia a exposição dos conceitos, havia o debate e a resolução conjunta dos exercícios. O debate do tema foi acalorado na sala. Surgiu de uma sem universidade o caso em voga da Daslu, uma butique para ricos que foi inaugurada ao lado de uma favela próximo da Marginal, na Zona Sul, região do Berrini. O debate em torno das desigualdades sociais, dos indicadores de desigualdade no Brasil, desigualdade racial, territorial, educacional, foi sendo esmiuçado, do PIB per capita ao IDH, cai no ENEM e está na vida absurda das cidades no Brasil. "Por que a gente não faz uma manifestação lá?", disse outra, "Para mostrar a real". A ideia da manifestação na Daslu tem grande aceitação em todas as salas. Mas era preciso fazer a mesma discussão nas outras periferias, Cidade Dutra, Cidade Tiradentes, Parque São Carlos, enfim, todos os lugares para ficar mais forte a manifestação. No dia 11 de junho, os coordenadores do MSU em cada experiência de educação popular da periferia, em cada Cursinho Popular, fizeram a discussão e a manifestação foi aprovada. Era organizar faixas, cartazes, trajeto, ônibus. Ficou definida a manifestação na parte da manhã do sábado do dia 18 de junho e na parte da tarde uma visita ao campus da USP, na Zona Oeste, para conhecer a universidade. Os ônibus encostaram cedo naquele sábado, a aula seria na rua, assim era a educação popular, nada bancária, sem aluninho, professorzinho e decorebinha, era a vida inteira que estava em jogo. Era aprender e ensinar, ensinar e aprender decifrando e questionando a ordem do mundo, agindo nele. Havia uma crise política no país, mas a desigualdade e seu reino não deixavam de esculhambar as periferias do Brasil, de humilhar pessoas, de sequestrar a dignidade plena da vida. A Daslu simbolizava naquele momento da história o disparate do comportamento das elites brasileiras, alienadas em luxo, ostentação e empáfia. A manifestação ia ganhando ares de uma denúncia dos potentados do Brasil para o mundo todo. A imprensa se interessou.

Pouco antes das dez horas da manhã, as calçadas na rua da Daslu estavam cheia de gente. Becas, camisas amarelas, cartazes em cartolina, faixas, sorriso misturado com indignação estampado na cara. Muito abraço. Ocupar a rua, sair em passeata até a favela, visitar a favela e depois marchar até a portaria principal da Daslu. "Brazil, the stage of social exclusion: the little few with so much and peanuts for everybody else!" era a faixa grande de abertura que ia como estandarte na frente da passeata. Correria dentro da Daslu.

Imagem 109 – Manifestação da favela até a Daslu: contra a desigualdade social no Brasil (2)

Fonte: Arquivo MSU

Imagem 110 – Manifestação da favela até a Daslu: contra a desigualdade social no Brasil (3)

Fonte: Arquivo MSU

Imagem 111 – Manifestação da favela até a Daslu: contra a desigualdade social no Brasil (4)

Fonte: Arquivo MSU

Imagem 112 – Manifestação da favela até a Daslu: contra a desigualdade social no Brasil (5)

Fonte: Arquivo MSU

Imagem 113 – Manifestação da favela até a Daslu: contra a desigualdade social no Brasil (6)

Fonte: Arquivo MSU

Imagem 114 – Manifestação da favela até a Daslu: contra a desigualdade social no Brasil (7)

Fonte: Arquivo MSU

Imagem 115 – Manifestação da favela até a Daslu: contra a desigualdade social no Brasil (8)

Fonte: Arquivo MSU

Imagem 116 – Manifestação da favela até a Daslu: contra a desigualdade social no Brasil (9)

Fonte: Arquivo MSU

Imagem 117 – Manifestação da favela até a Daslu: contra a desigualdade social no Brasil (10)

Fonte: Arquivo MSU

Imagem 118 – Manifestação da favela até a Daslu: contra a desigualdade social no Brasil (11)

Fonte: Arquivo MSU

Imagem 119 – Manifestação da favela até a Daslu: contra a desigualdade social no Brasil (12)

Fonte: Arquivo MSU

Imagem 120 – Manifestação da favela até a Daslu: contra a desigualdade social no Brasil (13)

Fonte: Arquivo MSU

Imagem 121 – Manifestação da favela até a Daslu: contra a desigualdade social no Brasil (14)

Fonte: Arquivo MSU

Seguranças entopem a portaria principal. Segue a carruagem até a favela. Na favela, no campo de futebol, uma breve aula pública sobre a desigualdade, a participação direta dos moradores da favela que traziam um pedido ao MSU: eles estavam todos com ameaça de desligamento geral da energia elétrica na favela, os "avisos" enviados pela empresa de energia aos moradores foram lidos. Meninos, meninas e gente da favela se juntam na caminhada de retorno até o fim da manifestação na porta da Daslu. Quando a passeata começa a pôr os pés fora da rua, ouve-se o zumbido intenso das sirenes policiais, uma multidão de motos, de viaturas cercava a Daslu e vigiava com olhares de policiais enfezados aquela gente esquisita junta. O cordão dos policiais exigia que a gente terminasse a manifestação. A força dos sem universidade juntos foi empurrando a manifestação até a portaria da Daslu, como combinado. As faixas e cartazes foram expostos, houve uma simulação da morte em massa com as pessoas deitadas uma do lado das outras no chão em frente ao cordão de policiais que isolavam a entrada da portaria.

A notícia do protesto do MSU já saíra nas rádios. Um helicóptero da televisão buscava filmar de cima. Um carro requintado que estava dentro da Daslu tenta passar pela multidão. Assustada, a dona do carro abre o vidro e começa a distribuir a bolsa cheia de compras para as pessoas, cheia de roupas caríssimas, assustada, com medo de ser morta, em completo pânico. A cidadania plena no Brasil não é vista como necessária por parcela grande da elite brasileira branca porque ela literalmente não enxerga essas pessoas como seres humanos. Talvez, os enxergue primeiro como bandidos, senão com outros preconceitos que a distância grande nomeia à vontade, conforme a circunstância histórica. Naquela ocasião, a senhora abriu a bolsa, jogou tudo no chão e pisou no acelerador à procura de sua confortável distância. Depois da encenação da plantação da morte em massa pela desigualdade no Brasil, era fazer o combinado, sair para os ônibus e ir conhecer a USP, o que foi feito. No dia seguinte, no cursinho popular do MSU, a notícia corria, o Jornal da Record deu uma grande cobertura na edição da noite e muita gente ali tinha aparecido para o Brasil. A *Folha de S. Paulo* de domingo também deu matéria. Quase todos os jornais, televisão e rádio noticiaram. A *Revista Exame* fez matéria troçando a manifestação. A manifestação saiu até no *New York Times*. A equação nada simples dos N*MS era refletir no chão do Congresso Nacional a força que o chão da periferia informava na luta pelo direito à universidade. Por isso, chegava-se de cabeça erguida e disposição infinita para o jogo violento da aprovação da Lei de Cotas no Congresso Nacional, tratava-se de derrotar a desigualdade.

Morte no Cursinho Popular do MSU

Muita gota de sangue chorada, reprimida, passou pelo cursinho popular do MSU nas terras da periferia, lugar sem o qual não se entende a aprovação da Lei de Cotas, não se entende o labirinto, nem as hipóteses desta obra. Muita gota de esperança passou pelo Cursinho Popular do MSU na periferia de São Paulo, milhares de sem universidade, como no fim de semana no CEU Campo Limpo, na estrada do Campo Limpo, caso de Ailton Pereira Soares, Ana Carolina da Silva Rodrigues, Ana Elisa Soares dos Santos, Ana Paula Conceição Moura, Ana Paula da Silva Araújo, André Ferreira de Almeida, André Luiz Batista dos Reis, Andréia Abade da Silva, Ângela Ildete Trentini, Ângela Pereira de F. Silva, Angélica de Souza, Antonia Elenice B. S. Nascimento, Bárbara Caroline Chicória, Bruna Macedo Pinto, Bruno Santos Souza, Caio Cézar de Moraes, Camila Carina dos Santos, Camila Margarida Baptista dos Santos, Camila Marques Landim e Silva, Cândida Aline Alves Araújo, Carla Campos, Carla Francine de Oliveira Jesus, Carlos Alberto Alves, Carolina A. Macedo, Cássia Mariz, Cibele Souza Paes, Cíntia Maria da Cruz, Cláudia Dias Borges, Cláudia Gabriele Oliveira, Cosme D. dos S. B. Neto, Cristiane Pereira de Souza, Cristiane Bastos Coelho, Cristina Marques Cordeiro Pedra, Dácio Fernandes, Damares Dias Borges, Damiana Angélica, Daniel Fernando de Jesus, Daniele Alves de Oliveira, Danival Daniel de Oliveira, Dayane Fernandes Rodrigues, Deise Pereira Valentim, Dennis dos Santos Lins, Diego Geraldo dos Santos, Diego Sousa Silva Moreno, Diogo Xavier, Ednéia Leite Cavalcante Santana, Edu A. Cavalcante Santana, Elaine Cristina da Silva, Elaine Santos Almeida, Elaine Xavier da Silva, Eldo Roberto P. da Rocha, Elizabeth P. da Silva, Elizeth da Conceição Barbosa, Émerson Pereira Santiago, Érica da Silva Lima, Érika Isabela Ferreira de Queiroz, Ester Lopes, Fabiana dos Santos Alves, Fabiana Moreira Viana, Fabiana Soares Fonseca, Fabiana Terra Santana, Fabio F. da Silva, Fabíola Vicente da Silva, Fernanda Pereira Pareja, Fernanda Ribeiro de Holanda, Flavio Douglas de Toledo Rosa, Flavia Ramos Andrade, Franciane Ribeiro de Holanda, Gabriele de Oliveira Pita, Gabriella Monique da Silva, Gabriela Pereira de Moura, Gabriela Pereira de Souza, Genilson C. de Souza, Gisele dos Santos Lima, Gisele Fronza, Gisele Mosack, Gisele S. Lima, Gislene dos Santos Melo, Graciele da Silva, Guilherme Pimentel de Souza, Guilherme Rios da Silva, Helen B. Figueiredo, Icléia Alves de Araújo, Ingrid da Silva Matos, Ione Ferreira de Souza, Irailde Ferreira de Lima, Irini Cristina Monteiro de Brito, Isabel F. Lemos, Jacy Antonio Costa, Jaime Padre de Lima, Jaira Alexandre Ferreira, Janaina Amaral Santos, Janaina Amaro, João Antônio Alves Junior, Jonathas Carvalho Soares, José dos Santos, Joyce Reis, Juliana Guerra, Karen dos Reis Bertolini, Karina Elias dos Santos Lima, Kelly Cristina Afonso, Laise Souza Lopes, Leandro Fernandes dos Santos, Leandro Sombra Araújo, Ledvina Schmitz, Leonardo V. Flores, Letícia

Sabrina M.M. dos Santos, Lilian M.N. Seiler, Liliane da Silva, Lione Góes da Silva, Luciano da Silva Leite, Luiz Gomes, Magna Magalhães, Marcela da Silva Duarte, Márcia Maria, Margarida Ribeiro Pinto, Maria Adalgiza de Souza, Maria Aparecida dos Santos, Maria da Conceição Silva, Maria da Cruz B. S., Maria da Glória Querino Vieira, Maria da Paz B. Silva, Maria de Lourdes da Cruz, Maria do Carmo de Souza, Maria F. da Silva, Mariana Lobato Linhote Mota, Mauricio Branco Moreira Junior, Mindian Nascimento dos Santos, Mônica A. de Lima Ramos, Mônica Paula, Natali Alves Ferreira, Nilton César da Silva dos Santos, Oracina Maria Magalhães, Parléia A. Trindade, Patrícia de Jesus Santana, Priscila dos Santos Guimarães, Priscila R. Assunção, Priscila Rodrigues da Silva, Rafael Martins, Raquel de Jesus Alcântara, Regina Célia Maria dos Santos, Regina M.C. Pedro, Renata Camilo Tomaz, Renata Gomes de Andrade, Ricardo Borges, Rita de Cássia da Silva, Rita de Cássia de C. Alves, Roberta Conceição dos Santos, Roberta Ferreira N. Caqueijo, Robson Pedro Cavalheiro Pinto, Rosangela S. Santos, Rosineide de Souza Araújo, Rozineli Tavares de Lima, Sandra Alves Barbosa, Sandra Vilma, Sara Ingrid N. Oliveira, Sara Virginia Mendes Pereira da Silva, Sheila Venâncio de Aguiar, Shirley Mara Santana Dias, Shirley Nascimento Rubio, Sidneia Ponciano, Silvia Mendes Pereira da Silva, Simone Ferreira de Souza, Sindy Nara Fagundes de Oliveira, Solange Nascimento Rodrigues, Tais Evandra, Tais Tiles, Tamires M. de Lira, Tamiris da Conceição Oliveira, Tânia Koller, Thereza F. Gonçalves, Thiago E. Carvalho, Thiago Geraldo dos Santos, Thomas Henrique K., Tiago dos Santos Calejon, Valéria Meira Sertão, Vanessa Cruz, Vanessa Luana Brandão Miranda, Vanessa Maria da Silva, Vitor Santos Martins, Welligna Darciany de Souza Fernandes, Wesley Matias de Souza, Wladimir Conceição, Zeneide Galdino de Sousa. Não só. Mas valem por todos os nomes. Conformam o sem-universidade anônimo, sua família, amigos, fé. Gente porreta, forte nos estudos nos fins de semana, forte na luta pelo direito à universidade no Brasil, a gente que fez a diferença na História do Brasil, ao contrário da propaganda. Gente que se deparou com a morte na cadeira ao lado. Gente que lutou pelo direito à universidade no Brasil.

É maio de 2006. A cidade de São Paulo queima em muitos pontos[204]. Egídio, o negro, que entregava pizzas em sua moto 125, 20 anos, cachorro loco, não veio para a aula no Cursinho Popular do MSU no domingo no CEU Campo Limpo, fora direto para o cemitério no sábado à tarde, para sempre, para ficar. Ao invés de um fim de semana no Cursinho Popular, um fim de semana na estrada do sonho da universidade, um fim de semana no cemitério do Jardim São Luís. Estava na hora certa, no lugar certo: chegando em sua casa na quebrada de moto vindo do trabalho, pouco antes das 23 horas daquela sexta-feira, hora de dormir, para acordar cedo e estudar. Atiraram para matar, capuzes e coro de balas para parar a correria de Egídio atrás do sonho da universidade. Houve lágrimas e revolta no domingo do Cursinho Popular, quando se soube o que aconteceu. Lágrimas quietas e um imenso silêncio que corria nos olhares. O pavor que trava o sonho. As mães que perderam seus filhos naquele maio nunca perderam a saudade, nem a vergonha na cara. Entristecidos, desacorçoados, a missão dos N*MS era lutar pelo direito à universidade, teimosia, indignação. Chovia na terça-feira 23 de maio. De novo a USP? Eles não dão bola, não nos enxergam. O MSU já tinha feito o enterro do latifúndio da Universidade no Brasil na caminhada que deixou o caixão com o sem universidade morto dentro da sede da FUVEST, no portão central da USP, velado dentro da sede da FUVEST, sob as lágrimas das

[204] De 12 a 15 de maio de 2006, a transferência de presos gerou uma rebelião que parou São Paulo, com incêndios de ônibus, ataques a guaritas policiais. Como consequência, mais de 560 pessoas foram mortas, o que ficou conhecido como crimes de maio, não solucionado, parte da guerra no Brasil nos territórios da periferia.

becas da revolta da periferia brasileira por direito à universidade, com um padre nosso, de joelhos, antes da repressão. O féretro andou desde a Praça da Sé, onde o morto morreu na lista dos aprovados de sempre. Houve também mais de 100 frangos despejados ali naquela FUVEST, anos atrás, quando a seleção brasileira tava num vai não vai para a Copa do Mundo nas eliminatórias. O país levava frangos no acesso à universidade. Os frangos fizeram suas necessidades no pátio interno, no saguão da FUVEST. Foi um zás traz. Ação direta impetuosa do movimento social e da favela. Houve galinhada em muitas casas da favela São Remo naquele dia, no fim, nenhum frango sobrou ali. São Remo do Cursinho Popular. Houve também os 300 quilos de banana-nanica das grandes distribuídos pelo MSU na entrada da USP, na campanha Nenhum a Menos, eram as becas entregando bananas que o povo recebia na cara sempre que tentava entrar na USP. A montanha começava a se mexer. Será? Anunciariam, decidiriam numa reunião no Conselho Universitário sobre as cotas, finalmente. Será? Era preciso estar lá. Como entrar no conselho universitário da USP? Era muita chuva naquele dia. Uma aliada inesperada dos céus? Seja o que Deus quiser. Ponto de encontro na estação cidade universitária de trem, do lado de fora, descendo as escadas. Ponto do labirinto vivo da Lei de Cotas no território brasileiro. As correntes que acorrentaram corpos negros na entrada da USP. Correntes de ontem, correntes de hoje, mensagem de chorar da EDUCAFRO. Era preciso romper as correntes. Será que vamos conseguir entrar. A chuva não parava, grande aliada. Começa a correria. Mochila, camiseta na mochila, entrada normal, portaria da estação de trem, no fim da raia, aos poucos, entrar com livros e cadernos, correndo da chuva, seguir até o ponto atrás do prédio do conselho, devagar sem chamar a atenção, aos poucos, como na entrada no Congresso, chegar uma hora antes da reunião começar. Estar vivo nos pontos vivos do labirinto, fazer a história, virar a mesa. Em bando, lá apavorar, com as camisetas amarelas do MSU, as faixas, entrar com os outros movimentos para dentro na hora h. Não deu outra. Quando os seguranças acordaram, havia muita gente dentro do prédio do conselho universitário. A chuva ajudara. Tensão. Imprensa. Conflito. Conselho Universitário não irá começar com "essa gente" ali. A Reitora da USP dá um ultimato. Cotas Já, um grito só, é o troco. Reitoria receberia uma comissão. Haveria negociação. Os N*MS são recebidos pela reitora da USP. O resultado prático: um termo de compromisso de criação de um grupo de trabalho conjunto, uma audiência pública na assembleia legislativa. Ao fim da reunião, o termo de compromisso é assinado. A Rede Globo de televisão cobriu ao vivo, noticiou no Jornal Nacional, a imprensa escrita noticiaria no dia seguinte. As cotas da branquitude, a lei desde Cabral, triunfaram mais uma vez. Nesse maio de 2006, por cima dos corpos que o Brasil perdia para a cultura de morte, para a guerra civil que é também racial nos territórios pretos, vermelhos, pardos. O fardo da branquitude no Brasil? Não sairiam cedo as cotas. A ação alimentaria a ira da coalizão contra a Lei de Cotas, que apertou o cerco do veto institucional da universidade, de suas elites burocráticas. O termo de compromisso é assinado. Uma audiência pública seria realizada na Assembleia Legislativa. Só na margem, a universidade toleraria um novo contrato, o nome dessa margem, resposta falseada em política pública, seria o INCLUSP. Totalmente coerente com a lógica da abolição inconclusa: mudança gradual, lenta e segura em política pública, em prol do *status quo*, na defesa desavergonhada da cota histórica da branquitude na universidade brasileira. A reitora assinaria um documento de compromisso com os N*MS, a Assembleia Legislativa Estadual faria uma audiência pública.

Imagem 122 – Após ocupação do Conselho Universitário da USP, reunião com a reitora da USP, os N*MS participam de Audiência Pública na Assembleia Legislativa de São Paulo na defesa da Lei de Cotas na USP e com críticas ao INCLUSP

10/08/2021 Projeto de inclusão proposto pela USP é debatido na Assembléia

Início › Comunicação › Notícias

Projeto de inclusão proposto pela USP é debatido na Assembléia

Sistema acrescentará 3% às notas obtidas no vestibular por alunos do ensino público

13/06/2006 13:29

Compartilhar:

Frente Parlamentar pela Igualdade Racial debateu sobre programa a ser implementado pela Universidade de São Paulo (USP)

A Frente Parlamentar pela Igualdade Racial, presidida pelo deputado Sebastião Arcanjo (PT), debateu na Assembléia, em 12/6, programa a ser implementado pela Universidade de São Paulo (USP) para inclusão de alunos afrodescendentes e outros oriundos do nível médio da escola pública, o Inclusp. Participaram da discussão a professora Selma Garrido Pimenta, pró-reitora de graduação da universidade, que veio representar a reitora Sueli Vilela; Eduardo Pereira Neto, coordenador da Educafro, e Sérgio José Custódio, coordenador do Movimento dos Sem Universidade (MSU), militantes ligados ao movimento negro e outras entidades da sociedade civil.

Selma Pimenta esclareceu ao público que integra um grupo de trabalho que recebeu da reitora Sueli Vilela a incumbência de fazer um esboço de proposta para a inclusão de alunos vindos da escola pública. O resultado desse trabalho é o Inclusp, que tem como finalidade "sistematizar a contribuição da USP para a superação das desigualdades sociais; expressar preocupação com as barreiras socioeconômicas existentes na sociedade brasileira e no Estado; e assegurar maior acesso às vagas da USP para alunos da escola pública".

Segundo declarou a professora, a Universidade de São Paulo desenvolveu o programa a partir do reconhecimento de que, em seu meio acadêmico, existem poucos representantes pretos, pardos e oriundos da rede oficial de ensino, mas que tal fato não pode ser creditado à instituição. Para ela, trata-se de um reflexo das contradições vividas pela sociedade brasileira.

Algumas alterações implementadas pelo Inclusp serão estabelecidas já para o próximo vestibular, como o sistema de pontuação acrescida que somará 3% às notas de vestibular desses alunos, tanto as da 1ª como da 2ª fase. As questões serão reduzidas a 90, quando tradicionalmente eram 100, permanecendo, no entanto, o mesmo tempo disponível para resolvê-las.

Além dessa medida de curto prazo, haverá um conjunto de ações para apoiar os estudantes antes, durante e após o ingresso. A USP celebrará parceria com a rede de ensino público para o estabelecimento de um programa de avaliação seriada que irá substituir a 1ª fase da Fuvest, a médio prazo.

Para Eduardo Neto e Sérgio Custódio, as alterações pretendidas são bem-vindas e têm o apoio das entidades que representam, porém ambos ressaltaram que ainda é muito pouco. Para Neto, "o Inclusp é tímido, pífio". Ele também questionou se as vagas disponíveis irão realmente para alunos de baixa renda e da periferia. Na opinião dele, as vagas deveriam atender alunos com renda abaixo de R$ 500.

Mesmo considerando a proposta da USP uma vitória do movimento, Custódio, do MSU, declarou que a iniciativa da universidade é, na verdade, uma colaboração para a campanha presidencial do ex-governador Geraldo Alckmin. Ele apresentou ao deputado Sebastião Arcanjo requerimento pedindo a constituição de uma CPI para investigar a relação entre a Fuvest e os cursinhos particulares pró-vestibular. Custódio sugeriu ainda a inclusão no projeto da Lei de Diretrizes Orçamentárias (LDO), em trâmite na Assembléia, de emenda que destine recursos extras para a permanência de alunos da escola pública na universidade.

Notícias mais lidas

- Especialista detalha efeitos das fases da Covid-19 no corpo humano

https://www.al.sp.gov.br/noticia/?id=267639 1/2

Fonte: Arquivo MSU

Pelo Cursinho Popular do MSU, interessou-se a curiosa jornalista Monalisa Perrone, da Rede Globo de Televisão, emissora chefe da coalizão que era contra a Lei de Cotas. Paradoxal. Como muitas vezes ocorrera já, o povo do MSU achou que fariam a matéria, mas não dariam a notícia. A jornalista chegou com uma equipe, motorista, um cinegrafista, num carro grande com o símbolo da Globo. Nada a esconder. Entrou na sala de aula, dava aula de Química Patrícia Lima Ferreira Santa Rosa, uma das raras estudantes negras da USP, fazia Enfermagem e era pesquisadora de Saúde Pública na Doutor Arnaldo. Entrevistas muitas e imagens muitas foram feitas. Ao fim, meio desconfiada, Monalisa Perrone quis comprovar a história de vida da Patrícia, a educadora popular do MSU. Sem problemas. É ir até a casa dela. Entra-se na van da reportagem, um carro do tipo ambulância, com os adesivos da Globo. Chega-se até o terminal Jardim Ângela e a Patrícia indica para ir adiante, área dos mananciais. A Patrícia ia falando com a jornalista que não parava de fazer perguntas. Morou na favela? Sim, até os 11 anos não saía de casa. Só escola e fechada dentro de casa. Meu pai temia a violência. Houve a ocupação na área do manancial. Viemos para cá. Fizemos a casa. Chega-se na casa, rua de terra, Monalisa entra, o cinegrafista entra, a mãe e o pai, esperavam, uma família negra cheia de fé no Brasil. Monalisa disse que ia fazer a matéria. Entrevistou a família. Fez imagens da Patrícia saindo da casa como se fosse para a universidade. Já era bem tarde do sábado quando saíram da casa da Patrícia. No sábado à noite, seus pais foram para a frente da televisão, no jornal nacional, a parte toda da Patrícia não saiu. Será que ficou tarde demais? Não deu pra editar? Mas a Patrícia falando para as câmaras dentro do Cursinho Popular do MSU, na sala de aula, apareceu para o mundo. Sem cursinho popular não tinha MSU, mas o cursinho popular era para lutar. No Campo Limpo, em Cidade Tiradentes, na vasta periferia de São Paulo e Grande São Paulo que sempre enchia a Rua Tabatinguera nas aulas inaugurais.

7.2.2 A Lei de Cotas muda de número: a proeminência do PL 73/99 como carro-chefe do processo político da Lei de Cotas e a manutenção do caráter suprapartidário

Parece briga de gato e rato, mas não é. Parece disputa teórica entre o executivo e o legislativo pelo poder de legislar, mas não é. Fato é que a política tem incerteza e negociações sob situações de incerteza, onde o sistema político e a probabilidade têm grande peso sobre o subsistema de educação.

Foi por meio de um argumento regimental: o PL 73, de 1999, de autoria da deputada federal Nice Lobão (PFL-MA), era o mais antigo sobre o assunto "reserva de vagas", que a deputada bateu o pé no seu requerimento de apensamento do PL 3627/04 ao PL 73/99 encaminhado à presidência da Câmara dos Deputados. O desapensamento solicitado pelo ex-presidente da Comissão de Educação, deputado federal Carlos Abicalil (PT-MT), não demonstrou força política suficiente na conjuntura de vendaval que se instalara no chão da Câmara dos Deputados.

Porém, os N*MS não levavam desaforo para a casa, muito menos derrota de Brasília para a periferia. Era o caso de fazer do limão limonada? Os N*MS não tinham o rabo preso. Era preciso lutar como dava pelo direito à universidade de negros, povos indígenas, escola pública, pobres. "Não sou eu quem me navega, quem me navega é o mar" é o que ensina a sabedoria do sambista Paulinho da Viola.

Os N*MS, percebendo o impasse político na casa, ruminando sobre seu significado, seu sentido, fazendo política com autonomia, calejados de crises políticas, uma vez que negros, indígenas, a periferia tá há um tempão em crise, quase há uns 500 anos. "Desde que o primeiro negro escravizado aqui pisou é a crise, para os povos indígenas, desde que o branco aqui pisou instalou-se a crise", ensina Ailton Krenak. Os N*MS trataram de discutir autonomamente saídas.

Era o mês de agosto de 2005. Do Retiro Assunção para a Câmara dos Deputados, no ponto de ônibus do anexo III. O pipoqueiro do ponto de ônibus dá bom dia, nada foi comprado. Descer as escadas, andar até a portaria. No caminho, o jardim já regado da esquerda de quem vai deixar ver vida vegetal, um cacto brilha com a faísca de sol refletida no espinho. Uma minhoca ligeira aparece e some na terra aguada. Minhocas no chão do Congresso Nacional? Vão os de camisa amarela cumprir sua missão, como minhocas invisíveis naquele chão revolto. Minhocas com espinho de cacto? Severino Cavalcante, o pernambucano, era o presidente da Câmara. Dos líderes que assinaram aquela lista de urgência para a Lei de Cotas, alguns foram dragados pela crise política. Começar do zero? Não. Era não parar a carruagem da Lei de Cotas, que os cães ladrassem. Seguranças na portaria? Aonde vão? Secretaria-Geral da mesa. Documentos, esteira de rastreamento para as mochilas das costas, um adesivo de papel da Câmara dos Deputados é colado no peito. Corredor das comissões até o fim, virar à direita no grande saguão do anexo II, atravessar o corredor para o Plenário, virar à direita, descer a escada, perguntar por Mozart Vianna, secretário-geral da mesa. Ele pode receber. De manhã é mais fácil ser recebido, pois não tem plenário no geral. Sim, ela pode mudar a proposição do projeto de Lei mantendo sua autoria e um substituto pode tramitar como se fosse a Lei de Cotas. Respeito, gentileza, informação preciosa. A deputada era a titular, pelo princípio da anterioridade do regimento da Câmara dos Deputados, do projeto mais antigo sobre o assunto — feito por parlamentar em exercício de mandato. Conversem com ela, quem sabe ela aceite. O gabinete dela fica no anexo IV, segundo andar. Muito obrigado. Havia girassóis num vaso sobre a mesa de uma das três secretárias na saída da sala particular do secretário-geral da mesa. Bom sinal?

Subir as escadas de volta, atravessar o corredor, descer o saguão do anexo II, em direção às escadas rolantes do subsolo, espécie de ponte andante subterrânea, num vai e vem motorizado, enquanto tem atividade legislativa. Olhares cruzam rostos de parlamentares na escada que vem como se fosse gente conhecida, como se fossem pessoas próximas, na escada que vai, anda-se sem sair do lugar, a esteira elétrica carrega os corpos até o anexo IV. Na saída, três elevadores, fila, segundo andar, por gentileza, rápido, há o corredor e ao fundo a fila de gabinetes, para a direita, para a esquerda. É o primeiro gabinete virando à direita. Porta fechada. Mão na maçaneta, abre-se lentamente. Pois não, diz uma moça de terninho grudada num telefone. Por gentileza, gostaríamos de falar com a deputada Nice Lobão. Entrem. O gabinete era uma sala cumprida dividida em dois compartimentos por uma divisória. Do lado de fora, na porta de entrada do gabinete, havia quatro pessoas, um rapaz loiro, na casa dos 20 anos, que era assessor e ficava numa mesa mais perto da porta de entrada, depois dele, a senhora do telefone, na casa dos 30 anos, depois ao fundo, perto da porta de ligação para a outra parte do gabinete, o chefe de gabinete, um homem na casa dos 40 anos. A senhora encaminhou para o chefe do gabinete, feitas as apresentações, ele abriu a porta interna e convidou a entrar, na sala ampla, havia fotos da deputada Nice Lobão, sua mesa pessoal de trabalho ao fundo e uma mesa de reuniões ao centro. Ali, ocorreu a reunião entre o chefe de gabinete e os N*MS, os camisas amarelas. Foram servidos bolachas, café e água. O chefe de gabinete ficou animado com a proposta e disse que cuidaria daquilo. Há pressa, muita pressa, é preciso falar com a deputada. Vou falar com a deputada. Ligou para a deputada e ela demonstrou interesse. Marcou reunião para a tarde, antes do plenário, 13 horas, ali no gabinete mesmo. Muito obrigado. Como num filme de Carlitos acelerado e invertido num vai e volta, os N*MS andam tudo de novo até a portaria do anexo III, corredor, elevador, escada rolante, escada normal, saguão do anexo II, corredor das comissões, portaria do anexo III, restaurante do anexo III, é o almoço regado à esperança. O trabalho político dos N*MS é silencioso, quase invisível. O restaurante serve comida por quilo e o preço não era caro. O cardápio era rico, saladas, carnes, massas, cereais, dava para comer bem por algo entre R$ 10 e R$ 15, a sobremesa era separada. Havia um cafezinho na garrafa térmica. Comiam parlamentares, assessores, funcionários, visitantes. Volta o filme para o gabinete da deputada federal Nice Lobão, no anexo IV. Parada estratégica no banheiro no corredor das comissões para escovar os dentes. Passos até o gabinete. A deputada está aguardando. Prazer. Caso a senhora aceite a inclusão do critério das cotas presente no projeto de Lei 3627/04, apoiaremos o seu projeto e indicaremos um relator para fazer o substituto. Sim, aceito, tenho esse compromisso na minha história pessoal, é que em 1999 esse tema ainda não tinha força. A senhora tem acordo em ser Carlos Abicalil, o relator do substitutivo? Sim, conheço ele, foi o presidente da comissão, tenho acordo. Fechado então, ele será o relator. Fechado a negociação. A negociação foi tocada autonomamente pelos N*MS com a deputada — em torno do PL 73/99, no estágio evolutivo em que ele se encontrava então no Parlamento —, que aceitou as condições e a indicação do deputado federal Carlos Abicalil (PT-MT) como relator[205] do substitutivo na hora. Alegria e ação muito rápida dos N*MS. Era sair e falar com o presidente da Comissão de Educação para que fosse imediatamente designado o relator, apresentar o substituto e votar rápido para não gorar. Menos barulho, melhor fluxo, dado a turbulência elevada no ambiente. Os N*MS com a cara e a coragem lideram no chão do Congresso a coalizão a favor da Lei de Cotas. Foguete até o gabinete do deputado federal Paulo delgado, presidente da Comissão de Educação e Cultura. Ele está em reunião na liderança do PT. Ir atrás do homem. Sai do corredor, elevador, subsolo do anexo IV, escada rolante, escada normal, saguão do anexo II, fim do corredor para o plenário, direita, escada até o térreo, corredor, liderança do PT. Por gentileza, o deputado federal Paulo Delgado? Está em reunião, disse a secretária na entrada. Podem aguardar no sofá. Duas horas se passam. Ele sai. Marquinhos faz a apresentação dos camisas amarelas e o pedido da reunião urgente, ele aceita com um gesto positivo da cabeça. Por gentileza, há um acordo em torno do PL de Cotas, ele sai, dá uns cinco passos para fora da liderança para e ouve. Há um acordo com a deputada Nice Lobão, precisa ser encaminhado a designação do deputado Carlos Abicalil como relator e a votação com urgência, o seu apoio é muito importante. Ele para e decide marcar uma reunião para às 19 horas na sala da presidência da comissão de educação com o deputado federal Carlos Abicalil. Os N*MS se comprometem a avisar o deputado. O presidente diz que convocará formalmente a reunião pela sua assessoria e pediu que os N*MS estivessem presentes na reunião. Muito obrigado, deputado. Alegria e mais passos no labirinto. Ir até o gabinete do deputado Federal Calos Abicalil. Onde fica? A liderança informa. Anexo IV. Volta o filme de Carlitos. Andar até o fim do corredor, subir a escada, virar à esquerda no corredor do Plenário no anexo II, passar pelo saguão, descer a escada normal, pegar a esteira rolante para o anexo IV, ir para o elevador, quarto andar, descer no corredor, entrar a esquerda. A porta do gabinete está aberta. O deputado Carlos Abicalil, por gentileza, é urgente. Ele está em reunião com um prefeito, podem aguardar. Sim. Café e água são servidos. Uma hora depois, a conversa. A situação objetiva da negociação é explicada. Ele fica entre baqueado e alerta, um sentimento dúbio que o acompanhará em toda a tramitação. Irônico, diz que é uma saída possível para o impasse. Aceita a indicação dos N*MS para ser o relator. Ufa. Estará na reunião da noite com o presidente da comissão de educação, fiquem tranquilos. Volta o filme. Há uma ousada alegria na cara dos N*MS. Volta o filme de novo dos passos no labirinto da Câmara dos Deputados. Caminhada até a cantina do lado do restaurante do anexo III. Comer um pão de queijo, respirar um pouco e aguardar a reunião da noite. O dia já se despedia. Ansiosos, 18h30, os N*MS chegam na secretaria executiva da comissão de educação e cultura, no piso superior, começo do corredor à esquerda. A secretária confirma a reunião e pede para esperar. Ali, trabalham Maria das Graças e Márcia, atendendo o público, e parlamentares, pessoas de fino trato com os N*MS, mostram-se aliadas da coalizão a favor da Lei de Cotas por histórias de exclusão da universidade em suas famílias, dispostas a ajudar no que precisasse. A coalizão a favor da Lei de Cotas cresce no chão do Congresso. Pontual Carlos Abicalil chega às 19 horas em ponto. Logo em seguida, chega o presidente Paulo Delgado. Em torno de

[205] Cf. MARTINS (2013), o relator é o ponto de apoio para as articulações em torno de um projeto de lei. O relator avançará com a matéria até o presidente da comissão somente à medida que conseguir construir consenso em torno de seu texto ou maioria para votação favorável em caso de dissenso explícito dos pares.

uma mesa, ganha corpo institucional os desdobramentos do acordo político entre a deputada Nice Lobão e os N*MS. Há o acordo entre as três partes da reunião, o presidente frisa que, quanto menos alterar, melhor para a aprovação. O relator se comprometeu a fixar-se nos pontos essenciais onde há maior convergência de posições no tema. Na reunião, foi batido o martelo. O PL 73/99b seria o novo carro-chefe. Ele, conforme o texto do deputado federal Carlos Abicalil, relator na Comissão de Educação, reserva ao menos 50% de vagas nas universidades federais e no ensino técnico, por turno e por curso, para estudantes egressos do ensino médio público, respeitando-se a proporção de negros e indígenas presentes em cada região, conforme dados do IBGE, e por conta da pressão anterior da ANDIFES, em 2004, no tema das cotas na reforma universitária, sob o argumento do "respeito à autonomia universitária" (o deputado federal Paulo delgado era professor universitário), o relator incluiria também no substitutivo a aplicação progressiva da lei, 25% a cada ano, o que, na prática, retardava sua aplicação, do ponto de vista dos N*MS. Assim, o relator buscou contemplar no relatório a posição dos N*MS, da coalizão a favor da Lei de Cotas, sem desconsiderar a coalizão contra a Lei de cotas, que tinha na Andifes uma de suas principais lideranças. Luiz Eduardo Rodrigues de Almeida Sousa, coordenador do MSU, confirma esses passos.

> *Conversamos pessoalmente com a Nice Lobão para assumir as cotas. A gente foi várias vezes. Foi uma relação direta com ela, presencialmente. Pressão política dentro do Congresso. Pressionar o Paulo Delgado para pautar a comissão de educação. Houve a reunião com ele, com o Abicalil, o relator, era de noite no Congresso, as regras do congresso são bruscas, bem ágil, bem rápido, tem que ser ágil na articulação. As coisas tinham que continuar independente da crise. Os três cumpriram a palavra assumido com o movimento social, colocaram em pauta, votaram. Isso foi importante na luta pelo direito a democratização da universidade.* (Luiz Eduardo Rodrigues de Almeida Souza, entrevista ao autor, 2019).

Dudu saiu do chão do cursinho popular em Viçosa até o chão do Parlamento em Brasília, é um desconhecido importante no processo político da Lei de Cotas no Parlamento. Em 2001, ele conheceu o MSU por meio do *Jornal Olha aí* distribuído no primeiro Fórum Social Mundial e que chegou até Viçosa. Já no FSM de 2002 era ativo no MSU. Apaixonado por literatura e poesia, Dudu desde então participou da organização do MSU em Minas Gerais e no Brasil, viajando para Brasília de Viçosa, muitas vezes só com o dinheiro da ida.

Mas antes um acordo sadio e transparente do que o impasse eterno. O presidente pede a assessoria para trazer a agenda da comissão. É definido de comum acordo o dia da apresentação do relatório e da votação. O presidente da comissão de educação e cultura Paulo Delgado se comprometeu com os N*MS de colocar em pauta com prioridade a matéria. Dito e feito.

Em meio ao mar revolto do Parlamento, o barco da Lei de Cotas dava nova partida, com novo nome. Naquela noite do outro lado do Retiro Assunção, na L2Norte, foi noite de carne de sol com mandioca para a comemoração entre paulistas e mineiros que participaram com o suor dos rostos daquela jornada vitoriosa de sair do chão dos cursinhos populares na periferia, ir de rodoviária a rodoviária, Retiro Assunção, chão da Câmara dos Deputados.

Na semana seguinte, houve alarido sobre o acordo nos corredores do Congresso Nacional. A deputada federal Nice Lobão (PFL-MA) ligou para os N*MS, houve outra reunião para garantir a continuidade do acordo, ocasião em que ficou acertado uma reunião com o senador Edson Lobão, o que foi realizado entre ele e os N*MS em sua sala ampla de seu gabinete no Senado Federal, o que carimbou a continuidade do acordo em torno do substituto do PL 73/99. Era outro ponto importante no labirinto vivo da Lei de Cotas. A tal sala ampla traduzia o que "Cada Senador é uma Instituição" quer dizer nos corredores do Senado Federal. A reunião ocorreu entre três enormes sofás, com tapete requintado cobrindo o chão, foi uma espécie de café da manhã, dada a farta mesa que acompanhava o serviço de cafezinho, com sucos naturais, pães de vários tipos, bolos, queijos. O tom de voz do senador era doce e seus olhos atentos como um goleiro que vê os pés do cobrador de falta atrás da barreira. Se seus olhos procuravam por sinceridade nas intenções dos N*MS para não cair como Daniel na cova dos leões, a traição onipresente na política brasileira como ela é no chão do Parlamento, eles encontraram tal sinceridade. Sem rotular nenhum parlamentar de nenhum partido, os N*MS conversavam com todos os parlamentares de todos os partidos, a moeda de troca era o respeito, crença fundamental da coalizão a favor da Lei de Cotas. Oriundo das fileiras da Rede Globo, jornalista que chegou a Brasília nos anos 1970 e fez carreira de sucesso na política, Edson Lobão demonstrou respeito e abraçou a causa dos N*MS. Da parte da deputada federal Nice Lobão, foi o fiador do acordo em torno do substituto do PL 73/99, o que garantia que a autoria da deputada entrasse para a história da educação no Brasil, sem ufanismo idílico. Carlos Abicalil era o fiador do outro lado, pois também garantiu respeito e compromisso. Era o casamento com data marcada entre um relator e uma autoria de um projeto de Lei numa Câmara dos Deputados como ela era, mas articulada em camadas finas, quase frágeis, como os fios da teia da aranha do Retiro Assunção, de forma a atravessar o que a superfície sacraliza, para parir o parto difícil do direito à universidade para negros, indígenas, a escola pública, pobres no Brasil. É a morada da arte na política. Os N*MS, sem rabo preso, teceram a difícil arte da política para parir um direito, os cães que ladrassem.

Assim, esses atores, os N*MS entram em cena em sua segunda grande jornada no Congresso Nacional, liderando na prática a coalizão a favor da Lei de Cotas.

Imagem 123 – O PL 73/99 passa a ser o carro chefe da Lei de Cotas com o acordo dos N*MS com a deputada federal Nice Lobão, a Coalizão dos Pés Descalços anda e faz a história do Brasil andar na Câmara dos Deputados do Brasil

Fotografia como "prática documental ativa" (Edwards, 2016, p. 162). Com poucas armas na guerra da Câmara dos Deputados, os N*MS valem-se da técnica da fotografia em 2005 como arma poderosa contra a invisibilidade dos seus direitos políticos contra a exclusão histórica da universidade no Brasil. É "faca amolada" da autonomia dos N*MS em terreno minado, prova material em difíceis negociações e violentas disputas, no tempo em que o celular não era câmara fotográfica. No primeiro plano, à direita, Marcos Rogério, coordenador do MSU com atuação em Cidade AE Carvalho, Cidade Tiradentes e Guaianases: sonho e trabalho para ver mais gente da periferia na universidade e a irmã na medicina. No segundo plano, ao centro, da esquerda para a direita, Jair Ferreira, do Capão Redondo, coordenador do MSU no Capão e no Jardim Ângela, muita correria para chegar vivo no Congresso em Brasília, orgulho e dignidade da periferia; Alexandre Nascimento, da baixada fluminense, articulador do MSU, da causa negra e dos cursinhos populares no Rio de Janeiro; Sérgio José Custódio, da coordenação nacional do MSU; deputada federal Nice Lobão; Frei David, da coordenação nacional da EDUCAFRO; no terceiro plano, ao fundo, como testemunho estético de um sonho possível, o painel em azulejo de Athos Bulcão (criado em 1971) ante os jardins internos do Congresso Nacional: os vegetais de Athos, o Xanadu, que lembra Mata Atlântica, Xanadu que lembra ancestralidade, Serra dos Paes, Maria Isaura de Jesus e seus Xanadus encorpados, um verde de tons fortes, densos, trançados desde o chão, desabrochando em folhas verdes densas de geometria ímpar, bem regados, que torce o olhar do visitante na entrada da casa na Serra. Será que a Vó Maria estava testemunhando tudo?) e o raio de sol como testemunha. Ali, no cafezinho da Câmara dos Deputados, os N*MS fecham a negociação direta, sem nenhum intermediário, com a Deputada Federal Nice Lobão e passam a ter um só carro-chefe na dura e longa disputa no Congresso Nacional pela Lei de Cotas.

Fonte: Arquivo MSU

O acordo em si já era a própria força política do substitutivo. Se há acordo, como um ímã, moto imanente, isso agrega aliados e adversários na comissão parlamentar, na mesma canoa, a canoa da Lei de Cotas agora com número novo. Para os N*MS, no entanto, sem a votação objetiva, nada estava decidido, tudo podia mudar de repente, bastava um só parlamentar criar caso. Com o dia da votação marcada, num ritual costumeiro e necessário, pelas próprias pernas, depois do fim de semana intenso de atividades nos cursinhos populares na periferia de São Paulo, o MSU desembarca no Retiro Assunção na segunda-feira à noite, a EDUCAFRO nos Franciscanos. Uma terça-feira de vigília e atenção fina aos ruídos, de diálogo direto com parlamentares da comissão de educação. Um exemplo foi a conversa com o deputado federal Lobbe Neto, do PSDB de São Paulo, titular e vetor do humor político dos membros na comissão de educação. Conhecido dos N*MS, desde 2003, nas becas da Comissão de Juventude no plenário Nereu Ramos, mostrou-se com respeito, iria votar a favor e esse era o sentimento geral da comissão depois do acordo que vocês conseguiram, disse. No dia da votação, camisas amarelas, camisas pretas, os N*MS chegam antes de todo mundo, veem a chegada dos assessores, o aprumo da sala para a reunião, ansiosos acompanham a chegada dos parlamentares, do presidente da Comissão, a leitura do relatório por Carlos Abicalil, acompanhado pelos olhos e ouvidos atentos de uma elegante Nice Lobão, que fora professora e acreditava na importância estratégica da educação. Carlos Abicalil, elegante e sério, o que lhe era peculiar, sem vozeirar demagogias, atento ao rito, atento ao texto.

Em 21 de setembro de 2005, às 10 horas, na sala Florestan Fernandes, a sala 10 da ala das comissões da Câmara dos Deputados[206], com a presença dos N*MS, foi aprovado por **unanimidade** na Comissão de Educação e Cultura a Lei de Cotas, o PL 73/99b, como segue:

> SUBSTITUTIVO DO RELATOR O CONGRESSO NACIONAL decreta: Art. 1º. As instituições públicas federais de educação superior reservarão, em cada concurso de seleção para ingresso nos cursos de graduação, no mínimo, cinqüenta por cento de suas vagas para estudantes que tenham cursado integralmente o ensino médio em escolas públicas. Art. 2º. As universidades públicas deverão selecionar os alunos advindos do ensino médio em escolas públicas tendo como base o Coeficiente de Rendimento – CR, obtido através de média aritmética das notas ou menções obtidas no período, considerando-se o curriculum comum a ser estabelecido pelo Ministério da Educação e do Desporto. Parágrafo único. As instituições privadas de ensino superior poderão adotar o procedimento descrito no caput em seus exames de ingresso. Art. 3º. Em cada instituição federal de ensino superior, as vagas de que trata o art. 1º serão preenchidas, por curso e turno, por autodeclarados negros e indígenas, no mínimo igual à proporção de pretos, pardos e indígenas na população da unidade da Federação onde está instalada a instituição, segundo o último censo da Fundação Instituto Brasileiro de Geografia e Estatística - IBGE. Parágrafo único. No caso de não-preenchimento das vagas segundo os critérios estabelecidos no caput, aquelas remanescentes deverão ser completadas por estudantes que tenham cursado integralmente o ensino médio em escolas públicas. Art. 4º. As

[206] Conforme Paulo Martins (2013), dentre as competências da CEC, conforme o artigo. 32, IX, do RICD, com redação dada pela Res. 21/2013, destacam-se: a) assuntos atinentes à educação em geral; b) política e sistema educacional, em seus aspectos institucionais, estruturais, funcionais e legais; c) direito da educação; d) recursos humanos e financeiros para a educação.

instituições federais de ensino técnico de nível médio reservarão, em cada concurso de seleção para ingresso em seus cursos, no mínimo cinqüenta por cento de suas vagas para alunos que cursaram integralmente o ensino fundamental em escolas públicas. Art. 5º. Em cada instituição federal de ensino técnico de nível médio, as vagas de que trata o art. 3º serão preenchidas, por curso e turno por autodeclarados negros e indígenas, no mínimo igual à proporção de pretos, pardos e indígenas na população da unidade da Federação onde está instalada a instituição, segundo o último censo da Fundação Instituto Brasileiro de Geografia e Estatística – IBGE. Parágrafo único. No caso de não-preenchimento das vagas segundo os critérios estabelecidos no caput, aquelas remanescentes deverão ser preenchidas por estudantes que tenham cursado integralmente o ensino fundamental em escola pública. Art. 6º. O Ministério da Educação e a Secretaria Especial de Políticas de Promoção da Igualdade Racial da Presidência da República serão responsáveis pelo acompanhamento e avaliação do programa de que trata esta Lei, ouvida a Fundação Nacional do Índio - FUNAI. Art. 7º. O Poder Executivo promoverá, no prazo de dez anos, a contar da publicação desta Lei, a revisão do programa especial para o acesso de estudantes negros, pardos e indígenas, bem como daqueles que tenham cursado integralmente o ensino médio em escolas públicas, nas instituições de educação superior. Art. 8º. As instituições de que trata o art. 1º deverão implementar, no mínimo 25% (vinte e cinco por cento) da reserva de vagas prevista nesta Lei, a cada ano, e terão o prazo máximo de quatro anos, a partir da data de sua publicação, para o cumprimento integral do disposto nesta Lei. Art. 9º. Esta Lei entra em vigor na data de sua publicação. Sala da Comissão, em de agosto de 2.005 DEPUTADO CARLOS ABICALIL RELATOR. (Abicalil, 2005).

Alegria e comemoração. Uma foto com o relator, a autora e os N*MS presente é tirada ao fim da votação. Essa foto histórica quase fala por si sobre os N*MS como líderes de fato da coalizão pela Lei de Cotas no chão do Congresso Nacional.

Imagem 124 – Comemoração no dia de aprovação da Lei de Cotas na Comissão de Educação da Câmara

Papo Reto: Novíssimos Movimentos Sociais construíram vitórias reais no chão do Congresso Nacional, apesar da propaganda os ter colocado no lixo da História. Comemoração no dia de aprovação da Lei de Cotas na Comissão de Educação da Câmara dos Deputados: MSU, a autora, o relator, EDUCAFRO. Vitória da coalizão a favor da Lei de Cotas, exemplo prático do protagonismo dos N*MS na Lei de Cotas.

Fonte: Arquivo MSU

Os recursos dos N*MS eram parcos, mas a disposição de luta e a vergonha na cara eram grandes. Consubstanciava-se nos documentos da Câmara dos Deputados a força de uma das hipóteses desta obra: o caráter suprapartidário da Lei de Cotas. Florestan Fernandes deve ter ficado contente onde quer que estivesse naquela hora da história, ele próprio, numa de suas últimas tentativas de ação parlamentar, tentou migrar das proposições gerais de interpretação sociológica para o terreno minado das políticas públicas, por meio de proposição de uma revisão da constituição no ponto da regulamentação dos direitos civis que ela prescrevia, empreitada que ficou no registro de sua ação parlamentar em 1995, mas que não ganhou a letra da lei. Abdias do Nascimento e o cacique Pataxó Galdino também devem ter comemorado junto com Paulo Freire.

O relator, interlocutor privilegiado dos N*MS no violento processo político da Lei de Cotas no chão do Parlamento brasileiro, pode ser um mero agente institucional formal que cumpre um papel institucional como o juiz de futebol é o dono do apito, dos cartões, do tempo de jogo. Não foi o caso. Cada relatoria da Lei de Cotas mereceria um livro. A relação dos N*MS com os relatores e relatoras foi de tensão e atenção. Com a palavra o deputado Carlos Abicalil, o relator do PL de Cotas na Comissão de Educação.

> *- O Sr. fez universidade? Faça uma breve apresentação de sua trajetória social e política.*
>
> *- Sim. Sou décimio filho de uma família de 14 irmãos. Cursei toda a educação básica como bolsista em escolas católicas. A partir dos 14 anos iniciei atividades laborais formais no contra-turno da escola. Fui, anos a fio, o único da turma nesta condição. Paralelamente atuei em grupos de juventude e de apoio a comunidades periféricas. Ingressei no curso noturno de economia da UFF (Universidade Federal Fluminense), com o sétimo lugar na classificação geral do vestibular de 1979/1980. Trabalhava em turno integral, morava em pensão familiar e cursava à noite. Meu pai faleceu neste período. Ingressei na vida religiosa, cumpri um ano como aspirante numa comunidade rural, depois ingressei na Filosofia (São Bento), outro ano de formação comunitária em Teologia, fiz a Licenciatura em Filosofia, Sociologia e Psicologia (como leigo), ingressei na carreira do magistério público e segui na organização do movimento social, sindical e das comunidades de base. Participei na organização e formação de núcleos sindicais, do Fórum Nacional em Defesa da Escola Pública na Constituinte e na LDB, formei colegiados de diretores de escolas eleitos pelas comunidades, fui diretor regional e presidi meu sindicato de base estadual (SINTEP, MT), a Confederação Nacional dos Trabalhadores em Educação (CNTE-CUT), membro do comitê executivo da Internacional da Educação (IE) e Vice-Presidente Regional para a América Latina (IE-AL), fundador da Campanha Nacional pelo Direito à Educação. Sou especialista em História Contemporânea e Mestre em Educação-Políticas Públicas (Universidade de Brasília). Ingressei no PT, fui candidato a governador (1998), conselheiro estadual de educação pela sociedade civil, deputado federal eleito mais votado na história do MT (2002 e 2006).* (Carlos Abicalil, entrevista escrita ao autor, 2021).

Fica patente a razão de ser da educação na vida do deputado Carlos Abicalil, professor, ex-presidente da confederação nacional em educação e sua longa trajetória que tem um porto de referência no processo constituinte e na presidência da Comissão de Educação da Câmara (2003-2004), os pés no chão da periferia aparece em sua vida. Não é à toa que se dizia nos corredores da Câmara dos Deputados que o deputado federal Carlos Abicalil tinha as credenciais para ser ministro da Educação do Brasil.

O deputado continua, fala como enxerga o papel institucional do relator.

> *Em qualquer PL que organize e institua políticas públicas, autores, relatores e presidentes da Casa, das Comissões Permanentes, Especiais ou Temporárias têm papéis para fundamentar,*

> *organizar o debate, mediar conflitos, dar vazão ao contraditório, formular alternativa afirmativa ou sustentar a rejeição, negociar procedimentos, ouvir os setores envolvidos – populares e institucionais – e dar sentido ao debate atento ao tempo, à correlação de força em cada etapa e cumprir o dever institucional de assegurar os fundamentos, princípios e objetivos da CF88.* (Carlos Abicalil, entrevista escrita ao autor, 2021).

Ao destacar o manto da Constituição Federal, de 1988, seus "princípios e objetivos", retira qualquer arbitrariedade da figura institucional do relator. Ao sintonizar a ação do relator com a autoria, a presidência, retira do relator qualquer altruísmo de celebridade. Quando destaca a palavra "ouvir", agentes "populares" e "institucionais", informa a complexidade da vida de uma política pública no Parlamento, perturbada por intenso conflito e negociação, chamando atenção para o relator como mediador das posições em disputa. Em grande medida prática, os episódios já narrados em torno de sua relatoria do PL de Cotas na Comissão de Educação ratificam como exemplo prático essa visão da relatoria e seus sentidos em política pública no Parlamento.

Os atores populares nesta obra são os movimentos sociais, com ênfase na compreensão do papel político dos N*MS e sua ação no chão do Parlamento. Indagado sobre como enxerga o papel dos movimentos sociais na tramitação da Lei de Cotas, o deputado Carlos Abicalil dá seu testemunho histórico.

> *Foi essencial para alterar decididamente a correlação de forças na Câmara dos Deputados e, depois, vencer toda a resistência da tramitação no Senado que foi bastante morosa. A arquitetura da tramitação – reunindo proposições mais antigas, com intencionalidades distintas (algumas bastante distantes até da centralidade do projeto), possibilitando compartilhamento do chamado direito de autoria, vencendo preconceitos, recolhendo e valorizando experiências populares, do chamado terceiro setor, de universidades públicas (como os casos da UERJ, da UFBA, da UnB, entre outros). Igualmente importantes foram as agendas de audiências públicas, a atenção ao movimento social e popular na consolidação de avanços progressivos, o diálogo com o MEC, a existência e funcionamento do Fórum Nacional de Educação e de suas representações, assim como a força acumulada na CONEB, na primeira CONAE, nas Conferências Nacionais de Direitos Humanos, da Juventude, da Igualdade Racial, no apoio setorial formal do Conselho de Desenvolvimento Social no âmbito da Presidência da República. Em todas estas instâncias, nos debates no interior das universidades, no movimento estudantil, a participação organizada, propositiva, fundamentada e muitas vezes, tensa foi (e continua sendo neste décimo ano de vigência da lei) decisiva.* (Carlos Abicalil, entrevista escrita ao autor, 2021).

Desde a fala do relator, pode ser lido como decisivo o papel dos N*MS no chão do Parlamento no processo político da Lei de Cotas. E mais, desloca visão presente em muitos estudos acadêmicos sobre o Parlamento, mesmo aqueles debruçados sobre a Lei de Cotas, que empobrece — consoante com a base de análise principal desses estudos, ou seja, o material escrito disponibilizado em relatórios, audiências e o mais — que, se importantes, se parte, não informam o todo do processo político violento no chão do Parlamento branco, mas mais complexo do que os jogos simples do branco no preto. Nesses estudos do Parlamento brasileiro baseados estritamente nos escritos capturados por programas de computadores sofisticados como R e vizinhos, pela inteligência artificial, o tempo é plano demais e as incertezas desaparecem no mimético papel discreto dos atores que de discretos não tem nada, sendo, sim, infinitos, como o cálculo de Newton e Leibniz do XVII. Nesses estudos, não raro, atores do naipe dos N*MS são crispados de preconceito acadêmico, de vícios acadêmicos do *mainstream* acadêmico, como continuação da fila dos estudos sobre interesses difusos no Congresso Nacional desde Aragão e sua análise do processo constituinte, onde os lazarentos, os leprosos, se pisam o congresso nacional, ficam sentados como soldadinhos de chumbo nas audiências públicas ou se tem voz nessas audiências públicas falam o que o script da ciência política dominante pede. Assim, é o epistemicídio, também em ciência política. Por exemplo, nesse caso, os N*MS não passam de bonecos de ventríloquos de audiência, logo, não fazem política, porque, quando a política é falar ao cronômetro numa sala que ninguém ouve, então é o flagelo da democracia, o contrário de sua vitalidade. Ora, os que falam nos raros palcos do chão do Congresso Nacional no violento processo político da Lei de Cotas no Parlamento branco vivem esse Parlamento, não são marionetes, caso contrário, jamais conseguiriam vitórias perseguidas em cada comissão das duas casas, pois ventríloquos não carregam consigo a imaginação e a estratégia política do que querem como política pública feito lei do Parlamento, lei nacional pra valer no chão do Estado Nacional. Os acadêmicos devem pisar o chão do Congresso para melhorarem seus estudos? Sim. Afinal, esse é o gesto epistemológico fundador da revigorada ciência política brasileira apregoada por Angelina Figueiredo. Então, é preciso refazer esse rito na academia para salvar a academia de sua desgraça nos tempos hostis à academia. É quando o deputado Carlos Abicalil fala de arquitetura que os N*MS e sua ação ousada na Câmara dos Deputados e no Senado Federal ganham sentido weberiano, capaz de informar o rumo da história do Brasil pela perspicácia de uma afinidade eletiva. Os N*MS, pode-se dizer sem peias, foram os arquitetos da Lei de Cotas, como ela foi aprovada no Parlamento, isso se depreende da fala do nobre relator da Lei de Cotas na Comissão de Educação e Cultura na Câmara dos Deputados do Brasil. Arquitetura lembra Pierre Bourdieu, o mestre mundial da noção de campo educacional, lembra Erwin Panofsky e os mestres pedreiros das catedrais góticas, da categoria *habitus* cara a Bourdieu para as disputas no campo educacional, em qualquer campo, como no campo político do Congresso Nacional. Mas a arquitetura erigida na cara e na coragem para a Lei de Cotas no Congresso Nacional pelos N*MS é antes de tudo a arquitetura da Rua dos Pedreiros em Cidade Tiradentes, extrema Zona Leste de São Paulo, é a arquitetura da dor e da vergonha na cara, é a arquitetura tardia do direito à universidade no país dos bacharéis e seus herdeiros políticos do Largo São Francisco. Entre o *pathos* lógico dos N*MS como soldadinhos de chumbo de audiências públicas e o ato epistemológico fundador de um projeto de lei que revoluciona a cara da universidade brasileira em que os N*MS são os arquitetos, como as abelhas da cantina no corredor da secretaria-geral da mesa da Câmara dos Deputados, como a teia de aranha tecida lentamente pela aranha do Retiro Assunção, algo rompe o processo de conhecimento em políticas públicas no Brasil. Para essa arquitetura dos N*MS na Câmara e no Senado, mecanismos públicos como as conferências temáticas lhes conferiam poder de agência e agenda, ponto que será explorado oportunamente. O que registrar desse ponto da entrevista com o senhor relator, o que extrapolar? O rompimento da bolha da audiência pública como o lócus e o ethos por excelência dos movimentos sociais, da sociedade civil, no parto de uma política pública, como se tivessem sobre si o peso do corpo, da castração da liberdade política no território do Congresso Nacional. Não é só a audiência pública como a cadeira cativa dos movimentos sociais no Congresso Nacional que importa para uma compreensão aprofundada da política pública no Parlamento, há o antes da audiência pública, o desenho da audiência pública, o durante a audiência pública, o depois da audiência pública.

Perguntado especificamente se MSU e EDUCAFRO, os N*MS, foram importantes na tramitação da Lei de Cotas, se sim ou se não, o deputado Carlos Abicalil responde afirmativamente com um "Sim", ratificando o papel destacado dos N*MS, uma das hipóteses desta obra, talvez a tromba do elefante desta obra ou a cabeça, os olhos, os ouvidos do elefante das hipóteses desta tese.

Todavia, o elefante da desigualdade racial não é visto por muita gente. Por isso, o deputado foi indagado sobre como ele enxerga a questão do Parlamento e a pauta étnico-racial no período de sua relatoria no projeto de Lei de Cotas. Segundo ele, isso mexe com a fundação do estado-nação, do Brasil.

> *Foi construída uma agenda geral de avanço nos direitos sociais, vitoriosa em quatro eleições sucessivas, com muita densidade social e política, com bancadas tematicamente aguerridas vinculadas historicamente ou historicamente solidárias às demandas populares, capazes de arrastar setores de centro (governistas ocasionais e por adesão inclusive) às postulações vitoriosas. Os temas da equidade, das garantias de oportunidades para todos/as, das juventudes, das liberdades, das reparações, das ações afirmativas vieram com tal força que conseguiram estancar as reduções dos avanços de 1988 iniciados, já, com a vitória de Collor e com as pautas neoliberais de então. O texto resultante revela que a pauta étnico-racial enfrentava e enfrenta resistências ideológicas que mexem na fundação do estado-nação. O mito da democracia racial ainda é tão hegemônico, que a cota étnico-racial direta possivelmente não seria votada ou não seria aprovada.* (Carlos Abicalil, entrevista escrita ao autor, 2021)

Ao falar em quatro eleições presidenciais seguidas como elemento institucional ativo para uma agenda de mudança em política pública e pontuar seus elementos de conexão de sentido, seus mecanismos de viabilidade, o relator, no trecho anterior, dá razão a estabilidade da coalizão de governo no poder como ponto importante para a mudança. De fato, a coalizão de governo, uma variável dinâmica no modelo ACF, caso não sofra giros de 180º num dado tempo, favorece alterações significativas em políticas públicas no curso desse tempo, no caso desta obra, como a perseguida pela coalizão a favor da Lei de Cotas, uma das hipóteses desta obra. Caso os N*MS tivessem que lidar no chão do Parlamento com uma quebra na continuidade da coalizão de governo no poder no período há uma probabilidade de que talvez não tivessem o desempenho político que tiveram no chão do Congresso Nacional, talvez não saísse a aprovação da Lei de Cotas, sem sobredeterminação estrutural, por suposto, caso em que o assujeitamento na história faz uma história sem sujeitos. Por outro lado, o longo curso da Lei de Cotas, que atravessa três dos quatro governos citados para vingar, longe de um olhar fatalista, da frente para trás, de 2012 para 2002, mas dentro do jogo da incerteza política no curso complexo da política pública no chão do Parlamento de 2002 para 2012 ou mesmo, de 1999 para 2012 ou, ainda, de 1988 para 2012 para abarcar os 100 anos da abolição inconclusa, o relator pontua, enfrentou a força da coalizão contra a Lei de Cotas, cuja matriz de poder, para o relator, remete a "fundação do estado-nação" e tem no mito da democracia racial um forte lastro de crença presente nesta coalizão. Logo, o relator sustenta a ocorrência do lado da coalizão contra a Lei de Cotas da crença na democracia racial, crença que amarra os atores dessa coalizão, como sustentado no capítulo cinco desta obra, quando se desenhou as crenças centrais das coalizões em torno da Lei de Cotas. Por seu turno, o ponto da fundação do estado-nação confirma hipótese desta obra, talvez o lugar do elefante, ou seja, o contrato racial original que funda a nação brasileira no XIX vocifera no Parlamento e na sociedade brasileira no XXI para sustentar uma hierarquia racial que garanta a supremacia da branquitude. Entretanto, crises como a de 2005 perturbam qualquer noção de mar calmo no quadro da continuidade no poder da mesma coalizão de governo no poder executivo, deslocando do ideal relativo vento sempre a favor da mudança em política pública. Outro nó analítico é o tema suprapartidário, pouco explorado pelo relator, ou seja, se demorou tempo para a aprovação da Lei de Cotas e nesse tempo não teve mudança brusca no perfil dominante branco no Congresso Nacional, paradoxalmente, aliados da coalizão a favor da Lei de Cotas no chão do Parlamento, que estavam nas variadas conjunturas políticas no período em oposição à coalizão dominante no poder executivo tiveram papel fundamental na aprovação da Lei de Cotas ou não? Mais adiante, esse ponto será mais bem explorado na obra. Outrossim, é em termos relativos que o partido de esquerda no poder tem suficiência para a mudança significativa em política pública, como se vê no curso da Lei de Cotas, pois, mesmo com alta popularidade, o presidente Lula não viu a Lei de Cotas aprovada em seus dois mandatos. Mas, por outro lado, o partido de esquerda é necessário para mudança significativa em política pública, como informa a fala do relator.

Há um tormento teórico em ciência política, em políticas públicas, em torno do eleitor mediano (dois autores, um solo outro em dupla), do eleitor cidadão (um autor), esse votante sozinho (porque representativo do eleitorado) define o resultado de uma eleição presidencial, por tabela, em tese, o destino das políticas públicas: céu, inferno ou purgatório. Em que medida o tema da Lei de Cotas apareceu nas eleições presidenciais, momento em que o eleitor mediano, a maioria do eleitorado é o centro da propaganda eleitoral de massa? A solucionática nas reputadas pesquisas do ramo ocorre por escrutínio de dados, refinado e intragável muitas vezes, mesmo que necessário. Não é o caso nesta obra, o que não significa que seja mera opinião. A pergunta poderia ser formulada como "Em que medida o elefante da Lei de Cotas apareceu nas eleições, nesse palco que fala com o eleitor mediano, o comum dos mortais localizado no miolo da maioria populacional, da maioria eleitoral?". Se mostra, o elefante ganha voto ou ganha mais voto se esconde? A pergunta direta ao relator é "Nas eleições presidenciais ocorridas no período de tramitação da Lei de Cotas, o Sr. acha que esse tema foi tratado pelas candidaturas com a sociedade? Como o Sr. enxerga os processos eleitorais ocorridos no Brasil em relação à Lei de Cotas, seja em 2002, 2006, 2010 e 2014?". Com a palavra, o deputado Carlos Abicalil.

> *Principalmente em 2006 e 2010. Felizmente, naqueles períodos o subterrâneo das redes sociais ("internet profunda", "deep internet") e a profusão de fake news não tinham a mesma intensidade que alcançaram depois de 2013. O ódio racial e de classe não alcançaram a liberalidade desses dois processos eleitorais. Todavia, a violência simbólica, verbal, física, policial, cultural não foi superada. Contraditoriamente, a exigência de neutralidade da rede, a codificação de crimes de ódio, assédio, importunação, entre outros, assim como o Estatuto da Igualdade Racial e das Juventudes favoreceu a conformação de um caldo de apoios temáticos importantes que ganharam adesão progressiva de importantes setores da mídia corporativa liberal demandante de modernidade e civilidade nas agendas de ações afirmativas e de reconhecimento de identidades coletivas. É visível a evolução de boa parte de seus conteúdos editoriais durante aqueles anos.* (Carlos Abicalil, entrevista escrita ao autor, 2021)

Parece evidente que, para o relator, o tema, o elefante da Lei de Cotas, não ocupou a cena principal da disputa principal do país, em 2002, não tendo sido tema para divisor de água do voto do eleitor mediano. Em 2006 e 2010, como força política aglutinadora da coalizão contra a Lei de Cotas, o tema, aparentemente, no texto do relator, não dominou a cabeça do eleitor mediano, o que talvez se explique por razões de fora do jogo das coalizões, como a pujança relativa da economia puxada pelo boom de commodities, o ensaio neodesenvolvimentista, os ganhos reais do salário-mínimo, a euforia do consumo de massa, o relativo ascenso social das classes D e E que se traduzia num indicador: a elevada aprovação do governo do presidente Lula, na casa dos 80%, ao fim de seu segundo mandato. Uma pesquisa de opinião pública do Datafolha feita em 2008 revela uma maioria favorável à Lei de Cotas. Melhor crer que a lógica política das campanhas eleitorais de 2006 e 2010, com luvas de pelicas brancas, deixaram num segundo plano o tema da Lei de Cotas, porque tema polêmico, porque as eleições guiadas pelo marketing vertical televisivo no período não embarcaram com ênfase no refrão da Lei de Cotas, talvez muito na margem, portanto, não ocupando centralidade também na cabeça do eleitor mediano. Porém, ao apontar na internet um fator tecnológico não coberto pelas hipóteses desta obra, o relator raciocina com as lógicas desse suporte de comunicação, talvez fosse a internet mais a internet nos milhões de celulares, sua popularização, enfim, que trouxe à tona o que estava latente, quase invisível em 2006 e 2010, a força pública das crenças da coalizão contra a Lei de Cotas, que, sem pudor, ganharam novo padrão de disputa abaixo da cintura, o que não ocorrera com igual peso em todo o processo de tramitação da Lei de Cotas. Nesse novo padrão tecnológico hodierno, o que era latente em períodos históricos anteriores, como o ódio de classe, o ódio racial, essa interseccionalidade, que abarca convergências de ódio maior num só pacote de ódio, como ódio a todas as liberdades, ódio de gênero, ódio a modernidade, com enorme força política, abrigo do partido real do racismo no Brasil, será que entrou em erupção como um vulcão? Aqui, há uma limitação teórica grave, pensada para espaços nacionais, o movimento global das ideias e interesses, que tem fluxo na internet, de superfície ou profunda, tensiona a própria teoria da política pública, no geral, de matriz nacional. Ao que parece, contudo, pelos registros no chão da Câmara dos Deputados, como identificado por esta obra no *Jornal da Câmara*, em suas edições do ano de 1995, casos de ódio racial via internet que começava a deslanchar já eram denunciados por parlamentares negros naquela casa. Talvez, o sistema político brasileiro não se deu conta da existência desses outros partidos reais e suas coalizões, que ganharam expressividade política no sistema político formal, aproveitando o que é pouco explorado pelo relator, dos limites da democracia brasileira. Esmiuçar essa análise não é tarefa desta obra, mas fica no ar essa nuvem do movimento de massas do tempo que paira e perturba o eleitor mediano, podendo, sim, deslocá-lo para uma mirada reacionária sobre os direitos que a Lei de Cotas assegura, o que é alertado pelo relator indiretamente.

Imagem 125 – Mobilização para a apreciação da Lei de Cotas na Comissão de Direitos Humanos e Minorias

Fonte: Arquivo MSU

Da Comissão de Educação e Cultura para a Comissão de Direitos Humanos e Minorias foi um pulo. No meio tempo, os N*MS tentaram convencer o presidente da Câmara dos Deputados de utilizar o pedido de urgência já assinado pelos líderes partidários, referente ao PL 3627/04, e dar para a Lei de Cotas o rito equivalente dado para a criação do sistema público de bolsas de estudos em instituições privadas (PROUNI) na casa.

Os N*MS decidem procurar diretamente o novo presidente da Câmara dos Deputados Aldo Rebelo, dado que ele emitia, naqueles dias, opiniões contraditórias sobre a Lei de Cotas, ora piscando para um lado, ora para outro. Matilde Ribeiro, a ministra da SEPPIR e Tarso Genro já haviam se reunido com ele sobre o assunto sem muito sucesso, conforme o *Jornal da Câmara* noticiara em 2005, mas também outras bancadas. Parecia que Aldo Rebelo, gato escaldado da crise política naquela conjuntura histórica, tateava como elefante em loja de cristais, o que pode indicar o frágil equilíbrio político na casa, a delicadeza de sua posição ou mesmo o elefante da Lei de Cotas na casa de cristais. A complexidade em política pública pede passagem teórica e prática. Aldo Rebelo era complexo. Mas na posição que jogava era um *veto player* potencial para o sucesso da Lei de Cotas ou sua escalação para as calendas. Na tarde de quinta-feira, 13 de outubro de 2005, os N*MS lhe mostraram o documento com a assinatura dos líderes e tentaram convencer o presidente da Câmara dos Deputados de utilizar o pedido de urgência já assinado pelos líderes partidários, referente ao PL 3627/04 e dar para a Lei de Cotas, o rito equivalente dado para a criação do sistema público de bolsas de estudos em instituições privadas (PROUNI) na casa. A coalizão a favor da Lei de Cotas não estava para brincadeira: "O senhor é da terra de Zumbi dos Palmares, isso nos dá esperança em honrá-lo, não é justo ter uma porta de acesso para a universidade privada e a universidade pública continuar proibida", disse Tiago, da EDUCAFRO.

> O tema central da pauta foi a exclusão dos pobres e negros das universidades públicas brasileiras.
>
> Ele concordou com a posição dos movimentos sociais, questionando a ideia de "mérito" que vigora nas universidades públicas: será que não existem talentos negros, como Pelé, na medicina, na odontologia ou na engenharia? "As cotas irão quebrar esta falta de oportunidades", destacou. (Info EDUCAFRO, ano VIII, n.º 94, out. 2005, p. A4).

Imagem 126 – Os N*MS em ação política pressionam o presidente da Câmara pela Lei de Cotas

Os N*MS em ação política pela Lei de Cotas. O novo Presidente se sentiu tocado pela menção a Zumbi, a Alagoas, o que o inspirou a falar sobre isso e reformar o gabinete da presidência, com a presença de um busto de Zumbi e falar do lançamento futuro de um livro sobre o Quilombo dos Palmares. A urgência da Lei de Cotas, no entanto, não deu muitos passos. Osso.

Fonte: Arquivo MSU

Melhor um na mão que dois voando. Os N*MS voltam-se para a pressão nas comissões, voltam-se para a sabedoria da tartaruga, para o jogo de um passo a cada vez. A comissão da vez era a Comissão de Direitos Humanos e Minoria. Novas reuniões com a presidência e a relatoria dessa comissão, até que o relatório é entregue, o prazo regimental para eventuais emendas parlamentares é cumprido e é marcado o dia da votação.

Em 14 de dezembro de 2005, às 14 horas, a CDHM referenda, com a presença dos N*MS, o relatório da deputada federal Iriny Lopes (PT-ES). Também por unanimidade é aprovada a Lei de Cotas naquela comissão, cujo sentido histórico é evidente:

> *Cumpre a esta Comissão de Direitos Humanos e Minorias manifestar-se sobre os seus respectivos campos temáticos, em especial sobre os assuntos referentes às minorias étnicas e sociais, assim como à preservação e proteção das culturas populares e étnicas do País, na forma estabelecida pelo art. 32, inciso VIII, letras "e" e "f", do Regimento Interno da Câmara dos Deputados. [...] Neste sentido, concordamos com os nobres autores das proposições que estamos a analisar. Em suas justificações, e, em especial, na Exposição de Motivos do Sr. Ministro da Educação, percebe-se com nitidez o desejo e o empenho dos autores, em criar, pela via legislativa, na área do ensino público de nível superior, mais um instrumento de promoção da igualdade social. Os autores defendem, de fato, a introdução em nosso ordenamento jurídico, do sistema de cotas para os estudantes que se auto declaram negros e indígenas. E, de modo inteligente, combinam critérios de inclusão por razões étnicas com critérios de renda para acesso ao ensino público superior, pois asseguram o ingresso nas universidades públicas aos estudantes egressos do sistema público de ensino fundamental e médio. Não abandonam, no entanto, critérios relacionados ao conhecimento intelectual dos estudantes, pois são beneficiados somente os candidatos que demonstrem sua capacidade intelectual em concursos de seleção para ingresso nos cursos de graduação. [...] Neste sentido, concordamos com as considerações e análises feitas pelo ilustre Relator da Comissão de Educação e Cultura, o nobre Deputado Carlos Abicalil, que, em seu Parecer, assevera que "a adoção da política de reserva de vagas na educação constitui-se em uma das formas mais importantes de políticas afirmativas."* (Lopes, 2005, p. 5-8).

Iriny Lopes, uma sem universidade, foi a relatora da Lei de Cotas nessa comissão. Comparada com a de educação e cultura, essa comissão, dada a gravidade e importância dos temas de que trata, numa sociedade tão desigual, tem uma estrutura física muito acanhada. Na ocasião, uma pequena salinha executiva com um funcionário de assessor e uma secretária de plantão. Essa dimensão de *polity* expõe a ferida da própria estrutura de poder, do desenho da *polity* na Câmara dos Deputados.

Com a palavra a deputada federal Iriny Lopes, a relatora da Lei de Cotas na Comissão de Direitos Humanos da Câmara dos Deputados do Brasil.

> ***(Entrevistador)*** *A Sra. Fez universidade? Faça uma breve apresentação de sua trajetória social e política.*
>
> ***(Iriny)*** *Olha, eu sou filha de imigrantes. Meu pai era grego, minha mãe italiana, primeira geração brasileira, né? Tive meus avós italianos. Milito desde os 14 anos de idade, ainda, portanto, na ditadura militar. Sempre tive uma militância ligada aos movimentos sociais: movimento de habitação, movimento de transporte e depois entrei na militância de direitos humanos. Sou fundadora do Partido dos Trabalhadores, aqui no meu Estado eu sou uma das primeiras filiadas, né? Sou uma das primeiras filiadas, eu acho que eu sou a quinta filiada, me parece, aqui no Estado. Militei nos comitês, no Comitê Brasileiro de Anistia, depois da fundação do PT, fui dirigente do PT desde a fundação até hoje, fui três vezes dirigente do diretório estadual, sou da direção nacional do PT desde a fundação também, já fui vice-presidente do diretório nacional, já fui secretária de formação política, já fui secretária de relações internacionais e*

> *isso acabou me levando a disputar mandatos. Eu exerci três mandatos de Deputada Federal, fui Ministra da Presidenta Dilma na pasta de política para mulheres e hoje exerço, hoje exerço meu primeiro mandato de Deputada Estadual. Então, assim, rapidamente, essa é uma trajetória política. Eu sou casada, tenho três filhos, tenho três netos e tenho um bisneto. Então, uma família já ficando numerosa e muito tranquila a minha família, uma vida familiar muito tranquila, muito unida, são muito próximos, então a minha vida é uma vida muito simples.* (Iriny Lopes, entrevista ao autor, 2019)

Ao contrário de um lugar-comum que pode parecer *naïf*, dada a complexidade em política pública, o fato de Iriny Lopes ser de origem eminentemente europeia, filha de imigrantes, não proíbe sua solidariedade e empenho na aprovação da Lei de Cotas, o que mostra que a coalizão a favor da Lei de Cotas se aproxima historicamente dos movimentos por direitos civis ocorridos em diversos países, onde a própria palavra coalizão dá conta da variedade dos atores empolgados pela causa, da variedade das atrizes que estendem as mãos para superarem o racismo e pelo direito à universidade no Brasil.

Em entrevista (concedida em 21/08/2019), a relatora Iriny Lopes que, entre outras atribuições, militou pelos Direitos Humanos e foi do Comitê Brasileiro de Anistia, fala sobre o importante papel institucional como relatora da Lei de Cotas na Comissão de Direitos Humanos e Minorias da Câmara dos Deputados, em 2005. Segundo a deputada:

> *O relator é uma pessoa extremamente importante, visto que é a partir dos estudos que ele faz é que ele consegue aprimorar um projeto de lei proposto por um deputado ou uma deputada. Um relator ele tem muito poder, ele tem muito poder e isso é uma coisa que eu acho um pouco exagerada no regimento da Câmara Federal, mas ele é, ele tem... isso não diminui a sua importância. O problema é quando o relator destrói ou distorce o projeto, que às vezes é um projeto que pode ajudar muitas pessoas, ele acaba sendo distorcido por razões de interesse de grupos, por razões ideológicas, por razões de natureza de interesse próprio do próprio relator, né? Então a minha opinião é que o relator é sempre importante, por isso tem sempre uma disputa enorme dentro dos Parlamentos para se relatar, seja relatar projeto, seja relatar CPI, seja relatar comissões especiais. Ou seja, ninguém quer ser presidente de nada disso, todo mundo quer ser relator, porque o poder está na relatoria.* (Iriny Lopes, entrevista ao autor, 2019)

Iriny Lopes revela uma percepção refinada e crítica do excesso de poder concentrado nas mãos do relator e das implicações nem sempre positivas disso para a democracia, para as políticas públicas, como a disputa intensa entre os parlamentares pela relatoria de projetos de lei. Na visão de Iriny Lopes, o relator carrega arbitrariedades no exercício de seu poder a ponto de "distorcer o projeto". Essa ênfase da política como exercício pessoal de poder por parte do parlamentar, a personalização da política que se vê no território brasileiro, nas eleições, mesmo entre parlamentares de um mesmo partido político, fortalece-se quando ocorre uma prática política pessoalizada por parte do relator de um projeto, que é um mecanismo que reforça essa pessoalização da política no Brasil, muitas vezes feita em nome de "interesses próprios" do relator, sem ser o caso de todos os relatores, como visto na argumentação de Carlos Abicalil. Logo, o relator está distante de ser uma figura plana, um mero número discreto para uma matemática de conveniência. Essas características críticas apontadas pela relatora informam dimensões relevantes sobre a relatoria no curso da Lei de Cotas. Se a indicação de Iriny Lopes para a relatoria foi consensual na comissão, isso não foi tranquilo, nem pacífico, nem automático em cada comissão, porque passou a Lei de Cotas, como mostrado no exemplo da arquitetura erguida pelos N*MS na mudança de número de carro-chefe para a Lei de Cotas, como se verá no caso da CCJ do Senado Federal. Outro ponto crítico, se o cargo de relator é disputado, o de presidente de algumas comissões não o é tanto. O que expõe as tensões entre presidente e relator numa comissão, relação que também não é plana. Tanto no caso da Comissão de Educação e Cultura, como em todas as outras comissões por onde passou a Lei de Cotas, os N*MS atuaram diretamente na arquitetura da relação entre presidente de comissão, relatoria e autoria, focos permanentes de tensão e violenta disputa política.

Assim como Carlos Abicalil, perguntada especificamente se MSU e EDUCAFRO tiveram papel importante na tramitação da Lei de Cotas, se sim ou se não, Iriny Lopes reconheceu especificamente a importância do MSU e da EDUCAFRO, dos N*MS, para a aprovação da Lei de Cotas e respondeu "Sim"... Adiante em seu relato, Iriny, que completou os estudos no ensino médio, mas não fez universidade, destaca o papel dos movimentos sociais.

> *Foi fundamental porque eu tenho um acordo com a política de cotas, porque a sociedade brasileira é extremamente desigual, ela é cruelmente desigual [...] Não têm o mesmo acesso que outras parcelas da sociedade, por isso a política de cotas me é muito cara. Então era necessário ter uma aliança com os movimentos que representavam os setores beneficiados pelas cotas para criar uma onda dentro do Congresso que aprovasse, visto que o Congresso, apesar de termos à época um governo democrático e popular, um governo bem, bem, bem... antenado com as necessidades da maioria da população, o Congresso é conservador, naquele tempo como o é hoje, então, é preciso ter força popular para aprovar determinadas leis. Então, foi determinante a participação dos movimentos sociais.* (Iriny Lopes, entrevista ao autor, 2019).

A relatora, nesse trecho, relativiza a capacidade exclusiva de um governo progressista em conduzir sozinho uma mudança em política pública no Parlamento no Brasil, por conta do Congresso ser "conservador". É nessa situação de conflito que a autora enxerga como "determinante a participação dos movimentos sociais" para uma mudança substantiva em política pública, como a Lei de Cotas, dentro do Parlamento. Isso informa a força de uma das hipóteses desta obra relativas à importância dos movimentos sociais para a aprovação da Lei de Cotas.

A questão do partido de esquerda como necessário e suficiente para uma mudança substancial de política pública no Parlamento também foi explorado pela deputada:

> *Ah, o papel do meu partido foi de ajudar a movimentação dos movimentos sociais e ajudar no debate dentro da Comissão, para que o projeto pudesse ser aprovado. Porque o projeto não pode ser imposto, ele precisa convencer um número 'x' de pessoas pra você ter uma maioria que possa aprovar o seu projeto. Então, os parlamentares do PT, em sua totalidade ou esmagadora maioria, são partidários, são... defendem as políticas de cotas como uma política de compensação e de reparação para esses setores que ficaram à margem das oportunidades durante todo esse tempo. O papel do PT foi esse, os meus colegas de bancada, meus colegas de Comissão, conversavam, dialogavam, apresentavam emendas e em algumas coisas o relator precisa, e aí é importante que o partido o ajude, a fazer determinadas mediações. Tem algumas coisas que você precisa mediar, porque senão você não aprova. Como na minha opinião era melhor mediar algumas questões do que derrotar o projeto.* (Iriny Lopes, entrevista ao autor, 2019).

Como se percebe, inclusive pelos relatos anteriores, que a condição do partido é necessária, mas não suficiente, uma vez que movimentos sociais e relatoria também importam. Importa também o papel da coalizão contra a Lei de Cotas e a "mediação" que se faz para garantir a aprovação. Isso sustenta parcialmente a hipótese desta obra relativa ao partido de esquerda.

Iriny avança em terreno minado, o terreno da coalizão contra a Lei de Cotas e sua ação do Parlamento:

> *A oposição cumpriu o papel dela, em parte era pra derrotar o governo, mas uma grande parte tinha posição ideológica contrária, efetivamente contrária, por não considerar necessário nenhum tipo de reparação, e por até achar que no Brasil não existem desigualdades. Tanto é*

> *que inventaram uma coisa chamada meritocracia no país, não que a meritocracia foi inventada no país, eu tô falando como luta política, certo? [...] Uma meritocracia injustificável, porque eu nunca vi uma pessoa que não tem um prato de comida poder disputar o mesmo, a mesma vaga, o mesmo cargo, de alguém que tem uma casa, um teto, uma família estabilizada, tem uma alimentação adequada que lhe dá condições de absorver conhecimento, em detrimento de outras pessoas que sequer conseguem fazer três refeições adequadamente salutares durante um dia. Então, assim, como nós estamos assistindo hoje: as pessoas não tem mais, não tem mais nenhum tipo de constrangimento em dizer que não gosta de preto, não gosta de pobre. Tem gente que ainda acha que... o pensamento escravocrata brasileiro está à flor da pele e direitos humanos é algo, assim, é quase um pecado mortal no atual, na atual quadra da história brasileira. Naquele tempo eram as mesmas pessoas, só que ela não podia, vamos dizer, verbalizar com a mesma tranquilidade com que se faz hoje, né? Onde governador vai em helicóptero comemorar a morte de gente. Então, assim, eram momentos diferentes, mas as pessoas não eram muito diferentes.* (Iriny Lopes, entrevista ao autor, 2019).

De certo modo, a deputada Iriny Lopes dá uma nota realista sobre o chão do Parlamento, tanto no período de tramitação da Lei de Cotas, como em 2019. "Eram as mesmas pessoas", e em 2019 fica explícito o que antes era velado, latente, pois "as pessoas não têm mais, não tem mais nenhum tipo de constrangimento em dizer que não gosta de preto, que não gosta de pobre", sustenta a relatora. O lastro da força da coalizão contra a Lei de Cotas junta um verniz de meritocracia com o racismo, pode-se inferir isso da fala da relatora. Outro jogo não passa necessariamente pela política pública em debate, mas no comportamento político da oposição ao governo. De modo que a oposição ao governo num registro estrito do campo político se somaria ao verniz meritocrático, ao racismo, no somatório das forças contra a Lei de Cotas no chão do Parlamento. Talvez, o jogo fosse mais complexo do que isso.

A relatora fala da relação do Parlamento brasileiro, no que diz respeito às pautas étnico-raciais.

> *Na sua maioria ele não era um Parlamento, vamos dizer, aliado dessa pauta ou simpático a essa pauta. Pra aprovar o estatuto, o estatuto racial, foi uma luta insana por parte dos defensores, porque por parte dos detratores, aqueles que não queriam igualdade, que não queriam reparação, que não queriam nem reconhecimento de que o Brasil deve a essa população, de que quando teve... quando se revogou a escravidão foi uma revogação formal, porque as pessoas foram jogadas na rua, sem ter o que comer, sem ter onde morar, diferente de outros países que passaram a reconhecer, quando terminou a escravidão, passaram a reconhecer como cidadão e deu um mínimo para que esse, esse ex-escravo pudesse refazer a sua vida. No Brasil não, no Brasil não tem isso, não existe isso no Brasil, então, a luta não era pequena, não era pequena dos negros brasileiros, e a representação, assim, distorcida tanto quanto de mulheres, tanto quanto LGBT, tanto quanto de índigenas, que formam uma... os negros brasileiros formam a maioria sobre a população branca. No entanto, quando eu estava lá, quando eu estava no Congresso, na Câmara Federal, no ano de 2005, se a memória não me trai, só tinha cin... quatro... cinco parlamentares que se reconheciam como negros, certo?* (Iriny Lopes, entrevista ao autor, 2019).

O quadro objetivo da presença negra na Câmara dos Deputados, da presença indígena, distorce a realidade da população brasileira. De forma assustadora, em 2005: "cinco parlamentares que se reconheciam como negros", cinco de 512. Nenhum indígena. Esses números mostram a dificuldade prática de aprovação da política pública da Lei de Cotas no Parlamento e o tamanho do desafio colocado na prática para os N*MS, bem como para um conjunto de pautas étnico-raciais. A relatora toca no ponto da abolição inconclusa no Brasil e assim também remete ao contrato racial da formação do Estado-Nação, do tipo de República que se instala no Brasil, uma república com forte hierarquia racial. Mesmo entre a minoria de parlamentares negros na Câmara dos Deputados, em 2005, a Lei de Cotas não era consensual, pois tristemente, "*E nem todos eram a favor das causas negras, tá? [...] quando um palavreado te expressa um sentimento e pensamento de rejeição contra o povo negro brasileiro*" (Iriny Lopes, entrevista ao autor, 2019). Ou seja, a identidade predatória informa a coalizão contra a Lei de Cotas no chão do Parlamento, de forma velada ou não.

A deputada Iriny Lopes compara as duas políticas públicas no Parlamento, o sistema público de bolsas de estudos em instituições privadas (PROUNI) e a Lei de Cotas, e conclui que a primeira foi mais rápida apesar de contemplar a questão racial, porque isso ficava invisibilizado no fato de não se restringir a um segmento social:

> *Ele era voltado para uma população mais empobrecida, tá certo? Mas tinha um pedaço da classe média mais baixa que se beneficiava também do PROUNI, então, isso anda muito mais rápido do que coisas que envolvem exclusivamente uma questão racial e negra.* (Iriny Lopes, entrevista ao autor, 2019)

Percebe-se que mesmo para a relatora o discurso da propaganda oficial do sistema público de bolsas de estudos em instituições privadas (PROUNI) camuflou, em certa medida, a questão racial. Contudo, essa camuflagem, reconhece a deputada, era caudatária da enorme agilidade que teve essa política pública por conta do dinheiro objetivo envolvido. Esse dinheiro, ainda que se possa dizer indireto, é relativamente diferente da combinação de distinção, prestígio, status e hierarquia racial, que a Lei de Cotas desafia.

> *[...] interesse dos parlamentares ligados à educação particular no Brasil, que não era pequena, era uma bancada grande. [...] Agora, o interesse maior aí, eu acho que a agilidade maior no caso da aprovação do PROUNI, foi a transferência de recurso público para as instituições privadas de ensino.* (Iriny Lopes, entrevista ao autor, 2019)

Ao deslocar o debate para a opinião pública brasileira, no momento das eleições presidenciais, de 2002 a 2010, ocorridas no período da tramitação da Lei de Cotas, a deputada Iriny Lopes revela o pessimismo com a qualidade do debate público na democracia brasileira:

> *Positivamente ela [a Lei de Cotas] apareceu pouco, para o PT e os defensores das cotas, né? Negativamente ela apareceu bem, porque muitas pessoas, principalmente para... dados proporcionais: eu disputei todas essas eleições que você citou aí, então em muitos lugares e muitas pessoas que votaram em mim em 2002 não votaram em 2006, algumas delas por causa da Lei de Cotas. "Tá tomando o lugar do MEU filho", né? "A Lei de Cotas é injusta porque ela trata, ela dá privilégio à população que se beneficia das cotas", porque aí também tem a questão dos indígenas e tal, então, assim, mas majoritariamente era racialmente os negros. Então, assim, positivamente para o país, as pessoas pensarem, assim: "não, nós estamos encurtando as desigualdades, isso pode fazer um país mais equilibrado socialmente, isso pode construir mais justiça social, havendo mais justiça social, o futuro do país fica mais, tem mais condições de ser positivo, de ser afirmativo, de gerar mais empregos, de ajudar a eliminar a pobreza, de crescermos na nossa soberania tecnológica e científica". Não, nada disso pesou nas eleições, pesava o contrário, pesava o contrário, essa questão que eu citei: "não votem em fulano, porque fulano tá tirando a vaga dos nossos filhos pra botar a negrada lá e tal". Então, essa, esse foi o meu sentimento como candidata em todas essas eleições que você citou* (Iriny Lopes, entrevista ao autor, 2019)

A deputada extrai lição tortuosa da democracia. Quem era a favor da Lei de Cotas parecia ter medo de se posicionar publicamente, inclusive as campanhas da esquerda; quem era contra, via nisso uma mina de ouro eleitoral para mobilizar o racismo arraigado na sociedade brasileira. Logo, é preciso pesar a balança do peso da Lei de Cotas nas eleições com cuidado, mas a relatora deixa indício de que não foi pouco.

> ***(Iriny)** A minha opinião, tem um pedaço da classe média que acha que as Universidades Federais eram propriedade do setor social deles, da camada, né? Da camada de classe deles. Então, assim, filho de lavadeira, filho de pedreiro, isso era quase inaceitável, tá certo? Quase inaceitável.*
>
> ***(Entrevistador)** Isso você percebia no caso da Universidade Federal do Espírito Santo?*
>
> ***(Iriny)*** Não, debate geral, em todo lugar era sempre muita, era sempre a mesma coisa que se ouvia, os meus colegas reclamavam a mesma coisa. Quer dizer, era bem-aceito o seu discurso. Por exemplo, você vai fazer um comício ou uma reunião num bairro de periferia, então, ali, a Lei de Cotas ela era bem, era bem acolhida. Se você fosse num bairro de classe média e citasse isso, assim, você... você tinha 'n' pessoas que iam ali te contradizer, que essa era uma política ruim para o país porque as pessoas estavam, "porque o meu filho não conseguiu ficar na escola que eu queria que ele ficasse porque a lei de cotas ocupou", entendeu? Assim, inclusive umas pessoas demonstrando uma ignorância muito grande em relação à política de cotas, certo? É porque ouviu o galo cantar, *mas não sabe onde, então sai repetindo, né?* (Iriny Lopes, entrevista ao autor, 2019)

A deputada sintetiza a inequação entre voto e política pública no Brasil, onde os eleitores não necessariamente têm pleno conhecimento da política pública, mas ouvem o canto do galo.

> *Então sai repetindo. Isso é muito comum durante todos os dias do ano, mas é altamente ampliado, amplificado, nos períodos eleitorais: as pessoas não saberem exatamente do que se trata, mas falam contra, aí deixam de votar em a ou b porque essas pessoas defendem aquela política.* (Iriny Lopes, entrevista ao autor, 2019)

Debruçando-se um pouco sobre o canto do galo, se só o galo da coalizão contrária a Lei de Cotas canta, então no povoado eleitoral, na cabeça do eleitor mediano, esse será o som que orientará seu voto na eleição presidencial. Caso surja outro galo cantando um canto diferente, isso pode sensibilizar ouvidos no povoado, o ouvido do eleitor mediano inclusive. Logo, o canto do galo importa. Ao escantear a questão racial na propaganda das políticas públicas, seja no caso do sistema público de bolsas de estudos em instituições privadas (PROUNI), seja na Lei de Cotas, fica a supremacia da coalizão contra a Lei de Cotas, só o canto do galo contra no ar. Como caixa de eco do canto solo desse galo, no período de tramitação da Lei de Cotas, setores principais da imprensa ecoaram o mesmo canto na linha de frente da coalizão contra a Lei de Cotas, por tabela, no esforço de desencantamento da democracia brasileira indiretamente, consciente ou involuntariamente. O canto do galo estava em todo canto do Brasil, não só no caso da Universidade Federal do Espírito Santo, sustenta a percepção política fina da relatora no diálogo direto com seus pares no Parlamento no período. Como deveria ser o canto do Galo da Lei de Cotas? Um som que agradasse e encantasse o ouvido das crianças negras, indígenas, da escola pública, pobres, razão de ser, em última instância, dessa política pública.

A notícia de que haveria convocação extraordinária do Congresso Nacional para janeiro e fevereiro de 2006, para superar a agenda atrasada da crise do primeiro semestre de 2005, que quase paralisou o poder legislativo, chamou à ação os N*MS. Mas não é natal, ano novo etc.? Fim de ano para quem estava na labuta pelo direito à universidade no Brasil é tempo de semear em lua cheia, semear o direito à universidade no Brasil no chão do Congresso Nacional. O avanço ocorreu em duas comissões, só faltava uma, ara!? Os N*MS enxergaram a convocação extraordinária como uma chance de tirar o atraso da corrida da Lei de Cotas em relação ao sistema público de bolsas de estudos em instituições privadas (PROUNI), processo atravancado pelos deuses hefestos do sistema político brasileiro, em 2005, mas para quem os N*MS não se ajoelharam. Naquela última quinzena de dezembro de 2005, era preciso lutar, de novo pisar o chão da Câmara dos Deputados, onde o projeto de Lei de Cotas estava a um passo de uma decisão em caráter terminativo, só faltava uma comissão, a Comissão de Constituição e Justiça e Cidadania da Câmara dos Deputados, a comissão mais importante do poder legislativo na Câmara dos Deputados, o que vale para sua irmã no Senado Federal. Ela aborda e decidi sobre a constitucionalidade dos projetos de lei. Qual o objetivo dos N*MS? Incluir o PL 73/99, o substitutivo, na pauta da convocação extraordinária.

No dia 19 de dezembro de 2005, quase no fim do dia, integrantes da coordenação nacional do MSU chegam no Retiro Assunção, na L2Norte 611, com uma missão ousada: fazer incluir o PL 73\99 na convocação extraordinária. Ao descerem do ônibus, na porta do Assunção são surpreendidos por uma chuva. Chuva de verão de Brasília. Bom agouro. No horizonte, um arco-íris aparece. Muito bom agouro. Em dezembro, de vez em quando, chove em Brasília, a chuva vem e vai.

Na manhã seguinte, a Câmara dos Deputados era uma verdadeira incógnita. Como chegar até o presidente da Câmara diretamente? Os N*MS, feito baratas tontas, perambulam para cá e lá no chão da Câmara para decifrar esse enigma nada fácil, ouvem ciclanos e beltranos de terno, das relações anteriores que haviam levado ao sucesso a aprovação do PL 73/99 nas comissões. Os N*MS, pela teoria pobre da ciência política *ipsis litteris*, podem não ter recursos equiparáveis para disputar poder na Câmara dos Deputados, mas o cofrinho de recursos políticos dos N*MS engordou bastante depois do sucesso da aprovação do sistema público de bolsas de estudos em instituições privadas (PROUNI), da aprovação da Lei de Cotas por unanimidade na Comissão de Educação e Cultura da Câmara dos Deputados, da aprovação por unanimidade na Comissão de Direitos Humanos e Minorias. O deputado federal Aldo Rebelo, alagoano, palmeirense, era comunista oficial de carteirinha das antigas, digamos, não era um fã das ações afirmativas, via nisso reflexos da influência dos EUA no Brasil. Logo, não era possível cutucar a onça com a vara curta, chegar de bate pronto. Naquele 2005, conforme os registros do *Jornal da Câmara*, tanto Matilde Ribeiro, quanto Tarso Genro ainda na Educação, tentaram emplacar com o presidente da Câmara dos Deputados Aldo Rebelo o pedido de urgência em torno do PL 3627/2004, que os dois assinaram e que os N*MS conseguiram a urgência dos líderes partidários, porém os dois ministros de Estado não tiveram sucesso, depois da reunião, nada saiu do lugar com relação ao PL de Cotas. A via ousada dos N*MS poderia vingar? Quem sabe, era o desafio da arquitetura política erigida autonomamente pela coalizão a favor da Lei de Cotas, sob a liderança inconteste dos N*MS, a liderança que exalava a dor real da exclusão da universidade no Brasil, que enfrentava o sopro dos ventos políticos, das tempestades. Era preciso um fiador político, um garantidor em última instância para os N*MS frente a Aldo Rebelo, um atalho para chegar até o presidente da Câmara dos Deputados. Quem tinha dívida política com os N*MS e tinha acesso privilegiado ao presidente da Câmara era o deputado federal João Paulo Cunha, um sem universidade, que em vários segundos de sua vida sofrera na pele o preconceito de não ter universidade no país dos bacharéis. Maltratado pela violenta disputa política na crise de 2005, João Paulo Cunha, o outrora jovem líder trabalhador idealista de Osasco, conhecia com as palmas das mãos os N*MS, o MSU. Ele não se fez de rogado em ajudar no que podia. Do deputado federal João Paulo Cunha, então presidente da Câmara dos Deputados do Brasil tinha ficado para os N*MS a promessa de que se tivesse o pedido de urgência ao PL de Cotas assinado pela maioria dos líderes partidários da Casa, ele o colocaria em votação. Os N*MS fizeram a sua parte do combinado, entregaram o apoio da unanimidade dos líderes partidários em documento protocolado na Casa dias atrás nas mãos de João Paulo Cunha. O combinado não é caro, se diz nas periferias, sem o papo curvo de Brasília, logo, os N*MS pediam o apoio do ex-presidente da Câmara dos Deputados e principal cabo eleitoral da eleição do deputado federal Aldo Rebelo à presidência da Câmara, vindo de um partido amplamente minoritário na Câmara dos Deputados. O sem universidade, o deputado João Paulo, disse que falaria com o presidente da Câmara e que era para procurá-lo no dia seguinte, ou seja, na quarta, dado que o relógio do Papai Noel andava fugazmente. Mas o nascimento de Jesus Cristo próximo simbolizava esperança verdadeira na fé popular legítima dos N*MS. No dia seguinte, na quarta-feira, 21 de dezembro cedo, ele disse que era para que o MSU, os N*MS procurassem o chefe de gabinete para encaminhar a inclusão do PL 73/99 na convocação extraordinária que seriam recebidos. Sem o popular, o institucional patina nos seus deslizes. O erro de um governo é reduzir o popular a vaquinha de presépio. No amor e na dor, João Paulo Cunha, por ter essa percepção, quem sabe por suas origens, foi um importante aliado na coalizão a favor da Lei de Cotas, pois valorizava os interlocutores populares, como os N*MS. Na antessala da Presidência da Câmara assistia a um senhor negro alto, elegante e com um sorriso simpático, dele os N*MS viraram amigos. Ele era o representante da polícia legislativa exclusivamente designada para cobrir a sala da presidência da Câmara dos Deputados, epicentro do poder no Brasil na Praça dos Três Poderes. "Fiquem tranquilos, tudo dará certo". De repente, sai da sala a voz da secretária: "O chefe de Gabinete da Presidência da Câmara dos Deputados, Dr. Fredo Ebling Júnior, pediu para avisá-los que irá recebê-los em instantes.". Muito obrigado. Dito, feito e resolvido. Houve a reunião e o PL 73/99 foi incluído na pauta da convocação extraordinária. Cabia aos N*MS comunicar o relator do substituto, deputado federal Carlos Abicalil para que tudo se encaminhasse na CCJ, para a garantia do caráter terminativo ao Projeto de Lei de Cotas, que se aprovado na CCJ seguiria direto para apreciação no Senado Federal, dado seu caráter terminativo na CCJ. Vitória dos N*MS, vitória da coalizão a favor da Lei de Cotas. A íntegra da convocação extraordinária apareceria no Diário da Câmara dos Deputados, o que facultava a possibilidade de votação do PL 73/99 na CCJ da Câmara no período da convocação extraordinária, conforme o artigo 57, parágrafo sexto, da Constituição Federal.

O PL de Cotas e a ação dos partidos políticos perante a convocação extraordinária de 2005/2006 e a votação na Comissão de Constituição, Justiça e Cidadania da Câmara dos Deputados

A eleição do deputado federal Severino Cavalcanti (PP-PE) em substituição ao deputado federal João Paulo Cunha (PT-SP), em fevereiro de 2005, para a Presidência da Câmara dos Deputados não foi uma pedra menor colocada no meio do caminho da Lei de Cotas. Dizendo-se "amigo de Nice Lobão", a resposta do Sr. presidente da Câmara dos Deputados aos N*MS foi um mero protocolo, sem de fato significar qualquer avanço para a aprovação da Lei de Cotas. Sua substituição por Aldo Rebelo (PC do B-SP), egresso do ministério do presidente Lula, em momento político delicado do Brasil, no mesmo ano de 2005, reposicionou os parâmetros da disputa política no Parlamento brasileiro.

Em fins de dezembro de 2005, os N*MS, por meio de negociação direta com as lideranças partidárias, garantiram a inclusão PL 73/99b na pauta da convocação extraordinária para a CCJC, dado seu caráter terminativo. Quando a notícia vazou, mesmo entre aliados, houve disputa pela relatoria. A princípio fora designado relator o deputado federal Luiz Alberto (PT-BA), membro da CCJ, um parlamentar negro[207], militante histórico do movimento negro da Bahia, o que importa para os N*MS, com relações históricas com o Instituto Steve Biko, um cursinho popular em Salvador desde os idos de 1992. Entusiasmado, o deputado federal Luiz Alberto em seu relatório aponta uma argumentação distinta daquela que historicamente no Parlamento travava, na CCJ, o surgimento do direito, como se observa:

> Compete à Comissão de Constituição e Justiça e de Cidadania nos termos do art. 32, IV a, do Regimento Interno, pronunciar-se quanto à constitucionalidade, juridicidade e técnica legislativa do projeto. Quanto à constitucionalidade formal, foram obedecidas as disposições constitucionais relativas à competência legislativa da União (Cf. art. 24, IX), sendo atribuição do Congresso Nacional dispor sobre a matéria com posterior sanção do Presidente da República (Cf. art. 48), mediante iniciativa legislativa concorrente (CF, art. 61, caput). No âmbito da constitucionalidade material, as proposições em exame procuram dar cumprimento ao princípio da isonomia, inscrito no art. 5 da Constituição Federal, estabelecendo políticas de ação afirmativa que virão compensar a histórica desvantagem a que foram submetidos os grupos sociais e étnicos ali compreendidos. Adotam-se, desse modo, estratégias para garantir a igualdade chamada material, cujo sentido é buscar, segundo Ingber, "realizar a igualação das condições desiguais". (Alberto, 2006, p. 5).

Contudo, por razões regimentais, foi necessária a designação de nova relatoria, em função do limite de matéria legislativa por parlamentar. Era janeiro de 2006, mais passos, da secretaria da CCJ ao saguão do anexo II, desce-se a escada rumo ao anexo IV, via escada rolante, já no anexo IV, elevador até o quinto andar, gabinete 548, reunião urgente dos N*MS no gabinete da deputada federal Iara Bernardi (PT-SP), titular da CCJ, que seria designada a relatora. Estava presente o professor João Monlevade, importante aliado da coalizão a favor da Lei de Cotas e que participou da discussão. Estava presente o baiano Luiz, assessor do deputado federal Luiz Alberto. O ajuste do relatório não poderia conter novidades, dado o acordo suprapartidário original, a arquitetura dos N*MS na Comissão de Educação, um relatório sem surpresas, para não pôr água abaixo a fina arquitetura construída pelos N*MS, pela coalizão a favor da Lei de Cotas. Os detalhes da escrita do relatório nos termos do menor atrito com as deliberações anteriores e o respeito à posição do deputado Luiz Alberto ganham o consenso dos presentes em mais de três horas de trabalho. O relatório fica pronto, é protocolado no prazo, cumpre-se o prazo regimental para emendas e a votação é marcada.

A relatora ratificaria a argumentação do deputado federal Luiz Alberto (PT-BA) relativa à igualdade material e agregaria restrição ao artigo segundo do substitutivo (PL 73/99b), com base numa argumentação negociada sobre a atualidade do subsistema de educação no Brasil:

> Quanto à juridicidade, observe-se que o art. 2 do texto do substitutivo submetido à Comissão, ao atribuir ao Ministério da Educação fixar currículo mínimo para o ensino médio, se choca com os dispositivos da Lei n. 9131, de 1995, em vigor, que estabelece ser função da Câmara de Educação Básica do Conselho Nacional de Educação estabelecer Diretrizes Curriculares Nacionais para a mesma etapa do ensino. Ademais, as atuais Diretrizes para o Ensino Médio, de caráter flexível, ao conceder autonomia de organização curricular para os sistemas de ensino e para as escolas – em obediência aos arts. 23 e 24 da Lei n. 9394, de 1996, que dispõe sobre as diretrizes e bases da educação nacional (LDB) – inviabilizam

[207] Na Câmara dos Deputados, em 2007, eram 43 deputadas e deputados negros: PT (14), PMDB (6), PRB (6), PCdoB (4), DEM (3), PDT (3), PSOL (2), PR (1), PSC (1), PSB (1), PTB (1) e PSDB (1).

> uma avaliação centralizada como exigiria o teor do mesmo art. 2. Pelo que votamos por sua supressão, renumerando os artigos subseqüentes. (Bernardi, 2006).

Assim, a questão do uso do Coeficiente de Rendimento (CR), que se mantinha na Comissão de Educação, cairia na CCJC, por falta de base comum nacional. O 8 de fevereiro de 2006 foi de uma manhã tensa. Às nove horas da manhã, na sala da CCJ, o secretário da Comissão, um senhor pontual, sisudo, de requintada ironia, cabelos brancos, simpático no seu jeito sério, traz a lista de presença e a pauta do dia. Os N*MS, via de dúvidas, são os únicos de plantão ali, não há assessorias de nenhum ministério, não há a imprensa, ao contrário da habitual correria nos corredores em épocas normais de atividade parlamentar. O showbiz da crise política ainda dominava as agendas. Talvez, fosse muito cedo ainda, quem sabe? O relógio avança sem parar, cruel. Os N*MS informam da situação com o secretário: sem número mínimo de deputados presentes com assinatura na lista, sem pauta. O presidente só inicia os trabalhos quando for atingido o quórum mínimo. Aquilo lembrava o Conselho de Representantes de Unidades (CRU) da UNICAMP, na época turbulenta de instalação do cursinho popular do DCE UNICAMP, em 1994/1995. Para os N*MS, se não desse quórum, todo o esforço de dezembro de 2005, janeiro de 2006 e os dias de fevereiro teriam sido em vão. Hora de agir, pernas para que te quero! Procurar os deputados que faziam parte da lista de titulares e suplentes da CCJ presentes nos corredores da casa, convidá-los, intimá-los a assinarem a lista de presença. Feito. Depois de uns 40 minutos, o quórum foi atingido. Chega então o presidente da CCJ, deputado federal Fulano de Tal, PT-RJ, acompanhado do vice-presidente. Depois chega o deputado federal Alberto da Bahia, em seguida, chega a relatora Iara Bernardi. Com o quórum atingido, com os deputados presentes, o presidente inicia a sessão, logo a relatora lê o relatório, no meio da leitura do relatório chega a coalizão contra a Lei de Cotas, a Rede Globo de Televisão, sua parafernália se aloja no corredor largo da direita na enorme sala da CCJ, a maior sala do corredor das comissões, sua estação de Brasília, seus repórteres, que ansiosos perguntam aos membros dos N*MS o que acontecia, era a votação em caráter terminativo da Lei de Cotas na Câmara, a repórter liga o celular para sua editoria na frente dos N*MS. Fiquem aí e cubram, disse a editoria. Atrás de notícias nos corredores da ala de comissões, num mundo de crise política, a cobertura local da Rede Globo de Televisão é orientada a cobrir a pauta da Lei de Cotas no Parlamento. O relatório é lido e aprovado por unanimidade. O deputado federal Luiz Alberto, os N*MS e a deputada federal Iara Bernardi comemoram. Agora era enfrentar o Senado. Ao fim, a Rede Globo entrevista um por um dos presentes, inclusive os N*MS, a coalizão contra a Lei de Cotas se movimentava no mesmo terreno, por meio dos jornalistas da Rede Globo de Televisão, misto de repórteres e políticos em franca ação pela coalizão contra a Lei de Cotas no chão do Parlamento. Os detalhes da potência política dessa ação da Rede Globo, da coalizão contra a Lei de Cotas, virão logo em seguida.

Segundos antes da reação da coalizão contra a Lei de Cotas, a coalizão a favor da Lei de Cotas comemora a vitória da aprovação do PL de Cotas na CCJ, feito perseguido por gerações e gerações do movimento dos direitos civis brasileiros desde 1940, ao menos, feito atingido naquele dia, como o cometa de W. E. Du Bois, como o sorriso de Maria Esperança, de Zé Esperança pelo direito à universidade no Brasil.

Imagem 127 – 8 de fevereiro de 2006: a grande vitória da Coalizão dos Pés Descalços, a Comissão de Constituição, Justiça e Cidadania da Câmara dos Deputados reconhece a constitucionalidade da Lei de Cotas, o PL 73/99 é aprovado em caráter terminativo. Vitória dos N*MS

Vitória na CCJ, na Câmara dos Deputados. (08/02/06)

Fonte: Arquivo MSU

Em 8 de fevereiro de 2006, por **unanimidade** dos partidos políticos, o PL 73/99c é aprovado em caráter terminativo na Câmara dos Deputados do Brasil, uma grande vitória da coalizão a favor da Lei de Cotas. Seu caminho natural era o Senado Federal.

Iara Bernardi, uma interiorana simples da região de Sorocaba, do estado de São Paulo, professora da educação básica, participou da luta contra a ditadura e emergiu como liderança do sindicato dos professores do estado de São Paulo nesse processo ocorrido na transição dos anos 1970 para os anos 1980 no Brasil. Sua atuação política tem origem na APEOESP, no processo de refundação do sindicato durante as greves de 1978 a 1980, em que foi refundada a associação dos professores que depois se transformou em sindicato. Participou do Comitê Brasileiro pela Anistia (seção Sorocaba), além de ter participado da campanha pelas Diretas Já. Suas pautas prioritárias são Direitos Humanos e educação, foi relatora do FUNDEB.

Em entrevista concedida em 09/08/2019, a ex-deputada federal pelo PT-SP Iara Bernardi fala de sua participação como relatora da Lei de Cotas na Comissão de Constituição, Justiça e Cidadania da Câmara dos Deputados (CCJ-CD), em 2006. Professora de Biologia da rede pública, com mestrado pela UFSCAR de Sorocaba (2011) em Biologia da Conservação e Biodiversidade. Fundadora do PT em Sorocaba,

> *Sou a primeira filiada de Sorocaba, tenho a ficha número um. E logo na eleição de 82, as primeiras eleições, que era só até governador, eu me elegi vereadora em Sorocaba. Fiquei três mandatos de vereadora, 14 anos, teve um mandato de 6. Depois fui candidata a prefeita, em 96, em Sorocaba, e me elegi deputada federal em 98.* (Iara Bernardi, entrevista ao autor, 2019)

Ela fala sobre o importante papel institucional como relatora da Lei de Cotas na Comissão de Constituição, Justiça e Cidadania da Câmara dos Deputados, em 2005, e do cenário político de então:

> *Você pode apresentar todo tipo de projeto que você quiser, eles caminham ou não caminham dependendo da conjuntura [...] Vários deputados queriam fazer a relatoria e deputados ligados à causa do movimento negro, e deputados negros mesmo que tinham na Comissão de Educação, que eles queriam ser os relatores da CCJ, também era da CCJ, mas foi o movimento que pressionava pela existência pelo projeto de cotas, foram eles que me escolheram. [...] mas vários deputados estavam disputando porque queriam muito que a coisa passasse, era importante também pra eles, pra carreira deles. E eu fui escolhida.* (Iara Bernardi, entrevista ao autor, 2019)

Iara Bernardi também fala da importância do papel dos movimentos sociais na aprovação da Lei de Cotas. Assim como Carlos Abicalil, perguntada se sim ou não, sobre o papel importante específico do MSU, da EDUCAFRO, dos N*MS no processo de aprovação da Lei de Cotas, ela ratifica um redondo "Sim". Com isso, confirma o protagonismo do MSU e da EDUCAFRO, dos N*MS no processo político da Lei de cotas: "Foi muito importante, eles iam lá e pressionavam, faziam manifestações, cobravam" (entrevista ao autor, 2019).

> *Houve grande pressão e grande movimentação do movimento, o movimento fez o projeto caminhar, porque se não tivesse apoio também foi a parte importante, porque tinha grande rejeição no Congresso, muita preocupação no Congresso, a Comissão de Educação na sua maioria era favorável, até porque são deputados da Comissão de Educação que apresentavam projetos desse tipo, inúmeros, inúmeros, cada um apontando pra um lado, pra um tipo, pra uma forma da política de cotas, mas houve bastante, bastante, foi muito positiva a pressão dos movimentos. Lembro que foi extremamente significativa essa cobrança, senão você não conseguiria superar a questão do preconceito, da não aceitação, da rejeição, foram muito importantes. Foi muito importante que os movimentos apresentassem, MSU, Frei Davi, apresentassem números, né? Fazer a ausência de negros na Universidade, de indígenas na Universidade. Foi muito importante.* (Iara Bernardi, entrevista ao autor, 2019)

Sobre o papel da coalizão Contra a Lei de Cotas, Bernardi diz:

> *A oposição colocava, assim, preocupação. Preocupações, às vezes apareciam manifestações que isso não precisaria, se a escola pública... Aquele argumento: se a escola pública fosse boa, se o Ensino Médio fosse bom não precisaria disso, nós estaríamos criando privilégios. É o debate que se faz até hoje com relação às cotas. Porque tinham universidades também que tinham receio da aplicação das cotas, a gente viu em algumas federais. Agora, no Congresso tinham projetos que vinham lá da... 5, 6 anos tramitando no Congresso e não caminhava. Houve um... o cenário, assim, um pouco de rejeição, rejeição não é a palavra correta, de muita apreensão das Universidades Federais, porque elas sabiam dos debates, elas participavam dos debates da Comissão de Educação em relação a cotas, mas foi, assim, um choque quando elas viram que o projeto [...] foi pra aprovação. Entendeu? Foi assim, até eu lembro que as Universidades reagiram. [...] mas acho que foi um momento muito, de fato, positivo que se forçasse dentro do Congresso.* (Iara Bernardi, entrevista ao autor, 2019).

Lideranças políticas viscerais, protagonistas, à margem do MEC, dos Ministérios todos e suas cortes de assessores por mais importantes que fossem, do poder Executivo, sem lhes ser alheio, mas autonomamente em ação no Parlamento brasileiro, sem cabides do poder executivo nacional, os N*MS, o popular do deputado federal Carlos Abicalil, esgotados da humilhação de anos a fio do cartão vermelho das burocracias universitárias brasileiras, recorreram ao Parlamento e, desde o Parlamento, com suas vitórias contundentes, comissão por comissão, deixaram em estado de "choque", no dizer da deputada Iara Bernardi, as verticais burocracias universitárias brasileiras, operadoras contumazes da coalizão contra a Lei de Cotas, como a ANDIFES. Assim como a ANDIFES, o novo velho MEC, por não considerar importante a concertação, o diálogo como os N*MS foi pego de calças curtas atrás do balcão pela aprovação do PL de Cotas em caráter terminativo na CCJ da Câmara dos Deputados, naquele 6 de fevereiro de 2006, de Nosso Senhor do Bonfim. O telefone vermelho da ANDIFES para o MEC, de seu secretário executivo de plantão permanente, infinito contra a Lei de Cotas para os novos velhos burocratas bem remunerados cumpridores de ordens da corte weberiana do senhor ministro apertaram o botão vermelho de alarma, porque não sabiam o que fazer, como se o MEC não soubesse do que se tratava, como bêbados no navio da esperança. Repita-se: nenhum assessor de nenhum ministério acompanhou a votação da Lei de Cotas na CCJ e isso foi muito longe de ser caso pensado. Só pra variar no Brasil, como diz o samba, a elite do partido real da burocracia e do partido real da linhagem, assim como não enxergou o DNA dos N*MS na criação do sistema público de bolsas de estudos em instituições privadas (PROUNI), como enxergaria algum valor na ação política dos lazarentos, dos leprosos, dos periféricos no Parlamento? Nesse caso, não se pode nem dizer que os ministérios ficaram com medo da reação, simplesmente, eles não botavam fé política nos N*MS.

No caso da CCJ, a relatora, titular da Comissão de Educação na Câmara dos Deputados, disse que por toda trajetória do Projeto de Lei 73/99 e do PL 3627/2004, já tinha havido tanto debate e tanta discussão, que o projeto era constitucional, teve mais calmaria na CCJ.

> *O final do projeto é na Comissão de Constituição e Justiça, onde eu fui a relatora, esse é o final. Já tinha tanto debate e tanta discussão, ele era constitucional, lá não... teve assim discussões, evidentemente que houve, mas não foram, assim, veementes pra possibilitar uma rejeição.* (Iara Bernardi, entrevista ao autor, 2019).

Em termos comparativos entre as duas políticas públicas de democratização da universidade e seus respectivos cursos no Parlamento, o sistema público de bolsas de estudos em instituições privadas (PROUNI) e a Lei de Cotas, a relatora argumenta:

> *Não foi fácil o PROUNI, não foi fácil, porque envolvia todos os interesses das faculdades e assim por diante, do FUNDEB envolvia prefeitos e governadores e da Lei de Cotas você tem todo o acúmulo da discussão, que se admitiram o racismo, o atraso, parcelas da população que nunca tiveram acesso, gerações e gerações, a questão do racismo. Tudo isso aparece, né? Aparece de alguma forma explicitado, estaríamos criando privilégios e assim por diante, que isso não era necessário. Até diferente do PROUNI que era muito mais negociação de números, né? Como que você faria, como que você montaria os mecanismos pra que as universidades, por exemplo, as particulares, não perdessem, elas queriam alunos, elas queriam recursos, né? Financiamentos, tudo isso. Mas uma discussão de, como é que se diz? As particulares tinham a... Uma discussão econômica de como implementar isso pra elas, é interessante ter alunos, né? Claro, interessante ter mais alunos, agora do... em todo o caso das cotas se tem todo um outro acúmulo aí de concordâncias, de rejeições, muito mais aprofundado, parte da história da formação do povo brasileiro, né? As públicas elas trabalhavam sim, eu tenho certeza, com um público elitizado. Eu vejo hoje aqui na UFSCAR de Sorocaba, que a gente tanto trouxe a... tanto esforço que nós fizemos pra trazer a UFSCAR aqui, o que representa você botar mais de 50% de alunos indígenas, negros, alunos mais pobres, alunos que vieram da escola pública, que diferença que faz na Universidade. Se não tivesse nenhuma política de cotas nós continuaríamos com essa elitização. Exato, você tem claro isso. Posição social das elites e pra quem era a Universidade, quem governa, não admitiram todo aquele entendimento que nós fizemos por quanto tempo de que os negros no Brasil não estudassem, que ia ter a legislação específica para que os negros não pudessem estudar,*

> *né? E esse caminho, hoje eu tenho, assim, absolutamente claro o quanto a questão do racismo no Brasil nesses anos todos de escravidão influenciam as decisões que se tomam no país, por isso que foi mais impactante a questão de cotas do que o PROUNI. As universidades particulares tinham interesse nesses alunos.* (Iara Bernardi, entrevista ao autor, 2019).

Ao contrário de muitos lugares-comuns sobre a parceria público-privada, "em tese", "por trás" do sistema público de bolsas de estudos em instituições privadas, a relatora não reputa uma trajetória fácil para essa política pública no Parlamento, pelo contrário. De fato, no contexto do financiamento privado das eleições, os setores privados buscavam acudir seus números, seus ganhos, suas contas, mais do que qualquer preocupação cidadã no acesso à universidade, que dirá de combate ao racismo, pois "poderoso cavallero es don Dinero", como se diz. De uma maneira triste, a leitura da fala da relatora no que diz respeito à criação do sistema público de bolsas de estudos em instituições privadas (PROUNI), essas instituições, grandes financiadoras de campanhas eleitorais de parlamentares e donas de gigantescos auditórios passíveis para parlamentares selecionados a bom preço de mercado eleitoral desfilarem, se convenientes, essas instituições privadas estavam atrás do grande comprador de vagas privadas, o Estado, e lhe impunham condições para a negociação das vagas para os "carentes". Logo, na leitura da relatora, a equação dos números, dos valores e de quem pagaria a conta das mensalidades, não chega aos pés, não dá pro cheiro do debate racial da dominação, do status, do prestígio, que as vagas nas principais universidades públicas do país significavam. Logo, se o dinheiro polpudo no bolso do Dr. Gênio da Universidade Privada Brasileira fez nele vistas grossas sobre o racismo etc., no caso das universidades privadas, o próprio racismo ficou escondido como cavalo de troia por trás de argumentos como meritocracia e afins, justificadores do privilégio brancos nas universidades públicas, suas principais carreiras e cursos. Assim, mexer, eventualmente, na posição sacrossanta na história do Brasil, da conta da branquitude na universidade, mexia com toda a formação do Estado nacional, do Brasil, o que dá razão à hipótese do contrato racial desta obra. O sistema público de bolsas de estudos em instituições privadas (PROUNI), assim, fala ao bolso do empresário da educação, que vem de antanho, desde o XIX, no sistema de educação nacional liberal, se o bolso sorri, a boiada passa na catraca. Já no caso das universidades públicas, mexe com o povo do camarote, logo é mais complexo em termo de política pública, porque é mais poder, mexe com status, prestígio e posições de poder na sociedade como um todo.

Com relação ao processo eleitoral, ao eleitor mediano, Iara Bernardi assim enxerga as coisas:

> *Eu não, eu vejo hoje que não houve o devido reconhecimento de quanto isso representa pra sociedade brasileira, até porque a gente viu um retrocesso imenso, né? Nessa questão, de corte de recursos, possibilidade de mudança nas legislações e assim por diante. Mas eu não vejo que houve em muitos casos, uma parcela, evidentemente, muitos casos do não reconhecimento dessas oportunidades, seja pelo PROUNI ou pela Lei de Cotas, ou por outros alunos vieram da escola pública, essa reserva de vagas, embora eles têm que passar por uma seleção do ENEM, que parece que as pessoas esquecem, não há um reconhecimento devido de que isso existe só por política pública. A política de cotas chega (ao eleitor mediano, ao eleitor comum), mas o reconhecimento não é o reconhecimento devido de que ele foi pra Universidade, ele foi porque existe uma política pública. Algumas das gerações que vieram depois não fizeram, acho, o devido reconhecimento, e hoje essas políticas públicas podem acabar e ele vai entender que são decisões de governo, né? Vê isso muito no PROUNI. Ausência do reconhecimento de que conseguiram fazer a universidade, chegar à universidade, seja pelo PROUNI, pelo FIES ou pela Lei de Cotas, porque eram políticas públicas. Eu acho que foi até uma, uns defeitos, um problema de divulgação do governo explicar muito bem o que seria isso. Isso existe só se tiver política pública e vontade governamental de fazer, né? Tem uma parcela significativa que não*

> *percebe isso como política pública: "é um direito meu, tá aí, eu vou usar", mas não percebe que é uma política pública, que foi uma decisão do governo que levou 300 anos pra acontecer, ou mais.* (Iara Bernardi, entrevista ao autor, 2019)

A relatora resvala aqui na vala comum dos senões da distância entre a percepção da potência de uma política pública pelo governo e aquele percebido pela população, talvez aqui caiba a mesma crítica do velho MEC novo: se não há protagonismo popular, por que o povo iria carregar o andor do santo vendido pelo Estado? Como diria o estudo clássico de Tocqueville, a intensidade da organização dos interesses informa a potência da democracia. Uma democracia de balcão tem baixa potência de mobilização, mesmo que o auditório do Sílvio Santos num dado dia esteja cheio sabe-se lá por que brindes.

Naquele 8 de fevereiro de 2006, a reação da ANDIFES, que xingaria o MEC, xingaria a relatora, a reação do MEC, que xingaria os N*MS e a reação da Rede Globo de Televisão, proa da coalizão contra a Lei de Cotas tem algo em comum: o ódio interesseiro contra a Lei de Cotas, a brasa do racismo brasileiro, que parece apagada parece acesa, parece apagada, parece acesa, parece apagada, acesa, quente, queimando de quente na hora em que a Lei da Cota da Branquitude em sua eternidade é desafiada por um fato histórico inconteste.

Foi o romance, produto da cultura no XIX, que fez de José de Alencar, proa da coalizão contra a abolição, abalar os lares de então com o livro *O demônio familiar*. No dia 8 de fevereiro de 2006, por volta das 20 horas, nos lares do Brasil, um produto da cultura nacional, o Jornal Nacional, da Rede Globo de Televisão, proa da coalizão contra a Lei de Cotas, colocou no colo das pessoas dispersas aos milhões, muitas delas em seus lares, o novo abalo, o novo demônio familiar eleito, as "cotas raciais", como reação violenta contra a histórica vitória dos N*MS na Comissão de Constituição, Justiça e Cidadania com a aprovação da Lei de Cotas, do PL 73/99, da relatoria de Iara Bernardi, do esforço comum do deputado Luiz Alberto, passo nunca antes dado nas lutas parlamentares do Brasil no sentido de garantir o direito à igualdade material, a igualdade substantiva.

Por isso, por conta desses interesses objetivos e das ideias que ele abriga, a reação da principal ponta de lança da coalizão contra a Lei de Cotas, naquele 06 de fevereiro de 2006, de nosso senhor Jesus Cristo foi uma metralhadora giratória que tomou conta da maior parte da edição do Jornal Nacional naquela quarta-feira, quinta-feira e sexta-feira, oito, nove e dez de fevereiro de 2006. Se de noite, como numa novena, era pancadaria pesada contra a Lei de Cotas em imagens e falas, na manhã seguinte, era o outdoor ambulante da capa do jornal *O Globo* que pautava suas rádios, que serviam como ração para o cantar do galo contra a Lei de Cotas o dia inteiro nas estações de rádio do sistema globo de comunicação no ar do Brasil.

O ódio da Rede Globo de Televisão talvez venha também de uma relação entre produtos acabados, anunciantes e taxa de lucros, uma função estocástica de produção, feito série infinita, da empresa que liderava essa indústria, além de jornalismo de conveniência, investigativo em contrassenso contra seu principal mercado consumidor, de maioria negra. Fato é que a Rede Globo de Televisão parece que no desenho histórico de seus produtos de sucesso comercial, pegou carona no lusotropicalismo freyreano para o império colonial tardio português, espécie de Salazar Eterno, que não viu nem a Revolução dos Cravos nem a Independência de Moçambique, Angola. Lusotropicalismo bebido da tinta eterna de Gilberto Freyre, nos anos 1930, 1940, 1950, 1960, 1970, 1980, 1990, 2000. Como as heranças do império da língua portuguesa conformava um polígono do mercado consumidor dos produtos da rede globo de televisão e no mesmo tom outros mercados mundiais, como esses produtos, como novelas e outras imagens de preço cobiçado nos mercados globais de imagens retratavam um Brasil lusotropical, negar essa imagem poderia significar prejuízos econômicos no mercado mundial de imagens presente e futuro sobre o Brasil, do qual a Rede Globo de Televisão era um *player* principal, com razoável estoque de imagens sobre o Brasil para lucro fácil. Negar o lusotropicalismo poderia significar prejuízos objetivos para os negócios da Rede Globo de Televisão. Assim, a Lei de Cotas era uma pedra no sapato dos negócios globais da Rede Globo, principal detentora das imagens de uma virtual democracia racial no Brasil, logo quebrar isso implicaria em prejuízos econômicos, ademais, um grupo confessional de seus anunciantes principais, formados por grandes marcas de cursinhos privados, universidades associadas e que tais não viam com bons olhos o espalhar do gostinho da universidade entre o povo negro, o povo indígena, o povo da escola pública, o povo pobre, como valor social intergeracional no Brasil, dando vazo para a dimensão econômica, uma das hipóteses desta obra. Por isso, por conta desses interesses objetivos e das ideias que ele abriga, a reação da principal ponta de lança da coalizão contra a Lei de Cotas, naquele 06 de fevereiro de 2006, de nosso senhor Jesus Cristo foi uma metralhadora giratória que tomou conta da maior parte da edição do Jornal Nacional naquela quarta-feira, quinta-feira e sexta-feira, oito, nove e dez de fevereiro de 2006. Se de noite, como numa novena, era pancadaria pesada contra a Lei de Cotas em imagens e falas, na manhã seguinte era o outdoor ambulante da capa do Jornal O Globo que pautava suas rádios, que serviam como ração para o cantar do galo contra a Lei de Cotas o dia inteiro nas estações de rádio do sistema globo de comunicação no ar do Brasil. Outras publicações fizeram relativo coro, como *Folha de S. Paulo*, *O Estado de S. Paulo*, *Revista Veja*, Rádio Globo, *Revista Época*. O fuzilamento da Lei de Cotas pela coalizão contra a Lei de Cotas e seus próceres midiáticos como reação à vitória soberana e democrática dos N*MS na CCJ, os fez agir como desalmados, não respeitou nenhuma regra do propalado jornalismo imparcial.

Contudo, o inteiro teor do projeto de Lei de Cotas aprovado na CCJ nunca foi divulgado para a população pela Rede Globo em sua cobertura, uma tara racista em torno do dístico "cota racial", o aproximou do comunista, para não falar do diabo, desinformando a população e simultaneamente armando a extrema direita brasileira, a identidade predatória característica da coalizão contra a Lei de Cotas. Assim, a imprensa conservadora brasileira foi ao baile das caveiras da história.

Reagindo ao festival de absurdos que assolava o Brasil naquelas horas e dias em retumbante procissão artificial nos lares brasileiros, os N*MS não temeram o descaso. Na noite do oito de fevereiro, logo depois do Jornal Nacional, pegaram o telefone e ligaram diretamente para a sucursal de Brasília da Rede Globo de Televisão responsável pelas imagens gravadas na reunião da CCJ daquela quarta-feira de manhã, oito de fevereiro de 2006. Os N*MS tiraram satisfação da Rede Globo dizendo que ela favorecia a mentira sobre a Lei de Cotas e buscava criar um clima de terror. A jornalista de Brasília que cobrira a reunião da CCJ se sensibilizou, passou para seu editor de Brasília, esse se desculpou dizendo que a edição final do Jornal Nacional fora feita pelo Rio de Janeiro, indagado do responsável do Rio de Janeiro, o editor de Brasília passou o telefone direto do editor do Jornal Nacional Ali Kamel, que já na linha travou violenta discussão com os N*MS, o que deixou evidente o interesse torto, mas objetivo, da Rede Globo de Televisão contra a Lei de Cotas, nas palavras violentas de seu editor Ali Kamel, que acabou desligando o telefone alguns minutos depois na cara dos N*MS.

A vitória da coalizão a favor da Lei de Cotas na CCJ, a vitória dos N*MS no Parlamento, levou a um movimento de poluição comunicacional das ruas e lares brasileiros pelo poder de influência dos *mass media* oligopolizados brasileiros, pontas-de-lança da coalizão contra a Lei de Cotas naquelas horas que se seguiram, naqueles segundos.

Animados pela Rede Globo de Televisão e suas edições tortas naqueles dias, basta ver os arquivos que devem se esconder em algum lugar da história, incomodados com a vitória suada dos N*MS no chão do Parlamento, despertaram do túmulo da coalizão contra a Lei de Cotas, de seu berço esplêndido eterno, como numa cena de *Walking Dead*, como zumbis que começam a andar no território brasileiro, na defesa violenta do *status quo* nas universidades brasileiras: a ANDIFES, seu secretário-executivo e a maioria de seus reitores imediatamente vociferaram nos ouvidos do MEC pelo telefone; intelectuais brancos assíduos leitores dos jornais, de reputação elevadíssima começam a ligar um para o outro para fazer um texto de um manifesto da branquitude, um manifesto violento dos intelectuais contra "esse absurdo aprovado na Câmara"; no chão do Parlamento os deputados Rodrigo Maia e Alberto Goldman, então líderes do PFL e do PSDB respectivamente, entram com recurso ao Plenário da Câmara dos Deputados contra o trajeto natural do PL 73/99 até o Senado Federal, era a força da coalizão contra a Lei de Cotas para quem quisesse ver.

A Lei de Cotas aprovada na CCJ da Câmara dos Deputados era o demônio familiar das elites brasileiras.

O MEC fora pego de calças curtas. Sentado no muro eterno do poder infinito do partido real da linhagem, do partido real da burocracia.

Para a infelicidade de várias gerações e famílias, o sonho da universidade no Brasil foi adiado por meio de um mecanismo institucional, o recurso ao plenário, que bloqueou a chegada da Lei de Cotas no Senado Federal, uma estrondosa vitória da coalizão contra a Lei de Cotas, retardando o direito do povo negro, dos povos indígenas, da escola pública, dos pobres, da periferia, de milhões de famílias, à universidade no Brasil e facilitando o avanço da morte no Brasil, da morte nos territórios pretos, nos territórios vermelhos.

Indiferença, rancor e os *veto players* na Câmara dos Deputados.

> Essas instruções iam de nível com as tendências gerais. As longas combinações concretas de um combate, adrede elaboradas consoante as condições excepcionais do meio e do adversário, não as satisfaziam. O rancor, longamente acumulado por anteriores insucessos, exigia revides fulminantes. Era preciso levar às recuadas os bandidos tontos e, de uma só vez, de pancada, socá-los dentro da cova de Canudos, a coisa de armas.
>
> A ordem do dia 17 de julho marcando o ataque para o imediato, 18, foi recebida com delírio. Esteando-se nas façanhas anteriores, o comandante-em-chefe, numa dedução atrevida, voltava uma página do futuro e punha diante dos lutadores a miragem da vitória.
>
> "Valentes oficiais e soldados das forças expedicionárias do interior do Estado da Bahia!
>
> Desde Cocorobó até aqui o inimigo não tem podido resistir à vossa bravura. Atestam-no os combates de Cocorobó, Trabutu, Macambira, Angico, dois outros no alto da Favela e dois assaltos que o inimigo trouxe à artilharia.
>
> Amanhã vamos batê-lo na sua cidadela de Canudos. A pátria tem os olhos fitos sobre vós, tudo espera de vossa bravura. O inimigo traiçoeiro, que não se apresenta de frente, que combate-nos sem ser visto, tem, contudo, sofrido perdas consideráveis. Ele está desmoralizado, e, pois, se..." (Cunha, [1902] 2001, p. 600-601).

Socá-los dentro das covas abertas no chão do Parlamento a custo de armas, esmagar os N*MS a custo de raiva, de rancor fulminante acumulado desde a colônia. Era a guerra no chão do Parlamento também, uma das hipóteses desta obra, do contrário, a guerra do um Vietnã por ano no Brasil opera num lugar imaginário no Brasil. A guerra, como diz o nome, abarca tudo, as relações desses fios de pólvora até o chão do Congresso é que podem parecer invisíveis. Não o são. Era guerra para apartar com arame farpado a nação da cota do privilégio branco na universidade da nação dos negros, dos indígenas, da escola pública, dos pobres. Quem faz parte da nação Brasil? Quem não faz? Zumbi, Antônio Conselheiro apareciam nas vozes dos protestos dos N*MS nos corredores do Parlamento. Ecos da presença dos corpos dos N*MS no chão do Parlamento reivindicando o direito à universidade pairavam no ar como paisagem sonora daquelas batalhas decisivas da história do Brasil.

A sensação de vitória da coalizão social a favor da Lei de Cotas no Brasil, conforme a votação da CCJC da Câmara, em 8 de fevereiro de 2006, sofreria violento ataque, em diversos flancos, da coalizão contrária a Lei de Cotas. Em termos dos partidos políticos como atores, isso se traduz no recurso 265 de 14/02/2006, protocolado pelo líder do PSDB, líder do PFL e pelo líder da Minoria na Câmara dos Deputados (também do PFL). Valendo-se do Regimento Interno da Câmara dos Deputados, esses partidos entram com recurso para bloquear o caráter terminativo do PL de Cotas e levá-lo obrigatoriamente ao plenário da casa.

> RECURSO Nº, DE 2006 (Dos Srs. Alberto Goldman, Rodrigo Maia, José Carlos Aleluia e Outros) Contra a apreciação conclusiva do PL 73/99, que "dispõe sobre o ingresso nas universidades federais e estaduais e dá outras providências". Senhor Presidente, Os Deputados abaixo assinados, com fundamento artigo 58, § 2º, inciso I da Constituição Federal c/c o artigo 132, § 2º c/c do Regimento Interno da Câmara dos Deputados, recorrem ao Plenário contra apreciação conclusiva do Projeto de Lei nº 73, de 1999, que "dispõe sobre o ingresso nas universidades federais e estaduais e dá outras providências" (Apensados: PL 3627/2004 e PL 615/2003 (Apensado: PL 1313/2003)). JUSTIFICAÇÃO A proposta estabelece que 50% das vagas das universidades públicas federais será reservada para estudantes que cursaram todo o ensino médio na rede pública. E parte destas vagas vai para alunos que se declararem negros ou indígenas, de acordo com proporção destas populações em cada estado, segundo dados do IBGE. O Projeto e seus apensados foram aprovados pela Comissão de Educação e Cultura, nos termos do Substitutivo, pela Comissão de Direitos Humanos e Minorias, nos termos do Substitutivo aprovado ela Comissão de Educação, e pela Comissão de Constituição e Justiça e de Cidadania, nos termos do art. 54 do RICD. Considerando tratar-se de matéria de grande complexidade e impacto sobre a sociedade, a mesma merece ser legitimada pela maioria da composição plenária desta Casa. Sala das Sessões, em fevereiro de 2006.
>
> Deputado Alberto Goldman / Líder do PSDB
>
> Deputado Rodrigo Maia / Líder do PFL
>
> Dep. José Carlos Aleluia / Líder da Minoria

Assinam ainda o recurso: Pauderney Avelino (PFL-AM), Badu Picanço (PL-AP), Coronel Alves (PL-A), Severiano Alves (PDT-BA), Felix Mendonça (PFL-BA), Cláudio Cajado (PFL-BA), Paulo Magalhães (PFL-BA), Marcelo Guimarães Filho (PFL-BA), Fernando de Fabinho (PFL-BA), Fábio Souto (PFL-BA), João Almeida (PSDB-BA), Almeida de Jesus (PL-CE), Moroni Torgan (PFL-CE), Antonio Cambraia (PSDB-CE), Bismarck Maia (PSDB –CE), Wasny de Roure (PT-DF), Alberto Fraga (PFL-DF), Rose de Freitas (PMDB-ES), Sandro Mabel (PL-GO), Vilmar Rocha (PFL-GO), Jovair Arantes (PTB-GO), Antonio Joaquim (PSDB-MA), Gastão Vieira (PMDB-MA), João Castelo (PSDB-MA), Lincoln Portela (PL-MG), Cabo Júlio (PMDB-MG), Eliseu Resende (PFL-MG), Custódio Mattos (PSDB-MG), Murilo Zuith (PFL-MS), Thelma de Oliveira (PSDB-MT), Josué

Bengtson (PTB-PA), Vic Pires Franco (PFL-PA), Zenaldo Coutinho (PSDB-PA), Nilson Pinto (PSDB-PA), Roberto Magalhães (PFL-PI), Júlio Cesar (PFL-PI), Moacir Micheletto (PMDB –PR), Gustavo Fruet (PSDB-PR), Abelardo Lupion (PFL-PR), Eduardo Sciarra (PFL-PR), Luiz Carlos Hauly (PSDB-PR), Affonso Camargo (PSDB-PR), Chico da Princesa (PL-PR), Jair Bolsonaro (PP-RJ), Carlos Nader (PL-RJ), Eduardo Paes (PSDB-RJ), Laura Carneiro (PFL-RJ), Márcio Fortes (PSDB-RJ), Betinho Rosado (PFL-RN), Francisco Rodrigues (PFL-RR), Júlio Redecker (PSDB-RS), Pompeo de Mattos (PDT-RS), Mendes Ribeiro Filho (PMDB-RS), Gervásio Silva (PFL-SC), José Carlos Machado (PFL-SE), Nelson Marquezelli (PTB-SP), Corauci Sobrinho (PFL-SP), Marcelo Ortiz (PV-SP), Carlos Sampaio (PSDB-SP), Xico Graziano (PSDB-SP), Antonio Carlos Pannunzio (PSDB-SP), Silvio Torres (PSDB-SP), Antonio Carlos Mendes Thame (PSDB-SP), Kátia Abreu (PFL-TO), Ronaldo Dimas (PSDB-TO).

Embalados pelo demônio familiar vendido para os lares brasileiros pela proa da coalizão contra a Lei de Cotas, essa coalizão ganha uma cara na Câmara dos Deputados, num jogo oportunista e sinuoso liderado pelos líderes do PSDB e do PFL, e angaria, por meio do recurso contra apreciação conclusiva de comissão de acordo com o regimento interno da Câmara dos Deputados (Art. 58, § 1º c/c, Art. 132, §2º), apoios de parlamentares de variados partidos, indo do deputado Bolsonaro (PP-RJ) ao deputado Wasny de Roure (PT-DF), selado numa maioria do PFL e do PSDB.

A definição de coalizão contra a Lei de Cotas pode ser ilustrada com o raciocínio de configuração social de Norbert Elias. Ele se inspirava nas diversas formações de uma dança. Quando começa a dança, a música para os ouvidos e os corpos, no geral brancos, da coalizão contra a Lei de Cotas, na defesa dos *status quo*, na defesa da cota da branquitude na universidade no Brasil que remete a colônia, as Universidades de Coimbra e Montpellier?

Sim, no corredor da CCJ, no dia 8 de fevereiro de 2006, só havia a equipe da Rede Globo de Televisão. Desse fato até a edição do Jornal Nacional naquela noite terrível, sao fios lógicos. Então, o Jornal Nacional, Ali Kamel, seu editor, deu o tom da coalizão contra a Lei de Cotas? Sim, é o que dizem os dados desta obra, a história, os fatos. É a música.

Mas se ninguém fosse para o salão ao som da música do Ali Kamel não haveria coalizão contra a Lei de Cotas? Sim, também.

Porém, o salão da configuração contra a Lei de Cotas foi ganhando pares, trios, octetos. Era a valsa, era a quadrilha, como nos salões do XIX contra a abolição. O tom era como a música de Wagner, pela potência do Jornal Nacional que atingia a marca assustadora de até 80% de audiência nacional, era quase imperativo, uma convocação para o salão, nibelungos, forma e fama clássicas puras e ideais. Um Wagner lusotropical? Sim, um Wagner com fado lusotropical, o fado da democracia racial, crença fundante dessa coalizão, capaz de mover seus corpos para a dança conjunta em seus salões no Brasil naquelas horas decisivas do futuro da política pública.

A dança da coalizão contra a Lei de Cotas ocorreu no país naquele primeiro semestre de 2006. Pelo recurso 265 de 2006, nota-se que Alberto Goldman deu a mão para Rodrigo Maia, que deu a mão para Ali Kamel, que deu a mão para o representante do partido real militar, que deu a mão para José Carlos Aleluia, que deu a mão para Custódio de Mattos, que deu a mão para Wasny de Roure, que deu a mão para a presidência da ANDIFES, que, guardadas as devidas proporções, talvez como Heidegger, o reitor do nazismo, não ruborizou ao dançar ao som de certo Wagner, preferível para a burocracia acadêmica do que o som do povo diverso da nação, das filas da academia branca vieram manifestos insuspeitos dos heróis acadêmicos nacionais, autores de livros como slogans contra a Lei de Cotas também estendem as mãos como num baile à fantasia, os jornais deram páginas e páginas, como se fosse a coluna social. Yvonne Maggie, como bailarina principal, primeira bailarina do corpo de baile da coalizão contra a Lei de Cotas, põe as sapatilhas no salão verde para exigir do presidente da Câmara, do presidente do Senado que respeitassem a bela harmonia racial do Brasil.

Aldo Rebelo e Renan Calheiros, os dois da terra de Zumbi dos Palmares, fazem o rito institucional e democraticamente recebem a coalizão contra a Lei de Cotas irada pela vitória dos N*MS na CCJ, o passo nunca antes dado na história do Brasil no Parlamento a favor de uma igualdade substancial entre os diferentes que compõem a nação brasileira comum.

O despeito, a ira da coalizão contra a Lei de Cotas afirmaram a harmonia de suas crenças capitais: a indiferença, a democracia racial, a identidade predatória intolerante, juntas e misturadas num mesmo time. Não era circunstancial? Sim, o que informa que a dinâmica política endógena do chão do congresso é de grande serventia para o esforço de compreensão do processo político real de disputa em torno da Lei de Cotas e suas incertezas nos dias que corriam, distante de fatalismo interpretativos da frente para trás. O próprio partido real militar afrouxou as suas mãos do enlace da configuração da coalizão contra a Lei de Cotas, quando foi convencida relativamente, pelos N*MS, de que a Lei de Cotas contemplava os colégios militares, que eram públicos e de que era enorme a história negra e indígena nas forças armadas que lhes deviam mais honra. Afrouxou um tanto, será que largou de vez o aperto das mãos?

Sem ilusões. O movimento dos cadarços brancos dançava no salão de mãos dadas na coalizão contra a Lei de Cotas, não era miragem, os documentos falam, é preciso ouvi-los e até um coronel está no salão dessa coalizão, para não dizer que não se falou dos canhões.

Era o primeiro semestre de 2006, os ânimos estavam à flor da pele branca. Ao criarem o novo demônio familiar, por tabela, a coalizão contra a Lei de Cotas mobilizou para as suas fileiras um velho partido real da sociedade brasileira, o partido real do racismo.

Por seu turno, inspirados em Chiquinha Gonzaga, a coalizão a favor da Lei de Cotas não dá o braço a torcer, vai de corta-jaca, na dança dos corpos indígenas, negros, populares, da escola pública, pobres, periféricos, uma dança com sensualidade e alegria por direitos, pelo direito historicamente negado da universidade no Brasil.

Ao criar o novo demônio familiar naquela noite de 6 de fevereiro de 2006, a coalizão contra a Lei de Cotas usou do repertório antiabolicionista de José de Alencar, antigo estudante do curso de Direito do Largo São Francisco, em São Paulo, e de uma estratégia de guerra violenta e suja para destruir a coalizão a favor da Lei de Cotas, a demonização como estratégia política para impedir a vitória de uma mudança substantiva em política pública.

Com isso, a coalizão contra a Lei de Cotas, seus próceres públicos, seus apoiadores envergonhados, mobilizou como aliado um velho partido real da sociedade brasileira, desde o Brasil colônia, o partido real do racismo, no que tiveram pleno sucesso. Logo, a coalizão contra a Lei de Cotas, em seu grande arco de atores e formas variadas de dança, configura um raio grande para o racismo estrutural se sentar. Por isso, a mudança em política pública representada pela Lei de Cotas é substantiva, como aponta uma das hipóteses deste estudo. Substantiva porque na prática, no chão do Parlamento, na sociedade, no conflito intenso entre as coalizões em disputa, enfrentou o racismo estrutural como oposição avassaladora.

Era preciso agir. Dar o troco.

A coalizão a favor da Lei de Cotas busca apoio na *Revista Carta Capital*, para fazer a denúncia pública da incoerência das atitudes de alguns parlamentares perante a opinião pública, onde líderes parlamentares num dia assinavam documento pela urgência da Lei de Cotas, noutro dia assinavam documento na direção contrária. Num dos raros espaços de mídia acessíveis, essa revista semanal chamou os N*MS para conversar diretamente e mostrar os documentos. Os documentos e as fotos das assinaturas foram mostrados na redação da Carta Capital, em São Paulo, num prédio na Alameda Santos. A matéria foi publicada com a foto do líder do PSDB Custódio de Mattos assinando o pedido de urgência da Lei de Cotas. Nos corredores da Câmara dos Deputados, os N*MS também tiraram satisfação direta do líder José Carlos Aleluia, que reagiu violentamente, com o dedo em riste, ameaçando os N*MS de auto de prisão "Vocês sabem com quem estão falando, quer falar de igual para igual, se elejam primeiro". Alegando que não devia satisfação dos seus atos aos N*MS, o parlamentar, no entanto, não respondeu à pergunta simples se estava traindo o povo da Bahia, de maioria negra, deliberadamente. Alexandre do Nascimento, que testemunhou o ocorrido, via aquilo como um ato deliberado da ira da coalizão contra a Lei de Cotas, o que beirava o racismo ao vivo e a cores naqueles corredores.

Logo, como visto no caso da Carta Capital, nem toda a mídia tradicional era da coalizão contra a Lei de Cotas. A Rede Record de Televisão tinha outra linha editorial, sem alardeá-la, no entanto, talvez pela própria disputa de mercado com a Rede Globo, talvez pelos laços com a África por parte de seus proprietários, talvez porque a maioria evangélica brasileira era negra. A *Revista Isto É*, o jornal *Correio Brasiliense* e outros jornais regionais tinham posição relativa diferente daquela da proa da coalizão contra a Lei de Cotas.

O líder do PDT, Severiano Alves, cobrado pela incoerência diretamente pelos N*MS na sala da liderança do PDT, a mesma onde assinara a urgência, ratifica seu apoio à coalizão a favor da Lei de Cotas e, por meio do requerimento 3703/06, pede à diretoria-geral da mesa da Câmara dos Deputados que retire sua assinatura do recurso, movimento feito também por alguns outros parlamentares.

Assim, o comportamento prático dos partidos políticos desnuda os seus compromissos, as suas estratégias. Mesmo tendo assinado um pedido de urgência, como já visto, PSDB e PFL — o último, de cujo time a própria parlamentar autora do projeto era parte —, esqueceram o que assinaram. Chama a atenção nesse episódio o descompasso entre o comportamento do PFL em nível federal e a realidade das políticas públicas em nível regional, pois o Rio de Janeiro (estado do deputado federal Rodrigo Maia) e a Bahia (estado do deputado federal José Carlos Aleluia), não só estiveram na dianteira da política de Cotas no Brasil (caso da UERJ e da UNEB), como tinham população de maioria negra, conforme dados do IBGE e, além de terem sido antigas capitais do Brasil, foram famosos portos de entrada de africanos escravizados por mais de 350 anos.

Era notório que o deputado federal Alberto Goldman (PSDB-SP) e líder do PSDB na Câmara dos Deputados era ex-comunista de carteirinha — do antigo Partido Comunista Brasileiro (PCB) —, atuava no Parlamento como um dos principais articuladores nacionais da candidatura de oposição à presidência da República nas próximas eleições. Novamente, os N*MS enfrentariam um veto. Com o recurso ao plenário da Câmara dos Deputados, ficava embaçado o andar futuro do PL de Cotas, cuja "complexidade" ficaria para uma decisão do plenário em algum momento futuro. O Brasil era o país do futuro? Até quando esperar?

O *veto player* ilumina a arena política, na medida em que aponta quem pode acender ou apagar a luz na casa legislativa em questão. Com o veto, agora sobre o PL de Cotas, os talentos de milhares de sem universidade mais uma vez eram desperdiçados por falta de oportunidade. Veta-se, antes de tudo, o exercício do direito à universidade pública no Brasil ao negro, à negra, ao indígena, a quem vem da escola pública, ao pobre, podendo também ser branco, amarelo. Enquanto a dor da exclusão da universidade no Brasil não tinha fim e fazia adoecer até a morte muitos corpos negros, indígenas, populares, da escola pública, pobres, dos cursinhos populares, o andar de cima do Brasil queria mais tempo para a aplicação da Lei de Cotas. A coalizão contra a Lei de Cotas, coerente com a história da abolição inconclusa no Brasil, queria tempo para, bem, acomodar o *status quo*. Pimenta branca nos olhos dos outros é refresco?

De onde menos se espera, às vezes, na história de uma política pública, pode vir uma ideia salutar para buscar superar impasses. Dos fiapos da ética de concertação que sobrara no Ministério da Educação, havia lá um sem universidade, um assessor do ainda secretário executivo do MEC Jairo Jorge, de nome Alberto, do Rio Grande do Sul. Na semana do grande alarido da coalizão contra a Lei de Cotas, nos dias de fevereiro de 2006 que se seguiram à histórica vitória dos N*MS na CCJ, os N*MS recebem uma ligação de Alberto — que acompanhara a temperatura alta do noticiário nacional, na sexta-feira 10 de fevereiro, uma consulta: "Vocês aceitariam participar de uma mesa de negociação diretamente com a ANDIFES e o Ministério da Educação sobre a Lei de Cotas dado o impasse que se gerou depois da aprovação da CCJ?".

Para os N*MS, não havia problemas em conversar — com quem quer que fosse no mundo — sobre a justiça daquilo que fora aprovado. Apesar de não falar patavinas disso diretamente, a ligação em si significava o respeito mínimo de parcela do MEC pelo papel que os N*MS desempenharam no chão do Parlamento, o reconhecimento do protagonismo dos N*MS na coalizão a favor da Lei de Cotas. "Mas a ANDIFES não é contra a Lei de Cotas?", dizem os N*MS para Alberto.

Por isso, a conversa, o diálogo, a negociação direta ao vivo e a cores aqui no MEC, em Brasília, coordenada pelo Jairo Jorge, responde o interlocutor do MEC com os N*MS.

Sim, sem problemas, à mesa de negociação, ora pois. O labirinto vivo da Lei de Cotas no chão do Parlamento vai até o MEC, no começo da Esplanada dos Ministérios.

No subsistema de educação brasileiro, em política pública, na teoria de política pública central desta obra, o modelo de coalizão de defesa sob o crivo do reducionismo sociológico em política pública, inspirado nos estudos pioneiros em política pública no Brasil, feitos por Guerreiro Ramos, a negociação entre as coalizões ganha papel relevante para uma mudança significativa em política pública num subsistema de educação num país de desigualdades escandalosas.

A ANDIFES, a proa do navio da coalizão contra a Lei de Cotas, representava 55 universidades federais brasileiras, todas as que existiam no Brasil, Instituições Federais de Educação Superior (IFES), no linguajar curto dos gabinetes, uma espécie de clube brasileiro de reitores de universidades federais que tinham uma sala em Brasília e um secretário-executivo fixo nessa sala como espécie de arauto permanente. Como argumentara para os N*MS, em 2004, Naomar Filho, então reitor da UFBA, na segunda reunião do grupo de trabalho sobre as isenções das taxas dos vestibulares, no máximo, um terço dos reitores eram favoráveis à Lei de Cotas, ou seja, uns 18. Política é lápis e borracha, política pública também. Talvez tenha aumentado um pouquinho no começo de 2006.

Combinado, três dias de negociação, aconteça o que acontecer no final. Uma negociação dentro do subsistema de educação tem lugar, uma negociação entre as coalizões oponentes em política pública.

No domingo à noite, 12 de fevereiro de 2006, o avião traz os representantes dos N*MS para Brasília. O aeroporto de Brasília era o contraste puro com a rodoferroviária, como o shopping Higienópolis é o contraste com o bar da periferia que tem um mano na porta. Naquele fim de semana, nos cursinhos populares do MSU, da EDUCAFRO as posições foram afiadas: nenhum recuo em relação ao já aprovado na CCJ seria tolerado. Sabedores de suas responsabilidades, os N*MS colocaram uma audiência ativa acompanhando de longe o desenrolar momento a momento da negociação pelo telefone.

Chegar no Assunção naquela noite de domingo sob o céu iluminado pela lua cheia era como entrar em meditação antes de uma contenda decisiva. Aquele ambiente acolhedor e singelo significava paz de espírito. Na madrugada silenciosa de sonhos, um galo canta, será que é o galo a favor da Lei de Cotas? Na segunda-feira, em torno de cinco e meia da manhã, há uma estrela no céu, é a estrela da manhã? Seis e meia da manhã, hora do café, há uma tigela com mangas frescas da mangueira do Assunção. O café, o leite, o pão, o queijo, mais café puro, um pão com geleia.

Do lado de fora, depois do restaurante, depois do corredor, no sentido interno do retiro, há uma mangueira, um banco, chupar uma manga embaixo da mangueira. Sossego e silêncio acompanhado do canto de pássaros que chegam e saem. Escovar os dentes. Dos fiapos de manga para os fiapos da história do Brasil. Hora de sair para o MEC.

Nove horas da manhã começa a reunião no oitavo andar, na secretaria-executiva. São feitas as apresentações e Jairo Jorge, acompanhado de perto por Alberto, faria o papel de mediador, como fora Tarso Genro outrora.

Uma novidade aparece: naqueles dias da negociação, Jairo Jorge era oficialmente o ministro da Educação interino, ou seja, tinha formalmente poder de decisão. Representando a Andifes estava seu vice-presidente, também em exercício interino na presidência da ANDIFES naqueles dias, o reitor da Universidade Federal de Mato Grosso, Paulo Speller, homem que vivera em Moçambique. Ali estão os N*MS, o MSU, a EDUCAFRO e um conjunto de representantes de estudantes. O primeiro dia da negociação seria dedicado à exposição de cada participante sobre o seu ponto de vista sobre a questão. O segundo dia seria dedicado à negociação de uma tentativa de acordo entre as partes. O terceiro dia seria de anúncio público do acordo, caso houvesse um, ou do desacordo, caso não se chegasse a um acordo. O primeiro dia foi bastante exaustivo, com os N*MS narrando a luta pelo direito à universidade e batendo o pé nos termos do que estava no projeto de lei aprovado na CCJ, onde já cediam em grande parte, não tinham mais nada que ceder, queriam avançar mais em relação àquele projeto de lei, jamais retroceder, eles defendiam que se abolisse o fatiamento do prazo de implantação, defendiam recursos para a permanência, liam pontos dos textos de suas contribuições para o debate da Reforma Universitária. A ANDIFES expõe sua posição depois do almoço, demoradamente, deixando para o fim sua posição central para aquela negociação: se fosse estendido o tempo para a implantação da Lei de Cotas, a ANDIFES toparia um acordo, era o que ela trazia de concreto para o acordo. O presidente interino da ANDIFES expôs com riqueza de detalhes o caso da UFMT, tomado como exemplo do tipo de "amortecimento" de tensões que ele procurava frisar. O tempo maior, segundo ele, daria para construir uma nova sala de aula, um aumento de vagas e de turmas, de tal forma que o impacto entre os que prestam exames não fosse sentido, pois haveria mais lugar para onde ir ou, lido de outro modo, não se alteraria a lógica de seus destinos garantidos na universidade, rebaixando a ira contra a Lei de Cotas. O raciocínio era como se o maior tempo para a Lei de Cotas significasse estabilidade política nas regiões, uma vez que não se mexeria no arranjo histórico da cota da branquitude, apenas se abriria outra sala na mesma universidade, no mesmo curso, para que mais gente pudesse ser acomodada. A ANDIFES puxava da bainha sua espada na sala de negociação do MEC brandindo o tempo como chave para um acordo. Os N*MS apenas murmuraram contra aquela visão. Não havia mais tempo. Com isso, no fim da tarde, finda o primeiro dia muito tenso e desencontrado de negociação no subsistema de educação.

Segundo dia de negociação começa 9 horas da manhã, no oitavo andar do MEC. Há uma mesa farta, café. Pelo telefone sem fio dos N*MS, a coalizão a favor da Lei de Cotas ia tomando ciência do andar da negociação, que àquela altura já virara notícia Brasil afora. Chega na sala de reuniões o deputado federal Luiz Alberto (PT-BA) e se senta, ele estivera presente no dia da decisão da CCJ e viera com apetite político defender aquela decisão. A ANDIFES reclama que não era o combinado. Se recusa a continuar na reunião com a presença do parlamentar. A reunião é suspensa. Uma situação inesperada de impasse precisava ser superada. O MEC tenta convencer o parlamentar de que nenhum parlamentar havia sido convidado, logo não tinha como justificar aquela presença perante outros parlamentares. Os N*MS argumentam que o deputado poderia acompanhar como ouvinte, por um tempo, pois ele tinha depois outras agendas. Nada feito. A ANDIFES se mantém intransigente. Como o deputado não arredava pé, por duas horas e com cenas de violência verbal, o impasse continuou. Por fim, o MEC atendeu o pleito da ANDIFES e o deputado foi convidado oficialmente a se retirar da reunião. O clima da manhã ficou azedo, o que inviabilizou o debate naquele turno. Nova rodada de negociação foi marcada para às 14 horas, no mesmo local, com os que iniciaram a negociação se comprometendo a continuá-la do ponto em que ficara no dia anterior. Na tarde, a ANDIFES fala finalmente do tempo que ela havia pensado: dez anos para a implantação da Lei de Cotas. Aquilo foi uma bomba no colo dos N*MS que nunca gostaram da necessidade de implantação cadenciada da Lei de Cotas, ou seja, uma porcentagem a cada ano, até atingir 100% em quatro anos. A ANDIFES queria mais que dobrar o prazo de implantação que estava no PL 73/99c aprovado na CCJ. Os N*MS reagiram duramente com dois argumentos frontais contra a ANDIFES. Sim, haveria novas universidades federais, mas elas não precisavam beijar a mão de suas estruturas passivas do racismo estrutural herdado, porque nesse caso não foram as faculdades isoladas que se juntaram para lhes dar origem. O MSU falou que já cobrara diretamente do presidente Lula, em 2005, em Cidade Tiradentes.

Imagem 128 – MSU com o Presidente Lula em Cidade Tiradentes (1)

Fonte: Arquivo MSU

Imagem 129 – MSU com o Presidente Lula em Cidade Tiradentes (2)

Fonte: Arquivo MSU

Imagem 130 – MSU fala no lançamento da pedra fundamental da UFABC na Rua Abolição em Santo André, 2005

Fonte: Arquivo MSU

E, no fim de 2005, no dia do lançamento da Pedra Fundamental da UFABC, quando fora convidado a falar pessoalmente pelo próprio presidente Lula, apesar do veto burocrático do MEC, em interlocução direta, acertara naquela fala pública perante a imprensa e a sociedade reunida na rua da Abolição em Santo André, no ato simbólico de inauguração daquela universidade fruto de longos anos de luta dos N*MS, o que foi publicamente anunciado, que a UFABC seguiria desde o começo a integridade do percentual final de acordo com a Lei de Cotas em tramitação no Parlamento, sem cadenciamento de partes por ano. Logo, o que vale para a UFABC tem que valer para todas as universidades federais novas, argumentaram duramente os N*MS com murros na mesa.

Imagem 131 – Encontro do MSU, novamente quadra dos bancários lotada, presença do secretário de ensino superior do MEC, Prof. Nelson Maculan, representando o Presidente da República e do primeiro reitor da UFABC, Prof. Hermano Tavares, uma vez cobradas em público pelo MSU as autoridades assumem compromisso público inédito: a Universidade Federal do ABC desde o começo, seguirá os termos da Lei de Cotas em tramitação no Congresso. A quadra dos bancários inteira foi à loucura![208]

Fonte: Arquivo MSU

"A ANDIFES quer empurrar o tempo como na abolição inconclusa?", indagou a EDUCAFRO. "Isso é inadmissível". Falar o nome de Lula parecia ter efeito retumbante naquela sala de

[208] Perante mais de mil sem universidade, o reitor da UFABC, professor Hermano Tavares, faz anúncio-compromisso inédito com o MSU: a UFABC seguirá o texto da Lei de Cotas (que só seria aprovada em 2012) desde o começo. Os sem universidade foram ao delírio! Ao lado, o Secretário de Educação Superior do MEC, professor Nelson Maculan.

negociação, em especial no MEC, mas também na ANDIFES. No fim da tarde, depois de idas e vindas para o lado de fora da sala de negociação, o presidente da ANDIFES, disse que apresentará uma proposta alternativa na manhã seguinte. E assim, a negociação chega até o último dia sem acordo. No terceiro dia, logo de manhã, já é grande a movimentação da imprensa no MEC, atrás da notícia da negociação. Mas a negociação não anda. Para os N*MS, gatos escaldados, os 10 anos da ANDIFES significavam dia de São Nunca. Ao reiniciar a reunião, Jairo Jorge, ministro interino da Educação, falou primeiro, disse que o MEC atenderia o pedido dos N*MS, quanto a garantias para a permanência de cotistas na universidade, por meio de bolsas, comprometendo-se com aporte orçamentário extra para tanto. Depois fala a ANDIFES, que diz que isso superaria impasses com reitores temerosos de que uma eventual entrada de cotistas implique em açodamento orçamentário e crise de gestão por falta de recursos para atender a novas demandas por permanência. Mesmo assim, a ANDIFES se manteve intransigente quanto ao tempo, baixara de dez para oito anos. O dobro do tempo do Projeto de Lei de Cotas aprovado na CCJ? Não há como ter acordo assim, bateram o pé os N*MS. A manhã terminara sem acordo. Volta às 14 horas. Dessa vez, a ANDIFES fala primeiro, diz que conseguira avançar para seis anos com os reitores, era o máximo. Os N*MS exigiram zero ano para as novas universidades se adaptarem à Lei de Cotas como aprovada na CCJ da Câmara dos Deputados, recursos para a permanência imediata na universidade para essa geração de cotistas das novas universidades, como a UFABC, comissão de acompanhamento e controle social das cotas. Se isso fosse aceito pelo MEC e pela ANDIFES, eles assinariam o acordo para o máximo de seis anos de implantação da Lei de Cotas, o que daria no ano de 2012, mas com antecipação do tempo caso a Lei de Cotas aprovada na CCJ seja aprovada na Câmara dos Deputados e no Senado Federal, comprometendo-se o MEC com sua sanção na íntegra, sem modelação nova de tempo ou alteração da regra já definida pela CCJ da Câmara dos Deputados. Proposta aceita, na palavra da ANDIFES, do MEC e do conjunto dos estudantes presentes. Acordo Fechado. Entra a imprensa. Tumulto. Os N*MS exigem o acordo por escrito. Uma minuta do acordo é escrita item por item pelos assessores presentes. Desconfiados, os N*MS convocam autonomamente a SEPPIR para estar presente no anúncio público. Novo tumulto. Uma minuta final é trazida e assinada pelos presentes. Chega uma representação da SEPPIR, ratificando o negociado. Depois disso, houve um evento de imprensa, com monopólio da fala. Os N*MS saíram, em alguns casos, na foto de jornais e em matéria de televisão no dia do acordo selado no subsistema de educação, acordo que significava negociação e consenso para uma mudança substantiva em política pública, dando razão objetiva para uma das hipóteses desta investigação, acordo entre coalizões em disputa por uma política pública. O elefante ou parte dele estava no MEC para o Brasil ver. Os detentores do poder do MEC, do partido real da burocracia e do partido real da linhagem, nunca divulgaram o documento do acordo assinado naquela tarde de 15 de fevereiro de 2006 pelos N*MS, uma semana depois da histórica vitória da coalizão a favor da Lei de Cotas, dos N*MS na CCJ, a principal comissão da Câmara dos Deputados do Brasil. Quebrava-se a regra arcaica e podre da cota da branquitude na universidade brasileira na comissão que trata da constitucionalidade das leis e isso foi tão forte e público que chacoalhou o subsistema de educação. De igual modo, o acordo, a negociação existiu com força e verdade no subsistema de educação, mediada por Jairo Jorge, de origem popular, ministro interino da Educação naqueles dias, com os jornalistas que ali estavam como testemunhas oculares e auriculares da história do Brasil, como Luciana Constantino, da *Folha de S. Paulo*. A edição que os veículos deram para o acordo, isso são outros quinhentos, pois suas linhas editoriais, nos principais jornalões, jogavam na coalizão contra a Lei de Cotas.

Imagem 132 – Após a vitória na CCJ da Câmara dos Deputados, os movimentos sociais, o MEC e a ANDIFES fazem acordo para garantir a implementação da Lei de Cotas num prazo máximo de seis anos em todas as universidades federais brasileiras. Vitória dos N*MS, da Coalizão dos Pés Descalços

BRASIL

EDUCAÇÃO

Governo discute com líderes dos estudantes mudança no prazo para implantação de projeto que garante vagas nas universidades federais a alunos de escolas públicas

Consenso para as cotas

ERIKA KLINGL
DA EQUIPE DO CORREIO

A briga promete ser grande, mas o Ministério da Educação (MEC) espera amanhã obter consenso quanto à reserva de vagas nas universidade federais. Para isso, estuda mudar o prazo de implementação das cotas nas 55 instituições de ensino superior do governo federal. A idéia é construir uma solução negociada com movimentos sociais e reitores. A alteração deve valer para o projeto de lei aprovado na última semana na Comissão de Constituição e Justiça (CCJ) da Câmara e também para o texto da reforma universitária. O martelo será batido em uma reunião no MEC com integrantes dos dois grupos.

O principal impasse, garante o secretário-executivo do MEC, Jairo Jorge, não está relacionado ao mérito das cotas. Mas é saber qual o prazo adequado para a implantação do sistema. "O debate é válido. O que não pode é a importância das cotas se diluir", disse. A primeira opção, definida no projeto de lei aprovado na última semana em caráter terminativo na CCJ, é quatro anos. A segunda, fruto de acordo entre MEC e reitores e prevista na reforma universitária, prevê 10 anos.

O projeto em discussão reserva 50% das vagas nas universidades federais para quem estudou todo o ensino médio em escolas públicas, com distinção para negros e índios, segundo o censo do Instituto Brasileiro de Geografia e Estatística (IBGE).

Concessões

Para as entidades estudantis, a transição de quatro anos já foi uma concessão porque a idéia inicial era de que as cotas entrassem em vigência imediatamente após a aprovação do texto. Já no primeiro vestibular, seriam reservados 50% das vagas em todos cursos e turnos. "O grande problema é que o tempo numa situação como essa é definido por quem não sente a dor, mas a discute", lamentou o presidente do Movimento dos Sem Universidade (MSU), Sérgio Custódio. Ele esteve reunido ontem com o secretário-executivo do MEC.

Além dele, estavam presentes representantes da União Nacional dos Estudantes (UNE), da União Brasileira de Estudantes Secundaristas (Ubes) e da organização não-governamental Educafro. No meio da conversa, que durou mais de uma hora, Jairo Jorge recebeu um telefonema da direção da Associação Nacional dos Dirigentes de Instituições Federais de Ensino Superior (Andifes). Recebeu o sinal de que a entidade está disposta a negociar. A declaração veio uma semana depois de a associação informar que trabalharia para ampliar o prazo de transição da lei, em tramitação no Senado Federal. A posição desagradou as entidades estudantis.

Será necessária disposição da Andifes para que o consenso seja alcançado. Depois de concordar com quatro anos de transição, os movimentos socias esperam agora um recuo dos reitores. "Estamos de coração aberto, vamos ouvir o que eles têm a nos dizer, mas sou adepto de tese, vinda da reitoria da Universidade de Brasília (UnB), de que dois anos são mais que suficientes", provoca frei David Santos, presidente da Educafro. "Estamos dispostos a conversar, é claro, mas tudo tem limite. Queremos uma solução para os milhares de jovens pobres que querem o diploma", avisa o estudante Sérgio Custódio.

NEGOCIAÇÃO: JAIRO JORGE (DE GRAVATA) CONVERSA COM REPRESENTANTES DOS MOVIMENTOS ESTUDANTIL E SOCIAL UM NOVO PRAZO PARA IMPLANTAÇÃO DAS COTAS

Fundeb é ignorado pelo Senado

Apesar dos apelos do presidente Luiz Inácio Lula da Silva ao Congresso Nacional, a convocação extraordinária dos parlamentares termina nesta próxima quarta-feira sem que os senadores tenham votado o projeto de emenda constitucional que cria o Fundo de Desenvolvimento da Educação Básica (Fundeb), encaminhado ao Legislativo ainda no ano passado. Pior. A oposição anunciou ontem que vai tentar inviabilizar a implantação do projeto ainda este ano, com a aprovação de emendas à proposta.

A idéia do Palácio do Planalto era transformar a proposta em lei antes da aprovação pelos congressistas da proposta de Orçamento de 2006. Mas nem isso foi votado. O Fundeb passou pela Câmara com praticamente a unanimidade dos votos, mas o baixo quorum durante o mês de janeiro, atrasou o cumprimento dos prazos regulamentares e, conseqüentemente, a tramitação da proposta. A convocação custou aos cofres públicos R$ 93,1 milhões.

O ministro da Educação, Fernando Haddad, chegou a fazer visitas a senadores para defender a aprovação da proposta. Hoje, ele falará novamente com parlamentares para garantir apoio ao texto. O Fundeb irá abranger toda a educação básica, das creches ao ensino médio e vai substituir o Fundo Desenvolvimento do Ensino Fundamental (Fundef), criado em 1996 e que termina no fim deste ano.

O novo fundo também pretende ampliar o número de vagas na pré-escola, ensino médio e na educação de jovens e adultos, além de desenvolver a infra-estrutura das escolas com investimento. Com duração de 14 anos, o fundo prevê aporte de R$ 4,5 bilhões por parte da União, a partir do quarto ano, o que representa cerca de 10% do valor total do fundo, já que estados e municípios entrarão com cerca de R$ 43 bilhões. (EK)

R$ 50,4 BILHÕES

é o valor do investimento do governo no Fundeb a partir do quarto ano de vigência

Fonte: Arquivo MSU

Membros da coalizão contra a Lei de Cotas no Parlamento pareceram, no entanto, dar de ombros para o acordo entre as coalizões no subsistema de educação, como o **líder do PSDB que**, depois da notícia do consenso, reforça a obstrução, ao remeter a discussão para o plenário num prazo indefinido, ao gosto do *status quo.*

> **Sem prazo /** A proposta de seis anos será agora encaminhada em forma de emenda ao plenário da Câmara para análise e votação. "Toda proposta é bem-vinda, mas queremos

> uma discussão mais aprofundada. Queremos discutir o conteúdo do projeto em plenário", afirmou o líder do PSDB na Câmara, Alberto Goldman (SP). (Constantino, 2006).

A reação violenta da coalizão contra a Lei de Cotas repercutiu até nas reticências do Sr. presidente da Câmara:

> Enquanto isso o presidente da Câmara, Aldo Rebelo (PCdoB-SP), voltou a defender a importância de levar o projeto a plenário. O requerimento foi feito pelos líderes do PSDB e do PFL. "Temos preconceito racial em nosso país e precisamos contê-lo com ações concretas, mas é preciso mexer nisso com cuidado", observa Rebelo. (Rotta, 2013).

Isso desloca a teoria em política pública de seu lugar de conforto, centrada na noção de subsistema em educação, para um lugar de complexidade, centrado na interação entre o subsistema de educação e o sistema político. Aqui, como a redução em política pública, opção teórica desta obra, na teia dos ensinamentos de Guerreiro Ramos, não se trata de um subsistema político ideal, nem de um sistema político estrangeiro, mas do tradicional sistema político brasileiro, refratário em sua história a mudanças significativas em políticas públicas, como é o caso da Lei de Cotas.

Logo, a guerra entre as coalizões continua no chão do Congresso Nacional, com seu novo presidente, Aldo Rebelo, o dono da pauta da casa. A coalizão a favor da Lei de Cotas passa a cobrar diretamente e de modo incisivo a urgência para a Lei de Cotas, que se paute o tema no plenário. O recurso ao plenário e o consenso no subsistema de educação pediam por uma decisão do Parlamento sobre a política pública.

Para tirar a pedra do meio do caminho da Lei de Cotas, sim, o bom mocismo dos N*MS importava, a negociação no subsistema importava. Porém, dado que a coalizão contra a Lei de Cotas no Parlamento não se importava com a negociação no subsistema de educação, os N*MS, desconfiados, decidem protestar no chão da Câmara dos Deputados, protestar sua dor, sua revolta, sua tristeza contra o recurso, para fazer a Lei de Cotas andar na Câmara dos Deputados.

Dia 18 e 19 de março de 2006, são dias intensos de estudos e discussões nos cursinhos populares do MSU nas periferias de São Paulo.

Imagem 133 – Mobilizações nos cursinhos populares (1)

Fonte: Arquivo MSU

Imagem 134 – Mobilizações nos cursinhos populares (2)

Fonte: Arquivo MSU

Imagem 135 – Mobilizações nos cursinhos populares (3)

Fonte: Arquivo MSU

Imagem 136 – Mobilizações nos cursinhos populares (4)

Fonte: Arquivo MSU

Imagem 137 – Mobilizações nos cursinhos populares (5)

Fonte: Arquivo MSU

Imagem 138 – Mobilizações nos cursinhos populares (6)

Fonte: Arquivo MSU

Imagem 139 – Mobilizações nos cursinhos populares (7)

Fonte: Arquivo MSU

Imagem 140 – Mobilizações nos cursinhos populares (8)

Fonte: Arquivo MSU

Imagem 141 – Mobilizações nos cursinhos populares (9)

Fonte: Arquivo MSU

Imagem 142 – Mobilizações nos cursinhos populares (10)

Fonte: Arquivo MSU

O telefone sem fio tinha chegado com as notícias da negociação, do recurso e todo mundo tinha visto a reação do jornal nacional. A indignação com aquilo era grande demais. Antônio Carlos, coordenador do MSU do ABC, comunica-se com todo mundo pelo celular: por que a gente não leva os abacaxis para Brasília, para a Câmara dos Deputados, num protesto lá, como foi feito nas isenções? A ideia ganha adesão. Um bate e volta na Câmara dos Deputados? Sim, dar o recado lá para o Brasil ver. Outra ideia ganha adesão: fazer uma enxurrada de e-mails de protesto na caixa de e-mails daqueles deputados que assinaram o recurso contra a Lei de Cotas. As duas decisões são tomadas no chão da periferia. A lista para um ônibus é fechada no domingo de noite. O recurso dava para um ônibus e o lanche de ida e volta. Antônio Carlos madruga no CEASA, na segunda-feira 20 de março, e chega com 100 abacaxis num táxi na Rua General Jardim 660, centro de São Paulo, pouco antes das 9 da manhã. As pessoas começam a chegar. Altemar acertara o ônibus, dois motoristas, lista de nomes com CPFs feitas entregues de manhã para a empresa de ônibus, o ônibus chegará às 17 horas. Quase 18 horas, o ônibus sai lotado de sem-universidade, com os abacaxis no bagageiro. Viagem tranquila, com parada para jantar simples coletivo na estrada com o dinheiro arrecadado no movimento. No jantar, as coisas mudam um pouco de figurino, uma parte dos abacaxis vira sobremesa. Houve uma avaliação de que seria muito difícil reproduzir a condição da assembleia legislativa de São Paulo. Um elemento surpresa só seria possível como o presidente da Câmara. Chega-se em Brasília por volta das 8 horas da manhã. Por precaução, o ônibus se dirige para a L2Norte e fica no estacionamento de um supermercado no caminho do Assunção, era o BIG supermercado, ali tinha um banheiro que daria para usar e ficaria mais barato para todo mundo tomar café da manhã comprado no supermercado e comido dentro do ônibus. Tomado o café da manhã, é feita a discussão coletiva. Como entrar com 12 abacaxis dentro da Câmara dos Deputados? A decisão é de entregar o abacaxi para quem manda, para o presidente da Câmara dos Deputados, pois ele tinha que descascar o abacaxi, pautar a Lei de Cotas, mas, para tanto, pelo menos um abacaxi teria que ter passado pela portaria. Duas horas de discussão sobre como entrar com os abacaxis lá. A experiência anterior do MSU ensinava que, se mostrasse os abacaxis ou se chegasse em bando, não passaria da portaria. Assim, ficou decidido esconder os abacaxis nas mochilas e dividir em grupos pequenos em várias portarias de acesso e entrar lentamente em intervalos alternados de tempo para não chamar atenção, marcando o ponto de encontro no salão verde, uma da tarde, como quem não quer nada, como quem está de turista em visitação ali, com as camisetas amarelas por baixo para o momento oportuno, se der. Jogo arriscado. É feita a escala de tempo e os grupos são montados. O ônibus levaria até o ponto de ônibus do STF e dali se daria aos poucos o deslocamento para as várias portarias: anexo IV, chapelaria, anexo II, Senado I, Senado II, anexo III. Às 21 horas, o ônibus encostaria de volta no ponto do STF para o embarque de volta para São Paulo. Dito e feito. Os abacaxis chegam ilesos no salão verde. Houve a ação direta, o protesto, registrado pela imprensa. Foi o protesto dos N*MS contra o recurso. O protesto da periferia desconhecida no chão do Parlamento.

Imagem 143 – "Descasca o abacaxi!", Coalizão dos Pés Descalços cobra a votação em plenário da Lei de Cotas ao presidente da Câmara para derrubar o recurso

Fonte: Arquivo MSU

Depois da entrega simbólica do abacaxi, era hora de pressionar os parlamentares diretamente, um cordão de sem universidade é formado dos dois lados da ala de acesso ao plenário vindo do anexo II, ali dos dois lados, muitos parlamentares param para conversar, é explicado o protesto e é pedida a urgência. Miro Teixeira se mostra aliado de primeira hora. Fez o pedido de urgência no plenário. Não deu, não houve a votação da urgência. Havia um fiapo de esperança de o pedido de urgência ser aceito, ficar em Brasília então para mais um dia de pressão? Sim. Foi uma noite dormida no ônibus no estacionamento do Big Supermercados, na L2Norte, grana curta, não dava para o Assunção. Naquele dia inteiro de pressão dentro da Câmara, de conversa direta com parlamentares, na rua das exposições, no acesso ao Plenário, camisas amarelas expuseram a exclusão, mas o pedido de urgência não prosperou até a noite. Hora de ir para a casa. Mais uma batalha.

Quando as camélias brancas por uma nova abolição chegam até a Câmara dos Deputados

As camélias brancas foram parte da estratégia da coalizão a favor da abolição no Brasil para angariar simpatias entre a população brasileira no XIX (Alonso, 2016). Flor do quilombo expõe a dor e a necessidade do amor, a compaixão, crença fundamental para mobilizar direitos num país de tradição cristã. Desesperadamente os N*MS precisavam furar o bloqueio da coalizão contra a Lei de Cotas para se comunicar com a população. Hora de levar de novo as camélias brancas para Brasília então? Recordar é viver o que nunca se superou: a abolição inconclusa? Sim, para os N*MS, para os líderes da coalizão pela Lei de Cotas no chão do Parlamento.

Um rebuliço ocorreu em Brasília depois da repercussão do abacaxi e do pedido de urgência. Antigos e muito sérios militantes da luta contra a ditadura militar, dispersos em partidos diferentes na Câmara dos Deputados, feito velhos amigos que se encontram em coquetéis e cadeiras numeradas de estádios de futebol, buscaram construir agenda comum para superar o impasse da Lei de Cotas, seja porque eram antigos comunistas, sejam porque eram palmeirenses, sejam porque viveram juntos, de um mesmo lado da história, o inferno da ditadura militar. Essa elite política brasileira, essa vanguarda política muito importante na história do Brasil, no entanto, tinha muita dificuldade em ouvir o barulho que vem do chão da sociedade. Suas biografias de heróis nacionais que o são, são de pinceladas de tinta aristocrática, seja por origem, classe, gênero, posição ou raça. Contra a ditadura militar no Brasil se levantou parcela do 1% que estava na universidade nos anos 1960, gente talentosa e pouca, gente obstinada, mas cuja herança vertical e vanguardeira era espécie de sinal fechado para novas epifanias políticas marcadamente populares, eram sempre os comandantes do processo político, ainda nos anos 2000. Mal de vanguarda.

Numa coalizão em disputa por uma política pública, é comum o bate e assopra, como papéis distintos feitos por diferentes atores numa coalizão. Na hora que um ator bate numa coalizão adversária, ato contínuo, ele apanha. Outro aliado precisa assoprar para manter o diálogo político, pois não se quer esmagar o adversário, mas garantir a mudança substancial em política pública.

Na tentativa do concílio dos afagos entre as vanguardas políticas que prematuramente na história do Brasil se dividiram em seu longo processo de redemocratização, foi marcada uma audiência pública sobre o tema da Lei de Cotas, tema que as vanguardas dos anos 1960 tinham muita dificuldade em compreender. A política é lenta e uma geração esmaga a oportunidade política da outra que lhe sucede em países latino-americanos que passaram por ditadura militar onde o brilho de uma geração foi represado no tempo pelos fuzis militares e renascem noutro tempo como se acavalassem o tempo, problema político de difícil solução e que impacta nas políticas públicas latino-americanas nunca feitas em mundos planos ideais, mas em cima das cicatrizes, muitas delas abertas, deixadas pela história trágica da democracia no continente, que desprezou a política dos povos indígenas, dos povos de África. De um lado do afago, está Aldo Rebelo, líder da vanguarda estudantil dos anos

1970. Do outro lado, está Alberto Goldman, líder da vanguarda do partido comunista brasileiro, nos anos 1960/70. De um lado, está Luiz Eduardo Greenhalgh, grande advogado dos presos políticos da ditadura, líder das lutas conta a ditadura nos anos 1970/1980, doutro lado, implicitamente, José Serra, líder das vanguardas estudantis nos anos 1960. Vai haver casamento daqueles que lutaram juntos contra uma só ditadura e insistem em não largar o osso do poder, onde quer que esteja, num Brasil que entra quase na segunda década do XXI? O poder seduz e enlouquece. Essas gerações viram suas vidas dos avessos por uma ditadura militar e correm atrás de uma espécie de prejuízo histórico e também de dimensão eterna. As outras gerações que se seguem precisam de muitos cotovelos para terem direito à palavra, à vez. A história da democracia latino-americana, brasileira, é um constante desafio. Assim como José Serra vetou a criação da universidade municipal no município de São Paulo, em 2005, quando vira prefeito, mesmo depois da placa inaugural e do prédio construído, com base em dois argumentos: uma decisão artificialmente construída do Conselho Estadual de Educação, onde era grande a liderança do dono do Colégio Bandeirantes, que dizia que o município deveria zelar só pela educação básica e um argumento de outra ditadura, a de 1937, a dualidade em educação, antiga cantilena presente na história do subsistema de educação brasileiro, como visto no capítulo quatro desta obra, ou seja, uma educação pobre ou limitada para os pobres, outra educação para os ricos, onde a universidade na periferia não entra na cabeça das elites políticas, porque aquela gente da periferia no máximo, para eles, vão ser técnicos na vida. Se, no âmbito subnacional, em Cidade Tiradentes, Alberto Goldman, José Serra e seguidores fizeram o que fizeram com a histórica luta pelo direito à universidade, imagina em território nacional. Por isso, os N*MS eram céticos com a tentativa de acordo "por cima", bem ao gosto, no entanto, de um MEC de balcão, dominado pelo partido real da burocracia e pelo partido real da linhagem. Para os N*MS, isso era empurrar com a barriga a decisão. Mas houve a audiência.

Os abacaxis do não ao recurso da coalizão contra a Lei de Cotas deram o que falar na Câmara dos deputados e alhures.

Seria o caso de chegar com as camélias por uma nova abolição na audiência pública?

Naquele fim de semana, sábado 22 e domingo dia 23 de abril de 2006, um problema seria colocado para as experiências de cursinho popular do MSU na periferia de São Paulo, para a EDUCAFRO. Participar ou não participar da audiência pública de negociação em torno da Lei de Cotas para superar o veto do recurso. A EDUCAFRO decide participar. O MSU decide participar, na tradicional reunião do horário de almoço do sábado, depois das aulas de manhã e antes das aulas da tarde, em debate franco, pois quem decidisse participar tinha que dar o nome para ir a Brasília na segunda-feira, não era bolinho ou festim, era sair da periferia, comer o pão que o Diabo amassou e chegar até Brasília. Por causa da manifestação do abacaxi dias atrás, Altemar disse que o dinheiro tava curto, era preciso fazer vaquinha, faltam dois mil reais. No sábado, de vários cantos da periferia de São Paulo, é tomada a decisão: participar. O ônibus encostará na segunda-feira, às 17 horas, na General Jardim, 660, como de costume, sem os dois mil reais, os motoristas não sairão do lugar. No domingo à tarde depois das aulas, é fechada a lista para encaminhar para a empresa e é contada a vaquinha, os caraminguás pedidos no dia anterior. Faltam só 500 e faltam 500 para as camélias. Bate o martelo, até amanhã de manhã a gente mobiliza isso. Será? A lista com nome RG, CPF é passada para a empresa de ônibus no domingo, responsa grande do Altemar, coordenador do MSU, o cara da retaguarda. Na manhã de 24 de abril de 2006, seu Adilson bate às portas do CEASA para comprar as camélias, tinha ficado com essa responsabilidade. Por volta do meio-dia, já tem gente chegando na General Jardim, vão se amontoando. Às 15 horas, já tem mais da metade do ônibus presente. A Ação Educativa era um lugar acolhedor para o MSU, as pessoas se sentiam bem ali, como se estivessem em casa livres, sem tutelas. Ali havia uma circulação de gente do hip-hop, de gente da educação popular, de gente de luta de verdade. Seu Adilson chega de táxi pedindo ajuda para descarregar grandes sacões de plástico abarrotados de flores, mais de dez. Logo em seguida, às 16h30 chega o ônibus e a cara feia dos motoristas cobrando mais dois mil reais para os coordenadores do MSU desesperados, faltavam 500 reais. O pai de Glória, presente e confiante na luta da filha, resolve que daria os 500 reais faltantes para a viagem, era para alguém acompanhá-lo até o caixa eletrônico na rua Maria Antônia, ele acabava de receber sua aposentadoria e a alegria de sua filha era a alegria dele. Feito. Disse que não precisava devolver. A coalizão pela Lei de Cotas e sua história muitas vezes não cabem numa obra, esse é só um dos exemplos, o que prova que os sem recursos juntos tiram leite de pedra, ao contrário do que diz a teoria que os amaldiçoa como incapazes de fazer a política grande...porque não têm recursos. Estavam lá os sem universidade, as flores, o ônibus e seja o que Deus quiser. Eram camélias brancas mesmo? Na intenção eram, simbolicamente eram, o que aconteceu na hora da compra no CEASA foi que o dinheiro não deu e, para não voltar e ir para Brasília de mão abanando, Seu Adilson decidiu comprar os crisântemos brancos que o dinheiro dava. Assim o movimento popular faz na prática o milagre de transformar crisântemos brancos em camélias brancas. O chão da Câmara os esperava. Será? Iam protestar por uma nova abolição. No restaurante da estrada, é feita uma única refeição coletiva negociada na ponta do lápis, arroz, feijão, ovo e salada, um prato para cada, no banheiro do restaurante, umas pererecas escalavam a parede. O MSU consegue chegar pelas próprias pernas, sem beijar a mão de ninguém, em Brasília.

Na chegada, o MSU vai direto para o supermercado BIG, mesmo esquema, L2Norte, caminho do retiro Assunção, pouco antes, estacionamento, descer, lavar o rosto, escovar os dentes, morder um café da manhã barato com itens de supermercado, como o pão e o que passar no pão, margarina. Reunião do lado de fora do ônibus. Um grande abraço coletivo que não acabava nunca. Apresentações para que todos se reconheçam em todos, porque a periferia de São Paulo é muito grande e distante uma parte da outra, como Cidade Tiradentes é distante de Campo Limpo. Há uma infinita alegria no ar, por todo mundo ter chegado bem, os motoristas sorriem. O que fazer hoje? A clássica pergunta. Forma-se a roda, os desafios comuns eram: entrar na Câmara dos Deputados, o que significava passar pelas portarias e pela segurança, levar consigo flores, faixas, camisetas. Não é trivial. Por quê? Se eles desconfiarem, não vão tolerar o abacaxi 2, a missão. É a guerra. Mesma tática então? Quase. A política pública nasce da vergonha na cara, da indignação, da humildade, do respeito consolidado no ser periférico, no âmago de seu subjetivo, onde o medo não congela seus movimentos, como se ele estivesse num grande bonde da quebrada em Brasília, vivíssimo da silva e em ação coletiva para mudar o mundo, com todo mundo junto, o medo do um se dissipando na alegria do dois, do três, do quatro, do quarenta e quatro, da aula inaugural de quadra dos bancários lotados, nessa energia vista, sentida na pele negra, indígena, da escola pública, pobre, periférica. Deus só podia estar desse lado, não há nada a temer. Então, pequenos grupos, camiseta escondida por baixo, uma por baixo da outra, depois abre. Flores na mochila, cada uma com uma quantia. Seriedade. Entrar em pequenos grupos em todas as portarias possíveis. Não entrar ao mesmo tempo, mas ir para o mesmo lugar. Saber para onde ir. O banheiro do Nereu Ramos. Cada um vai para lá. De lá se sai em bando para a audiência pública na ala das comissões na sala em frente à CCJ. Pouco a pouco, o banheiro se enche, o banheiro abaixo do saguão da entrada do anexo II, onde ficam estátuas e a entrada para a ala das comissões. Todo mundo conseguiu passar. Graças a Deus. Bora deixar as camisetas. Cada um com um ramalhete de flores: são as camélias simbólicas! Muita gente cai na risada. São brancas, sem problema, são metáforas de camélias, afinal, a periferia não tem dinheiro para comprar camélias. Vale a intenção. Naquela hora sagrada da história, quem ousava dizer que Crisântemos não eram Camélias?! Pois eram, mano! Eram e todo mundo entendeu, malandro é malandro, mané é mané, viva Bezerra da Silva, o importante era passar o recado que depois de tanto tempo a abolição inconclusa era a roupa do novo demônio familiar. Da abolição inconclusa, dessa luta violenta, do chão das senzalas, dos pés descalços dos escravizados negros e indígenas, suas coalizões até o Parlamento, emergiam vozes inconfundíveis para os ouvidos do XIX, era preciso ensaiar no banheiro e resgatá-los ali, para entoá-los depois, na sala da audiência, se a situação permitisse e se não permitisse também. Eles entoavam "Morra a Escravidão", "Viva a Liberdade", nós entoaremos "Morra o Recurso", "Viva a Lei de Cotas". Ensaiado no banheiro, tinindo, trincado, choros muitos, muita emoção. Hora de sair do buraco. Quatro filas juntas com as flores elevadas e os gritos, andando sem parar, saguão até ocupar a lateral da sala da audiência na ala das comissões, uma só voz, forte, eles não vão parar o bonde. A voz elevada chama a atenção no saguão. Seguranças e imprensa seguem o coro. Devagar e sempre anda a formação até a sala da audiência. Uma ideia fixa, nunca parar de gritar, independentemente de quem fale, afinal, eles têm o volume do microfone. Ali na cena grande muitas vezes esquecida da história do Brasil, um auditório inteiro se desenha nos corpos do MSU e da EDUCAFRO, dos N*MS que lotavam o auditório. O coro começa sem parar. Morra a Escravidão. Viva a Abolição. Morra o Recurso. Viva a Lei de Cotas. O barulho incomodava o tom cavalheiresco dos patrícios de um acordo por cima, sem povo, sem chão, os patrícios respeitáveis do bom combate a ditadura, mas que teimavam em sobrar na cena adiante da história do Brasil, como se o Brasil fosse o brinquedo eterno dos que lutaram contra a maldita ditadura militar e das assombrações vivas dessa ditadura. Os que brincavam de Brasil não se entendiam, mesmo sendo uma só elite política de muito tempo atrás na cena. O coro da periferia recomeça sem parar. Viva a Abolição, Morra a Escravidão. Viva a Lei de Cotas. Morra o Recurso. Muita gente achou que se tratava de um bando de loucos, são do grupo do Antônio Conselheiro? Faixas são retiradas das mochilas e ganham as paredes.

É a audiência pública, realizada em 25 de abril de 2006, patrocinada pela Comissão de Direitos Humanos e Minorias em conjunto com a Comissão de Educação, realizada na sala maior da ala das Comissões Permanentes da Câmara dos Deputados, sob os auspícios de um possível acordo político entre as duas coalizões em disputa na Câmara dos Deputados, em vez de selar a paz e encaminhar o PL 73/99b para a votação no plenário, expôs publicamente a cizânia. A fala de Fábio Konder Comparato, expositor pela coalizão social a favor da aprovação do PL de Cotas, que na história do Brasil deu relevantes contribuições ao debate Constituinte de 1987/1988 e na luta do país por Justiça e Cidadania Plena para todos, Professor de Direito Constitucional da Universidade de São Paulo, defendeu a implementação e a votação imediata do PL de Cotas:

> O jurista defendeu a existência de políticas afirmativas baseadas no princípio a igualdade proporcional pois, em sua opinião, "não dá para tratar igualmente os desiguais". Comparato classificou o projeto em debate como "equilibrado e prudente". O professor lembrou que a "abolição da escravatura não significou a abolição do racismo". (Bernardes, 2006, p. 5).

Ou seja, o professor destaca duas questões de peso neste estudo: a igualdade e o legado da abolição.

Já a fala da também professora da USP, Eunice Ribeiro Durham, foi radicalmente contra as cotas:

> Ela manifestou posição contrária à reserva de vagas nas universidades, por entender que essa iniciativa representa a inversão do problema. Eunice propõe que as universidades organizem cursos pré-universitários para estudantes das escolas públicas e de baixa renda, de modo que eles superem as dificuldades de aprendizagem antes de ingressarem no ensino superior. "Não é possível pensar que vamos resolver o problema só no final do processo", disse. Na opinião dela, três capacidades são necessárias para o ingresso no ensino superior: competência na leitura, domínio na matemática e conhecimento sobre o mundo. Eunice Durham avalia que o vestibular é um processo democrático, por não considerar a raça, o sexo ou a história escolar do candidato. (Universia Brasil, 2013, s/p).

A douta professora propõe, em pleno século XXI, a era do conhecimento, que, ao invés da Lei de Cotas, o Estado patrocinasse cursinhos preparatórios como política pública de educação, uma praga antiquada que se instalara no subsistema de educação do Brasil, em 1827, com os primeiros cursos superiores de direito instalados em Olinda e São Paulo, pois, com a expulsão dos jesuítas em 1750, desarticulara-se o único subsistema de educação existente no Brasil até então, de caráter privado e religioso: os famosos colégios jesuítas. Assim, aos filhos das elites que queriam entrar naqueles cursos criados em 1827 para serem doutores, mas não dominavam os conhecimentos de admissão, oferecia-se o famigerado cursinho. Lembrete: escravizados indígenas e negros não podiam estudar em nenhum lugar, pela lei. Eunice Durham procurava uma miragem de educação bancária para tapar buracos, não enxergava que ali, ao vivo e em cores estavam os cursinhos populares, mas na outra coalizão. Eunice Durham buscava fazer a plantação artificial que escamoteava a defesa da cota da branquitude de antanho nas universidades do Brasil, posição da coalizão contra a Lei de Cotas que emergia por baixo do tapete artificial do cursinho bancário.

A chegada do deputado federal e líder do PSDB, Alberto Goldman (PSDB-SP), na audiência foi carregada de expectativa e suspense. Porém, no decorrer de sua fala, foi como se um raio caísse sobre a cabeça dos N*MS, que após longo e cansativo deslocamento de ônibus até Brasília, em condições difíceis, ali se faziam presentes com suas bandeiras e com sua coragem atrás da conquista de um direito historicamente negado.

A fala retórica e irônica do deputado federal sobre as cotas gerou a fúria dos N*MS ali presentes, que tiveram militantes presos pela polícia legislativa. Assim, o **Não** que é de Rancière, mas no Brasil, antes dele, primeiro de Zumbi, Paulo Freire, Abdias do Nascimento, Airton Krenak, Lelia Gonzales. O **Não** dos Novíssimos Movimentos Sociais se ouviu e foi registrado para a história pelos vários veículos de mídia ali presentes. Não houve acordo, apesar das expectativas honestas e da valente mobilização popular dos N*MS:

> O substitutivo do projeto, da deputada Nice Lobão (PFL-MA), foi aprovado nas comissões de Educação e Cultura, de Direitos Humanos e de Constituição de Justiça e Cidadania da Câmara dos Deputados. O texto já poderia ter seguido para o Senado Federal, por ter sido aprovado em caráter conclusivo pelas comissões. No entanto, requerimento do deputado Alberto Goldman (PSDB-SP) sugere que o projeto seja votado por todos os deputados, em plenário. A audiência pública desta terça-feira serviu para os parlamentares discutirem o tema com especialistas e dirigentes do governo. O presidente do Movimento dos Sem Universidade (MSU), Sérgio Custódio, espera que a audiência esclareça as dúvidas dos deputados antes da votação em plenário. "A expectativa é que o plenário ratifique a decisão das comissões e respeite o acordo feito entre movimentos sociais, MEC e Associação Nacional dos Dirigentes das Instituições Federais de Ensino Superior (ANDIFES) para

> implementação das cotas", disse Custódio. Mobilização - Nice Lobão lembrou que os movimentos sociais terão papel importante no plenário para convencer os parlamentares a aprovarem a matéria, apresentada há sete anos. Desde 1999, tramitam na Câmara dos Deputados mais de 20 projetos que tratam de cotas nas universidades. O texto aprovado pelas comissões destina 50% das vagas a alunos que cursaram o ensino médio em escolas públicas e reservam um percentual para alunos negros, pardos e indígenas, de acordo com a proporção dessas etnias nos respectivos estados, segundo o último censo do IBGE. (Nery, 2006).

Ficou latente a percepção de que o objetivo da coalizão contrária à Lei de Cotas, diga-se, ao PL 73/99b, não era bem o de esmiuçar o mérito da questão, mas, antes de tudo, impedir sua aprovação, simplesmente isso. Em 2006, como anteriormente visto, a coalizão contrária à Lei de Cotas buscará por todos os meios impedir o avanço do PL 73/99b no Parlamento: publicando livros, artigos em espaços generosos na grande mídia, editoriais reprovadores nos chamados "jornalões", lançando manifestos, fazendo visitas de pressão, tudo com ampla cobertura midiática, como ao Sr. presidente da Câmara, deputado federal Aldo Rebelo (PCdoB-SP) e ao Sr. presidente do Senado Federal, senador Renan Calheiros (PMDB-AL). Muitas vezes, valendo-se do discurso de autoridade, como aquele visto nas novas "autoridades" sobre as políticas públicas, às vezes onipresentes no debate público nacional, alcunhados de "especialistas", na prática, pessoas escolhidas a dedo e incensadas pela grande mídia que, uma vez presentes em debates no Parlamento, também tinham a pretensão de informar o "correto" voto aos partidos políticos, aos parlamentares.

Por isso, "fechar questão"[209] no PL 73/99b, como aprovado nas comissões, era a melhor arma que se apresentava para a Coalizão a favor da Lei de Cotas, na disputa política no plenário da casa, frente aos políticos, partidos e líderes.

A forte presença da história nesse dia revela como um abismo que se abre sobre quem anda na rua num dia normal de trabalho, uma segunda-feira, o quanto significava como mudança estrutural em política pública a aprovação da Lei de Cotas para os N*MS. Eles não acreditavam nos acordos dos salões da branquitude e seus requintes, não foi assim que eles tinham chegado até aquele momento da história do Brasil.

Os jornais de todo o Brasil, a televisão, cobriram os conflitos entre as coalizões em disputa naquele dia da Câmara dos Deputados, naquele 25 de abril de 2006. Como diria uma criança nascida no tempo do mundo virtual, "dê um google, se duvida". Para os N*MS, o acordo no chão do Parlamento era o acordo com o chão da sociedade, com os N*MS, não era o acordo entre as elites políticas, por mais que elas se vangloriassem e, talvez, por isso fossem respeitáveis, o que não é pouca coisa, de serem a elite política brasileira, mesmo que acomodada em diferentes siglas partidárias, eles se autodenominavam como a elite que enfrentou uma ditadura militar. O Brasil, paradoxalmente, precisava abrir alas para seu futuro político, equação nada trivial da história.

O bônus ganha a cena como estratégia política da coalizão contra a Lei de Cotas

Chovia pra caramba em São Paulo. O ônibus vindo da Zona Leste tinha que fazer o giro por baixo do viaduto Cidade Universitária e parar bem embaixo do viaduto antes de completar o giro pro povo descer rápido, ter onde se esconder da chuva. Ali estava um ponto molhado do

---

209 "Fechar questão", no Parlamento brasileiro, é usado para uma definição de posição política.

labirinto vivo da Lei de Cotas no território brasileiro. Como na Câmara dos Deputados em Brasília, é preciso entrar em grupos pequenos, com a camiseta por baixo, com cadernos e livros, atrás da reitoria, depois do restaurante será o ponto de encontro, um primeiro grupo guia os outros que o seguem com os olhos a uma distância segura para não chamar a atenção. Jogo muito rápido. A chuva favoreceu o caminho a pé, fila indiana recheada de vazios. Não houve problemas com os seguranças para se passar pelo portão de acesso da estação de trem Cidade Universitária. Aos poucos, antes das nove da manhã, chegam os sem-universidade em mais uma luta pelo direito à universidade. Juntos, MSU, EDUCAFRO e outros grupos presentes decidem ocupar o prédio da reunião do conselho universitário da USP antes da reunião que mudaria o vestibular da USP começar. A reivindicação comum era a aplicação da Lei de Cotas na USP. A USP retrucava com o INCLUSP, era a coalizão contra a Lei de Cotas em ação, era o enfrentamento prático entre as coalizões. A ocupação gera um grande impasse, o começo da reunião do conselho universitário é adiado, uma grande tensão no ar, a imprensa aparece e cobre o acontecimento. Os N*MS exigem serem recebidos pela reitora da USP. A reitora se recusa a receber, se permanecer a ocupação. Fica no ar a ameaça da chegada da tropa de choque para a retirada dos manifestantes. Há grande tensão. Depois de quase duas horas, um emissário da reitora diz que ela aceitaria receber uma comissão de negociação. Os manifestantes abandonariam a ocupação depois da reunião, sem prisões. O acordo é fechado. A rede globo de televisão faz a cobertura da negociação entre a reitora e a comissão virar imagens para todo o Brasil. Os manifestantes abandonariam a ocupação depois da reunião, sem prisões. Os N*MS argumentam que depois de todo o debate nacional da Lei de Cotas a USP quer oferecer migalhas no lugar, o que era absurdo. Acompanhada da pró-reitora de graduação, a reitora diz que é um primeiro passo, o INCLUSP seria um primeiro passo e, à medida de seus resultados ao longo dos anos, poderia avaliar novas mudanças. Os N*MS reivindicam o acompanhamento social dessas mudanças por meio da criação de uma comissão permanente com participação dos movimentos sociais. A reitora se compromete a montar essa comissão. Os N*MS reivindicam também que o INCLUSP seja debatido na Assembleia Legislativa de São Paulo em audiência pública, a reitora concorda. A reunião de cerca de 40 se encerra. Um documento de intenção é assinado pela reitoria e pelos movimentos sociais. Naquele dia, a luta pela Lei de Cotas na Câmara cresceu em importância: as burocracias universitárias, como a USP, não permitiriam mudanças substanciais em política pública, como a Lei de Cotas, logo, o caminho mais curto para derrotar a coalizão contra a Lei de Cotas era mesmo o Parlamento. Mudando lá, quem sabe, muda aqui.

Imagem 144 – Termo de compromisso entre a USP e os movimentos sociais

TERMO DE COMPROMISSO FIRMADO ENTRE A REITORIA DA USP E OS MOVIMENTOS SOCIAIS

São Paulo, 23 de maio de 2006.

A inclusão da escola pública na pauta da universidade é uma vitória do movimento social e movimento negro porque reconhece a ausência de estudantes da escola pública na universidade, entretanto repudiamos o silêncio sobre os negros e os indígenas nas políticas de acesso e permanência na universidade.

Propomos a criação de um grupo de trabalho com participação efetiva e deliberativa dos grupos dos movimentos social, estudantil e negro para que a política adotada pela USP tenha como referência todas as 35 universidades que já adotaram políticas de ações afirmativas. Esse grupo de trabalho deve apresentar uma proposta ao conselho universitário em até UM ANO e reivindicamos a presença dos membros do grupo de trabalho na reunião do CO em que esse assunto for votado.

Propomos também que a reitora compareça à uma audiência pública convocada pela Assembléia Legislativa no prazo de 15 dias para explicar a aprovação do projeto INCLUSP.

Assinam esse documento as seguintes entidades:

____
Reitora da Universidade de São Paulo

Educafro

Movimento dos Sem Universidade

Instituto do Negro Padre Batista

Cursinho da Psicologia da USP

Cursinho do CRUSP

Articulação Política das Juventudes Negras

Coordenação Nacional de Entidades Negras

Diretório Central dos Estudantes

Fonte: Arquivo MSU

*Veto político aos N*MS nas eleições de 2006*

Em 2006, a overdose das eleições gerais no Brasil acabaria por congelar a pauta da Lei de Cotas. Os N*MS, como soldadinhos de chumbo da história do Brasil, seriam intimados pelos poderosos de plantão a ficarem nos seus devidos lugares na história, ora veja, bons e obedientes entregadores de santinhos.

Se a disputa era eleitoral, fazia sentido a coalizão a favor da Lei de Cotas, sua liderança mais dinâmica, entrar no jogo para fazer valer a Lei de Cotas, dar uma resposta objetiva a José Carlos Aleluia, líder do PFL.

Triste ilusão. As vantagens competitivas do partido da linhagem e do partido da burocracia, como nos vetos vistos no MEC que escantearam os N*MS como os marginais da história do Brasil, arrotariam o seu poder artificial na hora sagrada da escolha dos candidatos federais para os pleitos de 2006. Se houve grande incentivo para candidaturas populares por conta da crise política e das incertezas de seus impactos eleitorais num primeiro momento, depois o jogo foi de cartas marcadas.

Os velhos amigos brancos do peito da Faculdade de Direito do Largo São Francisco ganharam a corrida eleitoral contra os N*MS e se apropriaram, criminosamente, de seus discursos, como se tivessem sugado como vampiros das elites de poder no Brasil, o sangue dos N*MS para impedir-lhes sua assunção política na cena nacional conservadora, à esquerda e à direita.

Uma reunião no apartamento requintado do ministro de Estado Paulo Vannuchi, chefe político de grandeza ímpar no panteão, num ponto na direção dos Jardins, abaixo da Avenida Paulista, numa tarde ensolarada de domingo do primeiro semestre de 2006, regada a whisky, Coca-Cola e comes, selou a miséria do destino político dos N*MS no quadro do financiamento privado das eleições gerais do Brasil. Estavam presentes Tarso Genro, Alberto, Paulo Teixeira, F. H. e representantes dos N*MS. Os representantes dos N*MS reivindicavam o direito a ter candidatura própria ao legislativo federal como legítima, por terem defendido o governo Lula em momento de crise política violenta, por terem demanda federal não atendida, a Lei de Cotas. F. H. tomou mais um gole de seu copo de whisky e permaneceu num silêncio sepulcral de cardeal do Vaticano, Paulo Vannuchi gesticulava, Alberto calara, alerta e meio contrariado, Tarso Genro tomava Coca-Cola tentando interpretar o que ocorria. Quem falou como um cão pitbull foi um assessor da Fundação Perseu Abramo, um desses barbudinhos de antanho da história da esquerda, vociferando horrores contra os N*MS e defendendo a ortodoxia branca do Largo São Francisco.

Humilhados naquela tarde de desesperança, uma arapuca artificial do poder do partido real da linhagem e do partido real da burocracia armada com muita antecedência, como uma ratoeira imoral, os N*MS mantiveram a candidatura a deputado federal pelos mesmos valores que os empolgavam na luta pela Lei de Cotas: vergonha na cara, humildade, respeito. Um envergonhado Tarso Genro seria o único que daria a cara naquela campanha eleitoral alucinada e sem nenhum recurso ou apoio partidário aos N*MS, que não seriam eleitos para o legislativo federal, mas que nem por isso parariam de lutar pela Lei de Cotas, pelo contrário. Ninguém dá poder para ninguém nesse Brasil como é. Participar da democracia não é só entregar santinho, votar. Naquelas eleições, a causa da Lei de Cotas foi divulgada em muitos lugares pelos N*MS. Por Iara Bernardi, a relatora, que não se reelegeria deputada, marcada como o sinal do demônio pela coalizão contra a Lei de Cotas e seus inquisidores midiáticos dominantes que preferiam ressuscitar as caveiras da ditadura a amar negros, indígenas, pobres, a escola pública, a periferia. A vida é luta, sonho e o preço que se paga para uma luta por mudança substancial em política pública. José do Patrocínio também não fora eleito outrora para o Congresso Nacional.

7.3 ENTRE 2007 E 2008: ESTABILIDADE POLÍTICA RELATIVA E O JOGO DECISIVO DOS N*MS NO CHÃO DA CÂMARA DOS DEPUTADOS PELA APROVAÇÃO DA LEI DE COTAS

Nesse biênio, a conjuntura política relativamente estável no Brasil, contribui, em tese, para o debate de mudança substancial em política pública. A coalizão vencedora das eleições gerais cresceu em complexidade e tamanho, com isso o mesmo partido que ganhou a eleição presidencial ganha também a eleição para a presidência da Câmara dos Deputados, é a gestão de dois anos de Arlindo Chinaglia. A tradicional foto do novo governo revela permanências, ausências e um maior número de siglas. Os povos indígenas estão ausentes, a presença negra diminui em relação ao primeiro governo e a base aliada ampliada do governo fica visível no maior número de siglas diferentes na linha de frente do governo, um ministério majoritariamente masculino e branco. O partido de esquerda teve o voto e o apoio dos pobres, do eleitor mediano. O tema da Lei de Cotas entrou marginalmente no debate, mas entrou. O período é marcado pelo crescimento econômico movido pelo *boom* chinês das *commodities*, pela alteração relativa da política econômica a favor de maior investimento, numa política fiscal mais ativa, em ganhos reais para o salário-mínimo e presença do Bolsa Família na base da pirâmide como alavanca nacional de socorro aos pobres. O encarceramento, entretanto, não para de crescer. Obama é o primeiro negro eleito presidente dos EUA e, em setembro de 2008, uma crise econômica mundial equivalente à de 1929 faz desabar crenças cegas das teorias macroeconômicas dominantes e desafia os governos no mundo afora. O G20 ganha importância mundial, assim como a articulação Sul-Sul e da América Latina. Lula exerce liderança regional e global, o Brasil parecia que ia dar certo.

Um primeiro round entre as coalizões inaugura 2007 pelo avesso: o nocaute inesperado aplicado pela coalizão contra a Lei de Cotas

Fazer a luta política no chão do Parlamento para uma mudança substantiva em política pública é jogar em time, não é um jogo de tênis, não é Guga contra o sérvio no chão de Roland Garros. Por isso, a importância da percepção dos embates entre as coalizões no chão do Parlamento do jeito que eles são importa. O clima no Parlamento azedou no primeiro semestre de 2007 para o lado da coalizão a favor da Lei de Cotas por conta do nocaute político que derrubou a ministra Matilde Ribeiro da SEPPIR. A coalizão contra a Lei de Cotas soube explorar e lucrar com esse fato político, mobilizando o longo curso do racismo estrutural brasileiro. A coalizão a favor da lei de Cotas perdia uma atriz de peso. Não cumpre a esta obra entrar nos meandros da questão em si. Cumpre, rapidamente, lembrar o ensinamento do professor Fábio Konder Comparato em suas aulas na Escola de Governo: agentes políticos são mortais, cometem erros, mas seus erros viram erros políticos, que têm equação própria na disputa política. A coalizão contra a Lei de Cotas explorou o fato para deslegitimar toda a luta pela Lei de Cotas. O jogo sujo se fez contra a mulher negra, com extrema violência, com ignóbeis piadas e, tristemente, muitas vezes, tímida defesa por parte da coalizão de governo. Não só Matilde Ribeiro apanhou, a própria SEPPIR foi colocada contra a parede pela coalizão contra a Lei de Cotas e sua forte base midiática.

Esse fato político grave fez, paradoxalmente, crescer a responsabilidade política dos N*MS em tocar como desse a luta pela aprovação da Lei de Cotas no Parlamento, desafio de solidariedade, desafio de superação. Os resultados práticos já alcançados indicavam que era preciso ir até o final, ganhar o jogo, pois a cada dia mais gente da periferia ia para a universidade, as vitórias dos anos anteriores garantiram aumento das cotas em várias universidades. Não se tinha nada a temer, tinha-se muito a preservar e muito ainda a conquistar.

*A Rua Tabatinguera se agiganta: os N*MS ganham corações e mentes no chão das periferias gigantes brasileiras, no chão da sociedade, e se armam para o conflito no Brasil e no Parlamento pela aprovação da Lei de Cotas. São os Levantados do Chão!*

Você viu? A fila vai até a Dr. Arnaldo, como pode? Até o Pacaembu, como pode? De fato, aquela reunião dos sem universidade tinha gente saindo pelas janelas. Era o fevereiro de 2007, centro de São Paulo, Rua Tabatinguera, 292, não cabia gente na quadra dos bancários, do lado de fora da rua tinha mais duas quadras dos bancários. Se a abolição inconclusa se fez em teatros, a Lei de Cotas se fez na quadra dos bancários lotada de gente da periferia junta, era a tradução objetiva do que coalizão a favor da Lei de Cotas queria dizer no chão da sociedade brasileira, era a força real do MSU, dos N*MS, só não via quem não quisesse ver.

Um silêncio se fez de repente. Meninos e meninas do Campo Limpo, que estavam na frente do palco formando uma orquestra começam a puxar o hino nacional, os instrumentos são latas, pedras, madeiras, tudo material reciclável que virou instrumento musical que virou orquestra. Sempre aberta com o Hino Nacional e a bandeira do Brasil, dessa vez a execução era feita pelas crianças, pelos adolescentes, pelas crianças negras, da escola pública, populares, indígenas, pobres, da periferia, por seus sonhos. É preciso repetir: a Lei de Cotas é para as crianças negras, indígenas, populares, para a escola pública, para acabar de vez com a noção tresvariada de que o Brasil é o país do futuro, mas para chamar a atenção dos que vivem de entregarem um futuro com vida nas mãos das crianças. Um coro gigante se fez, a quadra dos bancários vibrava, uma energia infinita que nenhuma ira de um José Carlos Aleluia no chão do Parlamento intimidaria, amedrontaria, eram as lágrimas e a alegria da fé num Brasil de direitos, do direito à universidade, que não é esmola de carente porcaria nenhuma. A aula inaugural do MSU, aquele gigante encontro dos sem universidade, suas famílias, seus sonhos, nunca sairia da cabeça e do coração de quem participou. Aquilo não tinha preço que pagasse. Aquilo valia por si só. Como um beijo vale por si só. Como um abraço vale por si só. O eco daquilo voa no tempo infinito, feito onda, feito som, energia infinita.

Uma moça negra declama um poema com o olhar no horizonte, no infinito, uma voz forte e doce que ecoa no tempo, ouve-se o grito da multidão: cotas já! Queremos estudar! O advogado Levi Mendes, testemunho ocular daquele dia não se aguentava de admiração. "Nossa, o que é isso?" Era o lixo fazendo a política pública nascer da vergonha na cara, fazendo a história. Pobre Modelo Garbage Can, ruminaria um Guerreiro Ramos sabedor do que política pública quer dizer no Brasil.

> *A aula inaugural sim, deixou umas lembranças mais específicas, a começar pela fila, pela quantidade de gente que tinha ali. _____[03:24] identificado com aquilo, a fila dando voltas no quarteirão, tinha muita gente. Lá dentro, então, tinha...* tava abarrotado de gente, eu lembro muito bem da, acho que foi uma coisa que tocou, da passagem da chama do MSU, que é algo que a gente costuma fazer em todas as aulas inaugurais, e acho que a

> mensagem dessa chama passando pegou, principalmente depois, conforme o tempo em que eu participava do movimento. _____*[04:00] essa coisa de... da chama ir passando de um pro outro, depois que eu consegui entrar na Universidade e fui entendendo isso, que a passagem da chama é como você* que vai criando um caminho, mantendo esse caminho aberto pros outros, você *não tá* entrando na Universidade por você, *pra você*, claramente transformando, de certo modo, a sociedade brasileira, o sistema de ensino superior brasileiro, a forma de acesso. Então, a chama representou essas coisas pra mim, ela teve um certo impacto nesse sentido. (Marcelo Barreto da Fonseca, coordenador do MSU, entrevista ao autor, 2019)

A chama da coalizão a favor da Lei de Cotas, dos N*MS alumiava caminhos.

Após perder uma eleição federal pela humilhação da ação de cúpula do partido real da burocracia e do partido real da linhagem, o MSU botava o bloco na rua Tabatinguera para quem quisesse ver, com humildade, vergonha na cara e respeito, para levar até o fim a luta pela aprovação da Lei de Cotas no Parlamento. Era um gigantesco trabalho de educação popular que se avizinhava, era todo sábado, todo domingo de muito trabalho nos cursinhos populares do MSU no chão da periferia de São Paulo e Grande São Paulo, trabalho de educação popular que informa a lógica e a verdade política da ação política dos N*MS no território brasileiro, sua legitimidade política como elo num labirinto vivo pelo direito à universidade, labirinto vivo que tem ponto histórico na rua Tabatinguera, naquele dia e não só. Os pés no chão da periferia dão a razão, o sentido, conectam os sentidos dos N*MS no chão do Parlamento, num só jogo de vida ou morte.

Intimidada, a coalizão contra a Lei de Cotas buscou, já naquelas águas de março de 2007, jogar areia, implodir o trabalho de educação popular do MSU nos fins de semana, por meio dos mecanismos de poder municipal de controle dos aparelhos públicos, foi um Deus nos acuda nos territórios com forte controle político vertical e violento nas periferias. O bem também causa o ódio. Perseverar sempre, esmorecer jamais. O conflito entre as coalizões no chão do Parlamento era o conflito no chão dos territórios. Tem trabalho este trem chamado sonho.

A ocupação da USP no prédio do Direito no Largo São Francisco

Numa noite de 2001, cerca de cem sem universidade dormiram juntos num ponto da Zona do Lixo, na Marquesa de Itu, dali saíram de madrugada, andando pianinho na calçada, em fila indiana, sem chamar a atenção, um grupo atrás do outro, em direção a um prédio da USP abandonado no centro de São Paulo, foi a ocupação cultural de prédio da USP no centro de São Paulo para denunciar a exclusão da Universidade no Estado mais rico da federação. Baixou a polícia, baixou a imprensa e houve uma saída amistosa com o recado dado e o encerramento da ocupação cultural em frente à Secretaria de Educação na Praça da República.

Imagem 145 – Ocupação cultural da USP (1)

Fonte: Arquivo MSU

Imagem 146 – Ocupação cultural da USP (2)

Fonte: Arquivo MSU

Imagem 147 – Ocupação cultural de prédio da USP (3)

Fonte: Arquivo MSU

Imagem 148 – Ocupação cultural de prédio da USP (4)

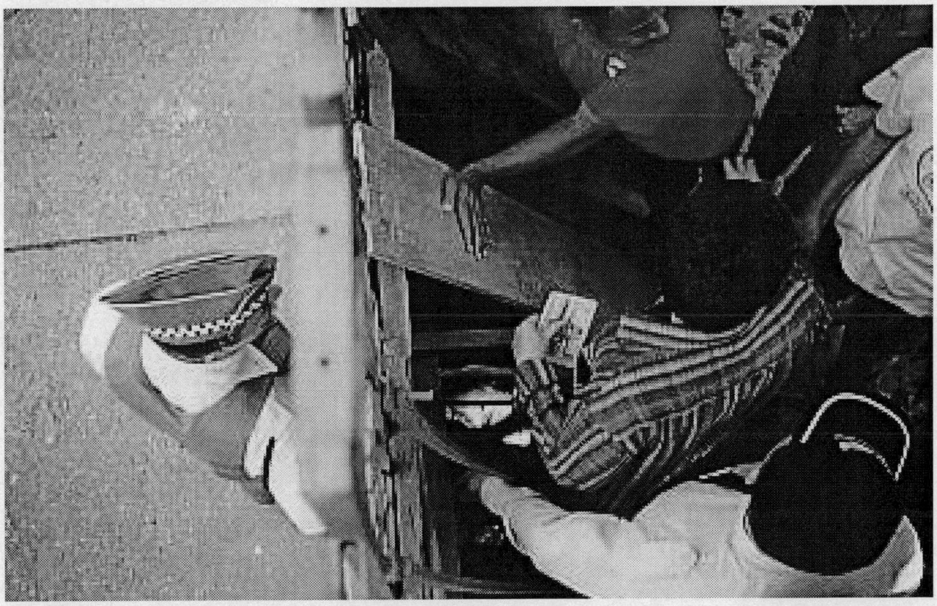

Fonte: Arquivo MSU

Imagem 149 – Ocupação cultural da USP (5)

Fonte: Arquivo MSU

Imagem 150 – Ocupação cultural da USP (6)

Fonte: Arquivo MSU

Imagem 151 – Ocupação cultural da USP (7)

Fonte: Arquivo MSU

Daquele dia em diante, o prédio desabitado da USP no centro de São Paulo, a chamada Casa da Dona Yayá, receberia mais atenção da administração da universidade. Demoraria muito, no entanto, para a USP mudar a forma de acesso. A USP Leste nasceria da acirrada luta por uma universidade pública municipal naquele período. Daquela ocupação cultural uma relação frutífera nasceu com estudantes de Arquitetura engajados da USP em seu grêmio. O Estúdio 5 da Faculdade de Arquitetura da USP seria o local para a seleção de educadores populares para os cursinhos populares do MSU todo ano dali em diante.

A relação dos N*MS com a USP era tensa, de amor e de dor. Da dor da exclusão da universidade na cidade maior do país, dor da luta que fez nascer a USP Leste e que levou a professora Miriam Krasilchick, relatora da instalação, a procurar o MSU para o diálogo, para o debate, o que foi feito de muitas formas, inclusive em debate duro de posições na TV USP.

Certa vez, um jornal do Centro Acadêmico da Faculdade de Direito da USP buscou mobilizar o racismo latente no lugar e na sociedade, de extrema violência, suas matérias chegavam a pedir que "os negros voltassem para a África". A resposta dos N*MS foi instantânea. Enterro da Intolerância. A manifestação contra o racismo, com o caixão deixado na porta de entrada principal da Faculdade de Direito da USP ocuparia o noticiário da televisão e da imprensa. A coalizão contra a Lei de Cotas fazia seus ensaios de ódio. A coalizão a favor da Lei de Cotas reagia.

Imagem 152 – Caixão com o enterro da intolerância. Protesto contra episódio grave de racismo do Centro Acadêmico XI de Agosto, na Faculdade de Direito da USP, 2005

Fonte: Arquivo MSU[210]

Na Barra Funda, em 2007, uma reunião dos movimentos sociais bate o martelo para que se efetivasse uma ocupação da Faculdade de Direito da USP para que a população soubesse da reivindicação da necessidade de aprovação da Lei de Cotas já, das cotas já lá no Parlamento, das cotas na USP já!

Diversas reuniões e um movimento ligeiro juntam um conjunto de pessoas para a ocupação naquela segunda-feira, do meio da tarde até a noite. A coalizão a favor da Lei de Cotas, os N*MS participam ativamente da ocupação. O lugar é muito visado, há vários destacamentos de cúpula policial no entorno. A ideia era fazer uma vigília e organizar um debate. O clima fica tenso, à medida que uma parte dos estudantes da USP se volta contra a ocupação cultural. Os N*MS se valem dos princípios da não violência de Gandhi: sem destruição do patrimônio, sem quebrar nada, apenas expor a insatisfação com a exclusão da universidade e reivindicar as cotas já. O lugar aos poucos se enche de jornalistas, equipes de rádio, de televisão. Há uma divisão de trabalho e um revezamento de funções na ocupação cultural para a garantia. A gestão do centro acadêmico apoia a ocupação cultural e negocia com a direção da faculdade irada. A presença ostensiva dos seguranças terceirizados no ambiente da ocupação preocupa pessoas mais experientes por conta das informações, os seguranças estão o tempo todo falando no rádio. No pátio das arcadas e na sala dos estudantes, concentra-se a ocupação. No pátio, abre-se o debate no começo da noite, microfones e variadas

---

210 A data automática na foto está errada, é 28/06/2005.

vozes na defesa das cotas já. Tom Zé aparece na ocupação. Empolgado, veste a camiseta do MSU. Canta e anima a ocupação cultural, plenamente caracterizada.

Imagem 153 – Tom Zé veste a camisa do MSU na ocupação da Faculdade de Direito da USP, 2007

Fonte: Arquivo MSU

A noite avança e poderia trazer surpresas desagradáveis. O representante do centro acadêmico está encabulado. Professores, estudantes e funcionários acompanham de longe a manifestação e as atividades normais daquela noite são suspensas pelo diretor da faculdade que aciona o governador do Estado, José Serra. A ocupação decide ir até o fim com a vigília e ancorada numa ideia de que o espaço da sala dos estudantes do Largo São Francisco era seguro e um espaço de manifestações democráticas desde a luta pela abolição inconclusa no XIX. Parte dos manifestantes fica no subsolo, na cantina. A noite avança. Do outro lado da rua, pela via de acesso da passarela, a tropa de choque chega. Os manifestantes são presos, colocados todos em ônibus e encaminhados para a delegacia na entrada da madrugada.

Marcelo Barreto da Fonseca, coordenador do MSU, participou da ocupação histórica:

> *O Choque invadiu por cima. Eu dei de cara com o Choque bem quando eu tava indo usar o banheiro...ouvi a batida do cassetete na placa vindo na minha direção, aquilo lembrou chinelada.. a gente quase apanhou no frio, que a gente foi tudo pra delegacia, fichado. Botaram a gente sentado no chão na rua, na madrugada fria pra porra, botaram a gente dentro do busão da polícia e levaram todo mundo pra delegacia. Tinha um contingente imenso de polícia, tinha tipo de polícia que eu nunca vi na vida. Tinha o Choque, tinha sei lá mais qual, tinha muita polícia e, se bobear, tinha um policial pra cada manifestante, de tanta gente que tinha.* (Marcelo Barreto da Fonseca, coordenador do MSU, entrevista ao autor, 2019)

O forte protesto da coalizão a favor da Lei de Cotas, dos N*MS, teve forte repercussão no Brasil, mais um ponto no labirinto. Como reação da coalizão contra a Lei de Cotas, o então diretor da Faculdade de Direito da USP pavimentaria o caminho gélido do marasmo do direito à universidade no estado de São Paulo. Agradecido pela solução rápida de limpeza da Faculdade de Direito do Largo São Francisco, o governador do estado de São Paulo o privilegiaria na escolha como próximo reitor da USP. Em sua gestão como reitor, as cotas foram assunto proibido, pecado mortal de 2008 a 2012.

Mais uma vez, a luta no chão do Parlamento nacional pela Lei de Cotas era o caminho, o que lembrava Joaquim Nabuco e a abolição inconclusa. Era importante cabular no território a coalizão a favor da Lei de Cotas, ganhar aliados.

*Fortalecendo a coalizão pela Lei de Cotas: a Campanha Nacional pelo Direito à Educação se alia aos N*MS*

Sempre acompanhando a correria do MSU na Ação Educativa estava Denise Carreira, sua coordenadora. Ela convidou o MSU para a reunião de mudança da coordenação da Campanha, uma reunião que ocorreria em Brasília, no Retiro Assunção, com gente de vários lugares do Brasil. O MSU foi convidado para falar sobre a tramitação da Lei de Cotas no Parlamento. Era um lugar conhecido com gente desconhecida simpática. A pauta da Campanha era grande e os comitês dos estados ali presentes buscavam consensos para cada ponto. O debate em torno do PL 73/99 seria um ponto específico da pauta, ocasião em que os N*MS falariam. O objetivo dos N*MS era ampliar a coalizão e poder contar com a Campanha com aquela pegada que se via na Ação Educativa, dispostos a ajudar na incidência política, para usar um linguajar da Campanha, no Parlamento. Numa mesa coordenada por Iracema, a exposição feita pelos N*MS do estado da arte do PL 73/99, na Câmara dos Deputados, demorou quase uma hora e o debate foi aberto. De Alagoas, de Santa Catarina, de Tocantins, da Bahia, de Pernambuco, era muito grande o interesse das pessoas presentes no debate. Com o passar do debate, aquilo já era um diálogo amistoso entre membros de uma mesma coalizão, com muitas pessoas dispostas a vestirem de fato a camisa do MSU para fazer a luta conjunta pela Lei de Cotas nos Estados e na Câmara dos Deputados. Era um raio de esperança que passava a brilhar na coalizão a favor da Lei de Cotas, com a entrada no jogo de uma importante aliado. Porém, para os N*MS, a participação isolada dos indivíduos ou de alguns comitês estaduais não era suficiente. Os N*MS cobravam uma definição política da Campanha em torno do PL 73/99 e o engajamento da Campanha na luta no Parlamento que era grande. Mais uma hora de debate e a Campanha delibera por unanimidade o apoio e a priorização da luta pela aprovação do PL73/99 no Parlamento. Daniel Cara, que naquela sala de reuniões do Retiro Assunção, no fim do corredor do restaurante, entre cadeiras em roda, assumia a coordenação da Campanha Nacional pelo Direito à Educação com a passagem do bastão de Denise Carreira, seria encarregado de ajudar o MSU no que pudesse e no que não pudesse, dado que a Campanha tinha uma grande pauta. A responsabilidade pela buzina da Lei de Cotas no Parlamento ficava com o MSU. Assim, a coalizão a favor da Lei de Cotas, os N*MS têm fortalecido a coalizão e fortalecido suas próprias lideranças na coalizão a favor da Lei de Cotas. A Campanha se organizava em rede em todo o Brasil, mas também na América Latina e no mundo. Ali estava presente a coordenadora da Campanha Latino-Americana pelo Direito à Educação naquele dia. A pauta da educação como direito e não com negócio trouxe para a Lei de Cotas muitos significados pouco valorizados do que a intersecção entre raça e escola pública quer dizer na cena política brasileira. Assunto, aliás, muito pouco pesquisado em função de uma armadilha precipitada do discurso de "cotas sociais", ardilosamente difundido pela coalizão contra a Lei de Cotas. Nomes importantes daquele dia: Evaldo de Santa Catarina, o cara de Alagoas, o cara de Tocantins, o próprio Daniel Cara, a Iracema compraram a briga. Um aprendizado em política pública se nota nesse dia no Retiro Assunção. Uma coalizão requer diálogo com diferentes. Esse diálogo ocorre em nível elevado de compromissos com a mudança substancial em política pública que se quer. Esse diálogo não busca reinventar a roda, mas busca somar energias para fazer valer a mudança substantiva em política pública que a Lei de Cotas representa, fazer aprovar, fazer valer pra valer, outro linguajar da Campanha. Entre os momentos do protesto e os momentos do diálogo, ganhava corpo no Brasil a coalizão a favor da Lei de Cotas, na caminhada de energia infinita dos passos dos N*MS do chão da escola pública, do cursinho popular nas grandes periferias do Brasil até o chão do Parlamento, seus corredores, seus medalhões. Uma andorinha sozinha não faz verão, a coalizão a favor da Lei de Cotas pedia passagem na cena grande da história do Brasil, com humildade, respeito e vergonha na cara, sem pieguice, de mãos dadas. *We shall overcome?* Essa ciranda não é minha só, ela é de todos nós, é de todos nós. A coalizão pela Lei de Cotas cada vez mais ganhava a cara da ciranda nordestina, entra quem tá a fim de lutar, não há necessidade de apresentar crachá, nem de se intimidar em se misturar.

A rodada estadual da Conferência Nacional de Educação Básica

Nesta obra, o capítulo quatro explora o subsistema de educação no Brasil em sua dinâmica histórica, à cata do lugar de encaixe da Lei de Cotas nesse desenho. Uma das ocorrências que aparece no subsistema de educação brasileiro são as conferências de educação, cujos rebentos são já visíveis no XIX marginalmente, mas se fortalece nos anos 1920-1930, sendo especialmente relevantes para o movimento da educação popular, onde as conferências são fóruns privilegiados de debate da política pública de educação nos anos 1950 e 1960, com Paulo Freire.

Para a teoria ideal de política pública baseada no modelo ACF, se aplicada *ipsis litteris* no Brasil, a Conferência de Educação seria espécie de epicentro, grande salão onde as coalizões em política pública se enfrentam para ver o que de melhor há em política pública, num jogo democrático balizado pelo princípio ideal do *fair play* entre as partes, entre as coalizões em disputa por uma política pública, como se fosse um jogo no Itaquerão, entre Corinthians e Palmeiras. Novamente, a redução em política pública inspirada na redução sociológica do mestre Guerreiro Ramos, opção teórica desta obra se faz necessária para a análise. Ocorre que, no Brasil, as elites brancas, os reitores, os parlamentares, os donos de universidades, os donos de gigantescos cursinhos privados jamais "se dão ao luxo" de irem ao fórum público resolver suas diferenças sobre políticas públicas com o lixo da sociedade. A elite política brasileira não enxerga a democracia como cultura viva na sociedade um valor de alto quilate, pelo contrário. A coalizão contra a Lei de Cotas busca ganhar o jogo por W.O. A coalizão contra a Lei de Cotas busca ganhar o jogo no tapetão, com o poder de fogo de sua posição relativa na hierarquia racial da sociedade brasileira, de status, de recursos, sua posição de artilharia pesada no mercado brasileiro de educação, sua posição de comando político do SETOR, sua posição no balcão *tête-à-tête* com o Sr. ministro da Educação. Assim, a coalizão contra a Lei de Cotas não vai ao encontro do debate público como o caso da conferência de educação. Não é porque é um governo de esquerda que a coalizão contra a Lei de Cotas não vai ao encontro da Conferência de Educação. Que a imprensa, informada pelo comportamento político de seus principais anunciantes em 2007, deixa seus assentos na conferência vazios, para a desgraça da qualidade do debate de política pública de educação no Brasil, ou seja, a sala de imprensa, os gabinetes da imprensa estão vazios, o interesse em comunicar o que é discutido na Conferência de Educação para a população é zero, nulo. Cecília Meireles se agita no túmulo clamando pela nação plural. Sem chance. *O Estado de*

S. Paulo, jornal que assinou o Manifesto dos Pioneiros da Educação, não aparece no Adamastor em Guarulhos para a etapa estadual da Conferência Nacional de Educação, exercício de uma democracia viva no Brasil que renasce, como se o Brasil fosse a Alemanha e o seu clássico Partido Social-Democrata, somente no ano de 2007, atropelada que fora pela enormidade da crise política de 2005.

A chegada do partido real dos sindicatos no MEC, do partido real dos sindicatos de educação em 2007, personalizado na figura do professor Chagas, um negro do Rio Grande do Norte, afirmou na história do Brasil a rebentação das conferências como prática democrática para o debate no chão da sociedade das políticas públicas de educação, para a ira dos balcões dos andares superiores do próprio MEC, paradoxalmente.

Talvez, na conjuntura entre os anos de 2007 e 2008, o fator político essencial no sentido da ação política da coalizão a favor da Lei de Cotas, no sentido de mudança substantiva em política pública no Brasil, tenha sido as rodadas da conferência nacional de educação que colocaram todo o Brasil, um hiperpaís, numa só sintonia, num só debate.

Mostra objetiva, para os céticos, da hipocrisia presente no discurso da coalizão contra a Lei de Cotas, como na fala central "é preciso cuidar primeiro da educação básica". Quimera hipócrita. A coalizão contra a Lei de Cotas não frequenta o espaço público da conferência nacional de educação básica, por birra aristocrática, por total falta de zelo, compromisso e sentido com a educação básica pública. Fala de que não se deve aprovar a Lei de Cotas no Parlamento por causa da educação básica por falar, mas quando há o debate público da educação básica no Brasil foge da raia.

É com tristeza que esta obra constata que a Coalizão contra a Lei de Cotas simplesmente fugiu do debate dos destinos da educação brasileira na etapa estadual da Conferência Nacional de Educação Básica, como no Adamastor, em Guarulhos, mas em praticamente todos os estados da federação. Afinal, a indiferença é uma crença central na coalizão contra a Lei de Cotas. Indiferença com relação ao destino das crianças negras, indígenas, populares, da escola pública.

Em termos comparativos, num só sistema de educação, comparado com os anos do Manifesto dos Pioneiros da Educação, as elites brancas se empoleiraram atrás de seus privilégios e tem medo do debate público de ideias, como se o país, no tempo presente e no tempo futuro lhes devesse a obrigação de endeusar sua posição de privilégio branco no quadro nacional de desigualdade. Eles clamam pela cadeirinha eterna do XIX? É preciso aumentar o grau da cobrança sobre os anunciantes, os donos dos faturamentos de mercado.

Pense bem. Por que Adamastor em Guarulhos como sede regional no principal estado econômico do país, o estado de São Paulo, para o palco da Conferência Nacional de Educação em sua etapa estadual? Há um boicote oficial regional no ar, a própria lógica formal entre os entes federados, a União, o Estado, os Municípios, fica meio que em suspensão. Não eram aliados na luta contra a ditadura? No Brasil, a miséria tem hora, essa hora nunca tarda. Os poderes estaduais, informados pela coalizão contra, não toleram lógicas democráticas que lhes subtraiam um mísero poder, é então o boicote, por isso o Adamastor passa a existir. Guarulhos vira a capital da Educação do estado de São Paulo. Uma capital marginalizada pela coalizão contra a Lei de Cotas.

Não é desses dias apenas. Desde o século XIX da escravização negra, indígena, a educação como negócio de particulares nadou de braçadas sobre o poder público brasileiro. Lendo friamente o subsistema nacional de educação, suas engrenagens, sobressai o seu caráter liberal, desde o XIX, é o popular "se você não tem dinheiro, bota seu filho estudar na escola pública". Por isso, repita-se com

Guerreiro Ramos, é preciso esmiuçar as razões epistemológicas por trás do violento ataque contra a escola pública no XXI, bem como esmiuçar a intersecção entre a escola pública e a raça no Brasil.

Ali no Adamastor, bem perto de nós.

Ocorre que havia mais de 500 sem universidade de Guarulhos dentro do processo da gigantesca quadra dos bancários daquele começo de 2007. Logo, se o MSU é para lutar pela Lei de Cotas, depois de tanto desaforo de não ter escola pública onde o Cursinho Popular do MSU se localizar, por birras insanas dos poderes de plantão nas escolas como as os senhores de lapela e as senhoras de laquê da educação bancária, com nojo do povo brasileiro como ele é, depois de conseguir escola para o cursinho popular no fim de semana, depois de conseguir merenda e um lugar bom no centro e no Pimentas, é hora de dar o recado na conferência nacional de educação em Guarulhos, assim é a obra aberta do cursinho popular do MSU a leitura do caminho para a universidade é a leitura do mundo de opressão e a luta cotidiana para a superação, a luta dos oprimidos, como ensinou Paulo Freire.

É ali, naquela ocasião da história, que a coalizão a favor da Lei de Cotas adentra o mundo infinito daquilo que Conferência Nacional de Educação quer dizer na história do subsistema de educação no Brasil.

Ali o MSU, os N*MS chegaram em peso, pois era perto de casa. Quase todo o cursinho popular do MSU baixou na etapa estadual da Conferência Nacional de Educação Básica, para reivindicar com voz forte uma universidade federal, pública em Guarulhos, processo que a participação do MSU já iniciara na audiência da Câmara Municipal de Guarulhos, em 2001. Era preciso parir a universidade pública em Guarulhos em parceria entre o Município, o Estado e a União, uma federal que fosse, para que esse povo não virasse só gado marcado do ensino privado na cidade e suas mil e uma manipulações, da política até a mídia. Foi um show do que educação popular do MSU quer dizer, do que cursinho popular como obra aberta a criatividade da história no sentido da transformação social quer dizer, a participação do MSU foi inusitada, de repente se encontra com o professor João Monlevade para uma foto nos corredores do Adamastor, com a ex-deputada federal Iara Bernardi, relatora da Lei de Cotas na CCJ, com o prefeito da cidade Elói Pietá. Em todos os eixos definidos para o debate da Conferência Nacional de Educação Básica em sua etapa estadual de 2007, havia um sem universidade para reivindicar um direito, como a musa Sara, do MSU. Com tão intensa participação, ao fim e ao cabo da etapa estadual, o MSU verá aprovado cerca de dez delegados estaduais para a Conferência Nacional de Educação, que ser realizaria em Brasília, em 2008. A Conferência Estadual de Educação, desse modo, é ponto fundamental no labirinto vivo da Lei de Cotas no Brasil. Marcelo Barreto da Fonseca, coordenador do MSU, participou da luta pela criação da Universidade Federal, em Guarulhos, foi delegado do MSU, do movimento social, na Conferência Nacional de Educação Básica etapa regional, eleito como delegado para a etapa nacional.

> *Sem dinheiro pra... Primeiro no bairro do Bom Clima, em Guarulhos, e depois ficou mais perto de casa, no Pimentas, mas eu andava do mesmo jeito. Quando era no Bom Clima pra não pagar dois busão eu pegava um, descia na Monteiro Lobato e andava, eu já não lembro se eram uns trinta, quarenta minutos, que eu andava até lá pra não pagar o segundo busão e no Pimentas eu não pagava busão nenhum, ia direto de casa até lá e eu acho que eu andava coisa de uma hora e tal. Eu acordava mais cedo mas ia feliz, eu gostava.*
>
> *Isso, isso. Inclusive ainda, acho que eu ainda tenho algum documento disso, pelo menos o crachá. Esses dias eu tava mexendo nos papéis aqui em casa e achei, não lembro se foi dessa ou se foi só da CONEB, mas participei dessa e depois da CONEB. Nessa eu já saí como delegado pra*

> *CONEB, pra Conferência Nacional de Educação Básica, e participei da Conferência Nacional de Educação Básica também como delegado.* (Marcelo Barreto da Fonseca, coordenador do MSU, entrevista ao autor, 2019).

A ligação entre o subnacional e o nacional em política pública, como no caso da luta pela aprovação da Lei de Cotas no Parlamento brasileiro, nem sempre é óbvia. Tomando como fio condutor o corpo negro de Marcelo Barreto da Fonseca, coordenador do MSU, talvez isso fique mais evidente. Marcelo sai do Cursinho Popular do MSU, em Guarulhos, nos fins de semanas na escola com alimentação no Bairro do Bom Clima, de difícil acesso para ele que sai de Itaquaquecetuba e vai atrás do prejuízo, lutando simultaneamente por uma universidade pública, federal, no município de Guarulhos e pela Lei de Cotas em âmbito federal, para garantir acesso a essa universidade.

> *Esse era o objetivo principal da gente _____[07:00]. Todos os dias, todos os lugares por onde a gente passou, a gente fazia fala sobre isso, a gente passava abaixo assinado, isso desde Guarulhos até Brasília, o tempo todo a gente tava falando disso.* (Marcelo Barreto da Fonseca, coordenador do MSU, entrevista ao autor, 2019)

Marcelo Barreto da Fonseca atesta que o abaixo-assinado pela Lei de Cotas foi um recurso político mobilizado pelo MSU, um instrumento de luta da coalizão a favor da Lei de Cotas, tanto na Conferência Estadual de Educação, em Guarulhos, em 2007, como na etapa nacional, em Brasília, em 2008.

> *Ela foi do dia 14, 18, de abril de 2008. Tinha representantes de vários movimentos, tinha a galera indígena, tinha a galera de movimentos grandes e movimentos pequenos, pequenos no sentido mais geográfico, de movimentos locais, não necessariamente nacionais, e esse pessoal todo tava apoiando.* (Marcelo Barreto da Fonseca, coordenador do MSU, entrevista ao autor, 2019).

E aí, esse documento foi encaminhado depois pro relator da Lei de Cotas na Comissão de Educação, em 2008, esse conjunto de assinaturas de todos os delegados da CONAE, um baita recurso político da coalizão a favor da Lei de Cotas, liderada pelos N*MS, pelo MSU que recolhia as assinatura na CONAE 2008, em Brasília, num ritual de humildade, paciência, respeito e vergonha na cara, mas, acima de tudo, crença na necessidade urgente de mudança substancial na política pública de acesso à universidade no Brasil.

É de se prestar atenção na relação entre o subnacional e o nacional no exemplo dado. Isso é fundamental para as hipóteses desta obra e para o modelo analítico inovador em política pública construído nesta obra com base na produção intelectual de Guerreiro Ramos. Ou seja, de Itaquaquecetuba, do bairro Bom Clima, em Guarulhos, do bairro Pimentas, em Guarulhos, da quadra dos Bancários na Tabatinguera, em São Paulo, brota a flor, que pode ser chamada a camélia branca da Lei de Cotas, que se traduz no chão do Congresso Nacional, da Câmara dos Deputados, no abaixo-assinado forte e vibrante da maioria dos delegados da Conferência Nacional de Educação Básica como parte vibrante da coalizão nacional em favor da Lei de Cotas no Brasil, liderada desde o chão da sociedade brasileira pelos N*MS, até o chão da Câmara dos Deputados, para o que der e vier, para uma mudança significativa na política pública de acesso à universidade no Brasil.

Comissão de Educação do Senado aprova projeto semelhante para a Lei de Cotas

A coalizão a favor da Lei de Cotas, em reação ao veto na Câmara, obtém uma vitória simbolizada pela aprovação em caráter terminativo de um PL de Cotas na Comissão de Educação e Cultura, do Senado Federal, sob a presidência do senador Cristovam Buarque (PDT-DF), que cumpriu a palavra com os N*MS e colocou para votação o PLS 546/2007, de autoria da senadora Ideli Salvatti (PT-SC), com relatoria do senador Paulo Paim (PT-RS).

> A Comissão de Educação do Senado Federal aprovou nesta terça-feira (01/07) o PL 546/2007, de autoria da senadora Ideli Salvatti (PT-SC) que reserva metade das vagas das instituições federais de educação profissional e tecnológica a estudantes que tenham cursado todo o ensino fundamental em escola pública. Os senadores decidiram ampliar a medida a todas as instituições federais de ensino superior. Dentro dessa reserva de vagas, o projeto prevê cotas para alunos negros e índios em proporção igual à composição da população na unidade da federação em que a instituição estiver localizada. A proposta segue para apreciação da Câmara dos Deputados. (Comissão [...], 2008, s/p).

A chegada desse projeto de lei à mesa da Câmara, com a nomenclatura PL 3913/2008, no segundo semestre de 2007, foi motivo de grande comemoração por parte dos N*MS. Sem dúvida, agregava-se um elemento de pressão sobre o Plenário da Câmara, pois aquele projeto era praticamente equivalente ao da Câmara dos Deputados.

*Novo pedido de urgência para a Lei de Cotas é feito pelos N*Ms em 2007*

Apesar do Marquinhos, da liderança do PT na Câmara dos Deputados ratear, sempre preocupado com as vagas de suas filhas na UFMG, os N*MS vão bater de novo a sua porta na liderança do PT, sala térreo final do Edifício Principal da Câmara dos Deputados naquele 2007, de novo, para acostumar, água mole em pedra dura tanto bate até que conquista a Lei de Cotas no Parlamento.

Era um novo requerimento de urgência e as assinaturas iriam novamente começar pela liderança do PT. Aos trancos e barrancos, saídos das extremas periferias de São Paulo, os N*MS chegam até o chão da Câmara dos Deputados para um novo pedido de urgência, ultrapassado o vulcão que se abateu sobre a coalizão a favor da Lei de Cotas no primeiro semestre de 2007, ultrapassado o dia a dia de viver com uma prática política de balcão da nova cúpula do MEC que sucedeu a concertação de Tarso Genro. Para os N*MS, melhor pisar com os pés descalços da periferia diretamente, doa o que doer, o poder legislativo, a Câmara dos Deputados, do que serem monitorados pelos sapatinhos de princesa do MEC sob a ética do balcão. Antes os espinhos do chão da Câmara do que a humilhação do alto da arrogância e da vaidade da nova cúpula do MEC. Quem saiu da periferia empolgado pelo que restou do trator do poder conservador da coalizão contra a coalizão a favor da Lei de Cotas, depois do sucesso da aula inaugural do MSU na quadra dos bancários no começo de 2007, conseguiu chegar a Brasília empolgado por um só espírito: humildade, respeito, vergonha na cara, fazer valer o que as gerações anteriores tinham deixado até aprovar a Lei de Cotas no chão da Câmara dos Deputados. Não precisava de muita conversa fiada, o papo era reto, como ensino os Racionais MC's: caminho aberto nas universidades privadas, caminho aberto nas universidades públicas, não somos cidadãos de segunda classe, somos a maioria da nação, sem vaidades.

Naquele setembro, entre almoços no Bom Prato de Santo Amaro e as aulas no Cursinho Popular do MSU, os bótons feitos pelo MSU onde no arco superior se lia Conquistamos o PROUNI, no arco inferior Falta a Lei de Cotas, no lugar das camisetas amarelas do MSU, esses bótons, dado o histórico de lutas dos N*MS na casa.

Passo a passo de novo, bater à porta de cada líder partidário com máximo respeito e sem nenhum prejulgamento de ninguém *a priori*, bater com respeito clamando pelo mesmo respeito com a legitimidade dos trabalhos de educação popular dos cursinhos populares no chão da periferia, de uma liderança até outra, como fizeram o Zé Carlos, o Marcos Rogério, coordenadores do MSU, em 2004, na humildade, era preciso fogo no pavio da Lei de Cotas.

Os bótons foram suficientes para conseguir a assinatura da maioria dos líderes partidários favoráveis a Lei de Cotas, com exceção da negação em assinar de Onix Lorenzoni, líder do PFL, deputado federal do RS e do líder do PSDB. As assinaturas da maioria das lideranças partidárias foram suficientes para o MSU protocolar o pedido de urgência na secretaria geral da mesa da Câmara dos Deputados, de acordo com as sempre honestas orientações do saudoso amigo Mozart Vianna, então secretário-geral da Mesa Diretora da Câmara dos Deputados do Brasil.

As fotos comprovam os movimentos feitos em 2007, para não desapontar a ciência que estuda as políticas públicas de modo interdisciplinar. A urgência para a Lei de Cotas reforça a arquitetura erguida pelos N*MS, é a urgência para o PL 73/99.

Imagem 154 – Novo pedido de urgência para a Lei de Cotas é entregue ao Presidente da Câmara o deputado federal Arlindo Chinaglia, 2007

Fonte: Arquivo MSU

Imagem 155 – Documento de novo pedido de urgência ao PL 73/99 articulado pelos N*MS, tal esforço se mostraria infrutífero, novamente pela atuação da Coalizão contrária à Lei de Cotas

CÂMARA DOS DEPUTADOS

Ponto: Ass: Origem:

Requerimento 1666

REQUERIMENTO DE URGÊNCIA

Senhor Presidente,

Requeremos, nos termos do artigo 155, do Regimento Interno da Câmara dos Deputados, urgência para apreciação do **Projeto de Lei nº 73, de 1999,** que "Dispõe sobre o ingresso nas universidades públicas federais para formandos na escola pública".

Sala das Sessões, em 04 de setembro de 2007.

Bloco PMDB, PSC,PTC
Deputado Henrique Eduardo Alves

Líder do PT
Deputado Luiz Sérgio

Bloco PSB,PDT,PcdoB,PMN,PHS,PRB
Deputado Paulo Pereira da Silva

Líder do PSDB
Deputado Antônio Carlos Pannuzio

Líder do DEM
Deputado Onyx Lorenzoni

Líder do PP
Deputado Mario Negromonte

Líder do PR
Deputado Luciano Castro

Líder do PTB
Deputado Jovair Arantes

Líder do PPS
Deputado Fernando Coruja

Líder do PV
Deputado Marcelo Ortiz

Líder do PSOL
Deputado Chico Alencar

Líder do PtdoB
Deputado Vinicius Carvalho

Líder do Governo
Deputado José Mucio Monteiro

Vice-Líder do Governo
Deputado Henrique Fontana

Vice-Líder do Governo
Deputado Beto Albuquerque

Secretaria-Geral da Mesa SEPRO 13/Set/2007 11:10
Ponto: 117.103 Ass: Origem:

904DB67F15

2062 (AGO/06)

Fonte: Arquivo MSU

Imagem 156 – Coleta das assinaturas dos líderes partidários

Fonte: Arquivo MSU

*Dois mil e oito e a mudança de estratégia dos N*MS e da Coalizão a favor da Lei de Cotas*

A fé é arma sempre viva na sacola dos N*MS. Conforme o ensinamento de um líder quilombola do Maranhão, o número 8 e seus quebrados tinha peso para o direito quilombola na história do Brasil. Há algo da luta da ancestralidade em torno do número oito e seus derivados?

Três datas históricas e um acontecimento entraram no cálculo político do N*MS, da coalizão a favor da Lei de Cotas para um aumento de sua presença no chão da Câmara dos Deputados em 2008: 1) os 120 anos da abolição inconclusa no Brasil; 2) os 200 anos de instalação dos primeiros cursos superiores no Brasil; 3) os 60 anos da Declaração Universal dos Direitos Humanos; 4) a realização da Conferência Nacional de Educação Básica (CONEB), em Brasília.

O ano de 2008 é de trabalho intenso nos cursinhos populares do MSU, da EDUCAFRO, os pés no chão da periferia são os mesmos pés no chão da Câmara dos Deputados na luta pela Lei de Cotas, porque eram os pés descalços da ancestralidade negra, indígena, popular no Brasil, lutando por liberdade, universidade.

Um ano fala com outro no jogo das coalizões.

Dessa forma, a energia armazenada em cada Conferência Estadual de Educação que aconteceu em todo o subsistema de educação, em 2007, em todas as 27 unidades da federação terá um só teatro comum em Brasília, no abril de 2008, momento da Conferência Nacional de Educação, uma inovação institucional que aprimora antigo registro institucional na história do subsistema nacional de educação do Brasil, como visto no capítulo quatro desta obra. Eram as asas do elefante da Lei de Cotas? Mas o tema não é educação básica? Como assim?

Sim, o tema é educação básica, mas para a coalizão a favor da Lei de Cotas, a Lei de Cotas é para as crianças negras, indígenas, da escola pública, pobres, é então a Lei de Cotas para todo o subsistema de educação, é essa a concepção que guia e que tece aliados dentro do subsistema de educação para a coalizão, caso contrário a Lei de Cotas vira remédio de gripe, não sendo daí uma mudança substantiva em política pública, capaz de passar pelo teste intergeracional que nega a reprodução da desigualdade em educação para afirmar novos direitos. Por isso, os N*MS importam, mesmo à margem desse subsistema, nos marcos da noção teórica de campo educacional de Pierre Bourdieu, importa porque eles assumem a liderança da coalizão a favor da Lei de Cotas por tensionarem o tempo todo: essa pauta, os dirigentes da conferência, as autoridades, delegadas, delegados, delegades da CONEB. Não são apenas abraços de companheiros, é luta braba, porque o ranço contra a Lei de Cotas perturba os agentes da educação básica presentes na CONEB.

Cecília Meireles, a que assinou o manifesto dos pioneiros da educação, se tivesse viva e fosse convidada para a CONEB, naquele abril de 2008, em Brasília, com certeza iria. Como foi ao encontro Ariano Suassuna, o mago das artes brasileiras. Contudo, apesar de repetir de norte a sul como mantra para trouxas, de que o "Estado deve zelar pela Educação Básica", que "Lei de Cotas não resolve", "Deve mudar a Educação Básica primeiro" e não se preocupar com as universidades, a coalizão contra a Lei de Cotas não apareceu na CONEB, desnudando o quando de arapuca para prender uma mudança substantiva em política pública representava esse discurso mero discurso da coalizão contra a Lei de Cotas.

Por acreditar numa nação plural, onde os diferentes da nação fazem parte igual da nação, como visto no seu cancioneiro, talvez Cecília Meireles assinasse o abaixo-assinado a favor da Lei de Cotas que corria de sala a sala daquela conferência pelas mãos dos N*MS. O abaixo-assinado é um recurso de poder em política pública que é mobilizado pela coalizão a favor da Lei de Cotas em momento ímpar da história, onde estão reunidos delegados de todo o subsistema de educação do Brasil. A ideia tem o registro da autonomia política sintonizada, não egoísta, dos N*MS, que lideram assim, na prática, no chão da CONEB 2008, o apelo por aliança, pelo direito à universidade, sem medo de andar para baixo e para cima feito barata tonta dentro do labirinto da CONEB, logo, a CONEB 2008 é também ponto vivo do labirinto da Lei de Cotas, ponto sem o qual não se entende a força política acumulada pelos N*MS para a disputa por mudança significativa em política pública no chão do Parlamento.

Imagem 157 – Conferência Nacional de Educação Básica, 2008 (1)

Fonte: Arquivo MSU

Como é esse labirinto da CONEB?

É gigante. Há as passagens aéreas de ida e volta para os delegados eleitos nas conferências regionais, há a hospedagem dos delegados distribuídos pelos hotéis de Brasília, as reuniões entre delegações que se realizam nos hotéis, como as reuniões da Campanha Nacional pelo Direito à Educação, há o deslocamento até o Centro de Convenções de Brasília, há a agenda de atividades das conferências nucleadas por eixos temáticos que distribuem os delegados por afinidade temática, há a sistematização das discussões dos eixos e uma plenária final para deliberar, de forma que todo delegado toma consciência daquilo que se discutiu no conjunto da conferência, não só no ponto em que estava.

O desamor de setores majoritários da imprensa oligopolista brasileira e suas conferências da educação enquanto serviço, não enquanto direito público, levou ao menosprezo da cobertura das conferências públicas de educação, como se a democracia e a cultura democrática fossem mundos separados. A democracia de patifaria, restrita aos agentes de peso do mercado, não planta, nem rega a democracia como cultura no chão do território brasileiro, tampouco faz os seus sentidos ganharem corações e mentes, na direção, para um parâmetro relativamente conservador, daquilo que Tocqueville chamava de interesses realmente enraizados. As salas de imprensa reservadas para a CONEB, no geral, ficavam às moscas. Desse modo, nenhum tema, nenhum delegado virou referência pública para o debate do destino da educação no Brasil. Assim, a própria imprensa, seus anunciantes semeavam o fascismo ao virarem as costas para a democracia viva que dava amostras de belas inovações institucionais, fundamentais para o melhor destino democrático do Brasil.

Acima de tudo, o congelamento da cena histórica de encantamento da força viva da democracia brasileira naquele 2008, do pulsar, do respirar de seu inteiro sistema nacional de educação, apartava da população a política educacional brasileira, como se a educação fosse apartada dos pensamentos e preocupações cotidianas dos cidadãos. Com isso, gigantescos sistemas privados de educação, como movimento novo de colonização no território brasileiro, dividiam no balcão o território para sua gula infinita riscada em ponta de faca, como aquela goela do gigante de que falou o modernista Oswald de Andrade, nos anos 1930, no Rei da Vela. Essa cilada que riscava com tintas de sangue do lucro com a educação, da educação como negócio o chão brasileiro, paradoxalmente reflete-se na CONEB 2008.

É preciso fazer as perguntas simples: como a cidade de Itaporanga, no interior de São Paulo, que tinha duas tradicionais escolas públicas, o Epitácio Pessoa e outra, de repente nos anos 2008, passa a ter quatro escolas privadas ligados a sistemas de educação privados, praga no Brasil? Como esse negócio de mercado vira o seu canhão contra a Lei de Cotas e como isso repercute indiretamente na CONEB 2008? Para fazer água na boca de potenciais novos clientes, novos consumidores, para organizar mercados bilionários e cobiçados pela segregação social e racial brasileira e sua hierarquia, as novelas, antes do tempo das séries, eram um produto comercial de excelência lucrativa para a Rede Globo de Televisão, por exemplo, dona de um plantel fixo de atores e atrizes, uma expressa maioria branca, dona de uma central de produção de novelas e outros produtos de sua programação no Rio de Janeiro, uma central de estúdios que lembra um pouco a concentração de poder das imagens de Hollywood, dona de estoque razoável de imagens sobre o Brasil como produtos acabados da democracia racial, crença central da coalizão contra a Lei de Cotas. Essas novelas, que caiam nas graças de vasta audiência, por exemplo, eram excelentes para um novo negócio imobiliário, para levantar prédios luxuosos contando dinheiro às pencas, como na Zona Oeste de São Paulo, que daria nome a uma novela. Também eram excelentes para a disseminação do negócio da educação privada como água na boca, nova normatividade para as famílias brasileiras, novo horizonte de comportamento para o futuro de suas crias, água na boca de crianças e adolescentes vendida como comportamento padrão, cobiçado como um tênis de marca. Por isso, Suzana Vieira, a protagonista, é a dona de uma escola privada e a trama da novela das oito da Globo ao tempo da CONEB tratava desse mundo de felicidade e gozo da escola privada, como luxo, sofisticação, gozo mesmo de um padrão de consumo novo como receita para o Brasil, para servir de exemplo, tanto para a cidade de Itaporanga, como para qualquer cidade do Brasil, semente artificial e semeadura artificial desses negócios como praga no chão do Brasil, feita diretamente da telinha da novela e sua monstruosa audiência, atrás dos bolsos das famílias, nada de novo no subsistema nacional de educação, é o século XIX mofado de domínio dos negócios privados de educação no Brasil e sua marcha medonha na história do Brasil com seus anúncios publicitários entre anúncios de compra, venda e aluguel de escravizados negros estampados nos jornais, reinventados enquanto *merchandisings*. Uma teia pavorosa de balcão, que ia do banco comercial oligopolista e sua nova preocupação com a saúde da educação nacional, aos senhores do balcão no MEC, que literalmente beijavam as mãos desses banqueiros para permanecerem nos cargos ministeriais como bons moços, de boa índole, bons para os negócios com a educação. Nessa escola privada da novela, só o negro é um personagem que luta pelas cotas, um personagem minoritário naquele Brasil ideal da escola privada da novela. O negro estudante da escola privada tem cabelo espetado e é colocado em situações constrangedoras. A novela da escola privada da Globo com Suzana Vieira era assim, fermento no bolo da coalizão contra a Lei de Cotas e cacos de vidro lançados no chão da coalizão a favor da Lei de Cotas, para ferir e fazer morrer, como morreu o menino Dito, irmão de Miguilim, por cortar o pé descalço. Paradoxalmente na CONEB 2008, no entanto, de novo, o Brasil não é para principiantes, grande parte dos que assistiram à novela e estavam na CONEB 2008 simpatizaram com o personagem negro caricaturizado na novela. Com isso, de forma inesperada, o coordenador do MSU, Marcelo Barreto da Fonseca, que para muitas delegadas, delegados, delegades da CONEB era muito parecido com o ator negro, começa a ser assediado para fotografias, num tempo em que a moda do celular que tudo pode, apenas deslanchava, eram câmaras fotográficas trazidas nas bolsas de muitos cantos do Brasil para celebrar aquele momento da educação brasileira na capital federal, para viver, para recordar depois. Assim, de certo modo, a fama momentânea do Marcelo, coordenador do MSU, ajudou no diálogo e na propagação do abaixo-assinado.

A tenda era um ponto de encontro e discussão nos intervalos. Alexandre Nascimento encontrou Ronald Kaingang, que encontrou Marcelo Barreto da Fonseca, que encontrou Anderson de Olinda, que encontrou Maria Vanir Ilídio, que encontrou José da Rádio, que encontrou Daniel Cara, que encontrou Carlos Abicalil, que encontrou Iara Bernardi, que encontrou Denise Carreira, que encontrou Sara, do MSU de Guarulhos, que encontrou o presidente da Confederação Nacional dos Trabalhadores em Educação, CNTE, que encontrou o professor João Monlevade, que encontrou Renata de Melo Rosa, que encontrou a delegada que assinara o abaixo-assinado e procurava por notícia urgente de como estava a Lei de Cotas na Câmara dos Deputados para levar a notícia par a sua escola.

Imagem 158 – Conferência Nacional de Educação Básica, 2008 (2)

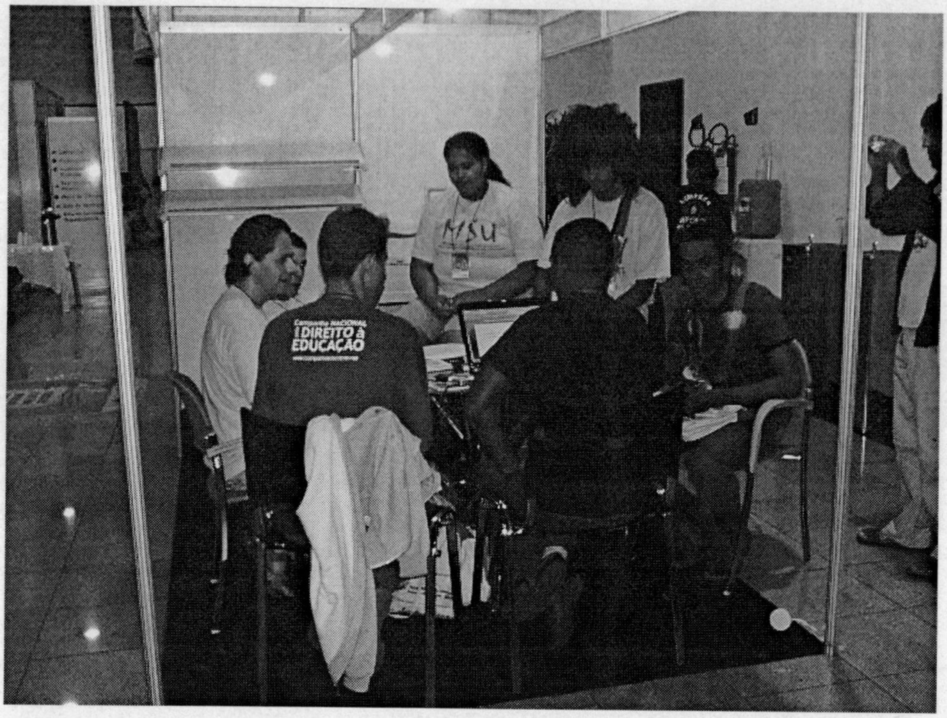

Fonte: Arquivo MSU

Imagem 159 – Conferência Nacional de Educação Básica, 2008 (3)

Fonte: Arquivo MSU

Imagem 160 – Conferência Nacional de Educação Básica, 2008 (4)

Fonte: Arquivo MSU

Imagem 161 – Conferência Nacional de Educação Básica, 2008 (5)

Fonte: Arquivo MSU

Imagem 162 – Conferência Nacional de Educação Básica, 2008 (6)

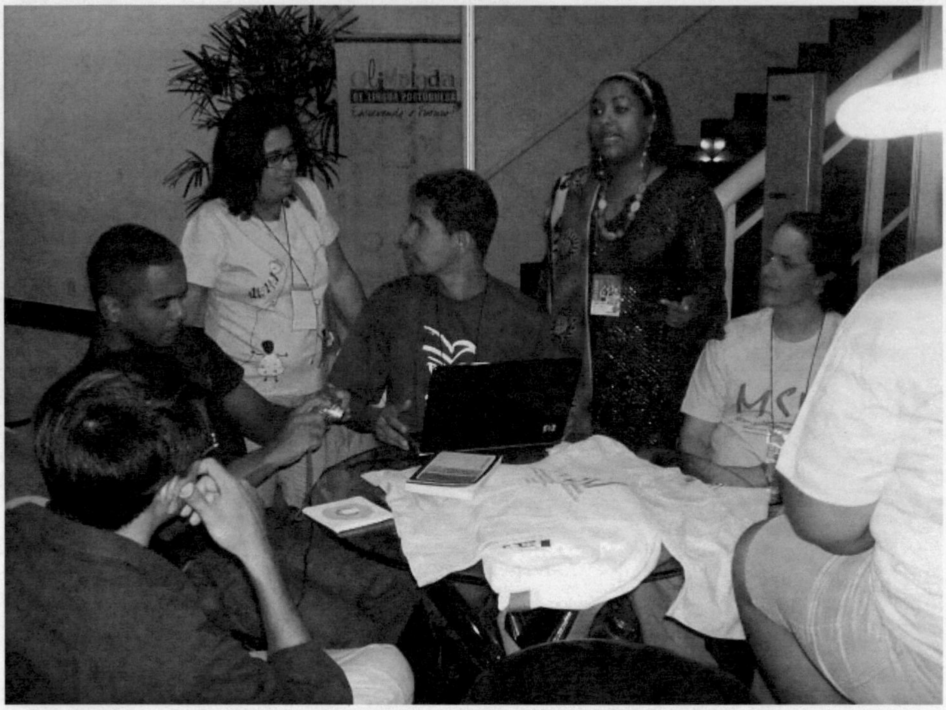

Fonte: Arquivo MSU

Imagem 163 – Conferência Nacional de Educação Básica, 2008 (7)

Fonte: Arquivo MSU

O que a Conferência Mundial de Educação foi para o sistema público de bolsas de estudos em instituições privadas (PROUNI) naquele 2004, a Conferência Nacional de Educação Básica foi para a Lei de Cotas naquele 2008 cheio de simbologia para os quilombolas.

Assim, a coalizão dos pés descalços, a coalizão pela Lei de Cotas, fala, discute, conversa para afinar a viola no chão da Conferência Nacional de Educação Básica e para continuar a ação no chão da Câmara dos Deputados do Brasil, no chão do Parlamento. É o tamo junto. É o pé de burro.

Como se faz essa ligação entre o chão da conferência de educação e o chão da Câmara dos Deputados? Deveria ser automático, mas não é. A conferência está chacoalhada de parlamentares atrás de uma democracia viva? Não, apenas uma minoria de parlamentares participa.

É o coro que importa para os N*MS, o que a conferência canta sobre a Lei de Cotas que reflete o subsistema de educação, o que se traduz no abaixo-assinado, num documento, num recurso político em mãos dos N*MS, da coalizão a favor da Lei de Cotas. O trabalho de cada assinatura foi um trabalho de convencimento feito pelos N*MS no chão da conferência. No último dia da Conferência, um conjunto de representantes dos N*MS vai até a secretaria-geral da mesa da Câmara dos Deputados, fala com Mozart Vianna e protocola o abaixo-assinado dos delegados, delegadas da CONEB cobrando da Câmara dos Deputados a aprovação do PL 73/99, a Lei de Cotas, também entregam cópia em mãos para o relator da Lei de Cotas na Câmara dos Deputados, deputado Carlos Abicalil, presente na conferência.

Uma amostra do abaixo-assinado para os olhos de ver quanta gente diferente se juntou na prática na coalizão a favor da Lei de Cotas no Brasil e como na prática essa coalizão se fortaleceu na CONEB 2008, formada por gente de carne, osso e sonhos, liderada pelos N*MS:

Assim, a coalizão pela Lei de Cotas ganhava força na tenda que concentrava os N*MS e a distribuição de mais de dois mil CDs editados como filme à moda popular das periferias, sobre a histórica conquista dos N*MS na criação do sistema público de bolsas de estudos em instituições privadas (PROUNI).

Imagem 164 – N*MS organizam o abaixo-assinado de delegados da CONEB pela Lei de Cotas, cresce a Coalizão dos Pés Descalços no Brasil (1)

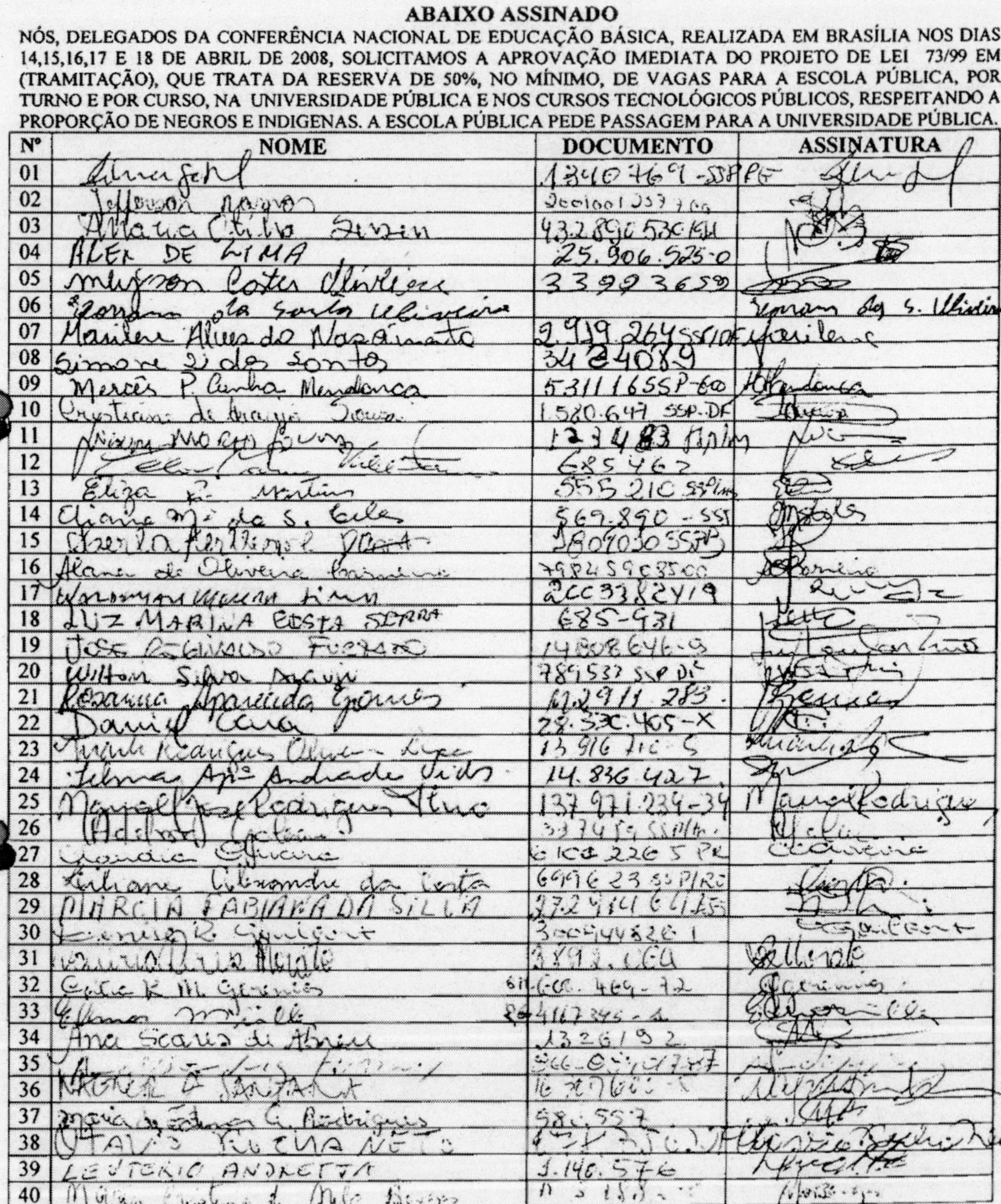

ABAIXO ASSINADO

NÓS, DELEGADOS DA CONFERÊNCIA NACIONAL DE EDUCAÇÃO BÁSICA, REALIZADA EM BRASÍLIA NOS DIAS 14,15,16,17 E 18 DE ABRIL DE 2008, SOLICITAMOS A APROVAÇÃO IMEDIATA DO PROJETO DE LEI 73/99 EM (TRAMITAÇÃO), QUE TRATA DA RESERVA DE 50%, NO MÍNIMO, DE VAGAS PARA A ESCOLA PÚBLICA, POR TURNO E POR CURSO, NA UNIVERSIDADE PÚBLICA E NOS CURSOS TECNOLÓGICOS PÚBLICOS, RESPEITANDO A PROPORÇÃO DE NEGROS E INDIGENAS. A ESCOLA PÚBLICA PEDE PASSAGEM PARA A UNIVERSIDADE PÚBLICA.

Nº	NOME	DOCUMENTO	ASSINATURA
01	[illegible]	1340769-SSP PE	
02	Jefferson [illegible]	2001001037 [illegible]	
03	[illegible]	4328906530 [illegible]	
04	ALEX DE LIMA	25.906.525-0	
05	[illegible] Oliveira	33993650	
06	[illegible] da Santa Oliveira		
07	Marilene Alves do Nascimento	2.919.264 SSP/DF	
08	Simone [illegible] dos Santos	34 24089	
09	Mercês P. Cunha Mendonça	5311165 SSP-GO	
10	Cristiane de Araújo Souza	1.580.647 SSP-DF	
11	[illegible]	123483 [illegible]	
12	[illegible]	685462	
13	Eliza [illegible] Martins	555 210 SSP/[illegible]	
14	Eliane Mª da S. [illegible]	569.890 - SSP	
15	[illegible]	1809030 SSP/[illegible]	
16	Alana de Oliveira [illegible]	7924590850[illegible]	
17	[illegible]	2CC3382419	
18	LUZ MARINA COSTA SERRA	685-931	
19	JOSE REGINALDO FURTADO	14808646-9	
20	Wilton Silva [illegible]	789537 SSP DF	
21	Rosanna Aparecida Gomes	M2911 283.	
22	Daniel Cara	28.530.465-X	
23	[illegible] Oliveira Lima	13 916 [illegible]-5	
24	[illegible] Apª Andrade Vidal	14.836.427	
25	Manoel José Rodrigues [illegible]	137 971 234-34	
26	[illegible]	337459 SSP/[illegible]	
27	Claudia [illegible]	6 100 226 5 PR	
28	Liliane [illegible] da Costa	699623 SSP/RO	
29	MARCIA FABIANA DA SILVA	3724146 [illegible]	
30	[illegible] R. [illegible]	300944820 1	
31	[illegible]	3892.060	
32	[illegible] K. M. Gomes	611.600.469-72	
33	[illegible]	[illegible]4117345-[illegible]	
34	Ana Scaria di Abreu	1326192	
35	[illegible]	966-0[illegible]787	
36	[illegible] SANTANA	16 297 [illegible]	
37	Maria de Fátima G. Rodrigues	581.557	
38	OTAVIO [illegible] NETO	[illegible]	
39	LEUTERIO ANDRETTA	1.140.576	
40	Maria Cristina de Melo [illegible]	[illegible]	

Fonte: Arquivo MSU

Imagem 165 – N*MS organizam o abaixo-assinado de delegados da CONEB pela Lei de Cotas, cresce a Coalizão dos Pés Descalços no Brasil (2)

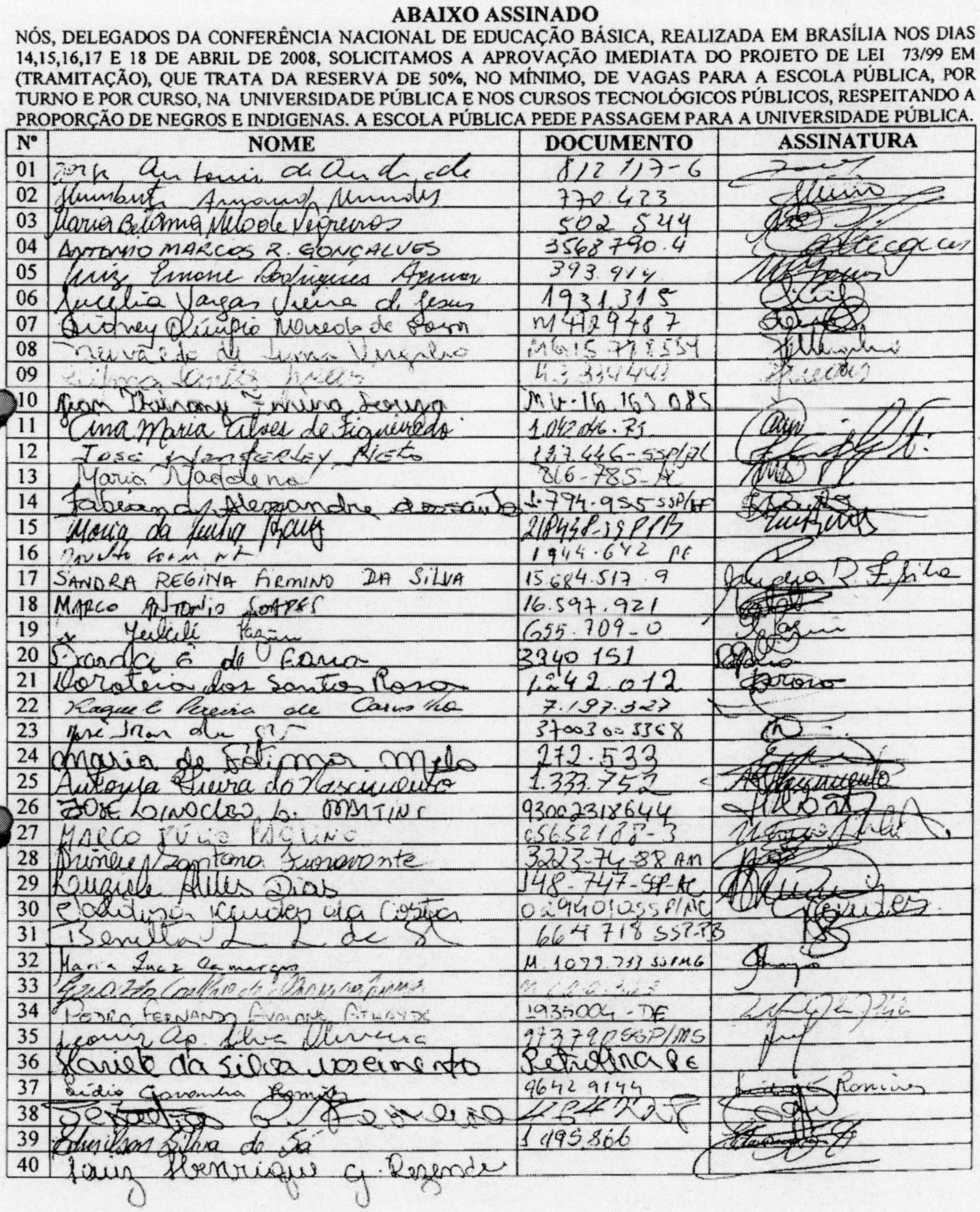

ABAIXO ASSINADO

NÓS, DELEGADOS DA CONFERÊNCIA NACIONAL DE EDUCAÇÃO BÁSICA, REALIZADA EM BRASÍLIA NOS DIAS 14,15,16,17 E 18 DE ABRIL DE 2008, SOLICITAMOS A APROVAÇÃO IMEDIATA DO PROJETO DE LEI 73/99 EM (TRAMITAÇÃO), QUE TRATA DA RESERVA DE 50%, NO MÍNIMO, DE VAGAS PARA A ESCOLA PÚBLICA, POR TURNO E POR CURSO, NA UNIVERSIDADE PÚBLICA E NOS CURSOS TECNOLÓGICOS PÚBLICOS, RESPEITANDO A PROPORÇÃO DE NEGROS E INDIGENAS. A ESCOLA PÚBLICA PEDE PASSAGEM PARA A UNIVERSIDADE PÚBLICA.

Nº	NOME	DOCUMENTO	ASSINATURA
01	Jorge Antonio de Andrade	812 117-6	
02	Humberto Armando Mendes	770.423	
03	Maria Betânia Nóbrega Negreiros	502 544	
04	ANTONIO MARCOS R. GONÇALVES	3568790-4	
05	[illegible]	393.914	
06	Lucélia Vargas Vieira de Jesus	1931315	
07	[illegible]	M 4129487	
08	[illegible]	[illegible]	
09	[illegible]	[illegible]	
10	[illegible]	MG-16.163.085	
11	Ana Maria Alves de Figueiredo	[illegible]	
12	José Wanderley Neto	137.446-SSP/AL	
13	Maria Madalena	816-785-A	
14	Fabiana Alessandra dos Santos	1.794.955 SSP/[illegible]	
15	[illegible]	2189458-SSP/PB	
16	[illegible]	1944.642 PE	
17	SANDRA REGINA FIRMINO DA SILVA	15.684.517-9	
18	MARCO ANTONIO SOARES	16.597.921	
19	[illegible]	655.709-0	
20	[illegible]	3940 151	
21	Dorotéia dos Santos Rosa	1.242.012	
22	Raquel Pereira de Carvalho	7.197.327	
23	[illegible]	[illegible]	
24	Maria de Fátima Melo	272.533	
25	Antonia Vieira do Nascimento	1.333.752	
26	[illegible] MARTINS	93002318644	
27	[illegible]	[illegible]	
28	[illegible]	3223-74-88 AM	
29	[illegible] Alves Dias	148-747-SSP-AC	
30	[illegible]	[illegible]	
31	[illegible]	[illegible]	
32	Maria Inez Camargo	M 1077.733 SSP/MG	
33	[illegible]	[illegible]	
34	PEDRO FERNANDO [illegible]	1934004-DF	
35	[illegible] Silva Oliveira	973790 SSP/MS	
36	Mariete da Silva Nascimento	Petrolina PE	
37	[illegible]	9642 9144	
38	[illegible]	[illegible]	
39	Edmilson Silva de Sá	1 095.866	
40	Luiz Henrique G. Rezende		

Fonte: Arquivo MSU

Imagem 166 – N*MS organizam o abaixo-assinado de delegados da CONEB pela Lei de Cotas, cresce a Coalizão dos Pés Descalços no Brasil (3)

ABAIXO ASSINADO

NÓS, DELEGADOS DA CONFERÊNCIA NACIONAL DE EDUCAÇÃO BÁSICA, REALIZADA EM BRASÍLIA NOS DIAS 14,15,16,17 E 18 DE ABRIL DE 2008, SOLICITAMOS A APROVAÇÃO IMEDIATA DO PROJETO DE LEI 73/99 EM (TRAMITAÇÃO), QUE TRATA DA RESERVA DE 50%, NO MÍNIMO, DE VAGAS PARA A ESCOLA PÚBLICA, POR TURNO E POR CURSO, NA UNIVERSIDADE PÚBLICA E NOS CURSOS TECNOLÓGICOS PÚBLICOS, RESPEITANDO A PROPORÇÃO DE NEGROS E INDIGENAS. A ESCOLA PÚBLICA PEDE PASSAGEM PARA A UNIVERSIDADE PÚBLICA.

Nº	NOME	DOCUMENTO	ASSINATURA
01	Rubneuza G. de Souza	542.621.605-30	
02	Marcos Gehrke	604 450 9377	
03	Djacira Maria de Oliveira	11226358 SO	
04	Francisco Ferreira de Carvalho	617.467	
05	Sirineu Molota	12223800	
06	Valdívio José de Freitas	RG. 1075834.ES	
07	[illegible]	676610-2	
08	Danilo Pedro Souza	1.504 293 SE	
09	Eunice Santos	974558982	
10	Catarina Malheiros da Silva	RG 0728711133	
11	Paulo Roberto B. da Rocha	RG 1840.372-SSP.PE	
12	Marcos Vinicius dos Olivera	MG 13478617	
13	Neuza J. Seles Moreira	RG 5367854 SSP.PE	
14	Graça Redig	RG 036 859 AP	
15	Arlete Correia	RG-M/448530-MG	
16	Léda Rodrigues de Oliveira	RG 226.046-AP	
17	Felícia Ramos da Cruz Santos	717.110-077-49	
18	Rosana dos Santos Damasceno	3200962-97	
19	Otavio Rocha Neto	07435629F	
20	Jorge Paulino	3983281	
21	Florinda de S.C. Oliveira	RG 22991-AC	
22	Odete de Lima Vieira	242683 SSPAC	
23	José Carlos B. do Prado	7.839.995	
24	Coracy Paula de Melo Lopes	922.817 SSP/MA	
25	Gilbert Lozano da Silva	266 306 SSP/AC	
26	Darai Airili Silva	894617704-72	
27	Marilda de Abreu Araujo	M1260379	
28	Mª Orzendina de Aguiar Feijão	107 624 833 49 CPF	
29	Débora P. Santana	33.682.283-4	
30	[illegible]	37468984	
31	[illegible]	125086 SSP RO	
32	Francisco [illegible]	0506649 11 SFP	
33	[illegible]	03228059747	
34	Jalma Magalhães de Souza	16.450.548-9	
35	[illegible]	3109967	
36	Genésio Jorge de Oliveira Teixeira	4264749	
37	[illegible]	8.812214-3	
38	Vera da Gavina Freitas de Brito	44723559 3-08	
39	Ivone Maria dos Santos Megra	434775-SSP	
40	Orlvelia Souza Souza	266378 AP	

Fonte: Arquivo MSU

Imagem 167 – N*MS organizam o abaixo-assinado de delegados da CONEB pela Lei de Cotas, cresce a Coalizão dos Pés Descalços no Brasil (4)

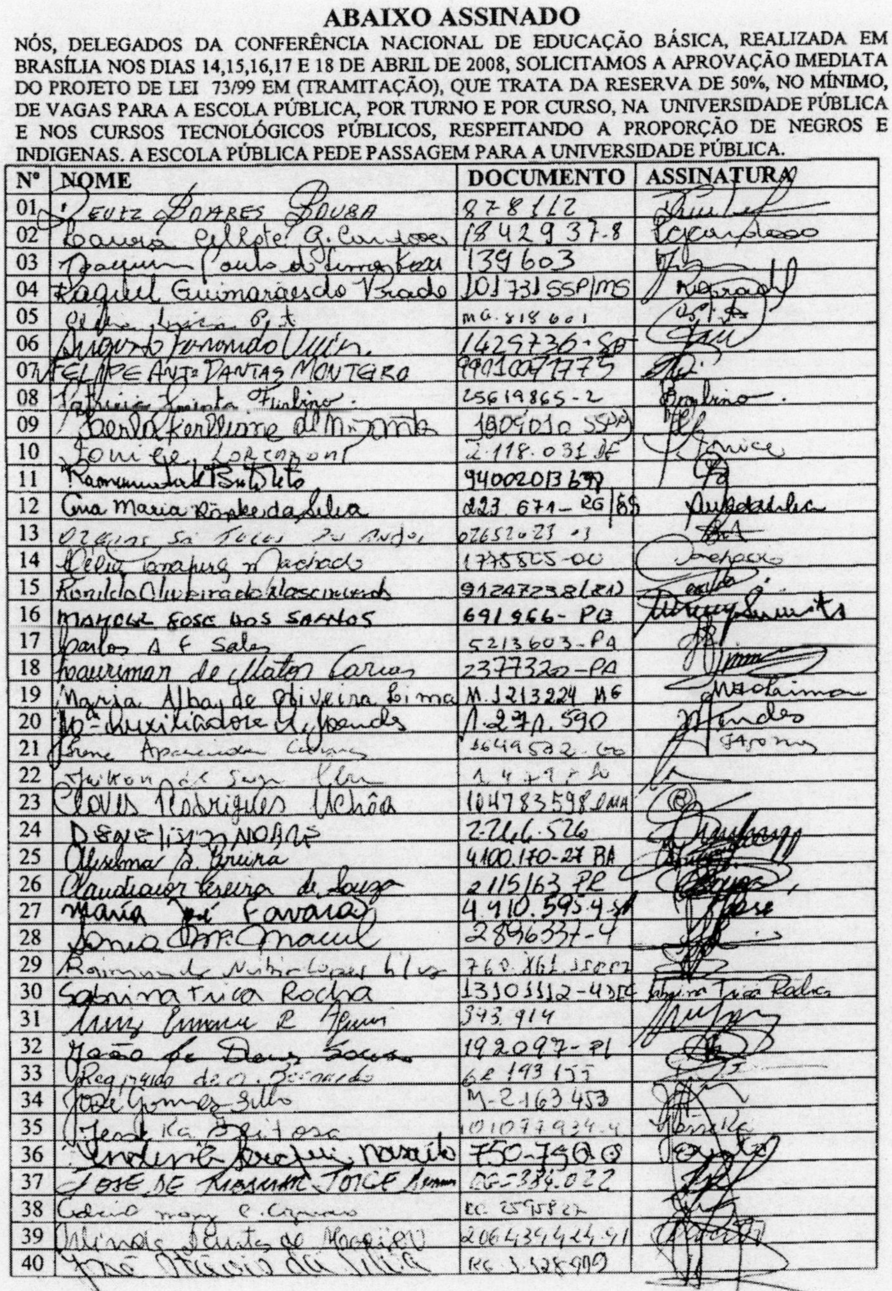

ABAIXO ASSINADO

NÓS, DELEGADOS DA CONFERÊNCIA NACIONAL DE EDUCAÇÃO BÁSICA, REALIZADA EM BRASÍLIA NOS DIAS 14,15,16,17 E 18 DE ABRIL DE 2008, SOLICITAMOS A APROVAÇÃO IMEDIATA DO PROJETO DE LEI 73/99 EM (TRAMITAÇÃO), QUE TRATA DA RESERVA DE 50%, NO MÍNIMO, DE VAGAS PARA A ESCOLA PÚBLICA, POR TURNO E POR CURSO, NA UNIVERSIDADE PÚBLICA E NOS CURSOS TECNOLÓGICOS PÚBLICOS, RESPEITANDO A PROPORÇÃO DE NEGROS E INDIGENAS. A ESCOLA PÚBLICA PEDE PASSAGEM PARA A UNIVERSIDADE PÚBLICA.

Nº	NOME	DOCUMENTO	ASSINATURA
01	Reuz Soares Sousa	878112	
02	[illegible]	1842937-8	
03	[illegible]	139603	
04	Raquel Guimarães do Prado	101731 SSP/MS	
05	[illegible]	MG. 818601	
06	[illegible]	1429736-SP	
07	Felipe Ant.º Dantas Monteiro	9901007775	
08	[illegible]	25619865-2	
09	[illegible]	1909010 SSP	
10	[illegible] Lorenzoni	2.118.031 DF	
11	[illegible]	94002013697	
12	Ana Maria [illegible] da Silva	223 671 – RG/SS	
13	[illegible]	02652023-3	
14	[illegible] Machado	1775825-00	
15	[illegible] do Nascimento	91247238(RJ)	
16	Manoel José dos Santos	691966-PE	
17	Carlos A F Sales	5213603-PA	
18	[illegible] de Matos [illegible]	2377320-PA	
19	Maria Alba de Oliveira Lima	M.1213224 MG	
20	Mª Auxiliadora [illegible]	1.271.590	
21	[illegible] Aparecida [illegible]	1649532 GO	
22	[illegible]	[illegible]	
23	Clovis Rodrigues Uchôa	104783598 MA	
24	[illegible]	2.766.526	
25	[illegible] Pereira	4100.170-27 BA	
26	[illegible] Pereira de Souza	2115163 PE	
27	Maria José [illegible]	4.410.595.4-SP	
28	[illegible]	2896337-4	
29	Raimundo [illegible]	760.861 SSP	
30	Sabrina Erica Rocha	1310312-4 DF	
31	[illegible]	343.914	
32	João de Deus Sousa	192097-PI	
33	Reginaldo de O. Bernardo	6E 193155	
34	José Gomes [illegible]	M-2.163.453	
35	[illegible] Feitosa	1010779 34-4	
36	[illegible]	750-750	
37	José de [illegible] Jorge [illegible]	RG-334.022	
38	[illegible]	RG. 259582	
39	[illegible]	20643942491	
40	José [illegible] da Silva	RG 3.528.909	

Fonte: Arquivo MSU

Imagem 168 – N*MS organizam o abaixo-assinado de delegados da CONEB pela Lei de Cotas, cresce a Coalizão dos Pés Descalços no Brasil (5)

ABAIXO ASSINADO

NÓS, DELEGADOS DA CONFERÊNCIA NACIONAL DE EDUCAÇÃO BÁSICA, REALIZADA EM BRASÍLIA NOS DIAS 14,15,16,17 E 18 DE ABRIL DE 2008, SOLICITAMOS A APROVAÇÃO IMEDIATA DO PROJETO DE LEI 73/99 EM (TRAMITAÇÃO), QUE TRATA DA RESERVA DE 50%, NO MÍNIMO, DE VAGAS PARA A ESCOLA PÚBLICA, POR TURNO E POR CURSO, NA UNIVERSIDADE PÚBLICA E NOS CURSOS TECNOLÓGICOS PÚBLICOS, RESPEITANDO A PROPORÇÃO DE NEGROS E INDIGENAS. A ESCOLA PÚBLICA PEDE PASSAGEM PARA A UNIVERSIDADE PÚBLICA.

Nº	NOME	DOCUMENTO	ASSINATURA
01	Carlos Abicalil	05334211-9 IFP/RJ	[illegible]
02	[illegible]	5 456.277	[illegible]
03	Eudes C. Montenegro Vargas	071.654.677-93	[illegible]
04	[illegible]	394540	[illegible]
05	[illegible]	218063	[illegible]
06	[illegible]	2392085-55 DF	[illegible]
07	Maria [illegible] Bechara	7485342	[illegible]
08	[illegible] Monteiro do Amaral	M 8620 571	Amaral
09	[illegible]	[illegible]	[illegible]
10	Fatima [illegible]	1032862937 SSP.ES	[illegible]
11	Rita [illegible] Carvalho Falcão	18335270	Rita C. C. Falcão
12	[illegible] Oliveira de [illegible]	599851 ES	[illegible]
13	[illegible] de Azevedo [illegible]	1.474.674	[illegible]
14	[illegible]	M 338.247	[illegible]
15	[illegible] de Oliveira	RG 185761	[illegible]
16	[illegible]	RG 227.470	[illegible]
17	[illegible]	172252055-87	[illegible]
18	[illegible] Correa	MG 361.149	[illegible]
19	[illegible]	RG 136052-87	[illegible]
20	[illegible] M. M. de Sales	219374551 RO	[illegible]
21	[illegible] Costa Mendes	RG 1206778	[illegible]
22	[illegible] dos Santos	RG 959882	[illegible]
23	[illegible] de Oliveira	RG 4328.260-3	[illegible]
24	Claudio Gomes Ribeiro	04564439-0 DETRAN/RJ	[illegible]
25	[illegible]	RG 642272	[illegible]
26	Rodolfo Magalhães Fernandes	RG 862430	[illegible]
27	[illegible]	M 1629115	[illegible]
28	[illegible] Santana [illegible]	RG 2002209-3	[illegible]
29	[illegible]	[illegible]	[illegible]
30	[illegible]	4603888-7	[illegible]
31	[illegible]	3261513559 6	[illegible]
32	[illegible]	24.113.049-X	[illegible]
33	[illegible] Santos [illegible]	M 3.334.446	[illegible]
34	Ana Paula [illegible]	99958298-4	[illegible]
35	Luciane C. F. Garcia	1935128	[illegible]
36	[illegible]	1392069	[illegible]
37	[illegible]	99710787	[illegible]
38	[illegible]	[illegible]	[illegible]
39	[illegible]	[illegible]	[illegible]
40	[illegible]	2 288 106	[illegible]

Fonte: Arquivo MSU

Imagem 169 – N*MS organizam o abaixo-assinado de delegados da CONEB pela Lei de Cotas, cresce a Coalizão dos Pés Descalços no Brasil (6)

ABAIXO ASSINADO

NÓS, DELEGADOS DA CONFERÊNCIA NACIONAL DE EDUCAÇÃO BÁSICA, REALIZADA EM BRASÍLIA NOS DIAS 14,15,16,17 E 18 DE ABRIL DE 2008, SOLICITAMOS A APROVAÇÃO IMEDIATA DO PROJETO DE LEI 73/99 EM (TRAMITAÇÃO), QUE TRATA DA RESERVA DE 50%, NO MÍNIMO, DE VAGAS PARA A ESCOLA PÚBLICA, POR TURNO E POR CURSO, NA UNIVERSIDADE PÚBLICA E NOS CURSOS TECNOLÓGICOS PÚBLICOS, RESPEITANDO A PROPORÇÃO DE NEGROS E INDIGENAS. A ESCOLA PÚBLICA PEDE PASSAGEM PARA A UNIVERSIDADE PÚBLICA.

Nº	NOME	DOCUMENTO	ASSINATURA
01	ALEXANDRE ARRAIS	06898008-4	
02	[illegible]	3208967	
03	[illegible]	[illegible]	
04	[illegible]	[illegible]	2.442.866-39
05	[illegible]	6254.140-0	
06	ROSA MARIA MOLA	4031853759	
07	[illegible]	301P283146	
08	[illegible]	2260707	
09	[illegible]	1212233	
10	[illegible] Neto	1300712-Pa	
11	[illegible] Soares [illegible]	254.680/RO	
12	Maria José [illegible] Almeida	5746818-7	
13	[illegible] Miranda de Carvalho	509577/SSP-O	
14	Hudson de Sousa	M-3.970.642	
15	Maria de Lourdes C. Souza	RG2468984	
16	[illegible] de Souza Correa	819896-SSP DF	
17	Maria Leuciene Cordeiro	RG 2909824	
18	Angela Mª Cavalcante Lira	RG. 1190446 PB	
19	Vilson João Weber	2032277366	
20	[illegible]	08330112 F	
21	Paulo Roberto T. Baptista	11209333-7	
22	Maria Oliveira da Paula	052373768	
23	[illegible] Souza	060655658-3	
24	[illegible] Rita C. Cardoso	12302.016	
25	[illegible]	600910 SSP PA	
26	Suely Almeida Barbosa	1.678.867	
27	[illegible]	06566014-4-20	
28	José [illegible] T. Barbosa	25063111/92	
29	JOSE AUGUSTO DE SOUZA	RG6307062	
30	Sandra Aparecida Augusta	0910322313-1	
31	[illegible]	624899 ES	
32	[illegible] Pissaia	18779484-4	
33	[illegible] Rodrigues Machado [illegible]	1411722-SE	
34	Simão [illegible]	1617910 SSP/PA	
35	Fátima Tavares Ramos	5388045/PA	
36	José Ivan Palma Souza	M 6.092.097 SSP/MG	
37	MARILANDIA FRAZÃO	9213 118-9	
38	Meline Macedo Bello	888.023 - IPF	
39	Andrei Amaral	1052226	
40	Erica Luiza Cidade	4062745105	

Fonte: Arquivo MSU

Imagem 170 – N*MS organizam o abaixo-assinado de delegados da CONEB pela Lei de Cotas, cresce a Coalizão dos Pés Descalços no Brasil (7)

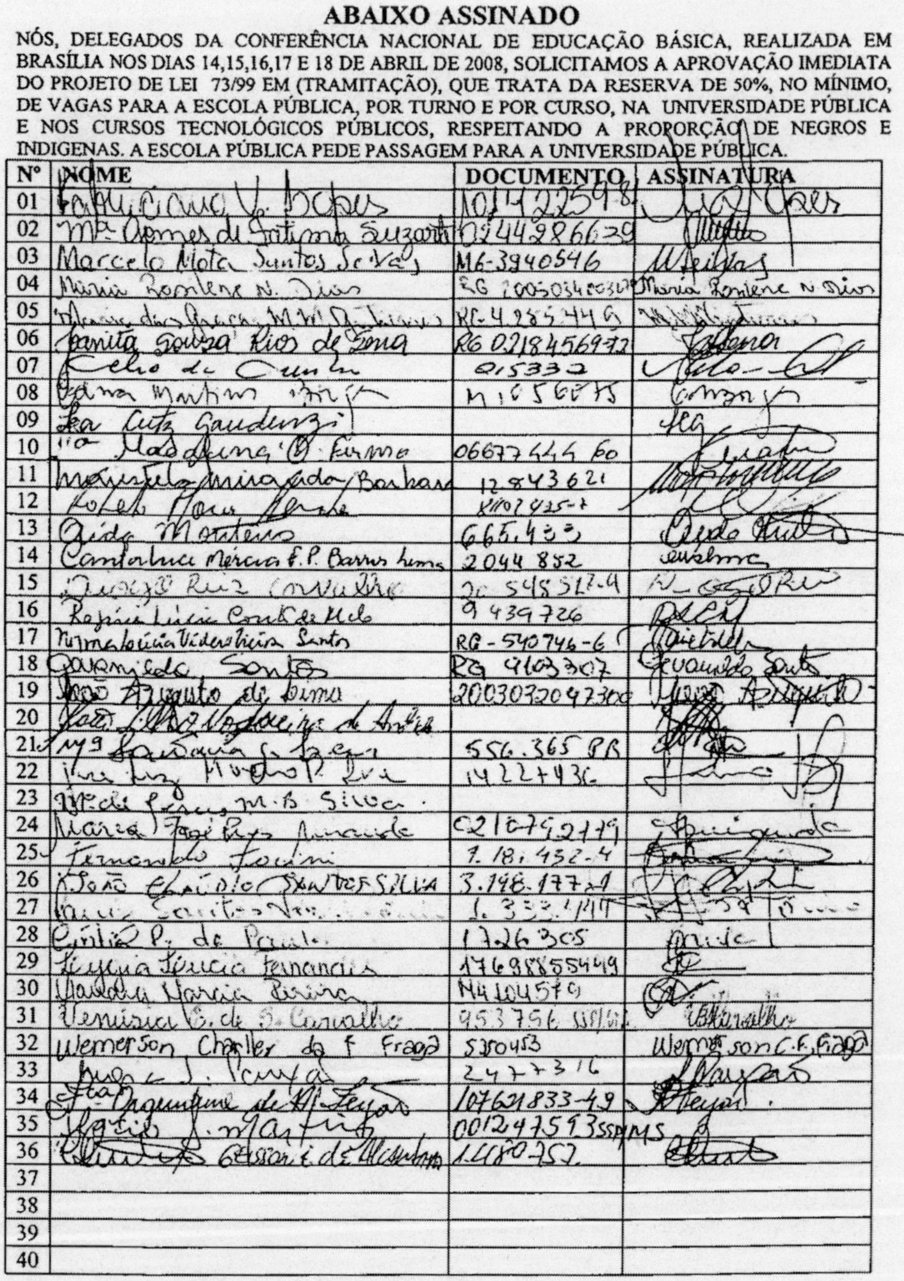

ABAIXO ASSINADO

NÓS, DELEGADOS DA CONFERÊNCIA NACIONAL DE EDUCAÇÃO BÁSICA, REALIZADA EM BRASÍLIA NOS DIAS 14,15,16,17 E 18 DE ABRIL DE 2008, SOLICITAMOS A APROVAÇÃO IMEDIATA DO PROJETO DE LEI 73/99 EM (TRAMITAÇÃO), QUE TRATA DA RESERVA DE 50%, NO MÍNIMO, DE VAGAS PARA A ESCOLA PÚBLICA, POR TURNO E POR CURSO, NA UNIVERSIDADE PÚBLICA E NOS CURSOS TECNOLÓGICOS PÚBLICOS, RESPEITANDO A PROPORÇÃO DE NEGROS E INDIGENAS. A ESCOLA PÚBLICA PEDE PASSAGEM PARA A UNIVERSIDADE PÚBLICA.

Nº	NOME	DOCUMENTO	ASSINATURA
01	[illegible]	[illegible]	
02	Mª Gomes de Fátima Suzarte	09442866-29	
03	Marcelo Mota Santos Sc Vaz	MG-3940546	
04	Maria Romilene N. Dias	RG [illegible]	
05	[illegible]	RG-4.285.446	
06	Janita Souza Rios de Lima	RG 0218456972	
07	Kelio da Cunha	015332	
08	Ivana Martins Braga	[illegible]	
09	[illegible] Gaudenzi		
10	[illegible] Madalena B. Firmo	[illegible]	
11	Marisela Miranda Barbosa	12843621	
12	[illegible]	[illegible]	
13	[illegible] Monteiro	665.433	
14	Cantalice Mércia F.P. Barros Lima	2044852	
15	Diogo Ruiz Carvalho	[illegible]	
16	Regina Lúcia Couto de Melo	9439726	
17	[illegible] Santos	RG-540746-6	
18	[illegible] Santos	RG 4103307	
19	João Augusto de Lima	[illegible]	
20	[illegible]		
21	[illegible]	556.365 PR	
22	[illegible]	[illegible]	
23	Mª de Lourdes M.B. Silva		
24	[illegible]	[illegible]	
25	Fernando Fadini	9.181.432-4	
26	João Cláudio Santos Silva	3.198.177-1	
27	[illegible]	[illegible]	
28	[illegible]	1726305	
29	[illegible] Fernandes	[illegible]	
30	[illegible] Maria Pereira	[illegible]	
31	[illegible] Carvalho	[illegible]	
32	Wemerson Charller da F Fraga	5350453	
33	[illegible]	2477316	
34	[illegible]	107621833-49	
35	Flávio J. Martins	001247593SSP/MS	
36	[illegible]	[illegible]	
37			
38			
39			
40			

Fonte: Arquivo MSU

Imagem 171 – N*MS organizam o abaixo-assinado de delegados da CONEB pela Lei de Cotas, cresce a Coalizão dos Pés Descalços no Brasil (8)

ABAIXO ASSINADO

NÓS, DELEGADOS DA CONFERÊNCIA NACIONAL DE EDUCAÇÃO BÁSICA, REALIZADA EM BRASÍLIA NOS DIAS 14,15,16,17 E 18 DE ABRIL DE 2008, SOLICITAMOS A APROVAÇÃO IMEDIATA DO PROJETO DE LEI 73/99 EM (TRAMITAÇÃO), QUE TRATA DA RESERVA DE 50%, NO MÍNIMO, DE VAGAS PARA A ESCOLA PÚBLICA, POR TURNO E POR CURSO, NA UNIVERSIDADE PÚBLICA E NOS CURSOS TECNOLÓGICOS PÚBLICOS, RESPEITANDO A PROPORÇÃO DE NEGROS E INDIGENAS. A ESCOLA PÚBLICA PEDE PASSAGEM PARA A UNIVERSIDADE PÚBLICA.

Nº	NOME	DOCUMENTO	ASSINATURA
01	Ademoris Luna	141823003	
02	Ondina Serafim Noronha	750.750	
03	[illegible]		
04	Valter Ventura	5013474316	
05	Maria das Graças Felisberto Soares	504 493.6-X	
06	Maciela Rocha Souza	já assinei	
07	Mª Fátima Boucas Basilio	139.495-MA	
08	Rosiyerre Conceição Cutrim Costa	8410793-6SSP/MA	
09	Silvia Mª Cardoso Pinto	163.22092001-6	
10	[illegible] Maria Mesquita do Carmo	11401178-4	
11	José Eliro Ribeiro	141.777-OAB/SP	
12	Francisca Eduarda de Souza Nég Pinto	226.269 SSP/RN	
13	Maria Felizbela B. de Trindade	20346577-4 IFP	
14	[illegible] M. Souza	4R 2681632	
15	Silvia de Souza Campos	323239 SSP/MS	
16	João Filho Nogueira de Andrade		
17	Cláudia Maria Ribeiro	14662263	
18	Hedy Silva Ramos de Vasconcellos	2119.544-IFP	
19	Marilécia Prado Oliveira	M 422783	
20	Cléia Maria Carvalho Malta	RG 6.215.860 SSP/[illegible]	
21	Everaldo Sarmento Ferreira	RG 93578 SSP/SE	
22	Sodragel Francisco de Souza	09800458 19	
23	Silvanete Francisca de Carvalho	4009484 SSP-PE RG	
24	Sofia Cavedon	4019790593	
25	Elda Soares	642272-RG	
26	Antonio Segay Cuba	6.269 896-9	
27	Gelso José dos Santos	4.073 676-0	
28	Dea Ap. Simões da Silva	3.491.128	
29	Daniel [illegible] Souza	723 758 SSP-DF	
30	Mª Ivonete B. Tambosi	200751-81 SSP.Ca	
31	Iêda Leal	1303402	
32	Maria Catarina [illegible]	354 391 066 34	
33	José Gomes Filho	38 3212 1945	
34	Angela Maria dos Santos	835.292 MT	
35	Joana Célia dos Passos	592004.999-53	
36	Cristiane Pereira Brito	3.322.636 SSP/PR	
37	[illegible] Santos	(11) 83770021	
38	Maria de Fátima C. Rodrigues	1315805577	
39	José Carlos B. de Rocha	7.839.995	
40	Maria do Socorro Trinuelli	278042 SSP/	

41. Cleverson de Oliveira Domingos 2383656 SSP/DF

Fonte: Arquivo MSU

Imagem 172 – N*MS organizam o abaixo-assinado de delegados da CONEB pela Lei de Cotas, cresce a Coalizão dos Pés Descalços no Brasil (9)

ABAIXO ASSINADO

NÓS, DELEGADOS DA CONFERÊNCIA NACIONAL DE EDUCAÇÃO BÁSICA, REALIZADA EM BRASÍLIA NOS DIAS 14,15,16,17 E 18 DE ABRIL DE 2008, SOLICITAMOS A APROVAÇÃO IMEDIATA DO PROJETO DE LEI 73/99 EM (TRAMITAÇÃO), QUE TRATA DA RESERVA DE 50%, NO MÍNIMO, DE VAGAS PARA A ESCOLA PÚBLICA, POR TURNO E POR CURSO, NA UNIVERSIDADE PÚBLICA E NOS CURSOS TECNOLÓGICOS PÚBLICOS, RESPEITANDO A PROPORÇÃO DE NEGROS E INDIGENAS. A ESCOLA PÚBLICA PEDE PASSAGEM PARA A UNIVERSIDADE PÚBLICA.

Nº	NOME	DOCUMENTO	ASSINATURA
01	[illegible] de Almeida	295863721-20	
02	[illegible] Coutinho Luiz	93.387 PE	
03	Valdecy [illegible]	5.745.883-6	
04	[illegible] Gonçalves	32.556 [illegible]	
05	[illegible] Martins [illegible]	189620 CI	
06	Albertino Nascimento Júnior	83887920-CI	
07	HUDSON DE SOUSA (JÁ ASSINADO).		
08	[illegible]	255 363	
09	[illegible]	431895 [illegible]	
10	Jane Notte	MR 363338	
11	[illegible] Xavier Lanza	M1755354	
12	Carmen Maria de Caro Martins	6517415	
13	Anderson Christian [illegible]	M8.657.241	
14	[illegible] de Oliveira Silva	M. 1.482.137	
15	[illegible] Profirio Pessoa	RG 296818	
16	Liliana [illegible] Marques	CPF. 570.223.241-00	
17	JOSE CARLOS AZEVEDO	CPF 414569395-72	
18	Iria Pogowski Tonello	CPF. 481684919.04	
19	CARLOS ARTEXES SIMÕES	IFT 971-074	
20	NELSON VALVERDE DIAS	3.590.275-SP	
21	Adeladir G. S. Cotinik	1049068 SSP[illegible]	
22	Jamily da Silva	21.159.000.9/SP	
23	Luis Claudio [illegible] Belejá	2760707-SSP.PA	
24	[illegible] Evangelista de Farias	3940151 [illegible]	
25	[illegible] Silva	CPF-024.303.714-72	
26	[illegible] Claudia Gomes [illegible]	045.4439-0 [illegible]	
27	[illegible] FERNANDES PIRES	1014454183	
28	Eliza Ramos Martins	88081184T-04	
29	Lúcio André de J. Rodrigues	1438796588[illegible]	
30	Adilaidi Alves Dias	870.024	
31	[illegible] FRANCISCA FARIAS DA SILVA	[illegible] 0219516-0	
32	Camille Marie Gabrielle Alves Lenox	1707685-SSP/DF	
33			
34			
35			
36			
37			
38			
39			
40			

Fonte: Arquivo MSU

Imagem 173 – N*MS organizam o abaixo-assinado de delegados da CONEB pela Lei de Cotas, cresce a Coalizão dos Pés Descalços no Brasil (10)

ABAIXO ASSINADO

NÓS, DELEGADOS DA CONFERÊNCIA NACIONAL DE EDUCAÇÃO BÁSICA, REALIZADA EM BRASÍLIA NOS DIAS 14,15,16,17 E 18 DE ABRIL DE 2008, SOLICITAMOS A APROVAÇÃO IMEDIATA DO PROJETO DE LEI 73/99 EM (TRAMITAÇÃO), QUE TRATA DA RESERVA DE 50%, NO MÍNIMO, DE VAGAS PARA A ESCOLA PÚBLICA, POR TURNO E POR CURSO, NA UNIVERSIDADE PÚBLICA E NOS CURSOS TECNOLÓGICOS PÚBLICOS, RESPEITANDO A PROPORÇÃO DE NEGROS E INDIGENAS. A ESCOLA PÚBLICA PEDE PASSAGEM PARA A UNIVERSIDADE PÚBLICA.

Nº	NOME	DOCUMENTO	ASSINATURA
01	José [illegible] J. Barbosa	2508311/92	[illegible]
02	Lucas [illegible]	126-636	[illegible]
03	Alberto França Dias	435716	[illegible]
04	Eliene Amorim de Almeida	430941 SSP/AL	[illegible]
05	Elisa Urbano Ramos	1104232 SSPAL	[illegible]
06	Teodora de Souza	RG 410.462	[illegible]
07	Heloisa Cenedi Cavalcante	2.806.271 SSP PE	[illegible]
08	Dulce Mª [illegible]	3551911-3 SSP-SP	[illegible]
09	Vera Olinda S. [illegible]	109917 SSP/AC	[illegible]
10	Maria Aparecida A. Cortez	0169980-6 SSP/MT	[illegible]
11	Sadraque Francisco dos Santos	0980045819	
12	Bekuaji Kayapó	20 1746964 SSPA	[illegible]
13	Constantino Ramos Lopes	684.628 SSP/AM	[illegible]
14	Raimundo Pereira do Rosário	2554904	[illegible]
15	Josias Bupica da Silva	1631938-0	[illegible] /AM
16	Rosângela V. K. Inácio	1.593028	[illegible]
17	Edite da [illegible] Brito		[illegible]
18	[illegible]		[illegible]
19	José Marcos [illegible]	538183 SSP/[illegible]	[illegible]
20	Fausto da Silva Mandulão	43358 SSP/RR	[illegible]
21	Décio Soares Martins	002247593SSP/MS	[illegible]
22	Ricardo Weibe N. Costa Tapeba	99024034478	[illegible]
23	Rosa Maria Lippert Cardoni	3453412760 [illegible]	[illegible]
24	Maria Leda Guimarães	658276-03	[illegible]
25	Bekuai Kayapó	8746984	[illegible]
26	José Barbosa [illegible]	1767[illegible]6 SSP/[illegible]	[illegible]
27	[illegible]	2191792-SSP/MA	[illegible]
28	Elizabete [illegible]	102523859-3012	[illegible]
29			
30			
31			
32			
33			
34			
35			
36			
37			
38			
39			
40			

Fonte: Arquivo MSU

Imagem 174 – N*MS organizam o abaixo-assinado de delegados da CONEB pela Lei de Cotas, cresce a Coalizão dos Pés Descalços no Brasil (11)

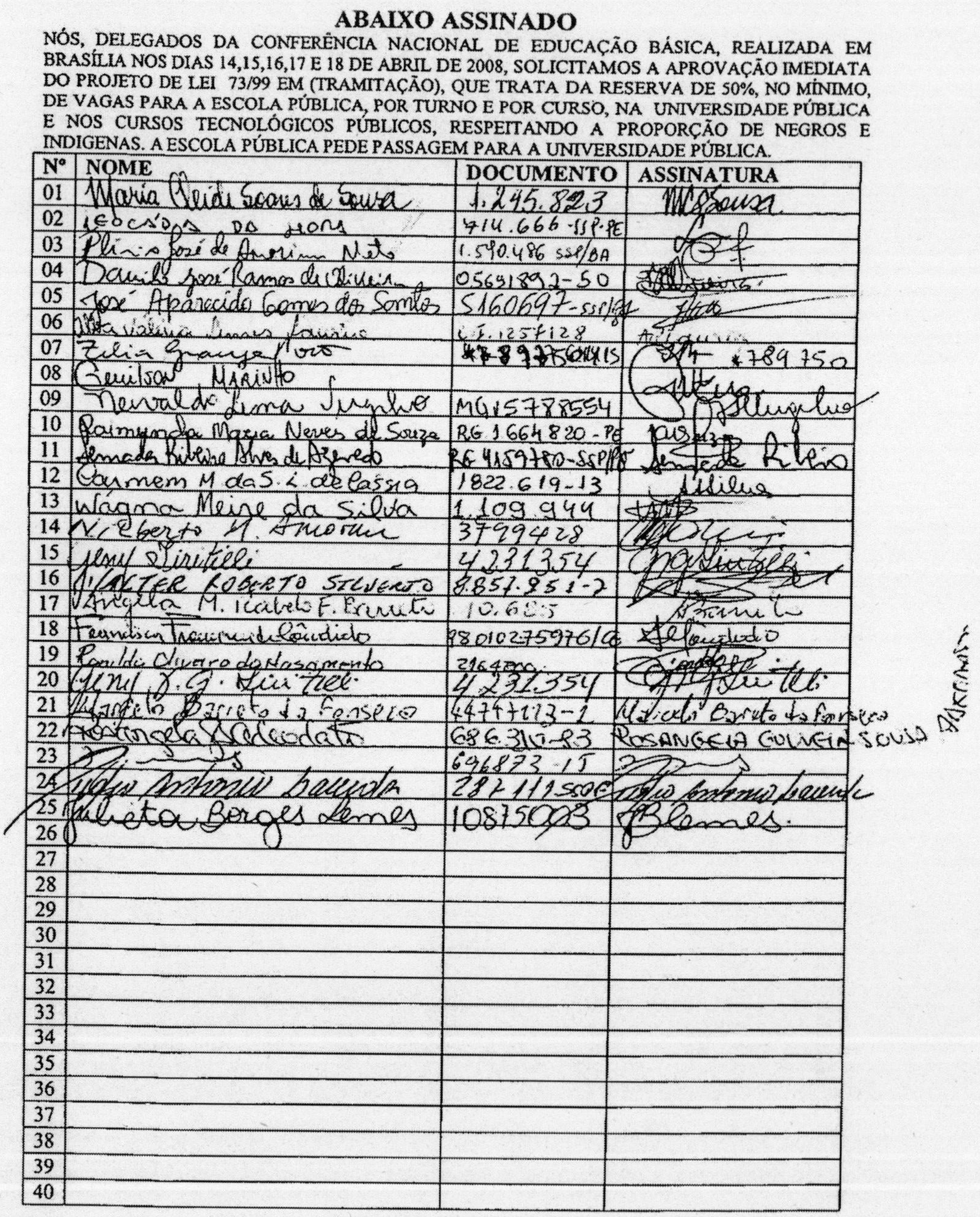

ABAIXO ASSINADO

NÓS, DELEGADOS DA CONFERÊNCIA NACIONAL DE EDUCAÇÃO BÁSICA, REALIZADA EM BRASÍLIA NOS DIAS 14,15,16,17 E 18 DE ABRIL DE 2008, SOLICITAMOS A APROVAÇÃO IMEDIATA DO PROJETO DE LEI 73/99 EM (TRAMITAÇÃO), QUE TRATA DA RESERVA DE 50%, NO MÍNIMO, DE VAGAS PARA A ESCOLA PÚBLICA, POR TURNO E POR CURSO, NA UNIVERSIDADE PÚBLICA E NOS CURSOS TECNOLÓGICOS PÚBLICOS, RESPEITANDO A PROPORÇÃO DE NEGROS E INDIGENAS. A ESCOLA PÚBLICA PEDE PASSAGEM PARA A UNIVERSIDADE PÚBLICA.

Nº	NOME	DOCUMENTO	ASSINATURA
01	Maria Cleide Soares de Souza	1.245.823	MCSouza
02	[illegible] da [illegible]	414.666-SSP-PE	[illegible]
03	Plínio José de Amorim Neto	1.590.486 SSP/BA	[illegible]
04	Daniel José Ramos de Oliveira	05631892-50	[illegible]
05	José Aparecida Gomes dos Santos	5160697-SSP/[illegible]	[illegible]
06	[illegible]	[illegible] 1257128	[illegible]
07	Zilia Granja Neto	[illegible]	[illegible] *789750
08	Genilson Marinho		[illegible]
09	Nevaldo Lima [illegible]	MG15778554	[illegible]
10	Raimunda Maria Neves de Souza	RG 1664820-PE	[illegible]
11	[illegible] Ribeiro Alves de Azevedo	RG 4159780-SSP/PE	[illegible] Ribeiro
12	Carmem M. das G. de Cássia	1822.619-13	[illegible]
13	Wágna Meire da Silva	1.109.944	[illegible]
14	Nilberto M. Amorim	3799428	[illegible]
15	Jeny Diritelli	4231354	[illegible]
16	Walter Roberto Silverio	8.857.951-7	[illegible]
17	Angela M. Isabel F. Barreto	10.685	[illegible]
18	[illegible]	9801027597 6/[illegible]	[illegible]
19	Ronaldo Olivaro do Nascimento	2164[illegible]	[illegible]
20	Jeny S. G. Diritelli	4.231.354	[illegible]
21	Margarete Barreto da Fonseca	4474773-1	Margarete Barreto da Fonseca
22	Rosangela [illegible]	686.310-83	ROSANGELA GOUVEIA SOUSA [illegible]
23	[illegible]	696873-15	[illegible]
24	Pedro Antonio Lacerda	282111 SSPE	[illegible]
25	Julieta Borges Lemes	108750023	JBlemes
26			
27			
28			
29			
30			
31			
32			
33			
34			
35			
36			
37			
38			
39			
40			

Fonte: Arquivo MSU

No chão da CONEB, os N*MS lutaram a luta digna com as armas possíveis. Excluídos formalmente das mesas formais de falação pela dominação do partido real da linhagem e do partido real da burocracia na cúpula dos andares últimos do MEC que os excomungara de sua agenda vertical de vaidades, marginalizados pela posição antiga do partido real dos sindicatos que foi obrigado a engoli-los, que paradoxalmente, com brilho, ousadia e inovação miravam o futuro da democracia brasileira, refinando instrumento presente na história da educação brasileira, as conferências de educação, que abrilhantou com dignidade a carreira do potiguar professor Chagas no sétimo andar do MEC, responsável último pela vitalidade das conferências de educação. Como sempre, os N*MS estavam no chão, andando atrás de assinaturas para um abaixo-assinado relevante. Andando de um lado para o outro atrás de apoio para a aprovação de uma moção final de apoio da CONEB inteira pela Lei de Cotas. Os N*MS andavam de cabeça erguida. Do chão da CONEB, os N*MS enxergaram mais longe. A CONEB foi também ponto no labirinto da Lei de Cotas com capacidade para alimentar o próximo ponto, um seminário criado pelo MSU e pela Comissão de Educação da Câmara dos Deputados e do Senado Federal, marcado para 13 de maio de 2008, no auditório Nereu Ramos da Câmara dos Deputados.

Na Plenária final da CONEB 2008, a moção de apoio a Lei de Cotas, proposta pelos N*MS, no chão, nos corredores da CONEB, é lida, votada e aprovada pela plenária final. A moção é a que se segue. A moção também será protocolada na Câmara dos Deputados pelos N*MS.

E os dias de 2008 se moviam e não era chão de areia movediça, mas chão que precisava da semente do futuro brotada feito direito à universidade para negros, negras, povos indígenas, escola pública, pobres. Era o chão da Câmara dos Deputados, a casa do povo. Plantar o direito à universidade no chão de carpete da Câmara dos Deputados? São loucos? Sim, tirar leite de pedra, semear, regar o direito à universidade no chão do Parlamento, como ensinou Joaquim Nabuco, Abdias do Nascimento, Lélia Gonzales, Ailton Krenak.

Antes o chão do Retiro Assunção, de onde chegam para o chão de Brasília o chão das periferias. L2Norte 611. Depois da CONEB, virá a CONAE, em 2009. É o Encontro Nacional do MSU: 200 anos de universidade no Brasil? Na noite do dia 11 de maio de 2008, chega ali Ricardo Weibe Tapeba, da aldeia indígena Lagoa dos Tapeba, de Caucaia, Ceará. De Nilópolis, Rio de Janeiro, chega Alexandre Nascimento, da experiência do Cursinho Popular da UNESP de Presidente Prudente e do bairro da Saúde de São Paulo, chega Cloves Castro, do Rio de Janeiro, Helen Barcelos da Silva Martins chega também com sua mala e seu sorriso. Os capixabas Tiago Dantas Fernandes e João Paulo Lyrio Izoton, de Vitória, Maria Vanir Ilídio e Patrícia Oliveira da Silva, chegam de Palmas, Tocantins, Vander Aparecido Nishijima, da Grande Dourados, do Mato Grosso do Sul, Edson Adílio Malacarne de Oliveira, vem de Chapecó, Santa Catarina, chega Iaracira Evangelista Nascimento, da Fazenda Grande do Retiro, Bahia, Jadson da Silva Rolim, da Aldeia, Jhonathan Albuquerque de Araujo, do Compensa Dois, Manaus. Vem ao encontro Reginaldo Alencastro, da grande Porto Alegre, Wellington do Carmo Faria e Luiz Eduardo Rodrigues vêm de Minas Gerais, Gilson dos Santos Duarte vem de Macapá, capital do Amapá, Érica Ferreira chega de Taboão da Serra, Anderson Agide Albuquerque de Moura, de Olinda, e José Alberto Pereira da Silva, de Recife, de Alagoas vem da experiência do cursinho popular do MSU de Mogi das Cruzes e Suzano, vem Pedro Bianguli, Jadson da Silva Rolim, da Aldeia São Miguel, e Alexandro Fidelis de Oliveira, da Aldeia Galego, de Bahia da Traição, Paraíba. Luiz Borges, de São Luiz, Maranhão, Tiago Oliveira e Darlan Guimarães Ribeiro, de Sinop, Mato Grosso. Chega Débora Batista Borges, de Goiânia, e Camila Cláudia Alves, de Barros de São José de Mipibu, Rio Grande do Norte, Haroldo Rego Gonçalves, de Santana,

Amapá, Jailton Silva, de Alagoas. Ricardo Weibe Nascimento Costa. Kubaria de Andeciwuala, de Tocantins, Marcelo Barreto da Fonseca, de Itaquaquecetuba. Um ônibus do MSU chega de São Paulo, mais gente. Juntos todos, são heróis, heroínas anônimos, anônimas do direito à universidade no Brasil, da Lei de Cotas. São os N*MS, dispostos ao jogo da capoeira pela Lei de Cotas no chão do Parlamento. São os pés descalços. "Eu lembro do seminário, quando a gente chegou naquele espaço religioso e tal. Exatamente, tinha bastante gente naquela época que vinha de outros estados também pra participar das reuniões ali", lembrou Hélen, coordenadora do MSU.

Brasília não assustava essa gente junta pela Lei de Cotas no Parlamento. Será? "O que me chamou a atenção acho que foi a imensidão, assim, era muito grande. Tudo era muito grande." Para Helen, coordenadora do MSU, os auditórios da Câmara pareciam normais, "mas os corredores eram muito amplos, os lugares, assim, eram muito... tudo em Brasília parece que é muito grande pra que as pessoas não se encontrem, né?". Vindo da periferia do Recife, José Alberto Pereira da Silva, coordenador do MSU.

> *Porque aí você foi direto, direto, você vai direto para o caldeirão, como eu posso dizer assim.*
>
> *E aí, pra mim foi assim, um impacto grande, monstruoso, porque Recife banhadas de rios, banhadas de manguezais, chegar numa região de concreto. Ao mesmo tempo o concreto que é aquelas estradas grandes, né? Fazendo essa analogia com o Congresso, né? Corredores grandes, salas bonitas, né? Quer dizer, e aí, você dialogar com diversas figuras, né? [...] Então pra mim foi positivo e também unir forças, não só de fazer a militância local, mas também ganhar força enquanto figura pública, né?* (José Alberto Pereira da Silva, entrevista ao autor, 2019).

Era um momento de jogo estratégico da coalizão a favor da Lei de Cotas, jogo de vida ou morte da Lei de Cotas no Parlamento. O dia 12 de maio iria até quase três horas da madrugada, abraços, alegria do encontro, deliberações conjuntas, produzir ali um manifesto consensual, luta: participação no seminário na Câmara dos Deputados, manifestação depois do seminário no saguão do anexo II, em cima do Nereu Ramos, onde passam parlamentares de um lado para outro, chamamento e lançamento da coleta de assinaturas dos parlamentares favoráveis ao PL 73/99, a Lei de Cotas, marcando o 13 de maio da abolição inconclusa com uma razão para avançar em sua conclusão no Parlamento, no século XXI, como defendido por Joaquim Nabuco e Luiz Gama, no século XIX. Ida da manifestação até o Ministério da Justiça, com leitura integral e entrega de Carta Aberta e cobrança das autoridades pela aprovação imediata do PL 73/99 ao Sr. ministro de Estado da Justiça e ao Sr. ministro de Estado da Promoção da Igualdade Racial, depois, até a noite do 13 de maio de 2008, protocolo da Carta Aberta no protocolo do STF, manifestação no STF, reunião no STF. Ufa! "Porque sempre quando a gente ia pra Brasília a gente tinha uma agenda extensa, né? A gente ia pro Congresso, a gente ia...", disse José Alberto Pereira da Silva, coordenador do MSU, que participou ativamente daqueles dias e noites sem fim.

A luta no chão da Câmara dos Deputados no dia 13 foi feita de desafios imensos[211]. Depois de um grande café da manhã e de acertos finais no Retiro Assunção, todo mundo junto se dirigiu para o auditório Nereu Ramos, logo cedo, antes das oito da manhã. Chega de mansinho, no auditório põe a camiseta, as faixas das mochilas. Aquilo foi vibrante. Ali estava na abertura o deputado federal Carlos Sampaio, presidente da Frente Negra da Câmara dos Deputados, o deputado federal Severiano Alves, da Frente Parlamentar da Educação Superior, o deputado federal João Mattos, presidente da

[211] Com extrema limitação de recursos, o MSU, os N*MS, tanto o ônibus de São Paulo, como a hospedagem no Retiro Assunção, dentre outras coisas se transformariam em dívidas a serem pagas no futuro. A falta de recursos também impediu a saída de três ônibus da periferia de Cidade Ocidental marcada para aquela manhã. Há registros de documentos nesse sentido obtidos pela pesquisa.

Comissão de Educação, o deputado federal Carlos Abicalil, Relator do PL73/99, a Lei de Cotas, na Comissão de Educação. Depois, uma segunda mesa com Daniel Cara, da Campanha Nacional pelo Direito à Educação, Heleno Araújo, da CNTE, e Paulo Speller, reitor da instalação da UNILAB, que fez uma exposição sobre a origem da universidade no Egito e sua evolução. O seminário teve cobertura da TV Câmara e rádio Câmara, que teve transmissões ao vivo na manhã daquele dia. Assim, a coalizão a favor da Lei de Cotas ficava visível para olhos de ver, em seu perfil diverso de atores agindo em conjunto no chão da Câmara dos Deputados.

Imagem 175 – Seminário 200 anos de ensino superior público no Brasil: a escola pública pede passagem, auditório Nereu Ramos da Câmara dos Deputados, 2008

Fonte: Arquivo MSU

A coalizão contra a Lei de Cotas, ao que tudo indica, fugira do chão da Câmara, num sentido de uma expressividade política ausente, tudo indicava que concentrava suas fichas na grande mídia e no tapetão, no jogo no judiciário, o que fizeram no dia 30 de abril no STF.

Eram os 120 anos da abolição inconclusa, os 200 anos da educação superior no Brasil. Pernas pra que te quero. Ato contínuo ao seminário era o momento de lançar a coleta de assinaturas dos parlamentares favoráveis ao PL 73/99, fruto da arquitetura dos N*MS, como reconheceu o relator da comissão de educação da Câmara dos Deputados. Um ato político, uma roda grande, um uivo, um gingar de corpos, de camisas amarelas, como abelhas em dança, fez seu ritual no saguão e arrastou o grito pelo direito à universidade, pela imediata aprovação da Lei de Cotas, do saguão do anexo II, lugar da passagem dos parlamentares, que viam assustados e da polícia legislativa mais assustada ainda, até sair em marcha dali para a ala das comissões, que deu ao grito da coalizão a favor da Lei de Cotas um eco imenso pelo efeito de caixa de ressonância da ala das comissões, o que foi levado até a portaria do anexo III e dali até a porta de entrada do Ministério da Justiça. "Eu lembro da gente conversando com os deputados, fazendo uma manifestação ali também", disse Helen, coordenadora do MSU. Nas palavras do coordenador do MSU, José Alberto Pereira da Silva, aquilo foi um "*flashmob*".

> *Eu lembro que a gente teve um grande seminário... um grande seminário discutindo sobre a Lei de Cotas. Na Câmara dos Deputados. No qual a gente compartilhou a visão do MSU, onde a gente divulgou cartas do MSU, né? Entrevistas, que em sua maioria, em sua grande maioria sempre eram entrevistas coletivas que a gente fazia, né? Quando tava nos corredores do Congresso. Sempre seguindo esse rito do próprio congresso, que hoje a gente pode dizer que era os flashmob, né? A gente fazia algumas intervenções ali de palavras de ordem, né?*
>
> *Sempre ali em sintonia, sempre usando momentos e outras pautas pra gente também contextualizar, né? E unir forças, né? Porque sozinho ninguém faz nada.* (José Alberto Pereira da Silva, entrevista ao autor, 2019).

Imagem 176 – Manifestação em Brasília pela aprovação da Lei de Cotas

Fonte: Arquivo MSU

O barulho da coalizão a favor da Lei de Cotas tinha virado notícia e o ministro da Justiça Tarso Genro junto com o ministro da Promoção da Igualdade Racial, Edson Santos, decidem sair do gabinete do ministro da Justiça e receber o movimento na entrada do Ministério da Justiça.

Imagem 177 – Manifesto pela imediata aprovação da Lei de Cotas é entregue ao ministro Tarso Genro, ministro Edson Santos da SEPPIR e à sociedade brasileira por representantes do MSU em Brasília, maio de 2008 (1)

Fonte: Arquivo MSU

Imagem 178 – Manifesto pela imediata aprovação da Lei de Cotas é entregue ao ministro Tarso Genro, ministro Edson Santos da SEPPIR e à sociedade brasileira por representantes do MSU em Brasília, maio de 2008 (2)

Fonte: Arquivo MSU

A carta aberta é lida na íntegra perante o Sr. ministro da Justiça e o Sr. ministro da Promoção da Igualdade Racial, no dia 13 de maio de 2008, nos 120 anos da abolição inconclusa, com grande presença da imprensa nacional que tudo registrou o tempo todo. Com a palavra, Hélen Barcelos da Silva Martins, coordenadora do MSU,

> "O Brasil é o país do futuro", diziam uns há muito tempo. Outros, como o economista Keynes, enxergam neste tipo de raciocínio um risco. "No longo prazo estaremos todos mortos", afirmava Keynes nos anos 1930 ao pugnar por mudanças no paradigma econômico dominante e com esta visão ajudar a economia mundial a sair da crise da bolsa de 1929.
>
> Mutatis mutandis, no Brasil de 2008 há quem defenda com unhas e dentes o atual sistema hegemônico de vestibular para o acesso ao ensino superior, seus pressupostos, sua intencionalidade, seus resultados, sua famigerada indústria, sua cota para ricos, brancos e a escola privada nas principais carreiras e cursos, o que chega a reservar em alguns casos, como medicina, em certas universidades federais, mais de 80% das vagas públicas para extratos sociais privilegiados da sociedade com uma das piores distribuições de renda do planeta. Então, as cotas já existem, mas apenas para esses privilegiados. É este o paradigma carcomido de injustiças. Sua defesa mais explícita está no manifesto de setores empresariais da indústria dos vestibulares e seus seguidores, entregue no dia 30 de abril de 2008 para o presidente do Supremo Tribunal Federal (STF), ministro Gilmar Mendes, com grande alarde nos meios de comunicação.
>
> Ora, o paradigma atual é um dogma das elites nacionais em franca ofensa à razão, à justiça social e à constitucionalidade dos direitos sociais no Brasil garantidos pela constituição cidadã de 1988. (Carta aberta do MSU, Movimento dos Sem Universidade, ao Supremo Tribunal Federal, contra duas ações diretas de inconstitucionalidade ,ADIN 3.330 e ADIN 3.197, e em defesa da democracia, do direito à universidade da escola pública, dos povos negros e indígena brasileiros).

Imagem 179 – Manifesto pela imediata aprovação da Lei de Cotas é entregue ao ministro Tarso Genro, ministro Edson Santos da SEPPIR e à sociedade brasileira por representantes do MSU em Brasília, maio de 2008 (3)

Fonte: Arquivo MSU

Com a palavra, Ricardo Weibe Tapeba, coordenador do MSU:

> Para questionar e pugnar por mudanças no paradigma dogmático dominante no vestibular brasileiro e para defender a integridade do PROUNI e das políticas de cotas para negros, negras, indígenas e para a escola pública é que são estas simples letras.
>
> Dizia Milton Santos "a missão do homem de ciência é arriscada por definição. Nenhum risco, porém, é tão grave quanto o de formular uma verdade científica como uma certeza eterna. Na engrenagem atual do trabalho científico, esse risco é tanto maior quando certos pensadores e pesquisadores, chegando a resultados válidos após uma reflexão frequentemente longa, passam a utilizá-los como verdadeiros dogmas, toda discussão se fazendo em termos de validez ou não do postulado, o que substitui a procura dos corretivos impostos pela própria evolução das coisas." [...]
>
> Não raro a ampla maioria no Brasil se vê sob o peso de uma situação ridícula e absurda: os trabalhadores pagam para estudar no ensino superior, ao passo que as elites têm suas vagas garantidas nas universidades públicas. Não queremos mais cidadania restringida, mas cidadania plena.
>
> Se o projeto abolicionista de Nabuco e da luta histórica do movimento negro fez uma grande fenda na escravidão, os dois parágrafos da lei da abolição de 1888, não geraram equidade social. O mesmo raciocínio vale para o povo indígena, massacrado pelos colonizadores.
>
> Nenhuma tinta argumentativa ancorada no idealismo da "democracia racial", no higiênico raciocínio da genética atual ou no perverso interesse econômico e comercial camuflado, fugirá com a memória dos acontecimentos passados na história do Brasil.
>
> Ademais, o PROUNI e os exemplos de discriminação positiva das universidades do Rio de Janeiro e alhures no Brasil são responsáveis por maior coesão social no país. No estrito sentido de que mais brasileiros comungam oportunidades iguais. Por último, reforçamos que as conquistas das lutas sociais dos SEM UNIVERSIDADE no Brasil não caíram do céu ou foram entregues por Papai Noel. Os cursinhos populares, as isenções conquistadas das aviltantes taxas dos vestibulares, a criação do Sistema Nacional de Bolsas – o PROUNI; as cotas para a escola pública, negros e indígenas são frutos de luta social com fartos registros na história brasileira.
>
> Sobre esse item queremos desapontar os dogmáticos do velho paradigma dominante nos sistemas de vestibulares brasileiros: não ajam como os romanos mantendo o povo brasileiro dividido para sustentar privilégios. Não joguem uns contra os outros, porque a população não é joguete e tem projeto de destino e de felicidade.
>
> A escola pública e sua diversidade, os negros e negras, os indígenas pedem passagem para a universidade pública. Esta é a senha popular da justiça social, do direito, da constitucionalidade das cotas para os não-privilegiados. (Carta aberta do MSU, Movimento dos Sem Universidade, ao Supremo Tribunal Federal, contra duas ações diretas de inconstitucionalidade, ADIN 3.330 e ADIN 3.197, e em defesa da democracia, do direito à universidade da escola pública, dos povos negros e indígena brasileiros).

Helen Barcelos, coordenadora do MSU, foi a primeira de sua família a entrar na universidade, seu pai tinha terminado o segundo grau, sua mãe não. Ela tem origem nos cursinhos populares. *"Ah, eu fazia parte do pré-vestibular pra alunos carentes e aí eu passei pra UERJ na primeira turma de cotas, e aí a gente começou uma luta na Universidade e a partir daí a luta foi tomando uma proporção nacional e vim conhecer o MSU."* (entrevista ao autor, 2019). Helen, coordenadora do MSU, lembra do 13 de maio de 2008. "Eu lembro da manifestação, eu lembro do STF, quando a gente foi lá e eu lembro principalmente porque tinha a questão de shorts que não podia entrar e algumas coisas assim. Tive que arrumar uma saia em cima da hora." Helen participou do protocolo da carta aberta, esteve no STF. Sobre a presença dos N*MS no chão do Parlamento, ela argumenta sobre o quão importante isso foi para a Lei de Cotas andar de fato.

> *Foi um processo muito coletivo de organização, foi um trabalho de formiguinha, assim como muita gente não reconhece a nossa participação, tem outras pessoas também que talvez a gente não vá saber o que que elas... onde elas estiveram. Eu lembro que na UERJ, por exemplo, localmente, a gente tem um trabalho de convencimento da nossa reitora, depois virou ministra das mulheres, depois ela começou a convencer a outros reitores a adotar cotas, então, foi muito importante esse trabalho de formiguinha mesmo, né? De tentar convencer pessoas que davam em cargos de status estratégicos de que as cotas eram importantes, daí esse convencimento foi se alastrando e acredito que como na questão da lei mesmo, assim. Pessoas que estavam em espaços políticos importantes, foram conversando umas com as outras, a gente, foi... estar em Brasília, demonstrar pras pessoas que aqueles deputados, que aqueles senadores, que aqueles ministros que nós éramos de carne e osso, até então pra eles a gente era só números ou um novo grupo entrando pra Universidade, mas a gente estando lá, conversando com eles, eu acho que isso _____[17:40] a questão da Lei, porque às vezes a lei é só um, pra eles a lei é só um papel que eles assinam ou não, aprovam ou não, e eu acho que ir à Brasília foi importante pra humanizar, né? Humanizar essas... essa questão. Foi mostrar que essas pessoas estavam ali, quem elas são, que eram as primeiras de suas famílias, que elas tão estudando, né? Que é um direito. Esse... é bonito, né? Todo esse discurso que a gente construiu a partir da nossa luta, né?* (Hélen Barcelos da Silva Martins, entrevista ao autor, 2019).

Na noite do 13 de maio, uma comissão do movimento negro da coalizão a favor da Lei de Cotas seria recebida pela presidência do STF.

Ao fim daqueles dias de intensa luta, ainda no retiro Assunção, Os N*MS decidem duas estratégias simples para fazer a vitória da Lei de Cotas no Parlamento: 1) ampliar o arco de participantes efetivos da coalizão a favor da Lei de Cotas, o arco de apoios na sociedade; 2) continuar a coleta de assinaturas dos parlamentares no chão da Câmara dos Deputados até o fim, manter a coleta até atingir um número significativo de apoio parlamentar real, olho no olho, assinado no documento. Manter a coleta de assinaturas com novas caravanas vindo para Brasília em grupos maiores e em grupos pequenos, conforme os recursos obtidos autonomamente.

Um exemplo objetivo da ampliação da coalizão a favor da Lei de Cotas foi a negociação e a articulação do apoio das centrais sindicais, feito conseguido pelos N*MS a partir da experiência vivenciada no chão da CONEB 2008. Assim, no curso de funcionamento prático da coalizão por mudança substantiva em política pública, ocorre um aprendizado, onde um sucesso, um jeito de fazer a coalizão por mudança em política pública que dá certo num ponto vivo do labirinto, é levado para outro ponto do labirinto pelos principais da coalizão, pelos N*MS, que conversaram diretamente, um a um, com cada presidente das centrais sindicais existentes então.

Isso se traduziu na Carta Aberta das Centrais Sindicais (que consta na íntegra a seguir), documento que seria entregue junto ao abaixo-assinado ao relator da Lei de Cotas na Câmara dos Deputados, deputado federal Carlos Abicalil, que faria um pronunciamento sobre esses documentos, em 16 de junho de 2008, no grande expediente da Câmara.

> Brasília, 10 de junho de 2008.
>
> **CARTA ABERTA DAS CENTRAIS SINDICAIS BRASILEIRAS EM DEFESA DA IMEDIATA APROVAÇÃO DO PL 73/99 (QUE RESERVA 50% DE VAGAS PARA EGRESSOS DE ESCOLA PÚBLICA NAS UNIVERSIDADES PÚBLICAS) NO PLENÁRIO DA CÂMARA DOS DEPUTADOS**
>
> Nós, das Centrais Sindicais, representantes legítimos dos trabalhadores e das trabalhadoras do nosso querido Brasil, no momento histórico em que reivindicamos a redução da jornada de trabalho sem redução do salário, nos unimos ao clamor da Conferência Nacional de

Educação Básica, realizada em Brasília, nos dias 14, 15, 16, 17 e 18 de abril de 2008, com cerca de 1500 delegados(as) dos 26 estados e do distrito federal, para solicitar à Câmara dos Deputados, a imediata aprovação do projeto de lei 73/99, que trata da reserva de 50% de vagas para egressos da escola pública, por turno e por curso, nas universidades públicas e nos cursos tecnológicos públicos, respeitando a proporção de negros e indígenas, em cada região do Brasil, conforme indicadores do IBGE.

Lembramos que este projeto de lei, de caráter suprapartidário, fruto de acordo político no âmbito da comissão de educação da câmara dos deputados - que envolveu todos os partidos com representação na casa do povo; e da reivindicação dos movimentos sociais, foi aprovado por unanimidade na comissão de educação, na comissão de direitos humanos e na comissão de constituição e justiça da câmara dos deputados.

Para as centrais sindicais, o trabalho e o estudo andam de mãos dadas no tempo de mudanças drásticas no mundo do trabalho e no tempo da sociedade do conhecimento. Porém, não haverá igualdade de oportunidades educacionais no Brasil se o direito ao ensino superior público e de qualidade não for garantido aos milhões de trabalhadores brasileiros. O Brasil não pode assistir calado aos privilégios para alguns no acesso ao ensino superior público ser sustentado com o suor de todo o povo brasileiro. Sabidamente, a escola pública brasileira é um patrimônio nacional que precisa ser defendido. E sua defesa se faz necessária. E a melhor defesa é o incentivo aos 10 milhões de brasileiros e brasileiras que estão matriculados no ensino médio público, representando cerca de 88% das matrículas totais no ensino médio nacional. Queremos ver as exceções transformadas em regra para o acesso ao ensino superior público. É uma questão de direito e de justiça social. Não dá para o Brasil continuar assistindo por anos a fio a presença de um mesmo perfil social apenas nos bancos universitários públicos, nas principais carreiras e cursos.

Por isso, as centrais sindicais se posicionam pela imediata aprovação no plenário da Câmara do PL 73/99 em sua íntegra, de acordo com o que já foi aprovado nas referidas comissões. É antes de tudo uma questão de respeito a democracia, à escola pública, ao processo histórico de formação do povo brasileiro, aos negros e negras, aos indígenas, construtores do Brasil. Mas, principalmente, este PL 73/99, representa para nós um instrumento de superação de privilégios injustos. Portanto, um instrumento a favor da maior coesão social no Brasil.

Ademais, no ano em que se comemora os 200 anos de instalação dos cursos superiores públicos no Brasil, no ano dos 120 anos da abolição inconclusa e dos 60 anos da declaração universal dos direitos humanos, urge que a Câmara dos Deputados, honre os milhões de talentos, homens e mulheres, da escola pública, criando um novo ciclo virtuoso na história do Brasil.

A escola pública e sua diversidade pedem passagem para a universidade pública, esta é a vontade das centrais sindicais e o apelo dos trabalhadores e trabalhadoras brasileiros à Câmara dos Deputados pela imediata aprovação do PL 73/99.

Saudações fraternas. Muito obrigado.

Artur Henrique da Silva Santos – Presidente da CUT, Central Única dos Trabalhadores.

Antonio Fernandes dos Santos Neto – Presidente da CGTB, Central Geral dos Trabalhadores do Brasil.

Wagner Gomes, Presidente da CTB, Central dos Trabalhadores e Trabalhadoras do Brasil.

Paulo Pereira da Silva, Presidente da Força Sindical.

Ricardo Patah, Presidente da UGT, União Geral dos Trabalhadores.

José Calixto, Presidente da NCST, Nova Central Sindical de Trabalhadores.

Em função dessa estratégia, os N*MS, a coalizão social a favor da Lei de Cotas, decidem ocupar a cena política na Câmara dos Deputados e ampliar o arco de apoios à Lei de Cotas na sociedade brasileira no geral e no Parlamento, parlamentar por parlamentar, não apenas líder a líder.

Os N*MS fazem então outro caminho para a disputa de pauta junto aos partidos políticos na Câmara: agora, em vez de privilegiar os líderes partidários, é o contato corpo a corpo com cada parlamentar que importa. O objetivo da coalizão social a favor da Lei de Cotas em 2008 era conseguir uma maioria de assinaturas de deputados e deputadas federais favoráveis ao PL de Cotas, para convencer assim os líderes e o Sr. presidente da Câmara dos Deputados, deputado federal Arlindo Chinaglia (PT-SP), a votarem, ou seja, derrubar o veto da coalizão contrária à Lei de Cotas.

Imagem 180 – Mobilização pelas assinaturas (1)

Fonte: Arquivo MSU

Imagem 181 – Mobilização pelas assinaturas (2)

Fonte: Arquivo MSU

Imagem 182 – Mobilização pelas assinaturas (3)

Fonte: Arquivo MSU

Imagem 183 – Mobilização pelas assinaturas (4)

Fonte: Arquivo MSU

Imagem 184 – Mobilização pelas assinaturas (5)

Fonte: Arquivo MSU

Imagem 185 – Mobilização pelas assinaturas (6)

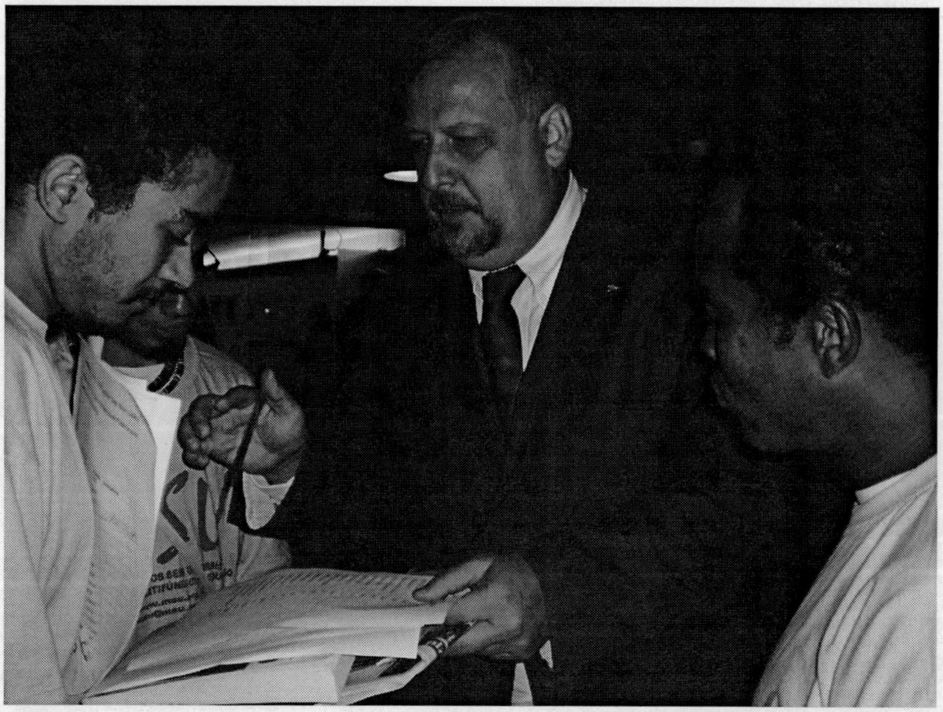

Fonte: Arquivo MSU

Imagem 186 – Mobilização pelas assinaturas (7)

Fonte: Arquivo MSU

Imagem 187 – Mobilização pelas assinaturas (8)

Fonte: Arquivo MSU

Imagem 188 – Mobilização pelas assinaturas (9)

Fonte: Arquivo MSU

Imagem 189 – Mobilização pelas assinaturas (10)

Fonte: Arquivo MSU

Imagem 190 – Mobilização pelas assinaturas (11)

Fonte: Arquivo MSU

Imagem 191 – Mobilização pelas assinaturas (12)

Fonte: Arquivo MSU

Imagem 192 – Mobilização pelas assinaturas (13)

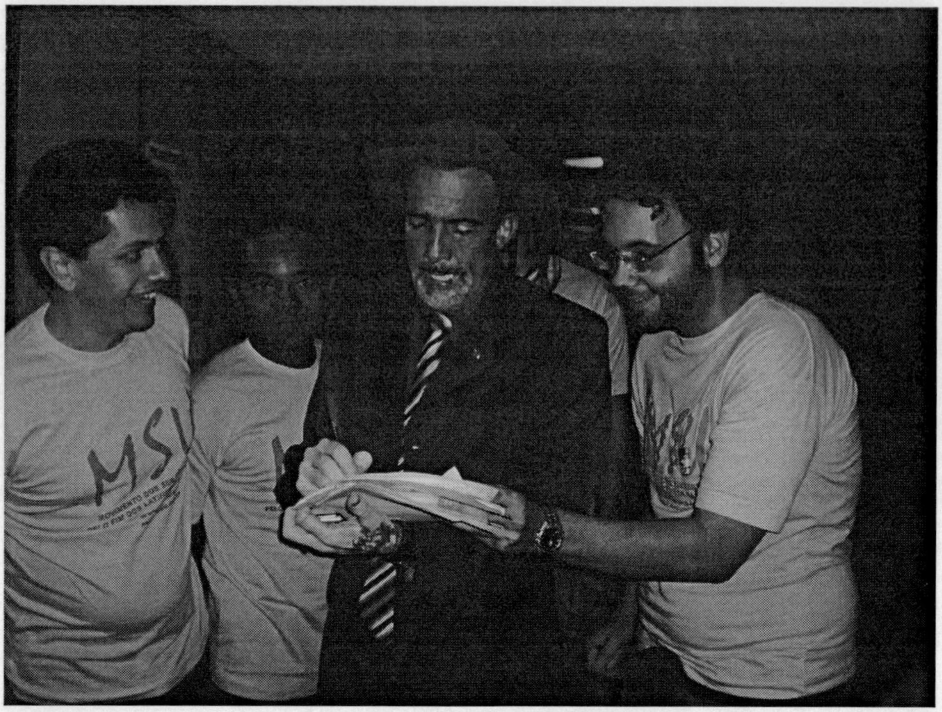

Fonte: Arquivo MSU

Imagem 193 – Mobilização pelas assinaturas (14)

Fonte: Arquivo MSU

Imagem 194 – Mobilização pelas assinaturas (15)

Fonte: Arquivo MSU

Imagem 195 – Mobilização pelas assinaturas (16)

Fonte: Arquivo MSU

Imagem 196 – Mobilização pelas assinaturas (17)

Fonte: Arquivo MSU

Imagem 197 – Mobilização pelas assinaturas (18)

Fonte: Arquivo MSU

Imagem 198 – Mobilização pelas assinaturas (19)

Fonte: Arquivo MSU

Imagem 199 – Mobilização pelas assinaturas (20)

Fonte: Arquivo MSU

Imagem 200 – Mobilização pelas assinaturas (21)

Fonte: Arquivo MSU

Imagem 201 – Mobilização pelas assinaturas (22)

Fonte: Arquivo MSU

Imagem 202 – Mobilização pelas assinaturas (23)

Fonte: Arquivo MSU

Imagem 203 – Mobilização pelas assinaturas (24)

Fonte: Arquivo MSU

Imagem 204 – Mobilização pelas assinaturas (25)

Fonte: Arquivo MSU

Imagem 205 – Mobilização pelas assinaturas (26)

Fonte: Arquivo MSU

Imagem 206 – Mobilização pelas assinaturas (27)

Fonte: Arquivo MSU

Imagem 207 – Mobilização pelas assinaturas (28)

Fonte: Arquivo MSU

Imagem 208 – Mobilização pelas assinaturas (29)

Fonte: Arquivo MSU

Imagem 209 – Mobilização pelas assinaturas (30)

Fonte: Arquivo MSU

Imagem 210 – Mobilização pelas assinaturas (31)

Fonte: Arquivo MSU

Imagem 211 – Mobilização pelas assinaturas (32)

Fonte: Arquivo MSU

Imagem 212 – Mobilização pelas assinaturas (33)

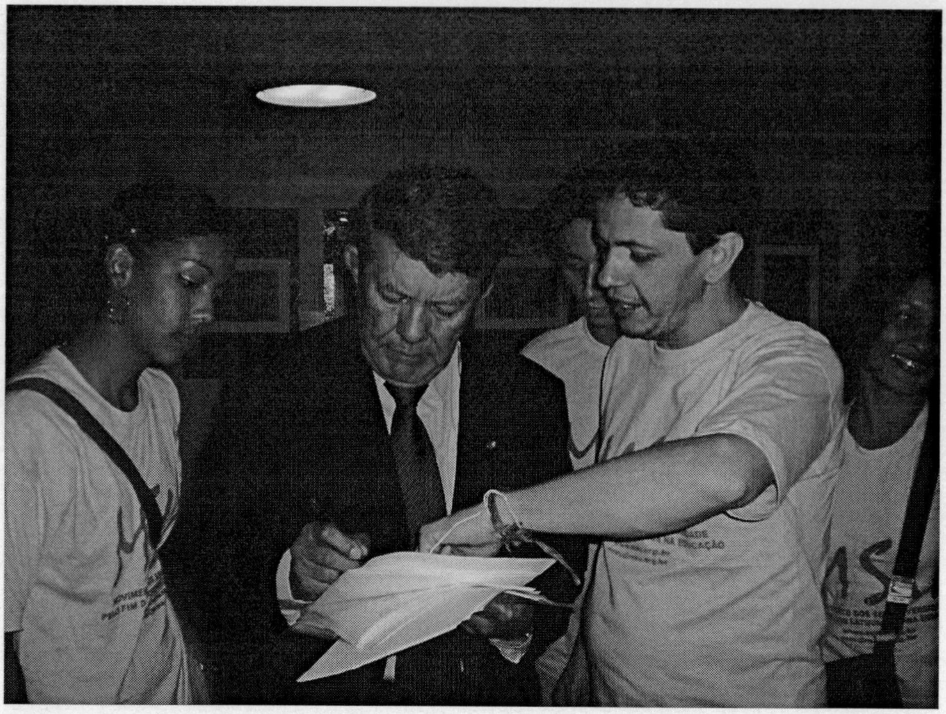

Fonte: Arquivo MSU

Imagem 213 – Mobilização pelas assinaturas (34)

Fonte: Arquivo MSU

Imagem 214 – Mobilização pelas assinaturas (35)

Fonte: Arquivo MSU

Imagem 215 – Mobilização pelas assinaturas (36)

Fonte: Arquivo MSU

Imagem 216 – Mobilização pelas assinaturas (37)

Fonte: Arquivo MSU

Imagem 217 – Mobilização pelas assinaturas (38)

Fonte: Arquivo MSU

Imagem 218 – Mobilização pelas assinaturas (39)

Fonte: Arquivo MSU

Imagem 219 – Mobilização pelas assinaturas (40)

Fonte: Arquivo MSU

Imagem 220 – Mobilização pelas assinaturas (41)

Fonte: Arquivo MSU

Imagem 221 – Mobilização pelas assinaturas (42)

Fonte: Arquivo MSU

Imagem 222 – Mobilização pelas assinaturas (43)

Fonte: Arquivo MSU

Imagem 223 – Mobilização pelas assinaturas (44)

Fonte: Arquivo MSU

Imagem 224 – Mobilização pelas assinaturas (45)

Fonte: Arquivo MSU

Imagem 225 – Assinaturas favoráveis (1)

FAVORÁVEL AO PL 73/99 (autora: Dep. Nice Lobão)

Reserva de 50% de vagas na Universidade Pública para Egressos da Escola Pública

Nome do Parlamentar	Partido	Assinatura
ABELARDO CAMARINHA	PSB	
ABELARDO LUPION	DEM	
ADÃO PRETTO	PT	
ADEMIR CAMILO	PDT	
AELTON FREITAS	PR	
AFFONSO CAMARGO	PSDB	
AFONSO HAMM	PP	
AIRTON ROVEDA	PR	
ALBANO FRANCO	PSDB	
ALBERTO SILVA	PMDB	
ALDO REBELO	PCdoB	
ALEX CANZIANI	PTB	
ALEXANDRE SANTOS	PMDB	
ALEXANDRE SILVEIRA	PPS	
ALFREDO KAEFER	PSDB	
ALICE PORTUGAL	PCdoB	
ALINE CORRÊA	PP	

Fonte: Arquivo MSU

Imagem 226 – Assinaturas favoráveis (2)

FAVORÁVEL AO PL 73/99 (autora: Dep. Nice Lobão)

Reserva de 50% de vagas na Universidade Pública para Egressos da Escola Pública

ARIOSTO HOLANDA	PSB	
ARLINDO CHINAGLIA	PT	
ARMANDO ABÍLIO	PTB	
ARMANDO MONTEIRO	PTB	
ARNALDO FARIA DE SÁ	PTB	
ARNALDO JARDIM	PPS	
ARNALDO MADEIRA	PSDB	
ARNALDO VIANNA	PDT	
ARNON BEZERRA	PTB	
ASDRUBAL BENTES	PMDB	
ASSIS DO COUTO	PT	
ÁTILA LINS	PMDB	
ÁTILA LIRA	PSB	
AUGUSTO CARVALHO	PPS	
AUGUSTO FARIAS	PTB	
AYRTON XEREZ	DEM	
B. SÁ	PSB	
BARBOSA NETO	PDT	
BEL MESQUITA	PMDB	
BENEDITO DE LIRA	PP	
BERNARDO ARISTON	PMDB	

Fonte: Arquivo MSU

Imagem 227 – Assinaturas favoráveis (3)

FAVORÁVEL AO PL 73/99 (autora: Dep. Nice Lobão)

Reserva de 50% de vagas na Universidade Pública para Egressos da Escola Pública

BETINHO ROSADO	DEM	
BETO ALBUQUERQUE	PSB	
BETO FARO	PT	
BETO MANSUR	PP	
BILAC PINTO	PR	
BONIFÁCIO DE ANDRADA	PSDB	
BRIZOLA NETO	PDT	
BRUNO ARAÚJO	PSDB	
BRUNO RODRIGUES	PSDB	
CAMILO COLA	PMDB	
CÂNDIDO VACCAREZZA	PT	
CARLITO MERSS	PT	
CARLOS ABICALIL	PT	
CARLOS ALBERTO CANUTO	PMDB	
CARLOS ALBERTO LERÉIA	PSDB	
CARLOS BEZERRA	PMDB	
CARLOS BRANDÃO	PSDB	
CARLOS EDUARDO CADOCA	PSC	
CARLOS MELLES	DEM	
CARLOS SAMPAIO	PSDB	
CARLOS SANTANA	PT	

Fonte: Arquivo MSU

Imagem 228 – Assinaturas favoráveis (4)

FAVORÁVEL AO PL 73/99 (autora: Dep. Nice Lobão)

Reserva de 50% de vagas na Universidade Pública para Egressos da Escola Pública

CARLOS SOUZA	PP	
CARLOS WILLIAN	PTC	
CARLOS WILSON	PT	
CARLOS ZARATTINI	PT	
CELSO MALDANER	PMDB	
CELSO RUSSOMANNO	PP	
CEZAR SCHIRMER	PMDB	
CEZAR SILVESTRI	PPS	
CHICO ABREU	PR	
CHICO ALENCAR	PSOL	
CHICO D'ANGELO	PT	
CHICO DA PRINCESA	PR	
CHICO LOPES	PCdoB	
CIDA DIOGO	PT	
CIRO GOMES	PSB	
CIRO NOGUEIRA	PP	
CIRO PEDROSA	PV	
CLAUDIO CAJADO	DEM	
CLÁUDIO DIAZ	PSDB	
CLÁUDIO MAGRÃO	PPS	
CLEBER VERDE	PRB	

Fonte: Arquivo MSU

Imagem 229 – Assinaturas favoráveis (5)

FAVORÁVEL AO PL 73/99 (autora: Dep. Nice Lobão)

Reserva de 50% de vagas na Universidade Pública para Egressos da Escola Pública

CLODOVIL HERNANDES	PR	
COLBERT MARTINS	PMDB	
COSTA FERREIRA	PSC	
CRISTIANO MATHEUS	PMDB	
DAGOBERTO	PDT	
DALVA FIGUEIREDO	PT	
DAMIÃO FELICIANO	PDT	
DANIEL ALMEIDA	PCdoB	
DARCÍSIO PERONDI	PMDB	
DAVI ALCOLUMBRE	DEM	
DAVI ALVES SILVA JÚNIOR	PDT	
DÉCIO LIMA	PT	
DELEY	PSC	
DEVANIR RIBEIRO	PT	
DILCEU SPERAFICO	PP	
DJALMA BERGER	PSB	
DOMINGOS DUTRA	PT	
DR. ADILSON SOARES	PR	
DR. NECHAR	PV	
DR. PINOTTI	DEM	
DR. ROSINHA	PT	

Fonte: Arquivo MSU

Imagem 230 – Assinaturas favoráveis (6)

FAVORÁVEL AO PL 73/99 (autora: Dep. Nice Lobão)

Reserva de 50% de vagas na Universidade Pública para Egressos da Escola Pública

DR. TALMIR	PV	
DR. UBIALI	PSB	
DUARTE NOGUEIRA	PSDB	
EDGAR MOURY	PMDB	
EDIGAR MÃO BRANCA	PV	
EDINHO BEZ	PMDB	
EDIO LOPES	PMDB	
EDMAR MOREIRA	DEM	
EDMILSON VALENTIM	PCdoB	
EDSON APARECIDO	PSDB	
EDSON DUARTE	PV	
EDSON EZEQUIEL	PMDB	
EDUARDO AMORIM	PSC	
EDUARDO BARBOSA	PSDB	
EDUARDO CUNHA	PMDB	
EDUARDO DA FONTE	PP	
EDUARDO LOPES	PSB	
EDUARDO SCIARRA	DEM	
EDUARDO VALVERDE	PT	
EFRAIM FILHO	DEM	
ELCIONE BARBALHO	PMDB	

Fonte: Arquivo MSU

Imagem 231 – Assinaturas favoráveis (7)

FAVORÁVEL AO PL 73/99 (autora: Dep. Nice Lobão)

Reserva de 50% de vagas na Universidade Pública para Egressos da Escola Pública

ELIENE LIMA	PP	
ELISEU PADILHA	PMDB	
ELISMAR PRADO	PT	
EMANUEL FERNANDES	PSDB	
ENIO BACCI	PDT	
ERNANDES AMORIM	PTB	
EUDES XAVIER	PT	
EUGÊNIO RABELO	PP	
EUNÍCIO OLIVEIRA	PMDB	
EVANDRO MILHOMEN	PCdoB	
FÁBIO FARIA	PMN	
FÁBIO RAMALHO	PV	
FÁBIO SOUTO	DEM	
FÁTIMA BEZERRA	PT	
FÁTIMA PELAES	PMDB	
FELIPE BORNIER	PHS	
FELIPE MAIA	DEM	
FÉLIX MENDONÇA	DEM	
FERNANDO CHUCRE	PSDB	
FERNANDO COELHO FILHO	PSB	
FERNANDO CORUJA	PPS	

Fonte: Arquivo MSU

Imagem 232 – Assinaturas favoráveis (8)

FAVORÁVEL AO PL 73/99 (autora: Dep. Nice Lobão)

Reserva de 50% de vagas na Universidade Pública para Egressos da Escola Pública

FERNANDO DE FABINHO	DEM	
FERNANDO DINIZ	PMDB	
FERNANDO FERRO	PT	
FERNANDO GABEIRA	PV	
FERNANDO LOPES	PMDB	
FERNANDO MELO	PT	
FILIPE PEREIRA	PSC	
FLAVIANO MELO	PMDB	
FLÁVIO BEZERRA	PMDB	
FLÁVIO DINO	PCdoB	
FRANCISCO PRACIANO	PT /AM	
FRANCISCO RODRIGUES	DEM	
FRANCISCO ROSSI	PMDB	
FRANCISCO TENORIO	PMN	
FRANK AGUIAR	PTB	
FREIRE JÚNIOR	PSDB	
GASTÃO VIEIRA	PMDB	
GEORGE HILTON	PP	
GERALDO PUDIM	PMDB	
GERALDO RESENDE	PMDB	
GERALDO THADEU	PPS	

Fonte: Arquivo MSU

Imagem 233 – Assinaturas favoráveis (9)

FAVORÁVEL AO PL 73/99 (autora: Dep. Nice Lobão)

Reserva de 50% de vagas na Universidade Pública para Egressos da Escola Pública

GERMANO BONOW	DEM	
GERSON PERES	PP	
GERVÁSIO SILVA	PSDB	
GIACOBO	PR	
GILMAR MACHADO	PT	
GIOVANNI QUEIROZ	PDT	
GIVALDO CARIMBÃO	PSB	
GLADSON CAMELI	PP	
GONZAGA PATRIOTA	PSB	
GORETE PEREIRA	PR	
GUILHERME CAMPOS	DEM	
GUILHERME MENEZES	PT	
GUSTAVO FRUET	PSDB	
HENRIQUE AFONSO	PT	
HENRIQUE EDUARDO ALVES	PMDB	
HENRIQUE FONTANA	PT	
HERMES PARCIANELLO	PMDB	
HOMERO PEREIRA	PR	
HUGO LEAL	PSC	
HUMBERTO SOUTO	PPS	
IBSEN PINHEIRO	PMDB	

Fonte: Arquivo MSU

Imagem 234 – Assinaturas favoráveis (10)

FAVORÁVEL AO PL 73/99 (autora: Dep. Nice Lobão)

Reserva de 50% de vagas na Universidade Pública para Egressos da Escola Pública

ILDERLEI CORDEIRO	PPS	
INDIO DA COSTA	DEM	
INOCÊNCIO OLIVEIRA	PR	
IRAN BARBOSA	PT	
IRINY LOPES	PT	
ÍRIS DE ARAÚJO	PMDB	
IVAN VALENTE	PSOL	
IZALCI	PSDB	
JACKSON BARRETO	PMDB	
JADER BARBALHO	PMDB	
JAIME MARTINS	PR	
JAIR BOLSONARO	PP	
JAIRO ATAIDE	DEM	
JANETE CAPIBERIBE	PSB	
JANETE ROCHA PIETÁ	PT	
JEFFERSON CAMPOS	PTB	
JERÔNIMO REIS	DEM	
JILMAR TATTO	PT	
JÔ MORAES	PCdoB	
JOÃO ALMEIDA	PSDB	
JOÃO BITTAR	DEM	

JOAQUIM BELTRÃO PMDB

JOÃO PAULO CUNHA PT/SP

Fonte: Arquivo MSU

Imagem 235 – Assinaturas favoráveis (11)

FAVORÁVEL AO PL 73/99 (autora: Dep. Nice Lobão)

Reserva de 50% de vagas na Universidade Pública para Egressos da Escola Pública

JOÃO CAMPOS	PSDB	
JOÃO CARLOS BACELAR	PR	
JOÃO DADO	PDT	
JOÃO LEÃO	PP	
JOÃO MAGALHÃES	PMDB	
JOÃO MAIA	PR	
JOÃO MATOS	PMDB	
JOÃO OLIVEIRA	DEM	
JOÃO PAULO CUNHA	PT	Assinou
JOÃO PIZZOLATTI	PP	
JOAQUIM BELTRÃO	PMDB	
JOFRAN FREJAT	PR	
JORGE BITTAR	PT	
JORGE KHOURY	DEM	
JORGE TADEU MUDALEN	DEM	
JORGINHO MALULY	DEM	
JOSÉ AIRTON CIRILO	PT	
JOSÉ ANÍBAL	PSDB	
JOSÉ CARLOS ALELUIA	DEM	
JOSÉ CARLOS ARAÚJO	PR	

Fonte: Arquivo MSU

Imagem 236 – Assinaturas favoráveis (12)

FAVORÁVEL AO PL 73/99 (autora: Dep. Nice Lobão)

Reserva de 50% de vagas na Universidade Pública para Egressos da Escola Pública

JOSÉ CARLOS MACHADO	DEM	
JOSÉ CARLOS VIEIRA	DEM	
JOSÉ CHAVES	PTB	
JOSÉ EDUARDO CARDOZO	PT	
JOSÉ FERNANDO APARECIDO DE OLIVEIRA	PV	
JOSÉ GENOÍNO	PT	
JOSÉ GUIMARÃES	PT	
JOSÉ LINHARES	PP	
JOSÉ MENDONÇA BEZERRA	DEM	
JOSÉ MENTOR	PT	
JOSÉ OTÁVIO GERMANO	PP	
JOSÉ PAULO TÓFFANO	PV	
JOSÉ PIMENTEL	PT	
JOSÉ ROCHA	PR	
JOSÉ SANTANA DE VASCONCELLOS	PR	
JOSEPH BANDEIRA	PT	
JOVAIR ARANTES	PTB	
JULIÃO AMIN	PDT	
JÚLIO CESAR	DEM	
JÚLIO DELGADO	PSB	

Fonte: Arquivo MSU

Imagem 237 – Assinaturas favoráveis (13)

FAVORÁVEL AO PL 73/99 (autora: Dep. Nice Lobão)

Reserva de 50% de vagas na Universidade Pública para Egressos da Escola Pública

JULIO SEMEGHINI	PSDB	
JURANDIL JUAREZ	PMDB	
JURANDY LOUREIRO	PSC	
JUSMARI OLIVEIRA	PR	
JUTAHY JUNIOR	PSDB	
JUVENIL	PRTB	
LAEL VARELLA	DEM	
LAERTE BESSA	PMDB	
LAUREZ MOREIRA	PSB	
LÁZARO BOTELHO	PP	
LEANDRO SAMPAIO	PPS	
LEANDRO VILELA	PMDB	
LELO COIMBRA	PMDB	
LEO ALCÂNTARA	PR	
LÉO VIVAS	PRB	
LEONARDO MONTEIRO	PT	
LEONARDO PICCIANI	PMDB	
LEONARDO QUINTÃO 9/14	PMDB	
LEONARDO VILELA	PSDB	
LÍDICE DA MATA	PSB	
LINCOLN PORTELA	PR	

Fonte: Arquivo MSU

Imagem 238 – Assinaturas favoráveis (14)

FAVORÁVEL AO PL 73/99 (autora: Dep. Nice Lobão)

Reserva de 50% de vagas na Universidade Pública para Egressos da Escola Pública

LINDOMAR GARÇON	PV	
LIRA MAIA	DEM	
LOBBE NETO	PSDB	
LUCENIRA PIMENTEL	PR	
LUCIANA COSTA	PR	
LUCIANA GENRO	PSOL	
LUCIANO CASTRO	PR	
LUCIANO PIZZATTO TIT. ALCENI GUERRA	DEM	
LÚCIO VALE	PR	
LUIS CARLOS HEINZE	PP	
LUIZ BASSUMA	PT	
LUIZ BITTENCOURT	PMDB	
LUIZ CARLOS BUSATO	PTB	
LUIZ CARLOS HAULY	PSDB	
LUIZ CARLOS SETIM	DEM	
LUIZ CARREIRA	DEM	
LUIZ COUTO	PT	
LUIZ FERNANDO FARIA	PP	
LUIZ PAULO VELLOZO LUCAS	PSDB	
LUIZ SÉRGIO	PT	

Fonte: Arquivo MSU

Imagem 239 – Assinaturas favoráveis (15)

FAVORÁVEL AO PL 73/99 (autora: Dep. Nice Lobão)

Reserva de 50% de vagas na Universidade Pública para Egressos da Escola Pública

LUIZA ERUNDINA	PSB	
MAGELA	PT	
MAJOR FÁBIO	DEM	
MANATO	PDT	
MANOEL JUNIOR	PSB	
MANOEL SALVIANO	PSDB	
MANUELA D'ÁVILA	PCdoB	
MARCELO ALMEIDA	PMDB	
MARCELO CASTRO ok!	PMDB	
MARCELO GUIMARÃES FILHO	PMDB	
MARCELO ITAGIBA	PMDB	
MARCELO MELO	PMDB	
MARCELO ORTIZ	PV	
MARCELO SERAFIM	PSB	
MARCELO TEIXEIRA	PR	
MÁRCIO FRANÇA	PSB	
MARCIO JUNQUEIRA	DEM	
MÁRCIO REINALDO MOREIRA	PP	
MARCO MAIA	PT	
MARCONDES GADELHA	PSB	

Fonte: Arquivo MSU

Imagem 240 – Assinaturas favoráveis (16)

FAVORÁVEL AO PL 73/99 (autora: Dep. Nice Lobão)

Reserva de 50% de vagas na Universidade Pública para Egressos da Escola Pública

MARCOS ANTONIO	PRB	
MARCOS MEDRADO	PDT	
MARCOS MONTES	DEM	
MARIA DO CARMO LARA	PT	
MARIA DO ROSÁRIO	PT	
MARIA HELENA	PSB	
MARIA LÚCIA CARDOSO	PMDB	
MARINA MAGGESSI	PPS	
MARINHA RAUPP	PMDB	
MÁRIO DE OLIVEIRA	PSC	
MÁRIO HERINGER	PDT	
MÁRIO NEGROMONTE	PP	
MAURÍCIO QUINTELLA LESSA	PR	
MAURÍCIO RANDS	PT	
MAURÍCIO TRINDADE	PR	
MAURO BENEVIDES	PMDB	
MAURO LOPES	PMDB	
MAURO NAZIF	PSB	
MAX ROSENMANN	PMDB	
MENDES RIBEIRO FILHO	PMDB	
MENDONÇA PRADO	DEM	

MARCIO Junqueira 643 DEM

Marcelo Castro

Fonte: Arquivo MSU

Imagem 241 – Assinaturas favoráveis (17)

FAVORÁVEL AO PL 73/99 (autora: Dep. Nice Lobão)

Reserva de 50% de vagas na Universidade Pública para Egressos da Escola Pública

MICHEL TEMER	PMDB	
MIGUEL CORRÊA	PT	
MIGUEL MARTINI	PHS	
MILTON MONTI	PR	
MIRO TEIXEIRA	PDT	
MOACIR MICHELETTO	PMDB	
MOISES AVELINO	PMDB	
MOREIRA MENDES	PPS	
MUSSA DEMES Dep. Mainha	DEM	
NARCIO RODRIGUES	PSDB	
NATAN DONADON	PMDB	
NAZARENO FONTELES	PT	
NEILTON MULIM	PR	
NELSON BORNIER	PMDB	
NELSON GOETTEN	PR	
NELSON MARQUEZELLI	PTB	
NELSON MEURER	PP	
NELSON PELLEGRINO	PT	
NELSON PROENÇA	PPS	
NELSON TRAD	PMDB	
NEUCIMAR FRAGA	PR	

Fonte: Arquivo MSU

Imagem 242 – Assinaturas favoráveis (18)

FAVORÁVEL AO PL 73/99 (autora: Dep. Nice Lobão)

Reserva de 50% de vagas na Universidade Pública para Egressos da Escola Pública

NEUDO CAMPOS	PP	
NICE LOBÃO	DEM	
NILMAR RUIZ	DEM	
NILSON MOURÃO	PT	
NILSON PINTO	PSDB	
ODAIR CUNHA	PT	
ODÍLIO BALBINOTTI	PMDB	
OLAVO CALHEIROS	PMDB	
ONYX LORENZONI	DEM	
OSMAR JÚNIOR	PCdoB	
OSMAR SERRAGLIO	PMDB	
OSÓRIO ADRIANO	DEM	
OSVALDO REIS	PMDB	
OTAVIO LEITE	PSDB	
PAES LANDIM	PTB	
PASTOR MANOEL FERREIRA	PTB	
PAULO ABI-ACKEL	PSDB	
PAULO BORNHAUSEN	DEM	
PAULO HENRIQUE LUSTOSA	PMDB	
PAULO MAGALHÃES	DEM	
PAULO MALUF	PP	

Fonte: Arquivo MSU

Imagem 243 – Assinaturas favoráveis (19)

FAVORÁVEL AO PL 73/99 (autora: Dep. Nice Lobão)

Reserva de 50% de vagas na Universidade Pública para Egressos da Escola Pública

PAULO PEREIRA DA SILVA	PDT	
PAULO PIAU	PMDB	
PAULO PIMENTA	PT	
PAULO RENATO SOUZA	PSDB	
PAULO ROBERTO	PTB	
PAULO ROCHA	PT	
PAULO RUBEM SANTIAGO	PDT	
PAULO TEIXEIRA	PT	
PEDRO CHAVES	PMDB	
PEDRO EUGÊNIO	PT	
PEDRO FERNANDES	PTB	
PEDRO HENRY	PP	
PEDRO NOVAIS	PMDB	
PEDRO WILSON	PT	
PEPE VARGAS	PT	
PERPÉTUA ALMEIDA	PCdoB	
PINTO ITAMARATY	PSDB	
POMPEO DE MATTOS	PDT	
PROFESSOR RUY PAULETTI	PSDB	
PROFESSOR SETIMO	PMDB	
PROFESSORA RAQUEL TEIXEIRA	PSDB	

Fonte: Arquivo MSU

Imagem 244 – Assinaturas favoráveis (20)

FAVORÁVEL AO PL 73/99 (autora: Dep. Nice Lobão)

Reserva de 50% de vagas na Universidade Pública para Egressos da Escola Pública

RAFAEL GUERRA	PSDB	
RAIMUNDO GOMES DE MATOS	PSDB	
RATINHO JUNIOR	PSC	
RAUL HENRY	PMDB	
RAUL JUNGMANN	PPS	
REBECCA GARCIA	PP	
REGINALDO LOPES	PT	
REGIS DE OLIVEIRA	PSC	
REINALDO NOGUEIRA	PDT	
RENATO AMARY	PSDB	
RENATO MOLLING	PP	
RENILDO CALHEIROS	PCdoB	
RIBAMAR ALVES	PSB	
RICARDO BARROS	PP	
RICARDO BERZOINI	PT	
RICARDO TRIPOLI	PSDB	
RITA CAMATA	PMDB	
ROBERTO BRITTO	PP	
ROBERTO MAGALHÃES	DEM	
ROBERTO ROCHA	PSDB	
ROBERTO SANTIAGO	PV	

Fonte: Arquivo MSU

Imagem 245 – Assinaturas favoráveis (21)

FAVORÁVEL AO PL 73/99 (autora: Dep. Nice Lobão)

Reserva de 50% de vagas na Universidade Pública para Egressos da Escola Pública

RODRIGO DE CASTRO	PSDB	
RODRIGO MAIA	DEM	
RODRIGO ROCHA LOURES	PMDB	
RODRIGO ROLLEMBERG	PSB	
ROGERIO LISBOA	DEM	
ROGÉRIO MARINHO	PSB	
RONALDO CAIADO	DEM	
ROSE DE FREITAS	PMDB	
RUBENS OTONI	PT	
SABINO CASTELO BRANCO	PTB	
SANDES JÚNIOR	PP	
SANDRA ROSADO	PSB	
SANDRO MABEL	PR	
SANDRO MATOS	PR	
SARAIVA FELIPE	PMDB	
SARNEY FILHO	PV	
SATURNINO MASSON	PSDB	
SEBASTIÃO BALA ROCHA	PDT	
SEBASTIÃO MADEIRA	PSDB	
SÉRGIO BARRADAS CARNEIRO	PT	
SÉRGIO BRITO	PDT	

Fonte: Arquivo MSU

Imagem 246 – Assinaturas favoráveis (22)

FAVORÁVEL AO PL 73/99 (autora: Dep. Nice Lobão)

Reserva de 50% de vagas na Universidade Pública para Egressos da Escola Pública

SÉRGIO MORAES	PTB	
SERGIO PETECÃO	PMN	
SEVERIANO ALVES	PDT	
SILAS CÂMARA	PSC	
SILVINHO PECCIOLI	DEM	
SILVIO COSTA	PMN	
SILVIO LOPES	PSDB	
SILVIO TORRES	PSDB	
SIMÃO SESSIM	PP	
SOLANGE ALMEIDA	PMDB	
SOLANGE AMARAL	DEM	
SUELI VIDIGAL	PDT	
SUELY	PR	
TADEU FILIPPELLI	PMDB	
TAKAYAMA	PSC	
TARCÍSIO ZIMMERMANN	PT	
TATICO	PTB	
TONHA MAGALHÃES	PR	
ULDURICO PINTO	PMN	
URZENI ROCHA	PSDB	
VADÃO GOMES	PP	

Fonte: Arquivo MSU

Imagem 247 – Assinaturas favoráveis (23)

FAVORÁVEL AO PL 73/99 (autora: Dep. Nice Lobão)

Reserva de 50% de vagas na Universidade Pública para Egressos da Escola Pública

VALADARES FILHO	PSB	
VALDEMAR COSTA NETO	PR	
VALDIR COLATTO	PMDB	
VALTENIR PEREIRA	PSB	
VANDER LOUBET	PT	
VANDERLEI MACRIS	PSDB	
VANESSA GRAZZIOTIN	PCdoB	
VELOSO	PMDB	
VIC PIRES FRANCO	DEM	
VICENTE ARRUDA	PR	
VICENTINHO	PT	
VICENTINHO ALVES	PR	
VIEIRA DA CUNHA	PDT	
VIGNATTI	PT	
VILSON COVATTI	PP	
VINICIUS CARVALHO	PTdoB	
VIRGÍLIO GUIMARÃES	PT	
VITAL DO RÊGO FILHO	PMDB	
VITOR PENIDO	DEM	
WALDEMIR MOKA	PMDB	
WALDIR MARANHÃO	PP	

Fonte: Arquivo MSU

Imagem 248 – Assinaturas favoráveis (24)

FAVORÁVEL AO PL 73/99 (autora: Dep. Nice Lobão)

Reserva de 50% de vagas na Universidade Pública para Egressos da Escola Pública

WALDIR NEVES	PSDB	
WALTER BRITO NETO	PRB	
WALTER IHOSHI	DEM	
WALTER PINHEIRO	PT	
WANDENKOLK GONÇALVES	PSDB	
WELLINGTON FAGUNDES	PR	
WELLINGTON ROBERTO	PR	
WILLIAM WOO	PSDB	
WILSON BRAGA	PMDB	
WILSON SANTIAGO	PMDB	
WLADIMIR COSTA	PMDB	
WOLNEY QUEIROZ	PDT	
ZÉ GERALDO	PT	
ZÉ GERARDO	PMDB	
ZENALDO COUTINHO	PSDB	
ZEQUINHA MARINHO	PMDB	
ZEZÉU RIBEIRO	PT	
ZONTA	PP	

Fonte: Arquivo MSU

Imagem 249 – Gráfico de assinaturas favoráveis ao PL 73/99

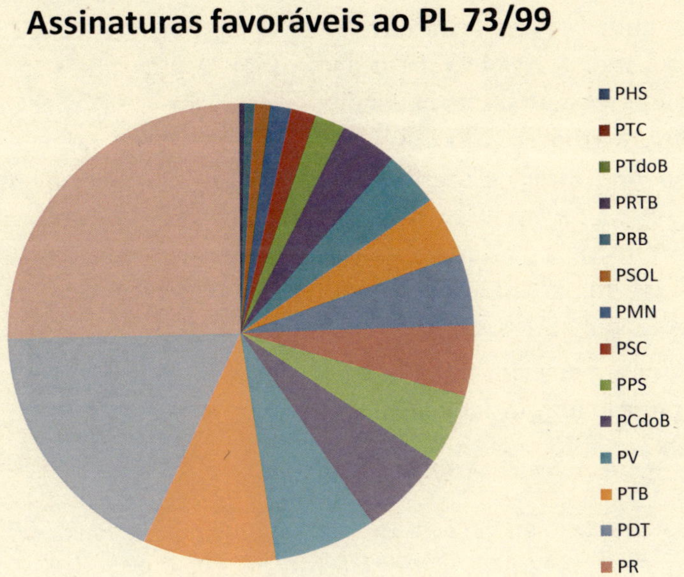

Fonte: o autor (2022)

Como se percebe nos dados, a coalizão a favor da Lei de Cotas cresceu na sociedade brasileira e no chão da Câmara dos Deputados. O gráfico acima indica a sustentação da hipótese da importância suprapartidária ou da insuficiência das hipóteses exclusivas em torno do partido de esquerda para uma mudança significativa em política pública. Os N*MS precisaram aglutinar mais força política para levar a voto no plenário da Câmara a Lei de Cotas. As formigas no jardim do lado esquerdo na entrada do anexo III, para quem desce no ponto de ônibus, estavam sempre ali, labutando no jardim sob o sol. No chão da Câmara também, sob o concreto, estavam os N*MS em trabalho formiguinha, em labuta cotidiana, fracionada nas horas, quebrada nos recursos, como é a vida nas quebradas, nas periferias, onde se junta recursos poucos, dividem-se recursos poucos para tocar a vida como dá, isso foi desde o 13 de maio até o 20 de novembro de 2008, com muita coragem, ousadia e alegria na luta pela Lei de Cotas, pelo direito à universidade no Brasil, onde cada assinatura de parlamentar que virava era comemorada, porque significava a réstia do sol da vida contra a morte na Guerra de um Vietnã por ano no Brasil. Como nas periferias, sabe-se muito bem quanto vale um recurso pouco, quão precioso pode ser, quantas vidas pode salvar, pode garantir o sustento dos dias, isso do pó de café compartilhado até uma cesta básica compartilhada entre famílias.

Se a comida é pouca, mas é a que tem para matar a fome, não se brinca com a comida, com ondas de luxo e mesa farta. Foi conseguida com muito suor e muito trabalho coletivo, com viagens difíceis de grupos maiores, de grupos menores do chão das periferias brasileiras até Brasília, onde a chama do direito à universidade que passava de mãos em mãos numa quadra dos bancários lotada na rua Tabatinguera, centro de São Paulo, acendia no labirinto interior de cada um uma ânsia vigorosa de lutar, de perseverar custasse o que custasse, mesmo que precisasse dormir no próprio ônibus, no estacionamento do Big Box supermercado, na L2Norte, porque não havia os 30 reais para cada um para custear a hospedagem barata do Retiro Assunção.

O recurso político pouco, o conjunto das assinaturas dos parlamentares naquele 19 de novembro de 2008 poderia ser lido como recurso político irrelevante. Para os N*MS, não o era, como não é a comida pouca na prateleira da casa na periferia. Com sangue nos olhos, muito amor no coração e as assinaturas nas mãos para olhos públicos de ver, os N*MS foram atrás da superação da última barreira para convencer o presidente da Câmara dos Deputados, Arlindo Chinaglia, a colocar em votação o PL 73/1999, a Lei de Cotas, naquele labirinto vivo do poder legislativo. O sangue nos olhos de Zumbi, da mãe de Luiz Gama, nos olhos de Hélen, nos olhos de José Pereira da Silva, nos olhos de Weibe Tapeba indicava o caminho político que os N*MS deveriam fazer. A presidência da República, o PT, a liderança do PT na Câmara, o líder do PSDB, o líder do PFL-DEM eram barreiras para os passos dos N*MS no chão da Câmara dos Deputados, para a coalizão a favor da Lei de Cotas.

No entanto, a pauta da Câmara se abriu, a oportunidade era rara e única, pegar ou largar, era ir com tudo ao mesmo tempo agora, em todas as frentes, isso é os N*MS em ação, a coalizão a favor da Lei de Cotas em ação.

*O sucesso da mudança de estratégia da coalizão social a favor da Lei de Cotas e o acordo decisivo entre os N*MS e a liderança do PSDB em 19 de novembro de 2008*

Naquele segundo semestre decisivo no chão da Câmara dos Deputados, por ocasião dos 20 anos da Constituição de 1988, os N*MS tem encontro com Sueli Carneiro na Comissão de Legislação Participativa que homenageava a participação da sociedade civil no processo constituinte de 1988. "Vocês estão na direção certa", disse Sueli, o que foi um ânimo grande para ir até o fim numa jornada perigosa naquele labirinto vivo, onde todo cuidado era pouco e poderia pôr tudo a perder, pôr o sonho do direito à universidade de negros, negras, povos indígenas, escola pública, pobres a perder de vista. Era grande a responsabilidade política nos ombros dos N*MS, mas, afinal, apesar das propagandas oficiais, eles já tinham feito a diferença na criação do sistema público de bolsas de estudos em instituições privadas (PROUNI), um sucesso não leva a outro em política pública? Faltava a prova dos nove da Lei de Cotas, do PL 73/99. Faltava superar o veto. Sem vacilação. Camarão que dorme a onda leva.

A vitória simbolizada pela aprovação em caráter terminativo de um PL de Cotas na Comissão de Educação e Cultura, do Senado Federal, sob a Presidência do Senador Cristovam Buarque (PDT-DF), o PLS 546/2007, de autoria da Senadora Ideli Salvatti (PT-SC), com relatoria do Senador Paulo Paim (PT-RS) e sua chegada à mesa da Câmara, com a nomenclatura PL 3913/2008, foi motivo de grande comemoração por parte dos N*MS. Sem dúvida, agregava-se um elemento de pressão sobre o Plenário da Câmara, pois aquele projeto era praticamente equivalente ao da Câmara dos Deputados:

> A Comissão de Educação do Senado Federal aprovou nesta terça-feira (01/07) o PL 546/2007, de autoria da senadora Ideli Salvatti (PT-SC) que reserva metade das vagas das instituições federais de educação profissional e tecnológica a estudantes que tenham cursado todo o ensino fundamental em escola pública. Os senadores decidiram ampliar a medida a todas as instituições federais de ensino superior. Dentro dessa reserva de vagas, o projeto prevê cotas para alunos negros e índios em proporção igual à posição da população da unidade da federação em que a instituição estiver localizada. A proposta segue para apreciação da Câmara dos Deputados (Agência Brasil, 2007).

Os N*MS já haviam esgotado a cesta de gestos polidos, educados demais, quase invisíveis, mas necessários para aparar qualquer aresta política no sentido das garantias das condições ideais para que a pauta política da Lei de Cotas vingasse no plenário da Câmara dos Deputados. Haviam falado diretamente com a alta esfera do poder executivo naquele outubro, naquele novembro, naqueles dias que vão do 13 de maio ao 20 de novembro. José Múcio Monteiro, o líder do PTB, quando os N*MS bateram a sua porta atrás de sua assinatura para o primeiro pedido de urgência para a Lei de Cotas, em 2004, ocupava o cargo de ministro da Coordenação Política, no Palácio do Planalto. Era o caso de falar com ele, pedir apoio político. Os N*MS conseguiram a agenda e, perante uma fila de parlamentares que lembrava uma fila de posto de saúde atrás do horário com o médico raro nas periferias, uma fila de parlamentares espantados, os N*MS furaram a fila e foram recebidos pelo Sr. ministro em seu gabinete. Gestos serenos, cobrança diplomática e firme: queremos a votação imediata da Lei de Cotas na Câmara, mostraram o apoio já conquistado. O ministro da coordenação política deu sinal verde aos N*MS.

No terceiro andar do Palácio do Planalto, por meio de uma articulação de Juçara Pedreira, antiga aliada do MSU desde a época do Gushiken ministro, o MSU, os N*MS são recebidos pelo chefe de gabinete da Presidência da República, Gilberto Carvalho, há uma reunião e são encaminhados para uma negociação de vários dias com Diogo Santana, que acompanhara a movimentação do MSU desde as ocupações e protestos na Faculdade de Direito do Largo São Francisco. Diogo Santana era gentil, audaz e estava disposto a ouvir o clamor duro do MSU pela imediata aprovação da Lei de Cotas na Câmara dos Deputados. Essa relação lembrava para os N*MS o antigo MEC da concertação. Lembrava o encontro com o presidente Lula em Cidade Tiradentes. O objetivo dos N*MS era aparar arestas no poder executivo, falando diretamente com o centro desse poder, sem intermediários. A lista das assinaturas foi apresentada pelos N*MS para Diogo Santana naquele novembro, não para ser admirada, mas como recurso político que cobrava por ação política do poder executivo, que ele aparece suas próprias arestas, mas parasse de enrolar. Diogo Santana deu o sinal verde do terceiro andar do Palácio do Planalto diretamente aos N*MS.

Saber quando a pauta de fato está livre é um exercício de presença constante no chão do parlamento, da Câmara dos Deputados e de interpretação refinada de sinais. Se a fumaça sobe, há novo papa. Ali não havia o ritual da fumaça, mas era preciso enxergar algo equivalente. Uma pessoa na rua perto da orla no Rio de Janeiro, em Copacabana, pode sentar numa padaria para tomar o café, ficar inebriada pela paisagem, por turistas e pessoas que andam belas e à vontade, pela situação, sem saber interpretar que atrás do poste na rua há uma fila de gente que aparece e desaparece, não pelo lugar na padaria sempre cheia, mas pelo ponto móvel do jogo do bicho, naquele poste. Como os N*MS interpretaram os sinais naquele novembro? Como souberam que chegou a hora de esticar a corda, de ir ao limite? Como souberam que abriu a pauta da Câmara dos Deputados? Acompanhando a mesa diretora da casa, acompanhando o plenário, assuntando e lendo desconfiados e esperançosos, conversando, escutando. Lendo os textos possíveis e lendo o que se dizia e o que não se dizia nos corredores, mas, principalmente, na ação, no chão do parlamento, para baixo, para cima, de um canto a outro do labirinto vivo. No Jornal da Câmara que se pega um exemplar na entrada do corredor das comissões ou na entrada do anexo II estava escrito: "a pauta está livre!", isso era lua cheia para os N*MS. A conversa com Mozart Viana confirma que não havia nem medida provisória nem pauta complexa atravancando o comboio infinito de matérias legislativas sobre a mesa diretora da Casa do Povo.

Com o sangue nos olhos de Gegê rege, instigado pela lista de assinaturas mostrada pelos N*MS em reunião em Brasília, o Gegê de Catulé da Rocha, do Seminário para o Carandiru virar universidade na Câmara Municipal de São Paulo, o Gegê do caixão para o enterro do sem universidade da Praça da Sé até a FUVEST, o Sem Universidade que morreu, pois não estava na lista dos convocados para a segunda fase. Naquele 7 de novembro, Gegê, na reunião nacional do diretório nacional do Partido dos Trabalhadores em sua sede em Brasília, acompanhado dos N*MS foi para cima do secretário-geral do partido, do presidente do Partido, dos membros do Diretório Nacional do partido, foi para cima dos presentes, clamando aos ventos, sem titubear, investido de uma ira santa e da revolta sadia dos que sabem da urgência da luta contra o racismo, contra as injustiças e do quanto a força dessas assombrações paralisam os tomadores de decisão. Era preciso agir. Priorizar a Lei de Cotas já. Olho no olho, faísca da história do Brasil.

Deputado Maurício Rands pra que te quero? Deputado Henrique Fontana pra que te quero? Direto ao ponto, papo reto, é em novembro ou nunca, o mês de novembro abriu com a pauta livre, que Zumbi nos abençoe, ideia e ação do N*MS. Plantão andante atrás do líder do PT e do líder do Governo: gabinete no anexo IV, sala da liderança do PT com Marquinhos no Bloco A, nada. Plantão de terno no salão verde, só assim deixam entrar, fazer o quê? Esperar e pegar no pialo. Daniel Cara, da Campanha pelo Direito à Educação, estava por ali. De repente surge Maurício Rands e assessores acompanhado de Henrique Fontana. Pra já. Deputados, vejam a base de apoio do abaixo-assinado, a pauta tá livre, é hora de votar! Foram dez minutos de violência discursiva sã, lado contra lado. O tom de voz subiu, os N*MS não estavam brincando de coletar assinaturas, exigiam a votação imediata no plenário do PL 73/B. Maurício Rands cedeu no fim meio a contragosto, a presença de Fontana com maior entusiasmo fechou a posição. Daniel Cara, bom moço, ficou muito impressionado com a ousadia e a virulência da reivindicação dos N*MS feita no tête-à-tête duro. Maurício Rands se comprometeu a defender a prioridade do PL de Cotas na reunião de líderes que definia a pauta, pediu que os N*MS se reunissem com seus assessores para acertar o documento. Fontana também garantiu que faria a defesa da prioridade. Do encontrão no salão verde nasceu o documento do líder do PT ao Presidente da Câmara, uma cópia foi entregue aos N*MS em ato. Para os N*MS a oportunidade de encontrar alguém importante era sempre única, jamais haveria uma segunda vez, só portas fechadas e assessorias em rito, então era sempre amor à primeira vista, Lei de Cotas à primeira vista, sem protocolo, com muita educação, respeito e o que mais fosse necessário para a pressão democrática legítima dos sem universidade. Deu resultado. Crescia a coalizão a favor da Lei de Cotas no chão da Câmara dos Deputados, como atesta o documento abaixo.

Imagem 250 – Carta da Liderança do Partido dos Trabalhadores à Presidência da Câmara dos Deputados

CÂMARA DOS DEPUTADOS

Partido dos Trabalhadores
Gabinete da Liderança

OF nº 791/PT

Brasília, 12 de novembro de 2008.

Excelentíssimo Senhor
Deputado ARLINDO CHINAGLIA
Presidente da Câmara dos Deputados

Excelentíssimo Senhor Presidente,

Tenho a honra de dirigir-me a Vossa Excelência para indicar proposta para pauta de votação da próxima semana:

1- PL- 3913/08;
2- PL- 73-B/99;
3-PEC- 438/01 Trabalho Escravo;
4- PEC-487/05 Defensória Pública;
5- PEC-022/99 Divórcio;
6- PEC- 524/02 Revitalização da Bacia do São Francisco;
7- PEC- 115/95 PEC do Cerrado;
8- PEC- 471/05 serviços notariais;
9- PDC-387/07 Tratado da Venezuela- Mercosul.

Atenciosamente,

Deputado MAURÍCIO RANDS
Líder do PT

2062 (AGO/06)

Fonte: Secretaria Geral da Mesa, Mozart Vianna

A Lei de Cotas precisava ser suprapartidária, do contrário não teria apoio no Brasil e jamais seria aprovada, essa lição foi aprendida pelos N*MS na primeira batalha por assinatura dos líderes partidários para a Lei de Cotas em dezembro de 2004, era preciso bater com insistência a porta do DEM (antigo PFL) e do PSDB, sem preconceitos, com respeito. A conversa com Antônio Carlos Magalhães Neto, líder do DEM ocorreu na manhã do dia 19 de novembro, no corredor da ala das comissões, no plenário 4. Os N*MS lhe mostraram a lista de assinaturas, foi reforçado que a autoria era de uma parlamentar de seu partido. Ele disse que não assinaria em respeito a outros parlamentares de seu partido, mas que em respeito a deputada Nice Lobão e aos outros parlamentares de seu partido que assinaram ele não faria cavalo de batalha na questão. Indagado se não agiria como no veto do recurso de 2006, ele garantiu que não, da parte dele, "da parte da Bahia", frisou isso, podiam contar com ele. Foi a negociação apalavreada e cumprida pelo líder do DEM com os N*MS. Recomendou que fosse conversado com a liderança do PSDB e com o deputado federal do PSDB Paulo Renato Souza, que era a referência na área. "Da nossa parte, pode pautar que não faremos obstrução!". A mudança substantiva em política pública avançava das hipóteses exclusivas da importância do partido de esquerda para um jogo decisivo suprapartidário no labirinto do parlamento como ele é. A democracia importava muito. Dois outros fatores exógenos podem ter contribuído decisivamente para a mudança do posicionamento político do DEM com relação à Lei de Cotas: a crise econômica mundial e suas possíveis consequências sociais no Brasil em função da quebra do banco Lehman Brothers, crise equivalente ou pior que a de 1929; a eleição de Barack Obama em novembro de 2008 como o primeiro presidente negro eleito dos EUA. Um fator endógeno nada marginal é o próprio Estado da Bahia, estado de origem do líder.

A jato, agiram os N*MS. O 20 de novembro impunha rapidez, contundência e resultado objetivo.

Paulo Renato Souza não nega Cristo pela terceira vez

Na quarta-feira, 19 de novembro de 2008, à noite, haveria o jogo da seleção brasileira de futebol em Brasília e, como era sagrado semanalmente, às 10 horas da manhã, a reunião ordinária da Comissão de Educação e Cultura da Câmara dos Deputados, na plenária 10, do corredor das comissões legislativas permanentes.

Até aquela manhã, quase todas as semanas anteriores tinham sido de grandes desafios para os N*MS no trato direto com os partidos políticos, com os parlamentares individualmente na Câmara dos Deputados. No entanto, naquele dia, as esperanças avivam-se e a participação naquela reunião da Comissão de Educação não era como fora muitas outras vezes, pois dessa feita havia um trunfo nas mãos dos N*MS: um conjunto de quase 300 assinaturas de parlamentares a favor do PL de Cotas, logo, a maioria. Uma maioria qualificada. Ali estavam os nomes das lideranças mais respeitadas na Câmara dos Deputados do Brasil, de cada partido com representação naquela casa legislativa e de todos os partidos com representação. Desde o deputado federal Michel Temer (PMDB-SP) ao deputado federal Armando Monteiro (PTB-PE), as assinaturas de praticamente os principais membros titulares das comissões temáticas da casa, dos principais líderes políticos, de todas as grandes lideranças das bancadas regionais, das principais bancadas suprapartidárias e frentes temáticas, da bancada religiosa à bancada ruralista.

Com a pauta da casa destravada, aberta, livre e com o dia seguinte carregado de imenso simbolismo histórico para o Brasil, aquele era o momento político por excelência para uma investida política, para levar o PL de Cotas para uma deliberação definitiva do plenário. Para tanto, era preciso vencer um veto, dado que o DEM, por meio do seu líder, aquiescera. Era preciso vencer o veto do PSDB. Por isso, a missão dos N*MS na reunião da Comissão de Educação e Cultura era encontrar as lideranças do PSDB para desmanchar o nó. A reunião da Comissão de Educação e Cultura já estava chegando ao fim, quando os N*MS foram para cima de um interlocutor relevante, como se diz popularmente no Brasil, com a cara e a coragem. Era o deputado federal Paulo Renato Souza (PSDB-SP), o principal nome da Educação na bancada do PSDB, pois fora o ministro da Educação nos dois mandatos do Presidente Fernando Henrique Cardoso (1994-2002). Na sala 10 da Comissão de Educação e Cultura os N*MS passam a acompanhar a reunião em plantão para falar como o deputado federal Paulo Renato ao fim. Paulo Renato Souza, ex-professor de economia no Instituto de Economia da UNICAMP, ex-reitor da UNICAMP, quando, em 1986, perdeu a primeira oportunidade de fazer mudança significativa em política pública para o acesso à universidade no Brasil, ex-ministro da Educação de 1994 a 2002, quando perdeu a segunda oportunidade de fazer mudança significativa em política pública para o acesso de negros, negras, estudantes da escola pública e pobres na universidade pública no Brasil. Perderia a terceira oportunidade? É quase meio-dia. Finda a reunião da CEC. Os N*MS se aproximam do deputado Paulo Renato e lhe dirigem a palavra. São acompanhados pelos olhos atentos do deputado federal Reginaldo Lopes, também membro da comissão de educação e cultura, presente naquela reunião. Abordado pelos N*MS com urbanidade, foi lhe apresentado a lista de assinaturas e argumentado que não fazia mais sentido o PSDB manter o veto e que era preciso criar um acordo político. Os N*MS falam do encontro com o líder do DEM, mostram com ênfase a lista das assinaturas e pedem a assinatura de Paulo Renato Souza. Ele diz que não assinaria como está o PL 73/99, mas que propõe um acordo. "Caso vocês aceitem a inclusão de um critério de renda nas cotas, eu apoio". Disse que voltaria em dois minutos para continuar o diálogo, porque tinha que garantir presença noutra comissão que fazia parte. A conversa ficou para dali dois minutos, atrás da sala 10, da Comissão de Educaçao e Cultura. Acompanharia a conversa o deputado federal Reginaldo Lopes (PT-MG), um relevante interlocutor dos N*MS no Parlamento brasileiro desde 2003 e presidente da Comissão de Juventude da casa. Na sua volta, o deputado federal Paulo Renato (PSDB-SP) foi direto: "Caso vocês aceitem incorporar um critério de renda, um recorte de renda dentro dos 50% da cota para a escola pública, eu encaminho o acordo para a votação". De pronto, os N*MS responderam "Fechado, deputado, como no sistema público de bolsas de estudos (PROUNI)". "Fechado." Os N*MS aceitaram de pronto o acordo e pediram apenas para o deputado federal Paulo Renato (PSDB-SP) aguardar um instante enquanto se ligaria para o relator do substitutivo, o deputado federal Carlos Abicalil (PT-MT), que, por sorte, estava na casa e desceu correndo do seu gabinete assim que recebera a ligação dos N*MS feita do celular com créditos do deputado federal Reginaldo Lopes. Ele veio ao encontro dos N*MS e disse que "se vocês concordaram, de minha parte tudo bem também". Ocorreu um aperto de mãos e os N*MS exigiram um documento por escrito do PSDB. O deputado federal Paulo Renato (PSDB-SP) pediu aos representantes dos N*MS que passassem às 19 horas para retirar o documento na liderança do PSDB na Câmara dos Deputados. Assim, apalavreado, nasceu o acordo entre os N*MS e o deputado federal Paulo Renato Souza. Ele fora ferrenho adversário político de Carlos Abicalil, quando esteve no MEC. O MSU conhecia Paulo Renato desde a criação do Cursinho Popular do DCE UNICAMP, em 1995, ideia que fomentou a criação do Programa Diversidade na Universidade por Paulo Renato em sua gestão no MEC. Foi assim que Paulo Renato Souza não negou Cristo três vezes. Infelizmente, esse momento político do acordo realizado presencialmente no corredor atrás da sala 10 das comissões não foi fotografado, mas foi amplamente testemunhado pela assessoria da comissão de educação, por exemplo.

A Audiência Pública do PL 73/99 na Comissão de Legislação Participativa, plenário 8, na tarde de 19 de novembro de 2008

Para os N*MS, importava muito a transparência pública do acordo feito. Então, iniciou-se uma corrida de cem metros. A ideia para tanto foi a realização de uma audiência pública extraordinária da Comissão de Legislação Participativa feita a pedidos dos novíssimos movimentos sociais. A Comissão era presidida pelo deputado federal Adão Preto (PT-RS), poeta popular e militante histórico do MST, Movimento dos Trabalhadores Rurais Sem Terra e, uma reunião da comissão acabava de acabar no Plenário 8. Ele concordou com o pedido dos N*MS e as providências no âmbito da Comissão foram tomadas por sua Secretaria Executiva, sob o comando de Sônia Hypólito. Tudo isso nos corredores da sala das comissões num vendaval de eventos rápidos como num filme. Depois de reunião com os N*MS, que na correria, com muita alegria e fôlego infinito, saíram atrás da assinatura da audiência, atravessaram o anexo II, desceram para a escada rolante do subsolo e foram até o gabinete 940 do anexo IV pegar em mãos o requerimento de urgência da audiência extraordinária formalizado pelo deputado federal Pedro Wilson (PT-GO) para o PL 73/99, com o documento assinado em mãos, novo corre, os N*MS voltaram o filme até a sala da Secretaria Executiva da Comissão de Legislação Participativa, no pavimento superior da ala das comissões no Anexo II. A audiência pública foi realizada naquela tarde com a presença dos N*MS, da Coalizão Social a Favor da Lei de Cotas e dos parlamentares da Comissão convocados pela secretaria executiva da comissão. Participou da reunião representando a EDUCAFRO, Fernando Benício dos Santos, representando o MSU, Sérgio José Custódio, representado a APIB, uma delegação Terena, graças à rápida articulação por celular de Ronald Kaingang. A reunião extraordinária foi marcada para às 14 horas e dela participou o Deputado Federal Carlos Abicalil (PT-MT), o relator do PL 73/99 na Comissão de Educação e Cultura, o Deputado Federal Pedro Wilson (PT-GO), que presidiu a audiência, a Deputada Federal Luiz Erundina (PSB-SP) e o historiador e Deputado Federal, Chico Alencar (PSOL-RJ). A audiência ratificou o acordo dos N*MS com Paulo Renato. A audiência foi abruptamente encerrada pela ordem de início dos trabalhos do Plenário da Câmara, ordem retumbante pelo soar da campainha. "Foi a audiência pública mais rápida da Câmara e a que mais resultado produziu na história do Brasil", disse o Deputado Federal Chico Alencar. Foi uma confusão só, lembrava a "Casa de Loucos" de que falava Padre Roque, antigo assessor do então Ministro da Educação Tarso Genro. É muito dinâmico o labirinto, por isso vivo. Os N*MS combinam com o presidente da Audiência Pública Deputado Federal Pedro Wilson ir até a Presidência da Câmara dos Deputados para a entrega formal da lista de assinaturas favoráveis ao PL 73/99 e a comunicação do resultado da audiência pública ao Presidente da Câmara dos Deputados. Foi uma grande correria e todos os documentos que estavam sobre a mesa da audiência são levados juntos numa só pasta para a presidência da Câmara dos Deputados, inclusive o requerimento da audiência extraordinária que acabara de acontecer e acabara de terminar. A história do Brasil estava mais nos pés e mãos dos N*MS, dos pés descalços, da coalizão a favor da Lei de Cotas, do que na reunião de líderes que acabava de acontecer na Presidência da Câmara dos Deputados, no fundo do salão verde, sim, sem desmerecer os líderes, mas rateando um pouco com a idealização teórica da política no chão do parlamento brasileiro, uma casa política.

Por isso, é bom prestar atenção à reunião de líderes do dia 19 de novembro de 2008 para fugir do fatalismo teórico ortodoxo dominante interpretativa da Câmara dos Deputados em que o povo é um mero detalhe.

Imagem 251 – Resultado da Reunião de Líderes na Presidência da Câmara dos Deputados de 19.11.2008, até então a Lei de Cotas, o PL 73/99, não tinha ganho a cabeça da pauta de votação (1)

Resultado da Reunião de Lideres
19.11.2008

Assunto: **Pauta.**

O **Presidente Arlindo Chinaglia,** iniciou a reunião lembrando que desde ontem faz um esforço para construir a melhor pauta para a Casa, isto é, compondo saída para a crise do País.

Lembrou as sugestões do Dep. José Carlos Aleluia. Também citou o projeto de repatriamento do dinheiro, proposta pela CPI do Banestado.

Apoiou a inclusão na pauta de amanhã (20/11) dos projetos apresentados pela Bancada Feminina. Distribuiu relação dos projetos para os líderes analisarem.

Sugeriu reunião de líderes amanhã (20/11), às 9 horas, com a presença do Ministro da Fazenda, Guido Mantega, para apresentação de nova medida provisória sobre crédito prêmio e para tratar dos projetos relativos ao CADE. (PL 3.937/04 - PL 5.877/05 apensado (Autonomia CADE) e PLP 265/07 (fusão de bancos pelo Bacen e não pelo CADE). Insinuou que seria interessante também ouvir o Ministro da Justiça.

Definiu as 3 matérias para hoje: a)PL 836/03 (Crédito positivo); b) PEC 511/06 (Medidas provisórias) e c) PEC 471/05 (Cartórios). Garantiu ao Dep. Fernando Coruja que a PEC 511/06 teria um debate qualificado.

Quanto às matérias de amanhã, definiria posteriormente, pois gostaria de ouvir melhor alguns lideres. Provavelmente incluiria: a) Urgência para o PRC 76/07 (denominação de Dep. Júlio Redecker para Ala B do nível superior da Câmara); b) PL 4.322/08 (Denominação viadutos MG Otto Lara Resende e Fernando Sabino); c) PL 5.979/01 (Inspeção Técnica veicular - ITV).

Lembrou que apesar de divergências, terão que ser pautadas futuramente: a) PEC 495/06 (Municípios) b) PEC 22/99 (Divórcio); e c) PEC 549/06 (Delegados).

Quanto ao PL 7.297/06 (subsídio STF), a Câmara vem adiando o problema, pois quem está iniciando a carreira não pode se igualar a quem já atingiu o teto. Parlamento no Brasil tem medo de tudo, inclusive do Judiciário.

Disse que apoiaria os projetos dos aposentados em respeito ao pedido da Deputada Luciana Genro e não à manifestação dos senadores que desmoralizam os movimentos com tão pouco tempo de protesto. (PL 3.299/08 - fator previdenciário, PL 1/07 - salário mínimo e PLS 58/03 – atualização pensões e aposentadorias)

O **Dep. José Carlos Aleluia**, representando a Liderança do DEM, defendeu:
a) PLP 265/07 (fusão de bancos pelo Bacen e não pelo CADE)
b) PL 836/03 (Cadastro positivo)
c) PL 3.937/04 - PL 5.877/05 apensado (Autonomia CADE)
Não vai votar PEC 549/06 (Delegados)

O **Dep. Henrique Fontana,** Líder do Governo, defendeu:
a) PL 3.937/04 - PL 5.877/05 apensado (Autonomia CADE)
b) PL 73/99 – apensado ao PL 3.913/08 (Cotas)
Marcou reunião na Liderança do Governo com o Dep. Fernando Coruja para tratar do PL 113/03 (Repatriamento de dinheiro).

Fonte: Secretaria Geral da Mesa, Mozart Vianna

Imagem 252 – Resultado da Reunião de Líderes na Presidência da Câmara dos Deputados de 19.11.2008, até então a Lei de Cotas, o PL 73/99, não tinha ganho a cabeça da pauta de votação (2)

O **Dep. Maurício Rands**, Líder do PT, concordou com os pedidos do Líder do Governo, citando:

a) PL 836/03 (Cadastro positivo)
b) PL 3.937/04 - PL 5.877/05 apensado (Autonomia CADE)
c) PL 113/03 (Repatriação de dinheiro)
d) PL 73/99 – apensado ao PL 3.913/08 (Cotas)
a) PEC 22/99 (Divórcio)
b) PLP 265/07 (fusão de bancos pelo Bacen e não pelo CADE)
c) PL 1.746/07 (Cargos educação)

A **Dep. Jô Moraes**, Líder do PCdoB:

a) PL 836/03 (Cadastro positivo)
b) PLP 265/07 (fusão de bancos pelo Bacen e não pelo CADE)
c) PEC 487/05 (Defensoria)
d) PL 3.937/04 - PL 5.877/05 apensado (Autonomia CADE)
e) PL 73/99 – apensado ao PL 3.913/08 (Cotas)

Pediu apoio aos projetos da bancada feminina:

a) PLP 59/99 (direitos a quem detiver guarda dos filhos)
b) PL 2.155/99 (Publicação atividades sociais da mulher)
c) PRC 52/07 (Licença adoção)
d) PL 2.740/00 (cirurgia reparadora)
e) PL 6.240/05 (altera Estatuto do Idoso)
f) PL 7.072/02 (Transferência de posse e moradia)
f) PL 885/95 (Mutirões Habitacionais com mulheres)

O **Dep. Waldir Neves**, Líder da Minoria:

a) PL 836/03 (Cadastro positivo)
b) PLP 265/07 (fusão de bancos pelo Bacen e não pelo CADE)
c) PEC 549/06 (Delegados)
d) PEC 471/05 (Cartórios)

O **Dep. Severiano Alves**, representando a Liderança do PDT:

a) PL 73/99 – apensado ao PL 3.913/08 (Cotas).
b) PEC 457/05 (aposentadoria compulsória - 75 anos)
c) PEC 495/06 (Municípios)
d) PEC 22/99 (Divórcio)
e) PEC 471/05 (Cartórios)

Sugeriu reunião de líderes, semana que vem, para definir nova pauta.

O **Dep. Nelson Marquezelli**, representando a Liderança do PTB:

a) PEC 471/05 (Cartórios)
b) PEC 130/07 (Foro privilegiado)
c) PLP 265/07 (fusão de bancos pelo Bacen e não pelo CADE)
d) PL 73/99 – apensado ao PL 3.913/08 (Cotas)
e) PL 1.746/07 (Cargos educação)

O **Dep. Benedito de Lira**, representando a Liderança do PP:

a) PLP 265/07 (fusão de bancos pelo Bacen e não pelo CADE)
b) PEC 471/05 (Cartórios)

2

Fonte: Secretaria Geral da Mesa, Mozart Vianna

Imagem 253 – Resultado da Reunião de Líderes na Presidência da Câmara dos Deputados de 19.11.2008, até então a Lei de Cotas, o PL 73/99, não tinha ganho a cabeça da pauta de votação (3)

c) PL 2784/08 (Cirurgia reparação mama)
d) PL 5.979/01 (Inspeção Técnica veicular - ITV) – Interesse do Min. Das Cidades

O **Dep. Henrique Eduardo Alves**, Líder do PMDB
a) PEC 457/05 (aposentadoria compulsória - 75 anos)
b) PL 7.297/06 (subsídio STF)
c) PL 4.302/98 (trabalho temporário)

O **Dep. Luciano Castro**, Líder do PR:
Lembrou que as matérias que estão indo para pauta, não engloba acordo de mérito.
a) PL 836/03 (Cadastro positivo)
b) PL 3.937/04 - PL 5.877/05 apensado (Autonomia CADE)
c) PLP 265/07 (fusão de bancos pelo Bacen e não pelo CADE)
d) PEC 22/99 (Divórcio)
e) PL 113/03 (Repatriamento de dinheiro)
f) PEC 471/05 (Cartórios)
g) PEC 130/07 (Foro privilegiado)

O **Dep. Duarte Nogueira**, representando a Liderança do PSDB:
a) PL 113/03 (Repatriamento de dinheiro)
b) PEC 22/99 (Divórcio)
c) PEC 130/07 (Foro privilegiado) - concordou
d) Urgência para o PL (Linha verde Confins linha verde MG)
e) Urgência para o PRC 76/07 (denominação de Dep. Júlio Redecker para Ala B do nível superior da Câmara)
f) PL 4.862/01 (segurança – motim)
g) PLP 12/03 (pacto federativo do meio ambiente)
h) PL 1.825/07 (air-bag em veículos)

Não quer votar o PL 73/99 – apensado ao PL 3.913/08 (Cotas). Não quer votar matérias que envolvam cargos e mais despesas, pois há que se evitar uma crise fiscal.

Disse que não há discordância quanto ao PL 5.979/01 (Inspeção Técnica veicular - ITV), mas o texto precisa ser melhor trabalhado

A **Dep. Luciana Genro**, Líder do PSOL:
a) PEC 438/01(Trabalho escravo)
b) PEC 349/01 (Voto secreto)
c) PEC 334/96 (Nepotismo)
Apoiou a pauta feminina:
d) PLP 59/99 (direitos a quem detiver guarda dos filhos)
e) PL 2.155/99 (Publicação atividades sociais da mulher)
f) PRC 52/07 (Licença adoção)
g) PL 2.740/00 (cirurgia reparadora)
h) PL 6.240/05 (altera Estatuto do Idoso)
i) PL 7.072/02 (Transferência de posse e moradia)
j) PL 885/95 (Mutirões Habitacionais com mulheres)

3

Fonte: Secretaria Geral da Mesa, Mozart Vianna

Imagem 254 – Resultado da Reunião de Líderes na Presidência da Câmara dos Deputados de 19.11.2008, até então a Lei de Cotas, o PL 73/99, não tinha ganho a cabeça da pauta de votação (4)

Pediu apoio aos projetos dos aposentados (PL 3.299/08 - fator previdenciário, PL 1/07 - salário mínimo e PLS 58/03 – atualização pensões e aposentadorias), em resposta ao Senado e aos interessados.

O **Dep. Sarney Filho**, Líder do PV:
a) PEC 115/95 (Cerrado). Lembrou que quarta-feira da semana que vem (26/22) grupos ambientais farão manifestação no Congresso a respeito.
b) PL 18/07 (Estufa)
c) PL 19/07 (Estufa)
d) PL 679/07 (Consolidação das leis Ambientais)
e) PEC 524/02 (Rio São Francisco)
f) PLP 351/02 (Fundo de Participação em unidades de conservação)
g) PL 5.974/05 (Incentivo fiscal para projetos ambientais)
h) PLP 12/03 (Competências ambientais dos entes federados)
i) PEC 549/06 (Carreiras Policiais – delegados)
j) PL 347/03 (Fauna – sanções)
k) PL 1.197/03 (Dunas e falésias)
l) PL 2.356/03 (Gordura trans)
m) PL 3.292/04 (Recifes artificiais
Além deste, constavam da lista distribuída:
n) PL 1.710/03 (Licenciamento ambiental na Internet)
o) PL 7.211/02 (Atividades lesivas – sanções)

O **Dep. Miguel Martini**, representante do PHS:
a) PEC 471/05 (Cartórios)

O **Dep. Fernando Coruja**, Líder do PPS:
Pediu definição das matérias de hoje e amanhã, para não obstruir PEC 511 (medidas provisórias)
Apoiou Dep. Luciana Genro quanto aos projetos dos aposentados
a) PL 3.299/08 (fator previdenciário)
b) PL 1/07 (Salário mínimo -PAC Emenda do Dep. Paulo Paim).
c) PLS 58/03 – atualização pensões e aposentadorias)
Além deste, pediu:
a) PEC 487/05 (Defensoria)
b) PEC 457/05 (aposentadoria compulsória - 75 anos)
c) PEC 22/99 (Divórcio)
d) PEC 549/06 (Delegados)
e) PL 3.937/04 - PL 5.877/05 apensado (Autonomia CADE)
f) PL 836/03 (Cadastro positivo)
g) PL 113/03 (Repatriamento de dinheiro)
h) PEC 115/95 (Cerrado).
Sugeriu criação de comissão especial para tratar do PL que regulamenta o sistema financeiro.

O **Dep. Hugo Leal**, Líder do PSC:
a) PEC 457/05 (aposentadoria compulsória - 75 anos)
b) PEC 495/06 (Municípios)
c) PL 1.825/07 (air-bag em veículos)
d) PL 5.979/01 (Inspeção Técnica veicular - ITV)

4

Fonte: Secretaria Geral da Mesa, Mozart Vianna

Imagem 255 – Resultado da Reunião de Líderes na Presidência da Câmara dos Deputados de 19.11.2008, até então a Lei de Cotas, o PL 73/99, não tinha ganho a cabeça da pauta de votação (5)

e) PL 2.660/96 (Tempo de direção de motorista de caminhão)
f) PL 836/03 (Cadastro positivo)
Não quer votar PEC 22/99 (Divórcio)

O **Dep. José Aníbal**, Líder do PSDB:
a) PL 4.322/08 (Denominação viadutos MG Otto Lara Resende e Fernando Sabino)
b) PLS 139/06 - PL 7.227/06 (videoconferência). Originário do SF e já foi votado na CD.

O **Dep. Jovair Arantes**, Líder do PTB:
a) Pedófilos
b) PEC 130/07 (Foro privilegiado)

Decisões:

1. **Hoje** (19/11):

a) PL 836/03 (Crédito positivo);
b) PEC 511/06 (Medidas provisórias)
c) PEC 471/05 (Cartórios)

2. **Amanhã** (20/11- 9 horas):

Reunião de Líderes, com a presença do Ministro da Fazenda, Guido Mantega, sobre os projetos relativos ao CADE (PL 3.937/04 - PL 5.877/05 apensado (Autonomia CADE) e PLP 265/07 (fusão de bancos pelo Bacen e não pelo CADE) e apresentação de nova medida provisória sobre crédito prêmio.

Estiveram presentes os Senhores Líderes: **Dep. Henrique Fontana,** Líder do Governo, **Dep. Waldir Neves**, Líder da Minoria, **Dep. Henrique Eduardo Alves**, Líder do PMDB, **Dep. Maurício Rands**, Líder do PT, **Dep. José Aníbal**, Líder do PSDB, **Dep. José Carlos Aleluia,** representando a Liderança do DEM, **Dep. Luciano Castro,** Líder do PR, **Dep. Benedito de Lira,** representando a Liderança do PP, **Dep. Márcio França,** Líder do Bloco PSB, **Dep. Severiano Alves,** representando a Liderança do PDT, **Dep. Jovair Arantes**, Líder do PTB, **Dep. Fernando Coruja**, Líder do PPS, **Dep. Sarney Filho**, Líder do PV, **Dep. Jô Moraes,** Líder do PcdoB, **Dep. Hugo Leal**, Líder do PSC, **Dep. Sérgio Petecão,** representando a Liderança do PMN, **Dep. Luciana Genro,** Líder do PSOL e **Dep. Miguel Martini**, representante do PHS.

5

Fonte: Secretaria Geral da Mesa, Mozart Vianna

Como fica patente na leitura do documento acima, por aquela reunião de líderes, a Lei de Cotas não ganharia a pauta nem na tarde do dia 19 nem no dia 20 de novembro. O Deputado Federal Maurício Rands, líder do PT, coloca o PL 73/99 como item de suas prioridades. O Deputado Federal Severiano Alves, pela liderança do PDT foi o único líder que colocou como prioridade a, primeira prioridade, o PL 73/99, talvez porque fora quem assinasse o pedido de urgência junto dos N*MS em 2004, talvez porque tivesse participado do Seminário 200 anos de Ensino Superior no Brasil, de qualquer modo, demonstrou efetivo compromisso com os N*MS, um parlamentar negro da Bahia. Já o Deputado Federal Henrique Fontana, coloca a Lei de Cotas numa incômoda segunda posição. O Deputado Federal Duarte Nogueira, que representou o PSDB em parte da reunião expôs claramente o veto ao PL 73/99, como informa o documento acima. Outros partidos não priorizaram a questão, independente de sua posição de esquerda ou direita no espectro político partidário brasileiro, o que também tensiona algumas hipóteses desta obra. Porém, o episódio robustece de provas o papel central dos N*MS na aprovação da Lei de Cotas, sua liderança na coalizão a favor da Lei de Cotas, a liderança dos pés descalços, para vertigem dos discursos napoleônicos. Sem eles, a Lei de Cotas seria travada pela reunião de líderes documentada.

*O acordo dos N*MS com o Deputado Federal Paulo Renato Souza ganha a pauta da Câmara dos Deputados*

O encontro com o Presidente da Câmara não foi automático, mas não demorou muito. Fernando Benício dos Santos, um herói brasileiro da Lei de Cotas, não conseguiu acompanhar por conta de horário de trabalho, a representação dos povos indígenas, três mulheres indígenas, ficou travada na portaria de entrada do anexo II, por conta dos cocares, infelizmente, apenas um francês de olho azul de uma ONG que ocasionalmente acompanhava as indígenas conseguiu passar por estar de terno. Mas veio Thiago Thobias, da EDUCAFRO, outro herói brasileiro de muitas batalhas pelo direito à universidade. Rápido para os padrões da casa, uma comitiva de parlamentares e representantes dos N*MS foi recebida no gabinete principal da Presidência da Câmara dos Deputados do Brasil em meio aos encaminhamentos para a presença do Presidente na seção plenária, depois da reunião dos líderes. Houve a entrega formal, feita pelos N*MS, da lista de assinaturas da maioria qualificada de parlamentares pela aprovação da Lei de Cotas ao Sr. Presidente da Câmara dos Deputados do Brasil, Deputado Federal Arlindo Chinaglia (PT-SP), a comunicação do resultado da audiência pública. O presidente firmou o compromisso com os N*MS de que a matéria ganharia a cabeça da pauta no dia seguinte, pois haveria sessão, mas o Sr. Presidente da Câmara dos Deputados requereu, para tanto, o documento assinado pela liderança do PSDB, para poder encaminhar a votação sem surpresas de plenário. Os N*MS garantiriam que na hora aprazada com o Deputado Federal Paulo Renato Souza pegariam o documento escrito assinado e o entregariam ao Sr. Presidente. Muito entusiasmado com a novidade, o Presidente da Câmara dos Deputados chamou um fotógrafo oficial para registrar o momento histórico grande da história do Brasil.

Às 19 horas, os representantes dos N*MS acompanhados do deputado federal Reginaldo Lopes (PT-MG), dirigiram-se para a sala da liderança do PSDB. Houve uma reunião rápida com o Sr. líder do PSDB, deputado federal José Aníbal (PSDB-SP) e o deputado federal Paulo Renato Souza (PSDB-SP). Conforme o combinado, o documento foi digitado pela assessoria da liderança e assinado pelos representantes do PSDB. De posse do documento do acordo, ele foi imediatamente entregue pelos N*MS acompanhados pelo deputado federal Reginaldo Lopes (PT-MG), nas mãos ao Sr. presidente da Câmara, deputado federal Arlindo Chinaglia (PT-SP). O fato foi comunicado pelos N*MS diretamente à chefia de gabinete da presidência da República, Sr. Gilberto Carvalho, para quem os N*MS reivindicaram o máximo empenho para garantir a prioridade na pauta em conversa direta com Diogo Santana, ainda da secretaria da Presidência da Câmara. Toninho, então assessor de Arlindo Chinaglia na secretaria da presidência, fizera a ligação. A pasta com o conjunto das assinaturas e dos documentos da audiência pública se extraviaria na correria para garantir a efetividade do acordo político, ficou perdida para sempre em algum lugar entre a presidência da Câmara e a secretaria da presidência da Câmara ou foi surrupiada por algum interesse de ocasião[212]. Assim, os parlamentares que correram para assinar o apoio ao PL 73/99, a Lei de Cotas, depois que a existência do acordo político, da negociação levada a cabo pelos N*MS no chão do Parlamento vazou no burburinho miúdo e graúdo do Parlamento, não aparecem da lista de assinaturas obtidas como documento desta obra e que consta anteriormente. Essa lista refere-se a uma cópia completa das listas realizadas na manhã do dia 19 como primeiro ato dos N*MS no início daquele dia infinito. As assinaturas dos parlamentares que correram atrás da lista ficaram perdidas no calor daquelas horas. A lista de assinaturas não foi de fato um recurso político qualquer nas mãos calejadas dos N*MS. Foi um recurso poderoso para a negociação política, um recurso que ajudou a derrubar o veto e fazer a aprovação da Lei de Cotas no plenário da Câmara dos Deputados, fato que muita gente que se julgava entendida de Câmara dos Deputados julgava impossível de acontecer.

Imagem 256 – A coalizão a favor da Lei de Cotas entrega a lista das assinaturas da maioria dos parlamentares da Câmara dos Deputados ao presidente da Câmara, deputado Arlindo Chinaglia, comunica ao presidente o acordo com o deputado Paulo Renato Souza e garante a prioridade da Lei de Cotas na pauta de votação

Deputados lembram Dia da Consciência Negra

O Dia Nacional da Consciência Negra, comemorado hoje, foi destacado em Plenário pelos deputados **Adão Pretto (PT-RS), Cida Diogo (PT-RJ), Francisco Tenório (PMN-AL) e Domingos Dutra (PT-MA).** Adão Pretto defendeu o aprofundamento das políticas públicas para as comunidades quilombolas e lembrou que a demarcação das terras para remanescentes de quilombos e índios, prevista na legislação, ainda não foi regulamentada. Luta, segundo o parlamentar, que se arrasta há décadas. "Nossa Constituição completou 20 anos este ano e o artigo continua sem regulamentação", lamentou.

Cida Diogo defendeu em Plenário que o Dia da Consciência Negra torne-se um feriado nacional. Segundo ela, há na Câmara vários projetos que propõem feriado no Dia Nacional da Consciência Negra. Em sua avaliação, a iniciativa não reconheceria somente a luta do povo negro pela sua libertação, mas também a sua importante participação na construção do Brasil. Essa deferência, continuou, também reconheceria como herói Zumbi dos Palmares.

Francisco Tenório lembrou a trajetória do líder negro, que nasceu livre em Palmares, município de Alagoas, no ano de 1655. De acordo com o deputado, o quilombo representava uma estrutura alternativa à sociedade colonial, com uma agricultura mais avançada do que a da colônia, onde só se conhecia a produção de cana-de-açúcar.

Domingos Dutra pediu a aprovação do Estatuto da Igualdade Racial, da forma como veio do Senado; da PEC do Trabalho Escravo, que já foi votada em primeiro turno; e do sistema de cotas, "para que efetivamente o Congresso brasileiro pague a enorme dívida com os negros do nosso País".

Cotas para educação pública

RODOLFO STUCKERT

Representantes de movimentos sociais ligados à educação, acompanhados pelo deputado **Pedro Wilson (PT-GO)**, entregaram na terça-feira ao presidente Arlindo Chinaglia um documento com 270 assinaturas de parlamentares pedindo a aprovação do PL 73/99, que institui o sistema de cotas para egressos de escolas públicas nas universidades federais. Os líderes ainda negociam a inclusão dessa matéria na pauta.

Fonte: Jornal da Câmara

[212] A audiência pública que legitimou o acordo político entre os N*MS e Paulo Renato Souza ocorreu em torno do PL 73/99, o único que teve processo político na casa no período, comissão por comissão. Ex-post e em função do desaparecimento da pasta dos documentos escritos da audiência com os requerimentos, o projeto do senado aparece em alguns registros como se fosse sobre ele a audiência do dia 19, o que não foi o que aconteceu nem faz sentido lógico.

Imagem 257 – A vitória da coalizão a favor da Lei de Cotas: assinaturas da maioria dos parlamentares, acordo político e prioridade na pauta de votação. 19 de novembro de 2008, Presidência da Câmara dos Deputados do Brasil

Fonte: Arquivo MSU

Sem muito alarde, o assunto estava na pauta do dia 20 de novembro de 2008, dia de Zumbi dos Palmares, Dia da Consciência Negra no Brasil. O líder do governo na Câmara, deputado federal Henrique Fontana (PT-RS), manteve o compromisso com os N*MS e com extrema acurácia, logrou êxito nos trabalhos de plenário, sob a batuta do presidente da Câmara, do alto da mesa, que manteve a palavra com os N*MS "Houve dois acordos referentes aos dois projetos [...] Vamos começar pelo das cotas" (Diário da Câmara dos Deputados, p. 5.2925, 21/11/08). O critério de renda entrou, o substitutivo da Comissão de Educação e Cultura, o PL 73/99b foi o carro-chefe, o deputado federal Luiz Couto (PT/PB) foi o relator do plenário. Era a consolidação da vitória da coalizão a favor da Lei de Cotas no Brasil, uma tessitura social feita a muitas mãos, como a rede nordestina, feita pelos pés descalços.

Naquele dia, os N*MS, por meio da negociação direta de longo curso, eivada de persistência — que só pode vir de onde a dor mais dói, dos sem universidade do Brasil, dos negros e negras, dos povos indígenas — fruto de árdua negociação com os partidos políticos, tinham prestado relevantes serviços para a democratização da universidade, do ensino técnico e do conhecimento no Brasil. O PL de Cotas foi finalmente aprovado na Câmara dos Deputados do Brasil, após longa jornada. Restava o Senado Federal. Ali estavam presentes o MSU e a EDUCAFRO, os N*MS tomados de intensa alegria pela vitória e de silêncio prudente, humilde, dos pés descalços, pois tinham trabalho grande a fazer no Senado Federal, o segundo tempo. Era a vitória da coalizão a favor da Lei de Cotas na Câmara dos Deputados do Brasil. A coalizão contra a Lei de Cotas esperneou sem nada entender na voz do arauto escalado Demétrio Magnoli, cujo lamento não cabe aqui, pois não faltaram páginas e páginas da coalizão contra a Lei de Cotas para endeusa-lo, por demais fáceis de achar. A repórter da Folha de São Paulo na primeira fila do plenário da Câmara por volta de oito horas da manhã do dia 20, incrédula, não quis saber de entrevistar os novíssimos movimentos sociais. No poder em Brasília e no Brasil, ninguém dá espaço para ninguém. A maior parte da imprensa era contra a Lei de Cotas e militante 24 horas por dia, como a Folha de São Paulo. O arauto citado deu o tom da coalizão contra a Lei de Cotas naqueles dias terríveis. Foi uma campanha equivalente àquela que se seguiu à aprovação da Lei de Cotas na CCJC da Câmara em fevereiro de 2006, ela buscou retirar o inferno do subterrâneo e trazê-lo para a terra, contra a Lei de Cotas no Brasil, outra grande mobilização que abriu guarda-chuva infinito pro racismo brasileiro se sentar nas sombras midiáticas massivas da coalizão contra a Lei de Cotas. Como esse filme já foi visto em 2006 nas páginas anteriores e na dança do salão que se configurou, é mais do mesmo, não perderemos mais páginas com isso aqui.

8

PODER LEGISLATIVO: SENADO FEDERAL

Grande novidade! O motivo da vinda do barão é consultar o desembargador sobre a alforria coletiva e imediata dos escravos de Santa Pia. Acabo de sabê-lo, e mais isto, que a principal razão da consulta é apenas a redação do ato. Não parecendo ao irmão que este seja acertado, perguntou-lhe o que é que o impelia a isso, uma vez que condenava a idéia atribuída ao governo de decretar a abolição, e obteve esta resposta, não sei se subtil, se profunda, se ambas as cousas ou nada:

— Quero deixar provado que julgo o ato do governo uma expoliação, por intervir no exercício de um direito que só pertence ao proprietário, e do qual uso com perda minha, porque assim o quero e posso. Ele é capaz de propor a todos senhores a alforria dos escravos já, e no dia seguinte propor a queda do governo que tentar fazê-lo por lei.

(Machado de Assis, Memorial de Aires) [213]

O Brasil tem 81 senadores e uma eleição para 1/3 e 2/3 dos seus membros alternadamente a cada quatro anos para mandatos de oito anos. Aparentemente, para um leigo, o Senado Federal seria uma reprodução da Câmara em escala menor. Isso não procede. Ao passo que a Câmara dos Deputados é conhecida como a "Casa do Povo", da representação popular submetida ao voto proporcional dos habitantes do Brasil aptos a votar em eleições quadrianuais para mandatos de quatro anos; já o Senado Federal é a representação dos estados da federação brasileira (três representantes para cada um dos 26 estados e mais três representantes para o Distrito Federal). Logo, de 513 para 81 a diferença é grande. No Senado, o parlamentar concentra enorme poder consigo, costuma-se falar nos corredores do Senado da República que "cada senador é uma instituição". Porém, assim como na Câmara, no Senado é a vontade partidária majoritária que acaba, na maioria das vezes, por dirigir a casa.

A composição do Senado Federal que recebeu o Projeto de Lei de Cotas da Câmara dos Deputados em novembro de 2008 era a seguinte:

[213] Ver Machado de Assis "Esaú e Jacó – Memorial de Aires", Editora Nova Cultural Ltda, 2002, pg. 277. Trata-se de obra final de Machado de Assis, que em 2008 completava o centenário de sua morte e era homenageado no Senado Federal do Brasil. A grafia da epígrafe é fiel a essa edição do livro.

Imagem 258 – Composição do Senado Federal em 2008

COMPOSIÇÃO DO SENADO FEDERAL NA 53ª LEGISLATURA
(por Unidade da Federação)

Bahia
Minoria-DEM - Antonio Carlos Júnior* (S)
Bloco-PR - César Borges*
PDT - João Durval**

Rio de Janeiro
Bloco-PRB - Marcelo Crivella*
Maioria-PMDB - Paulo Duque* (S)
Bloco-PP - Francisco Dornelles**

Maranhão
Maioria-PMDB - Lobão Filho* (S)
Maioria-PMDB - Roseana Sarney*
PTB - Epitácio Cafeteira**

Pará
Minoria-PSDB - Flexa Ribeiro* (S)
PSOL - José Nery* (S)
Minoria-PSDB - Mário Couto**

Pernambuco
Minoria-DEM - Marco Maciel*
Minoria-PSDB - Sérgio Guerra*
Maioria-PMDB - Jarbas Vasconcelos**

São Paulo
Bloco-PT - Aloizio Mercadante*
PTB - Romeu Tuma*
Bloco-PT - Eduardo Suplicy**

Minas Gerais
Minoria-PSDB - Eduardo Azeredo*
Maioria-PMDB - Wellington Salgado de Oliveira* (S)
Minoria-DEM - Eliseu Resende**

Goiás
Minoria-DEM - Demóstenes Torres*
Minoria-PSDB - Lúcia Vânia*
Minoria-PSDB - Marconi Perillo**

Mato Grosso
Minoria-DEM - Gilberto Goellner* (S)
Bloco-PT - Serys Slhessarenko*
Minoria-DEM - Jayme Campos**

Rio Grande do Sul
Bloco-PT - Paulo Paim*
PTB - Sérgio Zambiasi*
Maioria-PMDB - Pedro Simon**

Ceará
PDT - Patrícia Saboya*
Minoria-PSDB - Tasso Jereissati*
Bloco-PC DO B - Inácio Arruda**

Paraíba
Minoria-DEM - Efraim Morais*
Maioria-PMDB - José Maranhão*
Minoria-PSDB - Cícero Lucena**

Espírito Santo
Maioria-PMDB - Gerson Camata*
Bloco-PR - Magno Malta*
Bloco-PSB - Renato Casagrande**

Piauí
Minoria-DEM - Heráclito Fortes*
Maioria-PMDB - Mão Santa*
PTB - João Vicente Claudino**

Rio Grande do Norte
Maioria-PMDB - Garibaldi Alves Filho*
Minoria-DEM - José Agripino*
Minoria-DEM - Rosalba Ciarlini**

Santa Catarina
Bloco-PT - Ideli Salvatti*
Maioria-PMDB - Neuto De Conto* (S)
Minoria-DEM - Raimundo Colombo**

Alagoas
Minoria-PSDB - João Tenório* (S)
Maioria-PMDB - Renan Calheiros*
PTB - Ada Mello** (S)

Sergipe
Maioria-PMDB - Almeida Lima*
Bloco-PSB - Antonio Carlos Valadares*
PSC - Virgínio de Carvalho** (S)

Amazonas
Minoria-PSDB - Arthur Virgílio*
PDT - Jefferson Praia* (S)
Bloco-PT - João Pedro** (S)

Paraná
Bloco-PT - Flávio Arns*
PDT - Osmar Dias*
Minoria-PSDB - Alvaro Dias**

Acre
Maioria-PMDB - Geraldo Mesquita Júnior*
Bloco-PT - Marina Silva*
Bloco-PT - Tião Viana**

Mato Grosso do Sul
Bloco-PT - Delcídio Amaral*
Maioria-PMDB - Valter Pereira* (S)
Minoria-PSDB - Marisa Serrano**

Distrito Federal
Minoria-DEM - Adelmir Santana* (S)
PDT - Cristovam Buarque*
PTB - Gim Argello** (S)

Rondônia
Bloco-PT - Fátima Cleide*
Maioria-PMDB - Valdir Raupp*
Bloco-PR - Expedito Júnior**

Tocantins
Bloco-PR - João Ribeiro*
Maioria-PMDB - Leomar Quintanilha*
Minoria-DEM - Kátia Abreu**

Amapá
Maioria-PMDB - Gilvam Borges*
Minoria-PSDB - Papaléo Paes*
Maioria-PMDB - José Sarney**

Roraima
Bloco-PT - Augusto Botelho*
Maioria-PMDB - Romero Jucá*
PTB - Mozarildo Cavalcanti**

Mandatos
*: Período 2003/2011 **: Período 2007/2015

Endereço na Internet: http://www.senado.gov.br/sf/atividade/plenario
Informações: Subsecretaria de Informações - 3311-3325/3572/7279

Fonte: Senado Federal

O PL 73/99, conhecido como PL de Cotas, chegou ao Senado Federal em fins de novembro de 2008, com um novo nome: PLC 180/08. Foi lido no dia 25 de novembro de 2008 pelo presidente da sessão, Senador Antonio Carlos Valadares (Bloco-PSB SE), conforme a publicação do Diário do Senado Federal de 26 de novembro de 2008.

Imagem 259 – A Lei de Cotas, o PLC 180/08, é lido no Plenário do Senado Federal (1)

47712 Quarta-feira 26 DIÁRIO DO SENADO FEDERAL Novembro de 2008

Art. 2º Esta lei entra em vigor na data de sua publicação.

Art. 3º Revogam-se as disposições em contrário.

Justificação

Recentemente o Supremo Tribunal Federal, STJ, ao julgar os Mandados de seguranças nºs. 26.602-3, 26.603-1 e 26.604-0, declarou que os mandatos eletivos pertencem aos partidos políticos e não aos candidatos eleitos, de modo que somente seria lícito ao político eleito desfiliar-se de sua legenda em duas hipóteses: primeira, se o partido político mudasse sua orientação ideológica; e, segunda, em caso de justa causa como, por exemplo, perseguição política.

A presente proposição é bastante simples porque considera justa causa para desfiliação partidária a não concessão de legenda ao detentor de mandato eletivo, em efetivo exercício, que deseje concorrer ao mesmo cargo político, nas eleições que renove o seu mandato, e a agremiação partidária não lhe conceda a legenda.

A título de ilustração, que confirma a importância do presente projeto de lei, apresenta-se a hipótese de parlamentar com vários mandatos cumpridos, de forma bastante competente, eficaz e honesta, mas que perde espaço em um partido político cuja direção seja renovada por quaisquer contingências.

A não-concessão da legenda para o referido candidato decretaria a morte política dele.

Ciente de que o Supremo Tribunal Federal decidiu, há alguns anos, a inconstitucionalidade de dispositivo legal que concedia a legenda ao detentor de mandado eletivo que desejasse concorrer ao mesmo cargo político, nas eleições que renovasse o seu mandato, no evento conhecido particularmente como "candidatura natural", por atentar contra o princípio da autonomia política das agremiações partidárias.

É evidente que a decisão da Suprema Corte daquelas mandados de segurança limitou, em muito, a possibilidade de desfiliação partidária, após a eleição e posse do candidato, de modo que é inegável o alcance político desta proposição, razão pela qual solicito ao ilustres e doutos membros do Congresso Nacional a aprovação imediata da matéria, com a possibilidade de implementar urgência ao assunto.

Sala das Sessões, 25 de novembro de 2008. – Senador **Romeu Tuma**, PTB/SP.

(À Comissão de Constituição, Justiça e Cidadania, em decisão terminativa.)

O SR. PRESIDENTE (Antonio Carlos Valadares. Bloco/PSB – SE) – Os projetos que acabam de ser lidos serão publicados e remetidos às Comissões competentes.

O SR. PRESIDENTE (Antonio Carlos Valadares. Bloco/PSB – SE) – A Presidência recebeu o **Aviso nº 65, de 2008** (nº 1.797/2008, na origem), do Tribunal de Contas da União, encaminhando cópia do Acórdão nº 2.613/2008, proferido nos autos do processo nº TC-028.496/2008-2, acerca da Decisão Normativa nº 92, de 2008, *que aprova para o exercício de 2009, os coeficientes a serem utilizados no cálculo das quotas para a distribuição dos recursos previstos no art. 159, inciso I, alíneas* ***a*** *e* ***b*** *da Constituição Federal, e da Reserva instituída pelo Decreto-Lei nº 1.881, de 27 de agosto de 1981.*

A matéria vai à Comissão de Assuntos Econômicos.

O SR. PRESIDENTE (Antonio Carlos Valadares. Bloco/PSB – SE) – Sobre a mesa, projetos recebidos da Câmara dos Deputados que passo a ler.

São lidos os seguintes:

PROJETO DE LEI DA CÂMARA Nº 180, DE 2008
(Nº 73/1999, na Casa de origem)

Dispõe sobre o ingresso nas universidades federais e estaduais e nas instituições federais de ensino técnico de nível médio e dá outras providências.

O Congresso Nacional decreta:

Art. 1º As instituições federais de educação superior vinculadas ao Ministério da Educação reservarão em cada concurso seletivo para ingresso nos cursos de graduação, por curso e turno, no mínimo 50% (cinqüenta por cento) de suas vagas para estudantes que tenham cursado integralmente o ensino médio em escolas públicas.

Parágrafo único. No preenchimento das vagas de que trata o **caput** deste artigo, 50% (cinqüenta por cento) deverão ser reservados aos estudantes oriundos de famílias com renda igual ou inferior a 1,5 salário mínimo **per capita**.

Art. 2º As universidades públicas deverão selecionar os alunos advindos do ensino médio em escolas públicas tendo como base o Coeficiente de Rendimento – CR, obtido por meio de média aritmética das notas ou menções obtidas no período, considerando-se o currículo comum a ser estabelecido pelo Ministério da Educação e do Desporto.

Parágrafo único. As instituições privadas de ensino superior poderão adotar o procedimento descrito no **caput** deste artigo em seus exames de ingresso.

Art. 3º Em cada instituição federal de ensino superior, as vagas de que trata o art. 1º desta Lei serão preenchidas, por curso e turno, por autodeclarados

Fonte: Diário do Senado Federal

Imagem 260 – A Lei de Cotas, o PLC 180/08, é lido no Plenário do Senado Federal (2)

negros, pardos e indígenas, no mínimo igual à proporção de negros, pardos e indígenas na população da unidade da Federação onde está instalada a instituição, segundo o último censo da Fundação Instituto Brasileiro de Geografia e Estatística – IBGE.

Parágrafo único. No caso de não-preenchimento das vagas segundo os critérios estabelecidos no **caput** deste artigo, aquelas remanescentes deverão ser completadas por estudantes que tenham cursado integralmente o ensino médio em escolas públicas.

Art. 4º As instituições federais de ensino técnico de nível médio reservarão em cada concurso seletivo para ingresso de cada curso, por turno, no mínimo 50% (cinqüenta por cento) de suas vagas para estudantes que cursaram integralmente o ensino fundamental em escolas públicas.

Parágrafo único. No preenchimento das vagas de que trata o **caput** deste artigo, 50% (cinqüenta por cento) deverão ser reservados aos estudantes oriundos de famílias com renda igual ou inferior a 1,5 salário mínimo **per capita**.

Art. 5º Em cada instituição federal de ensino técnico de nível médio, as vagas de que trata o art. 4º desta Lei serão preenchidas, por curso e turno, por autodeclarados negros, pardos e indígenas, no mínimo igual à proporção de negros, pardos e indígenas na população da unidade da Federação onde está instalada a instituição, segundo o último censo da Fundação Instituto Brasileiro de Geografia e Estatística -IBGE.

Parágrafo único. No caso de não-preenchimento das vagas segundo os critérios estabelecidos no **caput** deste artigo, aquelas remanescentes deverão ser preenchidas por estudantes que tenham cursado integralmente o ensino fundamental em escola pública.

Art. 6º O Ministério da Educação e a Secretaria Especial de Políticas de Promoção da Igualdade Racial da Presidência da República serão responsáveis pelo acompanhamento e avaliação do programa de que trata esta lei, ouvida a Fundação Nacional do Índio – FUNAI.

Art. 7º O Poder Executivo promoverá, no prazo de 10 (dez) anos, a contar da publicação desta lei, a revisão do programa especial para o acesso de estudantes negros, pardos e indígenas, bem como daqueles que tenham cursado integralmente o ensino médio em escolas públicas, nas instituições de educação superior.

Art. 8º As instituições de que trata o art. 1º desta lei deverão implementar, no mínimo, 25% (vinte e cinco por cento) da reserva de vagas prevista nesta lei, a cada ano, e terão o prazo máximo de 4 (quatro) anos, a partir da data de sua publicação, para o cumprimento integral do disposto nesta lei.

Art. 9º Esta lei entra em vigor na data de sua publicação.

PROJETO DE LEI ORIGINAL Nº 73, DE 1999

Dispõe sobre o ingresso nas universidades federais e estaduais e dá outras providências.

O Congresso Nacional decreta:

Art. 1º As universidades públicas reservarão 50% (cinqüenta por cento) de suas vagas para serem preenchidas mediante seleção de alunos nos anos de ensino médio, tendo como base o Coeficiente de Rendimento – CR, obtido através da média aritmética das notas ou menções obtidas no período, considerando-se o **curriculum** comum a ser estabelecido pelo Ministério da Educação e do Desporto.

Parágrafo único. É facultada às universidades particulares, o mesmo disposto para as universidades públicas.

Art. 2º O Poder Executivo regulamentará a presente lei no prazo de 180 (cento e oitenta) dias a contar de sua publicação, observando:

I – capacitação do corpo docente, mediante a titulação dos professores, assim como seu desempenho profissional, avaliado por meio da análise curricular dos mesmos;

II – nível salarial dos professores;

III – qualidade das bibliotecas, laboratórios, equipamentos e materiais de ensino.

Parágrafo único. A regulamentação disporá sobre os critérios de credenciamento das escolas de ensino médio para os fins previstos nesta lei.

Art. 3º Esta lei entra em vigor três anos após a sua promulgação.

Art. 4º Revogam-se as disposições em contrário.

Justificação

A partir da década de sessenta, o ensino educacional brasileiro entrou em declínio.

No que tange às universidades, a qualidade do ensino deteriorou-se proliferando instituições de nível superior privadas, cujo objetivo não era a conquista da excelência acadêmica, mas a mercantilização do ensino, sem qualquer preocupação com a qualidade.

Como sempre dizia o professor-Senador Darcy Ribeiro, passou a valer a regra segundo a qual "os professores fingem que ensinam e os alunos fazem de conta que aprendem."

Já é hora de reverter esse quadro, mas não podemos fazê-lo de uma só vez. O ideal, quando se possui um ensino fundamental e médio de boa qualidade, é a extinção do vestibular. Mas como estamos longe disso, propomos um gradualismo, deixando cinqüenta por cento das vagas no padrão convencional de ingresso na universidade.

Fonte: Diário do Senado Federal

Imagem 261 – A Lei de Cotas, o PLC 180/08, é lido no Plenário do Senado Federal (3)

47714 Quarta-feira 26 DIÁRIO DO SENADO FEDERAL Novembro de 2008

Propomos ainda, que o Poder Executivo regulamente a presente Lei num prazo de 180 dias (cento oitenta) dias, dispondo sobre os critérios de credenciamento dasescolasde ensino médio aptas à seleção de alunos.

Nossa intenção é a de gestar os fundamentos do surgimento de uma verdadeira elite acadêmica (com "e" maiúsculo e não no sentido pejorativo dos que excluem a maioria da cidadania, mas, ao contrário, dos que apostam decisivamente na sua integração efetiva na sociedade com vistas a alcançar o bem-estar social), vale dizer, de professores e pesquisadores capacitados para enfrentar os desafios da revolução científico

Sala das Sessões 24 de fevereiro de 1999. – Deputada **Nice Lobão.**

(Às Comissões de Constituição, Justiça e Cidadania; de Direitos Humanos e Legislação Participativa e de Educação, Cultura e Esporte)

PROJETO DE LEI DA CÂMARA Nº 181, DE 2008
(Nº 4.322/2008, na Casa de origem)

Denomina Otto de Lara Resende, e Fernando Sabino, os viadutos que compõem o complexo do Anel Rodoviário de Belo Horizonte, localizados no Km 312,8 da BR-262.

O Congresso Nacional decreta:

Art. 1º O Complexo do Anel Rodoviário de Belo Horizonte, localizado no Km 312,8 da BR-262 (Vitória – São Paulo), passa a ter as seguintes denominacões:

I – Viaduto Otto de Lara Rezende, no sentido São Paulo-SP – Vitória-ES, eixos 20 e 21;

II – Viaduto Fernando Sabino, no sentido Vitória-ES – São Paulo-SP, eixos 20 e 22.

Art. 2º Esta lei entra em vigor na data de sua publicação.

PROJETO DE LEI ORIGINAL Nº 4.322, DE 2008

Denominam Otto de Lara Resende, e Fernando Sabino os viadutos que compõem o Complexo do Anel Rodoviário de Belo Horizonte, localizados no Km 312,8 da BR-262.

O Congresso Nacional decreta:

Art. 1º O Complexo do Anel Rodoviário de Belo Horizonte, localizado no Km 312,8 da BR-262 (Vitória – São Paulo), passa a ter as seguintes denominações:

I – Viaduto Otto de Lara Resende, no sentido São Paulo-SP – Vitória-ES, eixos 20 e 21;

II – Viaduto Fernando Sabino, no sentido Vitória-ES – São Paulo-SP, eixos 20 e 22.

Art. 2º Esta lei entra em vigor na data de sua publicação.

Justificação

O projeto tem por objetivo registrar os nomes de Otto de Oliveira de Lara Resende e de Fernando Tavares Sabino em uma das grandes obras viárias de Minas Gerais.

Nascido em São João Del Rei, no dia 1º de Maio de 1922, coincidentemente, foi no trabalho que a trajetória de vida de Otto Lara Resende ficou marcada.

Começou a lecionar francês aos 14 anos, que aprendeu por conta própria. Pouco tempo depois, passou a dar aulas também de português.

Em 1939, assumiu cargo no Serviço do Imposto Territorial da Secretaria de Finanças de Minas Gerais.

No ano seguinte, iniciou suas atividades de jornalista no periódico **O Diário**, de Belo Horizonte, acumulando com as funções de professor, de funcionário públicoe e de estudante de direito.

A partir daí, nunca mais deixou o jornalismo. Trabalhou em diversos órgãos de comunicação, como o **Diário de Notícias**, **O Globo**, **Diário Carioca**, **Correio da Manhã**, **Última Hora**, **Manchete**, **Jornal do Brasil** e TV Globo. Faleceu como cronista da **Folha de S.Paulo**.

Exerceu diversos outros cargos relevantes, como Procurador do Estado da Guanabara e adido cultural brasileiro, nas Embaixadas da Bélgica e de Portugal.

No campo literário, destacam-se as seguintes obras: **O lado humano** (contos, 1952); **Boca do inferno** (contos, 1957). **O retrato na gaveta** (contos, 1962); **O braço direito** (romance, 1964); **As pompas do mundo** (contos, 1975); **O elo partido e outras e histórias** (contos, 1991); **Bom dia para nascer** (crônicas na **Folha de S.Paulo**, 1993); **O príncipe e o sabiá e outros perfis** (História, 1994) e **A testemunha silenciosa** (novelas, 1994).

Otto de Lara Resende também se dedicou à família. Casou-se em 1948 com Helena (filha de Israel Pinheiro) e tiveram quatro filhos: André, Bruno, Cristiana e Heleninha.

Em 28 de dezembro de 1992, Otto de Lara Resende faleceu aos 70 anos de idade, deixando importante legado cultural para o povo brasileiro.

Já Fernando Tavares Sabino, nascido no dia 12 de outubro de 1923, na cidade de Belo Horizonte, começou a ler com o auxílio da mãe antes mesmo do seu ingresso no curso primário do Grupo Escolar Afonso Pena, em 1930.

Fonte: Diário do Senado Federal

A presidência da sessão encaminhou o PLC 180/08, como consta na primeira coluna acima, para a Comissão de Constituição, Justiça e Cidadania; Direitos Humanos e Legislação Participativa e Comissão de Educação, Cultura e Esporte, na ordem regimental. De modo formal, o PLC 180/08 teve a seguinte designação de tramitação pela mesa diretora da casa, por ordem:

1. Apreciação pela Comissão de Constituição e Justiça (CCJ do Senado Federal);
2. Apreciação pela Comissão de Direitos Humanos (CDH do Senado Federal);
3. Apreciação pela Comissão de Educação e Cultura (CEC do Senado Federal);
4. Apreciação pelo Plenário.
5. Encaminhamento para a Sanção Presidencial ou o retorno para Câmara dos Deputados.

Com isso, o PLC 180/08 foi para a CCJC do Senado, Plenário 3, Ala Alexandre Costa, no corredor, lado esquerdo, quase ao fim do túnel do tempo para quem vem do plenário do Senado Federal. A CCJC era presidida pelo Senador Marco Maciel (Minoria DEM-PE), ex-Ministro da Educação, ex-Governador do Pernambuco, ex-Vice Presidente da República.

Em e-mail para os N*MS, Sueli Carneiro, do Geledés, da coalizão à favor da Lei de Cotas, expunha suas preocupações sobre o posicionamento do Senador Marco Maciel na temática, desde 1996 e a importância do diálogo com ele, o que foi levado muito a sério pelos N*MS. Marco Maciel tinha um forte lado religioso, católico e uma forte admiração por Joaquim Nabuco. No entanto, não era um interlocutor fácil para os N*MS. Havia muitos interesses em jogo.

A CCJC sob a presidência de Marco Maciel tinha a seguinte composição:

Imagem 262 – Composição da Comissão de Constituição Justiça e Cidadania, CCJ, do Senado Federal em novembro de 2008

3) COMISSÃO DE CONSTITUIÇÃO, JUSTIÇA E CIDADANIA - CCJ
Número de membros: 23 titulares e 23 suplentes

PRESIDENTE: Senador Marco Maciel (DEM-PE) (2)
VICE-PRESIDENTE: Senador Valter Pereira (PMDB-MS)

TITULARES	SUPLENTES
Bloco de Apoio ao Governo (PT, PR, PSB, PC DO B, PRB, PP) (4)	
Serys Slhessarenko (PT)	1. Inácio Arruda (PC DO B) (13)
Marina Silva (PT) (8)	2. Francisco Dornelles (PP) (1,12,15)
Eduardo Suplicy (PT)	3. César Borges (PR)
Aloizio Mercadante (PT)	4. Expedito Júnior (PR) (11,14)
Ideli Salvatti (PT)	5. Magno Malta (PR)
Antonio Carlos Valadares (PSB)	6. Marcelo Crivella (PRB) (16)
Maioria (PMDB)	
Jarbas Vasconcelos (PMDB)	1. Roseana Sarney (PMDB)
Pedro Simon (PMDB)	2. Wellington Salgado de Oliveira (PMDB)
Romero Jucá (PMDB)	3. Leomar Quintanilha (PMDB)
Almeida Lima (PMDB)	4. Valdir Raupp (PMDB)
Valter Pereira (PMDB)	5. José Maranhão (PMDB)
Gilvam Borges (PMDB) (7,15)	6. Neuto De Conto (PMDB)
Bloco Parlamentar da Minoria (DEM, PSDB)	
Adelmir Santana (DEM)	1. Eliseu Resende (DEM)
Marco Maciel (DEM)	2. Jayme Campos (DEM)
Demóstenes Torres (DEM)	3. José Agripino (DEM)
Kátia Abreu (DEM) (11,17)	4. Alvaro Dias (PSDB) (3)
Antonio Carlos Júnior (DEM)	5. Virginio de Carvalho (PSC) (6)
Arthur Virgílio (PSDB)	6. Flexa Ribeiro (PSDB)
Eduardo Azeredo (PSDB)	7. João Tenório (PSDB)
Lúcia Vânia (PSDB)	8. Marconi Perillo (PSDB)
Tasso Jereissati (PSDB)	9. Mário Couto (PSDB)
PTB (5)	
Epitácio Cafeteira	1. Mozarildo Cavalcanti
PDT	
Osmar Dias (9)	1. Cristovam Buarque (10)

Notas:
1. Em 07/08/2007, o Senador Marcelo Crivella é designado quarto suplente do Bloco de Apoio ao Governo na Comissão, em substituição ao Senador Inácio Arruda (Of 131/2007-GLDBAG).
2. Eleito em 8.8.2007.
3. Vaga cedida pelo DEM ao PSDB.
4. O PTB deixou de integrar o Bloco de Apoio ao Governo, a partir de 22 de novembro de 2007, conforme OF. N. 192/2007-GLPTB/SF (DSF de 28/11/07).

Endereço na Internet: http://www.senado.gov.br/sf/atividade/plenario
Informações: Subsecretaria de Informações - 3311-3325/3572/7279

Fonte: Senado Federal

O quadro a seguir mostra o perfil do Congresso Nacional na conjuntura política que segue a chegada da Lei de Cotas no Senado Federal, como após as eleições de 2010.

Quadro 14 – Perfil dos parlamentares, por partido político, no Congresso Nacional, após as eleições de 2010

Partido	DEP	SEN	Bancada Ruralista		Bancada Evangélica		Bancada Feminina		Bancada Sindicalista	
			DEP	SEN	DEP	SEN	DEP	SEN	DEP	SEN
PT	88	15			3	1	9	4	50	4
PMDB	78	21	29	7	7		7			
PP	44	5	22	2	2		4	1		
PR	40	4	14	1	10	1	2			
PSB	34	3	4		3		4	1		
PDT	26	4	8	1	4		2		2	
PTB	22	6	8	2	5		1			
PV	14	0			3		1		2	
PSC	17	1	5		11		2			
PC DO B	15	2					6	1	8	2
PRB	8	1	1		8	1				
PMN	4	1	2		1		1			
PT DO B	4	0	1		1		1			
PHS	2	0								
PRTB	2	0			1					
PRP	2	0								
PTC	1	0			1					
PSL	1	0			1					
PSDB	53	11	19	3	4		3	2		
DEM	43	5	22	2	3		2	2		
PPS	12	1	6						1	
PSOL	3	1						1	1	2
TOTAL	513	81	141	18	68	3	45	12	64	8

Fonte: Departamento Intersindical de Assessoria Parlamentar (DIAP) *apud* FSP 30.01.2011, A17

Tabela 7 – **Coalizão governista e** oposição **no Senado Federal** no início das legislaturas de 2003/2006 - 2007/2010 e 2011/2014

Ano	Número de parlamentares no Senado Federal e seu posicionamento frente ao governo federal	
	Coalizão Governista	**Oposição**
2003	31	50
2007	49	32
2011	59	17

Fonte: Departamento Intersindical de Assessoria Parlamentar (DIAP) *apud* FSP 30.01.2011, A17.

Tabela 8 – Distribuição das bancadas temáticas no Congresso Nacional após as eleições de 2010

Bancadas	Deputados	Senadores
Evangélica	66	3
Ruralista	141	18
Sindical	62	6
Mulheres	45	12
Negros e Negras	43	2
Indígenas	0	1

Fonte: Departamento Intersindical de Assessoria Parlamentar (DIAP) *apud* FSP 30.01.2011, A17

O quadro das forças políticas no Senado Federal, na largada da Lei de Cotas ali, não é nada trivial, nem deixaria de sê-lo, como se depreende dos dados vistos, não é o céu de brigadeiro para a aprovação da Lei de Cotas. Os atores mais visíveis no Senado Federal, os próprios senadores e senadoras, no geral, têm um roteiro comum para a atuação parlamentar propriamente dita sobre uma dada matéria, como o PLC 180/08. Seus instrumentos são a realização de pronunciamentos e apresentação de proposições no plenário geral ou nas comissões, onde se disputa a agenda da casa e vem a público, às vezes, os posicionamentos políticos gerais e específicos, a participação em debates e entrevistas, as audiências públicas para instrução das matérias ou o acompanhamento e fiscalização das políticas públicas, a interlocução com atores relevantes no geral e no particular de uma dada matéria. Constituem os espaços de articulação e decisão no Senado da República, a reunião dos líderes com o presidente da Casa para a definição da pauta de votações, a atuação nas comissões permanentes e nas temporárias, as frentes parlamentares, os próprios gabinetes e as salas das lideranças são espaços de reuniões e articulações políticas.

Esse breve mapa indicativo-operativo-geral do Senado Federal no tocante às políticas públicas de educação é baseado na exposição de Tatiana Alves Brito (Brito, 2013). De modo sintético, a autora destaca cinco constrangimentos ou restrições que pairam sobre as propostas educacionais no Senado Federal: o presidencialismo de coalizão, o princípio federativo, a separação dos poderes, a Lei de Responsabilidade Fiscal (LRF) e os "atores relevantes".

De fato, o PLC 180/08, o PL de Cotas, não bate de frente com a Lei de Responsabilidade Fiscal (LRF), simplesmente por não envolver diretamente em seu escopo qualquer menção a substrato orçamentário algum.

Quanto ao princípio federativo, à separação de poderes e ao presidencialismo de coalizão, por intermédio da utilização do modelo de coalizão de defesa (ACF), esta obra contempla isso, como se verifica no curso da análise.

Para o que a autora chama de "atores relevantes", houve uma generosa consideração dessa dimensão na análise empreendida, com uma criteriosa classificação. O que cabe aqui aprofundar é que a questão do ator relevante interno no jogo da disputa em torno do PLC 180/08, no Senado Federal, como exposto pela autora, deixa solto uma ponta importante na tramitação dos projetos de lei no Senado Federal: aqueles atores ou aquele ator com real poder de veto sobre dada matéria, no que nos aprofundaremos adiante.

As semanas seguintes a 20 de novembro de 2008 foram de enfrentamentos entre as coalizões no Senado Federal e na sociedade brasileira. A repercussão da aprovação na mídia armou a coalizão contra a Lei de Cotas, que buscou lançar mão de uma artilharia imaginária violenta contra a coalizão a favor da Lei de Cotas, como aquele canhão Krupp de última linha usado em Canudos. O setor mais ativo dessa coalizão, a mídia oligopolizada, tentou fazer um clássico movimento que aparece em regimes de baixa democracia ativa: jogar o povo contra a Câmara dos Deputados, com base num discurso muito batido da "classe política", dos "políticos", diga-se, discurso contra. Para tanto, a arma era uma pesquisa de opinião e um instituto reputado no mercado de pesquisas foi escalado para tanto, para essa percepção da opinião pública, logo depois de uma enxurrada de ódio midiático altamente patrocinado que buscou reviver o demônio familiar de fevereiro de 2006 no dia 20 de novembro e seguintes em suas manchetes e chamadas principais nos veículos oligopolistas de televisão, jornais, rádios e revistas, com honrosas exceções. No entanto, o Brasil tinha mudado. O resultado da pesquisa de opinião, apesar da lama jogada de novo nos lares brasileiros pelos *mass media* carregados de ódio de *status quo* contra a aprovação da Lei de Cotas na Câmara dos Deputados, deu com os burros n'água, uma objetiva tendência majoritária na população brasileira favorável à Lei de Cotas fica evidente. O instituto, os promotores da pesquisa, os patrocinadores têm dificuldade de mascar o próprio chiclete do ódio do *status quo* negado pela maioria dos brasileiros. A maioria da população brasileira se mostra favorável às cotas para negros, à Lei de Cotas, ao menos 51% pela informação visível da enquete de ocasião (Antônio Gois, Folha de São Paulo, 23 de novembro de 2008). A coalizão contra a Lei de Cotas, aturdida, vai tentar fugir com o resultado principal da enquete que lhe fora desfavorável, buscando adjetivos: "humilhante" é o adjetivo da vez. O direito à universidade é humilhante? As cotas da branquitude alguma vez foram consideradas humilhantes pelo *status quo*? Humilhante para quem?

Já a coalizão social a favor da Lei de Cotas foi com tudo para tentar chegar à sanção presidencial ainda em 2008. Já na semana seguinte a aprovação do PLC 180/08 na Câmara dos Deputados, os N*MS estavam pisando de novo o chão do Parlamento, com humildade, respeito e dignidade na luta pelo direito à universidade para negros, negras, povos indígenas, escola pública, pobres. Todo dia era dia de Lei de Cotas para a coalizão a favor da Lei de Cotas que agora pisa o chão do Senado Federal com seus pés descalços.

A recepção relativamente fria da Lei de Cotas aprovada em 20.11.2008 é perceptível no dia mesmo da leitura da matéria que chega ao Senado Federal vindo da Câmara dos Deputados através do Diário do Senado Federal. A leitura ocorre. Não há manifestação de senadores sobre o assunto. O mesmo se percebe num olhar cuidadoso sobre todas as edições do jornal do Senado Federal de 20 de novembro a 1 de dezembro de 2008. O silêncio era revelador da enorme força da coalizão contra a Lei de Cotas. Assim, a leitura foi quase e tão somente um gesto protocolar institucional do Presidente da Sessão.

A coalizão a favor da Lei de Cotas, os N*MS que já estavam em ação no chão do Senado Federal, sentiram o golpe de quebra de expectativa, o que destoava em muito do processo político da criação do sistema nacional público de bolsas de estudos em instituições privadas (Prouni), vivenciados pelos N*MS em dezembro de 2004 em luta dura no Senado Federal. Era um dezembro (2008) contra outro (2004). Mas, também no dezembro de 2004 as 100 mil bolsas iniciais não estavam ganhas de imediato. Foi preciso lutar muito ali. Logo, era preciso fazer brotar o fogo da luta pelo direito à universidade pública ali, o fogo do conhecimento contra o frio do poder de plantão. Por isso, o primeiro fim de semana já foi um fim de semana de trabalho e costura de um manifesto, de um grito à nação da coalizão em favor da Lei de Cotas, para chacoalhar o Senado Federal.

Foi um grito com humildade, mas que expunha em letras garrafais a necessidade da imediata aprovação da Lei de Cotas, foi um Manifesto a Nação, protocolado no Senado Federal pelas mãos da senadora que os N*MS indicaram para ser a relatora da Lei de Cotas na CCJ do Senado Federal em obediência a devida tramitação.

O Diário do Senado Federal registrou o manifesto da coalizão à favor da Lei de Cotas em sua edição de terça-feira, 2 de dezembro de 2008, à página 48.661. O tema da fome da saber é o mote, como no lançamento do sistema nacional público de bolsas de estudos em instituições privadas (Prouni) em 13 de janeiro de 2005: Titãs e Racionais MC'S. Ave Catarina, o Brasil saúda os que nascem!!!

Imagem 263 – Manifesto FOME DE SABER: A ESCOLA PÚBLICA, OS NEGROS (AS) E INDÍGENAS PEDEM PASSAGEM PARA A UNIVERSIDADE PÚBLICA, da Coalizão à Favor da Lei de Cotas, é lido no Plenário do Senado Federal pela relatora Senadora Serys Slhessarenko em dezembro de 2008 (1)

Dezembro de 2008 DIÁRIO DO SENADO FEDERAL Terça-feira 2 48661

O SR. PRESIDENTE (Alvaro Dias. PSDB – PR) – Muito obrigado, Senador Geraldo Mesquita.

V. Exª será atendido, na forma do Regimento.

Agradeço a compreensão porque, realmente, causa constrangimento a quem preside a espera dos oradores inscritos, de um lado e, do outro, o desrespeito ao Regimento, uma vez que se trata de comunicação inadiável que exclui a hipótese de apartes.

A SRA. SERYS SLHESSARENKO (Bloco/PT – MT) – Pela ordem, Sr. Presidente.

O SR. PRESIDENTE (Alvaro Dias. PSDB – PR) – A Presidência agradece ao Senador Geraldo Mesquita Júnior pela compreensão.

Concedo a palavra, pela ordem, à Senadora Serys Slhessarenko.

A SRA. SERYS SLHESSARENKO (Bloco/PT – MT. Pela ordem. Sem revisão da oradora.) – Obrigada, Sr. Presidente. O documento é grande, mas não vou ler. Peço apenas que fique registrado nos Anais. Amanhã, com certeza, faremos um discursos a respeito.

Trata-se de um manifesto aberto à Nação pela aprovação do projeto de reserva de 50% das vagas para a escola pública, respeitando a proporção de negros(as), indígenas e o critério de renda aprovado em 20.11.2008.

O título do manifesto é "Fome de saber: a escola pública, os negros(as) e indígenas pedem passagem para a universidade pública".

É a fome de saber. Vem assinado por quinze entidades organizadas: MSU – Movimento dos Sem Universidade; Companhia Nacional pelo Direito à Educação; Educafro – Educação para Afrodescendentes; Coiab – Coordenação Indígena da Amazônia Brasileira; Cimi – Conselho Indígena Missionário; CNTE – Confederação Nacional dos Trabalhadores em Educação; Conen – Coordenação Nacional das Entidades Negras; CMS – Coordenação dos Movimentos Sociais; CMP – Coordenação dos Movimentos Populares; CUT – Central Única dos Trabalhadores; CGTB – Central Geral dos Trabalhadores do Brasil; CTB – Central Geral dos Trabalhadores e Trabalhadoras do Brasil; Força Sindical; UGT – União Geral dos Trabalhadores; e NCST – Nova Central Sindical dos Trabalhadores.

Muito obrigada, Sr. Presidente.

Amanhã, vou ler este documento.

O projeto de lei já está na CCJ, e acreditamos que será, de forma urgente, tratado para ser aprovado, porque é de muita importância para brasileiros e brasileiras.

Muito obrigada.

DOCUMENTO A QUE SE REFERE A SRA. SENADORA SERYS SLHESSARENKO EM SEU PRONUNCIAMENTO.

(Inserido nos termos do art. 210, inciso I e § 2º, do Regimento Interno.)

Brasília, 01 de dezembro de 2008.

Excelentíssimo Senhor Garibaldi Alves, Presidente do Senado Federal,
Excentíssimos Senadores e Senadoras da República Federativa do Brasil,

Manifesto aberto à Nação pela aprovação do projeto de reserva de 50% das vagas para a escola pública, respeitando a proporção de negros(as), indígenas e o critério de renda aprovado em 20.11.2008.

FOME DE SABER: A ESCOLA PÚBLICA, OS NEGROS(AS) E INDÍGENAS PEDEM PASSAGEM PARA A UNIVERSIDADE PÚBLICA.

Vitória é o nome da mulher de Fabiano em Vidas Secas, a narrativa literária da fome no Brasil, livro que faz 70 anos em 2008.

Falta do que comer, falta de achar palavras para dizer isto, é parte do drama da família retirante nordestina.

No Brasil, em dezembro de 2008, época de vestibulares viciados, há muita fome de saber, há fome de universidade pública e gratuita, muita fome.

A moça negra que concluiu o ensino médio em Cidade Tiradentes, periferia de São Paulo não acreditava que a USP era de graça: "Nunca vi propaganda da USP na televisão, ela existe mesmo?".

Cerca de 4 milhões de pessoas, como Idalina, brasileiros e brasileiras, fizeram o Exame Nacional do Ensino Médio, o ENEM-2008, com o estômago e o olho na universidade, a maioria da juventude brasileira sonha em entrar numa universidade, mais de 70%, conforme identificou pesquisa em caderno recente sobre juventude no Jornal Folha de São Paulo e pesquisa de campo coordenada por pesquisadores da Ação Educativa no ensino médio. Muitos homens e mulheres entre os trinta e os sessenta sonham do mesmo jeito com isto. O mundo tá virado.

Fonte: Diário do Senado Federal

Imagem 264 – Manifesto FOME DE SABER: A ESCOLA PÚBLICA, OS NEGROS (AS) E INDÍGENAS PEDEM PASSAGEM PARA A UNIVERSIDADE PÚBLICA, da Coalizão à Favor da Lei de Cotas, é lido no Plenário do Senado Federal pela relatora Senadora Serys Slhessarenko em dezembro de 2008 (2)

48662 Terça-feira 2 DIÁRIO DO SENADO FEDERAL Dezembro de 2008

Em torno de 10 milhões de pessoas estão matriculadas no ensino médio público brasileiro, significando por volta de 88% do total de matrículas. Repita-se: há fome de saber, de universidade pública em milhões de famílias brasileiras.

Como a fome de Fabiano, do menino mais novo, a fome de saber tem pressa, quer comer já.

Há políticos sérios e responsáveis no Brasil. Na era do conhecimento, em tempos de crises econômicas, o país da Casa-Grande e Senzala, historicamente com uma das piores distribuições de renda do planeta não pode vacilar, não pode pestanejar. Mudanças começam a acontecer. Angústias e imprecisões não podem impedir que elas avancem. Até o índice de Gini começou a captar isto.

Como no livro Vidas Secas, graça no ar do Brasil um grave problema com usos e significados das coisas e das palavras em setores da grande imprensa. Como a família de Fabiano, estamos em combate pacífico para matar nossa fome de saber.

À maneira de Graciliano, dói ver imagens e faltar palavras na boca para traduzi-las. Por outro lado, assusta a jactância, a eloqüência e o vômito de palavras sofisticadas de alguns, semeando verdades autoritárias como arpões caçadores de baleias no mar populacional brasileiro. Baleia peixe, baleia cão faminto, baleia gente faminta de saber!

Na dor do parto do Brasil há o sangue do africano escravizado, da africana escravizada. Há sangue dos indígenas autóctones. Há o peso do poder de fogo, objetivo e subjetivo, do colonizador branco, barbudo, como diria Darcy Ribeiro.

Nossa tradição cristã, como nos ensina Florestan Fernandes, nos fez tementes a Deus e ao pecado. Por causa do pecado, nunca foi de bom tom falar em público das coisas feias dos mais de trezentos e cinqüenta anos de escravidão. Por isto o racismo das rodinhas privadas e das restrições públicas, sempre quis se esconder, impossível, porém ser deixado embaixo do tapete pela razão.

Só o choque dos diferentes sistemas imunológicos dizimou milhares de indígenas.

Engreçada a história do Brasil: a minoria subjugou as maiorias, os que vinham de África e os naturais da terra brasilis.

Como o tambor Africano e a flecha indígena repitamos, à moda de Gonçalves Dias: há políticos e políticas sérios no Brasil.

Por ora, fujamos como o Diabo da Cruz, dos tapa-olhos que não querem nos deixar ver África no Brasil nem povos indígenas no Brasil.

Vamos ver as coisas com olhos limpos. Afinal, até releitura da obra machadiana o Brasil teve em 2008. Fruto de pista deixada por estudiosa americana que leu e escreveu sobre Machado nos anos 1960, anos de intensa lutas pelos direitos civis nos EUA, seja pelo direito do negro(a), seja pelo direito da mulher, que deu na Lei dos Direitos Civis Americanas e na figura histórica de Martin Luther King.

Então, a questão não é mais se Capitu traiu Bentinho, disse famoso professor da academia brasileira, na abertura da Feira Literária de Paraty 2008, um dos maiores estudiosos da obra do mestre na periferia do capitalismo. Mas, se a menina pobre da periferia seria aceita na tradicional família escravocrata brasileira do século XIX, daí a ira, o poder brutal machista que Bentinho descarrega sobre Capitu visando destruí-la. Este outro olhar sobre o negro Machado de Assis, também festejado em 2008, pode nos ensinar coisas sobre as reações atuais aos movimentos dos machadinhos, das capitus.

Por isto, como Padre Vieira, repitamos para fazer ouvir os peixes do Brasil: há políticos sérios e responsáveis no Brasil.

Óbvio, há os de outro tipo também, desnecessário falar destes.

Em Brasília, na casa do povo, em 2004, os políticos sérios e responsáveis, fossem de que partidos fossem, aprovaram o sistema público de bolsas de estudos em universidades privadas, o PROUNI e com isso criou-se jurisprudência, respeitou-se a escola pública, o homem negro, a mulher negra, o homem pobre, a mulher pobre. Nas vilas, quebradas, favelas, baixas periferias espalharam-se a notícia como um raio. Muita gente, mais de 384 mil até 2008, muitos talentos puseram os pés na universidade privada, não apenas para fazer a massa e pôr cimento, como entoa a canção, mas desta vez para estudar. A maioria era a primeira geração de suas respectivas famílias que iam para a universidade. Mais de 100 mil negros e negras e indígenas entraram na universidade. Os políticos sérios e responsáveis fizeram a boa semeadura do saber para saciar a fome de saber dos povos brasileiros.

Fonte: Diário do Senado Federal

Imagem 265 – Manifesto FOME DE SABER: A ESCOLA PÚBLICA, OS NEGROS (AS) E INDÍGENAS PEDEM PASSAGEM PARA A UNIVERSIDADE PÚBLICA, da Coalizão à Favor da Lei de Cotas, é lido no Plenário do Senado Federal pela relatora Senadora Serys Slhessarenko em dezembro de 2008 (3)

Dezembro de 2008 DIÁRIO DO SENADO FEDERAL Terça-feira 2 48663

Não foi tudo bela viola. Havia quem duvidasse da habilidade intelectual dos pobres. Tossiam as exceções, jogando a culpa nas vítimas, para não mudarem regras, acreditavam na exceção tipo Machado, não acreditavam na regra, não acreditavam no povo brasileiro.

O desempenho intelectual no Enem e dentro das universidades dos machadinhos e capitus do Prouni desmascarou os pecadores envergonhados das elites. Com mérito e oportunidade para mais gente o Brasil se fez mais coeso socialmente um tantinho assim. Nenhuma guerra racial ocorreu.

O Setor, como se diz polidamente no Congresso, ganhou. Faculdades e universidades privadas ganharam. De forma que, mesmo com controvérsias, foi um jogo de soma positiva, pois os novíssimos movimentos sociais que lutavam por um sistema público de bolsas ganharam também.

Como o atabaque e o berimbau, não custa repetir: há políticos sérios e responsáveis no Brasil. Outros, de outra estirpe também os há, como diria Vieira e Gregório de Matos.

Em 2008, de tantas efemérides carregadas de simbologia e sentimento de soberania nacional, o Congresso Nacional agiu. Verbo e ação. Como diz a Bíblia e Goethe.

A comissão de educação do Senado Federal e da Câmara realizaram em 13 de maio de 2008 o Seminário "200 anos de ensino superior no Brasil, a escola pública pede passagem para a universidade pública". As pegadas das faculdades, dos cursos superiores deixadas no chão brasileiro desde a chegada de Dom João VI, foram seguidas pelo Zé Esperança, pela Maria Esperança, sem-universidade, acreditando que sua hora chegaria, sua hora de ir para a universidade pública.

A opção trilhada pelos novíssimos movimentos sociais em sua ação no Congresso Nacional no tempo de um Presidente da República sem-universidade, que tanto sofreu na pele este preconceito, foi de urbanidade, pressão popular legítima, diálogo intenso, autonomia, diplomacia, ação cultural e caráter suprapartidário, nem que fosse muitas vezes aos trancos e barrancos.

Tanto à esse modo que o Professor Paulo Delgado, então presidente da comissão de educação da câmara ficou meio incrédulo, mas feliz, quando houve consenso em garantir o projeto de reserva de 50% das vagas, por turno e por curso para a escola pública na universidade pública, respeitando a proporção de negros e indígenas conforme o IBGE região por região. A relatoria era do deputado Carlos Abicalil, de um partido. A autoria, da deputada Nice Lobão, de outro partido.

A Comissão de Educação da Câmara aprovou o projeto por unanimidade, como depois o fariam a comissão de direitos humanos e a Comissão de Constituição e Justiça: política com "p" maiúsculo, políticos e políticas sérios.

Meio incrédulo, mas também contente, o professor Cristovam Buarque, em agosto de 2008, na Comissão de Educação do Senado Federal como presidente, homem que tem credenciais para liderar a Unesco num mundo que precisa de mais representação do Sul nestes órgãos internacionais, assistiu a emenda de um senador goianos de um partido estender a reserva de vagas de no mínimo 50% para a escola pública na universidade pública, no ensino técnico e tecnológico no Brasil, por turno e por curso, respeitando a proporção de negros e indígenas no Brasil, projeto de uma senadora catarinense, relatada por um senador gaúcho. Marcone Perillo, Paulo Paim, Ideli Salvatti e toda comissão de educação do Senado Federal votou em uníssono. A notícia de pronto se espalhou elo Brasil. A comissão de Educação do Senado Federal aprova em caráter suprapartidário a esperanças dos zés e marias sem-universidade. Alegria em milhares de lares brasileiros.

Como a pintura de guerra no rosto da índia Macuxi e a capoeira do mestre Leopoldina, não custam reprisar: há políticos e políticas sérios neste país.

Em 2008, têm muitas datas que chama atenção: 200 anos da educação superior, 60 anos da declaração universal dos direitos humanos, 120 anos da abolição inconclusa. O Brasil tem fome, fome de saber.

Fonte: Diário do Senado Federal

Imagem 266 – Manifesto FOME DE SABER: A ESCOLA PÚBLICA, OS NEGROS (AS) E INDÍGENAS PEDEM PASSAGEM PARA A UNIVERSIDADE PÚBLICA, da Coalizão à Favor da Lei de Cotas, é lido no Plenário do Senado Federal pela relatora Senadora Serys Slhessarenko em dezembro de 2008 (4)

Como paradigma novo é política pública de curto prazo, para gerar justiça e superar situações aberrantes historicamente. Mata a sede de saber do povo. Divide o bolo da educação pública superior, técnica e tecnológica, com todos, pois o bolo já cresceu, tornando público o que hoje é mais meramente estatal, superando o dito de que "tem que esperar crescer para depois dividir o bolo da riqueza". Ou seja, o pobre também tem direito ao ócio criativo, a especulação intelectual típica das elites somente no Brasil. Isto se coaduna com a densa mudança demográfica no país e com o aumento da expectativa de vida. Outro efeito do Novo Paradigma é no combate à violência pela positividade do exemplo que gera, dados os alarmantes índices de homicídios entre jovens brasileiros por 100 mil habitantes, um dos maiores do mundo.

O novo paradigma está sujeito à avaliações permanentes por parte dos gestores do Estado, pois é política de Estado e não de governo. Paradigma novo que é, abençoado por Deus e bonito por alegrar mais lares brasileiros, não é fatalista, fundamentalista, mera profissão de fé ou dogma.

É uma ação brasileira por justiça social, equidade, oportunidades iguais aos diferentes e enterro das intolerâncias.

Por obras e artes da legislação brasileira, o projeto viverá seu dezembro no Senado Federal antes da sanção presidencial.

Oxalá, a seriedade, o caráter suprapartidário, o consenso inteligente façam o novo paradigma brotar da decisão do Senado e ser semeado no solo brasileiro, onde seus filhos e filhas não fogem à luta.

Ainda nos falta achar palavras para expressar nossa alegria.

Convocamos todos e todas a estarmos juntos e atentos nestes dias.

É que quanto às bruxas elas não existem , mas... alcoviteiras, bocas-de-aluguel, penas de aluguel, tudo isto existe mesmo. Eles pendem para sustentar o velho paradigma, ancorados em interesses até legítimos das elites ou de parte delas, sejam eles comerciais ou não, covardes ou não, de"especialistas" ou não. Pela análise dos discursos dominantes o alvo central é a palavra cota, o objetivo é botá-la na sala das casas dos brasileiros como um bode expiatório e demonizá-las para que as pessoas corram de medo etc. Fonte até de novas piadinhas racistas nas altas rodas da granfinagem. É uma tática desesperada e terrorista à la Bush para justificar uma guerra, enxergando bombas químicas onde há apenas gente simples com fome de saber e com talento para aprender.

Em termos políticos não custa lembrar, com a devida vênia, ao Congresso Nacional e ao Governo Brasileiro, que o Estado não pode legislar apenas para um setor e deixar rolar solto o privilégio no setor público de ensino superior, técnico e tecnológico. Não pode o trabalhador ou a família trabalhadora brasileira ter como única alternativa de oportunidade de acesso o ensino superior privado.

Neste sentido, o NOVO PARADIGMA, tem uma dimensão de PROGRAMA UNIVERSIDADE PARA TODOS E TODAS, uma espécie do que poderíamos chamar Prouni das Públicas.

Que nossos senadores e senadoras não nos decepcionem no Senado Federal. A escola pública agradece, o povo negro agradece, o povo indígena agradece.

Quanto às coisas humanas que as palavras não esgotam, leiamos Graciliano Ramos e fujamos de bate-bocas à toa, porque temos fome, temos pressa, isso é real e urgente. A fome de saber saciada matará outras fomes neste país, porque o filho da periferia não vai ter medo de ser médico e atuar no sistema de saúde na periferia, por exemplo. E isso deixa o rastro sadio do exemplo para as gerações futuras.

Cremos no humanismo. Na Vitoria de nossa luta árdua. No gesto de Francisco de Assis, que deu suas vestes aos que não as tinham, para que todas e todos se vestissem bem.

Fonte: Diário do Senado Federal

Imagem 267 – Manifesto FOME DE SABER: A ESCOLA PÚBLICA, OS NEGROS (AS) E INDÍGENAS PEDEM PASSAGEM PARA A UNIVERSIDADE PÚBLICA, da Coalizão à Favor da Lei de Cotas, é lido no Plenário do Senado Federal pela relatora Senadora Serys Slhessarenko em dezembro de 2008 (5)

48666 Terça-feira 2 DIÁRIO DO SENADO FEDERAL Dezembro de 2008

No gesto de Zumbi que não aceitou calado a escravidão.

No gesto dos Pataxós que participaram da construção da constituinte para escrever na constituição que os indígenas têm direito às suas terras.

Na luta dos excedentes que ficavam de fora das universidades nos anos 1960 e lutaram por seus direitos. Que as exceções virem regra no Brasil. Viva o novo paradigma.

Axé Brasil! A luta continua!

Ah... se lhe disserem que o Brasil deve cuidar da educação básica, diga que sim, que estamos juntos para qualificá-la melhor e com mais investimentos. Se lhe disserem para esperar melhorar a qualidade, diga que "nóis é burro, mais nóis não é besta", ou como Keynes, no longo prazo estaremos todos mortos. A fome de saber tem pressa.

Viva o Brasil! Viva a luta soberana do povo brasileiro por seus direitos!

A escola pública e sua diversidade pede passagem para a escola pública!

Muito obrigada!

MSU - Movimento dos Sem Universidade
CAMPANHA NACIONAL PELO DIREITO À EDUCAÇÃO
EDUCAFRO – EDUCAÇÃO PARA AFRODESCENDENTES
COIAB – COORDENAÇÃO INDÍGENA DA AMAZÔNIA BRASILEIRA
CIMI – CONSELHO INDÍGENA MISSIONÁRIO
CNTE – CONFEDERAÇÃO NACIONAL DOS TRABALHADORES EM EDUCAÇÃO
CONEN – COORDENAÇÃO NACIONAL DAS ENTIDADES NEGRAS
CMS – COORDENAÇÃO DOS MOVIMENTOS SOCIAIS
CMP – COORDENAÇÃO DOS MOVIMENTOS POPULARES
CUT – CENTRAL ÚNICA DOS TRABALHADORES
CGTB – CENTRAL GERAL DOS TRABALHADORES DO BRASIL
CTB – CENTRAL DOS TRABALHADORES E TRABLHADORAS DO BRASIL
FORÇA SINDICAL
UGT – UNIÃO GERAL DOS TRABALHADORES
NCST – NOVA CENTRAL SINDICAL DOS TRABALHADORES

Fonte: Diário do Senado Federal

Desde a primeira semana, foram movimentos rápidos. De Mozart Vianna para Márcia Lira, da mesa diretora da Câmara dos Deputados para a Mesa Diretora do Senado Federal, sua secretaria-geral, para verificar que os procedimentos formais estavam "ok", que o PLC 180/08 já chegara ao Senado Federal e qual seria a devida tramitação. O passo seguinte foi a indicação da relatoria para a matéria. Foi um passo feito do Marquinhos, na liderança do PT na Câmara dos Deputados até o Marcos Rogério, indicado por aquele, na liderança do PT no Senado Federal. O capital de relações acumulado pelos N*MS foi acionado para agilizar o processo legislativo. A reunião com Marcos Rogério, da liderança do PT, no Senado Federal, no subsolo no meio da ala das comissões, quase abaixo da comissão de educação e cultura do Senado Federal, foi rápida e desafiadora. Os N*MS indicaram o senador Paulo Paim para a relatoria, a liderança do PT argumentou que deveria ser um titular da CCJ do Senado, que o melhor nome seria da senadora Serys Lhessarenko, porque ela era da mesa diretora do Senado Federal, primeira secretaria. Isso acelera o processo legislativo? Perguntaram os N*MS. "Pode ajudar muito", disse Marcos Rogério. Porém, os N*MS deveriam conversar diretamente com o presidente da CCJ, senador Marco Maciel, pois a indicação de relatoria é prerrogativa institucional da presidência da Comissão. Lá vão os N*MS atrás do senador Marco Maciel em seu gabinete no alto da torre do anexo do Senado Federal. Elegantemente e com poucas palavras, ele recebe os N*MS em seu gabinete. Sueli Carneiro, via e-mail, havia chamado a atenção dos N*MS para o papel que Marco Maciel tivera no Seminário de 1996, quando era vice-presidente da República e em sua fala citara Joaquim Nabuco. A primeira reunião marcou a indicação de Serys Lhessarenko por parte dos N*MS, sem uma reação efetiva do senador Marco Maciel que disse que iria analisar a questão. Uma outra reunião ocorre entre o senador Marco Maciel e os N*MS, no gabinete dele, a sós, que argumentam da urgência, do apoio de Dom Paulo Evaristo Arns e da importância estratégica da relatoria, porque o PLC 180/08 poderia ir direto para o plenário do Senado Federal e o Brasil aguardava aquela decisão. Ele disse que faria a indicação. Fez.

Os N*MS ligam o moto da urgência, uma vez indicado a relatoria. O caminho mais curto entre a Câmara e o Senado era por meio da Presidência do Senado, o responsável pela definição da pauta e pela liderança do governo no Congresso Nacional, que tem grande influência na prioridade das pautas oriundas da Câmara dos Deputados.

Do trabalho quase infinito no chão da Câmara dos Deputados, os N*MS tinham excelente relação com a deputada federal Fátima Bezerra e, por meio dela e com a presença dela os N*MS, conseguiram uma reunião com o presidente do Senado Federal, Garibaldi Alves, do Rio Grande do Norte.

Imagem 268 – Reunião da Coalizão a favor da Lei de Cotas com o Presidente do Senado Federal, senador Garibaldi Alves, no gabinete da presidência do Senado Federal do Brasil, ocasião em que os N*MS entregam documento pedindo a urgência para a votação no plenário da Lei de Cotas aprovada na Câmara dos Deputados, o PLC 180/08

Fonte: Arquivo MSU

A reunião da coalizão a favor da Lei de Cotas, dos N*MS sociais com o presidente do Senado Federal ganhou a capa do *Jornal do Senado Federal*, o que despertou a ira da coalizão contra a Lei de Cotas, ira cujo sabor os N*MS receberam na cara brevemente. Na prática, o presidente do Senado

Federal Garibaldi Alves se comprometeu a colocar em pauta no plenário, caso a coalizão a favor da Lei de Cotas conseguisse o apoio da maioria dos líderes, conforme reza o regimento interno do Senado Federal. O argumento dos N*MS para a urgência era muito simples e pedestre: um projeto de lei equivalente fora aprovado em caráter terminativo no Senado Federal, era o projeto de lei de 2007 da senadora Ideli Salvatti relatado pelo senador Paulo Paim na Comissão de Educação, logo havia posição da casa já consolidada sobre a questão.

Imagem 269 – Coalizão à Favor da Lei de Cotas pede urgência para a votação do PLC 180/08, a Lei de Cotas, em encontro com o Presidente do Senado Federal, Senador Garibaldi Alves, no salão nobre da Presidência do Senado Federal do Brasil (1)

MENU DESTA SEÇÃO

Garibaldi recebe manifestantes favoráveis a projeto que amplia acesso de estudantes de escolas públicas a universidade

Da Redação | 10/12/2008, 18h45

O presidente do Senado, Garibaldi Alves Filho, recebeu nesta quarta-feira (10) representantes do Movimento dos Sem Universidade (MSU) que reivindicam a aprovação do projeto que obriga as instituições federais de educação superior, vinculadas ao Ministério da Educação, a reservarem o mínimo de 50% das vagas dos vestibulares dos cursos de graduação para o ingresso de estudantes que tenham cursado integralmente o ensino médio em escolas públicas. A proposta determina ainda que metade das vagas desse percentual seja destinada a estudantes oriundos de famílias com renda igual ou inferior a 1,5 salário mínimo *per capita*. (PLC 180/08 ou PL 73/99, na Casa de Origem).

De autoria da deputada Nice Lobão (DEM-MA), a proposta já foi aprovada na Câmara e encontra-se na pauta da Comissão de Constituição, Justiça e Cidadania (CCJ), onde tem como relatora a senadora Serys Slhessarenko (PT-MT), que apresentou voto pela aprovação da matéria.

Acompanhados da deputada Fátima Bezerra (PT-RN), os manifestantes reivindicaram a inclusão do projeto na pauta de votações do Plenário da próxima semana. Em resposta, Garibaldi disse que iria se empenhar junto aos líderes partidários para que a matéria possa constar da ordem do dia de quarta-feira (17). Antes, a proposição precisa ser votada pela CCJ.

Cotas

O projeto estabelece ainda que as instituições federais de ensino técnico de nível médio deverão reservar o mínimo de 50% das vagas de seus cursos, por turno, para estudantes que cursaram integralmente o ensino fundamental em escolas públicas, oriundos também de famílias com renda igual ou inferior a 1,5 salário mínimo.

Essas vagas deverão ser preenchidas por pessoas que se autodeclararem negras, pardas ou indígenas, no mínimo em proporção igual à quantidade de negros, pardos e indígenas existente na unidade da Federação onde estiver localizada a instituição de ensino, com base em projeções do Instituto Brasileiro de Geografia e Estatística (IBGE).

Fonte: Jornal do Senado

Imagem 270 – Coalizão à Favor da Lei de Cotas pede urgência para a votação do PLC 180/08, a Lei de Cotas, em encontro com o Presidente do Senado Federal, Senador Garibaldi Alves, no salão nobre da Presidência do Senado Federal do Brasil (2)

03/09/2022 15:20 Garibaldi recebe manifestantes favoráveis a projeto que amplia acesso de estudantes de escolas públicas à universidade — Senado Notícias

Caso as vagas não sejam preenchidas de acordo com esses critérios, o percentual remanescente será destinado aos estudantes que tenham cursado integralmente o ensino fundamental em escola pública.

As instituições de ensino contempladas pelo projeto de lei deverão implementar, no mínimo, 25% da reserva de vagas a cada ano. O prazo máximo para o cumprimento integral das disposições contidas no projeto é de quatro anos, contados a partir da data de publicação da lei.

Agência Senado (Reprodução autorizada mediante citação da Agência Senado)

ENGLISH | ESPAÑOL | FRANÇAIS

Intranet

Servidor efetivo
Servidor comissionado
Servidor aposentado
Pensionista

Fale com o Senado

Senado Federal - Praça dos Três Poderes - Brasília DF - CEP 70165-900 | Telefone: 0800 0 61 2211

senadonoticias

Quer receber notificações do portal Senado Notícias?

Receber notificações | Agora não

https://www12.senado.leg.br/noticias/materias/2008/12/10/garibaldi-recebe-manifestantes-favoraveis-a-projeto-que-amplia-acesso-de-estudantes-de-escolas-publicas-a-universidade 2/2

Fonte: Jornal do Senado

Para acelerar o pedido de urgência, os N*MS descem da presidência do Senado para a chapelaria, onde, logo à direita, na entrada da Chapelaria, sentido Câmara, fica o gabinete grande da liderança do governo no Congresso Nacional, o gabinete da senadora Roseana Sarney, do Maranhão. A senadora estava, foi muito atenciosa, atendeu sem demora, entendeu o pleito dos N*MS e se dispôs a desatar o nó, fazer o pedido de urgência acontecer naquele mesmo dia, pediu para que os N*MS a esperassem, que a acompanhariam até o plenário do Senado no fim do dia. Ela pede para a assessoria fazer a minuta do pedido de urgência, chega ao gabinete o deputado federal Zequinha Sarney, do PV, que conhecia os N*MS da assinatura do apoio ao PL 73/99 e se dispôs a ajudar. Acompanhando a senadora Roseana Sarney, os N*MS entram na área restrita aos senadores dentro do Plenário do Senado Federal, logo atrás, onde há mesas, sofás, garçons, um balcão, cafés e outras opções. O Senado realmente não é a Câmara. Com a lista da urgência nas mãos, a senadora Roseana Sarney fazia reuniões e conseguia assinaturas. O senador Paulo Paim fora informado e estava muito confiante no bom desfecho da empreitada. A urgência avança naquilo que é requisitado pelo regimento, mas falta o líder do PTB. O senador Garibaldi Alves preside a seção. A senadora Roseana Sarney liga para a casa do senador do PTB, que chega em cadeiras de rodas no fundo do plenário do Senado, no cafezinho e assina. Com isso, cresce a expectativa dos N*MS, Roseana Sarney de posse da lista, sob o olhar ansioso da relatora designada senadora Serys Selhessarenko, sob o olhar antenado do presidente Garibaldi Alves e de Márcia Lira, secretária-geral da Mesa, a senadora Roseana se dirige ao microfone, uma assessora do líder do governo no Senado Federal, senador Romero Jucá vai em sua direção para saber do que se trata, a senadora Roseana faz a assessora ver o pedido de urgência e a assessora retorna para o microfone, onde falava na frente da Presidência do Senado, do lado direito do plenário, o senador Romero Jucá. A senadora Roseana Sarney estava do lado esquerdo, na bancada à frente. Num gesto brusco de negação, o líder do governo, senador Romero Jucá, sem dizer palavra alguma, mirando para os olhos de Roseana Sarney, vira a cabeça de um lado para o outro, veta o movimento político da coalizão a favor da Lei de Cotas, dos N*MS, de Roseana Sarney, de Garibaldi Alves, do pedido de urgência. Foi o enterro da urgência. Um ritual violento. Como pode? O próprio líder do governo? Como explicar isso em termos de mudança substancial em política pública e sua via *crucis* no Parlamento? O governo não era a favor da Lei de Cotas? Aqui, cai por terra a exclusividade de alguns argumentos vistos como hipótese desta obra, ao menos relativiza essa hipótese, caso do partido de esquerda como suficiente para uma mudança significativa em política pública, uma política pública distributiva. Os N*MS reclamaram duramente com Diogo Santana, diretamente com o gabinete do presidente da República sobre o ocorrido.

Era a penumbra do poder legislativo que se movia num veto mudo que revelava que cada senador pode ser muito mais que uma instituição. Um veto de difícil interpretação e que abriga a importância da complexidade na análise da política pública. O senador Romero Jucá acumulara um recorde como liderança do governo por governos a fio, independentemente do perfil da coalizão de governo, o que de novo tensiona a teoria do modelo ACF. De onde vinha esse poder imenso? O veto veio da coalizão contra a Lei de Cotas e o líder do governo foi o porta-voz desse veto? O veto indicava a existência de chantagem no jogo político no chão do senado federal? O senador Romero Jucá era um "*broker*" de todo o sistema político de poder no Senado Federal? Era um "*fund-raiser nonpareil*"? Um "*political fixer*"? Não se soube, não se sabe. Foi uma tremenda vitória da coalizão contra a Lei de Cotas, de qualquer forma.

Com o rabo entre as pernas, mas sem baixar a cabeça, os N*MS partem para o trabalho político na CCJ, partem para a disputa na Comissão principal do Senado Federal. Uma reunião é marcada pelos N*MS na liderança do PT, o líder não veio, veio a assessoria da CCJC, sinal político efetivo. Participam da reunião a coordenação da EDUCAFRO, a coordenação do MSU, Marcos Rogério da Liderança do PT, Penaforte da assessoria da relatora senadora Serys, Ronald Kaingang, dos povos indígenas. A reunião definiria os participantes da audiência pública por parte da coalizão a favor da Lei de Cotas, ao passo que, do gabinete do senador Demóstenes Torres, membro titular da CCJ, um de seus dois assessores principais se encarregaria de mobilizar a coalizão contra a Lei de Cotas. Seria uma audiência de dia inteiro em dois turnos, numa convocação extraordinária da CCJ, em dezembro. Os N*MS vislumbravam ainda alguma chance de levar a votação para o plenário em dezembro de 2008, conforme fosse os rumos da audiência pública. A coalizão a favor da Lei de Cotas indicou para a audiência: EDUCAFRO, MSU, professora da UnB, ministro da Educação, procurador do estado do Rio de Janeiro, juiz Douglas, Campanha Nacional Pelo Direito à Educação. A coalizão contra a Lei de Cotas indicou: Yvonne Maggi, Demétrio Magnoli, Militão, Movimento Negro Socialista, Bolivar Lamonunier, Movimento Crioulo. A audiência pública foi marcada de comum acordo entre as coalizões com o presidente da CCJ Marco Maciel para o dia 14 de dezembro de 2008. O que aconteceu?

> Diferentemente dos senadores, que não deram importância ao debate e faltaram à sessão, os sete convidados compareceram. E o encontro terminou em bate-boca no corredor do Senado, uma prenuncia do clima em que a proposta será votada. Apenas sete dos 23 integrantes da CCJ assinaram a lista de presença, sendo que somente cinco estavam no plenário da comissão quando o presidente Marco Maciel (DEM-PE) anunciou o adiamento da sessão para amanhã. Para haver quórum, são necessários, pelo menos, 12 assinaturas. A decisão conseguiu desagradar a todos os convidados. De um lado, governo e movimentos sociais correm contra o relógio para que o projeto seja aprovado a tempo de vigorar em 2009. Do outro, os críticos da proposta condenaram o que consideram descaso dos parlamentares. Antes da sessão, senadores quebravam a cabeça tentando entender a fórmula aprovada na Câmara. (Weber, 2008, p. 7).

A coalizão social a favor da Lei de Cotas conseguiu indicar a relatora do PLC 180/08 na CCJ, senadora Serys Slhessarenko (PT-MT), realizar uma audiência com o presidente do Senado, senador Garibaldi Alves (PMDB-RN), entregar um manifesto que ficou nos anais do diário do Senado Federal, coletar uma lista de assinatura de 2/3 das lideranças do Senado para uma solicitação de urgência direta ao plenário. Do ponto de vista prático, era realizar a audiência que englobava as três comissões obrigatórias e chamar a votação em plenário, dado que o Senado Federal já aprovara o projeto de lei equivalente em caráter terminativo. Os N*MS trabalharam duro para tanto no chão do Senado Federal.

A falta de quórum foi uma vitória da coalizão contra a Lei de Cotas. Não como quer a matéria do *Jornal O Globo*, mas a própria base governista estava ausente. Foi escandaloso e decepcionante para os N*MS, para a coalizão a favor da Lei de Cotas, sem ser uma surpresa, o ministro da Educação ter faltado ao encontro. Longe, muito longe de Joaquim Nabuco, perto, muito perto da comiseração miúda, o então Presidente da CCJC, senador Marco Maciel (DEM-PE), agiu de forma protelatória a favor da coalizão contra a Lei de Cotas: retardou a definição da relatora, levou para a segunda quinzena de dezembro uma extensa audiência pública, brigou ferozmente contra a mesa diretora do Senado para impedir o caráter de urgência no plenário. Quem surge na cena do Senado Federal, como líder político da coalizão social contrária a Lei de Cotas é o senador Demóstenes Torres (DEM-GO). Ele impedirá a leitura da solicitação de urgência no plenário do Senado. No primeiro *round* do PL de Cotas no Senado Federal, a coalizão social contra a Lei de Cotas venceu.

Imagem 271 – A Lei de Cotas, o PLC 180/08, na arena da CCJ do Senado em 2008 (1)

JORNAL DO SENADO

www.senado.gov.br/jornal — Ano XIV – Nº 2.946 – Brasília, terça-feira, 16 de dezembro de 2008

Divergências adiam debate sobre cotas

Não houve quórum para que as comissões de Justiça, de Direitos Humanos e de Educação debatessem o projeto que cria cotas raciais e sociais para o acesso à universidade pública. 5

Maciel (à direita, ao lado de Serys e Demóstenes) preside reunião em que a proposta seria discutida. Comissões marcaram para amanhã nova audiência pública

Esforço concentrado começa às 10h para votações em Plenário

O Plenário realiza esforço concentrado a partir das 10h, quando devem ser realizadas as primeiras votações do dia. Na pauta, três medidas provisórias, duas relacionadas ao combate à crise. A MP 443/08 autoriza o Banco Central e a Caixa a adquirirem participação em instituições financeiras. A MP 445 (12º item da pauta) injeta, na construção civil, recursos para moradias. E a MP 444 trata de doações a Cuba, Haiti, Honduras e Jamaica. 3

Relatório elaborado por Delcídio foi publicado ontem na internet

Comissão deve votar hoje relatório final do Orçamento

A Comissão de Orçamento publicou na internet, às 22h de ontem, o relatório final do senador Delcídio Amaral sobre a proposta orçamentária de 2009, que deve ser votado hoje. 7

Novas regras para mandado de segurança

A Comissão de Justiça analisará projeto que altera as regras do mandado de segurança individual e regulamenta o mandado de segurança coletivo. 4 e 5

Garibaldi submete sua candidatura amanhã ao PMDB

O presidente do Senado, Garibaldi Alves, comunicará amanhã ao PMDB que é candidato a continuar presidindo a instituição até 2011. 6

Homenagem à Declaração dos Direitos Humanos

O Senado realiza amanhã, às 11h, sessão especial em homenagem aos 60 anos da Declaração Universal dos Direitos Humanos. 6

Marina protesta contra anistia a desmatador

A senadora Marina Silva classificou como retrocesso modificações no decreto que regulamenta a Lei de Crimes Ambientais. As alterações, disse, suspenderam as multas por derrubadas e liberaram aos desmatadores o acesso a financiamento de bancos. 8

"Contraventores poderão plantar e ter acesso a crédito", critica Marina

Fonte: Jornal do Senado

Imagem 272 – A Lei de Cotas, o PLC 180/08, na arena da CCJ do Senado em 2008 (2)

Renan defende prorrogação do Fundo de Combate à Pobreza

CCJ analisa novas regras para mandado de segurança

Carta de compromisso para o PPA

Audiência pública trata do sistema financeiro

Falta de quórum adia audiência sobre cotas para ingresso em universidades

Roseana Sarney propõe prontuário eletrônico no SUS

Ideli sugere votação do projeto das cotas raciais e sociais pelo Plenário

Fonte: Jornal do Senado

O jogo jogado em dezembro foi a vitória da coalizão contra a Lei de Cotas ou a “Arte de esconder Elefante”, o elefante dos pequenos sábios, aquele que compõem o conjunto das hipóteses desta obra, o elefante da Lei de Cotas no labirinto do Senado Federal.

No labirinto vivo da Lei de Cotas, dezembro termina sem Lei de Cotas. Na Bahia, o Fórum Social do MERCOSUL mobilizou os N*MS. É ir até a Bahia para fortalecer a coalizão a favor da Lei de Cotas, passos e não apenas paços, os passos dos pés descalços precisam reforçar a rede subnacional.

Imagem 273 – MSU participa do Fórum Social do Mercosul e conta a história da luta da Lei de Cotas no Brasil para os movimentos sociais de outros países do Mercosul

Fonte: Arquivo MSU

De Salvador, o labirinto vivo da Lei de Cotas migra em janeiro de 2009 para Belém do Pará, para o Fórum Social Mundial e para o Fórum Mundial de Educação, são os passos dos pés descalços. Os N*MS estão convencidos de que o labirinto é tecido de baixo pra cima e não tem medo do suor. Trabalho, trabalho e trabalho duro pela Lei de Cotas. Agora feito evangelistas em pregação no chão Brasil afora. A longa viagem de ônibus dos N*MS de São Paulo até Belém mostra que era preciso estar no chão da estrada do Brasil , no chão de Belém do Pará para fortalecer a coalizão à favor da Lei de Cotas. Ali, no Fórum Mundial de Educação se descobre a grande liderança indígena de Roseane Kaingang, que terá grande papel no chão do Senado Federal depois de intenso diálogo com os N*MS, integrando e fortalecendo a força viva da coalizão a favor da Lei de Cotas.

Imagem 274 – Fórum Mundial de Educação (1)

Fonte: Arquivo MSU

Imagem 275 – Fórum Mundial de Educação (2)

Fonte: Arquivo MSU

Imagem 276 – Fórum Mundial de Educação (3)

Fonte: Arquivo MSU

Imagem 277 – Fórum Mundial de Educação (4)

Fonte: Arquivo MSU

Imagem 278 – Fórum Mundial de Educação (5)

Fonte: Arquivo MSU

Imagem 279 – Fórum Mundial de Educação (6)

Fonte: Arquivo MSU

Imagem 280 – Fórum Mundial de Educação (7)

Fonte: Arquivo MSU

Não só Roseane Kaingáng, como se vê, muita gente do Brasil inteiro, Belém era chuva, mangueiras e uma reunião atrás da outra na UFPA, no centro, na periferia, nas quebradas do açaí e das águas. Ouvir-Conversar, Conversar-Ouvir e chamar para a luta junta pela aprovação da Lei de Cotas no Senado Federal, papel dos N*MS na coalizão.

Essa energia de Salvador e do Pará alimentará as baterias da Coalizão a Favor da Lei de Cotas dentro do labirinto vivo do Senado Federal até o dia da batida policial na frente da CCJC em maio de 2009, até Demóstenes jogar com o tapetão do STF, um absurdo que bloqueou o processo legislativo democrático e dividiu a conjuntura da Lei de Cotas em dois períodos: 1) com Demóstenes vivo, de fins de 2008 até 2012, enquanto era o todo poderoso midiático presidente da CCJC do Senado, o grande líder branco anti-cotas. 2) com Demóstenes morto, quando suas ameaças cessam por sua queda na cova grande das cobras artificiais que provam de seu próprio veneno e a Coalizão à Favor da Lei de Cotas age rápido como Bruce Lee no labirinto do Senado Federal, sob a liderança dos N*MS, valorizando os passos dados antes, mantendo o relatório da Senadora Serys, fazendo acordo com o Presidente da Comissão de Educação, ganhando nas correntes da Educafro no corredor da CCJ, no morde e assopra dos N*MS o compromisso efetivado em reunião do Senador Eunício Oliveira com o MSU, a votação legítima que destravou a CCJC e alimentou o sonho tecido por muitas mãos, de modo rápido e contundente naquelas horas, até o plenário final182. Como se verá adiante, para estupefação dos incrédulos que de jeito maneira acreditavam nos N*MS. "Imagina?", "Essa gentinha?". Tá bom. Vamos por partes.

Àquela altura, 18 de março de 2009, era patente para qualquer observador político das disputas no senado federal que a Comissão de Constituição e Justiça do Senado Federal tinha numa mesma *persona*, seu presidente, o senador pelo estado de Goiás do Partido Democratas (antigo Partido da Frente Liberal, PFL), o principal advogado de acusação contra a Lei de Cotas. Ou seja, o senador Demóstenes Torres (DEM-GO) agia simultaneamente como juiz e advogado de acusação contra o PLC 180/08. Na prática, era o chefe político brasileiro da coalizão contra a Lei de Cotas, tinha acesso privilegiado aos *mass media* oligopolistas, seus aliados de primeira hora.

Ele fora alçado ao poder partidário no interior do DEM e à presidência da CCJ pelas mãos do ex-vice presidente da República dos dois governos FHC e ex-ministro da Educação, Marco Maciel, de quem herdara a presidência da CCJ, a primeira comissão em importância política depois do soberano plenário do Senado Federal.

Temido por um de cada um dos 81 senadores da República por aparentar o comportamento de uma espécie de justiceiro ambulante, à mercê de sua trajetória de procurador da república, Demóstenes Torres chegou ao poder máximo da poderosíssima CCJ em função da atribuição ganha pela oposição à coalizão governista, fruto do resultado eleitoral de 2006 e da lógica de composição das comissões pelas forças políticas representadas no Senado Federal, cujas comissões se renovam a cada dois anos.

Com indica Sarah Binder (2015),

> A descoberta principal desses estudos — apelidados de "teoria política pivotaL" por Krehbiel (1998) — é que regras institucionais constitucionais e extraconstitucionais criam atores "pivotais", que funcionam como pivôs, dos quais depende a escolha coletiva. No contexto do Congresso, essa escolha coletiva é a criação da lei pública. Com foco no veto presidencial e na obstrução do Senado, tanto Krehbiel quanto Brady & Volden argumentam que os pivôs de cloture e veto são os atores críticos para determinar se a mudança na política pública será adotada. Qualquer política existente que esteja locali-

> zada entre esses pivôs (o "intervalo de impasse") não pode ser alterada, assumindo que a política legislativa segue uma única dimensão e que os votos dos legisladores refletem sua preferência sincera. Em outras palavras, o impasse legislativo pode ocorrer mesmo na presença de uma maioria do Congresso que favorece uma mudança de política. (BINDER, 2015, p. 88)
>
> Não é de surpreender que as condições que tornam a política pública madura para a mudança incluam eleições que alteram as preferências dos principais atores e grandes choques exógenos que podem alterar a localização do status quo da política pública, deixando-a fora do intervalo de impasse. (Binder, 2015, p. 89) [214]

Demóstenes Torres, pode ser considerado um ator pivotal, como acima descrito, de veto pivotal para os passos da coalizão dos pés descalços no Senado Federal, para o direito à universidade no Brasil, pivotal seja na luz, seja nas sombras, no institucional formal, no institucional informal.

A CCJC do Senado era evidente, foi muito além de sua missão precípua regimental de verificar a constitucionalidade ou não do PLC 180/08, ela entrou de cabeça na discussão do mérito do projeto de lei, ciceroneando por antecipação o papel de direito da comissão de educação e cultura e da comissão de Direitos Humanos, sob as rédeas curtas de sua presidência, dona legítima da pauta das discussões. Polêmico, ao gosto dos jornais, o assunto atraia os holofotes. Fora assim já em fins de 2008, quando o PLC 180/08 viera da câmara dos deputados. Os holofotes e os interesses econômicos, políticos, eleitorais e o mais. Cada vez que entrava o PLC 180/08 na pauta, a mídia no geral deslocava equipes de cobertura. Em frente à sala da CCJ, na ala das comissões do senado federal, aglutinavam-se repórteres, fios, tripés, câmeras de TVs, um ritual. Não raro, a voz da presidência da CCJ invadia os lares brasileiros nas noites daqueles dias nos telejornais de maior audiência no Brasil, nada escassa, a palavra do presidente da CCJ, com ar de autoridade, dava o tom e o toque final das reportagens. Simples assim, esse rito, que gerava lucro político para a imagem do todo-poderoso senador e presidente da CCJ, Demóstenes Torres, incitava de per si sua repetição, numa lógica barata do cálculo político mais vulgar. Foi por essa conta que as audiências públicas sobre o PLC 180/08 na CCJ do Senado pareciam infinitas, uma atrás da outra, senha para holofotes garantidos em horário nobre de televisão. Por tabela, quase que homeopaticamente, medicava-se e forjava-se uma opinião pública nacional contrária ao projeto, cujo chamariz principal vendido era a demonização das "cotas raciais", dos negros(as), dos indígenas, com as sutilezas ou brutalidades costumeiras da história do Brasil, mesmo sabendo que no teor escrito do PLC 180/08 não existia a expressão "cotas raciais". A coalizão a favor da Lei de Cotas buscou pressionar diretamente o novo presidente do Senado, senador José Sarney frente as diatribes.

---

[214] The key insight of these studies - dubbed the "pivotal politics theory" by Krehbiel (1998) – is that constitutional and extraconstitutional institutional rules create "pivotal" players on whom collective choice depends. In the congressional context, that collective choice is the making of public law. Focusing on the presidential veto and Senate filibuster, both Krehbiel and Brady & Volden argue that the cloture and veto pivots are the critical actors for determining whether change in public policy will be adopted. Any existing policy that is located between these pivots (the "gridlock interval") cannot be changed, assuming that legislative politics follows a single dimension and that lawmakers' votes reflect their sincere preference. In other words, legislative stalemate can occur even in the presence of a congressional majority that favors a policy change. (BINDER, 2015, p. 88). Not surprisingly, the conditions that make policy ripe for change include elections that change the preferences of the pivotal players and major exogenous shocks that might alter the location of the policy *status quo*, leaving it outside the gridlock interval. (Binder, 2015, p. 89). Tradução nossa.

Imagem 281 – Coalizão a favor da Lei de Cotas se reúne com o então presidente do Senado Federal, José Sarney

Fonte: Arquivo MSU

Imagem 282 – O então presidente do Senado, José Sarney, recebe o livro *Leite Derramado* da coalizão a Favor da Lei de Cotas

Fonte: Arquivo MSU

As forças sociais e políticas presentes no cotidiano da luta política no senado federal e favoráveis a aprovação do PLC 180/08 perceberam o perigo desse jogo de cena que visava uma disputa no seio da sociedade brasileira. Assim, as lideranças partidárias, os movimentos sociais em mobilização permanente nessa questão por uma década e a relatora do PLC 180/08, senadora Serys Slhessarenko (PT-MT), relatora do PLC 180/08, na CCJ do Senado, buscaram parear o jogo político nas audiências públicas, que passaram a ter paridade de falas: uma fala contra, outra a favor do PLC 180/08. Além de lançar mão de novas estratégias devido ao desenrolar da disputa. Os N*MS sentiram o golpe da coalizão contra a Lei de Cotas, no período entre dezembro de 2008 e março de 2009. O próprio ministro da Educação não aparecera na audiência pública de dezembro. Nos corredores do Senado Federal, um cabisbaixo Paulo Renato Souza lamentava com os N*MS que os partidos no Senado Federal não respeitavam o acordo fechado na Câmara e lamuriava que ele próprio apanhara da coalizão contra a Lei de Cotas, Demétrio Magnoli, um ás da nomeação espetacularizada, chamara-o de "o grande irmão branco". Os N*MS diziam ao ex-Ministro da Educação, ex-Professor de Economia na Unicamp: "Iremos sustentar o nosso acordo político da Câmara até o fim, no longo prazo estaremos mortos, como dizia o Keynes."

Era preciso criar um cenário paralelo ao palco infinito que Demóstenes Torres montara. Foi o caso da instigante e grandiosa mobilização para a Audiência Pública da CCJ de 19/03/2009. Aqui, importa o raciocínio crítico das ciências sociais que, em muitas análises sobre o Parlamento, como no pensamento de Palermo, compreendem as cenas públicas, *pero* adentram anteriormente no enredo mesmo, no *script*, na escolha dos atores, na construção da cena pública ou teatro dos acontecimentos, da agenda, avaliando riscos políticos e consequências, antes do abrir das cortinas. Obviamente que a incerteza acompanha isso tudo.

Os N*MS agiram com contundência e mobilização ágil: por meio da negociação de um requerimento junto à senadora Fátima Cleide (PT-RO), escalou-se um time e solicitou-se uma audiência pública na Comissão de Direitos Humanos e Legislação Participativa (requerimento aprovado), presidida pelo senador Cristovam Buarque (PDT-DF), com a temática da Conferência de Genebra (Suíça, 20 a 24/4/2009) de Avaliação da implementação da Declaração e do Plano de Ação de Durban (Conferência Mundial contra o Racismo, a Xenofobia e a Intolerância, realizada em Durban, África do Sul, em 2001, sob o governo de Nelson Mandela). Se a aposta estreita de Demóstenes, da coalizão contra a Lei de Cotas, era a vinda do midiático "especialista" anticotas Demétrio Magnoli para a audiência da CCJ do dia 19/03/2009, cumpria aos N*MS, à coalizão a favor da Lei de Cotas ampliar a cena, com a criação de um segundo palco, desconfiando das intenções políticas daquele primeiro. Os pés no chão dos N*MS andaram do gabinete da senadora Fátima Cleide até a SEPPIR para articular essa agenda, depois até a FUNAI, sempre batendo na porta, pedindo para conversar, convocando para a guerra no Senado Federal, igualmente os N*MS conversaram com o então ministro interino da Justiça, Pedro Vieira Abromovay. Ligaram para o indicado pela CONEN, o professor Marcos Cardoso, que se encontrara com o MSU na Bahia, na reunião do MERCOSUL Social, Marquinho confirmou que viria de BH. Fechado os nomes, fechado o requerimento, protocolado em tempo. A reunião excepcional da CDH foi marcada para as 9 horas da manhã de 19 de março de 2009, do outro lado do corredor das comissões. Ao passo que, às 10 horas da manhã, a audiência da CCJ sobre o PLC 180/08, organizada em dois turnos, teria curso no tradicional horário das reuniões semanais da CCJ, no fito de atingir o máximo do quórum entre os senadores e a atenção da sociedade brasileira. A edição de 19 de março de 2009 do *Jornal do Senado* (ano XV, n. 2982) teve chamada na capa sobre o assunto e o miolo do jornal deu centralidade à temática naquela edição.

Dizia a capa do jornal "Cota racial em universidade divide senadores – Não houve consenso entre senadores em audiência na Comissão de Justiça sobre projeto que institui cotas raciais e sociais para ingressos em universidades públicas e em instituições federais de nível médio. Debate reuniu especialistas contrários e favoráveis à medida. 4 e 5". Quatro ângulos da questão emergem com centralidade nessa chamada: uma ênfase em "cota racial"; a afirmação de que "não houve consenso"; uma pretensa disjuntiva entre "cotas raciais e sociais" e a divisão dos senadores. A capa não mencionou a reunião da CDH.

Mas o miolo sim, com direito a fotos de corpos negros e de uma indígena que viera do Pará para as duas audiências. Rosani Fernandes Kaingáng, mestranda em Direito da UFPA, graduada graças à política de cotas, falou em nome do Fórum de Educação Indígena Brasileiro. Ela "exigiu do Estado dignidade para as diferenças dos indígenas e denunciou o genocídio cultural ao qual os povos indígenas foram submetidos":

> Somos tratados com indiferença. Existe, sim, racismo, e sentimos isso quando solicitamos materiais como cadeiras. Sendo cadeiras para índios, perguntam por que não se sentam no chão ou em pedaços de pau.[...]
>
> Se o Estado é plural e ético, tem que pensar em critérios diferentes para acesso a essas pessoas tão excluídas. Essa seria uma forma de esses grupos firmarem sua identidade. (Jornal do Senado, 19/03/2009, p. 4-5).

Para Marcos Cardoso, da Coordenação Nacional das Entidades Negras (CONEN), que participou do processo de preparação da Conferência de Durban, em 2001, "A discussão do racismo incomoda a sociedade brasileira, que é racista, não reconhece e não quer discutir maneiras de superar o problema" (Jornal do Senado, 19/03/2009). Na CDH, Marcos Cardoso defendeu também a Lei 10.639/2003 que torna obrigatória na educação básica brasileira o ensino de "História e Cultura Afrobrasileira" e a aprovação do PLC 180/08. O presidente da CDH, senador Cristovam Buarque (PDT-DF), disse que "as cotas para negros, indígenas e pobres tira o tapete da sala ao denunciar o racismo existente" e reafirmou que a CDH continuará a servir de fórum de discussão sobre o tema (idem).

O Sr. ministro de Estado da Secretaria Especial de Política de Promoção da Igualdade Racial (SEPPIR), Edson Santos de Souza, atendeu ao chamado dos N*MS e participou da audiência na CDH,

> O ministro lembrou que a sociedade brasileira foi constituída de forma desigual, uma vez que a abolição da escravatura não foi acompanhada de adequadas políticas de apoio aos negros libertados. Assim, em sua opinião, o projeto das cotas é importante para o país, já que agora "o Estado precisa tratar de forma desigual essas desigualdades" (Jornal do Senado, 19/03/2009, p. 4).

Outro Ministério, o da Justiça, também atendeu o convite dos movimentos sociais para a audiência na CDH. Pedro Vieira Abramovay, representante do MJ, disse que:

> [...] as ações afirmativas que visem à igualdade social não são inconstitucionais, como declaram alguns teóricos que debatem o tema e argumentam que elas são discriminatórias em relação às diferentes parcelas da população. "Um sistema de vestibular que coloca na universidade 80% de brancos não trata com igualdade os brasileiros", argumentou. (Jornal do Senado, 19/03/2009, p. 4).

Wellington do Carmo Faria, da Coordenação Nacional do MSU (Movimento dos Sem Universidade), William Douglas, que falou pela EDUCAFRO, Daniel Cara, da Campanha Nacional pelo Direito à Educação e Augusto Werneck, procurador de Justiça do Estado do Rio de Janeiro, defenderam a aprovação da Lei de Cotas na audiência da CCJ.

> William Douglas, que é juiz federal, disse ter sido inicialmente contrário ao mecanismo, mas mudou de opinião em decorrência do convívio que teve com adolescentes pobres e negros que não conseguiam ser bem-sucedidos nos estudos e no trabalho por serem negros. Falando em nome da EDUCAFRO (Educação e cidadania de afrodescendentes) ele pediu a aprovação da proposta, ainda que o texto contenha imperfeições. (Idem, p. 4).

> Wellington do Carmo Faria, da Coordenação Nacional do Movimento dos Sem Universidade (MSU), também destacou o caráter suprapartidário do projeto e apontou como principal característica da proposta a possibilidade de propiciar o equilíbrio entre as classes sociais e as raças no Brasil. (Idem, p. 5).
>
> Augusto Werneck, integrante do Movimento dos Promotores de Justiça do Brasil, disse que a política de cotas deveria perdurar não apenas dez anos, mas pelo tempo de uma geração, pelo menos 25 anos. Ele garantiu que a política de cotas é constitucional e atende aos critérios da razoabilidade, servindo ainda para tornar visível o fato de que o negro é discriminado. (Idem).
>
> Para Daniel Cara, da Campanha Nacional pelo Direito à Educação, o projeto permite a prática do convívio social efetivo e real entre os alunos no sistema educacional. Ele acredita que a política vai fazer com que os alunos da classe média possam voltar para as escolas públicas. Citando o relatório divulgado pela Universidade de Brasília (UNB) em 2008, afirmou que o desempenho dos cotistas foi pontuado em 3,9 (de 0 a 5), acima da média da instituição, que é de 3,8 e apenas 1% dos 378 alunos que ingressaram na UNB pela política de cotas naquele ano abandonaram o curso. (Jornal do Senado, 19/03/2009, p. 4).

Pela coalizão contra a Lei de Cotas, falaram representantes de dois desconhecidos movimentos sociais, chamando muito a atenção, por se tratarem de um negro e uma negra, aparentemente selecionados a dedo e bastante nervosos e inquietos em suas exposições. Completaram o time da coalizão contra a Lei de Cotas o cientista político Bolivar Lamounier e Demétrio Magnoli. Na prática era para ser a última sessão da audiência pública iniciada em dezembro de 2008. Não foi.

A edição do *Jornal do Senado* não deixava dúvidas. Ela refletia, como reação, o tom acima e belicoso adotado pelo famigerado líder branco da coalizão contra a Lei de Cotas, Demétrio Magnoli, que ficou de fora da edição, mas que se sentiu muito em casa ao lado do senador Demóstenes Torres naquela sessão da CCJC e não poupou insultos institucionais a olhos vistos e para espanto dos presentes. Contudo, o *Jornal do Senado* expunha o que seria doravante o eixo estratégico da coalizão contra a Lei de Cotas, se não vocalizado em suas páginas pelo bloco de representantes dessa coalizão na audiência tensa da CCJ, porém verbalizado de modo explícito pelo seu principal líder político, seu títere:

> Também o senador Demóstenes Torres (DEM-GO), presidente da CCJ, manifestou sua descrença de que uma política baseada na cor da pele para ingresso nas universidades públicas seja bem-sucedida. Ele lembrou que, segundo o Instituto Brasileiro de Geografia e Estatística (IBGE), apenas 5% da população é formada por negros e 46% são pardos, mas, para efeito de adoção de políticas públicas, utiliza-se a denominação de raça "negra" para agrupar os negros e os pardos. "O mestiço é meio branco e meio negro. Nos Estados Unidos, o que vale é uma lei racial que busca a ascendência das pessoas. Isso não é o que acontece aqui. Todos nós sabemos que é preciso uma ação contra a desigualdade, mas se o país é um país mestiço, o critério de raça não parece ser o mais adequado para resolver esse problema, mas, sim, o da situação social do aluno". (Jornal do Senado, 19/03/2009, p. 5).

A manchete de seus editores, à página A6 do Caderno Nacional do *Jornal O Estado de São Paulo*, da mesma quinta, 19 de março de 2009 não deixava dúvidas: "Grupo de Senadores quer tirar critério racial de cotas – parlamentares argumentam que projeto criaria uma divisão no país". A matéria assinada pela jornalista Lisandra Paraguassú, recebeu uma edição de fotografia que trazia a foto do presidente da CCJ, senador Demóstenes Torres (DEM-GO) ladeado por uma negra e por um negro, justamente aqueles que geraram desconfiança entre os movimentos sociais brasileiros. Não havia fotos de membros da coalizão nacional a favor da Lei de Cotas.

Como fizeram na Câmara dos Deputados, em 2006, o líder do PFL, deputado federal Rodrigo Maia (PFL-RJ) e o líder do PSDB, deputado federal Alberto Goldman (PSDB-SP), quando lideraram o recurso encaminhado ao plenário da Câmara dos Deputados que bloqueara o caráter terminativo do PL 73/99 naquela casa, agora um novo *veto player* passa a existir contra o PLC 180/08. É inconteste a liderança da coalizão contra a Lei de Cotas assumida publicamente pelo senador Demóstenes Torres (DEM-GO), presidente da CCJC do Senado da República,

> O projeto de lei que cria cotas nas universidades federais poderá sofrer mais uma alteração no Senado. Um grupo de senadores **encabeçado pelo presidente da Comissão de Constituição e Justiça (CCJ), Demóstenes Torres (DEM-GO),** quer retirar da proposta o artigo que reserva parte das vagas para estudantes negros e indígenas.
>
> No voto em separado que pretende apresentar na comissão, os parlamentares vão argumentar que o projeto, do jeito que está pode criar uma divisão racial no País. "Atemoriza a possibilidade de dividirmos o País", diz o senador Demóstenes. Acho que é um risco fomentar a desigualdade racial. Precisamos nos preocupar com o pobre, seja negro ou branco." (Paraguassú; Arruda, 2009, p. A6).

A matéria expõe argumentos de dois representantes da coalizão contra a Lei de Cotas daquela exaustiva sessão da CCJ de 18 de março de 2009. "Demétrio Magnoli classificou como demagógica a proposta aprovada na Câmara. 'Isso não é inclusão social. Essa proposta serve a propósitos políticos de governos, políticos, ONGs que fazem suas carreiras em cima da ruína da escola pública', afirmou." (Paraguassu; Arruda, 2009, p. A6). Por seu turno, Bolívar Lamounier, outro paulista,

> A pretexto de que por esse caminho vamos solucionar um problema, criaríamos outro pior, que é a 'racialização' do Brasil e do direito brasileiro", argumentou o cientista político Bolívar Lamounier, um dos convidados para a audiência. "Vamos semear graves conflitos sociais. Posso imaginar facilmente outras formas de acelerar essa inclusão. (Paraguassu; Arruda, 2009, p. A6).

Duas situações fáticas emergiram naquela audiência pública:

1. O uso feito na audiência pública de uma imagem fotográfica em slides apresentados aos senadores por parte da coalizão contra a Lei de Cotas, uma inovação, para desqualificar o PLC 180/08. Se uma imagem forte pode catalisar a opinião pública a favor de uma posição na disputa por uma política pública, a foto da sala de aula da escola pública, centro do argumento de Demétrio Magnoli, teve esse intento. A famosa foto dos gêmeos da UnB, um selecionado por cotas outro não, buscou essa incidência pública para conformar a opinião das massas e dos parlamentares contra a Lei de Cotas através de matéria da revista Veja. Mas esse uso da imagem no debate da igualdade de direitos não é novo na história do Brasil. Essa estratégia tem longo curso na história das relações étnico-raciais no Brasil.

Na disputa política em torno de uma política pública, demonizar a posição adversária é uma estratégia chã, opção adotada pelo publicista da grande mídia brasileira, representante da coalizão contra a Lei de Cotas, Demétrio Magnoli, forte agente da coalizão brasileira contra a Lei de Cotas. Se para Galileu a ignorância é o combustível do ódio, aqui o ódio é o combustível da manutenção do *status quo* para o acesso à universidade no Brasil. Literalmente, sataniza-se o negro, o indígena, uma estratégia inquisitorial e finge-se preocupação com a escola pública.

2. A ocorrência de um almoço/reunião da coalizão contra a Lei de Cotas após a audiência na CCJ, nas dependências do Senado Federal, capitaneado pelos senadores Tasso Jereissati

(PSDB-CE), Artur Virgílio (PSDB-AM), Demóstenes Torres (DEM-GO), os movimentos sociais e debatedores contrários ao PLC 180/08, para o qual, desavisadamente, a assessoria parlamentar na CCJ convidara todos os debatedores da audiência, o que fez aqueles favoráveis à Lei de Cotas recuarem ao se adentrarem no recinto e se aperceberem do teor das conversas. Era translúcido, como os raios do sol, a ação política de uma coalizão social contra a Lei de Cotas no Brasil e a verbalização de suas estratégias para derrotar o PLC 180/08. O *Jornal do Senado* e o jornal *O Estado de São Paulo*, dentre outras mídias, como visto, no dia seguinte, escancararam ao Brasil "o grupo" e sua estratégia de ação política: "retirar da proposta o artigo que reserva parte das vagas para estudantes negros e indígenas". Uma das mais antigas estratégias políticas, vista na Revolução Francesa, em Canudos, no Contestado, em Palmares. O ódio contra uma parte, serviria de álibi para a garantia do *status quo*. Sabidamente, do ponto de vista político e do processo legislativo, qualquer mexida no PLC 180/08, no Senado Federal, implicaria em seu automático retorno para o debate na Câmara dos Deputados, onde fora aprovado após mais de dez anos de lutas dos N*MS. Impedir a qualquer custo que o PLC 180/08 chegasse à sanção do presidente Lula seria outra leitura possível para a sobremesa almejada pela coalizão contra a Lei de Cotas naquele almoço. Na prática, as consequências eram o retardamento da democratização das universidades federais e do ensino técnico federal no Brasil para amplas camadas populares, particularmente para os negros e negras, os(as) indígenas e as famílias que têm seus filhos e filhas na escola pública, 88% das matrículas no ensino médio em 2009, segundo os dados do censo educacional do MEC.

Não custa expor um pouco mais o discurso da coalizão contra a Lei de Cotas, naquilo que ele traz de marcante. O agente social, o líder branco, o senador Demóstenes Torres, então do DEM (Partido Democratas) aparecerá para a questão do PL de Cotas em dezembro de 2008, numa audiência pública no Senado Federal. Então, era uma espécie de neófito no assunto, um aprendiz de feiticeiro. Lotado na CCJC, Comissão de Constituição e Justiça e de Cidadania, agiu como aliado incondicional do então presidente da CCJC, senador Marco Maciel (DEM), e buscou impedir a aprovação do projeto de Cotas no Senado: impediu a leitura do pedido de urgência no plenário do Senado, atuou pela procrastinação do PL de Cotas, expôs sua postura sobre a questão na audiência pública de dezembro de 2008 no Senado Federal. Instruído por Marco Maciel e por conta da cota proporcional de divisão de poderes no Senado Federal, Demóstenes assumirá a presidência da CCJC, a mais poderosa das comissões do Senado, para o biênio 2009-2010.

É dessa posição institucional de poder que Demóstenes ganhará os holofotes da chamada mídia brasileira e da chamada academia brasileira, transformando-se em grande líder da coalizão contra a Lei de Cotas. Editado e reproduzido em jornais falados, televisionados e escritos, no lápis e borracha da conta e cálculo de todo o político em sua relação com a audiência, perceberá quão lucrativo para a sua imagem e quanto espaço generoso lhe será concedido nos *mass media* por posar de novo avatar da coalizão contra a Lei de Cotas. De sua lavra nascerá o discurso da cota social para combater a cota racial. Serão várias audiências públicas na CCJ, uma procrastinação infinita, acomodando interesses conservadores dentro do governo e na oposição ao governo, dentro da academia, na mídia e na sociedade brasileira. Haverá um programa especial do DEM sobre a Lei de Cotas, no horário partidário na televisão. Demóstenes procurará mobilizar a opinião pública jogando os negros contra a Lei de Cotas. O programa do DEM dará espaço a um negro que fala contra a Lei de Cotas. Um negro também será mobilizado por Demóstenes para falar contra a Lei de Cotas em uma audiência pública no Senado Federal. As manobras do líder político da coalizão contra a Lei de Cotas, de Demóstenes, são antes de tudo discursivas, sua formação discursiva atualiza o racismo brasileiro e serão denunciadas de modo veemente pelos movimentos sociais, pelos N*MS, pela coalizão a favor da Lei de Cotas. Uma batida policial é encenada na parede em frente ao Senado Federal, no corredor das comissões, em frente à sala da CCJ, para responder com uma evidência da violência simbólica e prática do cotidiano brasileiro: o Brasil sabe muito bem quem são os seus negros, as suas negras, os povos indígenas, os pobres. Foi uma ação contundente da coalizão a favor da Lei de Cotas, dos N*MS.

A coalizão dos pés descalços se encontra com a relatora do PL de Cotas. N*MS em reunião com a relatora da Lei de Cotas, Senadora Serys, no gabinete da Segunda Vice-Presidência do Senado Federal. Não recuar do que foi aprovado na Câmara no 20 de novembro de 2008. O relatório da Senadora Serys, acordado com os N*MS, de Ana Rita até Paulo Paim, será o mesmo até a vitória final no plenário do Senado em 2012.

Imagem 283 – MSU em ação no Senado Federal junto à relatora da Lei de Cotas, PLC 180/08, na CCJ, Senadora Serys Slhessarenko. Vinda de todo o Brasil, a coalizão dos pés descalços pisa o chão do Senado Federal para cobrar a aprovação da Lei de Cotas em 2009 (1)

Fonte: Arquivo MSU

Imagem 284 – MSU em ação no Senado Federal junto à relatora da Lei de Cotas, PLC 180/08, na CCJ, Senadora Serys Slhessarenko. Vinda de todo o Brasil, a coalizão dos pés descalços pisa o chão do Senado Federal para cobrar a aprovação da Lei de Cotas em 2009 (2)

Fonte: Arquivo MSU

Imagem 285 – MSU em ação no Senado Federal junto à relatora da Lei de Cotas, PLC 180/08, na CCJ, Senadora Serys Slhessarenko. Vinda de todo o Brasil, a coalizão dos pés descalços pisa o chão do Senado Federal para cobrar a aprovação da Lei de Cotas em 2009 (3)

Fonte: Arquivo MSU

Imagem 286 – MSU em ação no Senado Federal junto à relatora da Lei de Cotas, PLC 180/08, na CCJ, Senadora Serys Slhessarenko. Vinda de todo o Brasil, a coalizão dos pés descalços pisa o chão do Senado Federal para cobrar a aprovação da Lei de Cotas em 2009 (4)

Fonte: Arquivo MSU

Imagem 287 – MSU em ação no Senado Federal junto à relatora da Lei de Cotas, PLC 180/08, na CCJ, Senadora Serys Slhessarenko. Vinda de todo o Brasil, a coalizão dos pés descalços pisa o chão do Senado Federal para cobrar a aprovação da Lei de Cotas em 2009 (5)

Fonte: Arquivo MSU

Imagem 288 – MSU em ação no Senado Federal junto à relatora da Lei de Cotas, PLC 180/08, na CCJ, Senadora Serys Slhessarenko. Vinda de todo o Brasil, a coalizão dos pés descalços pisa o chão do Senado Federal para cobrar a aprovação da Lei de Cotas em 2009 (6)

Fonte: Arquivo MSU

Imagem 289 – MSU em ação no Senado Federal junto à relatora da Lei de Cotas, PLC 180/08, na CCJ, Senadora Serys Slhessarenko. Vinda de todo o Brasil, a coalizão dos pés descalços pisa o chão do Senado Federal para cobrar a aprovação da Lei de Cotas em 2009 (7)

Fonte: Arquivo MSU

Imagem 290 – MSU em ação no Senado Federal junto à relatora da Lei de Cotas, PLC 180/08, na CCJ, Senadora Serys Slhessarenko. Vinda de todo o Brasil, a coalizão dos pés descalços pisa o chão do Senado Federal para cobrar a aprovação da Lei de Cotas em 2009 (8)

Fonte: Arquivo MSU

Imagem 291 – MSU em ação no Senado Federal junto à relatora da Lei de Cotas, PLC 180/08, na CCJ, Senadora Serys Slhessarenko. Vinda de todo o Brasil, a coalizão dos pés descalços pisa o chão do Senado Federal para cobrar a aprovação da Lei de Cotas em 2009 (9)

Fonte: Arquivo MSU

N*MS em reunião com a relatora da Lei de Cotas, Senadora Serys, no gabinete da Segunda Vice-Presidência do Senado Federal. Não recuar do que foi aprovado na Câmara no 20 de novembro de 2008. O relatório da Senadora Serys, de Ana Rita até Paulo Paim, será o mesmo até a vitória final no plenário do Senado em 2012.

Os movimentos sociais fazem a denúncia do neobranqueamento no Senado Federal, como real, com poder de agência, à tentativa de Demóstenes de branquear o projeto de Lei de Cotas, retirando a questão étnico-racial:

> Um quadro então é pintado, encomendado pelo governo brasileiro, para ser apresentado pelo representante do Brasil no Congresso Mundial das Raças em 1911, em Londres. Retrata um avô, um filho e um neto, como quadro síntese do Brasil. O avô é negro, o filho mestiço e o neto branco. Deste jeito, o representante do Estado brasileiro, apresenta o quadro e orgulhoso, conclui sua fala: "em cem anos, o Brasil será branco". Interessante: no Senado Federal do Brasil, em 2009, quase cem anos depois de Londres, um retrato é apresentado aos senadores por um diletante. Estático como o quadro pintado a pedidos, o retrato feito a pedidos é para sustentar uma posição ideológica, há corpos negros, mestiços e brancos no retrato, aparentemente feito numa escola pública. O diletante, famoso por xingamentos públicos e insultos impressos ao Senado Federal e ao presidente da República do Brasil (um sem-universidade), vaticina com ironia e cólera no seu rosto, lábio, voz e dedo: "Estão vendo! Querem criar divisões raciais no Brasil, racializar, jogar um contra o outro, criar o ódio racial." Em pesquisas de opinião pública conduzidas em 1995 e em 2008 pelo instituto Datafolha, cerca de 90% dos brasileiros

> admitem a existência de racismo no Brasil. Nas duas enquetes, porém, pouca gente se assume como racista. O censo escolar brasileiro de 2008 aponta cerca de 12 milhões de famílias matriculadas no ensino médio público (técnico, normal, Educação de Jovens e Adultos), representado 88% das matrículas do ensino médio brasileiro. O IBGE utiliza as categorias étnicas branco, preto, pardo, indígena e amarelo para os censos demográficos brasileiros. Como então classificar a fala do diletante, que aparentemente, era direcionado a sustentar a posição minoritária de alguns senadores contra a aprovação do PLC 180/08 (Projeto de Lei da Câmara dos Deputados) que reserva 50% das vagas nas universidades públicas e nos cursos tecnológicos no Brasil, por turno e por curso, para a escola pública, respeitando a proporção de brancos, negros e indígenas e um critério de renda, conforme os dados do IBGE, por um período de dez anos e com implementação cadenciada. É uma fala racista? É uma fala que esconde interesses econômicos da indústria do vestibular? É uma fala pessoal, individual, ocasional, oportunista? Devagar com o andor, porque o santo é de barro. É que se a gente olhar muito para o abismo, podemos ser engolidos por ele, cair na provocação ou na tentação fácil. A fala do diletante não é individual, não é pessoal, é reveladora de uma ideologia, de um discurso, da ideologia do neobranqueamento. Ela se constrói articulando interesses econômicos e políticos para justificar a exclusão no Brasil em seu contexto atual. Ela é extremamente coerente com a ideologia do branqueamento, que varreu cinco séculos de história do Brasil. Ela reverbera fácil em setores da mídia, como as falas de padre Vieira no século XVII reverberavam para as massas desde o púlpito da igreja. Tem intenção de pregação. (Custódio, 2012).

A judicialização da Lei de Cotas pode-se dizer que ocorreu muito na margem, tangencialmente e por conta da ação fortuita de um *veto player*, por posição institucional, ao tempo que líder político da coalizão contra a Lei de Cotas, chamado senador Demóstenes Torres (DEM-GO). Mesmo sem o poder de veto duplo que a presidência da CCJ, a principal comissão do Senado Federal lhe conferia o senador, valendo-se de mil e um estratagemas, na prática estabeleceu uma relação de dependência entre a continuidade da discussão da Lei de Cotas na CCJ e a votação da ADPF 186 — Cotas e da ADI 3330 — PROUNI, que tratam de três situações fáticas: cotas na UnB, cotas na URGS e as cotas no PROUNI. Não é automática essa relação, pelo contrário, o que há é a autonomia entre os poderes. Mas o senador Demóstenes Torres (DEM-GO), líder da coalizão contra a Lei de Cotas, manobrou politicamente, em parte explorando a sinuosidade presente no Parlamento sobre a temática, em parte intimidando seus pares diretamente, de modo a amarrar a decisão do Senado à decisão do STF, um verdadeiro absurdo. Os N*MS protestam no corredor em frente à CCJ e no corredor em frente à Presidência do Senado, em maio de 2009: é a batida policial para que os senadores percebam que no Brasil se sabe muito bem quem é negro. A batida policial no Senado Federal ganhou o noticiário do país então. UOL, O Globo e ampla mídia acompanharam e divulgaram online a batida na internet.

Imagem 292 – A batida policial encenada pelo MSU no Senado Federal

Fonte: José Cruz

Se do púlpito da CCJ e de sua liderança conservadora inconteste na coalizão contra a Lei de Cotas no Brasil, no seu biênio (2009/2010), novas geraçoes da escola pública, negros, negras e indígenas ficaram impedidos de acessar as universidades federais. Uma vez apeado da CCJ na legislatura 2011-2012, Demóstenes articulou o veto do STF às cotas, sopesando a ação de um partido político, o DEM (Partido dos Democratas), em sua ação judicial contra as ações afirmativas em universidades brasileiras, o que foi motivo de uma audiência pública no STF em março de 2010, para instrução.

Eis traços marcantes do discurso do afamado Senador no STF:

> Confesso a Vossa Excelência que fui eu mesmo que incitei o meu partido a vir aqui buscar uma definição do Supremo Tribunal Federal, porque é uma responsabilidade extraordinária; é uma responsabilidade do Congresso.
>
> As negras foram estupradas no Brasil. A miscigenação se deu pelo estupro. Foi algo absolutamente forçado. Gilberto Freire, que hoje é completamente renegado, mostra que isso se deu de uma forma muito mais consensual e que, felizmente, isso levou o Brasil a ter hoje essa magnífica configuração racial. (Torres, 2010, p. 129).

O senador Demóstenes Torres (DEM-GO) sustenta um forte enunciado contra as ações afirmativas, oferece o discurso na direção da vitória de sua posição, sustenta com arrogância sua posição discursiva vincado por uma formação discursiva histórica e assombra parte do Brasil, mesmo dentre os que o incensaram na academia, na mídia, na sociedade e na política, no tocante às cotas, ao radicalizar seu discurso da democracia racial, tratando com enorme ironia o estupro das mulheres negras durante a escravidão. É um discurso lastreado em Gilberto Freyre, explicitamente citado e matriz histórica desta visão da sociedade brasileira.

O Painel do Leitor, talvez mais do que o editorial do jornal, é testemunho ocular da história do racismo sofisticado e reiterado no Brasil hodierno:

> Uma vez mais o jornalista Elio Gaspari fez um gol de placa. Em uma bela lição de história – amplamente demonstra em seus livros sobre a ditadura - , presenteou-nos com sua escorreita coluna de 7/4 ['De Cazemiro@edu para Demóstenes.Torres@gov, **Brasil**], em que responde às insensatas palavras do senador Demóstenes Torres, que imputou aos próprios negros a culpa pela escravidão de que foram vítimas. Em outra de suas deliciosas crônicas, ironiza Demóstenes e, por tabela, o Sr. Demétrio Magnoli, baluarte da luta contra as cotas raciais, vestindo-se na pele de um escravo vivido no século 19. Ambos parecem, ao contrário do jornalista, desconhecer um pouco de nossa história, misturando convenientemente alhos com bugalhos. O sociólogo, aliás, já demonstrou que às vezes costuma ler o que não está escrito. O senador, por sua vez, verberou ao público o que a verdadeira história, do país e do mundo, desmente. Por isso, agora recebem as respostas que bem merecem, pondo-os em seus devidos lugares." (Brondi, 2010).

O discurso do senador não é individual, não é pessoal, ele traz a memória de antigos discursos do poder no Brasil. Assim, busquemos isso na história do Brasil, por verossimilhança. Chico Buarque de Hollanda, em Leite Derramado (2009), mostra a família de um senador, em seu movimento histórico da abonança para a "fartança", na figura do protagonista, Eulálio. O livro apareceu no Senado Federal, em 2009, quando manifestantes que pediam a aprovação da lei de ações afirmativas o entregaram ao presidente do Senado, senador José Sarney.

Os cem anos, feito mais de duzentos, de Eulálio, não foram suficientes para domar a fera em busca de gozo, idealizando falos imaginários, sem status, sem renda, sem teto e movido por uma morte que não é, porque deixa o chicote, o suporte da metáfora da violência simbólica, o chicote no próximo, ao alcance de.

Em que medida um senador da república teve o pai de Eulálio no espelho discursivo? Os indícios vão nessa direção.

Demóstenes Torres pegou o chicote histórico das elites brasileiras, particularmente no caso da Lei de Cotas, particularmente contra os negros, negras e indígenas e a seu gosto, desde sua gênese discursiva lá na escravidão, fez bonito, atualizou o discurso, com a voz doce e ironias de promotor de justiça em telas de televisão. No seu calvário enquanto Senador, em 2012, só minúscula parte da mídia alentou-se para o fato de que a coalizão social das elites brasileiras contra a Lei de Cotas perdera seu ilustre líder de ocasião.

Anotou Maria Cristina Fernandes, em sua coluna no jornal *Valor*:

> O senador foi alçado à condição de ideólogo conservador ao encabeçar a resistência parlamentar à política de cotas raciais. Numa audiência promovida pelo supremo chegou a dizer que a escravidão teria beneficiado o continente africano por ter sido o primeiro item de sua pauta de exportações. E que, por isso, faria pouco sentido para o Brasil adotar políticas compensatórias para os negros, que além do mais, haviam proliferado por meio de relações consensuais entre escravas e brancas. (Fernandes, 2012).

Antes de seu último discurso no Senado, em 12 de julho de 2012, Demóstenes recebeu um SMS da sobrinha, dizendo para ele ajeitar bem a peruca antes de subir ao plenário do Senado. Ao sair saído do Senado pela lateral, Demóstenes deixou uma peruca discursiva contra a Lei de Cotas. Outros pegarão e usarão isso, no mesmo plenário do senado ou alhures. Demóstenes Torres, como uma cobra venenosa ideal, com todo respeito às cobras, morreu no próprio ninho racial artificial da branquitude e levou consigo o veto ao PLC 180/08 na Comissão de Constituição e Justiça e de Cidadania do Senado Federal.

A coalizão a favor da Lei de Cotas, a insana persistência dos N*MS ganhou o jogo.

Imagem 293 – Frequência dos N*MS no Senado Federal (2006-2012)

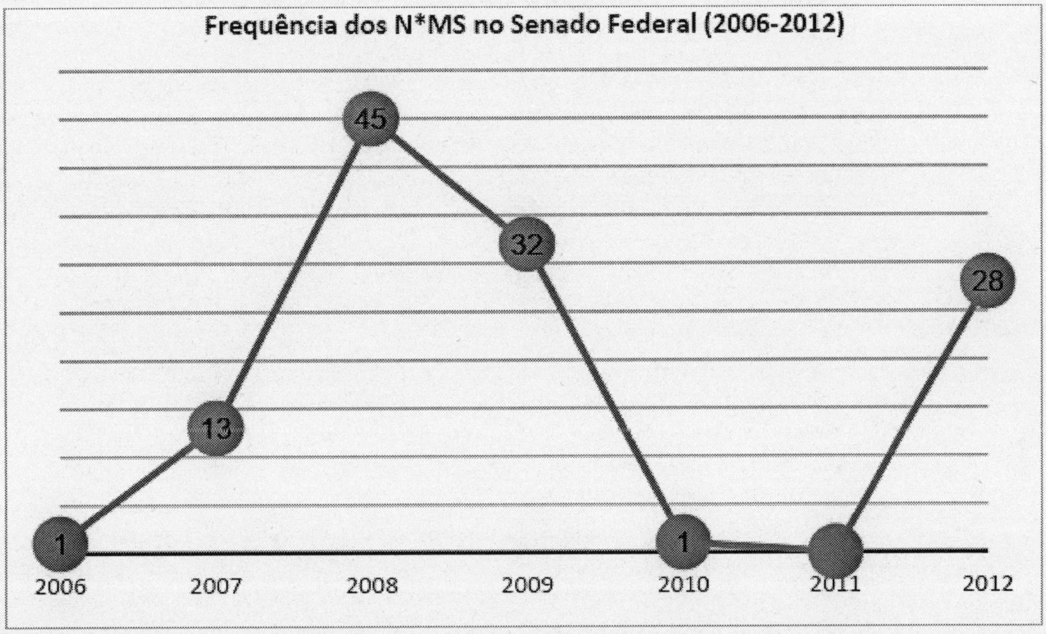

Fonte: Senado Federal

Imagem 294 – Locais dos N*MS no Senado Federal (2006-2012)

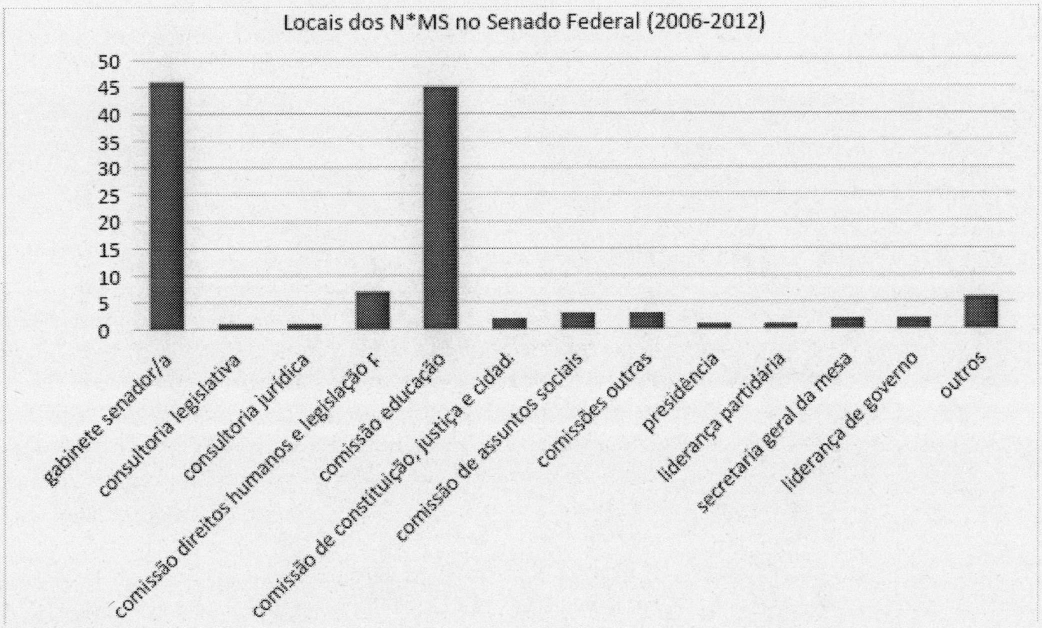

Fonte: Senado Federal

Um inusitado narrador surge, fala enquanto as lideranças dos N*MS acompanham e comemoram nas cadeiras do cercadinho do Senado Federal o que muita gente graúda julgava impossível de acontecer. O continente africano foi explicitamente citado pelo senador do PR do Mato Grosso, considerado um dos líderes da indústria brasileira da soja, que fez questão de justificar seu voto a favor da Lei de Cotas no plenário do Senado Federal, na noite decisiva de 7 de agosto de 2012, como se observa:

> O SR. PRESIDENTE (Casildo Maldaner. Bloco/PMDB –SC) – Pela ordem, o SENADOR BLAIRO MAGGI.
>
> O SR. BLAIRO MAGGI (Bloco/PR-MT, Pela ordem. Sem revisão do orador.) – SR. PRESIDENTE, para uma questão de ordem. Eu estou sendo patrolado aqui no meu direito de falar. Eu estou há cinco minutos pedindo pela ordem, uma questão de ordem, porque eu me inscrevi para falar sobre a questão das cotas. Aí foi feito um acordo para a gente falar depois e até agora ainda não tivemos a oportunidade de nos manifestar sobre o assunto. E eu gostaria de poder me manifestar em nome do Bloco, favorável a essa matéria, e quero dar um exemplo. Por isso é que eu pedi para falar. Quando nós fomos fazer uma visita à África do Sul, depois que Cuiabá foi escolhida como sede da Copa do Mundo, eu, que venho da Região Sul do Brasil, onde nós temos uma população negra muito pequena – nós não temos muitos negros naquela região, parecia muito normal para nós que os negros ficassem afastados desse processo - , com a minha visita à África do Sul, eu levei um choque, levei um choque e voltei de lá convencido, PRESIDENTE, de que alguma coisa deveria ser feita no nosso País. Se não só as cotas ou mais que as cotas, mas alguma coisa precisa ser feita. Isso porque, num país como a África do Sul, os negros comandam, os negros são Presidente da República, Presidente da Corte, prefeitos, deputados, até os ricos são negros. Quer dizer, se num país como esse criaram-se as oportunidades para que o negro pudesse se desenvolver, por que nós não fazemos a mesma coisa em nosso País? Então, era esse o depoimento que eu queria dar porque muitas vezes a gente aqui dentro da nossa Casa não olha o que acontece no mundo, e quando sai leva um choque e percebe que algo precisa ser feito. E o passo que nós demos hoje, por ser só dez anos, que sejam só dez anos, mas é um passo importante. Nós precisamos sim dar oportunidade aos negros para que eles possam subir e ascender socialmente em nosso País. Muito obrigado, PRESIDENTE.
>
> O Sr. PRESIDENTE (Casildo Maldaner. Bloco/PMDB-SC) – A Mesa pede excusas a v. Exa. SENADOR BLAIRO MAGGI e agradece a manifestação de V. Exa., que foi Governador do Mato Grosso por dois mandatos.

Com a palavra as heroínas relatoras e o herói relator da Lei de Cotas no Senado Federal. Entrevista com a senadora Serys, a relatora da CCJ em 2009.

> *Bom, eu sou Serys Slhessarenko, eu nasci no Rio Grande do Sul, em Cruz Alta, e fui pra Mato Grosso ainda muito jovem, com 20, 21 anos, quando me casei e lá tive 4 filhos. Trabalhei em escola pública, né? Na época não era nem primeiro grau, mas é como se fosse o Fundamental agora, entendeu? Depois fiz direito em Mato Gross, que só... eu comecei direito na Faculdade Federal de Direito de Cuiabá. Só existia esse curso lá, não existia mais nenhum curso superior, e isso aí me deixava uma grande... sabe? Porque eu vim do Rio Grande do Sul, onde tinha um pouco mais de acesso a nível superior e o Mato Grosso não tinha nenhum. Tinha um curso de direito e pronto, público, e particular também não tinha, nenhum. Então, eu fiz direito lá, fiz vestibular, fiz direito, e quando eu terminei direito eu já fui trabalhar na Universidade, fui chamada como horista, não concursada, né? Aí, um tempo depois, meu marido que era militar, Oficial do Exército, foi fazer um curso do Exército no Rio, eu fui com ele, já estava formada em direito mas era só horista na Universidade, eu fui junto. Fui fazer mestrado em educação, na área de educação. A gente acabou ficando três anos, eu terminei no Rio, a tese ainda fui termi-*

nar lá em Mato Grosso, aí depois eu já fiz concurso pra Universidade e já fiquei trabalhando como professora universitária. Agora, a minha história na Universidade sozinha dá um livro, então não vou falar sobre ela [risos]. Como professora da Universidade, hoje eu sou aposentada SOMENTE como professora da Universidade Federal de Mato Grosso, e que me cortaram o salário agora em R$3.000,00, tô revoltada. Aí, não aposentei, não aceitei a aposentadoria de deputada estadual, tive três mandatos, tinha direito de aposentar com salário integral até morrer e tinha direito de aposentar como senadora também, eu não aceitei nenhuma das duas aposentadorias. "Ah, mas é legal", é legal. É legal mas é imoral e a vida inteira eu combati a imoralidade, em todos os sentidos da política, mas assim, claro, em todos os sentidos da vida, mas falando especialmente como política, né? Tive 20 anos de mandato, sem nenhum dia sem mandato, o mandato terminava à meia-noite, oito da manhã eu assumia o outro, sabe? Eu me elegia a primeira vez deputada estadual sem saber porquê, porque o partido, eu era do PT, nunca tinha conseguido eleger ninguém, não tinha mulher na Assembleia, era aquela confusão danada, e eu fui eleita e depois eu segui. Eu não fazia campanha, não gastava dinheiro, o povo só ia me elegendo, o povo me enxergou como alguém que devia estar lá nas lutas, né? Sempre, sempre, sempre, meu slogan era "é de luta", "Serys é de luta", era esse meu slogan. Aí me elegi senadora disputando com Dante de Oliveira. Derrotei o Dante de Oliveira, Carlos Bezerra e outros lá. Digo esses porque os dois eram ex-governadores e o Carlos Bezerra era senador, estava buscando a reeleição e o Dante saiu com 75%, 15 dias antes da eleição, Dante tinha 75, eram 200%, Carlos Bezerra tinha 50%, em torno, né? Jonas Pinheiro em torno de 50 e eu tinha 5 ou 6%, e no dia da eleição eu derrotei o Dante e o Bezerra. Eu até hoje não entendi, só o povo que entendeu, quando o povo quer, meu filho... O povo agora tá meio quieto demais, tem que despertar, entendeu? E querer fazer a diferença, porque comigo fizeram, fizeram. Agora acho que já me esqueceram, né? Mas fizeram, quer dizer, nesses 20 anos de mandato, sem nenhum dia sem mandato, eu não aceitei aposentadoria integral de nenhum dos cargos, é imoral e eu não aceito, ao contrário, como deputada é um dos projetos que eu consegui, foi acabar com a aposentadoria dos deputados, que agora 12, 15 anos... 15 ANOS, né? Porque já... pra frente tão querendo retornar lá em Mato Grosso a aposentadoria para os deputados, que foi lei de minha autoria acabar com ela. Então é mais ou menos isso aí, né? Fui Secretária de Estado, quem criou... eu fui um ano e pouco, um ano e três meses. As quatro principais ações foram para a universalização do ensino, da educação.

É, educação e cultura, na época era junto. As principais ações que eu tive no sentido de democratização das relações de poder foi: criação da eleição do diretor; criação do conselho deliberativo, poder deliberativo, né? De todas as partes: pais, alunos, professores, servidores; Hora Atividade, que nunca tinha existido, acho, no Brasil, eu consegui. Eu também era meio exagerada, 50% de Hora Atividade, só que a implantação seria gradativa, né? Eu comecei, eu implantei só um pouquinho porque era gradativa, porque não dava pra implantar pra todo mundo 50%. Eleição de diretor; criação conselho deliberativo; descentralização dos recursos para as escolas, principalmente para pequenos reparos, que era uma coisa terrível: estragava um banheiro, não funcionava; e a Hora Atividade, sendo que a Hora Atividade era uma coisa assim, uma inspiração quase que imaginária, entendeu? Quase que utópica. Consegui instalar essas quatro ações, um ano e três meses depois eu fui demitida por desnecessidade de serviço pelo Governador, porque disseram a ele que ou ele me tirava ou ele caía, né? Porque o povo tava na rua na minha defesa, entendeu? E eu tive um problema: os professores entraram em greve por uma questão 'x' lá que ele não queria e aí eu me posicionei, sempre, né? Ao lado dos profissionais da educação e diziam: "mas você vai cair", eu falei: "mas pra que ficar? Pra que ficar? Se não for pra ficar com aquilo que eu acredito que deva ser feito, pra que ficar? Caio, não tem problema nenhum". E caí, né? E caí, com uma... escrito no diário oficial: "demito a senhora secretária e toda a sua equipe por desnecessidade de serviço". Eu nunca vi esse termo mas tudo bem, saiu no diário oficial, entendeu? Então sempre foi uma história de muita luta, de muita guerra, em cima de propósitos, de posturas, entendeu? De PRINCÍPIOS, vamos dizer assim, de princípios.

Ah, sim. A educação, nossa! Tinha um grupo muito bom que trabalhava a questão indígena com participação de indígenas, entendeu? Que trabalhava essa questão. Eu não saberia te falar agora detalhes, mas isso aí ficava muito explícito.

Como Serys enxerga o papel institucional do relator?

É fundamental, o papel é fundamental DESDE QUE não se vergue. Dobre mas não quebre, entendeu? Desde que você faça aquilo que vinha, principalmente... Por exemplo, a Lei Maria da Penha. Como é que a gente conseguiu aprovar a Lei Maria da Penha? Com os movimentos populares. Como a gente conseguiu força pra essa questão da Lei de Cotas? Com os movimentos populares, entendeu? Se o relator é uma pessoa chegada, vamos dizer, assim, chegada entre aspas, nos movimentos populares, pega força e vai, mas tem que ser firme, sabe? Mãos limpas, não ter, desculpe o termo, "rabo preso" com nada e pulso firme. Mão limpa e pulso firme. Se você tiver isso, vai. Vai ou botam você pra fora, mas você não se verga. Verga, pode até se vergar, mas não quebra, porque você se levanta e encara, entendeu? E a gente teve que encarar muito, mas muito, muito, muito. O Demóstenes não aceitava de jeito nenhum e como se não fosse suficiente, um dia... Ah, eu sou terrível, além de eu não ter memória, eu não escrevia, praticamente, a assessoria não dava conta das minhas coisas que eu... sabe? Que eles, não sei se alguns anotavam, outros não anotavam, muita coisa se... muitíssimo se perdeu. Um dia eu recebo um telefonema de um vice-presidente da Globo, eu não sei qual deles, porque são 3 ou 4, eu acho que é por setor. Eu não me lembro, nesse ano, por aí, se procurar, talvez o que a gente visualize que seja mais chegado à educação. Porque não tem só um vice na Globo, né? Se não me engano é mais de um. Me liga que queria falar comigo, não sei se ele morava em São Paulo, Rio de Janeiro, não sei. Ligou, eu tô no gabinete: "ah, Senadora, aqui é o fulano-de-tal, sou vice-presidente da Globo e eu gostaria de conversar com a senhora", "qual o assunto, meu senhor?", "Lei de Cotas", eu: "pois não". Falei: "lá vem chumbo grosso", mas tudo bem, pensei que ia receber apoio, né? Aí marcou o dia, aí ligou na véspera e falou: "tá em pé a gente almoçar amanhã?", eu falei: "tudo bem, não tem problema nenhum. Mas como é que faz?", eu falei pra ele, "a gente almoça aqui no Senado?", ele falou: "não, eu chego num avião 10:30, 11 horas, tem um carro me esperando. Eu pego a senhora, eu já reservei lugar num restaurante lá". Eu falei: "vamo embora". Foi lá, me buscou, muito simpático, era um senhor forte... Ah, mas será que alguém não vai me ajudar algum dia a redescobrir? Acho que alguém pode me ajudar. Aí eu fui almoçar com ele: a gente almoçou, muito bem. Aí ele entrou no assunto, eu falei: "mas afinal, essa comida maravilhosa, esse restaurante espetacular, que que o senhor tem pra me dizer da Lei de Cotas? Pra mim é muito importante". "Pois é, o seu relatório já está pronto, né?", eu falei: "tá", "a senhora não aceita mudanças?", eu falei: "ah, depende, né? Por princípio não. Por princípio não, mas sei lá se o senhor tem alguma coisa aí que seja de repente convincente, né? Vamos conversar". Aí ele começou, tal, ele tinha estudado, alguém estudou e botou na mão dele, ele foi, foi, foi, pá, pá, pá, falando item por item. De repente...

Vice-presidente da Globo. Aí ele falou: "nós estamos com um problema com essa questão, porque essa questão não é buscada pelo povo brasileiro. O povo brasileiro não quer a Lei de Cotas". Eu falei: "ah, é? Mas como? Eu tenho a pressão dos movimentos..."; "Ah, esses movimentos", como agora chamam muito aí os movimentos, né? Agora tá pior do que antes, antes era uma beleza, agora que eu reconheço. Precisa ficar pior pra gente entender que é possível, né? Aí ele falou: "não, porque a gente tá fazendo uma pesquisa, a Globo está fazendo uma pesquisa, e a gente já tem os primeiros dados: 70%, 70 e poucos por cento, não quer a Lei de Cotas". Eu falei: "mas como se tem um patamar tão grande de pessoas extremamente empobrecidas que não tem aquele percentual lá de recursos, né? Isso é uma coisa, a outra coisa: a questão indígena. Os indígenas são totalmente deixados de lado, quase que criaturas inexistentes", eu lembro que eu usei esse termo, "quase pessoas que não existem porque não tem o menor respeito e consideração, não contam na história do Brasil". Era a questão econômica, a questão indígena...É, a escola pública, eu falei: "e a escola pública? Nossa grande maioria dos brasileirinhos e das

> *brasileirinhas que vão fazer vestibular, eles não, eles estudam em escola pública. Escola particular é quem tem dinheiro, tudo bem que tenha, que façam os melhores cursos, que façam os filhos dar duro pra tentar disputar com a escola pública aí. E o negro, o negro, pra mim isso aí é indiscutível, isso aí é irreversível, porque a dívida que esse país tem com o negro é uma coisa imensurável, imensurável. Porque se não fosse o empuxe do negro chegando, muitos ficando nos mares jogados porque morreram, porque não sei o que,* _____**[15:15]**, *chegaram aqui e sofreram. Se não fossem eles, a gente não tinha dado o empuxe do começo desse país aparecer. A dívida é imensurável e eu não aceito, eu não puxo esse carro". "Não, mas a senhora vai puxar", eu falei: "por que que o senhor diz isso? Vão trocar de relator? Olha que eu sou escandalosa". Ah, que lindo. [risos] Eu falei: "pra mudar...*
>
> *[...] pra mudar qualquer coisa aqui", ele não falou o que que ele queria mudar, ele queria mudar tudo, pelo jeito. Não, ele queria que eu desse um parecer contrário, ponto. "A senhora muda o seu parecer?", eu falei: "não mudo", "mas eu vou ser convincente", eu falei: "então seja, porque até agora não foi" e aí o diálogo começou a ficar meio áspero, né? Aí ele falou: "não, mas então eu vou lhe fazer uma proposta", eu falei: "faça". "Dentro de 15 dias eu lhe mando o resultado da pesquisa pra senhora ver que mais de 70% não querem cotas". Eu falei: "manda, pode mandar, mas isso não significa que eu vou mudar meu parecer, mas eu quero o resultado dessa pesquisa". Você mandou? Ele também não. Ficou, saiu de lá firme comigo, mas eu acho que ele viu a minha firmeza e desistiu, aquilo ali era uma conversa pra ela se assustar que o povo é contra, que não sei o quê, tarara, mas não me causou o menor susto e eu nem levei pra dentro da Comissão. Ignorei de verde e amarelo a conversa com ele, sabe? Pra não reforçar mais ainda o Demóstenes, porque aquilo era a mando do Demóstenes.*

Indagada se os movimentos sociais tiveram papel importante no processo legislativo da Lei de Cotas, se especificamente o MSU e a EDUCAFRO foram importantes, se sim ou se não, Serys respondeu textualmente que sim.

> Os movimentos sociais foram o que me asseguraram a força de fazer isso, de segurar, não eu, porque eu ia segurar e segurei, mas deles sentirem força até de me tirar como relatora, porque a Comissão tinha força pra isso, entendeu? Mas como eles sabiam que os movimentos sociais estavam fortes, ia virar uma confusão danada se me tirassem. Então, o fundamental é o relator ser firme, ser firme, ser pulso firme e encarar, porque daí o movimento popular precisa enxergar o relator como alguém que segura, entendeu? Que não titubeia, porque o movimento popular, os movimentos populares sentindo isso, eles chegam e eles chegando, a turma...

Sobre as razões do veto de Romero Jucá,

> Ele sempre foi líder de todos: do Itamar, do Collor, do FHC, do Lula, da Dilma. Agora não se elegeu. Ele tinha muita força política, não sei por que cargas d'água, até posso desconfiar, entendeu? Mas eu não posso dizer porque eu não tenho a convicção, ele representa as forças que não querem que o movimento social avance. Agora, como que... Mesmo sendo (do governo), ele foi líder de todos os governos, todos os governos que passaram por lá desde que... desde a redemocratização.

Sobre Demóstenes Torres,

> Ele se achava, o Demóstenes sempre se achou o paladino da moralidade, tá? Então ele chegou com um monte, chegou na CCJ, né? Porque já tava no Senado, acho que ele chegou junto comigo, nós fomos os oito anos juntos, se não me engano, e ele se reelegeu e logo que se reelegeu foi cassado, né? Quem diria? Ele era tido como o paladino da moralidade, ou seja, o ban ban ban que defende tudo que é correto, "é correto, é comigo mesmo", ele dizia, entendeu? "Também isso não é correto", "mas como isso não é correto,

rapaz? A cota de... por exemplo, negro. Você acha que negro, que o Brasil não tem dívida com negro?". Eu batia mais aí que é mais, tá na cara, entendeu? Vai falar que é pobre, tá na escola pública, que não tem dinheiro pra pagar cursinho e não sei o que, aí era mais comprido. Ele falava: "não, porque não sei o que, eu também sou discriminado", eu falava: "ah, é pelos olhos azuis? Eu também quero, eu adoro olho azul". Eu também não era, eu não era fácil. Ele: "não, porque não sei o que, porque a discriminação. Que história é essa que é discriminação?". Eu falo: "criatura...".

Acho que ele queria ser presidente do Universo. Ele queria, ele queria ter mando, e mando, e mando e mando, e mostrar que ele tinha. Ficava jogando com a imprensa o tempo inteiro "pra se aparecer", como diz a minha netinha, "pra se aparecer" de qualquer jeito, entendeu? Ele era terrível e aquilo me incomodava muito, ao invés dele... ele às vezes conversava sobre isso na Comissão, na CCJ, como se eu não tivesse presente, e eu era relatora. Eu ia pra cima e ele, sabe, discutia com outro senador, com não sei o quê. Então, o Partido me ajudou muito. O Suplicy fez algumas defesas, vários deles ajudaram, sabe? E como tinha caído pra mim, eu acho que o Mercadante... o Demóstenes deve ter ficado muito irritado, deve, nos meandros dos... por debaixo, por trás da cortina, essa coisa, que você mesmo já falou aí como a coisa aconteceu: pressão daqui, pressão dali pra acontecer. Ele ficou muito contrariado quando caiu pra mim, entendeu? Quando eu virei a relatora, porque ele viu que ia dar trabalho, trabalho pela minha postura, que ele já sabia qual era, com certeza, pela minha postura diante de outros projetos, né? Ele já sabia qual era e ele sabia que... ele falava que eu era teimosa, entendeu? Quer dizer, tinha posição, brigava pela posição e não abria mão. "Mas vão te derrubar como relatora", derruba, se derrubar não posso fazer nada.

Sobre a comparação entre a tramitação do PROUNI e da Lei de Cotas,

Eu briguei muito pelo PROUNI também, por que? Porque as Universidades, os cursos superiores, que tinham características pra estar no PROUNI, eles não pagavam ISS, não pagavam nada, entendeu? Devendo... Então que eles pagassem com vagas, porque na verdade, no fundo, a história é essa: pagasse o que devia pro poder público dando oportunidade pra aqueles que não tinham condições, entendeu? Alguns critérios, os critérios do PROUNI aí, né? Eles chamavam o não o que da pobreza, tinha uns negócios.

Tem o critério étnico-racial, tem o critério de escola pública. É, mas era tão pequeno, porque era muito pequeno se fosse comparar com Lei de Cotas, Lei de Cotas entra na USP, entra não sei aonde. Mas era pequeno no sentido de?

De absorver pouca gente. O PROUNI absorve pouca gente, porque tem, cada universidade mostra lá: "eu tenho 50 vagas aqui correspondente ao tanto que eu devo", quer dizer, 50 vagas numa universidade particular que abrangia 50.000 pessoas, entendeu? Então, era uma coisa, do meu ponto de vista, era uma coisa pequena. Pequena em termos de quantidade, de atender quantidade. E em termos de status? Em termos de status não mexia com o status? Mexia porque ia botar os pobres lá no meio dos ricos, isso aí era um cadafalso, um absurdo, entendeu? Eu que falo que até hoje esse negócio é assim, até dentro dos aviões você sente isso, sabe? Que as pessoas olham com a cara, assim, de desdém pro pobre, né? Porque a discriminação contra o negro é grande, a discriminação contra isso, aquilo, é grande, mas contra os pobres eu acho que ainda é a mais abrangente. No caso do PROUNI, então, teria uma situação numérica que era muito marginal. Bem menor. Na época do PROUNI a gente não tava pensando lá em medir coisa com Lei de Cotas, deixa lá. Estava aqui no PROUNI. O PROUNI a gente via que era uma coisa que ia ser muito difícil, muito difícil, acho que essa era a expectativa dos contra, entendeu? Que era muito difícil das universidades declararem, mostrarem, chegarem lá e dizerem: "ah, eu devo tanto". Mas então há vantagem econômica pra elas, por isso que andou mais rápido que a Lei de Cotas? Houve um peso aí? Claro! Com certeza. Por quê? Porque se você tá devendo, você pode sofrer multas, juros pro Estado brasileiro, né? A universidade que não paga seus impostos. Porque o PROUNI é o pagamento, o encontro de contas, vamos dizer assim, o encontro de contas, de gente com o que eu devo. Eu sou a universidade, eu devo tanto, eu posso receber tanto que o governo exige. Agora, a expectativa que eu sentia, não sei se isso se consolidou, se não, porque aí a pressão vem, o povo que quer entrar lá vem e força lá e entra, né? Mas ela foi, a expectativa muita das pessoas que não gostavam dessa história era de que isso aí não vai rolar ou vai rolar muito pouco, porque tinha outras formas de camuflar, né? Pagamento de dívidas e etc... Isso vai ser difícil, você vai botar quem lá? Vai botar lá nos cursos mais comuns, né? Curso de, que os que não estudaram em escolas fortes vão entrar e vão querer sair. Agora, pra conseguir uma vaga em medicina ou odontologia era bem difícil, não sei como é que está hoje o PROUNI, não sei como tá mas era muito mais difícil e eu acho que isso que facilitou: "não, vamos aprovar, porque isso aí...". Você vê, hoje deve ter quantos estudando aí? Uns 500.000 no PROUNI. Eu acho que não tem mais do que isso, Sérgio, isso era uma coisa interessante de saber. Mas também acho que passou pela esperança de que não viesse Lei de Cotas, então vamos dar aí umas migalhas. Eu acho que é um monte de coisas, tá? Eu acho que ele começou a tramitar (A Lei de Cotas) e a outra correu (O PROUNI). Eu acho que passa muito por essa expectativa: vamos dar esse pouco pra essa turma pra eles se acalmarem, porque se vem de lá, vem muito mais. Porque a pressão dos que tem grana é muito grande na Lei de Cotas, muito grande. Então acho que passava por aí: não, deem esse pouco, né? Porque isso aí, cada universidade vai ter um pouquinho, já vai desaguar um pouco a pressão, entendeu? Eu, eu acho, que passou muito por aí, muito por aí, sabe? E vai ter que ter atestado de pobreza, vai ter que ter não sei o que, vai ter que não sei o que. Tinha bastante dificuldade, tinha bastante dificuldade pra pessoa chegar lá, sabe?

Relatora da Lei Maria da Penha no Senado Federal, Serys fala sobre as pautas étnico-raciais. Fala também das eleições, do eleitor mediano frente a Lei de Cotas.

Entrevista com Senadora Ana Rita Esgário, relatora da Lei de Cotas na CCJ em 2012:

Sim. Eu entrei na Universidade Federal do Espírito Santo em 78, cursei o curso de Serviço Social e sempre fui militante, também, nos movimentos populares e de movimentos sociais de um modo geral. Atuei no movimento de mulheres, movimentos de lutas por melhorias nos bairros, então... e também partidariamente, eu sou filiada ao PT desde 1985, me filiei ao partido. Tive dois mandatos de vereadora aqui no Município de Vila Velha e depois fui pro Senado, em 2011, era suplente do, então na época eleito, Governador Renato Casagrande, e assumi o mandato no Senado por um período de quatro anos.

A senadora Ana Rita fala sobre o papel da relatora,

Olha, eu, naquele momento, eu acredito que eu exerci um papel importantíssimo, porque esse PLC ele estava parado, praticamente, no Congresso já há alguns anos e na Comissão de Constituição e Justiça. Porque... tinha uma certa dificuldade na aprovação do projeto porque não tinha o apoio pra poder... pra garantir a sua aprovação. Talvez, por falta também de um debate mais intenso sobre ele naquela casa. Quando eu estive... quando eu cheguei no Senado, me colocaram esse desafio de a gente tentar pra ver se conseguia tocar ele pra frente. Então, os movimentos sociais me procuraram, né? Pra conversar sobre isso. Abraçamos então essa causa porque era um projeto altamente importante, pra garantir as cotas étnico-raciais nas Universidades Públicas para Negros. A partir desse momento, passei a estudar o projeto, passei a compreender melhor toda a trajetória dele, que acho que foram cerca de 14 anos que ele estava entre Câmara e Senado, ele estava tramitando. A partir daí, então, construímos o nosso relatório de uma forma didática, que a gente pudesse dialogar com os parlamentares de tal modo que compreendessem a importância desse projeto, porque havia muita dificuldade, um certo... uma resistência muito grande, mas também havia um pouco, de uma certa forma talvez, desinformação, como se as cotas fossem tirar as vagas de outras pessoas. E, na verdade, a partir do debate que nós fomos fazendo, construindo aí os argumentos juntamente aos membros da Comissão de Constituição e Justiça, a gente conseguiu a aprovar na Comissão de Constituição e Justiça. E também no próprio plenário depois a gente conseguiu reverter a posição de alguns senadores que também entendiam que era algo permanente, e nós apresentamos que era uma propo... que era um projeto que assegurava cotas por um período determinado e que, a partir de uma avaliação, se faria também uma avaliação dos resultados disso pra manter o sistema de cotas. Então, com base também nesse argumento, alguns senadores que tinham resistência, eu me lembro de duas pessoas que não tinha... que não votaria a favor, mas como nós argumentamos que era um projeto que previa uma avaliação depois de um determinado tempo da política de cotas, e que poderia se reavaliar depois a continuidade ou não a partir dos resultados obtidos, então eles aprovaram. Então acho que os argumentos que nós fomos construindo ao longo do debate e dialogando muito com os parlamentares, eu acho que isso contribuiu bastante para garantir a aprovação. Um papel de diálogo. Sim, de diálogo, de apresentar os argumentos, a importância. Agente trabalhou muito a partir dos dados que nós tínhamos no momento: de quantos negros nós tínhamos na Universidade; por que que não tínhamos negros na Universidade. Toda essa história da importância de se implementar política considerando que essa parcela da população, que é muito precisa, ela está, estava, né? Alijada de um processo educacional de nível superior, considerando todas as deficiências de acesso que o jovem negro tinha e ainda tem, pra ter acesso às Universidades, hoje melhorou bastante. Então, assim, acho que os argumentos e trabalhando com os dados estatísticos e trabalhando... nós construímos um gráfico mostrando que também... não era apenas uma política de cotas, mas era uma política também social, que é isso também que ajudou a compreender. Você trabalha a questão étnico-racial, então, 50% é gente de critérios socialmente elaborados. Ela tem que construir essa relação da sociedade, dos movimentos interessados naquela matéria, naquele projeto, e também com os parlamentares. Eu, na época, era da Comissão de Constituição e Justiça, que é uma Comissão que tem peso também na definição disso. Então, era uma comissão que eu era... né? Era titular naquela Comissão, então, como relatora, o meu papel ali era decisivo também. Então, a gente conseguiu trabalhar dialogando tanto com os movimentos, com a juventude e com os parlamentares. Então eu acho que o papel do relator ele tem essa função também de ouvir os lados todos e de construir uma proposta que seja convincente, o nosso relatório ele ajudou muito nesse sentido. Algo que eu fiz quando estava no Senado que eu acho que foi, assim, uma das coisas boas que nós fizemos num curto período de quatro anos que nós passamos lá.

Indagada se especificamente reconhece a importância da EDUCAFRO e do MSU no processo da tramitação da Lei de Cotas, se sim ou não, a relatora afirma que sim e fala um pouco sobre a importância dos movimentos sociais no processo.

O papel dos movimentos sociais foi altamente importante porque, além da presença durante as reuniões da comissão e os debates que foram feitos, nós promovemos audiências públicas. Nas audiências públicas a gente teve também a oportunidade de ou vir as entidades se manifestarem, colocar os seus argumentos. Então, assim, o projeto ele foi sendo subsidiado pelos debates feitos não só nas reuniões ordinárias da Comissão de Constituição e Justiça, mas também nas audiências públicas. Então, os movimentos cumpriram um importante papel nesses debates e também no diálogo pessoal com cada parlamentar, porque a gente orientava também para que visitassem os parlamentares e conversasse pessoalmente com cada um deles mostrando a importância do projeto. Então, se trabalhou todas as possibilidades que a gente julgou que naquele momento eram importantes se trabalhar juntamente com os movimentos sociais. Então, nós recebíamos o pessoal no gabinete, dialogava, construíamos uma estratégia de intervenção, tanto da parte deles quanto da nossa, e fomos trabalhando juntos. Eu acho que foi um exercício, também, de paciência, sem muita pressa, porque se nós fossemos forçar muito a gente seria rejeitado, o Senado teria rejeitado o processo. Então a gente foi devagar e quando conseguiu aprovar, aí sim, deu, né? Foi pro plenário e no plenário foi mais fácil, mas foi um processo demorado, não foi um processo rápido não.

Outro aspecto, o papel que o partido, o seu partido, desempenhou no processo. Como é que a senhora vê isso?

Olha, o partido, ele, assim, diretamente... não teve uma intervenção direta, mas teve uma intervenção indireta através dos movimentos sociais, então, militantes e companheiros nossos que estão presentes nos movimentos, e até mesmo na gestão na época, porque eu me lembro que tinha, por exemplo, na Secretaria da Igualdade Social, a nossa companheira Luiza Bairros, que agora é falecida, que teve um papel importantíssimo também nas audiências públicas. A ministra Luiza Bairros, ela fez muitas intervenções boas mostrando a importância do projeto e contribuiu bastante com o debate. Então, o Partido, através dos companheiros e das companheiras, tanto no movimento quanto na institucionalidade, puderam contribuir com esse debate. Eu me lembro também de alguns companheiros que estavam no Ministério da Justiça que defendiam também o projeto. Porque o projeto ele tem os seus pareceres também, que vem dos ministérios, então a gente trabalha também com a opinião dos assessores e de técnicos dos mais variados ministérios, e esse era um projeto que tinha parecer favorável tanto do Ministério da Justiça, quanto da Secretaria de Direitos Humanos através dos companheiros que estavam lá, da Secretaria da Igualdade Racial. Então, você tinha opiniões que reforçavam e que embasavam teoricamente, inclusive, e historicamente o projeto, e ele era um projeto que já vinha de uma tramitação longa dentro do Congresso, já tinha um acúmulo de discussão feito nos anos anteriores, então a gente foi resgatando toda essa discussão juntamente com os companheiros e as companheiras.

A senadora Ana Rita não estava no Parlamento na tramitação do PROUNI, na íntegra de sua entrevista, que aqui não repassaremos ela também falou sobre a relação da Lei de Cotas com as eleições, com o eleitor mediano e abordou a questão étnico-racial no parlamento brasileiro.

Entrevista com o senador Paulo Paim, relator da Lei de Cotas em caráter terminativo na Comissão de Educação do Senado Federal, em 2007, relator da Lei de Cotas na Comissão de Direitos Humanos, em 2012, e no Plenário do Senado Federal, em 2012.

Não tive a oportunidade de fazer universidade, mas tinha muita vontade de ser advogado. Fiz curso técnico no Senai de matrizeiro e ferramenteiro. Trabalhei como metalúrgico na Dalsoquio Meneguti e Abramo Eberle. Em 1979, fui trabalhar na Forjasul, em Canoas (RS). Nasci em Caxias do Sul, sou filho do metalúrgico Inácio Paim e de Itália Ventura. Fui operário e líder sindical, iniciei a minha militância política ainda estudante. Presidi grêmios estudantis. Em 1981, fui eleito presidente do Sindicato dos Metalúrgicos de Canoas (RS), cargo que exerci até 1985, em dois mandatos consecutivos. Participei da criação da Central Única dos Trabalhadores (CUT) e fui secretário-geral e vice-presidente da entidade, no período de 1983 a 1986. Filiado ao PT desde 1985, fui eleito pelo partido deputado federal constituinte. Atuei como titular da Comissão de Ordem Social, da Subcomissão dos Direitos dos Trabalhadores e Servidores Públicos, e, como suplente, na Comissão da Organização do Estado e na Subcomissão dos Estados. Fui um dos constituintes com maior frequência, presente em mais de 95% das votações. Em 1995, apresentei projeto fixando o salário-mínimo em cem dólares. Eleito Senador em 2002, mantive a minha atuação centrada em projeto em favor da melhoria do salário mínimo, em defesa da previdência, contra discriminações, por maior proteção aos jovens, idosos e crianças. Fui vice-presidente do Senado, presidi a Comissão de Direitos Humanos e Legislação Participativa por alguns anos, sou membro das Comissões de Educação, de Assuntos Sociais, de Constituição e Justiça. Sou autor do Estatuto do Idoso, da Igualdade Racial e da Pessoa com Deficiência, do Estatuto dos Ciganos. Fui relator do Estatuto da Juventude.

O senador Paulo Paim fala sobre o papel do relator,

> *O relator tem um papel muito importante, para tramitação de qualquer proposição. Digo que o relator é o novo autor da proposição, que pode apresentar emendas e até mesmo um substitutivo modificando e aprimorando o texto. Um dos papéis do relator é escutar a sociedade e tentar deixar a proposta mais louvável, possível.*

Indagado especificamente se EDUCAFRO e MSU foram importantes na aprovação da Lei de Cotas no Senado Federal, se sim ou se não, o senador Paulo Paim afirmou que sim. Sobre o papel e a importância dos movimentos sociais ele falou.

> *Os movimentos sociais em especial os movimentos negros foram e são de extrema importância para o avanço das políticas raciais. E diante da tramitação do projeto de Lei de Cotas não foi diferente. Reconhecer e fortalecer os movimentos sociais no nosso país é essencial para que possamos ter uma sociedade plenamente democrática.*

Como o Sr. enxerga o papel dos partidos e do seu partido político no processo da relatoria, no processo de tramitação da Lei de Cotas?

> *A atuação dos partidos político e do PT para a aprovação da Lei de Cotas foi fundamental. No Congresso Nacional e em qualquer área da nossa vida o diálogo é essencial, para que possamos encontrar o equilíbrio e foi o que conquistamos na articulação da Lei de Cotas.*

O senador Paulo Paim fala sobre a pauta étnico-racial no período de sua relatoria do Projeto de Lei de Cotas,

> *No período de tramitação da matéria, eu posso dizer, que até os dias de hoje, vivemos o mito da democracia racial, onde muitos fingem não enxergar o cruel racismo em nossa sociedade. A falta de representatividade proporcional nos Parlamentos e nos espaços de poder reflete a realidade brasileira, que coloca a população negra e pobre em um lugar de não mobilidade. No Senado Federal composto por oitenta e um senadores, eu posso contar na palma de uma mão, o número de parlamentares negros, que existem na casa. Lamentável.*

Que relação o Sr. faz entre o processo de tramitação do PROUNI e o processo de tramitação da Lei de Cotas no Parlamento?

> *Essas duas política públicas caras, trouxeram uma grande evolução para o Brasil. E é disso que precisamos. Criar políticas públicas integrativas e complementares para o povo brasileiro. O PROUNI e a Lei de Cotas foram aprovadas em momentos distintos da história, mas se complementam em um país tão desigual e racista. Conforme dados do Ministério da Educação, desde que foi criado, em 2004, o PROUNI* ***já atendeu 2,5 milhões de estudantes, sendo que 70% com bolsas integrais. Antes da Lei de Cotas, os negros eram 1,8% nas universidades públicas, hoje são quase 30%, dados da Universidade Zumbi dos Palmares. A política de cotas será revista no próximo ano, e para mantê-la apresentei o PL 4656, de 2020, que estende a política por mais dez anos e avança para as instituições privadas. Garantir a Lei de Cotas, é olhar para o povo brasileiro, que padece das mais variadas mazelas sociais, como a fome, desemprego, falta de moradia, de acesso a água, sofrem com a abordagem policial e tantas outras.***

O senador Paulo Paim fala sobre o tema da Lei de Cotas e as eleições de 2002, 2006, 2010 e 2014.

> *A política brasileira e suas estruturas precisam enfrentar a chaga da escravidão com mais compromisso. Há séculos o Estado perpetua o descaso com os grupos racializados e esse comportamento reflete diretamente nas instâncias partidárias, onde nas eleições citadas não foi diferente. Ano que vem teremos dois grandes debates, a revisão da Lei de Cotas e as eleições.*

Os partidos precisam garantir esses debates, por mais candidaturas negras na política, como ressalta a PEC 19, de 2021, de minha autoria e o PL 4656, de 2020, que garante a reedição da Lei de Cotas. Não assegurar e garantir essas políticas para o país, é uma questão de lesa a pátria e vai ao desencontro do que prega a nossa constituição federal, dizendo que todos são iguais perante a lei, sem distinção de qualquer natureza, garantindo aos brasileiros e aos estrangeiros residentes no país a inviolabilidade do direito à vida, à liberdade, à igualdade, à segurança e à propriedade. Que façamos valer a nossa constituição!

Imagem 295 – O dia da votação da Lei de Cotas conseguido pela coalizão

Fonte: Arquivo MSU

Da esquerda para a direita: Rosana Kaingáng, Renato da Seppir, o gigante Senador Paulo Paim, o assessor legislativo do Senado Mário Theodoro, o Presidente do Senado Federal, Senador José Sarney com as camélias recebidas dos N*MS e com o manifesto pela imediata votação, MSU, os Terena. —A bola está na marca do pênalti, é só chutar para o gol Presidente Sarney!, disseram os N*MS. O Presidente Sarney, honradamente manteve o compromisso com a coalizão à favor da Lei de Cotas e a Lei de Cotas foi aprovada naquela noite no plenário do Senado Federal. Na tribuna de honra do Senado Federal, naquela noite, estavam os N*MS numa articulação fina, em diálogo com Senadores do Plenário, para fazer a vitória acontecer.

9

ESPEREM MAIS ALGUNS ANOS PARA ENTRAR NA UNIVERSIDADE PÚBLICA: A VITÓRIA DE PIRRO DA COALIZÃO CONTRA A LEI DE COTAS E ALGUMAS CENAS NA NOVA ARENA DE VETO

Lembremo-nos que, em ***Sobre a certeza****, sempre se trata do senso comum e de seu possível uso filosófico. E que se trata, sobretudo, de discriminar entre as possibilidades de compreender e de conhecer, ou de ratificar que não se pode conhecer, sem compreender (Prado Junior, 2004, p. 44).*

Dado o veto institucional na Comissão de Constituição, Justiça e Cidadania do Senado Federal, de fato um veto institucional interseccional envolvendo uma comissão do Senado Federal, a presidência do STF e um partido político, feito consignado pelo senador Demóstenes Torres (DEM-GO), então presidente da CCJ do Senado Federal, chefe partidário do DEM, procurador da República e simultaneamente o líder político principal da coalizão contra a Lei de Cotas no Brasil.

Foi o veto político do presidente da CCJ, temendo perder a votação no Senado, que pariu a peça jurídica do questionamento da constitucionalidade, acudida pelo outro lado da Esplanada.

Esta obra não se debruçará sobre os acontecimentos no judiciário, mas registra que os N*MS entraram no começo dos anos 2000 com representação junto ao Ministério Público de São Paulo pelo direito à universidade, pelo direito à isenção das taxas dos vestibulares públicos, com representação junto ao Ministério Público Federal pela regularização da lei da filantropia no processo de criação do sistema público de bolsas de estudos em instituições privadas de ensino superior no Brasil.

9.1 VETO NA CCJ E UM RITUAL NO STF

O espaço institucional das audiências públicas no Supremo Tribunal Federal (STF), em certa medida delimitada, amplia essa esfera do poder judiciário, no sentido de uma interação regulada com a sociedade civil. Foi desse modo que o campus ganhou a pauta do STF, em função da audiência pública convocada para a Arguição de Descumprimento de Preceito Fundamental 186 (ADPF-186). As características dessa esfera aparecem em Marona e Rocha (2014): a importância da participação da sociedade civil em julgamentos de grande complexidade e repercussão, uma saída para enfrentar a falta de legitimidade democrática e de expertise para essas questões e a busca da configuração sistemática de um espaço de participação e deliberação no controle da constitucionalidade de certas matérias. A legislação que dá suporte à iniciativa baseia-se na Lei 9.868/99 (Ação Direta de Inconstitucionalidade, ADI, e Ação Direta de Constitucionalidade, ADC), na Lei 9.882/99 (ADPF), e a audiência pública consta da atualização do regimento interno do Supremo Tribunal Federal.

Assim, essa esfera de novo tipo no âmbito do poder judiciário, tangencia a ideia de democracia deliberativa e participativa (Habermas, 2014) e abriga o debate público, de certo modo, uma vez que

> A noção de uma democracia deliberativa está enraizada no ideal intuitivo de uma associação democrática na qual a justificação dos termos e condições de associação procedem através

> de argumentos públicos e racionalização entre cidadãos iguais. Cidadãos nessa ordem dividem um compromisso para a resolução de problemas de escolhas coletivas através da racionalização pública, considerando suas instituições básicas como legítimas na medida em que estabelecem um quadro para a deliberação pública livre. (Cohen, 1997, p. 71).

Podem participar de uma audiência pública no STF um conjunto de atores, como agentes estatais, sociedade civil, especialistas, advogados, representantes de instituições e agências públicas, pesquisadores e acadêmicos, movimentos sociais, representantes de instituições de ensino, conforme a decisão monocrática do ministro relator. Configura-se, idealmente, uma espécie de "arena livre" para o debate franco, com liberdade para variados tipos de argumentos e evidências, garantia da publicidade da discussão, consoante o fato de que a audiência em si não informa nem garante, a priori, o conteúdo das deliberações e nem como afetam as decisões, em que pese ser um canal para influenciar as decisões institucionais e apresentar-se como um procedimento de caráter democrático e guardar potencial para responder às demandas sociais.

Com várias experiências desde 2007, as audiências públicas no STF, os argumentos e os pleitos sociais nelas tematizados, respectivamente, poderiam ou não influenciar a decisão monocrática de cada ministro ou ministra do Supremo Tribunal Federal, ainda que haja a percepção geral de correlação positiva de que o clima da audiência seria convergente com a decisão tomada pelo STF. Caberia no caso, talvez, a metáfora das eclusas (Habermas, 2014), onde o espaço público abrigaria a formação de opinião em espaços públicos informais e sua vazão em espaços deliberativos considerados formais, ocorrendo trocas de energia social. As críticas, grosso modo, concentram-se na assimetria de poder da esfera, na decisão sobre a participação, na concentração do poder decisório numa dimensão monocrática, no fato do poder originário dos ministros e ministras do STF não serem oriundo do voto direto da população, na "função legislativa" assumida pelo judiciário em detrimento do Parlamento.

Abriga essa crítica ainda a existência de relativo rigor formalista no âmbito judiciário, o que o torna um ambiente mais familiar a alguns agentes vis a vis as potencialidades de outros agentes invisíveis na desigual democracia brasileira. É o que destaca este pequeno registro: *O SENHOR MINISTRO RICARDO LEWANDOWSKI (PRESIDENTE E RELATOR) - Peço que não aplaudam, por favor. Aqui é uma sessão do Supremo Tribunal Federal, embora seja uma sessão pública, administrativa, mas é uma sessão que observa todo um ritual e um protocolo* (2010, p. 421).

A posição do STF como epicentro por excelência da decisão política sobre as cotas foi relativizada na própria audiência,

> Na verdade, antes de decidir sobre a constitucionalidade das cotas, o Supremo Tribunal deverá decidir a quem cabe, nesse tema, melhor decidir. Quem nesse tema tormentoso melhor representa os anseios da sociedade brasileira? Os juízes? Ou a própria sociedade, representada pelo Legislativo e pela Universidade? Deve a Corte, sob a pecha de seu inevitável caráter contra majoritário, assumir para si a decisão política, traduzida no debate jurídico? Ou deve a Corte assumir uma postura de deferência para com demais centros de poder envolvidos na questão, reconhecendo que os mesmos são o fórum adequado para o exercício do debate democrático que leva à melhor deliberação? Se assegurado o procedimento democrático que gerou as estruturas normativas ora em cheque deve o Supremo decidir substancialmente sobre essa matéria, substituindo-se a essas instâncias? Ou deve a Corte resguardar a autonomia dessas mesmas instâncias, posto que na ausência de violações não há que se falar em intervenção judicial? Enfim, se admitirmos que outros atores participam da construção da Constituição, a força normativa da Constituição pode

> estar para além das barras dos tribunais, sugerindo uma nova dinâmica de relação entre os três poderes do Estado e a própria sociedade civil? Muitas são as perguntas a serem feitas (Silva, 2010, p. 433).

A ADPF 186, apresentada pelo partido político DEM, em 2009, questionaria a constitucionalidade das cotas raciais para o ingresso no ensino superior. Nunca houve por parte do STF um questionamento da perpetuação da permanência de um mesmo perfil social nas universidades públicas brasileiras ao longo da história do Brasil: branco, rico, oriundo da escola privada.

Essa ação político-partidária, de per si, não pode fugir ao crivo da crítica analítica, uma vez que informa um moto remoto a induzir e mobilizar uma arena pública específica, por potente grupo de interesse particular, nos marcos do poder do grupo racial dominante no Brasil e desde essa posição racial relacional. Negro é assunto de polícia? Negro é assunto da justiça? Sobre essa questão da arena pública e uma potencial configuração racial abstrata dos subordinados, refletiu Blumer ([1958] 2015, p. 452):

> A arena pública estendida é constituída por coisas como assembleias legislativas, reuniões públicas, convenções, a imprensa e a palavra escrita. O que acontece nessa arena pública atrai a atenção de muitos membros do grupo dominante e é sentido como a voz e a ação do grupo como tal. Segundo, as definições forjadas na arena pública centram, obviamente, em assuntos que são sentidos como da maior importância. Assim, somos levados a reconhecer o papel crucial do "grande evento" no desenvolvimento de uma concepção do grupo subordinado. O acontecimento que parece importantíssimo, que toca sentimentos profundos, que parece levantar questões fundamentais sobre as relações e que desperta fortes sentimentos de identificação com seu grupo racial é o tipo de evento que é central na formação da imagem racial. Aqui, novamente, assinalamos a pouca importância relativa da enorme quantidade de experiências advindas do contato diário com indivíduos do grupo subordinado. São os eventos aparentemente carregados de grande significação coletiva os pontos focais da discussão pública. A definição desses eventos é a grande responsável pelo desenvolvimento de uma imagem racial e do sentido de posição de grupo. Quando a discussão pública toma a forma de uma denúncia do grupo racial subordinado proclamando-o inconveniente e ameaçador, a discussão se torna particularmente potente para modelar o sentido de posição social.

Como visto, reputação, prestígio, autoridade e poder escalam, muitas vezes, as elites que indicarão a *formação do sentido de posição de grupo e na caracterização do grupo subordinado* nessas arenas públicas. Blumer ([1958] 2015) identificava o jogo de interesses no movimento inicial da escolha adequada da arena por grupos de interesses que informam o *status quo* racial dominante, como se fosse uma espécie de aposta, consoante a teoria dos jogos, uma aposta probabilística, não se duvide, para a manutenção do *status quo* racial no Brasil e sua reprodução duradoura no tempo.

Num quadro de segregação racial nos EUA dos anos 1950 e da primeira lei de criminalização do racismo no Brasil (Lei Afonso Arinos, 1951) sob o manto da "democracia racial", a reflexão de Blumer ([1958] 2015), entretanto, parece pertinente para indiciar o *leitmotiv* que fez com que a questão das cotas ganhasse a pauta do STF. O STF foi oportuno para o líder da Coalizão contra a Lei de Cotas no Brasil, pois

> [...] precisamos, também, perceber a oportunidade apreciável, oferecida a fortes grupos de interesse para direcionar as linhas de discussão e estabelecer as interpretações que emergem dessa discussão. Seus interesses particulares podem ditar o tipo de posição que eles desejam que o grupo dominante desfrute (Blumer, [1958] 2015, p. 153).

Demóstenes sonhava com o Planalto. Fazia movimentos ousados para tanto: posava como paladino da ética e da moralidade, explorava à exaustão a crise política do financiamento eleitoral privado de campanhas eleitorais no Brasil, episódio conhecido como "mensalão" e que jogou no ostracismo o sonho de outros políticos com o Planalto, liderava movimento de "limpeza" na política brasileira, como o movimento pela "ficha limpa", aparecia dia sim, dia também com destaque no Jornal Nacional nos lares de milhões de pessoas, buscava ter o controle nacional absoluto do partido político DEM, de quem participava da direção nacional e influenciava fortemente a pauta política desse partido, como fazia questão de deixar público: "Confesso a Vossa Excelência que fui eu mesmo que incitei o meu partido a vir aqui buscar uma definição do Supremo Tribunal Federal, porque é uma responsabilidade extraordinária; é uma responsabilidade do Congresso" (Torres, 2010, p. 119).

O líder da coalizão Contra a Lei de Cotas tinha capital cultural e político para tanto, senador eleito por Goiás, era procurador da República e em torno de seu apetite político juntava poderoso grupo de interesse, balizado pela oposição ao presidente Lula. A ação decisiva contra a Lei de Cotas, significava mais que tudo uma oportunidade de ouro de projeção nacional para o líder branco.

Essa ação política decorrente do veto político na CCJ do Senado Federal representa enorme vitória da coalizão contra a Lei de Cotas no Brasil, ao passo que uma derrota para quem estava sonhando com a universidade, pois atrasava a vida do direito à universidade para milhões que olhavam o girar dos ponteiros do relógio da Lei de Cotas no Congresso Nacional, em particular as famílias que sonhavam com seus filhos e filhas numa universidade pública, uma espécie de prorrogação do jogo no tapetão. Essa performance política do chefe político da Coalizão Contra a Lei de Cotas tinha roteiro definido.

Com o esgotamento do palco das infinitas audiências públicas que promovera no exercício de seu veto contra a Lei de Cotas na CCJ, ele buscava novo palco para os mesmos holofotes, como sua aliada de primeira grandeza da coalizão contra a Lei de Cotas, a mídia no geral, e a Rede Globo de Televisão, em particular seus editores, como Ali Kamel. Afinal,

> Por isso, eles podem, vigorosamente, buscar forjar eventos para atrair a atenção pública e pautar assuntos de forma a predeterminar interpretações favoráveis aos seus interesses. A atuação de grupos fortemente organizados perseguindo seus interesses particulares é geralmente central na formação de imagens coletivas de grupos abstratos. (Blumer, [1958] 2015, p. 153)

Essa ação da coalizão contra a lei de cotas mostrava em si mesma verossimilhança com uma ação artificial de racialização, pois assemelha-se a "registros históricos de relações raciais de grande importância" no campo institucional, alavancadas pelo bloqueio do direito à cidadania, no caso do direito à universidade, para negros, indígenas, para a escola pública, para pessoas de baixa renda, cuja alavanca para a ação política se sustentava na "definição do grupo racial subordinado" (Blumer, [1958] 2015, p. 153), para que permaneça subordinado no tempo infinito, se invisível nas políticas públicas sua condição racial, para o gáudio do líder branco da coalizão contra a lei de cotas.

Ao indeferir pedido de liminar na ADPF 186 (31/07/2009), o então presidente do Supremo Tribunal Federal escreve,

> A presente arguição de descumprimento de preceito fundamental traz a esta Corte uma das questões constitucionais mais fascinantes de nosso tempo – acertadamente cunhado por Bobbio como o "tempo dos direitos" (BOBBIO, Norberto, L'età dei diritti. Einaudi

> editore, Torino, 1990) – e que, desde meados do século passado, tem sido o centro de infindáveis debates em muitos países e, no Brasil, atinge atualmente seu auge. (Mendes, 2009, grifos nossos).

Portanto, apesar de o tema estar em debate no legislativo, a presidência do STF avança o rubicão, valendo-se de razões táticas de resguardo formal institucional, como aquelas típicas "razões de Estado" da tradição dos Estados-Nacionais colonizadores europeus.

Assim, a luta histórica pelo direito à universidade no Brasil, da necessidade de sua democratização e de questões estruturantes da sociedade brasileira, tema que perturba há tempos o debate nacional e internacional, torna-se agenda do STF quando deveria ser analisada exclusivamente pelo Parlamento Brasileiro.

Na abertura da audiência pública, o ministro do Supremo Joaquim Barbosa fala:

> [...] é com muita satisfação que também participo dessa cerimônia de abertura das audiências públicas que visam a colher subsídios de *experts* representantes governamentais e da sociedade civil sobre o magno tema relacionado à questão da igualdade substancial ou da tentativa de inserção consequente de minorias no sistema produtivo e educativo do nosso País. Vejo como extremamente alvissareira essa nossa primeira experiência. Vejo como o encontro da sociedade sobre um tema sobre o qual ela nem sempre quis discutir com a devida abertura. Vejo como extremamente positivo, e é um prazer estar aqui neste momento. (Barbosa, 2010, p. 7-8).

A fala do único juiz negro da Suprema Corte sublinha o tema da igualdade substancial, crença fundamental da coalizão a favor da Lei de Cotas.

O caso estadunidense pode ser um paralelo analítico de referência. Nos Estados Unidos, existiu um sistema institucionalizado de discriminação racial estimulado pela sociedade e pelo próprio Estado, por seus Poderes Executivo, Legislativo e Judiciário, em seus diferentes níveis, em particular no sul do país. A segregação entre negros e brancos foi amplamente implementada pelo denominado sistema Jim Crow e legitimada durante várias décadas pela doutrina do "separados, mas iguais" (*separate but equal*), criada pela decisão da Suprema Corte no caso Plessy *vs.* Ferguson, logo depois da guerra civil americana. Na história estadunidense, organizações nucleadas pelo ódio racial coletivo, como a Ku Klux Klan e os conselhos de cidadãos brancos, tiveram ares de normalidade em dados períodos e subsistem de algum modo até hoje, como visto no caso de Charlottesville, na Universidade de Virgínia, em 12 de agosto de 2017. Nos Estados Unidos, ações por oportunidades educacionais para negros chegaram a Suprema Corte, desde os anos 1930. Em 1954, naquele país, no caso Brown *vs.* Diretoria de Ensino, um parecer unânime da Suprema Corte pôs fim à segregação escolar de jure *no sul do país* (Bowen; Bok, 2004, p. 35). A desigualdade racial na educação persistiria ali, entretanto, conforme informaria a luta pelos direitos civis e o relatório Coleman, em 1966. *Affirmative actions* passariam a vigorar em muitas universidades americanas desde os anos 1960, como forma objetiva de combate à desigualdade racial naquele país, após longa luta negra.

Considerado o "país do futuro" pelo escritor Stefan Zweig, no momento mesmo dos fascismos dos anos 1930/1940, no entanto, o pêndulo do debate racial no Brasil oscilará ao longo do século XX e nos primórdios do XXI. De um lado, a tese da "democracia racial brasileira", associada a extratos interpretativos da trilogia freyreana (*Casa-Grande & Senzala*, *Sobrados & Mucambos*, *Ordem e Progresso*), que superava estágio interpretativo anterior escrito sobre suposta hierarquia racial de matriz biológica e que enxergava na mestiçagem a degenerescência da "raça superior", como na escola de Nina Rodrigues (Corrêa, 2013). Freyre posaria dominante na paisagem cultural brasileira em grande parte do século XX. De outro, os resultados da pesquisa da UNESCO, nos anos 1950, que fora motivada justamente por Ramos e Costa Pinto, representantes brasileiros na UNESCO, que sugeriram o estudo. Por seu turno, os resultados do estudo negariam a noção vaga de democracia racial e exporiam as feridas abertas da desigualdade racial brasileira, como o racismo de marca, identificado na parte do estudo da UNESCO que tratou do interior de São Paulo, inovação acadêmica presente na obra de Oracy Nogueira ([1955] 1998). Esse ponto é um abre-alas,

> Em contraposição, sob o ponto de vista positivo, a ideologia brasileira de relações raciais, ao mesmo tempo que oferece ao homem de cor argumentos em que buscar suas reivindicações e seus protestos, nas situações em que se sente preterido, também torna a opinião pública propensa a se exaltar e a condenar as manifestações ostensivas de preconceito, especialmente quando estas revestem a forma não apenas de disfarçada preterição, porém de exclusão ou sonegação patente ou incondicional de direitos e, portanto, de desafio aos princípios tradicionais de justiça e equidade. (p. 202).

Dito isso, passemos a identificar os aspectos sinalizados e materializados na audiência pública. Nesse marco, foi em 2003, no julgamento do Habeas Corpus 82.424-2/RS – caso Ellwanger (julgado em 17/09/2003), que o STF frisou a inexistência de subdivisões raciais entre indivíduos. Para a corte, naquele julgamento, a noção de "raça", que insiste em dividir e classificar os seres humanos em "categorias", resultava de um processo político-social que, ao longo da história, originou o racismo, a discriminação e o preconceito segregacionista.

A ADPF 186 respiraria a atmosfera de então na sociedade brasileira conforme os assuntos mais visíveis destacados pelos *mass media*, como o caso de 2005 do jogador de futebol Ronaldo — O Fenômeno —, que, presenciando as agressões racistas que jogadores negros estavam sofrendo nos gramados espanhóis, deu a seguinte declaração: "Eu, que sou branco, sofro com tamanha ignorância. A solução é educar as pessoas". Tal declaração gerou grande repercussão no Brasil e obrigou Ronaldo a explicar o que ele quis dizer: "Eu quis dizer que tenho pele mais clara, só isso, e mesmo assim sou vítima de racismo. Meu pai é negro. Não sou branco, não sou negro, sou humano. Sou contra qualquer tipo de discriminação".

Em 2006, o livro do jornalista Ali Kamel (2006), *Não Somos Racistas: uma reação aos que querem nos transformar numa nação bicolor*, é lançado com estardalhaço, uma reação da coalizão contra a Lei de Cotas contra a grande vitória da coalizão a favor da Lei de Cotas no Parlamento, na CCJ da Câmara, em fevereiro de 2006, que reconheceu pela primeira vez na história a constitucionalidade das cotas, passo nunca dado antes no Parlamento brasileiro. Kamel contesta alguns estudos que, segundo ele, muitas vezes, manipulam os dados referentes aos "pardos", ora incluídos entre os "negros", ora considerados à parte.

Em 2007, a Suprema Corte estadunidense restringiu a adoção de políticas raciais. No caso Parents Involved in Community Schools *vs.* Seattle School District (28/06/2007), no qual se discutiu a possibilidade de o distrito escolar adotar critérios raciais (classificando os estudantes em brancos e não brancos ou negros e não negros) como forma de alocá-los nas escolas públicas, os juízes, por maioria, entenderam desarrazoado o critério e salientaram que "a maneira de acabar com a discriminação com base na raça é parar de discriminar com base na raça". Já em 2009, no Caso Ricci *et al. vs.* De Stefano *et al.* (29/06/2009), a Corte, por maioria, entendeu que decisões que tomam como base a questão da raça violam o comando do Título VII do Civil Rights Act de 1964, o qual prevê que o empregador não pode agir de forma diversa por causa da raça do indivíduo.

Incidentes de percurso em experiências pioneiras no sentido da democratização da universidade no Brasil foram iluminados na cena pública, ao passo que os *case* de sucesso da política pública racial não tiveram os mesmos holofotes positivos, como quando da implementação da política de cotas raciais da UnB, demonizada, a maioria das vezes, em setores da grande mídia brasileira. Na lógica dos incidentes repercutidos e explorados por setores da mídia, a comissão de heteroclassificação da UnB era um dos pomos da discórdia. Conforme a crítica contundente à época, no ano de 2004, a primeira etapa do trabalho de identificação racial da UnB teria sido conduzida por uma equipe de "anatomia racial", a segunda por um comitê de "psicologia racial". Trinta e quatro dos 212 candidatos com inscrições negadas na primeira etapa entraram com recurso junto à UnB. Uma nova comissão foi formada por professores da UnB e membros de ONGs, que exigiu dos candidatos um documento oficial para comprovar a cor.

Em 2007, a imagem que visava demonizar de vez as cotas na UnB perante a opinião pública estamparia a capa da *Revista Veja*, parte fundamental da coalizão contra a Lei de Cotas no Brasil. Seria conhecido como caso dos gêmeos. Os gêmeos idênticos Alex e Alan Teixeira da Cunha foram considerados de "cores diferentes" pela comissão da UnB.

Um olhar para o meio científico à época identifica a posição da Comissão de Relações Étnicas e Raciais da Associação Brasileira de Antropologia (CRER-ABA), que, em junho de 2004, manifestar-se-ia contrária ao critério adotado pela UnB, nos seguintes termos: "A pretensa objetividade dos mecanismos adotados pela UnB constitui, de fato, um constrangimento ao direito individual, notadamente ao da livre autoidentificação". A maioria dos campi que adotariam o sistema de cotas para negros e indígenas seguiriam o critério da autodeclaração associado ao critério de renda e de origem na escola pública.

Na UFRGS, estudantes não aprovados na nova política pública de acesso àquela universidade valeram-se do *jus sperniandi* e entraram contra as cotas na UFRGS nas barras dos tribunais de primeira instância alegando terem seus méritos acadêmicos preteridos.

Tal roteiro não indicava novidade retumbante, de certo modo, pois a lei pioneira da Assembleia Legislativa do Rio de Janeiro, em 2001, e o decreto-lei do executivo estadual, com as cotas nas universidades estaduais cariocas subsequentes, como na UERJ e o caso da Universidade Estadual da Bahia, com as cotas adotadas no mesmo período, passaram, *mutatis mutandis*, pelo mesmo tipo de embate.

Nesse clima, sem ser todo o cenário social, racial e científico brasileiro nos campi, muito menos fora deles ou da disputa por políticas públicas no Estado brasileiro, frise-se isso e, em que pese o assunto estar em debate no Congresso Nacional, estabeleceu-se a convocação da audiência pública em 15/09/09,

> O MINISTRO DO SUPREMO TRIBUNAL FEDERAL RICARDO LEWANDOWSKI, Relator da Arguição de Descumprimento de Preceito Fundamental 186 e do Recurso Extraordinário 597.285/RS, no uso das atribuições que lhe confere o art. 21, inciso XVII do Regimento Interno do Supremo Tribunal Federal. CONVOCA: Audiência Pública para ouvir o depoimento de pessoas com experiência e autoridade em matéria de políticas de ação afirmativa no ensino superior. [...] Ficam, assim, designados os dias de 3 a 5 de março de 2010, das 9h às 12h, para a realização da audiência pública. (STF, 2009).

A tese faz breve aterrissagem no STF, onde as coalizões sociais têm embate naquela arena institucional. Do total de 48 exposições diretas e indiretas na audiência pública, lançou-se mão do critério de adesão ao que se considera em análise de conteúdo núcleo argumentativo, sob diferentes ângulos, em torno da formação racial do Brasil, informado por sinalizações de "*ingroup infomation*" da teoria de *strorytelling* que indicava as maiores temperaturas do debate na audiência. Como não há termômetro que meça temperatura do dia seguinte, então núcleos argumentativos significativos são perseguidos a cada dia, dos três da audiência, e colocados em relação analítica, mais significativos são à medida que falam da formação racial brasileira.

Ao descortinar a cena do "grande evento", a forte presença da imprensa e a posição peculiar que ela ocupava no cenário brasileiro de *mass media* (jornais, rádio, televisão, revistas), majoritariamente contra as cotas, informa uma possível perspectiva para onde se direcionavam os acontecimentos de então na disputa pelas cotas no Brasil.

> O SENHOR ÊNIO CURSINO DOS SANTOS FILHO (MESTRE DE CERIMÔNIAS) - Informamos aos representantes da imprensa que o Senhor Ministro Ricardo Lewandowski concederá entrevista coletiva aqui mesmo nesta sala. (STF, 2010, p. 134).

Ao contrário de muitas cortes constitucionais mundo afora, o STF brasileiro tem um ritual nada acanhado de exercício do poder, onde a interação de cada juiz da corte com a mídia aparece quase todos os dias nos lares brasileiros via jornais televisivos. Esse processo sobre tema da alçada do legislativo reforça o congestionamento do exercício do poder no Brasil. A coalizão social contra a Lei de Cotas tinha elevada expectativa do veto à Lei de Cotas no STF ou isso foi apenas o *jus sperniandi* do senador Demóstenes Torres?

Na lógica do meio jurídico, o ônus da prova cabe ao acusador. Pois, a princípio, as cotas são inocentes. Nessa esteira, a advogada Roberta Kaufmann, do partido político DEM, de largada traz a temática do Estado racializado.

> Somos, sim, uma sociedade muito racista. Porém o racismo deve ser exemplarmente combatido, como de fato o é aqui no Brasil, a partir de leis severas que punem a pessoa racista, inclusive transformando o racismo como prática de crime inafiançável e imprescritível, tal qual é também em relação a outras minorias que são objeto de racismo, de preconceito e de discriminação e que não necessariamente são objeto de uma política estatal por meio de cotas, como, por exemplo, o nordestino, os homossexuais, os testemunhos de Jeová, os Hare Krishnas, as diversas minorias presentes em nossa sociedade em que não necessariamente será combatida a discriminação por meio de política de cotas. Dito o que na ação não se discute, vamos agora para o que verdadeiramente a ação discute. O que se discute nesta ação é se a imposição de um Estado racializado, ou seja, se o racismo institucionalizado, quando a segregação de direitos vai se dar com base na cor da pele, é a medida mais adequada, mais exigível e mais justa para a construção de um país melhor e solidário, porque, no fundo, é isso que todos nós queremos. É importante caracterizar que essas políticas de segregação com base em cor da pele foram políticas implementadas no Direito comparado, como, por exemplo, nos Estados Unidos, em Ruanda e na África do Sul, com resultados desastrosos, como agora passaremos a expor. (Kaufman, 2010, p. 78-79).

Já vimos a racialização gerada no Brasil pela colonização e pelo infinito 14 de maio de 1988.

É hora de uma escuta conservadora. Dada a força do pensamento conservador na política, a expressão da relação entre raça e Estado aparece num dos estudos seminais do jovem Eric Voegelin[215],

[215] "Este é, provavelmente, o mais pessoal de todos os meus livros. Não porque eu tenha escrito uma espécie de memória autobiográfica, mas porque A Escada de Wittgenstein realmente marca um retorno, ainda que indireto – via Gertrude Stein e Samuel Beckett e através da arte conceitual e das poesias radicais americanas do final do século XX -, para a Viena da minha infância, que ainda é, em grande medida, a Viena de Wittgenstein. Minha família, formada por intelectuais de classe média alta, não pertencia, de maneira alguma, à categoria social dos riquíssimos Wittgensteins.

depois grande baluarte conservador de vastíssima produção intelectual nos Estados Unidos. Escrito na Áustria, em 1933, *Rasse und Staat*, no calor dos acontecimentos na Alemanha, de forma quase canônica, serve, talvez, para relativizar a leitura alarmista das cotas como tentativa virtual de "imposição de um Estado racializado", um mero exercício de demonização por parte da coalizão contra a Lei de Cotas, que naquela altura, ganhava o jogo ao bloquear a votação final da Lei de Cotas no Senado Federal.

Voegelin se debruça sobre um problema histórico e teórico de difícil saída. Se o cristianismo, como grande religião monoteísta, tinha uma pregação universal, que informava um horizonte comum de dominação e obediência para Estados-Nacionais em parte da Europa em suas modernidades desde o XV e por tabela em seus satélites mundiais de mando-obediência, com o declínio do apelo religioso e o ascenso do apelo secular, surge um espaço político vazio na relação política mando-obediência nesses Estados Nacionais e em seus satélites, o que desloca a solução do religioso para o nacional, da força da religião para o nacionalismo, no caso da Alemanha e da Itália, para o autor, um nacionalismo alicerçado numa noção de povo, reforçada por uma noção de raça, o que precisaria ser investigado.

Ao responder a críticas feitas a seu livro de 1933, em 1934, o próprio autor acaba por sintetizar os argumentos de seu escrito clássico. Qual a relação entre nação, constructo estatal, pluralidade humana e *status quo* racial? "Eu explicitamente incorporei a ideia de Povo (Volk), e a experiência popular - mais especificamente, a experiência de raça - em uma Teoria do Estado por vias de uma teorização sobre experiências 'fundamentais'" (Voegelin, 1934, p. 20). O que são experiências fundamentais? "Não é sequer necessário mencionar que uma experiência fundamental pode se alçar apenas onde exista um aparato fundacional correspondente" (Voegelin, 1934, p. 20). Não custa repisar, no caso do Brasil, a colonização, esse violento processo político, gerou o aparato fundacional na História da Nação, do Estado-Nacional.

Mas a raça não pode ser criada artificialmente? Para o autor, "Na ausência de uma fundação racial verídica, nenhuma experiência racial há de ocorrer, onde uma experiência de raça de fato ocorre, haverá também ali uma fundação. Certamente, a existência de uma fundação racial não requer necessariamente que uma experiência racial seja produzida"[216] (Voegelin, 1934, p. 20). Ao

---

Mas o primo em segundo grau de Ludwig, Friedrich Von Hayek era, como meu pai, Maximilian Mintz, um dos membros do assim chamado Geist Kreis, que se encontravam uma vez por mês para lerem os seus work-in-progress uns aos outros. Entre os membros do grupo estavam Eric Voegelin, Alfred Schultz, Felix Kaufmann, Emmanuel Winternitz e Fritz Machlup – todos eles iriam se tornar nomes muito importantes em várias disciplinas relacionadas com a filosofia. Foi trazida para os Estados Unidos em 1938, como refugiada de Hitler e crescendo no Bronx." *A Escada de Wittgenstein: a linguagem poética e o estranhamento do cotidiano*. São Paulo: Edusp, 2008.

[216] Do inglês: "(5) I have supposedly incorporated "the nation into my state construct [*Staatsbild*], not as a fact of life, but as a human plurality that is convinced by a specific 'body idea,' without this idea finding any expression in corporeal being, i.e., in the racial status quo." Ad 5: This assertion proffered by Dr. Guerke is likewise refuted by a reference to the elucidations addressing point 1. I have explicitly incorporated the concept of *Volk* and the experience of *Volk*—and, specifically, the experience of race—into a theory of the state by means of the theory of "fundamental experiences" (cf., apart from the principal elucidation on p. 4 of my book, chapter 1 of part I and chapters 1 through 4 of part II). *It goes without saying* that a fundamental experience can arise only where there in fact exists the corresponding foundation for this experience; in the absence of a real race foundation, no race experience will occur; where a race experience arises, there will be also a race foundation. To be sure, the existence of a race foundation need not necessarily produce a race experience—the present-day German race experience represents an epoch in German history precisely because earlier, when the race foundation was less endangered, there existed no race experience of such intensity of consciousness as is manifested at the present time. Only where a race experience arises and is formed into an idea can a foundation for the investigation of race, legislation addressing race, and race politics arise—as is the case in present-day Germany. (6) I have allegedly asserted that "the Nordic idea is, in essence, not a national idea." Ad 6: Taken literally, Dr. Guerke's quotation is correct, but it is incorrect in terms of its actual meaning. I have demonstrated in the chapter of my book dealing with the "Nordic idea" that even though it may indeed appear to be a national idea (of the German, English, American, or Nordic variety), due to the diffusion of the Nordic race it might also figure as an international idea—as in Lenz (the "blond International") or in Guenther. (7) I have supposedly constructed (by rejecting the concept of race) a "purely" political race theory that is tainted by deficiencies similar 5. Ibid., 30–35.—Ed. one more "race and state" to the "purity" of the pure law doctrine, pitting "purity of method against life." Ad 7: This summary assertion is refuted by what I have already said. An idea is not "pure," as I have explicitly stated, but linked in each given case to a "fundamental experience." The race idea

contrário do que argumenta a coalizão contra a lei de cotas, a lei de cotas não cria a racialização, ela decorre da colonização; negros e indígenas existem na fundação do Brasil, o que a lei de cotas propõe é a superação da hierarquização racial, do *status quo* racial do Estado Nacional, do Brasil, no sentido de maior coesão da própria nação, entre as partes que compõem pluralmente a nação.

Assim, o uso dos anos 1930, dos casos alemão e italiano, por parte da coalizão contra a lei de cotas busca embaralhar as cartas da história, em que pese estar de acordo com códigos de crenças presentes em adeptos desta coalizão. A coalizão a favor da Lei de Cotas não busca criar uma ideia pura de raça. Voegelin distingue bem esse ponto de seu livro:

> Uma ideia não é "pura" conforme eu explicitamente enunciei, mas liga-se conforme cada caso específico a uma "experiência fundamental". A ideia de raça conecta-se à experiência racial; a última pode emergir apenas conquanto repouse em fundações sólidas. Uma ideia defasada de fundações não existe (Voegelin, 1934, p. 21).

Nas pistas do loiro nórdico, desse tipo-ideal, os nazistas se aventuraram na experiência abjeta da ideia da raça pura para um Estado ideal. Ao passo que no Brasil há um problema histórico gravíssimo de incorporação dos negros, dos indígenas como parte fundante da nação. Como já dito, um problema da relação entre as partes e o todo, pois o todo brasileiro não é só uma parte branca, um problema de respeito e solidariedade entre as partes e o todo. O manto da branquitude sobre a nação é um problema grave não superado e de terríveis consequências. Violentas consequências. É o exercício do poder político branco como guerra permanente no Brasil.

Num exercício analítico comparativo, a noção de povo pode ter um referencial no caso alemão para negar a alegação de que a lei de cotas estaria criando um novo povo, pois o povo brasileiro celebrado pela Lei de Cota é o povo inteiro que existe desde sempre no Brasil e sua dinâmica. Se o Estado cria autoritariamente um povo puro, ideal, intolerante, então, isso sim é o nazismo e sua racialização, com as devidas proporções, mas em certa medida consoante com a experiência anterior terrível da colonização da África, da Ásia e do continente americano pelos europeus brancos. O Estado criando uma nação pura é uma doutrina na prateleira das doutrinas disponíveis no mundo. E simplesmente não se pode passar batido sobre isso.

> Em nítido contraste com esta doutrina do Estado Nacional, onde se postula a criação do Povo (Volk) e da nação pelo Estado, coloca-se a ideia Alemã do Povo, conforme fundada por Herder e pela doutrina Romântica do espírito popular. O Volk é uma substância metafísica histórica cujas origens não podem ser remetidas a um dado ponto retrocedente, nos termos de Max Hildebert Boehm, um Volk é "auto constituído" [*eigenständig*]. Eu devo, pois, listar outras definições, no lugar de demais explicações subsequentes. Conforme Boehm: "a Nação é em seu núcleo um Estado-Volk no processo de existir ou vir a tornar-se, conforme a extensão de que manifeste uma vontade de ser, responsiva a seu atributo popular (Volkness) dado exclusivamente ao nível do indivíduo, dos portadores de ações políticas e históricas, suplantando atitudes de mera vassalagem pela autoconsciência de um cidadão". Max Wundt: Volk "é uma unidade naturalmente dada, cujas condições são ditadas pela natureza. "Volk é o agente criador, estado em que se é criado." Edgar J. Jung:"um Volk é uma individualização (um fenômeno específico, individualmente único) de espírito divino e logo, de um todo orgânico que nasce e perece." Stapel: " Um Volk é uma unidade vivente de seres humanos que dura por séculos, compartilhando de mesmo tipo psíquico, procriando seu tipo em forma corpórea e espiritual de geração em geração,

---

is linked to the race experience; the latter can arise in turn only where it rests on concrete foundations. An idea lacking such foundations does not exist. (Cf. the theory of transition from concrete foundations to the idea, chapters 1–2 of part II of my book.)"

> e que desenvolvem ao seu seio um patrimônio comum de ideais e conquistas culturais." Johann von Leers: "o Volk tido como a ponto inaugural do Estado, reconhecido em sua particularidade, em seu espírito racial distinto, é uma noção inédita de fundação estatal; este conceito é simultaneamente uma superação da ideia do Estado ocidental europeu, construído ao custo de múltiplas tormentas". Discorrendo sobre a concepção de Hitler sobre o Estado, Leer diz; "para ele, o Estado representa uma indumentária protetiva, uma forma organizacional, uma couraça, o índice político sumário do Volk.". Nas expressões da ideia germânica de povo [Volksidee], a ideia da primazia do Povo na triangulação de poder entre estado e nação ressoa amplamente. No âmbito das ideias sobre o estado nacional, certamente não há escassez de conhecimentos referente ao povo, ao espírito popular, ao seu caráter, mas a coalescência de raça e estado popular para com uma unidade de Estado Nacional ocorre essencialmente em uma atmosfera ideacional datando de tempos mais antigos que 1800, através das relações mais imediatas dadas entre indivíduos e Estado, como se pensada em analogia a um curto circuito que se dobra por sobre a unidade popular (Voegelin, 1935, p. 49-50).[217]

Darcy Ribeiro (1997) fez denso mergulho no estudo do povo brasileiro em seu livro *O povo brasileiro*, mas o problema da conexão entre as partes desse povo e no Estado permanece no Brasil como um problema distributivo, um problema de desigualdade racial, econômica, social, cultural, dentre outras desigualdades.

O modelo ACF, talvez por conta do universo da propaganda, comum nos EUA, fala muito na demonização como estratégia de disputa entre coalizões por uma dada política pública. No Brasil, via redução em política pública, conforme o pensamento de Guerreiro Ramos, o que será que demonização quer dizer? Há um demônio infinito?

O demônio do estado racializado trazido sobre a Lei de Cotas pela coalizão contra a Lei de Cotas, na arena institucional do STF, era notícia velha repetida por essa coalizão dentro do subsistema de educação, fora dele, em várias arenas institucionais, nos espaços públicos. Yvonne Maggi, Demétrio Magnoli, Ali Kamel, líderes morais dessa coalizão, seus pregadores públicos principais, fizeram desse ponto um hino da branquitude no Brasil, hino de louvação que via o demônio novo como o demônio velho visto por José Alencar, líder da coalizão contra a abolição no segundo Império, como aparece em "O demônio familiar", de 1857.

A advogada da coalizão contra a Lei de Cotas canta esse hino da branquitude na ocasião, na circunstância institucional para parir outro veto institucional contra a Lei de Cotas, o veto do poder

[217] Do inglês: "In glaring contrast to this doctrine of the national state, which postulates the creation of *Volk* and nation by the state, stands the German idea of the people, as founded by Herder and the Romantic doctrine of the spirit of the *Volk*. *Volk* is a metaphysical substance of history whose origins cannot be traced back any further, in Max Hildebert Boehm's terms, a "self-constituted" [*eigenständig*] *Volk*. I shall list other definitions in lieu of further explanations: Boehm: "the nation is at its core a state-Volk in the process of being or becoming to the extent that it manifests a will to being, in respect to an exclusively individual 'Volkness,' and a bearer of political and historical actions, which exchanges the attitude of mere vassalage for the self-consciousness of a citizen." Max Wundt: Volk "is a naturally given unity, whose conditions are dictated by nature." "Volk is the creating agent, state that which is created." Edgar J.Jung: "a Volk is an individuation (a specific, individually unique phenomenon) of divine spirit and hence an organic whole that comesinto being and perishes." Stapel: "A Volk is a living unity of humans that spans centuries, who share a common psychic type, who procreate their kind corporeally and spiritually from generation to generation, and who develop from within themselves a common patrimony of cultural accomplishments and ideals." Johann von Leers: "the Volk as the foundation of the state, recognized in its uniqueness, in its distinct racial soul, is a totally new foundation of the state; this concept is simultaneously an overcoming of the idea of the Western European national state, constructed at the cost of thousandfold torments." Speaking of Hitler's conception of the state, Leers says: "for him the state represents a protective garment, an organizational form, a breastplate, a political summary of the Volk." In the expressions of the German idea of a people [*Volksidee*], the idea of the primacy of the people in the power triangle state-nationpeople resonates throughout. In the purview of ideas of the national state there is certainly no lack of knowledge concerning people, spirit of the people, or character of the people, but the coalescence race and state of the people into the unity of national state essentially occurs in an ideational climate dating prior to 1800 through the immediate relationship of individual persons to the state, as though through a short circuit that arcs past the unity of the people."

judiciário, que se repita nunca na história levou aos seus tribunais o problema da injusta perpetuação da cota da branquitude nas universidades brasileiras.

O demônio é negro? O demônio é indígena? O demônio é a escola pública? São os pobres? O demônio está no abismo futuro como no *Inferno*, de Dante, que virá depois da morte para os que para lá forem ou o demônio da branquitude e seu curto-circuito do genocídio negro, indígena e popular nos territórios negros e vermelhos é o próprio abismo racial na realidade infinita brasileira, na guerra infinita brasileira que indaga a noção de nação, a noção de povo brasileiro, o Estado-Nacional, a própria noção de política pública, as políticas públicas em conjunto?

É o demônio do contrato racial de 1824 que se quer deixar solto, o demônio do 14 de maio de 1888, onde não há cidadania para o negro, para o indígena na nação que os relega como algo à parte. As partes que carregam o fardo do poder da branquitude?

Resta analisar o demônio do estado racializado italiano, num exercício de compreensão, para ficarmos em dois registros de perspectiva histórica comparada que abrigam a noção de "estado racializado", bode colocado na sala do STF pela coalizão contra a Lei de Cotas. Fiquemos no mesmo autor conservador. O que ele diz sobre o fascismo na Itália?

> Na concepção de Mussolini, o Estado é uma personalidade sobre-humana, uma unidade de consciência e vontade, sendo esse estado simultaneamente uma nação. Em consequência, o conceito de povo não é postulado conforme uma potência absoluta de história, que traz adiante sua organização política, seu Estado, em vez disso; "la nazioné creata dallo Stato, che dà al popolo, consapevole della propria unità morale, una volo e quindi un'effetiva esistenza" (a nação é criada pelo Estado, o qual confere ao povo, feito consciente de sua própria unidade moral, uma vontade e logo; uma existência eficaz)[218]. Inteiramente no espírito protofascista de Renan, Mussolini pressupõe que o espírito da nação adquire sua autoconsciência plena, talvez em alguns poucos indivíduos apenas, talvez em um único; e esses poucos, este um, deverão pois, acionar a nação entre os muitos, para que integrem a todos em união espiritual, em uma vontade una. E agora, o enunciado crucial: "Non razza, né regione geograficamente individuata, ma schiatta storicamente perpetuantesi, moltitudine unificata da un'idea, che é volontà di esistenza e di potenza: coscienza di sé, personalità" (Não um povo individualizado por raça ou espaço [aqui literalmente, região geográfica], mas uma linhagem imortalizada na história; multiplicidade unida por uma ideia, que é vontade de existência e poder: uma personalidade consciente de si). Tal Estado é *personalità* (personaldiade), é *forza, ma spirituale* (poder, mas de índole espiritual). (Voegelin, 1935, p. 49).[219]

[218] "A Doutrina Fascista. Uma tradução para o Inglês pode ser encontrada em *Readings on Fascism and National Socialism* (Chicago: Swallow Press, 1952), 7–24. Mussolini publicou este ensaio primeiramente na forma de artigo na Popolo d'Italia no dia 4 de Agosto, 1932. Foi subsequentemente publicado em 1933 como um verbete ('Dottrina'), sob cabeçalho intitulado 'Fasismo' na Enciclopedia Italiana". (Voegelin, 1935). Do inglês: "The Doctrine of Facism. An English translation may be found in Readings on Fascism and National Socialism (Chicago: Swallow Press, 1952), 7–24. Mussolini first published this essay as an article in Popolo d'Italia on August 4, 1932. It was subsequently published in 1933 as an entry ('Dottrina') under the heading 'Fascismo' in the Enciclopedia Italiana".

[219] Do inglês: "In Mussolini's conception, the state is a superhuman personality, a unity of consciousness and will, and this state is simultaneously a nation. Consequently, the concept of people is not postulated as an absolute potency of history, which brings forth its political organization, its state; instead, "la nazioné creata dallo Stato, che dà al popolo, consapevole della propria unità morale, una volontà, e quindi un'effetiva esistenza" (the nation is created by the state, which confers on the people, being conscious of its own moral unity, a will and hence an effective existence). Entirely in the spirit of the protofascist Renan, Mussolini assumes that the spirit of the nation gains its full self-consciousness perhaps only in a few individuals, perhaps only in one, and that these few, this one, are to activate the nation among the many, in order to integrate everyone into a spiritual union, into a united will. And now the crucial sentence: "Non razza, né regione geograficamente individuata, ma schiatta storicamente perpetuantesi, moltitudine unificata da un'idea, che é volontà di esistenza e di potenza: coscienza di sé, personalità" (not a people individuated by race and space [literally "geographic region"] but a breed that is immortalized in history, a multiplicity united by an idea that is will to existence and power: a self-conscious personality). The state is *personalità* (personality), it is *forza, ma spirituale* (power, but a spiritual one)".

O fascismo reivindica, para o autor, a imortalidade do poder, a glória eterna infinita digna dos deuses que nunca morrem no tempo, idealiza e personaliza sua linhagem, por meio da força e do corte espiritual, o plano dos deuses. Se os mortais diferem dos deuses pela mortalidade, o fascismo personaliza, seleciona a linhagem humana ideal para a eternidade.

Com o enorme apelo disso entre os humanos, faz as proclamas públicas de tal, arregimenta, seduz as massas e se consolida, porque promete um tempo eterno que pode ser bom para os humanos que sonham com sua glória eterna, que sonham em ser deuses, bom também para apetites humanos mais comezinhos, como pode ser bom para os negócios dos capitalistas, pois pode gerar estabilidade contra as incertezas da economia, uma estabilidade, nem que seja uma estabilidade de sangue escorrendo, que se negocia com um apenas, pode ser bom para milicianos do bloco do poder que podem ficar com os prêmios da guerra de força.

Ainda, aponta o mito, o homem-Deus como vetor de organização do poder, abstrato, mas que tem vida no Estado, encarna-se no Estado, no número um, no chefe da linhagem, no chefe branco da linhagem. Assim, não importa a nação, o povo, pois o Estado define tudo em sua própria personalidade, onde o Estado é seu líder, que é o mito, de escala espiritual, que deve ser amado e temido. Fora do um está a divisão, o que não interessa, pois atrapalha a narrativa espiritual do mito branco.

Aqui, a ideia e a personalização são a cesariana, a facada na barriga que retira o Estado racializado, fruto da inseminação artificial de ideias que se personalizam num mito artificial e que por efeito espelho reflete-se em seus seguidores sedentos de eternidade, glória e poder terreno. Ao declarar guerra a Etiópia, em 1935, Mussolini, o mito branco artificial encarnado, informou o sentido real do estado racializado: negros não são tolerados, servem para serem mortos, colonizados, se tanto. São inimigos ideais que fortalecem os elos fracos espirituais do mito e dos seus seguidores, geram também as riquezas que atiçam a cobiça.

Importa registrar que Voegelin, nesses textos vistos, deixa suspenso o potencial mobilizador das massas que advém da pregação do ódio ao comunismo, o que uniria o caso italiano e o caso alemão numa convergência histórica naquele período. Outro fator é a potência de per si dos meios de comunicação de massa, especialmente o rádio, mas também o cinema, veículos usados de forma inusitada na Alemanha e na Itália de então.

Seja no caso italiano seja no caso alemão, a raça cumpre um papel perene na construção do Estado, um papel de ethos universal, ainda que nacional e distinto em cada caso, pois é o Estado-Nacional, mas que pode se esparramar para império, para além da fronteira nacional. A literatura, como visto no capítulo cinco, enxerga o fascismo tanto no caso italiano como no caso alemão, o fascismo e seu movimento de expansão na direção de um império de mil anos tocado pelas armas, pela guerra. Esse movimento pode se chamar por vários nomes, mas também de um só, de fascismo, como fez Mann (2008). Esse universal, essa internacional fascista tem o sentido de um cidadão universal dentro da nação vincado numa raça abstrata, dentro do império vincado numa raça abstrata e que exclui outras pessoas deste estatuto político, outras raças. Aproxima-se da construção histórica da raça como tipo, visto nos estudos de Banton (1988), mas o leva ao limite, o limite de uma identidade racial predatória, são os caçadores raciais.

Deixemos Voegelin e suas cruzadas. Não custa comparar, o tempo do fascismo no século XX, centrado no exemplo alemão e italiano dilatado (1915-1945), varre, no máximo, 30 anos da história das modernidades, ao passo que a colonização nas Américas, na África, na Ásia bate nos 400 anos ou mais. Uma relação de 30 para 400. O fascismo representa menos de 10% do tempo da colonização, 7,5%

apenas. Quem aprendeu com quem? Quem inventou moda? Não é difícil ver que o racismo estrutura o fascismo, pois o outro do fascismo é o mesmo outro da colonização, junto ao outro do cristianismo, o não ser de Gislene Aparecida dos Santos. Já sob o manto do cristianismo europeu branco, estava o racismo mais violento. O genocídio judeu ressoa o genocídio negro, indígena, asiático. W.E.B. Du Bois, em visita à Alemanha nazista por ocasião das olimpíadas de 1936, manifestou-se a respeito.

> Há uma campanha contínua e intensa de preconceito racial levada a cabo, abertamente, contra todas as raças não nórdicas e especificamente contra os judeus. Supera em crueldade e infâmia o que eu já vi, e eu vi muita coisa. Não há tragédia no mundo moderno equivalente aos efeitos da guerra contra os judeus na Alemanha. É um ataque contra a civilização, comparável apenas aos horrores da Inquisição espanhola e ao tráfico de escravizados africanos. Faz a civilização regredir cem anos. (Du Bois, [1903] 2021, p. 153).

A própria Alemanha, para ficar neste caso, entre 1904 e 1907, na África do Sudoeste, instalou campos de concentração e promoveu o genocídio de 75 a 100 mil africanos dos povos Herero e Nama. A filósofa Hannah Arendt percebeu a antecedência do genocídio africano. Em 2021, num passo importante, os governos da Alemanha e da Namíbia buscam chegar a um acordo, onde a Alemanha reconhece, indeniza e se desculpa pelo genocídio (Zanini, 2021).

O tom e o ouvido das duas coalizões em disputa pela lei de cotas são distintos, assim. A coalizão a favor da Lei de Cotas ouve o grito de dor da escravidão negra e indígena na colonização brasileira, um eco infinito, e ajusta o tom da política pública para superar essa dor. A coalizão contra a Lei de Cotas busca gerar medo numa escuta da história desde os filtros dos camarotes da branquitude. O povo, a nação e o Estado brasileiro requerem respeito e solidariedade entre todos que fazem parte do todo para a pátria íntegra da coalizão a favor da Lei de Cotas, já a coalizão contra a Lei de Cotas aferra-se na noção de povo, nação e Estado como a comunidade imaginária, o um dos nacionalismos atávicos, da qual falou Benedict Anderson, sem lugar, sem trânsito, sem escuta para os outros raciais presentes no mesmo território.

Isso posto, percebe-se que a coalizão a favor da Lei de Cotas não compartilha dessa visão de mundo, pois as crenças numa identidade predatória, como visto, campeiam nos satélites da coalizão contra a Lei de Cotas, como no exemplo dos cadarços brancos. É isso que a tentativa de embaralhar as cartas no tema retórico do "estado racializado" e dos "tribunais raciais" quer dizer: postular um estado racializado onde não existe tal proposta. Por isso, em relação ao demônio familiar do estado racializado, colocado na casa do STF pela coalizão contra a Lei de Cotas, a coalizão a favor da lei de cotas prefere o respeito, mais Maria Firmino dos Reis e menos José de Alencar.

Envenenar as cotas como uma construção de pureza racial estatal enquanto política metafísica é estratégia política de demonização por parte da coalizão contra a lei de cotas na disputa política contra a coalizão a favor da lei de cotas. Isso indica a gravidade, a violência, a virulência do debate e a presença da questão da formação racial do Estado no debate das cotas no Brasil.

Ou seja, nos cálices dos palácios de Brasília, o vinho da branquitude, muitas vezes, são as gotas de sangue que escorrem nos territórios negros, vermelhos, periféricos do Brasil, sorvido em cálice fino pelo apetite infinito de poder da coalizão contra a lei de cotas e a política que ampara a coalizão contra a lei de cotas, a política como guerra, a política que faz a conversão do sangue dos mortos da guerra em vinho delicado e nunca se sacia, sempre pede mais uma gota de sangue negro, indígena, popular, só mais uma gota de sangue. José do Patrocínio já o dissera ao comparar o sofrimento do escravizado ao sofrimento de Cristo na abolição inconclusa.

É a raça negra que está em questão no Estado brasileiro, do ponto de vista da acusação contra as cotas,

> Bem, em suma: quais são os desafios para a implementação de ações afirmativas racialistas no Brasil? Primeiro grande desafio: defina quem é negro no Brasil. Esse é um problema relacionado aos pardos especificamente. Eu me refiro, aqui, em relação à nossa ação, ao Tribunal Racial que foi implementado na Universidade de Brasília [...]. Qual não foi a nossa surpresa ao verificar que as perguntas decisivas para definir, no Brasil, quem é branco e quem é negro foram as seguintes: 1º- Você já namorou um negro? 2º - Você já participou de passeatas em favor da causa negra? Se a resposta for sim, você é negro. Que tipo de violação ao princípio da igualdade? Que tipo de violação à dignidade da pessoa humana? Na dimensão objetiva dos Direitos Fundamentais, cabe ao Estado proteger a dignidade dos negros, ainda que esses não a queiram protegida, porque isso é uma ofensa demasiada a qualquer pessoa, especialmente em relação à sua autoidentificação. (Kaufmann, 2010, p. 83-84).

A advogada da coalizão contra a Lei de Cotas aponta o dedo contra as cotas na UnB: quem é negro? E lança sua voz aos pardos, uma maioria social, em tese. E ajusta sua argumentação aos acontecimentos fascistas na Europa dos anos 1930 ao falar em tribunal racial. Também no iluminismo, mesmo na "Enciclopédia", brancos buscaram definir quem é o negro (Santos, 2020). Isso ocorreu no colonialismo (séculos XV-XVI) e no neocolonialismo (séculos XIX-XX), como denunciado pelos autores decoloniais e pós-coloniais (Castro-Gómez, 2005).

Nesses fenômenos históricos da colonização europeia, a pergunta quem é branco nunca esteve em questão.

Mais adiante, mostrando-se atenta ao debate, a acusação contra as cotas, a coalizão contra a Lei de Cotas, explora de modo particular, positivamente, a noção de democracia racial, mais uma vez adentrando ao tema da formação racial do Brasil. Talvez informada por uma das estratégias negras de cidadania que apareceu nos anos 1940 no Brasil: a luta por uma democracia racial real, conforme Guimarães (2012). Mas ato contínuo tira da cartola a noção tática de "cota social", já propalada aos quatro ventos pelos *mass media* àquela altura histórica, fruto do conflito no legislativo em torno da Lei de Cotas, espécie de válvula de escape da coalizão contra a Lei de Cotas para brecar sua aprovação no Parlamento ou, sem delongas, o novo exercício de branqueamento em política pública que buscava como tática passar um branquinho na cota racial e com isso fazer com que a tramitação da Lei de Cotas regressar à estaca zero, era o neobranqueamento. De modo incisivo, junta numa espécie de "hibridismo", como núcleo argumentativo forte de acusação das cotas, a noção de democracia racial com cotas sociais, numa refinada estratégia de ação político-partidária que busca estigmatizar o direito dos negros à universidade no Brasil, objetivando criar cisões na coalizão em defesa da Lei de Cotas,

> Outro tipo de problema relacionado à implementação das cotas raciais vem a ser a questão do mito da democracia racial. Sabemos que o mito é obviamente um mito porque ele não é implementado na sua totalidade. No entanto, o mito pode ser analisado como uma mentira, ou ele pode ser analisado como um ideal a ser perseguido. Nesse sentido, dizemos que é revelador o fato de que, em recente pesquisa publicada pela Fundação Perseu Abramo, 96% dos brasileiros se declaram não preconceituosos e não racistas. Ora, sabemos que esse número é uma mentira, porque existe racismo no Brasil, e esse racismo é escondido nessa estatística. No entanto, esse número é importante porque mostra que conseguimos atingir uma maturidade social que, hoje em dia, o brasileiro tem vergonha de ser preconceituoso

> em relação ao negro. O brasileiro não tem essa vergonha em relação às outras minorias como, por exemplo, homossexuais e nordestinos, mas em relação ao negro, o brasileiro tem vergonha. Isso é importante porque faz com que possamos conseguir inserir os negros na universidade sem ter que passar por essa política mais gravosa. À medida que adotarmos cotas sociais, e considerando a estatística aqui largamente apresentada de que 70% dos pobres são negros, atingiremos o desiderato da integração sem correr o risco da racialização do País. Não podemos ignorar o preço que pagaremos por essa racialização. (Kaufmann, 2010, p. 84-85).

Com isso, Kaufmann vira expoente da coalizão contra as cotas, como na abolição inconclusa, repisa argumentos catastróficos, fatalistas, de ameaça, presente nas crenças centrais dessa coalizão, como a assombração das "divisões perigosas", de Yvonne Maggi, que falara em audiência pública no Senado Federal, em fins de 2008. Nesse ponto, o racismo é atraído pelo ímã da coalizão contra a Lei de Cotas, sem vergonha.

Já o advogado que acusa as cotas na UFRGS arrola argumentos que questionam a legitimidade da decisão tomada naquela universidade e os critérios escolhidos por ela, por tabela, pela UERGS também. De forma enfática, defende um critério "racional e justo", universal talvez, em que raça não entra, ou seja, *colorblindness*, como dizem os estadunidenses (Omi; Winant, 2015).

Adentrando no núcleo argumentativo do advogado, entretanto, vê-se que ele desconstrói a própria alternativa aparentemente isolada nomeada "cota social" pela advogada anterior, desvelando assim que "cota racial versus cota social" é um mero estratagema político, mas revelador da potência da defesa do *status quo* racial no Brasil ou das coisas como são.

> O caso da UFRGS não fala do critério racial de uma forma primordial; o critério racial é complementar. Trinta por cento das vagas são para os alunos de escola pública; destes, 50% negros. Ou seja, o fator essencial da discriminação na UFRGS - Universidade Federal do Estado do Rio Grande do Sul - é o critério social de origem escolar. Ponto. Único critério. Essas duas premissas são fundamentais. Então, nossa irresignação versa sobre a forma como foi feito o processo para a criação do critério. A forma: lei; resolução administrativa. Segundo ponto: o critério escolhido. Por que se chegou a esse critério. Terceiro ponto: o momento, o local dessa discriminação, ou seja, o ensino superior. Essas são as três premissas básicas da discussão que travamos em relação às cotas da UFRGS. Em relação à forma, Excelências: pode uma universidade criar esse critério sem lei? Esse já é um grande questionamento, e não quero aqui fazer um discurso apegado ao princípio da legalidade. Longe disso, longe disso! Entretanto, podemos lembrar que, além da natural representatividade do Congresso Nacional, lá - no Congresso Nacional - temos uma discussão na Comissão de Constituição e Justiça; temos uma discussão na Comissão de Educação. E lá é possível, se entendermos necessário criar um sistema, chegar-se a um critério melhor. Esse é o primeiro ponto. Se formos imaginar a possibilidade de cada universidade criar o seu critério ao bel prazer - posso dizer isso -, sem o devido debate público que ocorreria no Congresso, pois não ocorreu debate público na Universidade Federal do Estado do Rio Grande do Sul - não conheço o caso de Brasília, mas lá não ocorreu. (Lo Pumo[220], 2010, p. 101-102).

Como se vê, o próprio advogado reconhece um debate sobre o tema em curso no Congresso Nacional, mas, dado o risco real da garantia do direito à universidade para o negro, a negra, o pobre, povos indígenas, a escola pública, ele aciona o botão de alarme do *status quo* brasileiro no

[220] "Excelências, em relação ao segundo ponto: o critério. E aqui a inconstitucionalidade do sistema é ainda mais gritante. É necessário que se escolham critérios justos, racionalmente aceitos, socialmente justificados, Excelências" (Lo Pumo, 2010, p. 103).

atacado, o mérito, com um argumento fatalista: "Excelência, por fim, eu lembro que a discussão sobre relativização do mérito no ensino superior pode trazer graves consequências ao Brasil no âmbito internacional" (Lo Pumo, 2010, p. 108). Na verdade, não é o mérito; exala-se aqui a crença central em política pública da coalizão contra a Lei de Cotas, a defesa da cota do privilégio branco, mesmo que através de redondilhas parnasianas.

Um conjunto restrito de agentes, beneficiados diretamente por assimetria de recursos (informação, dinheiro, tempo, posição relacional etc.), participou da audiência pública no Supremo Tribunal Federal, como indica o quadro a seguir:

Quadro 15 – Agentes/atores na Audiência Pública de Cotas no STF, em 2010

Ordem	Nome	Posição social	Raça / Cor
01	Ricardo Lewandowski	Ministro do STF, advogado, relator	Branca
02	Gilmar Mendes	Presidente do STF, advogado, relator	Branca
03	Joaquim Barbosa	Ministro do STF, advogado, relator	Negra
04	Déborah Duprah	Vice Procuradora Geral da República, advogada	Branca
05	Miguel Angelo Cançado	Representante da OAB, advogado	Branca
06	Luís Inácio Adams	Advogado Geral da União, advogado	Branca
07	Edson Santos	Ministro da Secretaria Especial de Políticas Públicas de Promoção da Igualdade Racial	Negra
08	Erasto Fortes de Mendonça	Secretaria Especial de Direitos Humanos, educador	Branca
09	Maria Paula Dallari Bucci	Secretária de Ensino Superior do MEC, advogada	Branca
10	Carlos Frederico de Souza Mares	Procurador-Geral do Paraná, representante da FUNAI, advogado	Branca
11	Mário Lisboa Theodoro	Diretor do IPEA, advogado	Negra
12	Roberta Fragoso Menezes Kaufmann	Advogada do partido arguente	Branca
13	José Jorge Carvalho	Representante da UnB, professor universitário, antropólogo	Negra
14	Caetano Cuervo Lo Pumo	Advogado do recorrente	Branca
15	Denise Fagundes Jardim	Representante da UFRGS, professora universitária, antropóloga	Branca
16	Demóstenes Torres	Senador, Presidente da CCJ, procurador da República no Estado de Goiás, advogado	Branca
17	Wanda Siqueira	Movimento Contra o Desvirtuamento do Espírito da Reserva das Quotas Sociais, advogada	Branca
18	Paulo Paim	Senador, técnico pelo Senai	Negra

Ordem	Nome	Posição social	Raça / Cor
19	Sérgio Danilo Junho Pena	Professor Universitário UFMG, médico geneticista	Branca
20	George de Cerqueira Leite Zarur	Professor da Faculdade Latino-Americana de Ciências Sociais, antropólogo	Branca
21	Yvonne Maggie	Professora Universitária, UFRJ, antropóloga, texto lido	Branca
22	Eunice Ribeiro Durham	Professora Universitária, USP, antropóloga, texto lido	Branca
23	Ibsen Noronha	Professor Universitário IESB, representante da Associação Nacional de Procuradores de Estado	Branca
24	Luis Felipe de Alencastro	Professor titular da cátedra de História do Brasil da Universidade Paris-Sorbonne	Branca
25	Oscar Vilhena Vieira	Professor Universitário FGV, advogado, representa a Conectas Direitos Humanos	Branca
26	Kabengele Munanga	Representante do Centro de Estudos Africanos da USP, professor universitário, antropólogo	Negra
27	Leonardo Avritzer	Professor de Ciência Política da UFMG	Branca
28	José Vicente	Reitor da Faculdade Zumbi dos Palmares	Negra
29	Fábio Konder Comparato	Professor da Faculdade de Direito da Universidade de São Paulo	Branca
30	Denise Carreira	Representante da Ação Educativa, relatora nacional para o direito humano à educação, educadora	Branca
31	Marco Antônio Cardoso	Representante da Coordenação Nacional das Entidades Negras (CONEN)	Negra
32	Sueli Carneiro	Representante do Geledés, filósofa, educadora	Negra
33	Carlos Alberto da Costa Dias	Juiz Federal da segunda vara criminal de Florianópolis, SC	Branca
34	José Roberto Ferreira Militão	Representante da Comissão Nacional de Assuntos Antidiscriminatórios, advogado	Negra
35	José Carlos Miranda	Representante do Movimento Negro Socialista	Negra
36	Helderli Fideliz Castro de Sá Leão Alves	Representante do Movimento Pardo-Mestiço Brasileiro e da Ass. dos Caboclos e Ribeirinhos da Amazônia	Parda
37	Alan Kardec Martins Barbiero	Representante da Associação Nacional dos Dirigentes das Instituições Federais de Ensino Superior, ANDIFES,	Branca
38	Augusto Canizella Chagas	Representante dos Estudantes	Branca
39	João Feres	Professor de Ciência Política no Instituto Universitário de Pesquisa do Rio de Janeiro	Branca

Ordem	Nome	Posição social	Raça / Cor
40	Renato Hyuda de Luna Pedrosa	Coordenador da Comissão de Vestibulares da UNICAMP	Branca
41	Eduardo Magrone	Pró-Reitor de Graduação da Universidade Federal de Juiz de Fora, MG	Branca
42	Jânia Maria Lopes Saldanha	Professora da Universidade Federal de Santa Maria, RS	Branca
43	Carlos Eduardo de Souza Gonçalves	Vice-reitor da Universidade do Estado do Amazonas	Branca
44	Marcelo Tragtenberg	Professor de Física da Universidade Federal de Santa Catarina	Branca
45	Fernanda Duarte Lopes Lucas da Silva	Representante da Associação dos Juízes Federais do Brasil	Branca
46	Davi Cura Aminuzo	Estudante de museologia da Universidade Federal do Rio Grande do Sul	Branca
47	Moacir Carlos da Silva	Estudante de graduação da UERJ	Negra
48*	Cármen Lúcia	Ministra do STF	Branca

* A ministra Cármen Lúcia Antunes Rocha fez incursões no debate.

Legenda de cores: Vermelho - Coalizão Contra a Lei de Cotas | Amarelo - Coalizão a Favor da Lei de Cotas

Fonte: adaptado de STF (2010)

No desenho dos agentes, dos atores em termos de interseccionalidade (Collins, 2016), ao menos entre raça, gênero e grau de estudo, percebe-se, conforme o Quadro 15, uma predominância de homens brancos (24), seguido do mesmo número de mulheres brancas (11) e de homens negros (11), seguidos de uma mulher parda e uma mulher negra, uma minoria sem-universidade e uma maioria de professores e advogados, muitos da posição de autoridades institucionais. Isso no conjunto dos atores. Num recorte por coalizão, na coalizão contra a Lei de Cotas, são 9 homens brancos, 6 mulheres brancas, 1 mulher parda e 2 homens negros. Na coalizão a favor da Lei de Cotas, são 15 homens brancos, 5 mulheres brancas, 9 homens negros e 1 mulher negra. Não há indígenas no debate, escandalosamente.

Apesar de o tema guardar distância cautelar da biologia, uma vez que a noção pseudocientífica biológica da raça, dominante no período 1870-1945, em tese, ter sido abandonado (Banton, 1988), a biologia da raça, contudo, pode a qualquer momento, posar com nova roupagem discursiva, foi um pouco o que se viu na fala de um dos atores da coalizão contra a Lei de Cotas, baseada em pesquisas feitas dentro da agenda científica de mapeamento do genoma humano com base em sequenciamento genético, conforme vasto campo de pesquisa da genética. O professor Sérgio Pena, geneticista, expõe alguns argumentos lastreados em suas pesquisas e análises sobre o genoma brasileiro. Para o caso da cor da pele, um dos requisitos fundamentais do racismo brasileiro e alhures, ele traz na cartola o demônio da biologia, tomando o caso dos gêmeos da UnB, ele postula a ocorrência de um registro subjetivo para a cor da pele:

> Finalmente, deve ser mencionado que a percepção da cor da pele depende da subjetividade do observador, como mostrado neste caso dos gêmeos monozigóticos, que foram classificados como tendo cor diferente, pela Universidade de Brasília. (Pena, 2010, p. 160).

De igual modo avança para a questão da ancestralidade ou da hipodescendência:

> O que se observa é que não existe uma diferenciação de ancestralidade pronunciada entre os três grupos, mas existe uma enorme variabilidade a nível pessoal. A conclusão é a de que a única maneira de entender a viabilidade genética dos brasileiros não é por grupos de cor, nem por sexo, nem por nenhum outro critério, é individualmente, como cento e noventa milhões de indivíduos, únicos e singulares, nas suas ancestralidades, nos seus genomas, nas suas histórias. (Pena, 2010, p. 163).

Ao defender o Brasil como um somatório de indivíduos universais, ele argumenta:

> E, finalmente, os dados mostram que não existe justificativa científica para unir as categorias parda e preta em uma única categoria negra no Brasil. Conclusões finais: cada brasileiro tem uma proporção singular de ancestralidade europeia, ameríndia e africana. A relação entre cor da pele e ancestralidade no Brasil é tênue, nas várias regiões do Brasil cores de peles possuem significados diversos. A única divisão ideologicamente coerente dos brasileiros em cento e noventa milhões de pessoas. E cientificamente não se justifica a segmentação dos brasileiros. (Pena, 2010, p. 164-165).

Se fenótipo e hipodescendência contribuem para a definição do negro no Brasil, Sérgio Pena faz o ataque frontal ao que o advogado do recurso contra a UFRGS havia nominado "critério" e ao que Roberta Kauffmann via como impossibilidade de definição, ou seja, "Quem é negro no Brasil". Com isso, a coalizão contra a Lei de Cotas defende o *status quo* racial com uma carga biológica renovada, de fundo genético. Se não há raça genomicamente, não há necessidade de política pública racial. O que se subestima olimpicamente neste ponto? A noção de raça como uma construção social (Banton, 1988). De modo mais acurado, no todo, tecem-se os fios de sentido repelentes contra as cotas desde um argumento de autoridade biológica. Como outrora, a biologia é usada pela coalizão contra a Lei de Cotas, dessa feita com nova roupa de domingo no STF.

O juiz federal Carlos Alberto da Costa Dias reforça a desconstrução do critério racial para desconstruir as cotas, na deixa da advogada do DEM e do advogado contra a UFRGS e ressoando a argumentação do geneticista,

> A questão que eu queria cingir aqui e trazer à luz, exclusivamente - que me parece fundamental -, é a impossibilidade de atribuir à "raça" ou a "idéia de raça", fator de discrímen necessário à outorga de direitos. É esse exclusivamente o ponto que me parece relevante, a raça, o fenótipo racial não pode ser, na minha forma de pensar, um fator que diferencie a pessoa à concessão de direitos. (Dias, 2010, p. 306-307).

O juiz quer rodear, cercar a possibilidade de existência das cotas. Com isso, defende as muralhas dos campi como foram em sua configuração social na história do Brasil, na prática a defesa da crença na cota do privilégio branco, da coalizão contra a Lei de Cotas.

Pela força tonitruante do vocabulário rebuscado, o juiz expressa sua ira contra as cotas e marca isso, frisa, como critério de marca para separar o gado. "Não admitir - esse é o ponto que eu quero gizar[221], com a máxima objetividade - que o fator de discrímen "ser negro" seja como política pública determinante da dificuldade ao acesso ao ensino é, por si só, discriminatório e é estigmatizante." (Dias, 2010, p. 308).

Ele importa uma base estrangeira para sustentar sua argumentação, desconsiderando as distintas formações raciais, numa espécie de argumento de autoridade com uma relativa nota de

[221] "Gizar" no dicionário Caldas Aulete: riscar, desenhar, conjecturar, projetar, marcar (o gado) com giz para separar alguns animais.

colonialidade de poder, de forma taxativa: "Então, na Suprema Corte americana, no caso Parents v. Seattle e Meredith v. Jefferson, se entendeu a inconstitucionalidade do sistema de cotas, porque o fundamento é um fundamento racial" (Dias, 2010, p. 308).

Um canto do belo racial brasileiro idealizado também apareceu na fala de um agente da coalizão contra a Lei de Cotas. Professor de História do Direito, Ibsen Noronha desvela a trama racial brasileira pelas mãos de Gilberto Freyre,

> Gilberto Freyre na sua tese de mestrado, pouco lida, intitulada "Vida Social no Brasil nos Meados do Século XIX", defendeu essa tese na Faculdade de Ciências Políticas Jurídicas e Sociais, na Universidade de Columbia, afirmou: *"A História deve produzir alegria, pela compreensão do passado."*
>
> Estou seguro de que essa afirmação surgiu na medida em que procurava obviar uma corrente que já então se fazia presente nos meios da História, que produzia ódios e revanchismo na interpretação da História. E criava justiceiros de toda a espécie. (Noronha, 2010, p. 195).

E, sem vênias, celebra o belo racial brasileiro, o pulchrum[222] racial: "A harmonização dos povos que para aqui vieram ao longo dos nossos cinco séculos de vida faz parte do pulchrum da nossa história" (Noronha, 2010, p. 203). A harmonização aqui pensada, sobre a qual se poderia jogar uma colher de açúcar, como se fez para viciar essa interpretação histórica, está mais para o paraíso de Dante, para onde alguns vão depois da morte, do que para a disputa do pensamento dos sacerdotes do quadro de Caravaggio. Nesse caso, a coalizão contra a Lei de Cotas quer pintar a história do Brasil como os quadros de Pedro Américo "O grito do Ipiranga" (1888) e "Dom Pedro II na abertura da Assembleia Geral" (1872), quadros que ecoavam a Primeira Missa no Brasil, de Victor Meirelles (1860).

Nessa linha, o senador Demóstenes Torres destila seu projeto racial histórico e futuro para o Brasil,

> A pergunta que faço é se nós, realmente, devemos criar uma legislação brasileira para os negros no Brasil? Temos que criar uma legislação para os negros no Brasil? Os negros merecem esse tratamento? E no caso do merecer o tratamento é até pensando num futuro em que essa discriminação positiva pode lhe ser totalmente contrária? Lembrando a tradição que nós temos no Brasil, desde 1831 toda e qualquer lei feita no Brasil foi numa única direção: ou minimizar os efeitos da escravatura ou combater o racismo no País. A primeira lei de 1831, que era uma lei tentando enganar a Inglaterra, uma lei que proibia o tráfico de escravos, por exigência da Inglaterra que era a maior potência e senhora dos mares, ficou conhecida como "lei para inglês ver". Por quê? Porque foi uma lei para enganar os ingleses que queriam o fim do tráfico obrigatoriamente. O Brasil já foi, efetivamente, um país negro. (Torres, 201, p. 120).

O líder responsável pela audiência questiona, de modo direto, a necessidade de uma legislação para os negros e aponta um país negro, mas no passado apenas.

> Daí vem a indagação: será que o recorte estratificado racialmente, será que realmente nós somos uma maioria de negros no Brasil? Pegando os dados últimos do IBGE nós verificamos o seguinte, Ministro, e aqui nós podemos atentar para um fato interessante: como as estatísticas podem às vezes ser manipuladas para sustentarem ponto de vista. Então, o que fez o IBGE? O IBGE - vou usar a terminologia do IBGE - nós temos no Brasil 5,9% de pretos, nós temos 42% de pardos, que são, isso os autodeclarados, o IBGE faz nesse sentido.

[222] Belo, em latim.

> Cientificamente nós sabemos que o número de pardos é muito maior, o número que tem sangue negros, brancos e indígenas é muito maior, mas autodeclarados: 5,9% são pretos, 42% são pardos, portanto mestiços, 51,4% são brancos. Muito bem, para termos 48% de negros, quando eu cresci, se eu for ao dicionário, nós aprendemos que a palavra "preto" era uma palavra discriminatória, que deveríamos mudar para "negro", porque dava uma conotação racial. Se nós somarmos esses dois números, pretos e pardos viraram negros no Brasil, Ministro. É por isso que temos um grande número de negros no Brasil, porque, segundo o IBGE, o pardo também é negro. Se pegarmos os 58,6 milhões de pobres no Brasil, o que é que dizemos? Que temos, no Brasil, 65,8% de negros pobres, não é isso? Mas qual é a estratificação real? Nós temos 7.1% de pretos pobres; temos 58.7% de pardos pobres e temos 34,2% de brancos pobres no Brasil. Então, quando transformamos o pardo também em negro, aí a situação, realmente, passa a ser o negro a grande vítima do Brasil. Mas temos de lembrar que o pardo também é branco, que nas veias do pardo corre o sangue branco. (Torres, 2010, p. 124-125).

De olho na cena política geral do país, o senador fala para uma maioria abstrata, os mestiços, informando um específico projeto racial do passado e do futuro do Brasil. O mestiço empírico é o pardo, a maioria e não o negro. Ao criar uma maioria abstrata, o senador nega a discriminação racial do negro, mas é a do pardo que o perturba,

> Ministro, o que podemos dizer, na realidade, é que, se alguém é racialmente discriminado no Brasil, esse alguém é o pardo. Se alguém que sofre, com todas as letras, a discriminação é aquele que é mestiço no País e que é a nossa grande maioria. (Torres, 2010, p. 126).

No centro argumentativo, o projeto racial mestiço como dominante, como ethos e potência histórica. O próprio *status quo* racial é defendido como registro de harmonia,

> Então, parece, sim, que algo, imaginem os brasileiros sequestrando os africanos e trazendo para cá para serem escravos e lembrando, como dizia o Darcy Ribeiro, temos uma história tão bonita de miscigenação, Darcy Ribeiro que hoje também é excomungado pelo movimento, porque diz que aqui é um caldeirão maravilhoso de cores e raças, como é que nós podemos tratar, portanto, dessa questão do africano escravizado. É tão equivocada essa visão, que, por exemplo, Paul E. Lovejoy, que escreveu um livro acerca especificamente do tema, mostra lamentavelmente que, até o início do século XX, o escravo era o principal item de exportação da pauta econômica africana. Início do século XX. As negras foram estupradas no Brasil. A miscigenação se deu pelo estupro. Foi algo absolutamente forçado. Gilberto Freire, que hoje é completamente renegado, mostra que isso se deu de uma forma muito mais consensual e que, felizmente, isso levou o Brasil a ter hoje essa magnífica configuração racial. (Torres, 2010, p. 129).

O senador Demóstenes Torres (DEM-GO) sustenta um forte enunciado contra as ações afirmativas, oferece o discurso na direção da vitória de sua posição, sustenta com arrogância sua posição discursiva da ordem com base numa formação discursiva histórica e assombra parte do Brasil, mesmo dentre os que o incensaram na academia, na mídia, na sociedade e na política, no tocante às cotas, ao radicalizar seu discurso da democracia racial, tratando com enorme ironia o estupro das mulheres negras durante a escravidão. É um discurso lastreado em Gilberto Freyre, explicitamente citado e matriz histórica dessa visão da sociedade brasileira. É o uivo do homem branco feito lobo branco ideal que comandava a matilha da coalizão contra a Lei de Cotas no Brasil, com todo respeito aos lobos.

O Painel do Leitor do jornal *Folha de S. Paulo*, talvez mais do que o editorial do jornal, é testemunho ocular da história do racismo sofisticado e reiterado no Brasil hodierno:

> Uma vez mais o jornalista Elio Gaspari fez um gol de placa. Em uma bela lição de história - amplamente demonstra em seus livros sobre a ditadura - , presenteou-nos com sua escorreita coluna de 7/4 ['De Cazemiro@edu para Demóstenes.Torres@gov, **Brasil**], em que responde às insensatas palavras do senador Demóstenes Torres, que imputou aos próprios negros a culpa pela escravidão de que foram vítimas. Em outra de suas deliciosas crônicas, ironiza Demóstenes e, por tabela, o Sr. Demétrio Magnoli, baluarte da luta contra as cotas raciais, vestindo-se na pele de um escravo vivido no século 19. Ambos parecem, ao contrário do jornalista, desconhecer um pouco de nossa história, misturando convenientemente alhos com bugalhos. O sociólogo, aliás, já demonstrou que às vezes costuma ler o que não está escrito. O senador, por sua vez, verberou ao público o que a verdadeira história, do país e do mundo, desmente. Por isso, agora recebem as respostas que bem merecem, pondo-os em seus devidos lugares. (Brondi, 2010).

O discurso do senador não é individual, não é pessoal, ele traz a memória de antigos discursos do poder no Brasil. Assim, busquemos isso na história do Brasil, por verossimilhança. Chico Buarque de Hollanda, em *Leite Derramado* (2009), mostra a família de um senador, em seu movimento histórico da bonança para a "fartança", na figura do protagonista, Eulálio. O livro apareceu no Senado Federal, em 2009, quando manifestantes que pediam a aprovação da lei de ações afirmativas o entregaram ao presidente do Senado, senador José Sarney.

Os cem anos, feito mais de duzentos, de Eulálio, não foram suficientes para domar a fera em busca de gozo, idealizando falos imaginários, sem status, sem renda, sem teto e movido por uma morte que não é, porque deixa o chicote, o suporte da metáfora da violência simbólica, o chicote no próximo, ao alcance de. Em que medida um senador da república teve o pai de Eulálio no espelho discursivo? Os indícios vão nesta direção.

Demóstenes Torres pegou o chicote histórico das elites brasileiras, particularmente no caso das cotas, particularmente contra os negros, negras e indígenas e a seu gosto, desde sua gênese discursiva lá na escravidão, fez bonito, atualizou o discurso, com a voz doce e ironias de promotor de justiça em telas de televisão.

Anotou Maria Cristina Fernandes, em sua coluna no jornal *Valor*:

> O senador foi alçado à condição de ideólogo conservador ao encabeçar a resistência parlamentar à política de cotas raciais. Numa audiência promovida pelo supremo chegou a dizer que a escravidão teria beneficiado o continente africano por ter sido o primeiro item de sua pauta de exportações. E que, por isso, faria pouco sentido para o Brasil adotar políticas compensatórias para os negros, que além do mais, haviam proliferado por meio de relações consensuais entre escravas e brancas. (Fernandes, 2012).

A judicialização da Lei de Cotas pode-se dizer que ocorreu muito na margem, tangencialmente e por conta da ação fortuita de um *veto player*, chamado senador Demóstenes Torres (DEM-GO). Mesmo sem o poder de veto duplo que a presidência da CCJ, a principal comissão do Senado Federal lhe conferia, o senador, valendo-se de mil e um estratagemas, na prática estabeleceu uma relação de dependência entre a continuidade da discussão da Lei de Cotas na CCJ e a votação da ADPF 186 — Cotas e da ADI 3330 — PROUNI, que tratam de três situações fáticas: cotas na UnB, cotas na UFRGS e as cotas no PROUNI. Não é automática essa relação, pelo contrário, o que há é a autonomia entre os poderes. Mas, o Senador Demóstenes Torres (DEM-GO), líder da coalizão contra a Lei de Cotas, manobrou politicamente, em parte explorando a sinuosidade presente no Parlamento sobre a temática, em parte intimidando seus pares diretamente, de modo a amarrar a decisão do Senado à decisão do STF, um verdadeiro absurdo. Em 2010, na audiência pública no

STF, organizada pelo ministro Ricardo Lewandowski, a percepção geral dos presentes e dos que viram o enfrentamento entre as duas coalizões, era de que a coalizão social favorável a Lei de Cotas tinha saído vencedora do embate ali realizado entre autoridades do executivo, parlamentares e representantes da sociedade civil.

Marcos Cardoso, da Coordenação Nacional das Entidades Negras, membro da coalizão a favor da Lei de Cotas, sublinha o incômodo que as cotas causam na coalizão contra a Lei de Cotas e indica as razões ocultas do racismo que essa posição abriga na história do Brasil.

> Quer dizer, uma rápida análise dos dados bastará para percebermos objetivamente que construir um conceito político e social da raça que existe e funciona dá definição de lugares e barreiras raciais. Antigamente dizia-se para o movimento negro, vocês não têm dados, vocês não conseguem provar e agora vêm os institutos de pesquisa, os centros de pesquisa do Brasil, produzem uma série de dados para provar a existência do racismo e vêm as pessoas aqui dizer que esses dados estão sendo manipulados. Como é que pode? Que loucura é essa? Os opositores das cotas raciais manifestam seu incomodo com essas medidas. Eles não apresentam suas verdadeiras razões, ocultam seu preconceito. Silenciam e inventam os mais enviesados argumentos para desqualificar essas políticas, porém sabemos que o pano de fundo é a existência do racismo revestido de novas roupagens, porque o racismo muda, ele sofistica-se. (Cardoso, 2010, p. 293-294).

Desse modo, para a coalizão a favor da Lei de Cotas, conforme Cardoso (2010), o racismo é elemento central no debate em torno da Lei de Cotas. A política pública antirracista da Lei de Cotas combate diretamente o racismo, mas, ao fazê-lo, arma um verdadeiro exército que se consolida na coalizão brasileira contra a Lei de Cotas, pois os séculos que favoreceram as cotas do privilégio branco alimentaram o racismo no tempo infinito. Reforçando os códigos de crença a favor da Lei de Cotas, Marcos Cardoso aponta o futuro.

> Entretanto, nós do movimento negro brasileiro sabemos que explicitar o racismo e, por ventura, os conflitos étnicos e raciais, é necessário e fundamental para evidenciar a desigualdade entre campos de Poder e romper com a cristalização e a naturalização das desigualdades raciais na sociedade brasileira.
>
> Ao fazer isso, o Movimento Negro Brasileiro revela, põe a nu, o quadro de violência física, material e simbólica a que a população negra está submetida. Por essa razão essa Audiência Pública sobre a constitucionalidade das políticas de ações afirmativas para grupos sociais historicamente excluídos é importantíssima pelos seus resultados no futuro, pelos impactos que poderá produzir no nosso processo histórico de luta pela redução da violência que é o racismo - na realidade, o racismo é a violência em si - e na promoção do desenvolvimento humano, porque o que estamos falando aqui é de humanidade, da humanidade negro-africana que o racismo busca a todo o momento negar. (Cardoso, 2010, p. 289-290).

A Lei de Cotas é a aposta no futuro e na humanidade de todas as partes que compõem o povo brasileiro. A negação da Lei de Cotas é referendar o grande *gatekeeper* da branquitude no Brasil, que escala, controla as portas da violência, da morte, do genocídio negro, indígena e popular e faz questão de desfilar assoviando com as chaves trancafiadas das portas da cidadania plena para todos no Brasil.

A coalizão a favor da Lei de Cotas desprende-se das armadilhas da biologia e da genética lançadas como fontes interpretativas e negacionistas da noção de raça, pela coalizão contra a Lei de Cotas. Sueli Carneiro mostra isso por meio de um caso de antissemitismo no Brasil, que chegou ao próprio STF.

> O caso Siegfried Ellwanger, condenado pelo crime de racismo por edição de obra antissemita, é emblemático nessa direção. Ele ofereceu a oportunidade para que o STF debatesse e examinasse o sentido da noção de raça. Na ementa do acórdão dessa ação, o STF explicita que:
>
> "A divisão dos seres humanos em raças resulta de um processo de conteúdo meramente político-social. Deste pressuposto origina-se o racismo, que, por sua vez, gera a discriminação e o preconceito segregacionista."
>
> As diversas manifestações dos Ministros nesse caso reafirmaram com absoluta pertinência que a racialidade não está assentada em determinações biológicas. O Excelentíssimo Ministro Gilmar Mendes defendeu que a Constituição compartilha o sentido de que "o racismo configura conceito histórico e cultural assente em referências supostamente raciais, incluído aí o antissemitismo".
>
> Em consonância, o então Ministro do STF Nelson Jobim recusou o argumento da defesa de Ellwanger segundo a qual judeus seriam povo e não raça, portanto não estariam ao abrigo do crime de racismo conforme a Constituição. Por sua vez, a Ministra Ellen Gracie cunhou uma interpretação da maior importância para o entendimento das relações raciais no Brasil. Disse ela: "é impossível, assim me parece, admitir-se a argumentação segundo a qual se não há raças, não é possível o delito de racismo". (Carneiro, 2010, p. 301-302).

Logo, não haveria racismo no Brasil, pois não haveria raça. É essa armadilha, parte do código de crenças da coalizão contra a Lei de Cotas, que Sueli Carneiro desmonta. Sueli Carneiro reconhece a própria disputa entre as coalizões pela Lei de Cotas no Brasil,

> Então, Senhor Ministro, entendemos que o que está em jogo, no debate sobre as cotas, são duas perspectivas distintas de nação e dois projetos distintos de nação. Em cada um deles, como esta audiência tem demonstrado, encontram-se negros e brancos de diferentes extrações sociais de campos políticos, ideológicos, semelhantes ou concorrentes. (Carneiro, 2010, p. 303).

Para Sueli Carneiro, a coalizão contra a Lei de Cotas aponta para o passado, ao passo que a coalizão a favor da Lei de Cotas aponta para o futuro do Brasil. Ao reivindicar o passado, como harmonia racial, expressa a crença na cota do privilégio branco, "Expressão da nostalgia de uma estrutura social que assegura, a tal ponto, o conforto de uma posição branca dominante, que o branco e só ele pode se dar ao luxo de afirmar que a raça não importa" (Carneiro, 2010, p. 303), Sueli Carneiro cita textualmente Contardo Calligaris.

Sueli Carneiro afina as crenças da coalizão a favor da Lei de Cotas: "[...] o país foi capaz de construir a mais bela fábula de relações raciais é capaz de transformar este mito numa realidade de conforto nas relações raciais para todos e para todas" (Carneiro, 2010, p. 304). Mesmo que nas notas taquigráficas o epílogo da fala de Sueli Carneiro apareça "sem som", portanto sem registro taquigráfico, cabe aqui destacá-lo, como fez Bianca Santana (2021, p. 251):

> E num esforço cívico de tamanha envergadura, as cotas para negros, mais do que uma conquista dos movimentos negros, são parte essencial da expressão da vontade política da sociedade brasileira para corrigir injustiças históricas e contemporâneas que permitem que talentos, capacidades, sonhos e aspirações sejam frustrados por processos de exclusões que comprometem o nosso processo civilizatório.

Sueli Carneiro traz o tema da justiça distributiva e reforça as crenças em políticas públicas da coalizão a favor da Lei de Cotas, da tópica da igualdade substancial até a ascensão social. Não de forma isolada, mas vinculada em sua argumentação, com a dimensão estrutural, pois a expositora explorou o tema da abolição inconclusa e do conforto da branquitude, em contraste.

Desse modo, a hipótese do contrato racial fundador da nação se plasma no curso político do jogo duro entre as coalizões nas arenas institucionais. Parcela significativa dos brancos no Brasil não assinam embaixo o contrato racial originário no país, da Constituição de 1824 e seus ecos institucionais, como Fábio Konder Comparato, que falou em nome da EDUCAFRO, dos N*MS. Esses brancos aliados estão na coalizão a favor da Lei de Cotas, na coalizão do futuro, na coalizão das crianças negras, indígenas, populares, das crianças da escola pública, periféricas, que sonham desde cedo com a universidade no Brasil.

Sueli Carneiro, pode-se dizer sem peias, tabela com Gonzaguinha de *O que é o que é*, Martinho da Vila, no samba *O Pequeno Burguês*, com Nina Simone em *Young, Black and Gifted*, o que revela que a coalizão a favor da Lei de Cotas tabela com um futuro de dignidade para o Brasil e suas novas gerações.

O Brasil retém, por conta das heranças de uma sociedade escravocrata e suas lentas mutações, um sofrimento que é grande demais e vem escrito nos tempos, cuja violência social, medido pelo número de homicídios por cem mil habitantes, é índice objetivo. Isso mostra que há uma semeadura social, pela via das políticas públicas paridas dentro dos subsistemas, como o de educação, fora deles, na disputa entre subsistemas, na política no Brasil, que não é pedra artificial, tem curso em fértil terreno, feito sementeira das boas, mas, como o conjunto das hipóteses desta obra abriga está sujeito não ao indeterminismo dos fenômenos, das ontologias naturais, mais aos encontros humanos no território, como aquele do beco dos caboclos em Jacarezinho. A política pública de cidadania plena no Brasil enfrenta as balas do cotidiano violento de antiga plantação racial. Mas há que continuar a regar as sementes.

Com tristeza, indícios subjetivos e objetivos apontam a política de educação como caso de polícia, discutida por procuradores, juízes e advogados, com certeza, todos cheios das melhores intenções. Assim, a realidade brasileira tensiona a teoria à procura de teoria, mesmo de teoria em política pública. Na hora dura da história do Brasil veio em socorro Guerreiro Ramos e a teoria em política pública aqui vista. Assim, o modelo ACF, seus limites, dá asas para novas teorizações, como a redução em política pública.

Os argumentos vistos informam a configuração de um projeto racial que não permite conviver com uma política de cotas para o acesso ao ensino superior público no Brasil. Esses argumentos, caso colocados em relação com projetos raciais distintos para o Brasil, poderão revelar-se como fortunas ou como misérias argumentativas. Em função dessa força argumentativa ou fraqueza argumentativa, poderá se falar da audiência pública no STF como um episódio de mudança significativa na política pública para o acesso à universidade no Brasil ou não, paradoxalmente.

O então deputado federal Florestan Fernandes, em 1995, tentara emplacar, sem sucesso, emenda constitucional sobre o direito racial negro e indígena nas políticas públicas, nas pistas deixadas pela tentativa de alterar a legislação racial legadas pelo deputado federal Abdias do Nascimento, no processo histórico dos 100 anos da abolição inconclusa em 1983 e pelo vazio constitucional deixado pela CF-88. Em 2018, nos 30 anos da Constituição Federal, o avanço dos direitos civis no Brasil se percebeu menor do que a inércia histórica advinda do contrato racial, desde 1824.

O debate no STF, que ao fim sinalizou vitória da Coalizão à Favor da Lei de Cotas, sustentou a hipótese desta obra da força do contrato racial como impeditivo do avanço do direito negro, do direito indígena, da escola pública, dos pobres à universidade no Brasil. Mas também, como alertou Sueli Carneiro, a importância da solidariedade de parcela da branquitude que não assina embaixo o contrato racial da branquitude que ensimesma o Brasil, condição para que o STF não destoasse da Comissão de Constituição e Justiça da Câmara dos Deputados, que, em fevereiro de 2006, reconheceu a constitucionalidade da Lei de Cotas, a primeira vez na história do Brasil onde o Congresso ouviu a voz da igualdade substancial em detrimento da voz da igualdade meramente formal.

10

CONSIDERAÇÕES FINAIS: A LEI DE COTAS É O MODELO BRASILEIRO

As becas, símbolos do protesto dos sem universidade contra a exclusão da universidade no começo do XXI no Brasil passaram a ser usadas pelos formandos da Lei de Cotas. A que perguntas esse fato simbólico maior remete? São pretos, pardos, indígenas, brancos, oriundos da escola pública, pobres que estão de becas no Brasil. São negros e negras e não estão na métrica do ódio propalado, mas do direito conquistado com muito suor. Qual a relação entre as becas feitas na periferia, símbolos de luta dos movimentos sociais e as becas da conquista do diploma na universidade, que circulam nas notícias, na internet? São becas de verdade nos dois casos, não são mero vetor de ostentação. Trata-se de capital cultural conquistado e não dado como presente. A que fenômeno social novo no Brasil remete isso?

Este estudo buscou a percepção desse fenômeno, em labuta ardida, extenuante e rigorosa, como presa a melhor pesquisa científica mundial. Parece que o fenômeno é óbvio. Cai de maduro. Mas não é. Ele é simples, porém denso e nebuloso, logo complexo, de parto lento e dolorido.

Seu primeiro movimento consagra-se na coalizão social a favor da Lei de Cotas. A presença na história social da educação brasileira dos negros, das negras, dos indígenas, dos pobres, dos analfabetizados e seus descendentes, como se vê no século XIX e ao longo do século XX, na relação entre a sociedade brasileira heterogênea e o Parlamento brasileiro, a casa das leis, nas variadas disputas de políticas de educação que este estudo percorreu pacientemente foi muitas vezes invisível e marginalizada. O fenômeno social estudado indica um duro combate pelo direito à universidade no século XXI no Brasil tocado pelos novíssimos movimentos sociais, de baixo para cima, da periferia, dos cursinhos populares até Brasília.

Imagem 296 – O Hino Nacional do Brasil é cantado em coro e o fogo do conhecimento passa de mão em mão na quadra dos bancários sempre lotada em mais um encontro dos sem universidade na Rua Tabatinguera, centro de São Paulo (1)

Fonte: Arquivo MSU

Imagem 297 – O Hino Nacional do Brasil é cantado em coro e o fogo do conhecimento passa de mão em mão na quadra dos bancários sempre lotada em mais um encontro dos sem universidade na Rua Tabatinguera, centro de São Paulo (2)

Fonte: Arquivo MSU

Imagem 298 – O Hino Nacional do Brasil é cantado em coro e o fogo do conhecimento passa de mão em mão na quadra dos bancários sempre lotada em mais um encontro dos sem universidade na Rua Tabatinguera, centro de São Paulo (3)

Fonte: Arquivo MSU

Imagem 299 – O Hino Nacional do Brasil é cantado em coro e o fogo do conhecimento passa de mão em mão na quadra dos bancários sempre lotada em mais um encontro dos sem universidade na Rua Tabatinguera, centro de São Paulo (4)

Fonte: Arquivo MSU

Se, nas coalizões sociais anteriores que se formaram, vinculadas às disputas de políticas de educação no Brasil, no século XX, a questão racial, a questão indígena, a escola pública, os pobres enquanto agentes políticos eram elementos marginais do discurso, apenas objetos de discursos rebuscados muitas vezes, onde eram, não raro, colocados como aliados marginais passivos ou decorativos, agora, no século XXI, o fenômeno estudado indica uma nova situação na história do Brasil.

O óbvio das análises simplistas não se instala como superanálise sobre o fenômeno em estudo, como uma espécie de imperativo categórico paternalista. Por que isso? Ora, por vários governos na redemocratização a oportunidade histórica foi dada para a ação do executivo. Como houve o câmbio, em termos lineares no tempo, de seis governos, é difícil imaginar que a vontade exclusiva do governante, sob a égide do presidencialismo de coalizão, não conseguiria de per si parir a Lei de Cotas. Então, nesse caso, o protagonismo não é mesmo do executivo *tout court*, isso evidencia a história do Brasil.

Logo, será do legislativo? O longo tempo, os variados mandatos, as votações simbólicas indicam rumo contrário, isto é evidente também.

Então, as teorias que escalam a peleja entre o executivo versus o legislativo nas disputas pelo protagonismo no parto das leis no Brasil têm pontos cegos? Sim. O principal deles advém da tradição autoritária da cultura política brasileira: o esquecimento da soberania popular e seus desdobramentos. O esquecimento da fonte mesma do poder legítimo democrático na base da sociedade e seus rituais de fazer política como cidadania cotidiana vivida nos corpos, nas casas, no trabalho, na escola pública, nos sonhos, não só na hora do voto. Aqui, não obstante as exceções, fazem coro a academia, o executivo, o legislativo, a burocracia, os deuses do marketing, que propagandeiam os governos à nação real a um bom soldo e quase sempre desaparecendo com o conflito e a tensão de uma das sociedades mais desiguais socialmente, racialmente no mundo ou então emudecendo como a praxe histórica do poder.

No episódio histórico da Lei de Cotas, essa obra multidisciplinar, interdisciplinar, ancorada no modelo de coalizão de defesas para políticas públicas (ACF), no institucionalismo histórico, na redução sociológica em política pública, na cartografia das relações étnico-raciais, em paralelo com a sociologia política e a história nos estudos sobre a abolição, percebeu e evidenciou, na pugna longa e dura, no conflito no Parlamento brasileiro, a vitória da coalizão a favor da Lei de Cotas. Dentro da coalizão, foi evidente o protagonismo dos novíssimos movimentos sociais, destacadamente o MSU e a EDUCAFRO, desde dentro da dor da violência da exclusão da universidade no Brasil, como fio condutor perene da luta, do começo ao fim, do chão dos cursinhos populares ao chão do parlamento. Fazendo política o tempo todo, com P maiúsculo, os movimentos sociais operaram na coalizão favorável à Lei de Cotas o tempo todo em um arranjo suprapartidário, o que lhes levou à vitória. A coalizão dos pés descalços, uma coalizão antirracista e não governada por uma identidade predatória, abrigou a maior variedade de forças sociais vivas e ativas possível, tanto na sociedade brasileira quanto no Congresso Nacional, visíveis e invisíveis, juntas no movimento negro, no movimento indígena, na defesa da escola pública.

Para demorar tanto tempo para ser aprovada, a Lei de Cotas foi açoitada e acorrentada no parlamento pela força da coalizão contra a Lei de Cotas, que juntou grande parte da intelectualidade brasileira, os oligopólios midiáticos, os interesses comerciais na educação, a extrema direita e seus aliados, grande parte da branquitude, unidos pelo núcleo profundo de crenças no *status quo*, na igualdade formal, na superioridade intelectual, na munição potente da indiferença; tal núcleo de crenças foi coberto pela defesa da cota do privilégio branco na universidade pública ou cota histórica da branquitude no Brasil; que ganhou, ainda, uma camada externa de crença: a distinção.

Ao passo que a coalizão a favor da Lei de Cotas manteve-se unida pela crença profunda no respeito, na liberdade, na igualdade racial, material e intelectual; seguida pela crença na defesa do direito da escola pública à universidade pública, pela defesa da escola pública como bem republicano para a nação brasileira; o que ganhou ainda, na desigual sociedade brasileira, uma camada externa de crença: a crença na importância da ascensão social e da justiça distributiva.

O protagonismo do MSU e da EDUCAFRO, dos novíssimos movimentos sociais, só foi possível pelo protagonismo que tiveram na conquista do sistema público de bolsas de estudos em instituições privadas (PROUNI), o que lhes rendeu visibilidade e trânsito na sociedade e no Congresso Nacional do começo ao fim da longa contenda da Lei de Cotas.

Os N*MS foram bater às portas do Parlamento brasileiro, porque esse é o ensinamento da história do Brasil para as coalizões sociais por respeito e dignidade, uma vez que as portas das universidades estavam fechadas para os sem universidade. Assim como andou até o Carandiru para que o lugar virasse uma universidade pública, a coalizão dos pés descalços andou até Brasília.

Apesar do peso relativo das experiências regionais (BA, RJ, DF, MS), a força catalisadora veio de uma função de aprendizado de política pública anterior no âmbito federal: o sistema público de bolsas de estudos em instituições privadas (PROUNI), uma enorme conquista dos N*MS. Caso a nação não abrisse um veio equivalente ao PROUNI para as universidades públicas, o Brasil estaria direcionando seus negros, suas negras, pobres, indígenas, oriundos de escola pública, para um único endereço: a universidade privada, o que repovoaria o imaginário da subcidadania, do cidadão de segunda classe, do divórcio entre a nação e o povo, o Estado e a nação. Se há uma regra para o universo privado, por que não para o público, cobraram duramente do Parlamento, no Senado Federal, os N*MS, o MSU, a EDUCAFRO, a coalizão dos pés descalços.

O acordo suprapartidário construído pelos N*MS, pela coalizão dos pés descalços, no âmbito da Comissão de Educação, em 2005, a ultrapassagem da barreira da "igualdade formal" na tormentosa Comissão de Constituição Justiça e Cidadania da Câmara dos Deputados na convocação extraordinária do Congresso Nacional do Brasil de fevereiro de 2006 e o acordo entre os N*MS, a ANDIFES e o Ministério da Educação, em 2006, depois da vitória na CCJC, selaram os passos decisivos para a ampliação da presença das Lei de Cotas nas universidades federais, além dos rumores do *status quo* das universidades e suas torres de marfim. Logo, foi a luta da coalizão dos pés descalços pela aprovação da Lei de Cotas no parlamento no começo de 2006 que refletiu na mudança e adesão à Lei de Cotas em algumas universidades públicas antes de 2012, não o contrário.

Prova de que a velocidade com que é tratada a questão social no Brasil importa em política pública redistributiva e para a sobrevivência da democracia. Pela força social da coalizão contra a Lei de Cotas dentro das universidades, nesse caso, o direito à universidade foi tratado com uma velocidade muito aquém da necessidade política objetiva. Por outro lado, a ausência da sociedade brasileira da arena do Congresso Nacional ou retarda mais uma mudança significativa em política pública ou a aliena dos reais processos em disputa numa legislação.

A ausência de comprometimento financeiro na letra do projeto de Lei de Cotas facilitou o seu trajeto longo até a aprovação. O Brasil nunca mais será o mesmo depois da aprovação da Lei de Cotas. Não no sentido de qualquer métrica do ódio, mas no sentido da integração do negro, da negra, do indígena, em sua plenitude de direitos na sociedade brasileira. A voz da maioria chegou forte por intermédio da coalizão a favor da Lei de Cotas no Congresso Nacional, da voz da coalizão dos pés descalços. Essa voz ecoou e gerou o consenso suprapartidário.

Foi um processo de longa maturação, em que o legislativo em interação com a coalizão social a favor da Lei de Cotas, com a coalizão dos pés descalços, legislou autonomamente e soube construir progressivos consensos, respeitando inclusive as experiências subnacionais e os compromissos internacionais do Brasil. Como atores dentro da coalizão social a favor da Lei de Cotas, os N*MS, como o MSU e a EDUCAFRO, tiveram preponderante papel de exercício legítimo da pressão popular sobre o Parlamento, fazendo política, mostrando a arte da política do ponto de vista da coalizão dos pés descalços.

Por ser um direito defendido no vasto território brasileiro por um conjunto plural de vozes, a Lei de Cotas emergiu de muitos quilombos, de muitas aldeias, de muitas escolas públicas, que de um modo ou outro conseguiram fazer chegar até o Parlamento a dor da exclusão da universidade pública e da escola técnica para o negro, a negra, o indígena, o pobre, a escola pública. A história do Brasil nunca mais será a mesma. Nabuco dizia que a abolição tinha que ser feita no Parlamento e não nos quilombos. Os quilombos modernos presentes na coalizão social a favor da Lei de Cotas no Brasil, a coalizão dos pés descalços, pisaram o Parlamento, com muito diálogo, pertinácia e luta, para fazer, sim, uma nova abolição, porque aquela outra ficou inconclusa no tempo e muitos dissabores deixou.

A negociação no Parlamento indicou a força da soberania popular sobre qualquer privilégio no Brasil e indica os passos necessários a serem trilhados para a conquista de outros direitos historicamente negados aos negros, às negras, aos indígenas e pobres do Brasil.

Se a abolição inconclusa de 1888 foi feita sob a ausência de democracia, a Lei de Cotas foi vitoriosa num quadro de democracia ampliada no Brasil, em que a intensa participação social, as conferências temáticas, a luta decidida por direitos encheram de alegria muitos lares do Brasil que sonham em ver seus filhos e filhas nas melhores universidades que este país possui.

Em relação à guerra permanente dentro do Brasil, o Vietnã por ano brasileiro se viu em todo período da Lei de Cotas, o crescimento do encarceramento, a alta taxa de homicídios de jovens negros, essa guerra mortal facilitou a vida da coalizão contra a Lei de Cotas, à medida que tirou do jogo do conhecimento gerações de jovens, principalmente nos territórios pretos e vermelhos, a guerra também serviu de pretexto para a petrificação dos lugares, os estigmas, o racismo, a segregação. Mas, por meio da ação dos N*MS, a guerra também é vista pela metáfora da vida, das pessoas da periferia que saíram do meio da guerra para guerrear pela aprovação da Lei de Cotas, participar da coalizão dos pés descalços para derrotar a guerra em seus territórios e alimentar o sonho de um Brasil integrado, como foi o caso de Cidade Tiradentes, não só. Em muitas aldeias indígenas os sobreviventes foram para as universidades. Em certo sentido, a guerra foi vivenciada dentro do próprio Parlamento. Guerra para gerar vida e igualdade real.

A hipótese da força do contrato étnico-racial que deu origem ao Brasil, seja 1824, seja 1891, se verificou no curso da Lei de Cotas, onde para a coalizão contra a Lei de Cotas parecia que negros, negras, indígenas, pobres, escola pública tinha um lugar fixo, subalterno de poder, previamente definido teleologicamente na história. Contra isso, a coalizão a favor da Lei de Cotas, a coalizão dos pés descalços, no chão do Parlamento enfrentou momentos violentos, mas souber construir a vitória. Os depoimentos de relatores da Lei de Cotas confirmam essa hipótese e o quanto a Lei de Cotas muda isso.

No caso da democracia, da competição eleitoral gerada pela democracia e da qualidade da democracia, essa hipótese reforça a ideia da importância da democracia como condição para o livre debate de ideias e a aprovação e cumprimento da Lei de Cotas pelo Parlamento e pelas universidades. Só marginalmente, no entanto, o tema da Lei de Cotas apareceu nas eleições que ocorreram no longo período de seu curso. Por conta da baixa presença de negros e indígenas no Parlamento, ou seja, uma baixa qualidade da democracia em relação ao perfil geral da população, a Lei de Cotas teve mais dificuldade para ser aprovadas, logo há razões democráticas seriíssimas na aprovação da Lei de Cotas, bem como há também operando os limites de sua qualidade em termos de representação. O senador Paulo Paim deixou explícito esse ponto em sua entrevista.

Apesar do esconde-esconde da Lei de Cotas nas eleições, apesar do canto do galo da coalizão contra a Lei de Cotas, a única pesquisa de opinião feita mostrou uma maioria favorável, de novembro de 2008, sendo otimista, logo, o leitor mediano, que no Brasil é, na verdade, a eleitora mediana, mulher, negra, é a favor da Lei de Cotas, porque seu filho, sua filha estuda em escola pública, seu filho, sua filha são negros, logo, em termos otimistas, a Lei de Cotas por dialogar com amplas maiorias sociais no Brasil, tem a preferência do eleitor mediano, o que não invalida a força das trombetas do racismo nos ouvidos do eleitor mediano. Os parlamentares brasileiros não foram contra a maioria das famílias brasileiras que têm 88% de presença nas escolas públicas, nem contra mais da metade da população brasileira, a população negra. Isso não significa que o racismo acabou, pelo contrário, o bem também alimenta o ódio. Assim, a hipótese do eleitor mediano favoreceu o comportamento dos parlamentares como favoráveis a Lei de Cotas, como visto nas 283 assinaturas de apoio a Lei de Cotas obtidas pela coalizão a favor da Lei de Cotas na Câmara dos Deputados, pelos N*MS.

Quanto à hipótese da presença das forças de esquerda no governo, a obra indica que sim, isso foi importante, mas sem exclusividade, sem suficiência isoladamente. O que se viu foi um diálogo com diferentes partidos políticos, diálogo provocado pela ação política contundente da coalizão dos pés descalços no Parlamento, o que garantiu o caráter suprapartidário da Lei de Cotas.

Em relação à hipótese seis, sobre a relevância da ação dos movimentos sociais no Parlamento, esta obra corrobora essa hipótese, com vasta documentação e sustenta que os movimentos sociais, especificamente os N*MS, caso do MSU e da EDUCAFRO, por estarem diretamente ligados à pauta e atuando no chão do Parlamento em todo o longo período da tramitação, os N*MS, conforme os documentos, conforme a ratificação da unanimidade dos relatores, lideraram a coalizão a favor da Lei de Cotas, a coalizão dos pés descalços, até a vitória no Parlamento dando cordas ao relógio parado no tempo do direito à universidade no Brasil.

A razão econômica, seja na publicidade, seja nos órgãos públicos, seja nas empresas, em especial nos grandes oligopólios de comunicação dominantes no Brasil agiu como uma função inversa contra a maioria da cidadania brasileira, afirmando a cota da branquitude, a cota do *status quo*. Variados produtos, de imagens a condomínios, de propaganda paga até o financiamento das campanhas eleitorais, foram importantes elos para retardar tanto a aprovação do sistema público de bolsas de estudos em instituições privadas (PROUNI), como a Lei de Cotas, onde o peso opressor do *status quo* buscou esmagar o Brasil real. Assim como muitos órgãos de comunicação, porta-vozes de seus anunciantes econômicos, revisaram sua opinião com relação ao apoio a ditadura militar e civil no Brasil, em termos otimistas, espera-se que revejam o comportamento que tiveram no curso da Lei de Cotas. Irracionalmente, pode-se dizer, pois, contra a maioria da população brasileira, a razão econômica agiu no período de tramitação da Lei de Cotas como ponta de lança da coalizão contra a Lei de Cotas, indo ao baile com as mais terríveis caveiras que a história do Brasil produziu.

Em termos da hipótese de Romualdo Portela de Oliveira, sobre o fluxo e a pressão do fluxo dos concluintes do ensino médio sobre o ensino superior, essa hipótese se mostrou necessária mas insuficiente para explicar a Lei de Cotas, pois por todo o tempo da tramitação da lei uma maioria bateu às portas das universidades e elas se mantiveram fechadas, onde os mortos dessa maioria, simbolicamente, chegaram até a ser enterrados nas portas dessas universidades tamanha a falta de resposta em termos de política pública. Tristemente, pela quebra de uma cadeia de otimismo, infelizmente, as próprias estatísticas do ensino médio permaneceram estagnadas e até regrediram em termos de normalidade de fluxo.

Com relação à hipótese nove, das razões específicas para mudança significativa em política pública, a inteireza praticamente dessa hipótese se verificou, disso deriva a ocorrência de uma mudança estrutural em política pública. Isso pode não estar 100% alinhavado com as entranhas dessa hipótese baseada numa visão lenta e cumulativa em política pública, conforme os fundamentos teóricos do modelo ACF bebidos da filosofia da ciência, de Lakatos e seguidores.

Ocorre que esta obra faz a opção pela redução em política pública e identifica a palavra "mudança de paradigma", presente em várias manifestações dos N*MS sobre o que Lei de Cotas quer dizer, por isso a mudança estrutural em política pública, homenagem à obra de Guerreiro Ramos. Sim, isso expõe também o diálogo direto com a superação das "chagas da escravidão", de que fala o senador Paulo Paim, mas também da abolição inconclusa. A perturbação do subsistema de educação, o aprendizado advindo tanto das experiências subnacionais como do sistema público de bolsas em instituições privadas (PROUNI), o acordo de fevereiro de 2006 dentro do subsistema, o PL 73/99 como carro-chefe da Lei de Cotas na Câmara, tudo isso agregou forças para que o respeito, a humildade e a vergonha na cara derrotassem a indiferença, a cota da branquitude, a democracia racial como consolo ficcional de fuga da violência racial de um Vietnã por ano no Brasil.

Assim, dentro da política pública, de sua racionalidade plural, a coalizão dos pés descalços agregou força política, maioria parlamentar e liderança social que traduz em grande medida o que é coalizão em política pública para superar desigualdades enraizadas. Assim, a complexidade em política é um conjunto maio que o conjunto das políticas públicas ou de uma só política pública analisada, mas muito mais foi necessário no chão do Parlamento, logo, a hipótese nove se sustenta nesta obra.

Esta obra é o enterro do tópos "Brasil como país do futuro". A Lei de Cotas é o novo Brasil do presente sempre presente nos lares, nas periferias, nas aldeias, nas escolas públicas, na universidade pública gratuita e de qualidade.

Esta obra é um argumento a favor do Brasil, da maioria, principalmente das crianças negras, indígenas, da escola pública, brancas, dos pobres, da superação de vez da desigualdade pela força histórica que o conhecimento gera. A Lei de Cotas é a revolução pacífica em curso no Brasil. O exemplo virtuoso e singular brasileiro para o mundo. Em que pese litanias restritas em torno da palavra "ação afirmativa", em que pese a mão grande do dinheiro sempre apontar o dedo para o "foco" em política pública, concluímos, com os instrumentos teóricos deixados por Guerreiro Ramos, que a Lei de Cotas não se prende a essas amarras forâneas, muitas vezes onipresentes, de discursos acadêmicos a discursos políticos e midiáticos, pois a cidadania política plena clamada pela coalizão dos pés descalços vai noutra direção. A vitória da coalizão dos pés descalços expõe ao mundo a Lei de Cotas, o modelo brasileiro para a integração do negro, da negra, dos povos indígenas, da escola pública, dos brancos, dos pobres na universidade pública brasileira, como iguais na nação muito rica. É porque esse novo Brasil, esse sonho vivo precisa ser alimentado no presente da passagem do bastão da vida de geração para geração que a Lei de Cotas veio para ficar.

Imagem 300 – Convocados em reconhecimento em sessão especial na Comissão de Direitos Humanos e Participação Legislativa do Senado Federal exclusivamente para tanto, pelo seu presidente Senador Paulo Paim (PT-RS), a coalizão dos pés descalços, os N*MS, o MSU e a EDUCAFRO comemoram a conquista da Lei de Cotas no Brasil

Fonte: Arquivo MSU

REFERÊNCIAS

ABICALIL, Carlos. **Substituto do relator**. Brasília: Câmara dos Deputados, Comissão de Educação e Cultura, 21 set. 2005.

ABRANCHES, Sérgio Henrique Hudson de. Presidencialismo de Coalizão: o dilema institucional brasileiro. **Dados** – Revista de Ciências Sociais, Rio de Janeiro, v. 31, n. 1, p. 5-34, 1988.

ACEMOGLU, Daron; ROBINSON, James A. Why did the west extend the franchise? Democracy, inequality, and growth in historical perspective. **The Quartely Journal of Economics**, p. 1167-1199, Nov. 2000.

ACEMOGLU, Daron; ROBINSON, James A. The rise and decline of general laws of capitalism. **Journal of Economic Perspectives**, v. 29, n. 1, p. 3-28, 2015.

ALBERTI, Verena; PEREIRA, Amilcar Araujo. **Histórias do movimento negro no Brasil**: depoimentos ao CPDOC. Rio de Janeiro: Pallas; CPDOC-FGV, 2007.

ALBERTO, Luiz. **Voto do relator**. Brasília: Câmara dos Deputados, CCJC, 18 jan. 2006.

ALBUQUERQUE, Wlamira R. de. **O jogo da dissimulação**: abolição e cidadania negra no Brasil. São Paulo: Companhia das Letras, 2009.

ALENCASTRO, Luis Felipe. **O trato dos viventes**: formação do Brasil no Atlântico Sul. São Paulo: Companhia das Letras, 2000.

ALMEIDA, Alexandre de. **Música Skinhead White Power brasileira**: guia de referência. 2017. Tese (Doutorado em História Social) – Faculdade de Filosofia, Letras e Ciências Humanas, Universidade de São Paulo, São Paulo, 2017.

ALMEIDA JÚNIOR, Antônio Ribeiro. **Anatomia do trote universitário**. São Paulo: Hucitec Editora, 2016.

ALMEIDA, José Ricardo Pires de. [1889]. **Instrução pública no Brasil (1500-1889)**: História e Legislação. Tradução de Antonio Chizzotti. Edição Crítica de Maria do Carmo Guedes. São Paulo: Editora da PUC-SP/ INEP, 2000.

ALMEIDA, Sílvio Luiz de. **Racismo Estrutural.** São Paulo: Editora Jandaíra, 2019.

ALONSO, Angela. O abolicionismo como movimento social. **Novos Estudos**, CEBRAP, n. 100, p. 115-127, 2014.

ALONSO, Angela. **Flores, votos e balas**: o movimento abolicionista brasileiro (1868-88). São Paulo: Companhia das Letras, 2016.

ALVES, Ormuzd. Protesto. **Jornal Folha de São Paulo**, São Paulo, p. C6, 20 dez. 2001.

AMERICAN ANTHROPOLOGICAL ASSOCIATION. Statement on Human Rights. **American Antropologist**, Estados Unidos da América do Norte, v. 29, n. 4, 1947.

ANDERSON, Benedict. **Comunidades imaginadas**. São Paulo: Companhia das Letras, 2008.

ANDERSON, Perry. **Afinidades seletivas**. São Paulo: Boitempo editorial, 2002.

ANGELL, Norman. [1910]. **A grande ilusão.** Brasília: Editora da UnB, 2002.

APPADURAI, Arjun. **O medo ao pequeno número**: ensaio sobre a geografia da raiva. Tradução de Ana Goldberger. São Paulo: Editora Iluminuras, 2009.

ARAGÃO, Murillo de. **Grupos de pressão no congresso nacional**. São Paulo: Editora Maltese, 1994.

ARAÚJO Ana Valéria (org.). **Povos Indígenas e a Lei dos "Brancos"**: o direito à diferença. Brasília: MEC, SECAD: LACED/Museu Nacional, 2006.

ARAÚJO FREIRE, Ana Maria. **Paulo Freire**: uma história de vida. Indaiatuba: Villa das Letras, 2006.

ARRETCHE, Marta. **Democracia, federalismo e centralização no Brasil**. São Paulo: FGV Editora, 2012.

ARRETCHE, Marta. Federalism, bicameralism and institutional change: exploring correlations and mechanisms. **Brazilian Political Science Review**, v. 4, n. 2, p. 10-31, 2010.

ARRUDA, Roldão. Intelectuais fazem livro contra política de cotas. **O Estado de São Paulo**, São Paulo, A13, 6 maio 2007.

ASSANGE, Julian *et al.* **Cypherpunks**: liberdade e o futuro da internet. São Paulo: Boitempo, 2013.

ASSEMBLEIA LEGISLATIVA DO MATO GROSSO DO SUL. **Aprovado o projeto de cotas para índios na UEMS.** Assessoria de imprensa, Campo Grande, 10 dez. 2002a. Disponível em http://www.al.ms.gov.br/Noticias/45762/aprovado-o-projeto-de-cotas-para-indios-na-uems. Acesso em: 1 nov. 2018.

ASSEMBLEIA LEGISLATIVA DO MATO GROSSO DO SUL. **Cotas para negros é aprovada em primeira votação.** Assessoria de imprensa, Campo Grande, 10 dez. 2002b. Disponível em http://www.al.ms.gov.br/Noticias/45763/cota-para-negros-e-aprovado-em-1-veja-projeto, acessado em 1 nov. 2018.

AZEVEDO, Célia Marinho. **Onda Negra, Medo Branco.** Rio de Janeiro: Paz e Terra, 1987.

AZEVEDO, Fernando de. **A transmissão da cultura**. São Paulo: Melhoramentos, 1976.

AZEVEDO, Fernando de *et al.* [1959]. **Manifesto dos educadores**: mais uma vez convocados, manifesto ao povo e ao governo. Brasília: Ministério da Educação: Fundação Joaquim Nabuco, 2010. p. 67-99.

AZEVEDO, Fernando de *et al.* [1932]. **O manifesto dos pioneiros da educação nova (1932)**: a reconstrução educacional no Brasil, ao povo e ao governo. Brasília: Ministério da Educação: Fundação Joaquim Nabuco, 2010. p. 32-66.

AZOLA, Fabiano André Atenas. **A Guerra dita Justa que nunca acabou**: uma contra-história Krenak. 2021. Dissertação (Mestrado) – Faculdade de Filosofia, Ciências Humanas e Letras, FFLCH-USP, São Paulo, Universidade de São Paulo, 2021.

BACHRACH, Peter; BARATZ, Morton S. Two faces of power. **The American Political Science Review**, v. 56, ISSUE 4, p. 947-952, Dec. 1962.

BARBOSA, Andrea. Fotografia, narrativa e experiência. *In:* BARBOSA, Andrea *et al.* A experiência da imagem na etnografia. São Paulo: Fapesp/Terceiro Nome, 2016.

BARBOSA, Márcio (org.) **Frente Negra Brasileira:** depoimentos. São Paulo: Quilombhoje, 1998.

BARBUJANI, Guido. **A invenção das raças**: existem mesmo raças humanas? Diversidade e preconceito racial. São Paulo: Editora Contexto, 2007

BARROS, Ricardo Paes de; HENRIQUES, Ricardo; MENDONÇA, Rosane. Desigualdade no Brasil: retrato de uma estabilidade inaceitável. **Revista Brasileira de Ciências Sociais**, v. 15, n. 42, p. 123-142, fev. 2000.

BASTIDE, Roger. **Brasil terra de contrastes.** São Paulo: Difusão Européia do Livro, 1959.

BASTIDE, Roger; FERNANDES, Florestan. **Brancos e negros em São Paulo**. São Paulo: Global, 2008.

BENDIX, Reinhard. [1964]. **Construção nacional e cidadania**: estudos de nossa ordem social em mudança. São Paulo: Editora da Universidade de São Paulo (EDUSP), 1996.

BENTO, Maria Aparecida da Silva. **Pactos narcísicos no racismo**: branquitude e poder nas organizações empresariais e no poder público. 2002. 176 f. Tese (Doutorado em Psicologia Escolar e do Desenvolvimento Humano) – Instituto de Psicologia, Universidade de São Paulo, 2002.

BERLORGEY, Jean-Michel. **Lutter contre les discriminations:** strategies institutionnelles et normatives. Paris: Éditions de la Maison des sciences de l'homme, 2001.

BERNARDES, Cristiane. Cotas nas universidades. **Jornal da Câmara**, Brasília, p. 5, 26 abr. 2006.

BERNARDI, Iara. **Voto da relatora**. Brasília: Câmara dos Deputados. Comissão de Constituição, Justiça e Cidadania, 8 fev. 2006.

BERNHAGEN, Patrick. Who Gets What in British Politics – and How? An analysis of media reports on lobbying around government policies, 2001-2007. **Political Studies**, v. 60, p. 557-577, 2012.

BERTÚLIO, Dora Lúcia de Lima. **Direito e relações raciais.** Florianópolis: Editora da Universidade Federal de Santa Catarina, 1989.

BERTÚLIO, Dora Lúcia de Lima. Enfrentamento do racismo em um projeto democrático. *In*: SOUZA, Jessé (org.). Brasília: Paralelo 15 editores e Secretaria dos Direitos da Cidadania do Ministério da Justiça, 1997. p. 189-208.

BEVERWIJK, Jasmim Mathea Rachel. **The Genesis of a system**: coalition formation in Mozambican higher education, 1993-2003. Czech Republic: Unitisk, 2005.

BILDEN, Rûdiger. [1931]. **Relações raciais na América Latina com especial referência ao desenvolvimento de uma cultura nativa.** Texto apresentado na mesa-redonda sobre as relações latino-americanas no Institute of Public Affairs, University of Virgínia, em 1/7/1931. Tradução de Sônia Midori. Virgínia: Universidade de Virgínia: Albert and Shirley Small Collections Library, 2012. p. 383-392.

BINDER, Sarah. The Disfunctional Congress. **Annual Review of Political Science**, 18, p. 85-101, 2015.

BITTAR, Mariluce; CORDEIRO, Maria José de Jesus; ALMEIDA, Carina Elisabeth Maciel de. Política de cotas para negros na Universidade Estadual do Mato Grosso do Sul – um estudo sobre os fatores da permanência. **Série-Estudos** – Periódico do Mestrado em Educação da UCDB, Campo Grande, n. 24, p, 143-156, jul./dez. 2007.

BLOCH, Marc. **Os reis taumaturgos**. São Paulo: Companhia das Letras, 2005.

BOAL, Augusto. [1974]. **Teatro do oprimido.** Rio de Janeiro: Civilização Brasileira, 1991.

BOBBIO, Norberto. **Direita e esquerda**: razões e significados de uma distinção política. São Paulo: Editora Unesp, 1995.

BOBBIO, Norberto. **Direito e Estado no pensamento de Emanuel Kant**. Brasília: Editora da UnB, 1984.

BOBBIO, Norberto. **Igualdade e liberdade**. Rio de Janeiro: Ediouro, 2002.

BOBBIO, Norberto. **Os intelectuais e o poder**: dúvidas e opções dos homens de cultura na sociedade contemporânea. Tradução de Marco Aurélio Nogueira. São Paulo: Editora da Universidade Estadual Paulista, 1997.

BORANG, Frida; EISING, Rainer; KLUVER, Heike; MAHONEY, Christine; NAURIN, Daniel; RASH, Dammel; ROZBICKA, Patrycja. Identify frames: A comparison of research methods. **Revista Interest Groups & Advocacy**, Macmillan Publishers Ltd., v. 3, p. 188-201, 2014.

BORGES, Edson. História, estrutura social de privilégios e ações afirmativas no Brasil. *In*: CHAVES, Rita; SECCO, Carmem; MACÊDO, Tania (org.). **Brasil/África como se o mar fosse mentira**. São Paulo: Editora UNESP; Luanda, Angola: Cha de Caxinde, 2006. p. 179-216.

BORRILO, Daniel (org.). **Lutter contre les discriminations**. Paris: Éditions La Découverte, 2003.

BOURDIEU, Pierre. **A distinção**. São Paulo: Edusp: Zouk, 2007.

BOURDIEU, Pierre. **A economia das trocas simbólicas**. Introdução, organização e seleção de Sérgio Miceli. São Paulo: Perspectiva, 2005.

BOURDIEU, Pierre [1993]. **A miséria do mundo**. 8. ed. Petrópolis: Editora Vozes, 2011.

BOURDIEU, Pierre. **A produção da crença**: contribuição para uma economia dos bens simbólicos. Porto Alegre: Editora Zouk, 2001.

BOURDIEU, Pierre. **Homo Academicus**. 2. ed. Florianópolis: Editora UFSC, 2013.

BOURDIEU, Pierre. [1989]. **O poder simbólico**. Rio de Janeiro: Editora Bertrand Brasil, 1998.

BOURDIEU, Pierre; PASSERON, Jean-Claude. **A Reprodução**. Petrópolis: Editora Vozes, 2004.

BOWEN, William G.; BOK, Derek. **O curso do rio**. Tradução de Vera Ribeiro. Rio de Janeiro: Editora Garamond, 2004.

BOWLES, Samuel. **Microeconomics**: behavior, institutions and evolution. Princeton University Press, 2004.

BRADLEY, David; HUBER, Evelyne; MOLLER, Stephane; NIELSEN, François; STEPHENS, John D. Distributions and redistributions in postindustrial democracies. **World Politics**, v. 55, n. 2, p. 193-228, Jan. 2003.

BRANDÃO, Gildo Marçal. Linhagens do pensamento político brasileiro. **Dados** – Revista de Ciências Sociais, Rio de Janeiro, v. 42, n. 2, p. 231-269, 2005.

BRASIL, Kátia. 500 estudantes fazem protesto em audiência do MEC em Manaus. **Jornal Folha de São Paulo**, São Paulo, p. C5, 24 jun. 2004.

BRESSER-PEREIRA, Luis Carlos. O colonialismo cultural, **Folha de São Paulo**, A12, São Paulo, 1 ago. 2011.

BRITO, Tatiana Alves. **A pauta da educação no Senado Federal**. Brasília: Instituto Israel Pinheiro: Campanha Nacional pelo Direito à Educação, 23 set. 2013.

BRONDI, Paulo de Tharso. Escravidão. Painel do Leitor. **Folha de S. Paulo**, 11 abr. 2010.

BURKE, Edmund. [1790]. **Reflexões sobre a revolução em França.** Tradução de Renato de Assumpção Faria, Denis Fontes de Souza Pinto e Carmen Lídia Richter Ribeiro. Brasília: Editora da Universidade de Brasília, UnB, 1982.

BURKE, Peter. **Testemunha ocular**: o uso de imagens como evidência histórica. São Paulo: Editora da Unesp, 2017.

CAFARDO, Renata. USP criará cursinho como alternativa às cotas. **Jornal O Estado de São Paulo**, São Paulo, p. A12, terça-feira, 20 abr. 2004.

CÂMARA DOS DEPUTADOS. **Acesso e permanência no ensino superior:** cotas raciais e étnicas. Brasília: Coordenação de Publicações. Série Ação Parlamentar, n. 282, 2004.

CÂMARA DOS DEPUTADOS. **Constituição 20 anos:** Estado, democracia e participação popular. Brasília: Comissão de Legislação Participativa, Edições Câmara, 2009.

CÂMARA DOS DEPUTADOS. **Diário da Câmara dos Deputados do Brasil**. Brasília: sexta-feira, 21 nov. 2008.

CÂMARA DOS DEPUTADOS. **Diário da Câmara dos Deputados do Brasil**. Brasília: p. 25965-25968, quarta-feira, 11 jun. 2008.

CÂMARA DOS DEPUTADOS. **Tramitação integral do Projeto de Lei 73/99**. Disponível em: www.camara.gov.br. Acesso em: 17 abr. 2013.

CAMBIO NEGRO. **Sub-raça.** 1994.

CAMPOS, Luiz Augusto; GOMES, Ingrid. Relações raciais no Brasil contemporâneo: uma análise preliminar da produção em artigos acadêmicos dos últimos vinte anos (1994-2013). **Revista Sinais Sociais,** Rio de Janeiro, v. 11, n. 32, 2016.

CANDAU, Vera Maria Ferrão. Direitos humanos, educação e interculturalidade: as tensões entre igualdade e diferença. **Revista Brasileira de Educação,** Rio de Janeiro, v. 13, n. 37, 2008.

CANDAU, Vera Maria Ferrão *et al.* **Somos todos iguais?** Escola, discriminação e educação em direitos humanos. 2. ed. Rio de Janeiro: Lamparina Editora, 2012.

CAPOCCIA, Giovanni. Critical Junctures and Institutional Change. *In:* MAHONEY, J.; THELEN, K. **Advances in Comparative Historical Analysis in the Social Sciences**. Cambridge: Cambridge University Press, 2015.

CAPRIGLIONE, Laura. Definição de raça provoca polêmica. **Folha de S. Paulo,** 15 fev. 2005.

CARDOSO, Fernando Henrique. Pronunciamento do Presidente da República na abertura do seminário "Multiculturalismo e Racismo". *In*: SOUZA, Jessé (org.). Brasília: Paralelo 15 editores e Secretaria dos Direitos da Cidadania do Ministério da Justiça, 1997. p. 13-17.

CARDOSO, Marcos Antônio. **Pronunciamento**. Notas taquigráficas da Audiência pública ação afirmativa. Brasília: STF, 2010. p. 289-297. Disponível em http://www.stf.jus.br/arquivo/cms/processoAudienciaPublicaAcaoAfirmativa/anexo/Notas_Taquigraficas_Audiencia_Publica.pdf. Acesso em: 12 jul. 2017.

CARDOSO DE OLIVEIRA, Luiz Roberto. Ação afirmativa e equidade. *In*: SOUZA, Jessé (org.). **Multiculturalismo e Racismo**: uma comparação Brasil – Estados Unidos. Brasília: Paralelo 15 editores e Secretaria dos Direitos da Cidadania do Ministério da Justiça, 1997. p. 145-156.

CARNEIRO, Márcia Regina da Silva Ramos. **Do sigma ao sigma** – entre a anta, a águia, o leão e o galo – a construção de memórias integralistas. Tese (Doutorado) –Universidade Federal Fluminense, Niterói.

CARNEIRO, Maria Luiza Tucci. **Preconceito Racial no Brasil Colônia.** São Paulo, Editora Brasiliense, 1983.

CARNEIRO, Aparecida Sueli. **A construção do outro como não-ser como fundamento do ser**. 2005. Tese (Doutorado) – Faculdade de Educação, Universidade de São Paulo, São Paulo, 2005.

CARNEIRO, Aparecida Sueli. **Pronunciamento**. Notas taquigráficas da Audiência pública ação afirmativa. Brasília: STF, 2010. p. 297-305, disponível em http://www.stf.jus.br/arquivo/cms/processoAudienciaPublicaAcaoAfirmativa/anexo/Notas_Taquigraficas_Audiencia_Publica.pdf. Acesso em: 12 jul. 2017.

CARNEIRO DA CUNHA, Manuela. **Cultura com aspas**. São Paulo: Cosac Naify, 2009.

CARNEIRO DA CUNHA, Manuela. **Índios no Brasil**: história, direitos e cidadania. São Paulo: Claroenigma, 2012a.

CARNEIRO DA CUNHA, Manuela. **Negros, Estrangeiros:** os escravos libertos e sua volta à África. 2. ed. São Paulo: Companhia das Letras, 2012b.

CARRUTHERS, Mary. [1998]. **A técnica do pensamento**. Campinas: Editora Unicamp, 2011.

CARVALHO, Edgard de Assis. Complexidade. *In*: GIOVANNI, Geraldo Di; NOGUEIRA, Marco Aurélio (org.). **Dicionário de Políticas Públicas**. São Paulo: Editora da Unesp, 2018.

CARVALHO, Maria do Carmo A. Participação Social no Brasil Hoje. **Pólis Papers**, São Paulo, n. 98, p. 7-59, 1998.

CASCUDO, Luís da Câmara. **Jangada**. Rio de Janeiro: Letras e Artes, 1964.

CASTELLS, Manuel. **O poder da identidade**. Tradução de Klauss Brandini Gerhardt. São Paulo: Paz e Terra, 2000.

CASTRO, Cloves Alexandre. **Cursinhos alternativos e populares**: geografia das lutas. Curitiba: Editora Appris, 2019.

CAVALLI-SFORZA, Luigi Luca. **Genes, povos e línguas.** Companhia das Letras: São Paulo, 2003.

CERTEAU, Michel de. [1990]. **A invenção do cotidiano**: artes de fazer. Tradução de Ephraim Ferreira Alves. 19. ed. Petrópolis: Vozes, 2012.

CÉSAIRE, Aimé. [1955]. **Discurso Sobre o Colonialismo**. São Paulo: Veneta, 2020.

CHAIM, Célia. Organização luta por acesso à escola pública. **Jornal Folha de São Paulo**, São Paulo, p. C3, 23 jul. 2001.

CHALHOUB, Sidney. **A força da escravidão**: ilegalidade e costume no Brasil oitocentista. São Paulo: Companhia das Letras, 2012.

CHASTINET, Antonio. Movimento pede a criação da Universidade Popular da Cidade. São Paulo: **Jornal Diário de São Paulo,** p. A5, 10 jan. 2002.

CHAUÍ, Marilena; FRANCO, Maria Sylvia de Carvalho. [1978]. **Ideologia e mobilização popular**. Rio de Janeiro: Paz e Terra, 1985.

CHAVES, Rita; SECCO, Carmem; MACÊDO, Tania (org.). **Brasil/África como se o mar fosse mentira.** São Paulo: Editora UNESP: Luanda, Angola: Cha de Caxinde, 2006.

CHEN, P. Advocating online censorship. **Australian Journal of Public Administration**, Sidney, Austrália, v. 62, n. 2, p. 41-64, 2003.

CHIAVENATTO, Júlio José. **O negro no Brasil**: da senzala à Guerra do Paraguai. 3. ed. São Paulo: Brasiliense, 1986.

CHOR MAIO, Marcos. O Projeto Unesco e a agenda das ciências sociais no Brasil nos anos 40 e 50. **Revista Brasileira de Ciências Sociais**, São Paulo, v. 14, n. 41, 1999.

CLARK, William Roberts; GOLDER, Matt. Rehabilitating Duverger's Theory: Testing the Mechanical and Strategic Modifying Effects of Electoral Laws. **Comparative Political Studies**, v. 39, n. 6, p. 679-708, Aug. 2006.

CLAUSEWITZ, Carl Von. [1832]. **Vom Krieg (On War)**. Tradução de Michael Howard e Peter Paret. Londres: Oxford University Press, 2007.

COHEN, Michael D.; MARCH, James G.; OLSEN, Johan P. A garbage can model of organizational choice. **Administrative Science Quartely**, Johnson Graduate Schools of Management, Cornell University, v. 17, n. 1, p. 1-25, 1972.

COHN, Gabriel. **Crítica e resignação**: fundamentos da sociologia de Max Weber. São Paulo: T. A. Queiroz, 1979.

COLANDER, C. David; SU, Huei-chun. **How Economics Should Be Done**: Essays on the Art and Craft of Economics. Northampton: Edward Elgar Publishing, 2018.

COLISTETE, Renato Perim. **O atraso em meio à riqueza**: uma História Econômica da Educação Primária em São Paulo, 1835 a 1820. Tese (Doutorado em Livre-Docência) – FEA, Universidade de São Paulo, 2016.

COMISSÃO de Educação aprova cotas em universidades públicas. **Agência Brasil**, Brasília, 1 jul. 2008. http://www.seppir.gov.br/noticias/ultimas_noticias/2008/07/cotas_comissao_senado. Acesso em: 10 jul. 2013.

CONSTANTINO, Luciana. Acordo prevê cotas nas federais em seis anos. **Jornal Folha de São Paulo**, São Paulo, 16 fev. 2006. Disponível em: http://www1.folha.uol.com.br/fsp/cotidian/ff1602200616.htm. Acesso em: 10 jul. 2013.

CONSTANTINO, Luciana. Tarso quer cotas nas particulares. **Folha de São Paulo**, Brasília, caderno cotidiano, p. C7, 6 abr. 2004.

CONSTITUIÇÃO DA REPÚBLICA FEDERATIVA DO BRASIL. **Edição administrativa do SENADO FEDERAL.** Brasília: Gráfica do Senado, 2015.

CONTROLADORIA GERAL DA UNIÃO. Disponível em: www.portaldatransparencia.gov.br. Acesso em: 20 fev. 2012.

COSTA, Hilton; PINHEL, André; SILVEIRA, Marcos Silva da. **Uma década de políticas afirmativas**: panorama, argumentos e resultados. Ponta Grossa: Editora da Universidade Estadual de Ponta Grossa, 2012.

COSTA E SILVA, Alberta da. **Imagens da África**: da antiguidade ao século XIX. São Paulo: Penguin & Companhia das Letras, 2012.

COUTINHO, Luciano. Ecossistemas de inovação. **Jornal Valor Econômico**, p. A13, 5 jul. 2018.

COUTO, Mia. Entrevista. **O Estado de São Paulo**, São Paulo, D4, 7 ago. 2011.

COUTO, Cláudio Gonçalves. Onde está o fascismo? **Jornal Valor Econômico**, p. A6, São Paulo, 6/07 e 08/01/2018.

CRUZ, Priscila. A decisão pela educação. **O Estado de São Paulo**, São Paulo, A2, 12 dez. 2011.

CUNHA, Célio da. **Educação e autoritarismo no Estado Novo**. São Paulo: Cortez: Autores Associados, 1981.

CUNHA, Euclides da. [1902]. **Os Sertões (Campanha de Canudos)**. São Paulo: Ateliê Editorial, 2001.

CUNHA, Luiz Antônio. **A universidade temporã**. São Paulo: Editora Unesp,2007. v. I.

CUNHA, Luiz Antônio. **A universidade crítica**. São Paulo: Editora Unesp, 2007. v. II.

CUNHA, Luiz Antônio. **A universidade reformanda**. São Paulo: Editora Unesp, 2007. v. III.

CUNHA, Olívia Gomes da Silva; GOMES, Flávio dos Santos. **Quase-cidadão**: histórias e antropologias da pós-emancipação no Brasil. Rio de Janeiro: FGV Editora, 2007.

CURTIN, Philip D. **The Atlantic Slave Trade A Census.** Madison: The University of Wisconsin Press, 1969.

CURY, Carlos Roberto Jamil. **Ideologia e educação brasileira.** São Paulo: Cortez e Moraes, 1978.

CURSINHO Popular do MSU no JN. [*S. l.: s. n.*], 2011. 1 vídeo (2 min.). Disponível em: https://www.youtube.com/watch?v=HzZ91f3bDLA. Acesso em:

CUSTÓDIO, Sérgio José. **Cursinhos populares**: democratização do acesso à universidade e inclusão social. Campinas: Centro de Documentação do Instituto de Economia da Unicamp (CEDOC-IE), 1999.

CUSTÓDIO, Sérgio José. Camélias por uma nova abolição. **Jornal Correio Popular**, Campinas, 2005.

CUSTÓDIO, Sérgio José. A emergência do neobranqueamento no Senado Federal. **Congresso em Foco**, Brasília, 2009. Disponível em: www.congressoemfoco.com.br.

CUSTÓDIO, Sérgio José. Eu acuso: os ovos da serpente. **Jornal Brasil de Fato**, São Paulo, 22 jun. 2013. Disponível em: www.brasildefato.com.br.

DAGNINO, Evelina. **Sociedade civil e espaços públicos no Brasil**. São Paulo: Paz e Terra, 2002.

DAGNINO, Evelina. **Os anos 90**: política e sociedade no Brasil. São Paulo: Brasiliense, 2004.

DAHL, Robert Alan. **Who governs?** New Haven and London: Yale University Press, 1961.

D'AVILA, Jerry. **Diploma de brancura:** política social e racial no Brasil 1917-1945. São Paulo: Editora Unesp, 2005.

D'AVILA, Jerry. O último colonialista. **Revista de História da Biblioteca Nacional**, Rio de Janeiro, ano 9, n. 99, p. 48-51, 2013.

DAMATTA, Roberto. Notas sobre o racismo à brasileira. *In*: SOUZA, Jessé (org.). **Brasília**: Paralelo 15 editores e Secretaria dos Direitos da Cidadania do Ministério da Justiça, 1997. p. 69-74.

DAVIS, David Brion. [1966]. **O problema da escravidão na cultura ocidental**. Tradução de Wanda Caldeira Brant. Rio de Janeiro: Civilização Brasileira, 2001.

DE DECCA, Edgar. **1930 o silêncio dos vencidos**. São Paulo: Editora Brasiliense, 1986.

DELPHINO, Plínio. Protestos marcam os dez anos do massacre do Carandiru. **Jornal Diário de São Paulo,** p. A7, 2 out. 2002.

DELPHINO, Plínio. Jovens do Movimento dos Sem Universidade foram à Casa de Detenção para lembrar a chacina. **Jornal Diário de São Paulo,** p. A6, 3 out. 2002.

DIAS, Carlos Alberto da Costa. **Pronunciamento.** Notas taquigráficas da Audiência pública ação afirmativa. Brasília: STF, 2010. p. 306-310. Disponível em: http://www.stf.jus.br/arquivo/cms/processoAudienciaPublicaAcaoAfirmativa/anexo/Notas_Taquigraficas_Audiencia_Publica.pdf. Acesso em: 12 jul. 2017.

DIATKINE, Manuel. **Racismo, antirracismo, nação**. Estudo sobre a obra de Pierre-André Taguieff. 2017. Tese (Doutorado em História Social) – Universidade de São Paulo, São Paulo, 2017.

DIETRICH, Ana Maria. **Nazismo tropical?** O partido nazista no Brasil. São Paulo: Todas as Musas, 2012.

DOBRY, Michel. **Sociologie des crises politiques:** la dynamique des mobilisations multisectorielles. Paris: Presses de Sciences Po (P.F.N.S.P.), 2009.

DODD, Nigel. **The social life of money**. Princeton: Princeton University Press, 2014.

DOWNS, Anthony. **An Economic Theory of Democracy**. New York: Harper, 1957.

DREIFUSS, René. **1964**: a conquista do Estado. Petrópolis: Vozes, 1987.

DU BOIS, W. E. B. [1903]. **As almas do povo negro**. São Paulo: Veneta, 2021.

DUARTE, Eduardo de Assis. **Machado de Assis afrodescendente**. Rio de Janeiro/Belo Horizonte: Pallas/Crisálida, 2007.

DURHAM, Eunice Ribeiro. Intelectuais lançam manifesto contra as cotas. **O Globo**, Rio de Janeiro, 30 jun. 2006.

DYE, Thomas R. Mapeamento dos modelos de análise de políticas públicas. *In*: HEIDEMANN, Francisco G.; SALM, José Francisco (org.). **Políticas públicas e desenvolvimento**. Brasília: Editora UNB, 2010. p. 99-132.

EASTON, David. An approach to the Analysis of Political Systems. **World Politics**, Johns Hopkins University Press, v. 9, n. 3, p. 383-400, Apr. 1957.

ECO, Umberto. [1977]. **Como se faz uma tese**. 13. ed. Barcarena: Editorial Presença, 2007.

EDUCAÇÃO – Ministro da Educação quer Levar Modelo Paulistano para o País. **O Estado de S. Paulo**, 28 mar. 2003.

EDWARDS, Elizabeth. Rastreando a fotografia. *In*: BARBOSA *et al.* **A experiência da imagem na etnografia**. São Paulo: Fapesp/Terceiro Nome, 2016.

ELIAS, Norbert. [1939]. **O processo civilizador**. Tradução de Ruy Jungmann. Rio de Janeiro: Jorge Zahar Editor, 1993. 2 v.

ELIAS, Norbert; SCOTSON, John L. **Os estabelecidos e os outsiders.** Tradução de Vera Riberio. Rio de Janeiro: Zahar, 2000.

ELIAS, Norbert. [1989]. **Os alemães.** Editado por Michael Schroter. Tradução de Álvaro Cabral. Revisão técnica de Andrea Daher. Rio de Janeiro: Zahar, 1997.

ESPING-ANDERSEN, Gosta. **Politics against markets**: The Social Democratic Road to Power. Princeton: Princeton University, 1985.

ESPING-ANDERSEN, Gosta. As três economias políticas dos Welfare State. **Revista Lua Nova**, São Paulo, n. 24, set. 1991.

ETZIONI, Amitai. Mixed-scanning: a third approach to decision-making. **Public Administration Review**, EUA, v. 27, n. 5, p. 385-392, dez. 1967.

FACEIRA, Lobelia da Silva. **O PROUNI como política pública em suas instâncias macro-estruturais, meso-institucionais e micro-sociais**: pesquisa sobre a sua implementação pelo MEC e por duas universidades na região metropolitana do Rio de Janeiro. 2009. Tese (Doutorado) – Pontifícia Universidade Católica, Rio de Janeiro, 2009.

FAGUNDES, Célio dos Santos. **O mito da "Terra Sem Mal" e as narrativas acerca da remoção dos índios Guarani de Itaporanga no início do século XX**. 2020. Tese (Doutorado em História) – Universidade Estadual de Ponta Grossa, Ponta Grossa, 2020.

FALCÃO, Jaqueline. Número de aprovados é motivo de protesto: prédio da universidade sofre invasão. **Jornal Diário de São Paulo**, São Paulo, p. A9, 20 dez. 2001.

FALCÃO, Jaqueline. Universidade Popular espera pela prefeita. **Jornal Diário de São Paulo**, São Paulo, p. A3, 29 dez. 2001.

FALLETTI, Túlia G. Social Origins of Institutional Strength: Prior Consultation Over Extraction of Hidrocarbons in Bolivia. *In*: BRINKS, Daniel; LEVITSKY, Steven; MURILLO, Maria. **Understanding Institutions Weakness**: power and design in Latin America institutions. Cambridge University Press, 2019.

FASSIN, Éric. Penser la discrimination positive. *In*: BORRILO, Daniel (org.). Paris: Éditios La Découverte, 2003. p. 55-68.

FÁVERO, Maria de Lourdes de A. **Universidade do Brasil**: guia dos dispositivos legais. Rio de Janeiro: Editora UFRJ/INEP, 2000. 2 v.

FELINTO, Marilene. [1982]. **As mulheres de Tijucopapo**. São Paulo: Ubu, 2021.

FELINTO, Marilene. "África renasce e nos motiva", diz ministro. **Jornal Brasil de Fato**, São Paulo, p. 12, 12-18 jun. 2003.

FERGUSON, Charles. Inside Job (Trabalho Interno). Documentário. EUA, 2010. 1 vídeo (120 min.).

FERGUSON, Charles. Silêncio ensurdecedor - A corrupção acadêmica e a crise financeira. Tradução de Clara Allain. **Folha de São Paulo**, Ilustríssima, p. 6, São Paulo, 27 maio 2012.

FERNANDES, Florestan. [1964]. **A integração do negro na sociedade de classes**. 5. ed. São Paulo: Editora Globo, 2008.

FERNANDES, Florestan. [1972]. **O negro no mundo dos brancos**. 2. ed. São Paulo: Global Editora, 2007.

FERNANDES, Maria Cristina. Quando tirarem Demóstenes da sala. **Valor Econômico**, [*s. l.*], 30 mar. 2012. Disponível em: https://valor.globo.com/politica/coluna/quando-tirarem-demostenes-da-sala.ghtml. Acesso em: 5 set. 2022.

FERRAZ, Esther de Figueiredo. **Educação**: trabalho/escola. São Paulo: Pioneira, 1984.

FERREIRA, Lígia Fonseca. **Lições de resistência**. Artigos de Luiz Gama na imprensa de São Paulo e do Rio de Janeiro. São Paulo: Edições Sesc, 2020.

FIGUEIREDO, Angelina; LIMONGI, Fernando. As bases institucionais do presidencialismo de coalizão. **Revista Lua Nova**, São Paulo, n. 44, p. 81-106, 1998.

FIGUEIREDO, Angelina; **Executivo e legislativo na nova ordem constitucional**. Rio de Janeiro: FGV, 1999.

FILHO, Alberto Venancio. **Das arcadas ao bacharelismo**. 2. ed. São Paulo: Editora Perspectiva, 1982.

FIORI, J. L. Maria da Conceição Tavares e a hegemonia americana. **Revista Lua Nova**, São Paulo, v. 50, 2000. Disponível em: www.scielo.br/pdf/ln/n50/a11n50.pdf. Acesso em: 18 mar. 2011.

FIRBANI, Adelmir. **Mato, palhoça e pilão**: o quilombo, da escravidão às comunidades remanescentes (1532-2994). São Paulo: Editora Expressão Popular, 2005.

FONSECA, Annibal Freire da. Do Poder Executivo na Republica Brazileira. **Imprensa Nacional**, Rio de Janeiro, 1916.

FRANCO, Maria Sylvia de Carvalho. [1964]. **Homens livres na ordem escravocrata**. São Paulo: Editora UNESP, 1997.

FRASER, Nancy; HONNETH, Axel. **Redistribution or Recognition.** Verso, Nova York, 2003.

FREIRE, Paulo. **Pedagogia da autonomia**: saberes necessários à prática educativa. 11. ed. São Paulo: Paz e Terra, 1999.

FREIRE, Paulo. [1959]. **Educação e atualidade brasileira**. São Paulo: Cortez Editora, 2001.

FREITAS, Décio. [1973]. **Palmares**: a guerra dos escravos. Rio de Janeiro: Graal, Quinta edição, 1990.

FREITAS, Décio. **Insurreições escravas**. Porto Alegre: Editora Movimento, 1976.

FREITAS, Décio. [1980]. **O escravismo brasileiro.** Porto Alegre: Mercado Aberto, Segunda Edição, 1982.

FREYRE, Gilberto. [1933]. **Casa-Grande & Senzala.** Rio de Janeiro: José Olympio Editora, 25 edição, 1987.

FREYRE, Gilberto. [1951]. **Sobrados e Mucambos.** São Paulo: Global Editora, 2003.

FREYRE, Gilberto. [1953]. **Ordem e Progresso.** Rio de Janeiro: Record, 2000.

FRY, Peter. **A persistência da raça**: ensaios antropológicos sobre o Brasil e a África austral. Rio de Janeiro: Civilização Brasileira, 2005.

FRY, Peter; MAGGIE, Yvonne; CHOR MAIO, Marcos; MONTEIRO, Simone; VENTURA SANTOS, Ricardo (org.). **Divisões perigosas**: políticas raciais no Brasil contemporâneo. Rio de Janeiro: Civilização Brasileira, 2007.

FRYE, Northrop. [1986]. **Sobre Shakespeare.** São Paulo: Edusp, 2011.

FURTADO, Celso. **A fantasia Organizada**. Rio de Janeiro: Paz e Terra, 1985.

FURTADO, Celso. [1959]. **Formação Econômica do Brasil**. Edição comemorativa dos 50 anos. São Paulo: Companhia das Letras, 2009.

FURTADO, Celso. **O plano trienal e o ministério do planejamento**. Rio de Janeiro: Editora Contraponto e Arquivos Celso Furtado, 2011.

FURTADO, Celso. **Subdesenvolvimento e estagnação na América Latina**. Rio de Janeiro: Civilização Brasileira, 1968.

GADOTTI, Moacir. Fórum Mundial de Educação e reinvenção da cidadania. **EccoS Revista Científica**, São Paulo, v. 6, n. 1, p. 103-117, jun. 2004.

GALILEI, Galileu. [1623]. **Il Saggiatore.** São Paulo: Abril Cultural, 1978.

GAMA, Luiz. Jornal Radical Paulistano, 30 de setembro de 1869. *In*: FERREIRA (org.). 2020.

GANNETT, Robert T. The Shifting Puzzles of Tocqueville's The Old Regime and the Revolution. *In*: WELCH, Cheryl B. **The Cambridge Company to Tocqueville**. Cambridge: Cambridge University Press, 2006. p. 188-215.

GASPAR, Lúcia; BARBOSA, Virgínia. **Ações afirmativas e política de cotas no Brasil:** uma bibliografia. Recife: Fundação Joaquim Nabuco, 2013. Disponível em http://www.fundaj.gov.br/images/documentos/acoes_afirmativas_e_politicas_de_cotas_brasil.pdf. Acesso em: 12 mar. 2018.

GATTAZ, André; MEIHY, José Carlos Sebe Bom; SEAWRIGHT, Leandro (org.). **História Oral**: a democracia das vozes. São Paulo: Editora Pontocom, 2019.

GENRO, Tarso. Discurso de abertura do Fórum Mundial de Educação. **Folha Dirigida**, p. 2, 3 abr. 2004.

GERALDO, Endrica. A "Lei de Cotas" de 1934: controle de estrangeiros no Brasil. **Cadernos AEL**, v. 15, n. 27, p. 174-207.

GERTZ, René. **O fascismo no sul do Brasil**: germanismo, nazismo, integralismo. Porto Alegre: Editora Mercado Aberto, 1987.

GIL, Fernando. **Tratado da evidência**. Lisboa: Imprensa Nacional: Casa da Moeda, 1996.

GINZBURG, Carlo. Sinais: raízes de um paradigma indiciário. *In*: GINZBURG, Carlo. **Mitos, emblemas, sinais**. São Paulo: Companhia das Letras, 1999.

GOHN, Maria da Glória. **Teoria dos movimentos sociais**: paradigmas clássicos e contemporâneos. 5. ed. São Paulo: Edições Loyola, 2006.

GOIS, Antônio; TAKAHASHI, Fábio. Com lei dos 50%, reserva de vagas triplicará nas federais. **Jornal Folha de São Paulo,** São Paulo e Rio de Janeiro, p. C1-C2, 22 ago. 2008.

GOMES, Flávio. **Palmares.** São Paulo: Editora Contexto, 2005.

GOMES, Flávio dos Santos. **A hidra e os pântanos**: mocambos, quilombos e comunidades de fugitivos no Brasil (séculos XVII-XIX). São Paulo: Editora Unesp: Polis, 2005.

GOMES, Flávio dos Santos. [1995]. **Histórias de quilombolas**: mocambos e comunidades de senzalas no Rio de Janeiro, século XIX. São Paulo: Companhia das Letras, 2006.

GONÇALVES, Marco Antônio. Imagem e Experiência. *In:* BARBOSA *et al.* **A experiência da imagem na etnografia**. São Paulo: Fapesp/Terceiro Nome, 2016.

GORENDER, Jacob. **A escravidão reabilitada**. São Paulo: Editora Ática, 1990.

GRAHAM, Richard. **Escravidão, reforma e imperialismo**. São Paulo: Editora perspectiva, 1979.

GRIN, Monica. **"Raça"**: debate público no Brasil. Rio de Janeiro: Mauad Editores Ltda e Fundação Carlos Chagas Filho de Amparo à Pesquisa no Estado do Rio de Janeiro (FAPERJ), 2010.

GUERRA, Lenin Cavalcanti Brito. **O processo de formulação do Programa Universidade Para Todos**: atores, coalizões e interesses. Natal: Editora do IFRN, 2016.

GUERROS, Nehemias. **Advocacia e o poder legislativo**. Rio de Janeiro: Freitas Bastos, 1959.

GUIMARÃES, Antônio Sérgio Alfredo. A desigualdade que anula a desigualdade: notas sobre a ação afirmativa no Brasil. *In*: SOUZA, Jessé (org.). **Brasília**: Paralelo 15 editores e Secretaria dos Direitos da Cidadania do Ministério da Justiça, 1997. p. 233-242.

GUIMARÃES, Antônio Sérgio Alfredo. **Racismo e anti-racismo no Brasil**. 3. ed. São Paulo: Editora 34, 2009.

GUIMARÃES, Antonio Sérgio Alfredo. A recepção de Fanon no Brasil e a identidade negra. *In*: ALMEIDA, Júlia; MIGLIEVICH-RIBEIRO, Adelia; GOMES, Heloisa Toller. **Crítica pós-colonial**: panorama de leituras contemporâneas. Rio de Janeiro: 7 Letras e Faperj, 2013. 401p. p. 33-54.

GUMBRECHT, Hans Ulrich. **Depois de 1945**: latência como origem do presente. Tradução de Ana Isabel Soares. São Paulo: Editora Unesp, 2012.

GUSMÃO, Luís de. **O fetichismo do conceito**: limites do conhecimento teórico na investigação social. Rio de Janeiro: Topbooks, 2012.

HACKER, Jacob S.; PIERSON, Paul. Winner-Take-All Politics: Public Policy, Political Organization, and the Precipitous Rises of Top Incomes in the United States. **Revista Politics & Society**, v. 38, n. 2, p. 152-204, 2010.

HASENBALG, Carlos. O contexto das desigualdades raciais. *In*: SOUZA, Jessé (org.). **Brasília**: Paralelo 15 editores e Secretaria dos Direitos da Cidadania do Ministério da Justiça, 1997. p. 63-68.

HECLO, Hugh. [1978]. Issue networks and the executive establishment. *In*: MACCOOL, Daniel C. **Public policy theories, models and concepts**: an anthology. Nova Jersey: Prentice Hall, 1995. p. 268-287.

HENRIQUES, Ricardo. **Desigualdade racial no Brasil**: evolução das condições de vida na década de 90. Texto para Discussão número 807. Rio de Janeiro: IPEA, 2001.

HIRSCHMAN, Albert O. **A retórica da intransigência**: perversidade, futilidade, ameaça. São Paulo: Companhia das Letras, 1992.

HIRSCHMAN, Albert O. Duzentos anos de retórica reacionária: o caso do efeito perverso. **Revista Novos Estudos Cebrap**, São Paulo, n. 23, p. 102-119, 1989.

HOBSBAWM, Eric. **A era dos extremos**. São Paulo: Companhia da Letras, 2000.

HOBSBAWM, Eric. **Tempos fraturados**. São Paulo: Companhia das Letras, 2013.

HOFBAUER, Andreas. **Uma história de branqueamento ou o negro em questão**. São Paulo: Editora Unesp, 2006.

HOLLAND, Alisha C. The Distributive Politcs of Enforcement. **American Journal of Political Science**, v. 59, n. 2, p. 357-371, Apr. 2015.

HOLANDA, Sérgio Buarque de. [1936]. **Raízes do Brasil.** São Paulo: Companhia das Letras, 2006. Edição comemorativa de 70 anos.

HOLLANDA, Ricardo. Um labirinto como o de Creta. **Jornal Correio Braziliense**, Brasília, Política, p. 2, 24 ago. 1987.

HORNE, Gerald. **O Sul mais distante**: os Estados Unidos, o Brasil e o tráfico de escravos africanos. São Paulo: Companhia das Letras, 2010.

HUBER, Evelyne; NIELSEN, François; PRIBBLE, Jane; STEPHENS, John D. Politics and inequality in Latin America and the Caribbean. **American Sociological Review**, v. 71, p. 943-963, Dec. 2006.

HUBER, Evelyne; STEPHENS, John D. **Democracy and the Left**: social policy and inequality in Latin America. Chicago: The University of Chicago Press, 2013.

HUME, David. **Investigação sobre o entendimento humano e sobre os princípios da moral**. São Paulo: Editora da Unesp, 2003.

HUME, David. **Investigação acerca do entendimento humano**. Tradução de Anoar Aiex. São Paulo: Editora Nova Cultural Ltda., 1999.

IANNI, Octavio. **As metamorfoses do escravo**: apogeu e crise da escravatura no Brasil meridional. São Paulo: Difusão Européia do Livro, 1962.

IANNI, Octavio. **Raças e classes no Brasil**. 2. ed. Rio de Janeiro: Civilização Brasileira, 1972.

IANNI, Octavio. **Escravidão e Racismo**. São Paulo: Hucitec, 1978.

IANNI, Octavio. A Sociologia e o mundo moderno. **Tempo Social**: Revista de Sociologia da USP, São Paulo, v. 1, n. 1, p. 7-27, 1. sem. 1989.

IANNI, Octavio. **Pensamento social brasileiro**. Edusc/Anpocs, 2004.

IBGE. Cidades. [*S. l.*], 2004. Disponível em: https://cidades.ibge.gov.br/brasil/pesquisa/10086/0?ano=2004.

IMMERGUT, Ellen M. O núcleo teórico do novo institucionalismo. *In*: SARAIVA, Enrique; FERRAREZI, Elisabete. **Políticas públicas**. Brasília: ENAP, 2007. v. I. p. 155-195.

IMMERGUT, Ellen M. [1992]. As regras do jogo: a lógica da política de saúde na França, na Suíça e na Suécia. **Revista Brasileira de Ciências Sociais**, v. 30, n. 11, p. 139-163, 1996.

JASMIN, Marcelo. As armadilhas da história universal. *In*: NOVAES, Adauto (org.). **A invenção das crenças**. São Paulo: Edições SESC SP, 2011. p. 377-403.

JENKINS-SMITH, H. C.; NOHRSTEDT, D. WEIBLE, C. M.; INGOLD, K. The advocacy coalition framework: An overview of the research program. *In*: SABATIER, P.; WEIBLE, C. (ed.). **Theories of the policy process**. New York: Routledge, 2018. p. 135-171.

JENSEN, Geziela. **Política de cotas raciais em universidades brasileiras**. Curitiba: Juruá Editora, 2010.

JESUS, Carolina Maria de. 1993.

JERONIMO, Josie. **Poder, sexo e corrupção:** como um doleiro e cinco beldades ambiciosas se juntaram a prefeitos e parlamentares para desviar recursos dos fundos de pensão. **Revista IstoÉ**, São Paulo, n. 2289, ano 37, 2 out. 2013.

JORGE, Tadeu José. Reforma Universitária e inclusão social. **Jornal O Estado de São Paulo**, São Paulo, p. A2, 4 jun. 2005.

JORGE E COSTA, Beatriz de Mendonça. **PROUNI e o fenômeno da apropriação.** 2014. Dissertação (Especialização em Direito Legislativo) – Instituto Legislativo Brasileiro, Senado Federal, Brasília, 2014.

JOZINO, Josmar. Fechamento da Casa de Detenção acaba em tumulto: manifestantes reivindicaram a criação de uma universidade popular no local e a condenaram a construção de presídio em São Bernardo do Campo. **Jornal Diário de São Paulo**, p. A7, 16 set. 2002.

JÚNIOR, J. F.; ZONINSEIN, J. **Ação afirmativa e universidade**. Brasília: Editora UNB, 2006.

KAMEL, Ali. **Não somos racistas:** uma reação aos que querem nos transformar numa nação bicolor. Rio de Janeiro: Editora Nova Fronteira, 2006.

KAMEL, Ali. UnB: pardos só se forem negros. **Jornal O Globo**, Rio de Janeiro, 20 mar. 2004.

KAUFMANN, Roberta Fragoso Menezes. **Pronunciamento**. Notas taquigráficas da Audiência pública ação afirmativa. Brasília: STF, 2010. p. 191-193, disponível em http://www.stf.jus.br/arquivo/cms/processoAudienciaPublicaAcaoAfirmativa/anexo/Notas_Taquigraficas_Audiencia_Publica.pdf. Acesso em: 12 jul. 2017.

KEHL, Maria Rita; PEREIRA DE SOUZA, Paulo Fernando. Infelicidades ordinárias: a ineficiência do Estado perante a barbárie. **Folha de São Paulo**, Caderno Ilustríssima, 3. São Paulo, 19 maio 2013.

KEYNES, John Maynard. [1936]. **A teoria geral do emprego, do juro e da moeda.** Tradução de Mário R. da Cruz. Revisão técnica de Cláudio Roberto Contador. São Paulo: Editora Nova Cultural Ltda, 1996.

KINGDON, John W. **Agendas, alternatives and public policies**. Michigan: Addison-Wesley Educational Publishers Inc., 1995.

KLEIN, Herbert S. A demografia do tráfico atlântico de escravos para o Brasil. **Revista Estudos Econômicos**, São Paulo, v. 2, n. 17, p. 129-149, 1987, FEA-USP.

KLEIN, Herbert S.; VINSON III, Ben. **A escravidão Africana na América Latina e Caribe**. Brasília: Editora UnB, Brasília: 2015.

KNIGHT, J. **Institutions and Social Conflict.** Cambridge: Cambridge University Press, 1992.

KOBAYASHI, ELIZA; ONISHI, LUCIANA. Universidade no Carandiru. **Jornal do Campus**, São Paulo, p. 5, 1-15 out. 2001.

KRAUS, Luis S. Clarão sobre os pesadelos da história. Entrevista de Michael Löwy. **O Estado de São Paulo**, São Paulo, S6, 10 nov. 2012.

KRAMNICK, Isaac. Apresentação: Nova York e "Publius". *In*: MADISON, James; HAMILTON, Alexander; JAY, John. **Os Artigos Federalistas 1787-1788**. Edição integral. Tradução de Maria Luiza X. de A. Borges. Rio de Janeiro: Editora Nova Fronteira, 1993.

LAHÓZ, André. O Brasil com que ele sonhou. **Revista Exame**, São Paulo, ano 47, ed. 1043, n. 11, p. 36-46, 12 jun. 2013.

LARSEN, J. B.; VRANGBAECK, K.; TRAULSEN, J. M. Advocacy Coalitions and Pharmacy Policy in Denmark. **Social Science and Medicine**, Dinamarca, v. 63, n. 1, p. 212-224, 2006.

LAVALLE, Gurza Adrian. Cidadania, igualdade e diferença. **Revista Lua Nova**, São Paulo, n. 59, p. 75-93, 2003.

LAVALLE, Gurza Adrian. **O estatuto político da sociedade civil**: evidências da Cidade do México e de São Paulo. Textos para Discussão CEPAL-IPEA, 28. Brasília, 2011.

LASSWELL, Harold; KAPLAN, Abraham. **Power and Society**. New Haven: Yale University Press, 1950.

LE GOFF, J. **Os intelectuais na idade média**. Rio de Janeiro: José Olympio, 2006.

LESSA, Renato. Crença, descrença de si, evidência. *In*: NOVAES, Adauto (org.). **A invenção das crenças**. São Paulo: Edições SESCSP, 2011a.

LESSA, Renato. Da interpretação à ciência: por uma história filosófica do conhecimento político no Brasil. **Revista Lua Nova**, São Paulo, v. 82, p. 17-60, 2011b.

LÉVI-STRAUSS, Claude. **Raça e história**. Tradução de Inácia Canelas. Lisboa: Editora Presença, 2006.

LÉVI-STRAUSS, Claude. **Tristes Trópicos**. São Paulo: Anhembi, 1957.

LEWIS, Arthur W. Economic development with unlimited suplies of labour. **The Manchester School**, v. 22, issue 2, p. 139-91, 1954.

LIJPHART, Arend. **Modelos de democracia**: desempenho e padrões de governo em 36 países. Rio de Janeiro: Civilização Brasileira, 2011.

LIMONGI, Fernando. A Democracia no Brasil. Presidencialismo, coalizão partidária e processo decisório. **Novos Estudos**, São Paulo: CEBRAP, Centro Brasileiro de Análise e Planejamento, n. 76, p. 17-41, nov. 2006.

LINDBLOM, Charles E. The science of muddling through. **Public Administration Review**, EUA, v. 19, p. 79-88, 1959.

LIVINGSTON, W. S. A note on the nature of federalism. **Political Science Quarterly**, n. 67, p. 81-95, 1952.

LO PUMO, Caetano Cuervo. **Pronunciamento**. Notas taquigráficas da Audiência pública ação afirmativa. Brasília: STF, 2010. p. 98-108. Disponível em http://www.stf.jus.br/arquivo/cms/processoAudienciaPublicaAcaoAfirmativa/anexo/Notas_Taquigraficas_Audiencia_Publica.pdf. Acesso em: 12 jul. 2017.

LOBATO, Lenaura. Algumas considerações sobre a representação de interesses no processo de formulação de políticas públicas. *In*: SARAVIA, E.; FERRAREZI, F. **Políticas públicas**. Brasília: ENAP, 2006. v. 1.

LOPES, Iriny. **Voto da relatora**. Brasília: Câmara dos Deputados, Comissão de Direitos Humanos e Minorias, 14 nov. 2005.

LOUREIRO, Maria Rita; OLIVIERI, Cecília; MARTES, Ana Cristina Braga. Burocratas, partidos e grupos de interesse: o debate sobre política e burocracia no Brasil. *In*: LOUREIRO, Maria Rita; ABRUCIO, Fernando Luiz; PACHECO, Regina Silva. **Burocracia e política no Brasil**. São Paulo: FGV Editora, 2010. p 73-108.

LOWI, Theodore J. American Business, Public Policy, Case-Studies, and Political Theory. **World Politics**, Cambridge University Press, v. 16, n. 4, p. 677-715, July1964.

LOWI, Theodore J. Four systems of policy, politics, and choice. **Public administration review**, Universidade de Chicago, v. 32, n. 4, p. 298-310, jul./ago. 1972.

LUCENA, E. Cifras & Letras – Crítica Política Econômica. **Folha de São Paulo**, São Paulo, 12 mar. 2011.

LUKES, Steven. **Power**: a radical view. Nova York: New York University Press, 1974.

LUKES, Steven. **Power**: a radical view. 2nd. ed. New York: Palgrave Macmillan, 2005.

LUSTOSA, Isabel. As Ciências do Homem num mundo globalizado. **O Estado de São Paulo**, A2, 15 maio 2013.

LYNCH, Christian Edward Cyril. Cartografia do pensamento político brasileiro: conceito, história e abordagens. **Revista Brasileira de Ciência Política**, Brasília, UnB, n. 19, p. 75-119, 2016.

MA, Janaina; LEMOS, Marco Aurélio Cirilo; VIEIRA, Diogo Mota. How is the Advocacy Coalition Framework Doing? Some Issues since the 2014 Agenda. **Revista Brasileira de Ciência Política**, Brasília, n. 32, p. 7-42, maio/ago. 2020.

MACEDO *et al.* **O Estado de São Paulo**, São Paulo, 16 jun. 2016. Disponível em: http://politica.estadao.com.br/blogs/fausto-macedo/delator-diz-que-propina-para-eleicoes-vem-desde-1946-como-era-o-mundo-naquele-ano/. Acesso em: 2 out. 2016.

MACHADO, Maria Helena Pereira Toledo. [1994]. **O Plano e o Pânico**: OS Movimentos Sociais na Década da Abolição. São Paulo: Edusp, 2010.

MACIEL, Marco. Joaquim Nabuco e a inclusão social. *In*: SOUZA, Jesse (org.). Brasília: Paralelo 15 editores e Secretaria dos Direitos da Cidadania do Ministério da Justiça, 1997. p. 19-21.

MAGALHÃES, Paulo. **Projeto de Lei nº 3.582, de 2004**: Declaração de voto do deputado Paulo Magalhães. Comissão especial destinada a proferir parecer ao Projeto de Lei nº 3.582, de 2004, que... Brasília: Câmara dos Deputados, 2004. 5p.

MAGGIE, Yvone. **Divisões perigosas**: políticas raciais no Brasil contemporâneo. Rio de Janeiro: Civilização Brasileira, 2007.

MAGGIE, Yvonne; REZENDE, Claudia Barcellos (org.). **Raça como retórica**: a construção da diferença. Rio de Janeiro: Civilização Brasileira, 2001.

MAGNOLI, Demétrio. **Uma gota de sangue**. São Paulo: Editora Contexto, 2010.

MAIA, Michelle Pascoal. **Políticas Públicas e Educação**: uma avaliação do Programa Universidade Para Todos (PROUNI) em Natal – RN. Tese (Doutorado em Ciências Sociais) – Programa de Pós-Graduação em Ciências Sociais, Universidade Federal do Rio Grande do Norte, Natal, 2017.

MANCUSO, Wagner Pralon; GOZETTO, Andréa Cristina Oliveira. **Lobby e Políticas Públicas.** São Paulo: Editora FGV, 2018.

MANIFESTAÇÃO marca encontro sobre política de cotas. **Universia Brasil,** 26 abr. 2006. Disponível em: http://noticias.universia.com.br/destaque/noticia/2006/04/26/442962/manifestao-marca-encontro-politica-cotas.pdf. Acesso em: 10 jul. 2013.

MANN, Michael. The Autonomous Power of the State. **Archives Europénnes de Sociologie**, v. 25, p. 185-213, 1984.

MANN, Michael. **Fascistas**. São Paulo: Record, 2008.

MARCH, James G.; OLSEN, Johan P. Neo-institucionalismo: atores organizacionais na vida política. **Revista de sociologia e política**, Curitiba, v. 16, n. 31, nov. 2008.

MARCÍLIO, Maria Luiza. **História da Escola em São Paulo e no Brasil**. São Paulo: Instituto Braudel: Imprensa Oficial do Estado de São Paulo, 2005.

MARSHALL, Thomas Humphrey. [1949]. **Cidadania, classe social e status**. Rio de Janeiro: Editora Zahar, 1967.

MARSIGLIA, Ivan. A volta do rei zulu. **O Estado de São Paulo**, São Paulo, J2, 12 fev. 12.

MARQUES, Astolfo. **O 13 de maio e outras estórias do pós-abolição**. Organização de Matheus Gato. São Paulo: Fósforo, 2021.

MARQUES, Eduardo. **Redes sociais no Brasil**. Belo Horizonte: Editora Fino Traço, 2012.

MARQUES, Eduardo. **Redes sociais, instituições e atores políticos no governo da cidade de São Paulo**. São Paulo: Annablume: Fapesp, 2003.

MARQUES, Eduardo; FARIA, Carlos Aurélio Pimenta de. **A política pública como campo multidisciplinar.** Rio de Janeiro, São Paulo: Editora da Fiocruz: Editora Unesp, 2013.

MARQUES, Eduardo; TORRES, Eduardo (org.). **São Paulo**: segregação, pobreza e desigualdades sociais. São Paulo: Editora SENAC, 2005.

MARTINS, Estevão de Rezende. Direitos humanos em perspectiva histórica: elementos de uma teoria multiculturalista comparada. *In*: SOUZA, Jessé (org.). **Brasília**: Paralelo 15 editores e Secretaria dos Direitos da Cidadania do Ministério da Justiça, 1997. p. 171-188.

MARTINS, José de Souza. **Sociologia da Fotografia e da Imagem**. São Paulo: Editora Contexto, 2008.

MARTINS, Paulo de Sena. **O financiamento da educação básica por meio de fundos contábeis:** estratégia política para a equidade, a autonomia e o regime de colaboração entre os entes federados. 2009. Tese (Doutorado) – Universidade de Brasília (UnB), Brasília, 2009.

MARTINS, Paulo de Sena. **Atores sociais e políticas públicas educacionais no Congresso Nacional**. Brasília: Instituto Israel Pinheiro: Campanha Nacional pelo Direito à Educação, 23 set. 2013.

MARTINS, Rodrigo. # Diálogo de Surdos. **Carta Capital**, São Paulo, ano XIX, n. 768, 2 out. 2013.

MARTINS, Wilson. **História da inteligência brasileira**. São Paulo: Cultrix: Edusp, 1978. 6 v.

MARTUSCELLI, Danilo Enrico. **Crises políticas e capitalismo neoliberal no Brasil**. São Paulo: Editora CRV, 2015.

MARX, Karl. **O 18 Brumário**. Rio de Janeiro: Editora Paz e Terra, 1977.

MARX, Karl. **O Capital, crítica da economia política**. Tradução de Regis Barbosa e R. Kothe. São Paulo: Editora Nova Cultural Ltda., 1996.

MAZMANIAN, Daniel; SABATIER, Paul. **Implementation and Public Policy**. Lanham: University Press of America, 1983.

MELLO E SOUZA, Laura. Introdução à edição brasileira. *In*: BRAUDEL, FERNAND. **O modelo italiano**. São Paulo: Companhia das Letras, 2007.

MELTZER, Allan H.; RICHARD, Scott F. A Rational Theory of the Size of Government, **Journal of Political Economy**, v. 89, Oct. 1981.

MERLEAU-PONTY, Maurice. **O visível e o invisível**. São Paulo: Editora Perspectiva, 2000.

MICELI, Sergio. **Intelectuais à Brasileira**. São Paulo: Companhia das Letras, 2012.

MILANI, Carlos R. S. O princípio da participação social na gestão de políticas públicas locais: uma análise de experiências latino-americanas e européias. **Revista de administração pública**, Rio de Janeiro, v. 42, n. 3, maio/jun. 2008.

MILLS, Charles Wade. **The Racial Contract**. Ithaca: Cornell University Press, 1997.

MILLS, Charles. [1957]. **A Elite do Poder**. Rio de Janeiro: Zahar Editora, 1981.

MINELLA, Ary César. **Banqueiros**: organização e poder político no Brasil. São Paulo: Editora Espaço e Tempo: Anpocs, 1988.

MINISTÉRIO DA EDUCAÇÃO. **Diretrizes curriculares nacionais da educação básica**. Brasília: MEC, SEB, DICEI, 2013.

MOEHLECKE, Sabrina. **Fronteiras da igualdade no ensino superior**: excelência e justiça social. 2004. Tese (Doutorado) – FE/Universidade de São Paulo, São Paulo, 2004.

MOEHLECKE, Sabrina. **Propostas de ação afirmativa no Brasil**: o acesso da população negra ao ensino superior. 2004. Tese (Mestrado) – FE/Universidade de São Paulo, São Paulo, 2000.

MOEHLECKE, Sabrina. Ação afirmativa: história e debate no Brasil. **Cadernos de pesquisa**, São Paulo, Fundação Carlos Chagas, n. 117, p. 197-217, nov. 2002.

MONTAÑO, Carlos; DURIGUETTO, Maria Lúcia. **Estado, classe e movimento social**. 3. ed. São Paulo: Editora Cortez, 2010.

MOREIRA, Claudia Regina Baukat Silveira. **Um olhar sobre o muro**: avaliação do programa Universidade para Todos (PROUNI). 2017. 320 f. Tese (Doutorado em Educação) – Programa de Pós-Graduação em Educação, Universidade Federal do Paraná, Curitiba, 2017.

MOREIRA JÚNIOR, Carlos. Cotas. **Jornal Folha de São Paulo**, Painel do Leitor, São Paulo, p. A3, 27 mar. 2005.

MOURA, Christian. **TEN**: A criação, conceituação e trajetória do Teatro Experimental do Negro. 2008. Tese (Mestrado) – Instituto de Artes, Universidade Estadual Paulista (UNESP), São Paulo, 2008.

MOURA, Clóvis. [1981]. **Os quilombos e a rebelião negra**. São Paulo: Editora Brasiliense, 1986. (Coleção Tudo é História).

MOURA, Clóvis. **O negro**: de bom escravo a mau cidadão? Rio de Janeiro: Editora Conquista, 1977.

MOURA E SOUZA, Marcos de. Brasileiro sofre de exclusão universitária. **O Estado de S. Paulo**, São Paulo, 9 jan. 2004.

MOURA E SOUZA, Marcos de; WEBER, Demétrio. Universidades vão a Justiça por filantrópicas. **O Estado de S. Paulo**, São Paulo, 9 abr. 2004.

MSU entrega sugestão à reforma universitária. **Portal MEC**, [*s. l.*], 4 mar. 2005. Disponível em: http://portal.mec.gov.br/ultimas-noticias/212-educacao-superior-1690610854/2091-sp-1090136448. Acesso em:

NASCIMENTO, Abdias do. **O genocídio do negro brasileiro**: processo de um racismo mascarado. Rio de Janeiro: Editora Paz e Terra, 1978.

NASCIMENTO, Abdias do. **O negro revoltado.** Rio de Janeiro: Edições GRD, 1968.

NASCIMENTO, Abdias do. **O quilombismo**: documentos de uma militância pan-africana. Petrópolis: Editora Vozes, 1980.

NASCIMENTO, Abdias do. **Sitiado em Lagos**: autodefesa de um negro acossado pelo racismo. Rio de Janeiro: Nova Fronteira, 1981.

NASCIMENTO, Abdias do. Teatro Experimental do Negro: trajetórias e reflexões. **Estudos Avançados**, São Paulo, v. 18, n. 50, p. 209-224, 2004.

NASCIMENTO, Álvaro Pereira do. Um reduto negro: cor e cidadania na Armada (1870-1910). *In*: CUNHA; GOMES. obra citada. Rio de Janeiro: FGV Editora, 2007. p. 241-282.

NERY, Flávia. **Audiência pública debate cotas nas universidades**. Brasília: Portal do MEC, Brasília, 25 abr. 2006. Disponível em: http://portal.mec.gov.br/index.php?option=com_content&task=view&id=6075. Acesso em: 10 jul. 2013.

NETO, Lira. **Getúlio**: dos anos de formação à conquista do poder. São Paulo: Companhia das Letras, 2012.

NETO, Lira. **Getúlio 1930-1945**: do governo provisório à ditadura do Estado Novo. São Paulo: Companhia das Letras, 2013.

NEVES, Marcelo. Estado democrático de direito e discriminação positiva: um desafio para o Brasil. *In*: SOUZA, Jessé (org.). **Brasília**: Paralelo 15 editores e Secretaria dos Direitos da Cidadania do Ministério da Justiça, 1997. p. 253-264.

NOGUEIRA, Jaana Flávia Fernandes. **Reforma da educação superior no governo Lula**: debate sobre ampliação e democratização do acesso. 2008. 197 f. Dissertação (Mestrado em Educação) – Universidade de Brasília, Brasília, 2008.

NORONHA, Ibsen. **Pronunciamento**. Notas taquigráficas da Audiência pública ação afirmativa. Brasília: STF, 2010. p. 193-203. Disponível em: http://www.stf.jus.br/arquivo/cms/processoAudienciaPublicaAcaoAfirmativa/anexo/Notas_Taquigraficas_Audiencia_Publica.pdf. Acesso em: 12 jul. 2017.

NOVAIS, Fernando A. [1974]. **Estrutura e Dinâmica do Antigo Sistema Colonia (Séculos XVI-XVIII).** 7. ed. Campinas: Instituto de Economia da Unicamp, 2007.

O GRANDE erro das cotas. **Revista Veja**, São Paulo, edição 2284, ano 45, n. 35, p. 70-72, 29 ago. 2012.

O MSU na conquista do PROUNI. [*S. l.: s. n.*], 2010. 1 vídeo (8 min.). Disponível em: https://www.youtube.com/watch?v=I0lKpZD2E0U.

OGLIARI, Elder. Estatuto de novo partido político, criado por grupo de jovens e estudantes, foi publicado ontem. **O Estado de São Paulo**, São Paulo, A10, 14 nov. 2012.

OIT (ORGANIZAÇÃO INTERNACIONAL DO TRABALHO). Estudo diz que crise elevou desigualdade nos países mais ricos. **Folha de São Paulo**, São Paulo, A19, 4 jun. 2013.

OLIVEIRA, Francisco de. Entre São Bernardo e a avenida Paulista? **Jornal Folha de São Paulo**, São Paulo, p. A11, 29 dez. 2002.

OLIVEIRA, Iolanda. **Desigualdades raciais**: construções da infância e da juventude. Niterói: Intertexto, 2000.

OLIVEIRA, Jéssica Carolina de. **(DES)Caminhos das Jornadas Meridionais**: representações indígenas e estratégias de mediação cultural no contexto indigenista em meados do século XIX. 2018. Dissertação (Mestrado em História, Cultura e Identidades) – Universidade Estadual de Ponta Grossa, Ponta Grossa, 2018.

OLIVEIRA, Junia. Reserva de cotas já este ano. **Jornal O Estado de Minas**, Belo Horizonte, p. 27, 30 ago. 2012.

OLIVEIRA, Maria Inês Côrtes de. **O liberto**: o seu mundo e os outros (Salvador, 1790/1890). 1979. Dissertação (Mestrado em Ciências Sociais) – Universidade Federal da Bahia, Salvador, 1979.

OLIVEIRA, Rosimar de Fátima. **O papel do poder legislativo na formulação das políticas educacionais**. 2005. Tese (Doutorado) – Faculdade de Educação, USP, São Paulo, 2005.

PADILHA, José. Segredos da tribo. Documentário. Brasil, 2012.

PAIVA, Eduardo França; IVO, Isnara Pereira; MARTINS, Ilton César (org.). **Escravidão, mestiçagens, populações e identidades culturais**. São Paulo: Annablume, 2010.

PALLARES-BURKE, Maria Lúcia Garcia. **O triunfo do fracasso**: Rüdiger Bilden, o amigo esquecido de Gilberto Freyre. São Paulo: Editora Unesp, 2012.

PARAGUASSÚ, Lisandra; ARRUDA, Roldão. Grupo de senadores quer tirar o critério racial de cotas. **O Estado de São Paulo**, São Paulo, A6, 19 mar. 2009.

PARDINI, FLÁVIA. As fundações privadas e as associações sem fins lucrativos no Brasil. **Revista Carta Capital**, São Paulo, ano XI, n. 321, p. 68-69, 15 nov. 2004.

PAXTON, Robert O. **A anatomia do fascismo**. Tradução de Patrícia Zimbes e Paula Zimbes. São Paulo: Editora Paz e Terra, 2007.

PAZ, Octavio. **El laberinto de la soledad e Postdata.** Tradução de Eliane Zagury "O labirinto da solidão e post-scriptum" – México, Fondo de Cultura Economica, 1959/1969. Editora Paz e Terra, São Paulo, 1984.

PENA, Sérgio Danilo Junho. **Pronunciamento.** Notas taquigráficas da Audiência pública ação afirmativa. Brasília: STF, 2010. p. 156-165. Disponível em: http://www.stf.jus.br/arquivo/cms/processoAudienciaPublicaAcaoAfirmativa/anexo/Notas_Taquigraficas_Audiencia_Publica.pdf. Acesso em: 12 jul. 2017.

PENTEADO, Gilmar. Câmara aprova 40% dos projetos em 1 dia. **Jornal Folha de São Paulo**, São Paulo, p. C3, 29 nov. 2001.

PEREIRA, Wagner Pinheiro. **O império das imagens de Hitler**: o projeto de expansão internacional do modelo de cinema nazi-fascista na Europa e na América Latina (1933-1955). 2008. Tese (Doutorado) – FFLCH, Universidade de São Paulo, São Paulo, 2008.

PEREIRA DE SOUZA, Paulo Nathanael. **Estrutura e funcionamento do ensino superior brasileiro**. São Paulo: Pioneira, 1991.

PIERSON, Paul. Coping with Permanent Austerity: Welfare State Restructuring in Affluent Democracies. *In*: **The New Politics of the Welfare State**. New York: Oxford University Press, 2009. p. 410-456.

PIGLIA, Ricardo. Sarmiento Escritor. *In*: SARMIENTO, Domingo Faustino. **Facundo, ou civilização e barbárie**. Cosac Naify, 2010.

PIKETTY, Thomas. **O capital no século XXI**. Tradução de Monica Baumgarten de Bolle. Rio de Janeiro: Intrínseca, 2014.

POLIAKOV, Léon. **O mito ariano**. Tradução de Luiz João Gaio. São Paulo: Editora Perspectiva: Editora da Universidade de São Paulo, 1971.

POULANTZAS, Nicolas. **Poder político e classes sociais**. São Paulo: Martins Fontes, 1986.

PRADO JUNIOR, Caio Prado. [1942]. **Formação do Brasil Contemporâneo**. 5. ed. São Paulo: Editora Brasiliense, 1957.

PRESSMAN, Jeffrey L.; WILDAVSKY, Aaron B. **Implementation**. Berkeley: University of California Press, 1973.

PRZEWORSKI, Adam. **Capitalismo e social-democracia**. São Paulo: Companhia das Letras, 1989.

PRZEWORSKI, Adam; WALLERSTEIN, Michael. Structural Dependence of the State on Capital. **The American Political Science Review**, v. 82, n. 1, p. 11-29, 1988.

QUEIROZ, Sueli Robles Reis de. **Escravidão negra em São Paulo**: um estudo das tensões provocadas pelo escravismo no século XIX. Rio de Janeiro: Livraria José Olympio, 1977.

QUEIROZ, Sueli Robles Reis de. Rebeldia escrava e historiografia. **Revista Estudos Econômicos**, São Paulo, v. 17, número especial, p. 7-35, 1987.

RANCIÈRE, Jacques. **O desentendimento**. São Paulo: Editora 34, 1996.

RAWLS, John. **Uma teoria da justiça**. Tradução de Almiro Pisetta e Lenita Maria Rímoli Esteves. São Paulo: Martins Fontes, 2002.

REIS, Andressa Merces Barbosa dos. **Zumbi**: historiografia e imagens. 2004. Dissertação (Mestrado) – Unesp, Franca, 2004.

REIS, João José. [1986]. **Rebelião escrava no Brasil**: a história do levante dos Malês em 1835. Edição revista e ampliada. São Paulo: Companhia das letras, 2003.

REIS, João José. **Ganhadores: a greve negra de 1857 na Bahia**. São Paulo: Companhia das Letras, 2019.

RELAÇÃO das Guerras Feitas aos Palmares de Pernambuco No Tempo do Governador D. Pedro de Almeida, de 1675 a 1678, **Revista Trimensal do Instituto Historico, Geographico e Ethnografico do Brasil**, Tomo XXII, 1859.

RIBEIRO, Darcy. **O povo brasileiro**: a formação e o sentido do Brasil. 2. ed. São Paulo: Companhia das Letras, 1997.

RIBEIRO, Esmeralda; BARBOSA, Márcio; FÁTIMA, Sônia. **Frente negra Brasileira**: depoimentos. São Paulo: Quilombhoje: Ministério da Cultura, 1998.

RIBEIRO, João Luiz. **No meio das galinhas as baratas não têm razão**: a Lei de 10 de junho de 1835: os escravos e a pena de morte no Império do Brasil (1822-1889). Rio de Janeiro: Renovar, 2005.

RIKER, William H. **The Development of American Federalism**. Norwell: Kluwer Academic Publishers, 1987.

RIOS, Flavia; LIMA, Márcia (Org.). **Lélia Gonzales**. Por Um Feminismo Afro Latino Americano. Rio de Janeiro: Zahar, 2020.

RIPLEY, Randall B. [1985]. Stages of the policy process. *In*: MACCOOL, Daniel C. **Public policy theories, models and concepts**: an anthology. Nova Jersey: Prentice Hall, 1995.

ROCHA, 2006, p. 147.

ROTTA, Vera. Acordo sobre cotas na graduação é só um passo para recuperar atraso. **Carta Maior**, Brasília, 17 fev. 2006. Disponível em: http://www.cartamaior.com.br/?/Editoria/Educacao/Acordo-sobre-cotas-na--graduacao-e-so-um-passo-para-recuperar-atraso/13/9434. Acesso em: 10 jul. 2013.

RUESCHEMEYER, Dietrich *et al.* Capitalist development & Democracy. **Contemporary Sociology**, v. 72, n. 3, p. 243-248, jan. 1992.

SABATIER, Paul A. (org.). **Theories of the policy process**. Cambridge: Westview Press, 2007.

SABATIER, P. A.; JENKINS-SMITH, H. C. Evaluating the advocacy coalition framework. **Journal of public policy**, Cambridge University Press, v. 14, n. 2, p. 175-203, Apr./Jun. 1994.

SABATIER, P. A.; JENKINS-SMITH, H. C. **Policy change and learning**: an advocacy coalition approach. Boulder: Westview Press, Inc., 1993.

SABATIER, Paul A.; WEIBLE, Christopher M. The advocacy coalition framework: innovations and clarifications. *In*: SABATIER, Paul A. **Theories of the policy process**. Cambridge: Westview press, 2007. p. 189-220.

SACRAMENTO, Ivete Alves. **Resolução número 196 de 2002 do Conselho Universitário da UNEB**. Salvador: Uneb, 2002. Disponível em http://www.uneb.br/files/2016/07/196-consu-cotasafro.pdf. Acesso em: 1 nov. 2018.

SAFATLE, Vladimir. **O circuito dos afetos**: corpos políticos, desamparo e o fim do indivíduo. São Paulo: Autêntica, 2016.

SALLUM JUNIOR, Brasilio. **O impeachment de Fernando Collor**: sociologia de uma crise. São Paulo: Editora 34, 2015.

SALOMON, Marta. Lula adia o universidade para todos. **Folha de S. Paulo**, São Paulo, p. C6, 14 abr. 2004.

SAMPAIO, Gabriela Thomazinho Clementino; OLIVEIRA, Romualdo Portela de. Dimensões da desigualdade educacional no Brasil. **Revista Brasileira de Política e Administração da Educação**, v. 31, n. 3, p. 511-530, set./dez. 2015.

SANTANA, Bianca. **Continuo preta**: a vida de Sueli Carneiro. São Paulo: Companhia das Letras, 2021.

SANTANA, Pedro Abelardo de. **Os Índios em Sergipe Oitocentista**: Catequese, civilização e alienação de terras. 2015. Tese (Doutorado) – Faculdade de Filosofia e Ciências Humanas, Universidade Federal da Bahia, Salvador, 2015.

SANTIAGO, Silvano. **As raízes e o labirinto da América Latina**. Rio de Janeiro: Editora Rocco, 2006.

SANTOS, Fábio Pereira. **Coalizões de interesses e a configuração política da agricultura familiar no Brasil**. 2011. Tese (Doutorado) – Fundação Getúlio Vargas, São Paulo, 2011.

SANTOS, Gislene Aparecida dos. **A invenção do ser negro**: um percurso das ideias que naturalizaram a inferioridade dos negros. São Paulo: Pallas, 2020.

SANTOS, Hélio. Desafios para a construção da democracia no Brasil. *In*: SOUZA, Jessé (org.). **Brasília**: Paralelo 15 editores e Secretaria dos Direitos da Cidadania do Ministério da Justiça, 1997. p. 209-219.

SANTOS, Ivair Augusto Alves dos. **O movimento negro e o Estado (1983-1987)**. São Paulo: CONE: Imprensa Oficial, 2006.

SANTOS, Luiz Alberto dos. **Regulamentação das atividades de lobby e seu impacto sobre as relações entre políticos, burocratas e grupos de interesse no ciclo de políticas públicas** – análise comparativa dos Estados Unidos e do Brasil. 2007. Tese (Doutorado em Ciências Sociais) – Instituto de Ciências Sociais, Universidade de Brasília, Brasília, 2007.

SANTOS, Mário Augusto. **Associação comercial da Bahia na Primeira República**: um grupo de pressão. Salvador: ACB, 1991.

SANTOS, Milton. **Por uma geografia nova**. São Paulo: Edusp, 2002.

SANTOS, Renato Emerson; LOBATO, Fátima. **Ações afirmativas**: políticas públicas contra as desigualdades raciais. Rio de Janeiro: LPP/UERJ, 2003.

SANTOS, Vanderley Guilherme dos. **Cidadania e justiça**: a política social na ordem brasileira. Rio de Janeiro: Editora Campos, 1979.

SARAIVA, Luiz Alex Silva; NUNES, Adriana de Souza. A efetividade de programas sociais de acesso à educação superior: o caso do PROUNI. **Revista de administração pública**, Rio de Janeiro, v. 45, n. 4, ago. 2011.

SARMENTO, Alexsandra Loiola. **O Purgatório da Divina Comédia Vertido em Leite Derramado.** Tese, 2015.

SARTORI, Giovanni. **A teoria da democracia revisitada**. São Paulo: Editora Ática, 1994.

SARTRE, Jean-Paul. **Reflexões sobre o racismo**. Tradução de J. Guinsburg. São Paulo: Difusão Européia do Livro, 1968.

SAVIANI, Demerval. **Política e educação no Brasil**. 2. ed. São Paulo: Cortez Editora, 1988.

SCHEFFER, Rafael da Cunha. **Comércio de Escravos do Sul para o Sudeste (1850-1888)**. 2012. Tese (Doutorado em História) – Universidade de Campinas, Campinas, 2012.

SCHIMMITTER, Phillippe. **Interest conflict and political change in Brazil.** Tese de doutorado. Stanford University, 1971.

SCOKPOL, Theda. **Bringing the state back in.**

SCOKPOL, Theda. **Protecting soldiers and mothers.**

SCOKPOL, Theda. **The Politics of Social Policy in the USA.**

SCHUMPETER, Joseph A. **History of economic analysis.** Nova York: Oxford University Press, 1954.

SCHWARCZ, Lilia Moritz. As teorias raciais, uma construção histórica de finais do século XIX: o contexto brasileiro. *In*: SCHWARCZ, L. M.; QUEIROZ, R. S. (org.) **Raça e Diversidade**. São Paulo: Edusp, 1996. p. 147-185.

SCHWARCZ, Lilia Moritz; MAIO, Marcos Chor. A pedagogia racial do MEC. **Jornal Folha de São Paulo**, São Paulo, p. 2, 16 maio 2005.

SEM-UNIVERSIDADE. **Folha de S. Paulo**, São Paulo: Editorial, p. A2, 25 jul. 2002.

SEN, Amartya. **Desenvolvimento como liberdade**. São Paulo: Companhia da Letras, 1999.

SEN, Amartya. **A ideia de justiça**. São Paulo: Companhia das Letras, 2012.

SENADO FEDERAL. Cota racial em universidade divide senadores. **Jornal do Senado**, Brasília, ano XV, n. 2.982, p. 4-5, 19 mar. 2009a.

SENADO FEDERAL. Serys manterá critério racial sobre cotas. **Jornal do Senado**, Brasília, p. 8, 24 abr. 2009b.

SENADO FEDERAL. **A abolição no Parlamento**: 65 anos de lutas (1823-1888). 2. ed. Brasília: Secretaria Especial de Editoração e Publicações do Senado Federal, 2012. 2v.

SÉRGIO DE LIMA, Renato; RATTON, José Luiz (org.). **As ciências sociais e os pioneiros nos estudos sobre crime, violência e direitos humanos no Brasil**. São Paulo: Urbânia-Anpocs, 2012.

SILVA, André Luiz Nunes da. **Ações afirmativas e cotas raciais na universidade**: uma via de promoção da igualdade material. 2008. Dissertação (Mestrado em Direito) – Programa de Pós-Graduação em Direito, Universidade Federal do Paraná, Curitiba, 2008.

SILVA, Antonio Marcelo Jackson F. Crise partidária e labirinto político no Brasil Império. **Histórica** – Revista Eletrônica do Arquivo Público do Estado de São Paulo, São Paulo, n. 30, matéria 2, 2008. Disponível em http://www.historica.arquivoestado.sp.gov.br/materias/anteriores/edicao30/materia02/. Acesso em: 2 mar. 2021.

SILVA, Denise Ferreira da. Ninguém: direito, racialidade e violência. **Revista Meritum**, Belo Horizonte, v. 9, n. 1, p. 67-117, jan./jul. 2014.

SILVA, Valdélio Santos. Ações afirmativas na UNEB: memórias de um acontecimento histórico. **Revista Mujimbo**, Salvador, v. 1. n. 1, jul. 2010. Disponível em http://flacso.redelivre.org.br/files/2013/02/907.pdf. Acesso em: 27 out. 2018.

SILVA, Graziela Moraes; PAIXÃO, Marcelo. New perspectives on Brazilian ethnoracial relations. *In*: TELLES, Edward; THE Project on Ethnicity and Race in Latin America (PERLA). **Pigmentocracies**: ethnicity, race, and color in Latin America. Chapel Hill: The University of North Carolina Press, 2014.

SIMMEL, George. **Questões fundamentais da sociologia**. Tradução de Pedro Caldas. Rio de Janeiro: Jorge Zahar Editora, 2006.

SIMMEL, George. **Conflict & The Web of Group-Affiliation**. Tradução do alemão ao inglês: Reinhard Bendix. Londres: The Free Press of Glencoe, Collier-Macmillan, 1955.

SINGER, André. A história e seus ardis, Caderno Ilustríssima. **Folha de São Paulo**, São Paulo, 19 set. 2010.

SINGER, André. Raízes sociais e ideológicas do Lulismo. **Revista Novos Estudos**, São Paulo, CEBRAP, p. 83-102, nov. 2009.

SIQUEIRA, Maria Cristina. O futuro da educação em debate. **Jornal Folha Dirigida**, Caderno de Educação, São Paulo, p. 2, 12-18 abr. 2004.

SKIDMORE, Thomas E. [1993]. **Preto no branco**: raça e nacionalidade no pensamento brasileiro. Tradução de Donaldson M. Garshagen. São Paulo: Companhia das Letras, 2012.

SKOCPOL, Theda. **Protecting soldiers and mothers**: the political origins of social policy in the United States. Harvard University Press, 1992.

SOARES, Cecília C. Moreira. **Mulher negra na Bahia do século XIX**. Salvador: EDUNEB, 2007.

SOARES, Sergei Suarez Dillon. O ritmo na queda da desigualdade no Brasil é aceitável? **Revista de Economia Política**, v. 30, n. 3 (119), p. 364-380, jul./set. 2010.

SODRÉ, Muniz. **Reinventando a educação**: diversidade, descolonização e redes. 2. ed. Petrópolis: Vozes, 2012.

SOUZA, Bárbara. Cristovam quer análise séria do sistema: Ministro da Educação reiterou que pretende pôr fim a discriminação e "mudar a cor" do aluno. **Jornal O Estado de São Paulo**, São Paulo, p. A12, 16 out. 2003.

SOUZA, Celina. O estado da arte da pesquisa em políticas públicas *In*: HOCHMAN, Gilberto; ARRETCHE, Marta; MARQUES, Eduardo. **Políticas públicas no Brasil**. Rio de Janeiro: Editora FIOCRUZ, 2007.

SOUZA, Jessé. Multiculturalismo, racismo e democracia: por que comparar Brasil e Estados Unidos? *In*: SOUZA, Jessé (org.). **Brasília**: Paralelo 15 editores e Secretaria dos Direitos da Cidadania do Ministério da Justiça, 1997. p. 23-35.

SOUZA, Jessé (org.). **Multiculturalismo e racismo:** uma comparação Brasil – EUA. Brasília: Paralelo 15 editores e Secretaria dos Direitos da Cidadania do Ministério da Justiça, 1997.

SOUZA, Paulo Renato. Igualdade de oportunidades no ensino superior. **Jornal O Estado de São Paulo**, São Paulo, edição de domingo, p. A2, 29 jun. 2003.

SOUZA E SILVA, Jailson. **"Por que uns e não outros?"**: caminhada de jovens pobres para a universidade. Rio de Janeiro: Editora 7 Letras, 2004.

SPOSITO, Fernanda. Liberdade para os índios no Império do Brasil: A revogação das guerras justas em 1831. **Revista Almack**, Guarulhos, n. 01, p. 52-65, 1. sem. 2011.

STEIL, Carlos Alberto (org.). **Cotas raciais na universidade**: um debate. Porto Alegre: Editora UFRGS, 2006.

STRECKER, Marcos. A cor da igualdade. **Jornal Folha de São Paulo**, caderno MAIS!, São Paulo, p. 4-5, 9 jul. 2006.

STRUCK, Jean-Philip. Polícia prende dois suspeitos de praticar racismo na internet – Segundo investigação, eles planejavam fazer um massacre durante festa na Universidade de Brasília Presos, segundo a Polícia

Federal, faziam apologia à violência e discriminação contra mulheres, negros e gays. **Folha de São Paulo**, São Paulo, C10, 22 mar. 2012.

SUBIRATS, J.; KNOEPFEL, P.; LARRUE, C.; VARONE, F. **Análisis y gestión de políticas públicas**. Barcelona, Espanha: Editora Ariel, 2008.

SUGIYAMA, Natasha Borges. Theories of Policy Diffusion: Social Sector Reform in Brazil. **Comparative Political Studies**, p. 193-216, v. 41, n. 2, Feb. 2008.

TAGUIEFF, Pierre-André (org.). **Face au racisme**: les moyens d'agir. Paris: Édition La Découverte, 1991. v. 1.

TAGUIEFF, Pierre-André. **Face au racisme**: analyses, hipothèses, perspectives. Paris: Édition la Découverte, 1991. v. 2

TAKAHASHI, Fábio. Fuvest cria bônus, mas não atrai mais alunos carentes. **Jornal Folha de São Paulo**, São Paulo, edição de domingo, p. C1, 26 nov. 2006.

TAKAHASHI, Fábio. Entidades rejeitam novo modelo de cotas para universidades. **Jornal Folha de São Paulo**, São Paulo, p. C.11, 01 jun. 2005.

TEIXEIRA, Anísio Spínola. **Ensino superior no Brasil**: análise e interpretação de sua evolução até 1969. Apresentação Hélgio Trindade. Prefácio Luiz Vianna Filho. Rio de Janeiro: Editora da UFRJ, 2005.

TEIXEIRA, Anísio Spínola. [1957]. **Educação não é privilégio**. 6. ed. Rio de Janeiro: Editora da UFRJ, 1999.

TEIXEIRA, Luana. **Comércio interprovincial de escravos em Alagoas no Segundo Reinado**. 2016. Tese (Doutorado em História) – Universidade Federal de Pernambuco, Recife, 2016.

TEIXEIRA, Sônia Maria Fleury. Política social e democracia: reflexões sobre o legado da seguridade social. **Caderno de Saúde Pública**, Rio de Janeiro, v. 1, n. 4, p. 400-417, dez. 1985.

TERENA, Marcos. O movimento indígena como voz de resistência. São Paulo: Editora Perseu Abramo. *In*: VENTURI, Gustavo; BOKANY, Vilma (org.). **Indígenas no Brasil**: demandas dos povos e percepções da opinião pública. 2013. p. 49-64.

TESSLER, Leandro R.; PEDROSA, RENATO H. L. Escravocratas e Camélias. **Jornal Correio Popular**, Campinas, A2, 3 jan. 2006.

THEODORO, Mário; JACCOUD, Luciana; OSÓRIO, Rafael Guerreiro; SOARES, Sergei (org.). **As políticas públicas e a desigualdade racial 120 anos após a abolição**". Brasília: IPEA, 2020.

TILLY, Charles. Social Movements, 1768-2004. **Paradigm Publishers**, Colorado, USA, 2004.

TILLY, Charles. **Coerção, capital e estados europeus 990-1992**. São Paulo: Edusp, 1996.

TOBNER, Odile. **Du racisme français**: quatre siècles de négrophobie. Paris: Éditions des Arènes, 2007.

TORRES, Demóstenes. **Pronunciamento**. Notas taquigráficas da Audiência pública ação afirmativa. Brasília: STF, 2010. p. 117-132, disponível em http://www.stf.jus.br/arquivo/cms/processoAudienciaPublicaAcaoAfirmativa/anexo/Notas_Taquigraficas_Audiencia_Publica.pdf. Acesso em: 12 jul. 2017.

TRIBUNAIS da raça. **Folha de S. Paulo**, São Paulo: Editorial, p. A2, 27 abr. 2009.

TRINDADE, Hélgio. **Integralismo.** Rio de Janeiro: Difel, 1974.

TSEBELIS, G. Processo decisório em sistemas políticos: *veto players* no presidencialismo, parlamentarismo, multicameralismo e pluripartidarismo. Tradução Vera Pereira. Revisão Técnica de Fernando Limongi. **Britisb Journal of Political Science**, Londres, v. 25, p. 289-325, 1995.

VALE, Antônio Marques do. **O ISEB, os intelectuais e a diferença**: um diálogo teimoso na educação. São Paulo: Editora Unesp, 2006.

VEGA, David. **Cadarços Brancos**. São Paulo: Editora Giostri, 2010.

VENTURI, Gustavo; BOKANY, Vilma (org.). **Indígenas no Brasil:** demandas dos povos e percepções da opinião pública. São Paulo: Editora Perseu Abramo e Instituto Rosa Luxemburg Stiftung, 2013.

VERNANT, Jean-Pierre. **Entre mito & política**. São Paulo: Edusp, 2002.

VIEIRA JÚNIOR, Itamar. **Torto arado**. São Paulo: Todavia, 2019.

VOGT, Carlos. O papel estratégico das cotas. **Folha de São Paulo**, Tendências/Debates, São Paulo, p. A3, 7 mar. 2003.

WEBER, Max. [1904]. A "objetividade" do conhecimento nas ciências sociais. *In*: COHN, Gabriel (org.). **Max Weber**: sociologia. São Paulo: Ática, 1982. (Grandes Cientistas Sociais 13). p. 79-127.

WEBER, Max. [1922]. **Economia e Sociedade (Wirtshchaft und Gesellshaft: Grundiss der verstechenden Soziologie)**. Tradução de Regis Barbosa e Karen Elsabe Barbosa. Revisão técnica de Gabriel Cohn. Brasília: Editora Universidade de Brasília, 2009. v. I.

WEBER, Max. **Economia e Sociedade**. Tradução de Regis Barbosa e Karen Elsabe Barbosa, revisão técnica de Gabriel Cohn. Brasília: Editora Universidade de Brasília, 2009. v. II.

WERTHEIN, Jorge. Cotas, sim o não? **Jorge Werthein**, [*s. l.*], 2012. Disponível em: http://jorgewerthein.blogspot.com/2012/08/cotas-sim-o-nao.html. Acesso em: 10 ago. 2022.

WHITAKER, Francisco; LUCAS COELHO, João Gilberto; MICHILES, Carlos; VIEIRA FILHO, Emmanuel Gonçalves; MOURA da VEIGA, Maria da Glória; SANTOS PRADO, Regina de Paula. **Cidadão constituinte**: a saga das emendas populares. Rio de Janeiro: Paz e Terra, 1989.

WINTER, Sorec C. Implementation perspectives: status and reconsideration. *In*: PETERS, Guy; PIERRE, Jon. **Handbook of Public Administration**. Sage Publications, 2002. Reprinted 2005.

YOUNG, Iris Marion. **Inclusion and Democracy**. Nova York: Oxford University Press, 2010.

ZAFONTE, M.; SABATIER, Paul A. Short-term versus long-term coalitions in the policy process. **Policy Studies Journal**, Davis, California, UCLA, v. 32, n. 1, p. 75-107, 2004.

ZANINI, Fabio. Alemanha prepara reconhecimento do genocídio africano que foi precursor do nazismo. **Jornal Folha de São Paulo**, caderno Mundo, 20 maio 2021. Disponível em: https://www1.folha.uol.com.br/mundo/2021/05/alemanha-prepara-reconhecimento-de-genocidio-africano-que-foi-precursor-do-nazismo.shtml?origin=folha.

ZINET, Caio. A face sedutora do império: em 51 anos de Brasil, a Fundação Ford se articula com organismos internacionais e interesses estadunidenses para atuar no país. **Revista Caros Amigos**, São Paulo, ano XVI, n. 191, p. 10-14, 2013.

Sobre os Anexos: a íntegra da Lei 12.711/12, a tramitação integral do PL 73/99, a Portaria 135 da Prefeitura Municipal de São Paulo de 2002 e a Portaria sobre Isenções, do Ministro Tarso Genro, de 2004, encontram-se disponíveis no volume 1 desta obra. Podem também ser encontradas em arquivos públicos.